LE GRAND CHEF DES AUCAS

PAR

GUSTAVE AIMARD

F. ROY, Libraire-Éditeur, 222, boulevard Saint-Germain, PARIS

LE
GRAND CHEF DES AUCAS

I

LE CHAPARRAL

Pendant mon dernier séjour en Amérique, le hasard, ou plutôt ma bonne étoile, me fit lier connaissance avec un de ces chasseurs, ou coureurs des bois, dont le type a été immortalisé par Cooper dans son poétique personnage de *Bas de cuir*.

Voici dans quelle étrange circonstance Dieu nous plaça en face l'un de l'autre :

Vers la fin de juillet 1885, j'avais quitté Galveston, dont je redoutais les fièvres, mortelles pour les Européens, avec le projet de visiter la partie N.-O. du Texas, que je ne connaissais pas encore.

Un proverbe espagnol dit quelque part : *mas vale andar solo que mal accompañado*, mieux vaut aller seul que mal accompagné.

Comme tous les proverbes, celui-ci possède un certain fond de vérité, surtout en Amérique, où l'on est exposé à chaque instant à rencontrer des coquins de toutes les couleurs qui, grâce à leurs dehors séduisants, vous charment, captent votre confiance, et en profitent sans remords à la première occasion, pour vous détrousser et vous assassiner.

J'avais fait mon profit du proverbe, et, en vieux routier des prairies, comme je ne voyais autour de moi personne qui m'inspirât assez de sympathie pour en faire mon compagnon de voyage, je m'étais bravement mis en route seul, revêtu du pittoresque costume des habitants du pays, armé jusqu'aux dents, et monté sur un excellent cheval demi-sauvage, qui m'avait coûté vingt-cinq piastres; prix énorme pour ces contrées, où les chevaux sont presque à rien.

Je m'en allais donc insoucieusement, vivant de la vie du nomade, si pleine d'attraits; tantôt m'arrêtant dans une *tolderia*, tantôt campant dans le désert, chassant les fauves, et m'enfonçant de plus en plus dans des régions inconnues.

J'avais, de cette façon, traversé sans encombre, Frédéricksburg, le lano Braunfels, et je venais de quitter Castroville, pour me rendre à Quihi.

De même que tous les villages hispano-américains, Castroville est une misérable agglomération de cabanes ruinées, coupée à angles droits par des rues obstruées de mauvaises herbes qui y poussent en liberté, et cachent des multitudes de fourmis, de reptiles, et même de lapins d'une petite espèce, qui partent sous les pieds des rares passants.

Le *pueblo* est borné à l'ouest par la *Médina*, mince filet d'eau presque à sec dans les grandes chaleurs, et à l'est par des collines boisées, dont le vert sombre tranche agréablement à l'horizon sur le bleu pâle du ciel.

Je m'étais chargé à Galveston d'une lettre pour un habitant de Castroville.

Le digne homme, dans ce village, vivait comme le rat de la Fontaine au fond de son fromage de Hollande. Charmé de l'arrivée d'un étranger, qui lui apprendrait sans doute des nouvelles, dont, depuis si longtemps, il était sevré, il m'avait reçu de la manière la plus cordiale, ne sachant qu'imaginer pour me retenir.

Malheureusement, le peu que j'avais vu de Castroville avait suffi pour m'en dégoûter complètement, et je n'aspirais qu'à partir au plus vite.

Mon hôte, désespéré de voir toutes ses avances repoussées, consentit enfin à me laisser continuer ma route.

— Adieu donc! puisque vous le voulez, me dit-il, en me serrant la main avec un soupir de regret; Dieu vous aide! vous avez tort de partir si tard; le chemin que vous devez suivre est dangereux, les *Indios Bravos* sont levés, ils assassinent sans pitié les blancs qui tombent entre leurs mains; prenez garde!

Je souris à cet avertissement, que je pris pour un dernier effort tenté par le brave homme.

— Bah! lui répondis-je gaiement, les Indiens et moi sommes de trop vieilles connaissances, pour que j'aie rien à redouter de leur part.

Mon hôte secoua tristement la tête et rentra dans sa hutte, en me faisant un dernier signe d'adieu.

Je partis.

Il était effectivement assez tard. Je pressai mon cheval afin de passer, avant la nuit, un *chaparral* ou taillis, de plus de deux kilomètres de longueur, dont mon hôte m'avait surtout averti de me méfier.

Cet endroit mal famé avait un aspect sinistre. Le mezquite, l'acacia et le cactus formaient sa seule végétation. Çà et là, des os blanchis et des croix plantées en terre marquaient les places où des meurtres avaient été commis.

Au delà, s'étendait une vaste plaine, nommée la *Léona*, — la Lionne, — peuplée d'animaux de toutes sortes. Cette prairie, couverte d'une herbe d'au moins deux pieds de haut, était semée par intervalle de bouquets d'arbres, sur lesquels gazouillaient des milliers d'étourneaux à la gorge dorée, des cardinaux et des oiseaux bleus.

J'avais hâte d'être dans la Léona, que j'entrevoyais au loin; mais il me fallait d'abord traverser le chaparral.

Après avoir visité mes armes avec soin, jeté un regard défiant autour de moi, comme je n'aperçus rien de positivement suspect aux environs, je piquai résolument mon cheval, déterminé, le cas échéant, à vendre ma vie le plus cher possible.

Cependant le soleil déclinait rapidement à l'horizon; les feux rougeâtres du couchant teignaient de reflets changeants la cime des collines boisées ; une fraîche brise qui se levait agitait les branches des arbres avec de mystérieux murmures.

Dans ce pays, où il n'y a pas de crépuscule, la nuit ne tarderait pas à m'envelopper de ses épaisses ténèbres.

Je me trouvais à peu près aux deux tiers du chaparral.

Déjà j'espérais atteindre sain et sauf la Léona, lorsque, tout à coup, mon cheval fit un brusque bond de côté, en dressant les oreilles et en renaclant avec force.

La secousse subite que je reçus faillit me désarçonner. Ce ne fut qu'à grand'peine que je parvins à me rendre enfin maître de ma monture, qui donnait des marques du plus grand effroi.

Comme cela arrive toujours en pareil cas, je cherchai instinctivement autour de moi la cause de cette panique.

Bientôt, la vérité me fut révélée.

Une sueur froide inonda mon visage, et un frisson de terreur parcourut tous mes membres au spectacle effroyable qui s'offrit à mes regards.

Cinq cadavres étaient étendus à dix pas de moi, sous les arbres.

Dans le nombre, se trouvaient ceux d'une femme et d'une jeune fille de quatorze ans.

Ces cinq personnes appartenaient à la race blanche. Elles paraissaient avoir longtemps et opiniâtrément combattu avant de succomber ; leurs corps étaient littéralement couverts de blessures ; de longues flèches à cannelures ondulées, peintes en rouge, leur traversaient la poitrine de part en part.

Les victimes avaient été scalpées.

De la poitrine de la jeune fille, ouverte en croix, le cœur était enlevé, arraché.

Les Indiens avaient passé là, avec leur rage sanguinaire et leur haine invétérée pour les blancs.

La forme et la couleur des flèches dénonçaient les *Apaches*, les plus cruels pillards du désert.

Autour des morts, je remarquai des débris informes de charrettes et de meubles.

Les malheureux, assassinés avec ces raffinements affreux de barbarie étaient sans doute de pauvres émigrants qui se rendaient à Castroville.

A l'aspect de ce spectacle navrant, rien ne peut rendre la pitié et la douleur qui envahirent mon âme !

Au plus haut des airs, des urubus et des vautours, attirés par l'odeur du sang, tournoyaient lentement au-dessus des cadavres, en poussant de lugubres cris de joie, et, dans les profondeurs du chaparral, les loups et les jaguars commençaient à gronder sourdement.

Je jetai un regard triste autour de moi.

Tout était calme.

Les Apaches avaient, selon toute probabilité, surpris les émigrants pendant une halte. Des ballots effondrés étaient encore rangés dans une certaine symétrie, et un feu, auprès duquel se trouvait un amas de bois sec, achevait de brûler.

— Non, me dis-je, quoi qu'il arrive, je ne laisserai pas des chrétiens sans sépulture devenir, dans ce désert, la proie des bêtes fauves !

Ma résolution prise, je l'exécutai immédiatement.

Sautant à terre, j'entravai mon cheval à l'amble. Je lui donnai la provende et je jetai quelques brassées de bois dans le feu qui bientôt pétilla et lança vers le ciel une colonne de flammes.

Parmi les objets que les Indiens avaient dédaignés, comme n'ayant pour eux aucune valeur, se trouvaient des bêches, des pioches et autres instruments de labourage.

Je saisis une bêche, et, après avoir exploré avec soin les environs de mon campement, pour m'assurer qu'aucun danger immédiat ne me menaçait, je me mis en devoir de creuser une fosse.

La nuit était venue; une de ces nuits américaines, claire, silencieuse, pleine d'enivrantes senteurs et de mystérieuses mélodies, chantées par le désert à la louange de Dieu.

Chose extraordinaire ! toutes mes craintes s'étaient évanouies comme par enchantement.

Seul dans cet endroit sinistre, auprès de ces cadavres affreusement mutilés, surveillé sans doute par les yeux invisibles des bêtes et des Indiens qui m'épiaient dans l'ombre, je ne sais quelle influence incompréhensible me soutenait et me donnait la force d'accomplir la rude et sainte tâche que je m'étais imposée.

Au lieu de songer aux dangers qui me menaçaient de toutes parts, je me trouvais en proie à une mélancolie rêveuse. Je pensais à ces pauvres gens, partis de si loin, pleins d'espoir dans l'avenir, pour chercher dans le Nouveau-Monde un peu de ce bien-être que leur refusait leur pays, et qui, à peine débarqués, étaient tombés, dans un coin ignoré du désert, sous les coups d'ennemis féroces; ils avaient laissé dans leur patrie des amis, des parents peut-être, pour lesquels leur sort serait toujours un mystère, et qui, longtemps, compteraient les heures avec angoisse, en attendant un retour impossible !

A part deux ou trois alertes un peu vives, causées par des bruissements de feuilles dans les halliers, rien n'interrompit ma triste besogne.

En moins de trois quarts d'heure, j'eus creusé une fosse assez grande pour contenir les cinq cadavres.

Après avoir retiré les flèches qui les transperçaient, je les pris l'un après l'autre dans mes bras et je les étendis doucement, côte à côte, au fond de la tombe. Ensuite, je me hâtai de rejeter la terre et de combler la fosse, sur laquelle je traînai les plus grosses pierres que je pus trouver, afin d'empêcher les bêtes fauves de profaner les morts.

Ce devoir religieux accompli, je poussai un soupir de satisfaction, et, baissant la tête vers le sol, j'adressai mentalement à celui qui peut tout une courte prière pour les malheureux que j'avais inhumés.

Quand je relevai la tête, je poussai un cri de surprise et d'effroi, en portant la main à mes revolvers.

Sans que le plus léger bruit m'eût fait soupçonner son arrivée imprévue, à quatre pas en face de moi, un homme regardait appuyé sur un rifle.

Deux magnifiques chiens de Terre-Neuve étaient nonchalamment couchés à ses pieds.

Au geste qu'il me vit faire, l'inconnu sourit doucement, et me tendant la main par-dessus la tombe :

— Ne craignez rien ! me dit-il ; je suis un ami. Vous avez enterré ces pauvres gens. Moi, je les ai vengés. Leurs assassins sont morts !

Je serrai silencieusement la main qui m'était si loyalement tendue.

La connaissance était faite ; nous étions amis, nous le sommes encore !

Quelques minutes plus tard, assis auprès du feu, nous soupions ensemble de bon appétit, tandis que les chiens veillaient à notre sûreté.

Le compagnon que je venais de rencontrer, d'une façon si bizarre, était un homme de quarante-cinq ans à peu près, quoiqu'il en parût à peine trente-deux. Sa taille élevée et bien prise, ses épaules larges, ses membres aux muscles saillants, tout dénotait chez lui une force et une agilité sans égales.

Il portait le pittoresque costume des chasseurs dans toute sa pureté, c'est-à-dire la capote ou surtout qui n'est autre chose qu'une couverture attachée sur les épaules, et tombant en longs plis par derrière, une chemise de coton rayée, de larges *mitasses*, — caleçons, — de daim, cousus avec des cheveux attachés de distance en distance et garnis de grelots, des guêtres de cuir des *mocksens* de peau d'élan ornés de perles fausses et de piquants de porc-épic, enfin une ceinture de laine bigarrée à laquelle étaient suspendus son couteau, son sac à tabac, sa corne à poudre, ses pistolets et son sac à la médecine.

Quant à sa coiffure, elle consistait en un bonnet de peau de castor, dont la queue lui tombait entre les épaules.

Cet homme me rappelait cette race de hardis aventuriers qui parcourent l'Amérique dans tous les sens.

Race primordiale, avide d'air, d'espace, de liberté, hostile à nos idées de civilisation, et par cela même appelée à disparaître fatalement devant les immigrations des races laborieuses, dont les puissants moyens de conquête sont la vapeur et l'application des inventions mécaniques de toutes sortes.

Ce chasseur était Français.

Sa physionomie empreinte de loyauté, son langage pittoresque, ses manières ouvertes et engageantes, tout, malgré son long séjour en Amérique, avait conservé un reflet de la mère patrie qui éveillait la sympathie et appelait l'intérêt.

Toutes les contrées du Nouveau-Monde lui étaient connues ; il avait vécu plus de vingt ans au fond des bois, dans des excursions dangereuses et lointaines, au milieu des tribus indiennes.

Aussi, bien des fois, quoique moi-même je fusse initié aux coutumes des Peaux-Rouges, qu'une grande partie de mon existence se fût écoulée dans le désert, je me sentis frissonner involontairement au récit de ses aventures.

Souvent, assis à ses côtés, sur les bords du *Rio-Gila*, pendant une excursion que nous avions entreprise dans les prairies, il se laissait emporter par ses souvenirs et me racontait, en fumant son calumet indien, l'histoire étrange des premières années de son séjour dans le Nouveau-Monde.

C'est un de ces récits que j'entreprends aujourd'hui de raconter, le premier par ordre de date, puisque c'est l'histoire des événements qui le poussèrent à se faire *coureur des bois*.

Je n'ose pas espérer que le lecteur y trouve l'intérêt qu'il eut pour moi; mais qu'il veuille bien se souvenir que ce récit me fut fait dans le désert, au milieu de cette nature grandiose et puissante, inconnue aux habitants de la vieille Europe, de la bouche même de l'homme qui en avait été le héros.

II

LES FRÈRES DE LAIT

Le 31 décembre 1834, à onze heures du soir, un homme, de vingt-cinq ans au plus, aux traits fins et distingués, aux manières aristocratiques, était assis, ou plutôt couché, dans un moelleux fauteuil, placé à l'angle d'une cheminée où pétillait un feu que la saison avancée rendait indispensable.

Ce personnage était le comte Maxime-Édouard-Louis de Prébois-Crancé.

Son visage, d'une pâleur cadavérique, faisait ressortir la nuance d'un noir mat de ses cheveux bouclés qui tombaient en désordre sur ses épaules, garanties par une robe de chambre de damas à grandes fleurs.

Ses sourcils étaient froncés et ses yeux se fixaient avec une impatience fébrile sur le cadran d'une délicieuse pendule Louis XV, tandis que sa main gauche, pendant nonchalamment à son côté, caressait les oreilles soyeuses d'un magnifique chien de Terre-Neuve couché auprès de lui.

Le cabinet dans lequel se trouvait le comte était meublé avec tout le raffinement confortable inventé par le luxe moderne. Un candélabre à quatre branches, garni de bougies roses, placé sur une table, suffisait à peine à l'éclairer et ne répandait qu'une lueur triste et incertaine.

Au dehors la pluie fouettait les vitres avec violence, et le vent pleurait avec de mystérieux murmures qui disposaient l'âme à la mélancolie.

Un léger bruit se fit entendre, produit par l'échappement du cylindre; la demie sonna.

Le comte se redressa comme s'il se réveillait en sursaut, il passa sa main blanche et effilée sur son front moite et dit d'une voix sourde :

— Il ne viendra pas !...

Mais, tout à coup, le chien, qui jusque-là était demeuré immobile, se leva d'un bond et s'élança vers la porte en remuant la queue avec joie.

La porte s'ouvrit, la portière fut levée par une main ferme, et un homme parut.

— Enfin ! s'écria le comte en s'avançant vers le nouveau venu qui avait grand'peine à se débarrasser des caresses du chien; oh ! j'avais peur que toi aussi, tu m'eusses oublié !

Un spectacle effroyable s'offrit à mes regards. (Page 7.)

— Je ne te comprends pas, frère ; mais j'espère que tu vas t'expliquer, répondit l'arrivant ; allons ! allons ! continua-t-il en s'adressant au chien, couchez-vous. César ! vous êtes une bonne bête, couchez-vous !

Et roulant un fauteuil auprès du feu, il s'assit à l'autre angle de la cheminée, en face du comte qui avait repris sa place.

Le chien se coucha entre eux.

Ce personnage, si impatiemment attendu par le comte, formait avec lui un étrange contraste.

De même que M. de Prébois-Crancé résumait en lui toutes les qualités qui distinguent physiquement la noblesse de race, de même l'autre réunissait toutes les forces vives et énergiques des véritables enfants du peuple.

C'était un homme de vingt-six ans environ, de haute taille, maigre et parfaitement proportionné; son visage bruni par le soleil, aux traits accentués, éclairé par des yeux bleus pétillants d'intelligence, par une expression de bravoure, de douceur et de loyauté des plus sympathiques.

Il était revêtu de l'élégant costume de maréchal-des-logis-chef des spahis; la croix de la Légion d'honneur brillait sur sa poitrine.

La tête appuyée sur la main droite, le front pensif, l'œil rêveur, il considérait attentivement son ami, tout en lissant de sa main gauche les poils longs et soyeux de sa moustache blonde.

Le comte, fatigué de ce regard, qui semblait vouloir sonder les replis les plus cachés de son cœur, rompit brusquement le silence :

— Tu as été bien long à te rendre à mon invitation, dit-il.

— Voici deux fois que tu m'adresses ce reproche, Louis ! répondit le sous-officier en sortant un papier de sa poitrine, tu oublies les termes du billet que ton groom m'a remis hier au quartier.

Et il se prépara à lire.

— Inutile, fit le comte en souriant tristement, je reconnais que j'ai tort.

— Voyons, reprit gaiement le spahi, quelle est cette affaire si grave pour laquelle tu as besoin de moi? explique-toi; est-ce une femme à enlever? Est-ce un duel? parle.

— Rien de ce que tu pourrais supposer, interrompit le comte avec amertume, ainsi, évite-toi des recherches inutiles.

— Qu'est-ce donc, alors ?

— Je vais me brûler la cervelle.

Le jeune homme prononça cette phrase d'un accent si ferme et si résolu que le soldat tressaillit malgré lui, en fixant un regard inquiet sur son interlocuteur.

— Tu me crois fou, n'est-ce pas ? continua le comte qui devina la pensée de son ami. Non ! je ne suis pas fou, Valentin : seulement je suis au fond d'un abîme dont je ne puis sortir que par la mort ou l'infamie. Je préfère la mort !

Le soldat ne répondit pas. D'un geste énergique, il repoussa son fauteuil et commença à marcher à grands pas dans le cabinet.

Le comte avait laissé tomber sa tête sur sa poitrine avec accablement.

Il y eut un long silence.

Au dehors l'orage redoublait de furie.

Enfin Valentin se rassit.

— Une raison bien forte a dû t'obliger à prendre une telle détermination, dit-il froidement; je ne chercherai pas à la combattre, pourtant j'exige de ton amitié que tu me rapportes dans tous leurs détails les faits qui t'ont conduit à la prendre. Je suis ton frère de lait, Louis, nous avons grandi ensemble.

Trop longtemps nos idées se sont confondues, notre amitié est trop forte et trop vive pour que tu refuses de me satisfaire !

— A quoi bon ? s'écria le comte avec impatience ; mes douleurs sont de celles que celui seul qui les éprouve peut comprendre.

— Mauvais prétexte ! frère, répondit le soldat d'une voix rude : les douleurs que l'on n'ose avouer sont de celles qui contraignent à rougir.

— Valentin ! fit le comte avec un éclair dans le regard, c'est mal de me parler ainsi !

— C'est bien, au contraire ! reprit vivement le jeune homme ; je t'aime, je te dois la vérité. Pourquoi te tromperais-je ? non ! tu connais ma franchise. Ainsi n'espère pas que je te donne raison les yeux fermés. Si tu voulais être flatté à tes derniers moments, pourquoi m'as-tu appelé ? est-ce pour applaudir à ta mort? Alors, adieu, frère ! je me retire ; je n'ai rien à faire ici. Vous autres, grands seigneurs, qui n'avez eu que la peine de naître, et ne connaissez de la vie que ses joies, à la première feuille de rose que le hasard plie dans le lit de votre bonheur, vous vous croyez perdus, et vous en appelez à cette suprême lâcheté : le suicide !

— Valentin ! s'écria le comte avec colère.

— Oui ! continua le jeune homme avec force, cette suprême lâcheté ! l'homme n'est pas plus libre de quitter la vie quand bon lui semble que le soldat de fuir son poste devant l'ennemi ! Tes douleurs, je les connais !

— Tu saurais ?... demanda le comte avec étonnement.

— Tout !... écoute-moi, puis, lorsque je t'aurai dit ce que je pense, tu te tueras si tu veux. Pardieu ! crois-tu que j'ignorais, en venant ici, pourquoi tu m'appelais? gladiateur trop faible pour soutenir la lutte, tu t'es livré sans défense aux bêtes féroces de ce cirque terrible qu'on appelle Paris, tu as succombé, cela devait être ! mais songes-y, la mort que tu veux te donner achèvera de te déshonorer aux yeux de tous, au lieu de te réhabiliter et de t'environner de cette auréole de fausse gloire que tu ambitionnes !

— Valentin ! Valentin ! s'écria le comte en frappant du poing avec colère, qui te permet de me parler ainsi ?

— Mon amitié, répondit énergiquement le soldat, et la position que tu m'as faite toi-même en me mandant auprès de toi. Deux causes te réduisent au désespoir. Ces deux causes sont, d'abord, ton amour pour cette femme coquette, une créole, qui a joué avec ton cœur, comme la panthère de ses savanes joue avec les animaux inoffensifs qu'elle se prépare à dévorer... Est-ce vrai ?

Le jeune homme ne répondit pas.

Les coudes sur la table, la tête dans les mains, il restait immobile, insensible en apparence aux reproches de son frère de lait.

Valentin continua :

— Puis, lorsque pour briller à ses yeux, tu as eu compromis ta fortune, gaspillé tout ce que ton père t'avait laissé, cette femme est partie comme elle était venue, heureuse du mal qu'elle avait fait, des victimes tombées sur sa route, te léguant à toi et à tant d'autres le désespoir et la honte d'avoir été joué par une coquette. Ce qui te pousse à la mort, ce n'est pas la perte de ta fortune, mais l'impossibilité de suivre cette femme, cause unique de tous tes malheurs. Ose me soutenir le contraire !

— Eh bien, oui ! c'est vrai ! voilà la raison, la seule qui me tue ! que m'importe ma fortune ? c'est cette femme que je veux !... je l'aime !... je l'aime à soulever un monde pour l'obtenir ! s'écria le jeune homme avec une énergie fébrile ; oh ! si je pouvais espérer !... l'espoir, mot vide de sens, inventé par les ambitieux sans portée !... tu le vois ?... je n'ai plus qu'à mourir !

Valentin le considéra d'un œil triste. Soudain son regard s'éclaira ; il posa la main sur l'épaule du comte.

— Tu l'aimes donc bien, cette femme ? lui demanda-t-il.

— Tu le vois, puisque je meurs !

— Tu m'as dit, il n'y a qu'un instant, que pour la posséder tu soulèverais un monde ?

— Oui.

— Eh bien ! continua Valentin, en le regardant fixement, je puis te la faire retrouver, moi, cette femme !

— Toi ?

— Oui.

— Oh ! tu es fou ! elle est partie. Qui sait dans quelle région de l'Amérique elle s'est retirée !

— Qu'importe ?

— Et puis, je suis ruiné !

— Tant mieux !

— Valentin, prends garde à tes paroles ! s'écria le jeune homme avec un accent douloureux ; malgré moi, je me laisse aller à te croire !

— Espère ! te dis-je.

— Oh ! non ! non ! c'est impossible !

— Il n'y a rien d'impossible. Ce mot a été inventé par les impuissants et les lâches. Je te répète que, non seulement je te rendrai cette femme, mais encore, c'est elle, entends-tu bien, c'est elle alors qui craindra que tu ne méprises son amour !

— Oh !

— Qui sait ? peut-être le rejetteras-tu !...

— Valentin !

— Pour obtenir ce résultat, je ne te demande que deux ans.

— Si longtemps ?

— Oh ! que voilà bien les hommes ! s'écria le soldat avec un rire de pitié. Il n'y a qu'un instant, tu voulais mourir, parce que le mot jamais se dressait devant toi ! à présent tu ne te sens pas la force d'attendre deux ans ! quelques minutes de la vie humaine !

— Mais...

— Sois tranquille, frère ! sois tranquille ! si dans deux ans, je n'ai pas accompli ma promesse, moi-même je te rendrai tes pistolets, et alors...

— Alors !

— Tu ne te tueras pas seul, dit-il froidement.

Le comte le regarda. Valentin semblait transfiguré : son visage avait une expression d'imdomptable énergie, que son frère de lait ne lui avait jamais vue ; ses yeux lançaient des lueurs étranges. Le jeune homme s'avoua vaincu ; il lui prit la main en la serrant avec force :

— J'accepte, dit-il.

— Maintenant, tu m'appartiens.

— Je m'abandonne à toi.

— Bien !

— Mais comment feras-tu !

— Écoute-moi avec attention, dit le soldat en se laissant tomber sur son fauteuil, et faisant signe à son ami de se rasseoir.

En ce moment la pendule sonna minuit.

Par un sentiment dont ils ne se rendirent pas compte, les jeunes gens écoutèrent, silencieux et recueillis, le bruit des douze coups qui retentissaient à intervalles égaux sur le timbre.

Lorsque l'écho du dernier coup eût fini de vibrer, Valentin alluma un cigare, et se tournant vers Louis qui fixait sur lui un regard anxieux.

— A nous deux ! dit-il en lâchant une bouffée de fumée bleuâtre qui monta en spirales vers le plafond

III

LA RÉSOLUTION

— J'écoute, dit Louis, en se penchant en avant comme pour mieux entendre.

Valentin sourit tristement.

— Nous sommes au 1er janvier 1835, fit-il, avec la dernière vibration de minuit, ton existence de gentilhomme vient de finir. Tu vas, à partir d'aujourd'hui, commencer une existence d'épreuves et de lutte, en un mot, tu vas te faire homme !

Le comte lui jeta un regard interrogateur.

— Je m'expliquerai, continua Valentin, mais pour cela, il faut d'abord que tu me laisses, en quelques mots, te raconter ta propre histoire.

— Mais je la sais, interrompit le comte avec impatience.

— Peut-être ! dans tous les cas, laisse-moi parler ; si je me trompe, tu rectifieras les faits.

— Agis à ta guise, répondit Louis en se jetant en arrière, avec le geste d'un homme que les convenances obligent malgré lui à entendre un discours ennuyeux.

Valentin n'eut pas l'air de remarquer ce mouvement de son frère de lait. Il alluma son cigare qu'il avait laissé éteindre, caressa le chien dont la bonne grosse tête était appuyé sur ses genoux, et commença comme s'il avait été convaincu que Louis lui prêtait la plus sérieuse attention :

— Ton histoire est, à peu de chose près, celle de tous les hommes de ta caste, dit-il. Tes ancêtres, dont le nom remonte aux Croisades, t'ont légué à ta naissance un beau titre et quarante mille livres de rente. Riche, sans avoir eu besoin d'user tes facultés à gagner toi-même ta fortune, ignorant, par conséquent, la valeur réelle de l'or, tu devais le dépenser sans compter, le croyant inépuisable. C'est ce qui est arrivé; seulement, un jour, au moment où tu t'y attendais le moins, le spectre hideux de la ruine s'est dressé tout à coup devant toi; tu as entrevu la misère, c'est-à-dire le travail, alors tu as reculé épouvanté en te réfugiant dans la mort.

— Tout cela est vrai, interrompit le comte, mais tu oublies de dire qu'avant de prendre cette résolution suprême j'ai eu le soin de régler mes comptes et de payer tous mes créanciers. J'étais donc maître de disposer de ma vie.

— Non! et voilà ce que ton éducation de gentilhomme n'a pu te faire comprendre. Ta vie n'est pas à toi; c'est un prêt que te fait Dieu. Elle n'est, en conséquence, qu'une attente ou un passage; pour cette raison, elle est courte, mais il faut qu'elle profite à l'humanité. Tout homme qui, dans des orgies ou des débauches, gaspille les facultés qu'il tient de Dieu, commet un vol envers la grande famille humaine. Souviens-toi que nous sommes tous solidaires les uns des autres, et que nous devons nous servir de nos facultés au profit de tous!

— Trève de sermons, je t'en prie, frère! ces théories, plus ou moins paradoxales, peuvent avoir du succès dans un certain monde, mais...

— Frère! interrompit Valentin, ne parle pas ainsi. Malgré toi, ton orgueil de race te dicte des paroles que tu ne tarderais pas à regretter. Un certain monde? voilà donc le grand mot lâché! Louis! que tu as de choses à apprendre encore! Bref, en rassemblant toutes tes ressources, combien as-tu réuni?

— Que sais-je?... une misère.

— Mais encore?

— Oh! mon Dieu! une quarantaine de mille francs, tout au plus, qui pourront monter à soixante, avec le prix des futilités qui sont ici, dit négligemment le comte

Valentin bondit sur son fauteuil.

— Soixante mille francs! s'écria-t-il, et tu désespérais! et tu étais résolu à mourir! mais malheureux insensé! ces soixante mille francs bien employés sont une fortune! ce sont eux qui te feront retrouver celle que tu aimes! Combien de pauvres diables se croiraient riches, s'ils possédaient une pareille somme!

— Enfin, que comptes-tu faire?

— Tu vas le savoir. Comment se nomme la femme dont tu es amoureux?

— Dona Rosario del Valle.

— Très bien! Elle est, m'as-tu dit, partie pour l'Amérique?

— Depuis dix jours; mais je dois t'avouer que dona Rosario, que tu ne connais pas, est une noble et douce jeune fille, qui jamais n'a prêté l'oreille à une seule de mes flatteries, ni remarqué le luxe ruineux que j'étalais pour lui plaire.

— Au fait, c'est possible; et puis, pourquoi chercherai-je à t'enlever cette douce illusion? Seulement, je ne comprends pas bien comment, dans ces conditions-là, tu as pu faire fondre ta fortune, qui était considérable, comme une motte de beurre au soleil.

— Tiens, lis ce mot de mon agent de change.

— Oh! fit Valentin en repoussant le papier, tu jouais à la Bourse! tout m'est expliqué, pauvre pigeon, que les milans de la coulisse ont plumé! Eh bien! frère, il faut prendre ta revanche.

— Oh! je ne demande pas mieux, s'écria le jeune homme en fronçant les sourcils.

— Nous sommes du même âge; ma mère nous a nourris tous deux; devant Dieu nous sommes frères! Je ferai de toi un homme! je t'aiderai à revêtir cette armure d'airain qui doit te rendre invincible. Pendant que, protégé par ton nom et ta fortune, tu te laissais insoucieusement vivre, ne prenant de la vie que la fleur, moi, pauvre misérable, égaré sur le rude pavé de Paris, je soutenais, pour exister, une lutte de Titan! lutte de toutes les heures, de toutes les secondes, où la victoire était pour moi un morceau de pain, et l'expérience chèrement achetée, je te le jure; car bien souvent, lorsque j'ouvrais les portières, que je vendais des contremarques, ou que je faisais ces mille métiers impossibles du bohème, l'abattement et le découragement m'ont pris à la gorge; bien souvent j'ai senti mon front brûlant et mes tempes serrées dans l'étau de la misère; mais j'ai résisté, je me suis raidi contre l'adversité; jamais je n'ai été vaincu, quoique j'aie laissé aux ronces du chemin bien des lambeaux de mes plus chères illusions, et que mon cœur tordu par le désespoir ait saigné par vingt blessures à la fois! Courage, Louis! nous serons deux à combattre désormais! tu seras la tête qui conçoit, moi le bras qui exécute! toi, l'intelligence, moi, la force! maintenant la lutte sera égale, car nous nous soutiendrons l'un l'autre. Crois-moi, frère, un jour viendra où le succès couronnera nos efforts!

— Je comprends ton dévouement, et je l'accepte. Ne suis-je pas à présent une *chose* à toi? ne crains pas que je te résiste. Mais, te le dirai-je? je crains que toutes nos tentatives ne soient vaines, et que nous ne soyons tôt ou tard contraints d'en revenir au suprême moyen que tu m'as empêché d'employer.

— Homme de peu de foi! s'écria Valentin avec exaltation; dans la route que nous allons suivre, la fortune sera notre esclave!

Louis ne put s'empêcher de sourire.

— Encore faut-il avoir des chances de réussite dans ce que l'on entreprend, dit-il.

— La chance est la consolation des sots; l'homme fort commande.

— Mais enfin, que veux-tu faire?

— La femme que tu aimes est en Amérique, n'est-ce pas?

— Je te l'ai déjà dit plusieurs fois.

— Eh bien! c'est là qu'il nous faut aller.

— Mais je ne sais même pas quelle partie de l'Amérique elle habite.

— Qu'importe! le Nouveau-Monde est le pays de l'or, la patrie des aventuriers! nous referons notre fortune en la cherchant. Est-ce une chose si désagréable? Dis-moi... cette femme est née quelque part?

— Elle est Chilienne.

— Bon ! Elle est retournée au Chili, alors; c'est là que nous la retrouverons.

Louis regarda un instant son frère de lait, avec une espèce d'admiration respectueuse.

— Eh quoi ! sérieusement tu ferais cela, frère ? dit-il d'une voix émue.

— Sans hésiter.

— Tu abandonnerais le carrière militaire, qui t'offre tant de chances de succès ? je sais qu'avant six mois tu seras nommé officier…

— Je ne suis plus soldat depuis ce matin ; j'ai trouvé un remplaçant.

— Oh ! ce n'est pas possible !

— Cela est.

— Mais ta vieille mère, ta nourrice dont tu es le seul soutien ?

— Sur ce qui te reste nous lui laisserons quelques mille francs qui, joints à ma pension de légionnaire, lui suffiront pour vivre en nous attendant.

— Oh ! s'écria le jeune homme, je ne puis accepter un tel sacrifice; mon honneur me le défend !

— Malheureusement, frère, dit Valentin d'un ton qui imposa au comte, tu n'es pas libre de refuser. En agissant ainsi, j'accomplis un devoir sacré.

— Je ne te comprends pas.

— A quoi bon t'expliquer ?…

— Je l'exige !

— Soit ! du reste, cela vaut peut-être mieux. Écoute donc : lorsqu'après t'avoir nourri, ma mère t'eût rendu à ta famille, mon père tomba malade et mourut à la suite d'une maladie de huit mois, nous laissant, ma mère et moi, dans la plus profonde misère. Le peu que nous possédions avait servi à acheter des médicaments et à payer les visites du médecin. Nous aurions pu avoir recours à ta famille qui, certes, ne nous eût pas abandonnés; ma mère ne voulut jamais y consentir. « Le comte de Prébois-Crancé a fait pour nous plus qu'il ne devait, répétait-elle, il ne faut pas l'importuner davantage. »

— Elle eut tort, dit Louis.

— Je le sais, reprit Valentin. Cependant la faim se faisait sentir. Ce fut alors que j'entrepris ces métiers impossibles, dont je te parlais il y a quelques minutes. Un jour, sur la place du Caire, après avoir avalé des sabres et mangé des étoupes enflammées, aux applaudissements de la foule, je faisais la quête, lorsque je me trouvai tout à coup en face d'un officier de chasseurs d'Afrique qui me regardait avec un air de bonté et de pitié qui m'alla au cœur. Il m'emmena avec lui, me fit conter mon histoire, et exigea que je le conduisisse dans le grabat que ma mère et moi habitions. A la vue de notre misère, le vieux soldat se sentit ému, une larme qu'il ne songea pas à retenir coula silencieusement sur ses joues hâlées. Louis, cet officier était ton père.

— Mon noble et bon père ! dit le comte en serrant la main de son frère de lait.

— Oh ! oui, noble et bon ! il assura à ma mère une petite rente viagère qui lui permit de vivre, et moi, il m'engagea dans son régiment. Il y a deux ans, pendant la dernière expédition contre le bey de Constantine, ton père reçut une balle dans la poitrine et mourut au bout de deux heures en appelant son fils.

Chasseur français (Page 12.)

— Oui, dit le jeune homme avec des larmes dans la voix, jé le sais !

— Mais ce que tu ignores, Louis, c'est que sur le point de mourir ton père se tourna vers moi. Depuis la blessure qu'il avait reçue, je ne l'avais pas quitté. Louis serra silencieusement la main de Valentin.

Celui-ci continua :

— Valentin, me dit-il d'une voix faible, entrecoupée par le râle de la mort, car l'agonie commençait déjà, mon fils reste seul et sans expérience : il n'a plus que toi, son frère de lait. Veille sur lui, ne l'abandonne jamais. Qui sait ce que l'avenir lui réserve ! Puis-je compter sur ta promesse ? elle me rendra la mort plus douce. Je m'agenouillai auprès de lui, et saisissant respectueusement la main qu'il me tendait. « Mourez en paix, lui dis-je, à l'heure de l'adversité je serai toujours aux côtés de Louis. « Deux larmes coulèrent des yeux de ton père, larmes de joie à cette heure suprême, et d'une voix attendrie : « Dieu a reçu ton serment », me dit-il. Il expira doucement, en cherchant une dernière fois à me presser la main et en murmurant ton nom. Louis ! je dois à ton père le bien-être dont jouit ma bonne mère ; je dois à ton père les sentiments qui font de moi un homme, cette croix qui brille sur ma poitrine. Comprends-tu, maintenant, pourquoi je t'ai parlé ainsi que je l'ai fait ? Tant que tu as marché dans la force, je me suis tenu à l'écart, mais aujourd'hui, que l'heure est venue d'accomplir mon serment, aucune puissance humaine ne saurait m'en empêcher.

Il y eut un moment de silence entre les deux jeunes gens.

Enfin Louis cacha sa tête dans la loyale poitrine du soldat et dit en fondant en larmes :

— Quand partons-nous, frère ?

Celui-ci le regarda.

— Est-ce sans arrière-pensée que tu veux commencer une vie nouvelle ?

— Oui, répondit Louis, d'une voix ferme.

— Tu ne laisses aucun regret derrière toi ?

— Aucun.

— Tu es prêt à supporter bravement toutes les épreuves qui t'attendent ?

— Oui.

— Bien, frère ! c'est ainsi que je veux que tu sois. Nous partirons dès que nous aurons réglé le bilan de la vie passée. Il faut que tu entres libre d'entraves et de souvenirs amers dans l'existence nouvelle qui s'ouvrira devant toi.

. . . .
. . . .

Le 2 février 1835, un paquebot de la compagnie transatlantique quittait le Havre et cinglait pour Valparaiso.

A bord se trouvaient embarqués comme passager le comte de Prébois-Crancé, Valentin Guillois, son frère de lait, et César leur chien de Terre-Neuve, César, le seul ami qui leur était resté fidèle et dont ils n'avaient pas voulu se séparer.

Sur la jetée, une femme d'une soixantaine d'années, le visage baigné de larmes, resta les yeux obstinément fixés sur le navire, tant qu'elle put l'apercevoir

Lorsqu'il eut disparu à l'horizon, elle jeta un regard désolé autour d'elle, et reprit à pas lents le chemin d'une maison située non loin de la plage, où elle demeurait depuis trois jours.

— Fais ce que dois, advienne que pourra !... dit-elle d'une voix étouffée par la douleur.

Cette femme était la mère de Valentin Guillois.

Elle était la plus à plaindre, elle restait seule !...

IV

L'EXÉCUTION

Vers l'an 1450, le Chili fut envahi par le prince *Sinctinoca*, plus tard, c'est lui qui s'empara de la vallée de *Mapocho*, nommée alors *Promocaces*, c'est-à-dire *Lieu de danses et de réjouissances*.

Pourtant, le gouvernement péruvien ne put jamais être établi solidement dans le pays, à cause de l'opposition armée des *Promocéans*, alors campés entre les rivières *Rapol* et *Vande*.

Aussi, bien que l'historien *Garcilasso de la Vega* place les limites du territoire conquis par les Incas, sur le Rio Mande, tout prouve qu'elles étaient sur le Rapel, car, près du confluent du *Cachapoal* et du *Tingirica*, qui prend alors le nom de Rapel, se trouvent les ruines d'une ancienne forteresse, péruvienne, construite absolument comme celles de *Callo* et d'*Assuay*, dans la province de *Quito*. Ces forteresses servaient à marquer la frontière.

Le conquérant espagnol, don Pedro de Valdivia fonda, le 24 février 1541, la ville de Santiago, dans une délicieuse position sur la rive gauche du Rio *Mapocho*, à l'entrée d'une plaine de cent kilomètres d'étendue, bornée par le Rio *Purahuel* et la montagne d'*El Pardo*, qui n'a pas moins de quatre mille pieds d'élévation.

Cette plaine, que baigne également le Rio *Maypo*, forme un réservoir naturel, où les terrains meubles entraînés des hauteurs voisines se sont nivelés et ont formé un des plus riches territoires du Nouveau-Monde.

Santiago, qui devint plus tard la capitale du Chili, est une des plus belles villes de l'Amérique espagnole. Ses rues sont larges, tirées au cordeau, et rafraîchies par des *Acequias*, ou ruisseaux d'une eau claire et limpide ; ses maisons, bâties en *adobes*, élevées d'un étage seulement, à cause de tremblements de terre, si fréquents dans ce pays, sont vastes, aérées et bien disposées.

Elle possède un grand nombre de monuments dont les plus remarquables sont le pont en pierres à cinq arches, jeté sur le Mapocho, et le Tajamar ou brise-eaux, formé de deux murs en briques, dont l'intérieur est rempli de terre et qui sert à préserver les habitants des inondations.

Les Cordillères, aux sommets couronnés de neiges éternelles, quoique éloignées de quatre-vingts kilomètres de la ville, semblent suspendues sur elle et offrent un aspect des plus majestueux et des plus imposants.

Le 5 mai 1835, vers dix heures du soir, une chaleur étouffante pesait sur la cité; l'air n'avait pas un souffle, le ciel pas un nuage.

Santiago, si folle et si rieuse d'ordinaire, où, à cette heure de nuit, on est sûr de voir étinceler à tous les balcons des yeux noirs et sourire des lèvres roses; où chaque fenêtre envoie aux passants, comme une provocante invitation, des bouffées de *Sambacuejas* et des lambeaux de chansons créoles, semblait plongée dans une sombre tristesse. Les balcons et les fenêtres étaient garnis, il est vrai, de têtes d'hommes et de femmes, pressées les unes contre les autres, mais l'expression de toutes les physionomies était grave, tous les regards étaient pensifs et inquiets; plus de sourires, plus de joie; partout, au contraire, des fronts plissés, des joues pâlies, des yeux pleins de larmes.

Çà et là, dans les rues, des groupes nombreux stationnaient au milieu de la chaussée ou sur le pas des portes, discutant à voix basse et avec vivacité.

A chaque instant, des officiers d'ordonnance sortaient du palais du gouvernement et s'élançaient au galop dans diverses directions.

Des détachements de troupes quittaient leurs casernes et se rendaient au son des tambours sur la Plaza Mayor, où ils se formaient en bataille, passant silencieux au milieu des habitants consternés.

C'était surtout la Plaza Mayor qui, ce soir-là, offrait un aspect inaccoutumé.

Des torches, secouées par des individus mêlés à la foule, jetaient des reflets rougeâtres sur le peuple rassemblé, et qui semblait dans l'attente d'un grand événement.

Mais parmi tous ces gens réunis dans un même lieu et dont le nombre croissait de seconde en seconde, pas un cri, pas un mot, ne se faisait entendre. Seulement, par intervalles, s'élevait un murmure sans nom, bruit de la mer avant la tempête, chuchotement de tout un peuple anxieux, expression de l'orage qui grondait dans toutes ces poitrines oppressées.

Dix heures sonnèrent lentement à l'horloge de la cathédrale.

A peine les *Serenos* eurent-ils, suivant l'usage, chanté l'heure que des commandements militaires se firent entendre, et la foule violemment rejetée en divers sens, avec force cris et jurons, accompagnés de coups de crosses de fusils, se partagea en deux parties à peu près égales, en laissant au milieu de la place un vaste espace libre.

En ce moment, s'élevèrent des chants religieux, murmures d'un ton bas et monotone; et une longue procession de moines déboucha sur la place.

Ces moines appartenaient tous à l'ordre des frères de la Merci. Ils marchaient lentement sur deux lignes, la cagoule sur le visage, la tête baissée et les bras croisés sur la poitrine, en psalmodiant le *De profundis*.

Au milieu d'eux, dix pénitents portaient chacun un cercueil ouvert.

Puis venait un escadron de cavalerie, précédant un bataillon de miliciens, au centre duquel dix hommes, la tête nue, les bras attachés derrière le dos, étaient conduits, chacun d'eux monté à rebours sur un âne, qu'un moine de la Merci guidait par la bride; un détachement de *lanceros* venait immédiatement après et fermait cette lugubre procession.

Au cri de halte, proféré par le commandant des rangées sur la place, les moines s'écartèrent à droite et à gauche, sans interrompre leurs chants funèbres, et les condamnés restèrent seuls au milieu de l'espace laissé libre pour eux.

Ces hommes étaient des patriotes qui avaient tenté de renverser le gouvernement établi, pour lui en substituer un autre, dont les bases plus larges et plus démocratiques seraient, à leur sens, plus en rapport avec les idées de progrès et de bien-être de la nation.

Ces patriotes tenaient aux premières familles du pays.

La population de Santiago voyait avec un morne désespoir la mort de ceux qu'elle considérait comme des martyrs.

Il est probable qu'un soulèvement aurait eu lieu en leur faveur, si le général don Pancho Bustamente, ministre de la Guerre, n'avait pas déployé un appareil militaire capable d'en imposer aux plus déterminés et de les obliger à assister silencieux à l'exécution de ceux qu'ils ne pouvaient sauver, mais qu'ils se réservaient de venger plus tard.

Les condamnés mirent pied à terre, ils s'agenouillèrent pieusement, et se confessèrent aux moines de la Merci restés près d'eux, tandis qu'un peloton de cinquante soldats prenait position à vingt pas.

Lorsque leur confession fut achevée, ils se relevèrent bravement, et, se prenant tous par la main, ils se rangèrent sur une seule ligne devant les soldats désignés pour leur donner la mort.

Cependant, malgré le nombre considérable de troupes rassemblées sur la place, une sourde fermentation régnait dans le peuple. La foule s'agitait en sens divers; des murmures de sinistre augure et des malédictions prononcées à voix haute contre les agents du pouvoir semblaient engager ceux-ci à en finir de suite, s'il ne voulaient pas se voir ravir leurs victimes.

Le général Bustamente qui, calme et impassible, présidait à cette lugubre cérémonie, sourit avec dédain à cette expression de la désapprobation populaire. Il leva son épée au-dessus de sa tête et commanda un changement de front qui fut exécuté avec la rapidité de l'éclair.

Les troupes firent face de tous les côtés à la foule; les premiers rangs couchèrent en joue les citoyens pressés devant eux, tandis que les autres dirigèrent leurs fusils vers les fenêtres et les balcons encombrés de monde.

Alors, il se fit dans la place un silence de mort, qui permit de ne pas perdre un mot de la sentence lue par le greffier aux patriotes, sentence qui les condamnait à être passés par les armes, comme fauteurs ou complices d'une conspiration ayant pour but de renverser le gouvernement constitué et de plonger leur pays dans l'anarchie.

Les conjurés écoutèrent leur arrêt avec un visage impassible

Lorsque le greffier, qui tremblait de tous ses membres, eut terminé sa lecture, ils s'écrièrent tous d'une seule voix :

— Vive la Patrie! Vive la Liberté!

Le général fit un signe.

Un roulement de tambour couvrit la voix des condamnés.

Une décharge de mousqueterie éclata comme un coup de foudre.

Et les dix martyrs tombèrent sur le sol, en proférant encore une fois leur cri de liberté, cri qui devait trouver de l'écho dans le cœur de leurs compatriotes terrifiés.

Les troupes défilèrent, les armes hautes, enseignes déployées et musique en tête, devant les cadavres renversés les uns sur les autres, et regagnèrent leurs casernes.

Lorsque le général eut disparu avec son escorte, que toutes les troupes eurent quitté la place, le peuple se précipita en masse vers l'endroit où gisaient pêle-mêle les martyrs de sa cause. Chacun voulait leur faire un suprême adieu et jurer sur leur corps de les venger ou de tomber à son tour.

Enfin peu à peu la foule devint moins compacte, les groupes se dissipèrent les dernières torches s'éteignirent, et ce lieu, où s'était accompli il y avait une heure à peine un drame terrible, resta complètement désert.

Un laps de temps assez long s'écoula sans qu'aucun bruit vint troubler le silence solennel qui planait sur la Plaza-Mayor.

Tout à coup, un profond soupir s'échappa du monceau de cadavres, et une tête pâle, défigurée par le sang et la boue qui la souillaient, s'éleva lentement au-dessus de ce charnier humain, écartant avec effort les corps qui la cachaient.

La victime qui survivait par miracle à cette sanglante hécatombe, jeta un regard inquiet autour d'elle, et passant la main sur son front baigné d'une sueur froide :

— Mon Dieu! mon Dieu! murmura-t-elle avec angoisse, donnez-moi la force de vivre afin que je puisse me venger!

Alors, avec un courage inouï, cet homme, trop faible à cause du sang qu'il avait perdu et de celui qu'il perdait encore, pour se remettre debout et s'échapper en marchant, commença à ramper sur les mains et sur les genoux, laissant derrière lui une longue trace humide, se dirigeant du côté de la cathédrale; à chaque seconde il s'arrêtait pour reprendre haleine et poser la main sur ses blessures, que les mouvements qu'il faisait rendaient plus douloureuses.

A peine s'était-il éloigné d'une vingtaine de mètres du centre de la place, et cela avec des difficultés immenses, que d'une rue qui s'ouvrait juste en face de lui, sortirent deux hommes qui s'avancèrent en toute hâte de son côté.

— Oh! s'écria le malheureux avec désespoir, je suis perdu! Dieu n'est pas juste!

Et il s'évanouit.

Les deux inconnus, arrivés auprès de lui, se penchèrent sur son corps et l'examinèrent avec soin.

— Eh bien? demanda l'un au bout de quelques secondes.

— Il vit, répondit l'autre d'un ton de conviction.

Sans prononcer un mot de plus, ils roulèrent le blessé dans un *poncho*, le chargèrent sur leurs épaules et disparurent dans les sombres profondeurs de la rue par laquelle ils étaient venus et qui conduisait au faubourg de la *Canadilla*.

V

LA TRAVERSÉE

Le voyage est long, du Havre au Chili !

Pour l'homme habitué aux mille agitations et au tourbillon enivrant de l'atmosphère parisienne, la vie de bord, si calme et si réglée, semble bien insipide et bien monotone !

Rester des mois entiers confiné sur un bâtiment, relégué dans une chambre de deux mètres carrés au plus, sans air, sans clarté, n'ayant pour promenade que le pont étroit du navire, pour horizon que la mer houleuse ou tranquille, mais toujours et partout la mer !

La transition est trop brusque.

Le Parisien, accoutumé au bruit et au mouvement de la grande ville, ne peut comprendre la poésie de cette vie de marin qu'il ignore, les sublimes jouissances et les âcres voluptés qu'éprouvent incessamment ces hommes au cœur de granit, continuellement en lutte avec les éléments ; qui se rient de la tempête, et bravent l'ouragan ; vingt fois par minutes ; voient la mort face à face et sont parvenus à si bien la mépriser qu'ils ont fini par ne plus y croire.

Les heures sont d'une longueur interminable au passager qui aspire après la terre : chaque jour lui semble un siècle.

Les yeux constamment fixés sur le point qu'il se figure ne jamais devoir atteindre, il tombe, malgré lui dans une espèce de nostalgie sombre, que la vue du port tant désiré est seule assez puissante pour dissiper.

Le comte de Prébois-Crancé et Valentin Guillois avaient, eux aussi, subi toutes les désillusions et tous les ennuis de la vie de bord.

Pendant les premiers jours, ils avaient rappelé les souvenirs, si palpitants encore, de cette autre vie avec laquelle ils rompaient pour toujours. Ils s'étaient entretenus de la surprise que causerait dans la haute société la disparition subite du comte, qui était parti sans avertir personne et sans qu'aucun indice pût mettre sur ses traces.

Leur esprit franchissant les distances qui les séparaient de l'Amérique, vers laquelle ils se dirigeaient, ils avaient longuement causé des jouissances inconnues qui les attendaient sur ce sol doré, terre promise des aventuriers de toutes sortes, mais qui, hélas ! garde souvent à ceux qui vont y chercher une facile fortune, tant de déboires et de déceptions !

Comme tout sujet, si intéressant qu'il soit, finit toujours par s'épuiser, les deux jeunes gens, pour échapper à la monotonie fatigante du voyage avaient eu le bon esprit d'organiser leur existence de façon à ce que l'ennui eût sur eux moins de prise que sur les autres passagers.

Deux fois par jour, le matin et le soir, le comte, qui parlait parfaitement espagnol, donnait leçon à son frère de lait, leçon dont celui-ci profita si bien, qu'après deux mois d'études, il fut capable de soutenir une conversation en espagnol. Aussi, pendant les dernières semaines de la traversée, les jeunes gens avaient pris l'habitude de ne plus parler que cette langue entre eux et avec les quelques personnes qui à bord la comprenaient.

Cette habitude produisit le résultat qu'ils en attendaient; c'est-à-dire que Valentin arriva en fort peu de temps à se servir de l'espagnol, qui, du reste, est excessivement facile à parler, aussi couramment que du français.

Par moments, Valentin devenait professeur à son tour. Il faisait faire à Louis des exercices gymnastiques, de façon à développer sa vigueur naturelle, rompre son corps à la fatigue et le mettre à même de supporter les rudes exigences de sa nouvelle position.

Nous reviendrons ici sur le caractère de Valentin Guillois, caractère dont le lecteur, d'après la manière de parler et d'agir du jeune homme, pourrait se former une opinion complètement fausse et que nous croyons à propos de rectifier.

Au moral, Valentin Guillois était un garçon qui s'ignorait lui-même, gouailleur, mauvaise tête et sans souci par excellence, dont, à la surface, la nature avait été viciée par des lectures faites sans discernement, mais dont le fond était essentiellement bon, et qui résumait en lui tous les individus d'une certaine classe qui, n'étant jamais sortis, de chez eux, ne connaissent le monde que d'après les romans ou les drames du faubourg du Temple.

Il avait poussé comme un champignon sur le pavé de Paris, faisant pour vivre, ainsi qu'il le disait lui-même, les métiers les plus excentriques et les plus impossibles.

Soldat il avait vécu au jour le jour, heureux du présent, et ne songeant nullement à un avenir qu'il savait fort bien ne pas exister pour lui.

Seulement, dans le cœur de l'insouciant gamin, un sentiment nouveau avait germé, et, en quelques jours pris de profondes racines; un dévouement de séide pour l'homme qui lui avait tendu la main, avait eu pitié de sa mère, en le retirant du bourbier dans lequel il pataugeait, sans espoir d'en sortir jamais, lui avait donné la conscience de sa valeur personnelle.

La mort de son bienfaiteur le frappa comme un coup de foudre.

Il comprit toute l'importance de la maison dont le chargeait son colonel mourant, le lourd fardeau qu'il lui imposait, et il jura avec la ferme résolution de tenir son serment coûte que coûte, de veiller comme une mère attentive et dévouée sur le fils de celui qui avait fait de lui un homme semblable aux autres.

Les deux traits les plus saillants de son caractère étaient une énergie que les obstacles ne faisaient qu'augmenter au lieu de l'abattre, et une volonté de fer.

Avec ces deux qualités, portées au degré auquel les poussait Valentin, un homme est sûr d'accomplir de grandes choses, et si la mort ne le surprend pas en route, d'atteindre, à un moment donné, le but, quel qu'il soit, qu'il s'est une fois marqué.

Dans les circonstances présentes, ces qualités étaient précieuses pour le

— Il chercha une dernière fois à me presser la main en murmurant ton nom.

comte de Prébois-Crancé, nature rêveuse et poétique, caractère faible et
esprit timide, qui, habitué depuis sa naissance à la vie facile des gens for-
tunés, ignorait entièrement les difficultés incessantes de l'existence nouvelle,
dans laquelle il se trouvait jeté subitement.

Ainsi que cela arrive toujours, lorsque deux hommes aussi diversement
doués se rencontrent, Valentin n'avait pas tardé à prendre sur son frère de
lait une influence morale extrême, influence dont il se servait avec un tact

infini, sans jamais la faire sentir à son compagnon, dont il semblait faire toutes les volontés, tout en lui imposant les siennes.

Enfin ces deux hommes, qui s'aimaient foncièrement et n'avaient qu'une tête et qu'un cœur, se complétaient l'un par l'autre.

La façon de parler employée par Valentin, dans les premiers chapitres de cette histoire ne lui était nullement habituelle, et l'avait sincèrement étonné lui-même.

S'élevant à la hauteur de la résolution du jeune homme qu'il voulait sauver du désespoir, il avait compris, avec cette intelligence du cœur innée chez lui et qu'il ne soupçonnait même pas, qu'au lieu de s'attendrir sur le malheur qui frappait si inopinément son frère de lait, il devait s'attacher au contraire à lui rendre le courage qui lui manquait.

Ainsi qu'on l'a vu, il trouva dans son cœur des arguments si péremptoirement décisifs, que le comte consentit à vivre et à s'abandonner à ses conseils.

Valentin n'hésita pas. Le départ de dona Rosario lui fournit le prétexte dont il avait besoin pour ravir son frère de lait au gouffre parisien, qui, après avoir dévoré sa fortune, menaçait de le dévorer lui-même. Comprenant surtout l'urgence de le dépayser, il persuada à Louis de suivre celle qu'il aimait en Amérique, et tous deux ils partirent gaîment pour le Nouveau-Monde, abandonnant sans regret cette patrie qui s'était montrée si ingrate envers eux.

Bien souvent, pendant la traversée, le jeune comte avait senti faiblir son courage, et sa foi en l'avenir fut prête à l'abandonner, en songeant à la vie de luttes et d'épreuves qui l'attendait en Amérique. Mais Valentin, grâce à sa gaîté inépuisable, à sa faconde inouïe et à ses saillies incessantes, parvenait toujours à dérider le front soucieux de son compagnon qui, avec sa nonchalance habituelle, et surtout à cause de son caractère sans énergie, se laissait aller à subir complètement cette influence occulte de Valentin qui le retrempait à son insu et peu à peu en faisait un autre homme.

Voici dans quelle situation d'esprit se trouvaient nos deux personnages, lorsque le paquebot jeta enfin l'ancre dans la rade de Valparaiso.

Valentin, avec son imperturbable assurance, ne doutait de rien. Il était persuadé que les gens avec lesquels il allait se trouver en rapport étaient fort au-dessous de lui comme intelligence, et qu'il en aurait bon marché pour atteindre le double but qu'il se proposait.

Le comte s'en rapportait entièrement à son frère de lait du soin de retrouver la femme qu'il aimait et qu'il était venu chercher si loin. Quant à refaire sa fortune, il n'y songeait même pas.

Valparaiso, — Vallée du Paradis, — ainsi nommée, probablement par antiphrase, car c'est bien la ville la plus sale, la plus laide de l'Amérique espagnole, n'est qu'une étape pour les étrangers que des intérêts commerciaux n'appellent pas dans le Chili.

Les jeunes gens n'y firent que le séjour nécessaire pour s'équiper à la mode du pays, c'est-à-dire prendre le chapeau de Panama, le *poncho* et les *potenas*, puis, armés chacun de deux pistolets doubles, d'une carabine rayée et d'un long couteau dans la botte, ils quittèrent le port, et, montés sur d'excellents chevaux, se dirigèrent vers Santiago, la veille du jour où devait avoir lieu l'exécution que nous avons rapportée dans notre précédent chapitre.

Le temps était magnifique. Les rayons d'un ardent soleil tamisaient la poussière et faisaient étinceler les cailloux pailletés d'or de la route.

— Ah! fit Valentin avec un soupir de satisfaction, dès qu'ils se trouvèrent sur le superbe chemin qui conduit à la capitale du Chili, c'est bon de respirer l'air de la terre, *caramba!* comme ils disent ici. Nous y voilà donc enfin dans cette Amérique si vantée! c'est à présent qu'il faut moissonner l'or!

— Et dona Rosario? dit son frère de lait d'une voix mélancolique.

— Avant huit jours nous l'aurons retrouvée, répondit Valentin avec un aplomb étourdissant.

Sur ces consolantes paroles, il piqua son cheval, et les deux jeunes gens disparurent dans les détours du chemin.

VI

LA LINDA [1]

La nuit était sombre.

Aucune étoile ne brillait au ciel; la lune, cachée derrière les nuages, ne répandait qu'une lueur pâle et blafarde qui, lorsqu'elle disparaissait, rendait les ténèbres plus épaisses encore.

Les rues étaient désertes : de loin en loin, on entendait résonner les pas furtifs des serenos qui veillaient seuls à cette heure.

Les deux hommes que, sur la Plaza-Mayor, nous avons vus enlever le blessé, marchèrent longtemps chargés de leur étrange fardeau, s'arrêtant au moindre bruit suspect et se cachant dans l'enfoncement d'une porte, ou à l'angle d'une rue, pour laisser passer, sans être découverts, les serenos qui auraient pu leur demander compte de leur présence dans les rues à une heure indue.

Depuis la découverte de la conspiration, ordre était donné qu'à onze heures du soir tous les citoyens fussent rentrés chez eux.

Après des détours sans nombre, les inconnus s'arrêtèrent dans la rue d'El Mercado, l'une des plus retirées et des plus étroites de Santiago.

Au bruit de leurs pas, une porte s'ouvrit.

Une femme, vêtue de blanc, tenant à sa main une chandelle dont elle cachait la lumière avec la paume de la main gauche, parut sur le seuil.

Les deux hommes s'arrêtèrent.

1. Ce mot, qui n'a pas d'équivalent en français, est dans la langue espagnole la plus haute expression de la beauté physique chez la femme.

L'un d'eux sortit une mèche de la poche de sa veste et battit le briquet en faisant jaillir le plus d'étincelles qu'il pouvait de la pierre.

A ce signal, car c'en était évidemment un, la femme éteignit sa lumière en disant à voix haute, comme se parlant à elle-même :

— *Dios proteje á Chile !* — Que Dieu protège le Chili !

— *Dios lo ha protegido !* — Dieu l'a protégé ! — répondit l'homme au briquet, en remettant son ustensile dans sa poche.

La femme poussa un cri de joie, étouffé par la prudence.

— Venez ! venez ! dit-elle à demi-voix.

En un instant les deux hommes furent à ses côtés.

— Il vit? demanda-t-elle avec anxiété.

— Il vit! répondit un des inconnus.

— Entrez ! au nom du ciel ! reprit-elle.

Les porteurs, guidés par la femme qui avait rallumé sa chandelle, disparurent dans la maison, dont la porte se referma immédiatement sur eux.

Toutes les maisons de Santiago se ressemblent quant aux dispositions intérieures; en décrire une, c'est les décrire toutes.

Une large porte ornée de pilastres conduit au *patio*, grande cour d'entrée, au fond de laquelle se trouve la pièce principale, qui est ordinairement une salle à manger.

De chaque côté sont des chambres à coucher, des salons de réception et des cabinets de travail.

Derrière ces appartements se trouve la *heurta* ou jardin, disposé avec goût, orné de fontaines et planté d'orangers, de citronniers, grenadiers, tilleuls, cèdres et palmiers, qui poussent avec une force de végétation incroyable.

Après le jardin vient le *corral*, vaste enclos destiné aux chevaux et aux voitures.

La maison dans laquelle nous avons introduit le lecteur ne différait des autres que par le luxe princier de son ameublement, qui semblait indiquer que son propriétaire était un personnage important.

Les deux hommes, toujours précédés par la femme qui leur servait de guide, entrèrent dans un petit salon dont les fenêtres donnaient sur le jardin.

Ils déposèrent leur fardeau humain sur un lit de repos et se retirèrent sans prononcer une parole, après s'être inclinés respectueusement.

La femme resta un instant immobile, écoutant le bruit de leurs pas qui s'éloignaient.

Lorsque tout fut rentré dans le silence, elle s'élança d'un bond vers la porte et en poussa les verrous par un geste fébrile ; puis elle revint se placer devant le blessé qui ne donnait plus signe de vie, et attacha sur lui un long et triste regard.

Cette femme, qui avait trente ou trente-cinq ans, en paraissait vingt à peine.

Elle était douée d'une beauté admirable, mais étrange, qui produisait une impression de répulsion instinctive. Malgré la splendeur majestueuse de sa taille svelte et gracieuse, l'élégance de sa démarche, la désinvolture de ses mouvements remplis de volupté et de laisser aller, malgré la pureté des lignes de son visage d'un blanc mat, légèrement doré par les chauds rayons du soleil américain, que les magnifiques tresses de ses cheveux noirs aux reflets bleuâtres encadraient délicieusement, ses grands yeux bleus ornés de longs cils veloutés, et couronnés de sourcils d'un arc parfait, son nez droit aux ailes mobiles et roses, sa bouche mignonne dont les lèvres d'un rouge de sang tranchaient admirablement avec ses dents d'un blanc de perle, il y avait dans cette splendide créature quelque chose de fatal qui faisait froid au cœur. La profondeur de son regard, le sourire ironique qui, presque toujours, contractait le coin de ses lèvres, le pli imperceptible qui formait sur son front une ligne dure et tranchée, tout chez elle, jusqu'au son mélodieux de sa voix au timbre fortement accentué, tuait la sympathie et commandait, pour ainsi dire, non pas le respect, mais la crainte.

Seule, dans cette chambre, à peine éclairée par la lueur tremblotante d'un flambeau, par cette nuit calme et silencieuse, en face de cet homme pâle et sanglant qu'elle considérait, les sourcils froncés, elle ressemblait, avec ses longs cheveux tombant en désordre de ses épaules sur sa robe blanche, à l'une de ces fatidiques sorcières thessaliennes, se préparant à accomplir une œuvre mystérieuse et terrible.

L'inconnu était un homme de quarante-cinq ans tout au plus, d'une taille haute, bien prise et parfaitement proportionnée. Ses traits étaient beaux, son front noble, et l'expression de son visage altière, franche et résolue.

La femme resta longtemps plongée dans une contemplation muette.

Son sein se soulevait précipitamment, ses sourcils se fronçaient de plus en plus, elle paraissait épier les progrès si lents du retour à la vie de l'homme qu'elle venait de sauver de la mort.

Enfin, la parole se fit jour à travers ses lèvres serrées, et elle murmura d'une voix basse et entrecoupée :

— Le voilà !... cette fois, il est bien en mon pouvoir !... consentira-t-il à me répondre ! Oh ! j'aurais peut-être mieux fait de le laisser mourir !

Elle s'interrompit et poussa un soupir, mais elle continua presque immédiatement :

— Ma fille ! ma fille dont cet homme s'est emparé ! que, malgré toutes mes recherches, il a su cacher dans un asile inviolable jusqu'ici ! Ma fille ! il faut qu'il me la rende ! je le veux ! ajouta-t-elle avec une énergie indicible; il le faut ! dussé-je le livrer de nouveau aux bourreaux auxquels j'ai ravi leur proie ! ces blessures ne sont rien ; la perte de son sang et la terreur ont seuls causé l'évanouissement dans lequel il est plongé ! Allons ! le temps se passe ! on pourrait s'apercevoir de mon absence. Pourquoi hésiter davantage ? sachons de suite ce que j'ai à espérer de lui !... peut-être se laissera-t-il attendrir par mes larmes et mes prières... lui à qui tout sentiment humain est inconnu... mieux voudrait implorer l'Indien le plus implacable ! mais lui !... il rira de ma douleur ; il répondra par des sarcasmes à mes cris de désespoir ! oh ! malheur ! malheur à lui, alors !

Elle considéra encore un instant le blessé, toujours immobile, puis elle ajouta résolument :

— Essayons !

Elle sortit de son sein un flacon de cristal curieusement travaillé, souleva la tête de l'inconnu et le lui fit respirer.

Il y eut un moment d'attente suprême.

La femme suivait d'un œil avide les mouvements convulsifs, précurseurs du retour à la vie, qui agitaient le corps du blessé.

Il poussa un profond soupir et ouvrit lentement les yeux.

— Où suis-je ? murmura-t-il d'une voix faible, en se laissant retomber en arrière et en refermant les yeux.

— En sûreté, répondit la femme.

Le son de cette voix produisit sur le blessé l'effet d'une commotion électrique. Il se redressa d'un mouvement brusque et regardant autour de lui avec un mélange de dégoût, d'effroi et de colère :

— Qui donc a parlé, ici ? fit-il d'une voix sourde.

— Moi ! répondit fièrement la femme en se plaçant devant lui.

— Ah ! reprit-il avec un geste et retombant sur le lit de repos, toujours elle !

— Oui ! toujours moi ! toujours moi, don Tadeo ! moi ! dont malgré vos dédains et votre haine, la volonté n'a jamais failli ! moi, enfin, dont vous avez obstinément refusé les secours, et qui vous ai sauvé malgré vous !

— Oh ! cela vous était facile, madame ! répondit le blessé avec mépris ; n'êtes-vous pas au mieux avec mes bourreaux ?

La femme ne put retenir à cette réponse insultante un mouvement de colère.

Une rougeur subite envahit son visage.

— Pas d'insultes, don Tadeo de Léon ! dit-elle en frappant du pied, je vous ai sauvé ! Je suis femme, et vous êtes chez moi !

— C'est vrai ! répondit-il en se relevant et s'inclinant avec ironie, je n'y songeais pas, madame, je suis chez vous ; soyez donc assez bonne pour m'indiquer par où l'on en sort, afin que je m'éloigne au plus vite.

— Ne vous hâtez pas tant, don Tadeo. Vos forces ne sont pas encore suffisamment revenues. A quelques pas d'ici, vous tomberiez peut-être pour être relevé par les agents du pouvoir qui, cette fois, je vous le jure, ne vous laisseraient pas échapper.

— Et qui vous dit, madame, que je ne préfère pas à la chance de rester plus longtemps auprès de vous, celle d'être repris et exécuté une seconde fois ?

Il y eut un instant de silence, pendant lequel les deux interlocuteurs s'observèrent attentivement.

La femme reprit la parole :

— Écoutez-moi, don Tadeo ! dit-elle, malgré tous vos efforts, le destin, ou pour mieux dire, le génie féminin auquel rien ne résiste nous a remis en présence. Si vous vivez, si vous n'avez reçu que de légères blessures, c'est que j'ai acheté à prix d'or les soldats chargés de votre exécution ; je voulais vous contraindre à cette explication que depuis longtemps je vous demande, que vous m'avez toujours refusée, mais que vous ne pouvez plus éviter à présent. Soumettez-vous donc de bonne grâce. Nous nous séparerons, sinon amis, du moins indifférents pour ne jamais nous revoir. Sans vouloir ici réclamer des droits à votre reconnaissance, vous me devez la vie ; ne serait-ce que pour ce service, vous êtes obligé de m'entendre.

— Eh ! madame ! répondit fièrement don Tadeo, pensez-vous donc que je considère ce que vous avez fait comme un service ? de quel droit m'avez-vous sauvé la vie ? Vous me connaissez bien mal, si vous avez cru que je me laisserais attendrir par vos larmes ? Non ! non ! trop longtemps j'ai été votre dupe et votre esclave. Dieu soit loué ! aujourd'hui je vous connais, et la *Linda*, la maîtresse du général Bustamente, le tyran de mon pays, le bourreau de mes frères et le mien, n'a rien à attendre de moi ! Tout ce que vous direz, tout ce que vous ferez, sera inutile. Je ne vous répondrai pas. Épargnez-vous, croyez-moi, cette feinte douceur, qui ne va ni à votre caractère, ni à votre façon de comprendre la vie. Je vous ai follement aimée, jeune fille pure et sage, lorsque, dans la cabane du digne *huaso*, votre père, dont vos débordements ont causé la mort, on vous nommait Maria. A cette époque, pour vous j'aurais avec joie sacrifié ma vie et mon bonheur, vous le savez, madame ! Maintes fois je vous ai donné des preuves de cet amour insensé ; mais la *Linda*, la courtisane éhontée qui, dans une orgie, se livre sans vergogne, la *Linda*, cette femme marquée au front comme Caïn, d'un stigmate d'infamie! Arrière, madame ! il n'y a rien de commun entre vous et moi !

Et, d'un geste d'une autorité suprême, il l'obligea à s'écarter.

La femme l'avait écouté, l'œil étincelant, la poitrine haletante, frissonnante de rage et de honte. La sueur coulait sur son visage couvert d'une rougeur fébrile.

Lorsqu'il se tut, elle lui serra le bras avec force, et approchant son visage du sien :

— Avez-vous tout dit ? fit-elle d'une voix basse et saccadée. M'avez-vous abreuvée d'assez d'outrages ? m'avez-vous jeté assez de fange à la face ? n'avez-vous rien à ajouter encore ?

— Rien, madame, répondit-il avec un accent de froid mépris. Vous pouvez, quand vous le voudrez, appeler vos assassins, je suis prêt à les recevoir.

Et, se laissant aller sur le lit de repos, il attendit de l'air le plus insolemment indifférent que l'on puisse imaginer.

VII

MARI ET FEMME

Dona Maria, malgré la nouvelle et sanglante insulte qu'elle venait de recevoir de don Tadeo, ne renonça pas encore à l'espoir de l'attendrir.

Lorsqu'elle se rappelait les premières années, déjà si loin d'elle, de son amour pour don Tadeo, le dévouement de cet homme à ses moindres caprices, comme elle le faisait se prosterner tremblant à ses pieds d'un regard ou d'un sourire, l'entière abnégation qu'il avait faite de sa volonté, pour ne plus vivre que par elle et pour elle ; malgré tout ce qui, depuis, s'était passé entre eux, elle ne pouvait se persuader que la passion violente et profonde qu'il avait pour elle, l'espèce de culte qu'il lui avait voué, eût disparu complètement sans laisser de traces.

Son orgueil se révoltait à la pensée d'avoir perdu tout son empire sur cette nature d'élite, que si longtemps elle avait pétrie à son gré comme une cire molle, sous l'ardente pression des plus insensés caprices.

Elle se figurait que, de même que la plupart des hommes, don Tadeo, profondément blessé dans son amour-propre, l'aimait encore assez sans vouloir en convenir, et que, par leur violence même, les reproches qu'il lui avait adressés étaient les éclairs de ce feu mal éteint qui couvait au fond de son cœur et dont elle parviendrait à raviver la flamme.

Malheureusement, dona Maria ne s'était jamais donné la peine d'étudier l'homme qu'elle avait séduit et que sa beauté avait si longtemps subjugué. Don Tadeo n'avait été à ses yeux qu'un esclave attentif, soumis, et sous cette apparente faiblesse de l'homme aimant, elle n'avait pas su deviner la puissante énergie qui faisait le fonds de son caractère.

Pourtant, l'histoire même de leur amour était une preuve de cette énergie et d'une volonté que rien ne pouvait entraver.

Dona Maria, alors âgée de quatorze ans, habitait avec son père une *hacienda* aux environs de Santiago.

Privée de sa mère, morte en lui donnant le jour, elle était élevée par une vieille tante, Argus incorruptible, qui ne laissait rôder aucun amoureux auprès de sa nièce.

La jeune fille, ignorante comme tous les enfants élevés à la campagne, mais dont les aspirations tendaient à connaître le monde et à se lancer dans ce tourbillon des plaisirs, dont le bruit lointain venait sans écho mourir à ses oreilles, attendait impatiemment la venue de l'homme qui devait lui donner toutes ces joies inconnues, mais qu'elle pressentait et qu'elle avait presque devinées.

Don Tadeo n'avait été que le guide chargé de l'initier aux plaisirs qu'elle convoitait.

Jamais elle ne l'avait aimé ; seulement, elle s'était dit en le voyant pour la première fois, et en apprenant qu'il appartenait à une grande famille : voilà celui que j'attends !

Ce calcul hideux et égoïste, bien plus de jeunes filles le font qu'on ne croit.

Don Tadeo était beau. L'amour-propre de Maria fut flatté de sa conquête ; il aurait été laid que cela ne l'aurait nullement arrêtée. Dans cette nature monstrueuse, étrange assemblage des passions les plus abjectes, au milieu desquelles brillaient çà et là, comme des diamants enfouis dans la fange, quelques sentiments qui la rattachaient à l'humanité, il y avait l'étoffe de deux courtisanes de l'antique Rome ; Locuste et Messaline s'y trouvaient réunies ; ardente, passionnée, ambitieuse, avare et prodigue, ce démon, caché sous

Elle resta un instant immobile, écoutant le bruit de leurs pas qui s'éloignaient.

l'enveloppe d'un ange, ne connaissait d'autres lois que ses caprices. Tous les moyens lui étaient bons pour les satisfaire.

Longtemps don Tadeo, aveuglé par la passion, avait subi sans se plaindre le joug de fer de ce génie infernal; mais un jour les écailles lui étaient tombées des yeux, il avait mesuré avec effroi la profondeur de l'abîme dans lequel cette femme l'avait jeté. Les désordres inouïs où, à l'abri de son nom, elle se plongeait, imprimaient sur son front rougissant un stigmate d'infamie : le monde le croyait son complice.

Don Tadeo avait de Maria une fille, fruit du premier temps de leur amour, blonde enfant à la tête de chérubin, âgée maintenant de quinze ans à peine, qu'il s'était pris à chérir de la force de toutes les souffrances que sa mère lui infligeait. Il frémit en songeant à l'avenir effroyable qui s'ouvrait devant cette innocente créature.

Depuis quatre ans déjà, il s'était séparé de sa femme. Celle-ci ne mettant plus de frein à ses débordements, s'était plongée dans les scandales d'une vie où chaque pas était un crime.

Don Tadeo se présenta un jour à l'improviste chez sa femme et s'empara de sa fille, sans dire un mot de ses intentions ultérieures. Depuis cette époque, — dix ans à peu près, — jamais la courtisane n'avait revu son enfant.

Alors une révolution étrange s'était opérée dans cette femme; un sentiment nouveau avait, pour ainsi dire, germé dans son âme. Chose qui ne lui était pas encore arrivée, elle avait senti battre son cœur au souvenir de l'ange qu'on lui avait ravi.

Quel était ce sentiment?

Elle l'ignorait elle-même.

Elle voulait absolument revoir son enfant.

Pendant cinq ans, elle lutta sourdement contre don Tadeo, pour que sa fille lui fût rendue.

Le père resta sourd-muet.

Elle ne put rien savoir.

Don Tadeo qui, depuis qu'il ne l'aimait plus, avait étudié avec soin le caractère de la femme dont il s'était fait une implacable ennemie, avait pris ses précautions avec tant de prudence que toutes les recherches de dona Maria échouèrent, et toutes ses tentatives pour obtenir une entrevue restèrent sans résultat.

Elle se figura qu'il craignait de faiblir en se retrouvant en face d'elle, et elle résolut, coûte que coûte, de le contraindre à cette entrevue à laquelle rien n'avait pu le faire consentir.

Voici quelle était, au moment où nous les mettons en scène, la position des deux personnages qui, pour la dernière fois sans doute, se retrouvaient vis-à-vis l'un de l'autre.

Position suprême pour tous deux; lutte inégale entre un homme blessé et proscrit et une femme ardente, outragée, qui, semblable à la lionne à laquelle on a ravi ses petits, était résolue à réussir quand même, et à obliger l'homme qu'elle avait su contraindre à l'entendre à lui rendre sa fille.

Don Tadeo se tourna vers elle:

— J'attends, dit-il.

— Vous attendez? répondit-elle avec un sourire charmant, qu'attendez-vous donc?

— Les assassins que vous avez sans doute apostés près d'ici, au cas probable où je ne voudrais pas répondre à vos questions sur votre fille.

— Oh! fit-elle avec un geste de répulsion, se peut-il, don Tadeo, que vous ayez de moi une opinion aussi mauvaise? comment pouvez-vous feindre de croire, qu'après vous avoir sauvé, je vous livre à ceux qui vous ont proscrit?

— Qui sait? dit-il légèrement avec un ton railleur, le cœur des femmes de votre espèce, ma chère *Linda,* est un abîme que nul homme ne saurait sonder. Vous qui sans cesse êtes à la piste de jouissances excentriques, peut-être trouveriez vous une volupté et un charme inconnus dans cette seconde exécution, qui, du reste, ne peut vous compromettre, puisque déjà je suis mort légalement pour tout le monde.

— Don Tadeo, je sais combien ma conduite envers vous a été indigne et combien je mérite peu votre pitié ! mais vous êtes gentilhomme ! à ce titre, croyez-vous qu'il soit bien honorable à vous d'abreuver d'injures, quelque méritées qu'elles soient d'ailleurs, une femme qui est la vôtre, et vient après tout, en vous sauvant la vie, non pas de se réhabiliter à vos yeux, mais au moins de conquérir des droits, sinon à votre estime, du moins à votre pitié?

— Très bien ! madame, votre observation est on ne peut plus juste, et j'y souscris de grand cœur. Pardonnez-moi, je vous prie, de m'être laissé emporter à prononcer certaines paroles, mais dans le premier moment je n'ai pas été maître de moi, et il m'a été impossible de refouler au fond de mon âme les sentiments qui m'étouffaient. Maintenant agréez mes sentiments bien sincères, pour l'immense service que vous m'avez rendu et permettez-moi de me retirer. Un plus long séjour de ma part dans cette maison est un vol dont je me rends coupable envers vos nombreux adorateurs.

Et s'inclinant avec une ironique courtoisie devant sa femme frémissante de colère, il fit un mouvement pour se diriger vers une des portes du salon.

— Un mot encore, dit-elle.

— Parlez, madame!

— Vous êtes résolu à me laisser ignorer le sort de ma fille?

— Elle est morte.

— Morte! s'écria-t-elle avec épouvante.

— Pour vous, oui, répondit-il avec un froid sourire.

— Oh! vous êtes implacable! s'écria-t-elle en frappant du pied avec rage.

Il s'inclina sans répondre.

— Eh bien ! reprit-elle, maintenant ce n'est plus une grâce que j'implore, c'est un marché que je vous propose.

— Un marché?

— Oui.

— L'idée me semble originale.

— Peut-être, vous allez en juger.

— J'écoute, mais l'heure se passe et je...

— Je serai brève, interrompit-elle.

— Je suis à vos ordres.

Il se rassit en souriant, absolument comme un ami en visite.

La Linda suivait ses mouvements, tout en paraissant ne pas y attacher d'importance.

— Don Tadeo, dit-elle, depuis près de dix ans que nous nous sommes séparés, bien des choses se sont passées!

—Oui, fit-il avec un geste d'assentiment poli.

— Je ne vous parlerai pas de moi dont la vie vous est connue.

— Fort peu, madame.

Elle lui jeta un regard fauve.

— Passons, dit-elle, je vous parlerai de vous.

— De moi?

— Oui, de vous, dont le patriotisme et l'effervescence des idées politiques n'absorbent pas tellement les instants qu'il ne vous en reste quelques-uns pour des joies et des émotions plus intimes.

— Que voulez-vous dire?

— Pourquoi feindre cette ignorance? reprit-elle avec un sourire perfide; vous comprenez parfaitement au contraire.

— Madame!

— Ne vous récriez pas, Tadeo! Fatigué des amours éphémères des femmes de mon espèce, ainsi que vous me l'avez si bien dit il n'y a qu'un instant, vous cherchez dans un naïf cœur de jeune fille les émotions que vos autres maîtresses n'ont pu vous faire éprouver; en un mot, vous êtes amoureux d'une charmante enfant, digne en tous points d'être l'épouse de votre choix, si malheureusement je n'existais pas.

Don Tadeo fixait sur sa femme un regard profond, pendant qu'elle prononçait ces paroles.

Quand elle se tut, un soupir s'échappa de sa poitrine :

— Comment, vous savez? s'exclama-t-il avec une stupeur habilement jouée, vous savez?...

— Qu'elle se nomme Rosario del Valle, reprit-elle, satisfaite de l'effet qu'elle croyait produire sur son mari; mais c'est la grande nouvelle de Santiago; tout le monde en parle! comment l'ignorerais-je, moi qui vous porte tant d'intérêt?

La Linda s'interrompit et lui posant la main sur le bras :

— Peu m'importe, dit-elle : rendez-moi ma fille, don Tadeo, et cet amour me sera sacré, sinon...

— Vous vous trompez, vous dis-je, madame.

— Prenez garde, don Tadeo! reprit la courtisane en jetant un regard sur la pendule, à cette heure, la femme dont nous parlons doit être entre les mains de mes agents!

— Que signifie? s'écria-t-il avec agitation.

— Oui, reprit-elle d'une voix brève et saccadée, je l'ai fait enlever. Dans quelques instants elle sera ici. Prenez garde, je vous le répète, don Tadeo! si vous n'avouez pas où est ma fille et si vous refusez plus longtemps de me la rendre...

— Eh bien! dit-il fièrement en la regardant en face et en croisant les bras, que ferez-vous?

— Je tuerai cette femme! répondit-elle d'une voix sourde.

Don Tadeo la considéra un instant avec une expression indéfinissable, puis il éclata d'un rire sec et nerveux qui, malgré elle, glaça la courtisane d'épouvante.

— Vous la tuerez! s'écria-t-il, malheureuse! Eh bien!... tuez cette innocente créature!... appelez vos bourreaux!... je serai muet.

La Linda bondit comme une lionne blessée.

Et s'élançant vers une porte qu'elle ouvrit violemment :

— C'en est trop ! Entrez ! fit-elle avec rage.

Les deux hommes qui avaient apporté don Tadeo parurent, le poignard à la main.

— Ah ! dit le gentilhomme avec un sourire de mépris, je vous reconnais enfin !

A un geste de la Linda, les assassins s'avancèrent sur lui.

VIII

LES CŒURS SOMBRES

Ainsi que nous l'avons vu, le peuple s'était dispersé presque aussitôt après l'exécution des patriotes.

Chacun emportait au fond du cœur l'espoir de venger, un jour prochain, les victimes si noblement tombées au cri, provisoirement resté sans écho, de Vive la Patrie !

Cri étouffé par les baïonnettes des soldats de Bustamente, mais qui devait bientôt enfanter de nouveaux martyrs.

Cependant, la place, qui paraissait déserte, ne l'était pas.

Plusieurs hommes, couverts d'épais manteaux, le chapeau à larges ailes rabattu sur les yeux, étaient groupés dans l'enfoncement d'une porte cochère ; ils causaient vivement entre eux à voix basse, en jetant des regards inquiets autour d'eux,

Ces hommes étaient des patriotes.

Malgré la terreur qui planait sur la ville, ils avaient, à force de prières, obtenu de l'archevêque de Santiago, véritable prêtre selon l'Évangile, dévoué au fond du cœur au parti libéral, que les derniers devoirs fussent rendus à leurs malheureux frères.

Rien du drame lugubre qui avait suivi l'exécution ne leur avait échappé. Ils avaient vu don Tadeo se lever comme un fantôme du monceau de cadavres qui le recouvrait, avaient entendu les paroles qu'il avait prononcées, et ils se préparaient à aller à lui, lorsque deux inconnus, apparaissant tout à coup, s'étaient emparés de son corps et l'avaient emporté.

Cet enlèvement d'un homme à demi mort les avait extrêmement étonnés.

Après avoir échangé quelques mots, deux d'entre eux s'étaient mis à la poursuite des inconnus, afin probablement de savoir pour quelle raison ils enlevaient ainsi le blessé, tandis que les autres, au nombre de douze, s'avançaient vers le milieu de la place.

Ils se penchèrent vivement sur les corps étendus à leurs pieds, espérant que peut-être une autre victime aurait échappé à cette odieuse boucherie.

Malheureusement, don Tadeo était le seul sauvé par un miracle incompréhensible.

Les neuf autres victimes étaient mortes.

Après une exploration longue et minutieuse, les patriotes se redressèrent avec un soupir de regret et de douleur.

Alors un homme se détacha du groupe et alla frapper à une des portes basses de la cathédrale.

— Qui vive? demanda-t-on aussitôt de l'intérieur.

— *Celui pour qui la nuit n'a pas de ténèbres,* répondit l'homme qui avait frappé.

— Que veux-tu? reprit la voix.

— *N'est-il pas écrit : frappe et l'on t'ouvrira?* dit encore l'inconnu.

— *La Patrie!* fit la voix.

— *¿Ou la vengeance!* reprit l'homme.

La porte s'ouvrit, un moine parut.

La cagoule, rabattue sur son visage, empêchait de distinguer ses traits.

— Bien, dit-il, que demandent les *Cœurs sombres?*

— Une prière pour les frères qui sont morts!

— Retourne vers ceux qui t'envoient; ils vont être satisfaits.

— Merci pour nous tous! répondit l'inconnu; et après s'être incliné devant le moine, il rejoignit ses compagnons.

Pendant son absence, ceux-ci avaient mis le temps à profit; les cadavres avaient été disposés sur des civières cachées sous les arcades de la place.

Au bout de quelques minutes, une lumière éclatante inonda la place.

La cathédrale venait de s'ouvrir. On apercevait l'intérieur splendidement illuminé, et, par la porte principale, débouchait une longue file de moines. Un cierge allumé à la main, ils psalmodiaient le service des morts.

Au même instant, les portes du palais du gouvernement s'ouvrirent comme par enchantement, et un escadron de *lanceros,* en tête duquel se trouvait le général Bustamente, s'avança au grand trot au-devant de la procession.

Lorsque les moines et les soldats furent en présence, les uns et les autres s'arrêtèrent, comme d'un commun accord.

Les douze inconnus, *embossés* dans leurs manteaux et groupés autour de la fontaine qui fait le centre de la place, attendaient avec anxiété le dénoûment de la scène qui allait se passer.

— Que signifie cette procession à une pareille heure? demanda le général.

— Elle signifie que nous venons, répondit d'une voix lugubre le moine qui marchait le premier, relever les victimes que vous avez frappées et prier pour elles.

— Qui êtes-vous? répliqua sèchement le général.

— Moi, répondit le moine d'une voix ferme, en faisant d'un geste tomber sa cagoule sur ses épaules, je suis l'archevêque de Santiago, primat du Chili, investi par le Pape du pouvoir de lier et de délier sur la terre!

Dans l'Amérique espagnole tout se courbe sans hésitation devant la religion du Christ.

Le seul pouvoir suprême et réellement tout-puissant est celui des prêtres.

Nul, si haut placé qu'il soit, n'essaie de lutter contre; il sait d'avance qu'il serait brisé.

Le général fronça les sourcils, il se frappa le front avec violence, mais il fut contraint de s'avouer vaincu.

— Monseigneur, dit-il en s'inclinant, pardonnez-moi. Dans ces temps de troubles et de discordes civiles, on confond souvent malgré soi ses amis avec ses ennemis; j'ignorais que Votre Grandeur eût donné l'ordre de prier pour les suppliciés, et que vous daigniez en personne vous acquitter de cette tâche. Je me retire.

Pendant la scène qui précède, les patriotes s'étaient effacés derrière les piliers de la place. Grâce à l'obsurité ils n'avaient pas été aperçus par le général.

Dès que les soldats eurent disparu, sur un geste de l'archevêque les cadavres furent portés dans la cathédrale.

—Prenez garde à cet homme, monseigneur, murmura l'un des inconnus à l'oreille de l'archevêque, il vous a lancé un regard de tigre en se retirant.

— Frère, répondit simplement le prêtre, je suis préparé à recevoir le martyre.

Le service commença.

Lorsqu'il fut terminé, les patriotes se retirèrent après avoir chaleureusement remercié l'archevêque pour sa généreuse conduite envers leurs frères morts.

A peine avaient-il fait quelques pas dans une rue étroite, bordée de masures sordides, que deux hommes se levèrent de derrière une charrette renversée qui les cachait et se présentèrent à eux en disant à voix basse :

— La Patrie!

— La Vengeance! répondit un des inconnus, avancez!

Les deux hommes s'approchèrent.

— Eh bien! demanda celui qui paraissait être le chef, que savez-vous?

— Tout ce qu'il est possible de savoir, répondit un des nouveaux venus.

— Dans quel endroit a-t-on transporté don Tadeo ?

— Chez la Linda.

— Chez sa femme! celle qui est aujourd'hui la maîtresse du général Bustamente! reprit vivement le chef: vive Dieu, compagnons, il est perdu, car elle le hait mortellement. Le laisserons-nous assassiner sans chercher à le sauver ?

— Ce serait une lâcheté! s'écrièrent les assistants avec énergie.

— Mais comment nous introduire dans la maison ?

— Rien de plus facile les murs du jardin sont très bas.

— Allons donc alors! il n'y a pas une minute à perdre !...

Sans plus de paroles, les inconnus se mirent à courir dans la direction de la maison de dona Maria.

Ainsi que nous l'avons dit, cette maison s'élevait dans le faubourg de la Cañadilla, le plus beau de Santiago.

Les fenêtres, hermétiquement fermées sur le devant, ne laissaient filtrer aucun rayon de lumière; nul bruit ne se faisait entendre, la maison semblait complètement déserte.

— Les inconnus longèrent silencieusement les murailles.

Arrivés derrière la maison, ils plantèrent leurs poignards dans les fentes du mur, et d'un bond s'élancèrent dans le jardin.

Alors, ils s'orientèrent un instant, puis ils se dirigèrent à pas de loups vers une lumière pâle et tremblotante qui brillait faiblement à une fenêtre basse.

Ils n'étaient plus qu'à quelques pas de cette fenêtre, lorsque le bruit d'une lutte arriva jusqu'à eux; un cri terrible retentit, mêlé à un bris de meubles et à des imprécations de colère et de douleur.

Bondissant comme des chacals, les inconnus qui s'étaient couvert le visage de masques de velours noir, brisèrent la fenêtre qui vola en éclats et se trouvèrent dans le salon.

Il était temps qu'ils arrivassent.

Don Tadeo avait, d'un coup de tabouret, fendu le crâne d'un des bandits qui, étendu, râlait sur le sol; mais le second bandit tenait renversé le genoux sur la poitrine, et levait son poignard pour l'achever.

D'un coup de pistolet, l'un des inconnus lui brûla la cervelle, et le misérable roula expirant près de son complice qui rendait le dernier soupir.

Don Tadeo se releva prestement.

— Oh! dit-il, je croyais mourir.

Et se tournant vers les hommes masqués :

— Merci, caballeros! continua-t-il, merci de votre secours! une minute de plus, c'en était fait de moi! oh! la Linda est expéditive, allez!

La courtisane, les traits contractés par la rage, les dents serrées, regardait sans voir, atterrée, confondue par la scène rapide qui venait d'avoir lieu, et lui avait en quelques secondes ravi sa vengeance, qu'elle croyait si bien assurée cette fois.

— Sans rancune, madame! lui dit don Tadeo d'un ton railleur ; c'est partie remise. Votre imagination féconde vous fournira sans doute bientôt les moyens de prendre votre revanche!

— Je l'espère! dit-elle avec un sourire sardonique.

— Emparez-vous de cette femme, commanda le chef des inconnus, bâillonnez-la et attachez-la solidement à ce lit de repos.

— Moi! moi! s'écria-t-elle dans un paroxysme insensé de colère, savez-vous bien qui je suis ?

— Parfaitement! madame, répondit sèchement l'inconnu. Vous êtes une femme sans nom pour les honnêtes gens. Les libertins vous ont nommée la Linda, et vous avez pour amant le général Bustamente. Vous voyez que nous vous connaissons bien !

— Prenez garde, messieurs! on ne m'insulte pas impunément.

— Nous ne vous insultons pas, madame ; mais nous voulons provisoirement vous mettre dans l'impossibilité de nuire. Dans quelques jours, continua impassiblement l'inconnu, nous vous jugerons.

LE GRAND CHEF DES AUCAS

Chef des Indiens Mandans.

LIV. 6. F. ROY, édit. — Reproduction interdite

— Me juger!... moi!... qui êtes-vous donc, vous qui vous cachez le visage? qui êtes-vous pour oser me parler ainsi?

— Qui nous sommes? sachez-le!... Nous sommes les *Cœurs Sombres!*

A cette révélation terrible, un tremblement convulsif agita les membres de la femme, qui recula jusqu'à la muraille, en proie à la plus profonde terreur.

— Oh! dit-elle d'une voix étouffée, mon Dieu!... mon Dieu! je suis perdue!

Et s'affaissant sur elle-même, elle tomba évanouie.

Sur un geste du chef, un de ses compagnons la garrotta solidement, et après l'avoir bâillonnée il l'attacha au pied du lit de repos.

Puis, emmenant don Tadeo avec eux, ils sortirent par où ils étaient venus, sans s'occuper des deux assassins qui gisaient sur le parquet.

Avant de partir, le chef avait cloué sur une table, avec son poignard, une feuille de parchemin.

Sur ce parchemin étaient écrits ces mots d'une signification terrible :

« *Le traître Pancho Bustamente est ajourné à quatre-vingt-treize jours!*

« LES CŒURS SOMBRES! »

IX

DANS LA RUE

Hors de la maison, sur un nouveau signe de leur chef, les hommes masqués se dispersèrent dans plusieurs directions.

Dès qu'ils eurent disparu aux angles des rues les plus rapprochées, le chef se tourna vers don Tadeo.

Celui-ci, à peine remis des rudes émotions qu'il avait successivement éprouvées, affaibli par le sang qu'il avait perdu et les efforts prodigieux auxquels sa dernière lutte l'avait contraint, restait appuyé pâle et à demi évanoui contre le mur de cette maison qu'il était enfin parvenu à quitter, et dans laquelle il avait été si près de la mort.

Un flot d'amères pensées tournoyait dans son cerveau ; les incidents de cette nuit terrible bouleversaient sa raison. C'était vainement qu'il cherchait à renouer le fil de ses idées, si souvent et si brutalement rompu.

L'inconnu le considéra quelques minutes avec une profonde attention; puis il s'approcha de lui, et lui posa la main sur l'épaule.

A cet attouchement subit, le gentilhomme tressaillit comme s'il avait reçu une commotion électrique.

— Eh quoi! dit l'inconnu d'un ton de reproche, à peine entré dans la lutte, vous désespérez, don Tadeo?

Le blessé secoua tristement la tête.

— Vous, don Tadeo! dont les orages révolutionnaires ne sont jamais parvenus à courber le front altier; vous qui, dans les circonstances les plus critiques, êtes toujours resté fort; vous voici, pâle et abattu, sans foi dans le présent, sans espoir dans l'avenir, sans force et sans courage, devant les vaines menaces d'une femme!

— Cette femme, répondit-il sourdement, a toujours été mon mauvais génie. C'est un démon!

— Et quand bien même, s'écria énergiquement l'inconnu, cette femme réussirait à ourdir de nouveau contre vous une de ces trames infâmes dont elle a l'habitude, l'homme de cœur grandit dans la lutte! Oubliez ces haines impuissantes qui ne sauraient vous atteindre; souvenez-vous de ce que vous êtes, remontez à la hauteur de la mission qui vous est imposée!

— Que voulez-vous dire?

— Ne me comprenez-vous pas? croyez-vous que Dieu qui vous a, cette nuit, fait miraculeusement échapper à la mort, n'a pas sur vous de grands desseins?... Frère! ajouta-t-il avec autorité, cette existence qui vous a été rendue n'est plus à vous; elle appartient à la Patrie!

Il y eut un long silence.

Don Tadeo semblait en proie à un profond désespoir.

Enfin, il regarda l'inconnu et lui dit avec un découragement amer:

— Que faire? le ciel m'est témoin que mon seul désir, mon seul bonheur, serait de voir mon pays libre. Mais, depuis près de vingt ans que nous luttons, nous n'avons fait, hélas! que passer d'une tyrannie à une autre, rivant chaque fois davantage les chaînes qui nous accablent! Non! le ciel lui-même semble nous défendre de lutter plus longtemps contre une destinée implacable. Vous savez par expérience que l'on ne peut avec des esclaves improviser des citoyens. La servitude étiole le moral, avilit l'âme, dégrade le cœur; bien des générations se succéderont encore dans cette malheureuse contrée, avant que ses habitants soient aptes à former un peuple!

— De quel droit sondez-vous les desseins de la Providence? reprit l'inconnu d'une voix imposante; savez-vous ce qu'elle nous réserve? qui vous dit que le triomphe passager de nos oppresseurs ne leur est pas accordé par Dieu, dans sa sagesse incommensurable, afin de rendre plus tard leur chute plus terrible?

Don Tadeo, rendu à lui-même par les mâles accents de cette voix, se redressa fièrement et regardant attentivement son interlocuteur:

— Qui donc êtes-vous? dit-il, vous dont la voix sympathique a remué les fibres les plus secrètes de mon cœur! qui vous autorise à me parler ainsi? Répondez! Qui êtes-vous?

— Que vous importe qui je suis? répondit impassiblement l'inconnu, si je parviens à vous persuader que tout est loin d'être perdu, et que cette liberté que vous croyez à jamais détruite n'a jamais été aussi près de triompher, qu'il ne suffit peut-être que d'un sublime effort pour la reconquérir!

— Mais encore? fit le blessé en insistant.

— Je suis celui qui vous a sauvé la vie, il y a quelques minutes. Cela doit suffire.

— Non, dit avec force don Tadeo, car vous cachez vos traits sous un masque, et j'ai le droit de les connaître !

— Peut-être ! fit l'inconnu en ôtant lentement son loup de velours et montrant à don Tadeo, aux rayons blafards de la lune, un visage aux traits mâles et accentués, à la physionomie loyale et sympathique.

— Oh ! mon cœur ne m'avait pas trompé ! s'écria le blessé, don Gregorio Peralta !

— Moi-même, don Tadeo ! répondit le jeune homme, — il avait à peine trente ans, — moi qui ne puis comprendre l'accablement de celui que les Vengeurs ont choisi pour chef !

— Comment savez-vous? malgré notre amitié je vous avais toujours caché..

— N'étiez-vous pas condamné à mort ? interrompit don Gregorio; c'est moi que les compagnons ont élu à votre place Roi des ténèbres, c'est-à-dire qu'ils ont mis entre mes mains un pouvoir immense dont, comme vous, je puis disposer sans contrôle. La mort délie du serment de silence imposé aux frères. Votre nom a donc été connu de tous ; j'ignorais que vous fussiez ce chef énergique qui a fait de notre société une puissance, de même que vous, mon ami le plus cher, vous ignoriez que je fusse l'un de vos soldats. Mais, grâce à Dieu ! vous êtes sauvé, don Tadeo ! reprenez votre place. Vous seul pouvez, dans les circonstances présentes, remplir dignement le poste que notre confiance vous a donné. Redevenez le Roi des ténèbres ! Mais, ajouta-t-il d'une voix profonde, souvenez-vous que nous sommes les Vengeurs, que nous devons être sans pitié pour nous comme pour les autres, qu'un sentiment, un seul, doit rester vivace dans notre âme : l'amour de la Patrie !

Il y eut un silence.

Les deux hommes semblaient profondément réfléchir.

Enfin, don Tadeo releva fièrement la tête.

— Merci ! don Gregorio ! dit-il d'une voix ferme en lui serrant la main, merci de vos rudes paroles ! elles m'ont rendu à moi-même ! je serai digne de vous. Don Tadeo de Leon n'existe plus, les sicaires du tyran l'ont cette nuit fusillé sur la place Mayor. Il n'y a plus que le Roi des ténèbres ! le chef implacable des Cœurs Sombres ! Malheur à ceux que Dieu placera sur ma route ! je les broierai sans pitié ! Nous triompherons, don Gregorio, car à compter d'aujourd'hui, je ne suis plus un homme, je suis l'épée vengeresse, l'ange exterminateur qui combat pour la Patrie !

En prononçant ces paroles, don Tadeo avait redressé sa taille imposante. Les traits si beaux et si nobles de son visage s'étaient animés ; ses yeux brillants lançaient des éclairs.

— Oh ! s'écria don Gregorio avec joie, je vous retrouve donc enfin, mon ami ! Oh ! merci ! merci, mon Dieu !

— Oui, frère ! continua le chef, à compter de ce moment la véritable lutte commence entre nous e le tyran. lutte sans pitié, sans trêve ni merci, qui ne s'achèvera que par l'extermination complète de nos ennemis ! Malheur à eux ! malheur !

— Ne perdons point un instant ; partons ! dit don Gregorio !

— Où aller ? fit don Tadeo avec un sourire sardonique, ne suis-je pas légalement mort pour tous ? ma maison ne m'appartient plus.

— C'est vrai ! murmura le lieutenant des Cœurs Sombres ; eh bien ! qu'importe, demain la nouvelle de votre résurrection miraculeuse frappera nos ennemis comme un coup de foudre ! leur réveil sera terrible ! ils apprendront avec stupeur que l'athlète invincible, qu'ils croyaient avoir abattu pour jamais à leurs pieds, est debout et prêt à recommencer la lutte.

— Et cette fois, j'en jure Dieu ! s'écria don Tadeo avec énergie, la chute seule du tyran la terminera !

— Mais vous avez raison ; nous ne pouvons rester plus longtemps ici. Venez chez moi ; provisoirement vous y serez en sûreté, à moins, ajouta-t-il avec un sourire, que vous ne préfériez demander un asile à dona Rosario ?

Don Tadeo, qui avait pris le bras de don Gregorio, s'arrêta soudain à cette question, dont son ami ne soupçonnait pas la portée terrible.

Un tremblement convulsif agita tous ses membres, une sueur froide inonda son visage.

— Oh ! s'écria-t-il avec désespoir, mon Dieu ! j'avais oublié !

Don Gregorio fut effrayé de l'état dans lequel il le voyait.

— Qu'avez-vous ? au nom du ciel ! lui demanda-t-il.

— Ce que j'ai ! répondit le chef d'une voix saccadée, cette femme, ce serpent, que nous n'avons pas écrasé...

— Eh bien ?

— Oh ! je me rappelle maintenant ! elle m'a fait une horrible menace !... mon Dieu ! mon Dieu !

— Expliquez-vous, mon ami, vous m'épouvantez.

— Par son ordre, dona Rosario a dû cette nuit même être enlevée !... qui sait si furieuse, de m'avoir vu échapper à ses assassins, cette femme ne l'a pas fait tuer !

« Oh ! cette femme !... reprit le blessé, et ne pouvoir agir, ne savoir comment déjouer cet épouvantable complot.

— Volons chez dona Rosario ! fit don Gregorio.

— Hélas ! vous le voyez, je suis blessé ; à peine puis-je me soutenir.

— Eh bien ! quand vous ne pourrez plus marcher je vous porterai ! dit résolument son ami.

— Merci, frère ! que Dieu nous soit en aide !

Et les deux hommes, appuyés l'un sur l'autre, s'élancèrent en toute hâte dans la direction de la demeure de celle qu'ils voulaient sauver.

Malgré sa volonté et son courage, don Tadeo sentit ses forces l'abandonner. Malgré tous ses efforts, il ne se soutenait qu'avec des difficultés extrêmes.

En ce moment, un bruit de chevaux se fit entendre à quelque distance. Des torches brillèrent et une troupe de cavaliers apparut dans l'éloignement.

— Oh ! oh ! fit don Gregorio, en s'arrêtant et cherchant à reconnaître quelles étaient les personnes qui survenaient, qui donc, au mépris des ordonnances de la police, ose courir les rues à cette heure de nuit ?

— Arrêtons-nous ! répondit don Tadeo. Je vois briller les uniformes. Ce sont des espions du ministre de la Guerre.

— Vive Dieu ! s'écria don Gregorio, c'est le général Bustamente lui-même ! les deux complices vont s'expliquer ensemble !

— Oui, fit le blessé d'une voix haletante, il va chez la Linda.

Les cavaliers n'étaient plus qu'à une faible distance.

Les deux hommes, craignant d'être surpris, se jetèrent vivement dans une rue latérale.

Le général et son escorte passèrent rapidement devant eux sans les voir.

— Éloignons-nous en toute hâte, dit don Gregorio.

Son compagnon, qui comprenait l'urgence d'une prompte fuite, fit un effort suprême.

Ils reprirent leur course.

Ils marchaient depuis une dizaine de minutes, lorsqu'ils entendirent de nouveau le pas de plusieurs chevaux devant eux.

— Qu'est-ce que cela signifie ? murmura le blessé, en essayant de plaisanter ; toute la population de Santiago court-elle donc dans les rues, cette nuit ?

— Hum ! fit don Gregorio, cette fois je veux en avoir le cœur net.

Tout à coup, une voix de femme retentit lamentablement en implorant du secours.

— Fais-la donc taire, *Carajas !* dit un homme avec un geste brutal.

Mais le son de cette voix était parvenu jusqu'aux oreilles de don Tadeo et de son ami.

A cet accent qu'ils avaient reconnu, un frémissement de colère avait agité leurs membres ; ils s'étaient silencieusement serré la main. Leur parti était pris : mourir ou sauver celle qui les appelait à son aide.

— Eh ! eh ! qu'est ceci ? fit un autre individu, en ramenant vivement son cheval d'un écart.

Deux hommes, arrêtés au coin de la rue, semblaient vouloir barrer le passage aux cavaliers.

Les nouveaux arrivants étaient cinq.

L'un d'eux portait une femme en travers sur le devant de sa selle.

— Holà ! cria celui qui venait de parler, retirez-vous, vous autres, si vous ne voulez pas qu'il vous arrive malheur !

— Vous ne passerez pas ! répondit-on d'une voix sombre, à moins que vous ne nous livriez la femme que vous enlevez !

— Vous croyez ? reprit le cavalier en ricanant.

— Essayez ! fit don Gregorio en armant ses pistolets, mouvement silencieusement imité par don Tadeo auquel il avait donné des armes.

— Pour la dernière fois, retirez-vous ! cria le cavalier.

— Non !

Et se tournant vers ceux qui l'accompagnaient :

— En avant ! cria-t-il avec colère.

Les cinq cavaliers se ruèrent, le sabre haut, sur les deux hommes qui, fièrement campés au milieu de la rue, ne firent pas un mouvement pour les éviter.

X

COUPS D'ÉPÉES

Pour l'intelligence des faits qui vont suivre, nous sommes obligés d'abandonner don Tadeo et son ami dans la position critique où ils se trouvent, pour retourner auprès de deux des principaux personnages de cette histoire que, depuis trop longtemps, nous avons négligés.

On l'a vu dans un précédent chapitre, les deux frères de lait avaient gaiement quitté Valparaiso pour se rendre dans la capitale du Chili, emportant comme Bias toute leur fortune avec eux, mais possédant sur le philosophe grec l'immense avantage d'être amplement fournis d'espérances et d'illusion : deux mots qui dans la vie n'ont que trop souvent la même signification.

Après une course assez longue, les jeunes gens s'étaient arrêtés pour passer la nuit dans un misérable *rancho*, construit avec de la boue et des branches sèches, dont le triste squelette s'élevait sur l'un des côtés de la route.

L'habitant de cette déplorable demeure, pauvre diable de péon, dont la vie se passait à garder quelques bestiaux étiques, donna aux voyageurs une franche et cordiale hospitalité. Tout heureux d'avoir quelque chose à offrir, il avait joyeusement partagé avec eux son *charqui*, — lanières de viande séchée au soleil, — et son *harina tostada*, — farine rôtie, — le tout arrosé de quelques couis d'une chicha détestable.

Les Français, qui mouraient littéralement de faim, avaient fêté ces comestibles inconnus, auxquels ils n'avaient pas trouvé grande saveur, et après s'être assurés que leurs chevaux avaient une ample provision d'*alfalfa* et qu'ils ne manqueraient de rien, ils s'étaient couchés, enveloppés dans leurs ponchos, sur un monceau de feuilles sèches, lit délicieux pour des gens fatigués, et qui leur avait procuré un sommeil paisible jusqu'au lendemain.

Au lever du soleil, nos deux aventuriers, toujours accompagnés de leur chien César, qui, tout étonné de cette existence nouvelle, trottait gravement à leurs côtés, avaient sellé leurs chevaux, fait leurs adieux à leur hôte, auquel ils avaient donné quelques réaux pour reconnaître sa gracieuse réception, et s'étaient remis en route, regardant curieusement tous les objets qui s'offraient à leur vue et s'étonnant naïvement de ne pas trouver une plus grande différence entre le Nouveau-Monde et l'Ancien.

La vie qu'ils commençaient, si différente de celle qu'ils avaient menée jusqu'alors, était pour eux pleine de charmes inouïs. Ils étaient heureux comme des écoliers en vacances. Leur poitrine se dilatait à l'air frais et vif des montagnes. Tout prenait à leurs yeux un riant aspect ; en un mot, ils se sentaient vivre.

Il y a trente-cinq lieues environ de Valparaiso à Chile, comme les gens du pays ont l'habitude de nommer la capitale de la République.

La route fort belle, large et bien entretenue, taillée jadis par les Espagnols dans la montagne, est assez monotone et complètement dénuée d'intérêt pour un touriste. La végétation est rare, malingre ; une poussière fine, presque impalpable, s'élève au moindre souffle d'air. Ces quelques arbres qui poussent à de longues distances les uns des autres sont maigres, rachitiques, brûlés par le vent et le soleil, et semblent par leur apparence triste protester contre les essais de cultures que l'on a tentés à plusieurs reprises sur ce plateau, rendu stérile par les fortes brises de mer et les vents froids des Cordillères qui font rage au-dessus de lui.

Parfois l'on voit, à une hauteur immense, voler, comme des points noirs dans l'espace, les grands condors du Chili, les aigles des Andes ou des vautours fauves qui cherchent une proie.

A de longs intervalles passent des *recuas* de mules guidées par la *yegua madrina*, dont les grelots sonores s'entendent à une grande distance, accompagnant tant bien que mal le chant triste de l'arriero qui excite ainsi ses bêtes.

Ou bien, c'est un *huaso* de l'intérieur qui regagne sa *chacra* ou son hacienda, et qui, fièrement campé sur un cheval à demi sauvage, passe, enlevé comme par un tourbillon, en vous jetant au passage l'éternel :

— *Santas tardes, Caballero !*

A part ce que nous venons de décrire, la route est triste, poussiéreuse et solitaire. Pas, comme chez nous, d'hôtelleries où on loge à pied et à cheval, — établissements qui seraient une anomalie dans un pays où l'étranger entre partout comme chez lui, — rien ! la solitude partout et toujours ; il faut supporter faim, soif et fatigue.

Mais les jeunes gens ne s'apercevaient de rien.

L'enthousiasme leur tenait lieu de ce qui leur manquait ; la route leur paraissait charmante, le voyage qu'ils faisaient délicieux.

Ils étaient en Amérique.

Ils foulaient enfin le sol du Nouveau-Monde, cette terre privilégiée, sur le compte de laquelle on fait tant de récits surprenants, dont tant de gens parlent et que si peu connaissent.

Débarqués depuis quelques jours, sous l'impression d'une interminable traversée, dont les ennuis avaient, comme un manteau de plomb, pesé sur leur esprit, ils voyaient le Chili au travers du prisme enchanteur de leurs espérances, et la réalité n'existait pas encore pour eux.

Ce que nous disons ici peut paraître un paradoxe à beaucoup de personnes. Cependant tous les voyageurs de bonne foi en reconnaîtront avec nous la rigoureuse exactitude.

Moitié en marchant sérieusement, moitié en flânant, les jeunes gens auxquels les événements politiques de la République chilienne étaient fort indifférents, et qui, conséquemment, ignoraient ce qui se passait, arrivèrent tranquillement à une lieue de Santiago à onze heures du soir, juste à l'instant où les dix patriotes chiliens tombaient à la Plaza-Mayor sous les balles des soldats du général Bustamente.

— Arrêtons-nous ici, dit joyeusement Valentin ; cela donnera à nos chevaux le temps de souffler un peu.

Une des victimes commença à ramper sur les mains et les genoux.

— Nous arrêter! pourquoi faire! dit Louis. Il est tard, et nous ne trouverons pas un hôtel ouvert.

— Cher ami, reprit Valentin en riant, tu es encore Parisien en diable! tu oublies que nous sommes en Amérique; dans cette ville, dont tu vois d'ici les longues silhouettes des clochers se détacher en noir sur l'horizon, tout le monde dort déjà depuis longtemps, toutes les portes sont closes.

— Comment ferons-nous alors?

— Nous bivouaquerons, pardieu! La nuit est magnifique, le ciel parsemé d'un nombre infini d'étoiles, l'air chaud et embaumé; que pouvons-nous désirer de mieux?

— Rien ! c'est vrai, fit Louis en riant.

— Alors, nous avons, comme tu le vois, le temps de causer.

— Causer ! mais, frère, nous ne faisons que cela depuis ce matin !

— Je ne suis pas de ton avis. Nous avons beaucoup parlé, de toutes espèces de choses, du pays dans lequel nous sommes, des mœurs de ses habitants, que sais-je encore ? mais nous n'avons pas causé de la façon que je l'entends.

— Explique-toi mieux.

— Vois-tu, frère, il m'est venu une idée. Nous ne savons pas quelles aventures nous attendent dans cette ville qui est là; devant nous, eh bien ! avant d'y entrer, je désirerais avoir avec toi une dernière conversation.

Les jeunes gens ôtèrent la bride à leurs chevaux, afin qu'ils pussent paître les quelques touffes d'herbes qui poussaient çà et là à l'aventure.

Ils s'étendirent à terre et allumèrent chacun un cigare.

— Nous sommes en Amérique, reprit Valentin, dans le pays de l'or, sur ce sol, où, avec de l'intelligence et du courage, un homme de notre âge peut en quelques années amasser une fortune princière !

— Tu sais, mon ami ?... interrompit Louis.

— Parfaitement ! dit Valentin en lui coupant la parole. Tu es amoureux, tu cherches celle que tu aimes, c'est convenu ; mais cela ne nuit en rien à nos projets... au contraire !

— Comment cela ?

— Pardieu ! c'est tout simple : tu comprends bien, n'est-ce pas, que dona Rosario... c'est ainsi qu'elle se nomme, je crois ?

— Oui.

— Très bien ! tu comprends, dis-je, qu'elle est riche ?

— C'est hors de doute.

— Oui. Mais entendons-nous bien, non pas riche comme on l'est chez nous, c'est-à-dire à la tête de quelque cinquante mille livres de rente... une misère !... Mais riche comme on l'est ici... dix ou vingt fois millionnaire !

— C'est probable ! fit le jeune homme avec impatience.

— A merveille ! tu comprends aussi que, lorsque nous l'aurons retrouvée, car nous la retrouverons, c'est indubitable, et cela bientôt, tu ne pourras demander sa main qu'en justifiant d'une fortune au moins égale à la sienne ?

— Diable ! je n'avais pas songé à cela ! s'écria le jeune homme.

— Je le sais bien. Tu es amoureux, et, comme tous les hommes atteints de cette maladie, tu ne penses qu'à celle que tu aimes, mais heureusement, moi, je vois clair pour deux. Voilà pourquoi, chaque fois que tu m'as parlé amour, je t'ai répondu fortune.

— C'est juste. Mais comment faire promptement fortune ?

— Ah ! ah ! tu y arrives donc enfin ! dit Valentin en riant.

— Je ne connais aucun métier... continua Louis tout à son idée.

— Ni moi non plus. Mais que cela ne t'effraie pas ; on ne réussit bien que dans les choses que l'on ignore.

— Comment faire ?

— J'y songerai, sois tranquille ; seulement il faut que tu te persuades bien une chose, c'est que nous avons mis le pied sur une terre où les idées sont tout à fait différentes de celles du pays que nous quittons, où les mœurs et les coutumes sont diamétralement opposées.

— Tu veux dire?...

— Je veux dire qu'il faut oublier tout ce que nous avons appris, pour ne nous souvenir que d'une chose, que nous voulons promptement faire une fortune colossale.

— Par des moyens honorables?...

— Je n'en connais pas d'autres, dit sérieusement Valentin. Et rappelle-toi, frère, que dans le pays où nous sommes à présent, le point d'honneur n'est plus le même qu'en France, que bien des choses qui, chez nous, paraîtraient de mauvais aloi, sont ici de mise et parfaitement reçues. Sur ce, à bon entendeur, salut! tu me comprends, n'est-ce pas?

— A peu près.

— Fort bien! figure-toi que nous sommes en pays ennemi, agissons en conséquence.

— Mais?

— Veux-tu épouser celle que tu aimes?

— Tu le demandes?

— Laisse-moi donc faire! surtout, chaque fois que le hasard nous offrira une occasion, gardons-nous de la laisser échapper!

— Fais comme tu l'entendras.

— Voilà tout ce que j'avais à te dire.

Les jeunes gens se remirent en selle et se dirigèrent de nouveau vers la ville, marchant au pas en causant entre eux.

Minuit sonnait à l'horloge du *Cabildo* au moment où ils entraient dans Santiago par la *Canada*.

Les rues étaient sombres et désertes, la ville silencieuse :

— Tout dort, dit Louis.

— Je le crois, fit Valentin; voyons toujours. Si nous ne trouvons aucune porte ouverte, nous en serons quittes pour bivouaquer ainsi que déjà je te l'ai proposé.

En ce moment, deux coups de pistolets éclatèrent à une courte distance, mêlés à un galop de chevaux.

— Qu'est cela? dit Louis. Dieu me pardonne, on assassine près d'ici!

— En avant, cordieu! s'écria Valentin.

— Ils enfoncèrent les éperons dans le ventre de leurs chevaux et s'élancèrent à toute bride dans la direction du combat qu'ils entendaient.

Ils arrivèrent dans une rue étroite, au milieu de laquelle deux hommes à pied luttaient intrépidement contre cinq hommes à cheval.

— Sus aux cavaliers, Valentin, défendons les plus faibles!

— Tenez bon! messieurs, dit Louis, il vous arrive du secours!

Il était temps pour don Gregorio et son ami.

Une minute plus tard, ils succombaient accablés par leurs ennemis.

L'arrivée providentielle des Français changea la face du combat.

Deux cavaliers tombèrent raides morts de deux coups de pistolet tirés à bout portant par les jeunes gens; le troisième renversé par don Gregorio, était silencieusement étranglé par César.

Les deux qui survivaient s'échappèrent à toute bride, en abandonnant leur prisonnière.

La jeune femme était évanouie.

Don Tadeo, appuyé contre la muraille d'une maison, était lui aussi sur le point de perdre connaissance.

Valentin, avec une présence d'esprit qu'il tenait de son ancien métier de spahi, s'était emparé des chevaux des bandits tués dans la lutte.

— Mettez-vous en selle, messieurs! dit-il en s'adressant aux deux gentils-hommes chiliens.

Louis avait déjà mis pied à terre et s'empressait auprès de la jeune femme.

— Ne nous quittez pas, dit don Gregorio, nous sommes entourés d'ennemis!

— Soyez sans crainte, dit Valentin; nous sommes tout à vous!

— Merci! un peu d'aide, s'il vous plaît, pour placer sur un cheval mon ami qui est blessé.

Une fois en selle, don Tadeo déclara que ses forces étaient assez revenues pour qu'il pût s'y tenir sans aide.

Don Gregorio avait couché sur le devant de sa selle la jeune femme toujours évanouie.

— Maintenant, messieurs! dit-il, il ne me reste plus qu'à vous remercier cordialement, si vos affaires ne vous permettent pas de rester longtemps avec nous.

— Je vous répète, Caballeros! que nous sommes tout à vous.

— Rien ne nous presse, nous ne vous quitterons pas avant de vous savoir en sûreté, dit noblement le comte.

Don Gregorio s'inclina.

— Suivez-nous donc alors, et n'épargnez pas les chevaux. Il y va de la tête.

Les quatre cavaliers partirent avec une rapidité vertigineuse.

— Eh eh! fit Valentin à demi-voix, en s'adressant à son frère de lait, voici une aventure qui se dessine assez bien. Nous ne perdrons pas notre temps à Santiago... Qu'en dis-tu?

— Il faut voir! répondit celui-ci tout rêveur.

Aucune lumière n'avait brillé, aucune fenêtre ne s'était ouverte pendant le combat. Les rues étaient restées mornes et sombres; la ville semblait abandonnée. On entendait seulement résonner sur les pavés pointus des rues qu'ils traversaient le galop furieux des chevaux qui enlevaient les quatre cavaliers.

Trois heures sonnèrent à la cathédrale au moment où ils passèrent sur la place Mayor.

Don Tadeo ne put retenir un soupir de soulagement, en revoyant l'endroit où, quelques heures auparavant, il avait échappé si miraculeusement à la mort.

Après des détours sans nombre les inconnus s'arrêtèrent.

XI

LE GÉNÉRAL DON PANCHO BUSTAMENTE

Don Tadeo avait deviné juste, lorsqu'en voyant passer le général Busta
mente, il avait dit qu'il allait chez sa maîtresse.

C'était effectivement chez la Linda que se rendait le général.

Il arriva bientôt devant la porte.

Un des cavaliers de l'escorte descendit de cheval et frappa.

Personne ne répondit; sur un signe du général, le soldat redoubla.

Toujours même silence. Rien ne bougeait dans la maison.

L'inquiétude commençait à gagner les arrivants.

Ce silence était d'autant plus extraordinaire que la visite du général était annoncée, que par conséquent on devait l'attendre.

— Oh! oh! fit-il, que se passe-t-il donc ici? voyons, Diego! dit-il au soldat, frappe encore une fois, et de façon qu'on t'entende!

Le soldat frappa à tour de bras, mais inutilement.

Don Pancho fronça le sourcil. Il eut le pressentiment d'un malheur.

— Enfoncez la porte! commanda-t-il.

L'ordre fut exécuté en une seconde.

Le général entra dans la maison, suivi de son escorte.

Dans le patio, tout le monde mit pied à terre.

— De la prudence! dit à voix basse le général au brigadier qui commandait l'escorte, placez des sentinelles partout, et faites bonne garde pendant que je fouillerai la maison.

Après avoir donné ces ordres, le général prit de chaque main un des pistolets de ses fontes et, suivi de quelques lanceros, entra dans la maison.

Partout régnait un silence de mort.

Le général visita plusieurs appartements arriva à une porte.

Partout régnait un silence de mort.

Cette porte laissait, par son entre-bâillement, passer un mince filet de lumière.

Derrière s'entendaient des gémissements étouffés.

D'un coup de pied l'un des lanceros ouvrit la porte.

Le général entra.

Un spectacle étrange s'offrit à ses yeux étonnés:

Dona Maria, étroitement liée et bâillonnée, était attachée au pied d'un lit de repos en damas, tout maculé de sang.

Les meubles étaient renversés de côté et d'autre, deux cadavres étendus dans une mare de sang faisaient clairement deviner que ce salon avait été le théâtre d'une lutte acharnée.

Le général fit enlever les cadavres et ordonna qu'on le laissât seul.

Dès que les lanceros se furent éloignés, il ferma la porte du salon, et s'approchant de la Linda, il se hâta de la délivrer de ses liens.

Elle était sans connaissance.

En se retournant pour placer sur une table ses pistolets que, jusqu'à ce moment, il avait conservés à la main, il recula avec étonnement, presque avec épouvante.

Il avait aperçu un poignard planté dans cette table.

Mais ce mouvement instinctif de crainte n'eut que la durée d'un éclair.

Le général se rapprocha vivement de la table, saisit le poignard qu'il enleva avec précaution et s'empara du papier qu'il traversait.

« Le tyran don Pancho Bustamente est ajourné à quatre-vingt-treize jours!

« Les Cœurs Sombres! »

lut-il d'une voix haute et saccadée, en froissant avec rage le papier dans ses mains.

— *Sangre de Dios!* ces démons se joueront-ils donc toujours de moi! oh! ils savent que je ne fais pas grâce et que ceux qui tombent entre mes mains!...

— S'échappent! dit une voix sombre qui le fit tressaillir malgré lui.

Il se retourna.

La Linda fixait sur lui son œil fauve avec une expression indéfinissable.

Il alla vivement vers elle.

— Grâce à Dieu! s'écria-t-il avec émotion, vous êtes revenue de votre évanouissement, vous sentez-vous assez remise pour m'expliquer la scène qui s'est passée ici ?

— Scène terrible! don Pancho! répondit-elle d'une voix tremblante, scène dont le souvenir me glace encore de terreur!

— Vos forces sont-elles assez revenues pour que vous m'en fassiez le récit?

— Je l'espère, dit-elle. Écoutez-moi avec attention, don Pancho, car ce que j'ai à vous dire vous regarde, peut-être encore plus que moi !

— Vous voulez parler de cette insolente assignation dit-il en la lui montrant.

Elle la parcourut du regard.

— J'ignorais qu'on vous eût adressé ce papier, fit-elle. Écoutez-moi attentivement.

— D'abord, veuillez être assez bonne pour m'expliquer le mot que vous m'avez dit tout à l'heure.

— Chaque chose aura son temps, général; je vous expliquerai tout, car je veux une vengeance éclatante.

— Oh! fit-il avec un éclair de haine dans le regard, soyez sans inquiétude, en me vengeant je vous vengerai.

La Linda rapporta au général dans les plus grands détails ce qui s'était passé entre elle et don Tadeo; comment les Cœurs Sombres l'avaient tiré de ses mains, et les menaces qu'ils lui avaient adressées en la quittant.

Mais, avec ce talent qu'ont toutes les femmes, et qu'elle possédait à un très haut degré, de s'innocenter en tout, elle représenta comme une maladresse miraculeuse des soldats chargés de le fusiller le fait de l'existence de don Tadeo après avoir été exécuté.

Elle dit qu'attiré par l'espoir de se venger d'elle, qu'il soupçonnait de ne pas être étrangère à sa condamnation, il s'était introduit incognito dans sa maison, où par un hasard inouï, elle se trouvait seule, ayant justement permis ce soir-là à ses domestiques d'assister à une *romeria*, — fête, — dont ils ne devaient pas revenir avant trois heures du matin.

Le général n'eut pas un instant la pensée de révoquer en doute la véracité de sa maîtresse.

La situation dans laquelle il l'avait trouvée, la nouvelle incroyable de la résurrection de son plus implacable ennemi, tout cela avait tellement troublé ses idées, que le soupçon n'eut pas le temps de se faire jour dans son esprit.

Il se promenait à grands pas, roulant dans sa tête les projets les plus extravagants pour s'emparer de don Tadeo et surtout anéantir les Cœurs Sombres protées insaisissables qu'il rencontrait incessamment sur ses pas, qui contrecarraient tous ses projets et lui échappaient sans cesse.

Il comprenait bien que la nouvelle de la résurrection de don Tadeo allait donner de la force aux patriotes et compliquer ses embarras politiques, en plaçant à leur tête un homme résolu qui n'aurait plus de considérations à garder, et lui ferait une guerre acharnée.

Sa perplexité était extrême.

Il sentait instinctivement que le terrain était miné sous ses pas, qu'il marchait sur un volcan; mais il ne savait comment démasquer les ennemis qui conspiraient sa ruine.

Le récit fait par sa maîtresse avait produit sur lui l'effet d'un coup de foudre.

Il ne savait quel parti prendre, quelles mesures employer pour déjouer les trames nombreuses ourdies contre lui de tous les côtés à la fois.

La Linda ne le perdait pas de vue.

Elle suivait sur son visage les diverses impressions causées par ce qu'elle lui avait appris.

Nous ferons en deux mots connaître au lecteur ce personnage appelé à jouer un rôle important dans la suite de cette histoire [1].

Le général don Pancho Bustamente, qui a laissé au Chili une réputation de cruauté si terrible qu'on ne le nommait ordinairement que *El Verdugo*, — le bourreau, — était un homme de trente-cinq à trente-six ans au plus, quoiqu'il en parût près de cinquante, d'une taille un peu au-dessus de la moyenne, bien prise et parfaitement proportionnée, qui annonçait une grande vigueur corporelle.

Les traits de son visage étaient assez réguliers, mais son front bombé, ses yeux gris, profondément enfoncés sous l'arcade sourcilière et rapprochés de son nez busqué, sa bouche large et ses pommettes saillantes lui donnaient une ressemblance lointaine avec un oiseau de proie.

Son menton était carré, indice d'entêtement; ses cheveux grisonnants et ses moustaches épaisses étaient coupés militairement en brosse.

Il portait le magnifique uniforme, surchargé de broderies d'or sur toutes les coutures, d'officier supérieur.

Don Pancho Bustamente était fils de ses œuvres, ce qui prévenait en sa faveur.

Simple soldat d'abord, il s'était par une conduite exemplaire et des talents hors ligne, incontestables, élevé de grade en grade jusqu'aux premiers rangs de l'armée et avait en dernier lieu été nommé ministre de la Guerre.

Alors la jalousie, qui s'était tue pendant tout le temps qu'il était resté confondu dans la foule, s'était déchaînée contre lui.

Le général, au lieu de mépriser ces calomnies qui auraient fini par tomber d'elles-mêmes, leur donna en quelque sorte raison en inaugurant un système de sévérité et de cruauté implacable.

1. Des raisons de haute convenance nous ont obligé de changer les noms et les portraits des personnages de cette histoire qui, pour la plupart, existent encore. Mais nous garantissons l'exactitude des faits que nous rapportons.

Deux hommes à pied luttaient intrépidement contre cinq hommes.

Dévoré d'une ambition que rien ne pouvait assouvir, tous les moyens lui furent bons pour atteindre le but vers lequel il tendait secrètement, c'est-à-dire renverser le gouvernement et la république du Chili, puis de la Bolivie et de l'Araucanie réunies, former un seul État dont il se ferait proclamer protecteur, but qui, à part les difficultés presque insurmontables qu'il pressentait, semblait encore, grâce à la haine universelle que le général avait soulevée contre lui, s'éloigner davantage chaque fois qu'il se croyait sur le point de l'atteindre.

Au moment où nous le mettons en scène, il se trouvait dans une des circonstances les plus critiques de sa carrière politique.

Il avait beau faire fusiller en masse les patriotes, les conspirations, ainsi que cela arrive toujours en pareil cas, se succédaient sans interruption ; le système de terreur qu'il avait inauguré, loin d'intimider les populations, paraissait, au contraire, les pousser à la révolte.

Des sociétés secrètes s'étaient formées.

L'une d'elles, la plus puissante et la plus terrible, celle des *Cœurs sombres*, l'enveloppait de rets invisibles dans lesquels il se débattait en vain.

Il pressentait que s'il ne brusquait pas le dénoûment du coup d'État qu'il méditait, il était perdu sans ressource.

Après un silence assez long, le général prit place aux côtés de la Linda.

— Nous vous vengerons, lui dit-il d'une voix sombre, soyez patiente !

— Oh ! lui répondit-elle avec amertume, ma vengeance est commencée à moi !

— Comment cela ?

— J'ai fait enlever dona Rosario del Valle, la femme que don Tadeo de Leon aime !

— Vous avez fait cela ? dit le général.

— Oui, avant dix minutes elle sera ici !

— Oh ! oh ! fit-il, comptez-vous donc la garder avec vous ?

— Moi ! s'écria-t-elle, non ! non ! général : on dit que les *Pehuenches* aiment beaucoup les femmes blanches ; je veux leur faire cadeau de celle-là.

— Oh ! murmura don Pancho, les femmes seront toujours nos maîtres ! elles seules savent se venger ! Mais, dit-il à voix haute, ne craignez-vous pas que l'homme auquel vous avez confié cette mission ne vous trahisse ?

Elle sourit avec une ironie terrible.

— Non, dit-elle ; cet homme hait don Tadeo plus que moi. C'est pour sa vengeance qu'il travaille !

Au même instant, des pas résonnèrent dans la chambre qui précédait le salon.

— Tenez, général ! continua la Linda, voici mon émissaire. Entrez ! cria-t-elle.

Un homme parut.

Son visage était pâle, défait ; ses vêtements déchirés et en désordre étaient tachés de sang en divers endroits.

— Eh bien ? fit-elle avec inquiétude.

— Tout est manqué ! répondit l'arrivant d'une voix haletante.

— Hein ? fit la Linda avec un rugissement de bête fauve.

— Nous étions cinq, continua l'homme sans s'émouvoir, nous avions enlevé la señorita. Tout allait bien, lorsque, à quelques pas d'ici, nous avons été attaqués par quatre démons sortis je ne sais d'où.

— Et vous ne vous êtes pas défendus, misérables ! interrompit le général avec violence.

Le bandit jeta sur l'interrupteur un regard froid et continua impassiblement :

— Trois sont morts. Le chef et moi, nous sommes blessés.

— Et la jeune fille ? demanda la Linda avec colère.

— La jeune fille a été reprise par nos agresseurs. L'Anglais m'envoie vers vous pour savoir si vous consentez toujours à ce qu'il enlève dona Rosario ?

— Essaiera-t-il donc encore ?

— Oui. Et cette fois, dit-il, il est certain de réussir si les conditions sont les mêmes.

Un sourire de mépris glissa sur les lèvres de la courtisane.

— Rapportez-lui ceci, répondit-elle : non seulement il touchera les cent onces promises s'il réussit, mais encore il en touchera cent autres, et, pour qu'il ne doute pas de ma promesse, ajouta-t-elle en se levant et en prenant dans un meuble un sac assez pesant qu'elle remit au bandit, donnez-lui ceci; il y a là la moitié de la somme, mais qu'il se hâte.

L'homme s'inclina.

— Quant à vous, Juanito, continua-t-elle, dès que vous vous serez acquitté de la mission dont je vous charge, vous reviendrez; j'aurai peut-être besoin de vous ici. Allez!

Le bandit s'éloigna rapidement.

— Quel est cet homme ? demanda le général.

— Un pauvre diable que j'ai sauvé, il y a quelques années, d'une mort certaine: il m'est dévoué corps et âme.

— Hum! dit le général, il a l'œil bien profond pour ne pas être un coquin.

La Linda haussa les épaules.

— Vous vous méfiez de tout le monde, dit-elle.

— C'est le moyen de ne pas être trompé.

— Ou de l'être davantage.

— Peut-être! eh bien! vous le voyez : cet enlèvement si bien conçu, dont la réussite était certaine, il a avorté.

— Je vous répéterai ce que vous-même m'avez dit.

— Quoi donc?

— Patience!... Enfin, à présent, quel est votre projet?

Le général se leva.

— Pendant que vous faites à vos ennemis une petite guerre d'embûches et de trahisons, dit-il d'une voix brève et sèche, je vais leur faire, moi, une guerre au grand jour, à la face du ciel, sans pitié. Leur sang coulera à flots sur tout le territoire de la République. Les Cœurs sombres m'ont ajourné à quatre-vingt-treize jours. Eh bien ! je relève le gant qu'ils m'ont jeté!

— Bon! répondit la Linda. Maintenant, concertons-nous, afin de ne pas échouer cette fois comme les précédentes. Il faut en finir avec ces misérables, et surtout nous devons tirer d'eux une vengeance éclatante !

— Elle le sera. Je mets ma tête pour enjeu, si je perds la partie! Oh! ajouta-t-il, je les tiens! j'ai trouvé le moyen que je cherchais pour les faire tomber entre mes mains!... laissons-les quelque temps s'endormir dans une trompeuse sécurité... leur réveil sera terrible !

Et ayant salué la Linda avec une exquise courtoisie, le général se retira.

— Je vous laisse quelques soldats pour veiller à votre sûreté, dit-il en sortant, jusqu'au retour de vos domestiques.

— Je vous en remercie, répondit-elle avec un gracieux sourire.

La courtisane demeurée, seule, au lieu de se livrer à un repos qui lui était si nécessaire après les émotions de cette nuit, resta plongée dans de sérieuses réflexions.

Au lever du soleil, elle était encore à la même place, dans la même position; elle réfléchissait toujours.

Seulement, ses traits étaient animés; un sourire sinistre plissait ses lèvres pâles, et ses yeux fixes lançaient de sombres éclairs.

Tout à coup elle se leva, et, passant sa main sur son front, comme pour en effacer les rides :

— Oh! moi aussi, je réussirai!... s'écria-t-elle avec un accent de triomphe.

XII

L'ESPION

La jeune fille délivrée, les quatre hommes étaient partis à fond de train.

Dix minutes plus tard, il sortaient de la ville.

Leur course devint plus rapide encore, sur la large route qui conduit à Talca.

— Eh ! eh! dit Valentin tout en galopant, à son frère de lait, nous jouons aux barres, ce me semble. Nous entrons dans la ville par une porte pour sortir immédiatement par une autre. Il paraît que nous ne verrons pas encore cette fois la capitale du Chili.

A part ces quelques mots, auxquels Louis ne répondit que par un haussement insouciant des épaules, aucune parole ne fut échangée pendant une heure que dura cette course précipitée.

Aux rayons blafards de la lune, les arbres défilaient de chaque côté du chemin, comme une légion de lugubres fantômes.

Bientôt les murs blancs d'une *chacra*, — ferme, — importante, surgirent à l'horizon.

— C'est là ! fit don Gregorio en la désignant du doigt.

Ils l'atteignirent en peu d'instants.

La porte était ouverte. Un homme se tenait en vedette, immobile sur le seuil.

Les fugitifs s'engouffrèrent comme un ouragan dans la patio. La porte se referma immédiatement derrière eux.

— Quoi de nouveau, tio Pepito? demanda don Gregorio en mettant pied à terre a l'homme qui semblait attendre sa venue.

— Rien, *mi amo !* — mon maître ! — rien de bien important, répondit tio Pepito, petit homme trapu, à la face ronde, éclairée par deux yeux gais pleins de malice. Ceux que j'attendais ne sont-ils pas arrivés?

— Pardonnez-moi, mi amo ! il y a une heure déjà qu'ils sont à la chacra. Ils disent qu'il faut qu'ils repartent tout de suite; ils vous attendent avec impatience.

— Très bien ! annoncez-leur que je suis arrivé, et que dans deux ou trois secondes je serai à leurs ordres.

Le mayoral, car cet homme était le majordome de la chacra, entra sans répondre dans la maison.

Don Tadeo, qui paraissait fort bien connaître le lieu où il se trouvait, avait disparu, lui aussi, en emportant dans ses bras la jeune fille évanouie.

Les deux Français restèrent seuls avec le chacarero. Celui-ci s'avança vers eux.

— Maintenant que vous êtes, à ce que nous supposons, provisoirement du moins en sûreté, monsieur, lui dit Valentin, il ne nous reste plus qu'à prendre congé de vous.

— Non pas ! s'écria don Gregorio, il n'en sera pas ainsi, diable ! comme vous dites, vous autres Français, ajoutait-il en souriant, le hasard ne procure pas assez souvent d'amis aussi sûrs que vous autres, pour qu'on les laisse ainsi s'en aller quand une fois on les tient. Vous restez ici, s'il vous plaît ! notre connaissance ne doit pas se borner là.

— Si notre concours peut encore vous être utile, monsieur, dit noblement le comte, nous nous tenons à votre disposition.

— Merci ! dit-il d'une voix émue en leur serrant chaleureusement la main ; je n'oublierai jamais que je vous dois la vie et celle de mon ami. A quoi puis-je vous être utile?

— Eh ! fit Valentin en riant, à rien et à tout, c'est selon, caballero !

— Expliquez-vous, reprit don Gregorio.

— Dame ! vous comprenez : nous sommes étrangers dans ce pays...

Le Chilien semblait les examiner attentivement.

— Depuis quand êtes-vous arrivés? demanda-t-il.

— Ma foi ! à l'instant. Vous êtes les premières personnes avec lesquelles nous nous soyons trouvés en rapport.

— Bien ! fit lentement don Gregorio ; je vous ai dit que je me mettais à votre disposition, n'est-ce pas?

— Oui, et nous vous en remercions sincèrement, bien que nous comptions n'avoir jamais besoin de vous rappeler cette offre obligeante.

— Je comprends votre délicatesse ; mais un service comme celui que vous nous avez rendu, à mon ami et à moi, lie éternellement. Ne vous occupez pas de votre fortune ; elle est faite.

— Pardon ! pardon ! fit Valentin. Nous ne nous entendons pas du tout, vous vous trompez sur notre compte ; nous ne sommes pas de ces gens qui se font payer pour avoir agi selon leur cœur ; vous ne nous devez rien.

— Je ne prétends pas vous payer, messieurs ; je veux uniquement vous attacher à moi, vous proposer de partager ma bonne ou ma mauvaise fortune; en un mot, je vous offre d'être votre frère.

— Dans ce sens-là, nous acceptons, dit Louis, et nous saurons nous montrer dignes de cette précieuse faveur.

— Je n'en doute pas; seulement, ne vous méprenez pas au sens de mes paroles, la vie que je mène en ce moment est pleine de périls.

— J'y compte bien! dit Valentin en riant. La scène à laquelle nous avons assisté, et dont nous avons peut-être un peu brusqué le dénoûment, nous fait supposer que votre existence n'est pas plus paisible.

— Ce que vous avez vu n'est rien encore. Vous ne connaissez personne en ce pays?

— Personne.

— Ainsi, vos opinions politiques sont nulles?

— Au point de vue chilien, complètement.

— Bravo! s'écria don Gregorio avec élan; touchez là; c'est entre nous à la vie et à la mort!

— C'est dit! fit Valentin en riant; et si vous conspirez...

— Eh bien? demanda le Chilien, en fixant sur lui un regard interrogateur.

— Nous conspirons avec vous, parbleu! c'est convenu.

Les trois hommes échangèrent une cordiale poignée de main.

Don Gregorio les fit alors conduire par le majordone dans une chambre où tout était préparé pour les recevoir.

— Bonne nuit et à demain! leur dit-il en les quittant.

— Eh! eh! fit Valentin en se frottant les mains, cela se dessine; je crois que nous nous amuserons ici.

— Hum! répondit Louis avec une certaine inquiétude, conspirer...

— Eh bien, après? fit Valentin; cela t'effraie-t-il? souviens-toi, cher ami, que les meilleures pêches se font en eau trouble.

— Alors, répliqua Louis en riant, si mes pressentiments sont justes, la nôtre sera miraculeuse.

— J'y compte bien, dit Valentin en souhaitant le bonsoir au majordonne qui se retira après leur avoir fait un profond salut.

Le *cuarto*, — chambre, — où les jeunes gens se trouvaient était blanchi à la chaux et dénué de meubles, à part deux cadres en chêne garnis d'un cuir de bœuf, qui servait de lit, une table massive à pieds contournés, et quatre sièges recouverts en cuir.

Dans un angle de cette pièce, une petite bougie de cire verte brûlait devant une estampe grossièrement illuminée, qui avait la prétention de reproduire les traits de la Vierge.

C'était le strict nécessaire réduit à sa plus simple expression.

— Eh! fit Louis en jetant un regard autour de lui, les Chiliens ne me produisent pas l'effet d'être forts sur le confortable.

— Bah! répondit Valentin, nous avons ce qu'il nous faut. On dort bien partout quand on est fatigué. Cette chambre vaut mieux que le bivouac dont nous étions menacés.

— Tu as raison. Couchons-nous donc, nous ne savons pas ce que demain nous réserve.

Un quart d'heure après, les deux jeunes gens dormaient profondément. En même temps que les Français disparaissaient dans la maison, à la suite du majordome, don Tadeo en sortait par une autre porte.

— Eh bien! lui demanda don Gregorio.

— Elle repose. Sa frayeur est calmée, répondit don Tadeo; la joie qu'elle a éprouvée en me reconnaissant, moi qu'elle croyait mort, lui a causé une crise salutaire.

— Tant mieux! donc de ce côté nous pouvons être tranq illes?

— Complètement.

— Vous sentez-vous assez fort pour assister à une entrevue importante?

— Est-il donc nécessaire que je sois présent?

— Je tiendrais à ce que vous entendissiez les communications qu'un de nos émissaires va me faire dans un moment.

— C'est bien imprudent à vous, observa don Tadeo, de recevoir un tel homme dans votre maison!

— Oh! ne craignez rien! je le connais de longue date. Et puis il ignore chez qui il se trouve; il a été amené les yeux bandés par deux de nos frères. Du reste, nous serons masqués.

— Allons! puisque vous le désirez, je suis à vous.

Les deux amis, après s'être couvert le visage de loups de velours noir, entrèrent dans la salle où se tenaient ceux qui les attendaient.

Cette pièce, qui servait de salle à manger, était vaste et garnie d'une large table; elle était faiblement éclairée par deux *candilejos*, dans lesquels brûlaient de minces chandelles de suff jaune faite à la baguette, qui ne répandaient qu'une lueur douteuse, insuffisante pour distinguer parfaitement les objets ainsi laissés dans une demi-obscurité.

Trois hommes, couverts de ponchos bariolés et de chapeaux à larges bords rabattus sur les yeux, fumaient nonchalamment leurs minces papelitos, en se chauffant autour d'un brasero en cuivre placé au milieu de la salle, et dans lequel achevaient de se consumer lentement des noyaux d'olives.

A l'entrée des chefs des Cœurs sombres ces hommes se levèrent.

— Pourquoi, demanda don Tadeo qui reconnut du premier coup d'œil l'émissaire, n'avez-vous pas attendu, don Pedro, la réunion de demain à la *Quinta Verde* pour communiquer au conseil les révélations que vous avez à faire?

L'homme que l'on nommait don Pedro salua respectueusement.

C'était un individu de trente à trente-cinq ans, d'une taille haute. Sa figure, taillée en lame de couteau, avait une expression cauteleuse, fourbe.

— Ce que j'ai à dire ne regarde qu'indirectement les Cœurs sombres, fit-il.

— Alors, que nous importe? interrompit don Gregorio.

— Mais cela intéresse beaucoup les chefs et particulièrement le chef Roi des ténèbres.

— Expliquez-vous donc, car il est devant vous, reprit don Tadeo en faisant un pas en avant.

Don Pedro lui jeta à la dérobée un regard qui sembla vouloir percer le tissu de son masque.

— Ce que je dirai sera court, répliqua-t-il ; je vous laisse le soin de juger de son importance. Le général don Pancho Bustamente assistera demain à la réunion.

— Vous en êtes sûr? exclamèrent les deux conspirateurs avec un étonnement qui tenait beaucoup de l'incrédulité.

— C'est moi qui l'y ai déterminé.

— Vous?

— Moi !

— Ignorez-vous donc, s'écria don Tadeo avec violence, de quelle façon nous punissons les traîtres?

— Je ne suis pas un traître, puisqu'au contraire je livre entre vos mains votre plus implacable ennemi.

Don Tadeo lui jeta un regard soupçonneux.

— Ainsi le général ignore?...

— Tout, fit don Pedro.

— Dans quel but cherche-t-il à s'introduire au milieu de nous?

— Ne le devinez-vous pas? dans celui de surprendre votre secret.

— Mais il risque sa tête.

— Pourquoi? tout adepte doit être présenté par un parrain qui seul le connaisse. Nul ne doit voir son visage. Eh bien ! je le présente, ajouta-t-il avec un sourire d'une expression étrange.

— C'est juste. Mais s'il soupçonne votre trahison?

— J'en subirai les conséquences ! mais il ne la soupçonnera pas.

— Pourquoi cela? demanda don Gregorio.

— Parce que, répondit l'espion avec un cynique sourire, depuis dix ans, le général se sert de moi, et que, depuis dix ans, il n'a eu qu'à se louer des services que je lui ai rendus.

Il y eut un silence.

— Tenez ! fit don Gregorio après une assez longue pause, cette fois ce n'est pas dix onces, mais vingt que vous avez gagnées. Continuez à nous être fidèle.

Et il lui mit un lourde bourse dans la main.

L'espion la saisit avec un geste de convoitise et la fit prestement disparaître sous son poncho.

— Vous n'aurez aucun reproche à m'adresser, répondit-il en s'inclinant.

— Je le souhaite ! fit don Tadeo qui réprima à grand'peine un geste de dégoût ; souvenez-vous que nous serions sans pitié !

— Je le sais !

— Adieu !

— A demain !

Les hommes qui l'avaient amené et qui, pendant cet entretien, étaient restés immobiles, s'approchèrent de lui sur un geste de don Gregorio, lui bandèrent de nouveau les yeux et l'emmenèrent.

— Est-ce un traître? se demanda don Gregorio, en écoutant le bruit des chevaux qui s'éloignaient.

Ils plantèrent leurs poignards dans les fentes du mur et s'élancèrent dans le jardin.

— Notre devoir est de le supposer, répondit gravement le Roi des ténèbres.

Les deux conspirateurs, au lieu de se livrer à un repos qui devait leur être si nécessaire, causèrent longuement entre eux, afin de prendre toutes les mesures de sûreté qu'exigeait la gravité de la scène qui devait se passer le lendemain à la réunion des conjurés.

Cependant don Pedro avait été ramené au galop jusqu'à Santiago.

Arrivés à une des portes, ses guides le quittèrent et disparurent, chacun d'un côté opposé.

Dès qu'il fut seul, l'espion ôta le mouchoir qui lui couvrait les yeux.

— Hum! dit-il avec un sourire sinistre, en faisant sauter dans sa main

droite la bourse que don Gregorio lui avait donnée, c'est joli, vingt onces d'or !
voyons à présent si le général Bustamente sera aussi généreux que ses
ennemis. Eh ! les nouvelles que je lui apporte sont importantes pour lui ;
tâchons qu'il les paie cher !

Après avoir promené les yeux autour de lui afin de s'orienter, il se dirigea
au grand trot vers le palais du gouvernement, tout en murmurant à part lui :

— Bah ! les temps sont durs ! si l'on n'était pas un peu adroit, il n'y aurait
réellement pas moyen d'élever honnêtement sa famille !

Cette réflexion, d'une moralité un peu risquée, fut accompagnée d'une
grimace dont l'expression aurait donné fort à penser à don Tadeo, s'il avait pu
l'apercevoir.

XIII

AMOUR

Le lendemain au point du jour, les deux Français furent éveillés par les
rayons du soleil.

La journée promettait d'être magnifique.

Le ciel n'avait pas un nuage.

Une légère vapeur pleine d'âcres senteurs s'élevait lentement de la terre,
pompée par les rayons du soleil qui, d'instant en instant, faisait davantage
sentir sa chaude influence.

La brise du matin rafraîchissait l'air et invitait à la promenade.

Les jeunes gens, entièrement remis de leurs fatigues, sautèrent joyeusement à bas de leurs cadres et s'habillèrent en toute hâte.

La chacra qu'ils n'avaient fait qu'entrevoir la nuit précédente, à la lueur
douteuse de la lune, était une ferme immense, contenant de vastes bâtiments
et entourée de champs en plein rapport.

La plus grande animation régnait déjà partout. Des péons montés sur des
chevaux à demi sauvages faisaient sortir le *ganado*, — bestiaux, — qu'ils conduisaient dans les prairies artificielles, d'autres couraient autour des chevaux
qu'ils réunissaient avec force cris et qu'ils menaient à l'abreuvoir.

Dans le patio, le majordome surveillait des enfants et des femmes occupés
à traire les vaches.

Enfin cette demeure, qui lui avait semblé si triste et si sombre la nuit,
avait pris à la clarté du jour un aspect de vie et de gaieté qui faisait plaisir à
voir.

Les cris des péons se mêlaient aux beuglements des bestiaux, aux abois
des chiens et aux chants des coqs, et formaient ce mélodieux concert que l'on
entend seulement dans les fermes et qui toujours réjouit le cœur.

Il est une justice que nous voulons ici rendre à la République chilienne,
c'est que seule, de tous les États de l'Amérique du Sud, elle a compris que la

richesse d'un pays consiste non pas dans le nombre de ses mines, mais dans les encouragements donnés à la culture.

Et pourtant ce pays possède de riches mine d'or, d'argent et de pierres précieuses qu'il exploite, mais dont il ne place les produits qu'en seconde ligne, réservant toute sa sollicitude pour l'agriculture.

Le Chili est bien jeune encore comme nation. Chez lui l'industrie, les arts, sont dans l'enfance ; mais les fermes sont nombreuses, les campagnes bien cultivées, et bientôt ce pays est appelé, nous n'en doutons pas, grâce à ce système de travail, à devenir l'entrepôt des autres puissances américaines, qu'il approvisionne déjà en grande partie de vin et de blé, depuis le cap Horn iusqu'à la Californie.

Derrière la chacra s'étendait une *huerta*, — jardin, — bien entretenue, où les orangers, les grenadiers, les citronniers, plantés en pleine terre, s'élevaient auprès des tilleuls, des pommiers, des pruniers et de tous les arbres de notre Europe.

Louis fut agréablement surpris à l'aspect de ce jardin aux allées ombreuses, où mille oiseaux, aux brillantes couleurs, babillaient gaiement sous le feuillage des bosquets touffus de jasmin et de chèvrefeuille.

Pendant que Valentin allait, suivi de César, se mêler aux péons et fumer son cigare dans le patio, Louis se sentit poussé par son esprit rêveur, aux élans poétiques, à chercher quelques instants de solitude dans cet Éden qui s'offrait à lui ; entraîné par une force inconnue, enivré par les suaves odeurs qui embaumaient l'atmosphère, il se glissa dans le jardin en jetant autour de lui un regard vaguement interrogateur.

Le jeune homme s'en allait rêvant à travers les allées, effeuillant machinalement entre ses doigts une rose qu'il avait cueillie.

Il se promenait ainsi depuis plus d'une heure, quand un léger bruit se fit entendre dans le feuillage à quelques pas de lui.

Il leva instinctivement la tête, assez à temps pour apercevoir les derniers plis d'une légère robe de gaze blanche, qui disparaissait entre les arbres, trop tard pour distinguer complètement la personne qui la portait et qui semblait glisser rapide sur l'herbe trempée de rosée, comme un blanc fantôme.

A cette apparition mystérieuse, le jeune homme sentit son cœur bondir dans sa poitrine, il s'arrêta tremblant ; l'émotion qu'il éprouva fut si forte qu'il fut contraint de s'appuyer contre un arbre pour ne pas tomber.

— Que se passe-t-il donc en moi ? se demanda-t-il en essuyant son front inondé d'une sueur froide.

« Je suis fou ! poursuivit-il avec un sourire forcé. Partout je crois la voir ! mon Dieu ! je l'aime tant, que malgré moi mon imagination me la représente sans cesse ! cette jeune fille que je n'ai fait qu'entrevoir est probablement celle que cette nuit nous avons si miraculeusement délivrée. Pauvre enfant !... heureusement qu'elle ne m'a pas vu, je l'aurais effrayée... mieux vaut l'éviter et sortir du jardin... dans l'état où je suis je lui ferais peur !

Et comme cela arrive toujours en pareille circonstance, il s'élança au contraire sur les traces de celle qu'il avait à peine aperçue, mais que, par un de ces sentiments instinctifs de sympathie qui viennent de Dieu et que la science ne pourra jamais expliquer, il avait cependant aussitôt devinée.

La jeune fille, blottie au fond d'un bosquet comme un colibri dans son lit de mousse, le front pâle et les yeux baissés vers la terre, écoutait triste et pensive les joyeuses mélodies que les oiseaux chantaient à son oreille distraite.

Tout à coup un léger bruit la fit tressaillir et lever la tête.

Le comte était devant elle.

Elle poussa un cri étouffé et voulut fuir.

— Don Luis! dit-elle.

Elle l'avait reconnu.

Le jeune homme tomba à deux genoux à l'entrée du bosquet.

— Oh! s'écria-t-il d'une voix tremblante d'émotion avec l'accent de la plus ardente prière, par pitié, restez, madame.

— Don Luis! reprit-elle déjà remise, et feignant la plus complète indifférence.

Les jeunes filles, même les plus pures, possèdent au plus haut degré le talent de renfermer en elles leurs sentiments, et de donner le change sur les émotions qu'elles éprouvent.

— Oui, c'est moi, madame, répondit-il avec l'accent de la passion la plus respectueuse, moi, qui pour vous revoir ai tout abandonné !

La jeune fille fit un mouvement.

— Par grâce! reprit-il, laissez-moi encore un instant admirer vos traits adorés; oh! ajouta-t-il avec un regard chargé de caresses, mon cœur vous avait devinée avant que mes yeux vous eussent aperçue.

— Caballero, dit-elle d'une voix entrecoupée, je ne vous comprends pas.

— Oh! ne craignez rien de moi, madame, interrompit-il avec véhémence, mon respect pour vous est aussi profond que...

— Mais, caballero, dit-elle vivement, relevez-vous donc, si l'on vous surprenait ainsi...

— Madame, répondit-il, l'aveu que j'ai à vous faire exige que je reste dans cette position de suppliant.

— Mais !...

— Je vous aime, madame, dit-il d'une voix entrecoupée; cette parole qu'en France je n'ai pas osé murmurer à votre oreille, cette parole que de mon cœur je n'ai jamais pu laisser venir à mes lèvres, je ne sais ce qui me donne aujourd'hui l'audace de la prononcer; dussiez-vous me bannir à jamais de votre présence, encore une fois je vous aime, madame, et si vous ne m'aimez pas je mourrai.

La jeune fille le regarda un instant d'un air mélancolique, une larme trembla sous ses longs cils, elle fit un pas vers lui, et lui tendant sa main sur laquelle il imprima ses lèvres :

— Relevez-vous, dit-elle doucement.

Le comte obéit.

La jeune fille se laissa tomber accablée sur le banc qui se trouvait derrière elle, et sembla se plonger dans une profonde et douloureuse méditation.

Il y eut un long silence.

— Défoncez la porte! commanda le général.

Louis la considérait l'âme inquiète, le cœur palpitant.

Enfin elle releva la tête.

Son visage était baigné de larmes.

— Caballero, lui dit-elle d'une voix triste, si Dieu a permis que nous nous retrouvions encore une fois, c'est que dans sa grâce divine, il a jugé qu'entre nous une suprême explication devait avoir lieu.

Le jeune homme fit un geste.

— Ne m'interrompez pas, continua-t-elle, je n'aurais pas le courage d'achever ce que j'ai à vous dire. Vous m'aimez, Luis, je le crois, votre présence ici en est pour moi une preuve irrécusable; vous m'aimez et pourtant combien de fois, pendant mon court séjour en France, vous m'avez maudite en secret en m'accusant de coquetterie, ou du moins d'une inconcevable légèreté !

— Madame !

— Oh ! fit-elle avec un triste sourire, puisque vous m'avez avoué votre amour, je veux être franche avec vous, Luis, et si je dois vous ôter tout espoir dans l'avenir, au moins je veux justifier mon passé et vous laisser de moi un souvenir que rien ne flétrisse.

— Oh ! madame, pourquoi me dire ces choses ?

— Pourquoi ? fit-elle avec un regard plein de mélancolie, d'une voix triste et harmonieuse comme les soupirs de la harpe éolienne, parce que je crois à cet amour si chaud, si jeune, si vrai, que ni les dédains journaliers ni la distance infranchissable mise entre nous, n'ont pu vaincre ! parce que je vous aime enfin, moi aussi, ne le comprenez-vous pas, Luis ?

A cet aveu si naïf, fait d'une voix navrante par cette jeune fille qui ne semblait plus tenir à la terre, le comte se sentit frappé d'un pressentiment terrible ; son cœur se tordit dans sa poitrine. Chancelant, éperdu, il la regarda de l'œil fixe et désespéré du condamné à mort qui écoute la lecture de sa sentence.

— Oui, reprit-elle avec un emportement fébrile, oui, je vous aime, Luis, je vous aimerai toujours ! mais jamais, jamais nous ne serons l'un à l'autre.

— Oh ! c'est impossible cela ! s'écria-t-il en relevant la tête avec véhémence.

— Écoutez-moi, dit-elle avec autorité, je ne vous ordonnerai pas de m'oublier, Luis ! un amour comme le vôtre est éternel ; hélas ! je sens que le mien durera autant que ma vie ! vous le voyez, mon ami, je suis franche, je ne vous parle pas comme une jeune fille devrait le faire, je laisse devant vous déborder mon cœur, vous y lisez comme dans le vôtre. Eh bien ! cet amour qui serait pour nous le comble de la félicité, cette communion de deux âmes qui se confondent l'une dans l'autre, pour ne plus en former qu'une seule, il faut briser ce bonheur inouï, à tout jamais, sans retour, sans hésiter !

— Oh ! je ne puis, s'écria-t-il avec des sanglots dans la voix.

— Il le faut ! vous dis-je, reprit-elle, folle de douleur ; mon Dieu ! mon Dieu ! qu'exigez-vous de moi davantage ?... dois-je tout vous avouer ? Eh bien ! puisqu'il en est ainsi, sachez donc que je suis une misérable créature, condamnée depuis ma naissance ! poursuivie par une haine terrible qui me suit pas à pas, qui me guette incessamment dans l'ombre et un jour ou l'autre, demain, aujourd'hui peut-être, me broiera sans pitié !... obligée à changer de nom sans cesse, fuyant de ville en ville, de pays en pays, partout et toujours cet ennemi implacable que je ne connais pas, contre lequel je ne puis me défendre, m'a poursuivie sans relâche !

— Mais je vous défendrai ! s'écria le jeune homme avec une énergie superbe.

— Eh ! je ne veux pas que vous mouriez, moi ! dit-elle avec un accent de tendresse ineffable. S'attacher à moi c'est courir à sa perte ! je suis allée en

France chercher un refuge ! il m'a fallu quitter subitement ce sol hospitalier. Arrivée ici depuis quelques semaines, sans vous, cette nuit, j'étais perdue !... non !... non !... je suis condamnée ! je le sais ! je me résigne ! mais je ne veux pas vous entraîner avec moi dans ma chute ! Hélas ! je suis peut-être appelée à souffrir des tortures encore plus horribles que celles que j'ai endurées jusqu'à ce jour !... Oh ! Luis, au nom de cet amour que vous avez pour moi et que je partage, laissez-moi cette suprême consolation dans ma douleur, de savoir que vous êtes à l'abri des tourments qui m'accablent.

En ce moment la voix de Valentin se fit entendre à peu de distance, et César vint en remuant la queue sauter après son maître.

Dona Rosario cueillit une fleur de *suchil* et, la présentant au jeune homme après en avoir, pendant une seconde, aspiré la suave odeur :

— Tenez ! lui dit-elle, mon ami, acceptez cette fleur, seul souvenir, hélas ! qui vous restera de moi.

Le jeune homme cacha la fleur dans son sein.

— On vient ! continua-t-elle d'une voix brisée, jurez-moi, Luis, jurez-moi de quitter le plus tôt possible ce pays sans chercher à me revoir !

Le comte hésita.

— Oh ! fit-il, un jour peut-être ?

— Jamais sur la terre. Ne vous ai-je pas dit que j'étais condamnée ? jurez, Luis, pour qu'au moins je puisse vous dire au revoir dans le ciel !

Elle prononça ces paroles avec un tel accent de désespoir que le jeune homme, vaincu malgré lui, fit un geste d'assentiment et laissa tomber d'une voix presque inarticulée ces mots :

— Je le jure !

— Merci ! s'écria-t-elle avec entraînement, et déposant rapidement un baiser sur le front de son amant éperdu, elle disparut avec la légèreté d'une biche au milieu d'un fourré de grenadiers roses, à l'instant où Valentin paraissait à l'entrée du bosquet.

— Eh bien ! frère, dit gaiement le soldat, que diable fais-tu donc au fond de ce jardin ? l'on nous attend pour déjeuner, voilà une heure que je te cherche, et sans César je ne t'aurais pas encore trouvé.

Le comte se retourna, le visage baigné de larmes, et lui jetant les bras autour du cou :

— Frère ! frère ! s'écria-t-il avec désespoir je suis le plus malheureux des hommes !

Valentin le regarda épouvanté.

Luis était évanoui.

— Que s'est-il donc passé ici ? fit le soldat en jetant un regard soupçonneux autour de lui, et en étendant sur un banc de gazon son frère de lait pâle et immobile comme un cadavre.

XVI

LA QUINTA VERDE

Non loin de *Rio Claro*, charmante petite ville bâtie dans une délicieuse situation entre Santiago et Talca, il y avait alors et il y a probablement encore aujourd'hui, sur une colline qui domine au loin la campagne, une jolie *quinta* aux murs blancs et aux contrevents verts coquettement cachée aux yeux indiscrets par un bouquet d'arbres de toutes sortes, chênes acajous, érables, palmiers, aloès, cactus, etc., qui s'élançaient et s'enchevêtraient si bien autour d'elle, qu'ils lui formaient une espèce de rempart presque infranchissable.

Chose difficile à expliquer! A cette époque de convulsion et de bouleversements, cette délicieuse habitation, par un privilège ignoré de tous, avait jusqu'alors échappé, comme par miracle, à la dévastation et au pillage qui la menaçaient incessamment et qui s'abattaient sans relâche autour d'elle, l'enveloppant pour ainsi dire d'un réseau de ruines, sans cependant avoir jamais troublé cette tranquille demeure, bien que parfois la tempête humaine fût venue hurler sous ses murs, et que dans l'ombre de la nuit elle eût souvent vu reluire la lueur rougeâtre des torches incendiaires; tout à coup, sans que l'on sût comment et comme par enchantement, les cris de meurtre cessaient et les torches s'éteignaient, inoffensives, aux mains de ceux qui, une minute auparavant, les agitaient avec fureur.

Cette habitation se nommait *la Quinta Verde.*

Par quel prodige cette maison si simple, en apparence du moins, si semblable aux autres, avait-elle évité le sort commun, et restait-elle seule peut-être de toutes les maisons de campagne chiliennes, calme et tranquille au milieu du bouleversement général également respectée par les deux partis qui se disputaient le pouvoir, et regardant insoucieusement du haut de son coquet mirador la révolution qui s'agitait à ses pieds et emportait, comme dans un tourbillon infernal, villages, maisons, fortunes et familles?

C'est ce que bien des gens avaient à plusieurs reprises cherché à savoir sans pouvoir jamais y parvenir.

Personne n'habitait ostensiblement cette quinta dans laquelle, à certains jours, on entendait des bruits qui remplissaient d'une crainte superstitieuse les dignes huaos logés aux environs.

Le lendemain du jour où s'étaient passés les événements qui ouvrent cette histoire, la chaleur avait été accablante, l'atmosphère pesante, et le soleil s'était couché dans un flot de vapeurs pourprées, symptômes d'un orage qui éclata avec fureur dès que la nuit fut complètement tombée.

La brise tournoyait en sifflant à travers les arbres, dont les branches s'entrechoquaient avec un bruit lugubre; le ciel était noir, sans une étoile de

Il lut d'une voix haute et saccadée : « Le tyran don Pancho Bustamente est ajourné à quatre-
vingt-treize jours! »

gros nuages grisâtres couraient rapidement dans l'espace, couvrant comme
d'un linceul de plomb la nature entière.

On entendait résonner au loin dans les *quebradas* les hurlements des bêtes
fauves auxquels se mêlaient, par intervalles, les aboiements, rauques et saccadés, des chiens errants.

Neuf heures sonnèrent lentement à une horloge lointaine, le bruit de l'airain, répété par les échos des mornes, vibra avec un accent plaintif dans la campagne déserte.

La lune sortant de derrière les nuages qui la voilaient, répandit pendant quelques secondes une lueur blafarde et tremblotante sur le paysage auquel elle donna un aspect fantastique.

Ce rayon fugitif d'une clarté douteuse permit cependant à une petite troupe de cavaliers qui gravissait péniblement un sentier sinueux sur le flanc d'une montagne, de distinguer à quelques pas devant elle la silhouette noire d'une maison à la plus haute fenêtre de laquelle veillait comme un phare une lueur rouge et incertaine.

Cette maison était la *Quinta Verde.*

A quatre ou cinq pas en avant de la troupe marchaient deux cavaliers embossés avec soin dans leurs manteaux, les ailes du chapeau rabattues sur les yeux, précaution inutile en ce moment à cause des ténèbres qui couvraient la terre, mais qui cependant montrait que ces personnages avaient un grand intérêt à ne pas être reconnus.

— Dieu soit loué ! dit un des cavaliers à son compagnon, en arrêtant son cheval pour jeter un regard autour de lui et s'orienter autant que l'obscurité qui était revenue le lui permettait, je crois que nous serons bientôt rendus.

— En effet, général, répondit le second, dans un quart d'heure au plus tard nous serons au terme de notre voyage.

— Ne nous arrêtons donc pas, reprit celui auquel on avait donné le titre de général, j'ai hâte de pénétrer dans cet antre si terrible.

— Un instant, reprit le premier interlocuteur en insistant, il est de mon devoir d'avertir Votre Excellence qu'il est encore temps de rétrograder, ce qui serait peut-être le plus prudent.

— Retenez bien ceci, Diego, dit le général en fixant sur son compagnon un regard qui brilla dans la nuit comme celui d'un chat-tigre, dans les circonstances où je me trouve, la prudence, que vous l'entendez, serait une lâcheté; je sais à quoi m'oblige le rang où m'a placé la confiance de mes concitoyens, la position est des plus critiques pour nous : la réaction libérale relève la tête de toutes parts, il faut en finir avec cette hydre sans cesse renaissante; la nouvelle que don Tadeo a échappé à la mort s'est répandue avec la rapidité d'une traînée de poudre, tous les mécontents dont il est le chef s'agitent avec une arrogance sans égale; si j'hésitais aujourd'hui à frapper un grand coup et à écraser la tête du serpent qui siffle à mes oreilles, peut-être demain serait-il trop tard; c'est toujours l'hésitation qui a perdu les hommes d'État dans les moments décisifs.

— Cependant, général, si l'homme qui vous a fourni ces renseignements...

— Est un traître, n'est-ce pas ? mon Dieu ! c'est probable, mais aussi n'ai-je rien négligé pour neutraliser les conséquences de cette trahison que je prévois.

— Ma foi, général, moi à votre place...

— Merci, mon vieux camarade, merci de votre sollicitude pour moi, mais assez sur ce sujet, vous devez me connaître assez pour savoir que je ne transigerai jamais avec mon devoir.

— Il ne me reste donc plus qu'à souhaiter bonne chance à Votre Excellence, général, car vous savez que vous devez arriver seul à la Quinta Verde, et que je ne puis vous escorter plus loin.

— Très bien, restez ici, faites provisoirement mettre pied à terre à vos hommes, surtout surveillez avec soin les environs et exécutez ponctuellement les ordres que je vous ai donnés; allons, adieu.

Diego s'inclina avec tristesse et retira sa main que, jusqu'à ce moment, il avait tenue posée sur la bride du cheval du général.

Celui-ci s'enveloppa dans son manteau dont il avait un peu dérangé les plis, et fit entendre ce claquement de langue habituel aux *ginetes* pour exciter leurs montures.

A ce signal bien connu de lui, le cheval dressa les oreilles et comme c'était un animal de race, malgré la fatigue qui l'accablait il partit au galop.

Au bout de quelques minutes d'une course rapide, le général s'arrêta; mais il paraît que cette fois il était arrivé au terme de son voyage, car il mit pied à terre, jeta la bride sur le cou de son cheval, et, sans plus s'occuper de ce qu'il deviendrait que s'il n'eût été qu'un bidet de poste il marcha résolument vers la maison qu'il avait entrevue quelque temps auparavant et dont il n'était plus éloigné que de dix pas à peine.

Cette distance fut bientôt franchie.

Arrivé à la porte, il s'arrêta une seconde, regarda autour de lui comme pour sonder les ténèbres.

Tout était calme et silencieux.

Malgré lui, le général fut saisi de cette crainte vague qui s'empare de l'homme le plus courageux lorsqu'il se trouve en face de l'inconnu.

Mais le général Bustamente, que le lecteur a reconnu déjà, était un trop vieux soldat pour se laisser dominer par une impression, si forte qu'elle fût, pendant longtemps; celle-ci n'eut pour lui que la rapidité d'un éclair, il reprit presque immédiatement son sang-froid.

— Est-ce que j'aurais peur, moi! murmura-t-il avec un sourire ironique, et, s'approchant résolument de la porte, il frappa trois coups à intervalles égaux avec le pommeau de son épée.

Ses bras furent subitement pris par des mains invisibles, un bandeau tomba sur ses yeux et une voix faible comme un souffle murmura à son oreille :

— N'essaie pas de résister, vingt poignards sont dirigés contre ta poitrine; au premier cri, au moindre geste tu es mort; réponds catégoriquement à mes questions.

— Ces menaces sont de trop, répondit le général d'une voix calme; puisque je suis venu de ma libre volonté, c'est que je n'ai pas l'intention de résister; interrogez, je répondrai.

— Que viens-tu chercher ici? reprit la voix.

— Les *Cœurs sombres*.

— Es-tu prêt à paraître en leur présence?

— Je le suis, répondit le général toujours impassible.

— Tu ne redoutes rien?

— Rien.

— Laisse tomber ton épée.

Le général lâcha son épée et sentit en même temps que ses pistolets lui étaient enlevés.

— Maintenant marche sans crainte, fit la voix.

Le prisonnier se retrouva livre instantanément.

— Au nom du Christ qui est mort sur la croix pour la liberté du monde, *Cœur sombres,* recevez-moi au nombre de vos frères, dit alors le général d'une voix haute et ferme.

La porte de la *Quinta Verde* s'ouvrit à deux battants.

Deux hommes masqués, l'épée nue à la main et tenant chacun une lanterne sourde dont ils dirigèrent le foyer sur le visage de l'étranger, parurent sur le seuil.

— Il en est temps encore, dit un des inconnus, si ton cœur n'est pas ferme, tu peux te retirer.

— Mon cœur est ferme.

— Viens donc alors, toi qui te crois digne de partager notre glorieuse tâche; mais tremble si tu songes à nous trahir, reprit l'homme masqué d'une voix sombre.

Le général sentit malgré lui un frisson de terreur parcourir tous ses membres à ces paroles; mais surmontant cette émotion involontaire :

— C'est aux traîtres à trembler, répondit-il, pour moi je n'ai rien à craindre.

Et il entra résolument dans la Quinta Verde, dont la porte retomba sur lui avec un bruit lugubre.

Le bandeau qui cachait ses yeux et qui avait empêché ceux qui l'avaient interrogé de le reconnaître, malgré les efforts qu'ils avaient faits pour cela, lui fut alors enlevé.

Après une marche de plus d'un quart d'heure dans un corridor circulaire, éclairé seulement par la lueur rouge et incertaine de la torche de l'homme qui le guidait dans ce dédale, le général fut subitement arrêté par une porte qui se trouva devant lui.

Il se tourna incertain vers les hommes masqués qui l'avaient suivi pas à pas.

— Qu'attends-tu? dit l'un d'eux, répondant à sa muette interrogation, n'est-il pas écrit: *frappe et l'on t'ouvrira?*

Le général s'inclina en signe d'acquiescement, puis il heurta violemment la porte.

Les battants entrèrent silencieusement dans le mur, et le général se trouva sur le seuil d'une vaste salle dont les murs étaient tendus de longues draperies rouges, lugubrement éclairée par une lampe en bronze à plusieurs becs attachée au plafond et qui répandait une clarté douteuse sur une centaine d'hommes qui tenaient tous à la main droite des épées nues, et dirigeaient vers lui des regards ardents à travers les trous des masques noirs qui leur cachaient le visage.

Au fond de cette salle était placée une table recouverte d'un tapis vert.

Trois hommes étaient assis à cette table.

Non seulement ils étaient masqués, mais encore, pour surcroît de précaution, devant chacun d'eux, une torche plantée dans la table ne les laissait que vaguement entrevoir.

Sur le mur était attaché un crucifix, entre deux sabliers surmontés d'une tête de mort traversée d'un poignard.

Le général ne manifesta aucune émotion à cette mise en scène sinistre, seulement un sourire de dédain plissa ses lèvres hautaines, et il fit un pas pour entrer dans la salle.

En ce moment il sentit qu'on lui touchait légèrement l'épaule.

Il se retourna.

Un des guides lui tendait un masque; malgré les précautions qu'il avait prises pour déguiser ses traits, il s'en saisit vivement avec un mouvement de joie, l'appliqua sur son visage, s'enveloppa dans son manteau et entra.

— *In nomine patris et filii et spiritus sancti,* dit-il.

— *Amen!* répondirent les assistants d'une voix sépulcrale.

— *Exaudiat te Dominus, in die tribulationis,* dit un des trois personnages placés derrière la table.

— *Impleat Dominus omnes petitiones tuas,* reprit sans hésiter le général.

— *La Patria!* répondit le premier interlocuteur.

— *O la Muerte!* répliqua le général.

— Que viens-tu chercher ici ? demanda celui qui jusque-là avait seul parlé.

— Je cherche à entrer dans le sein des élus.

Il y eut un instant de silence.

— Quelqu'un parmi nous peut-il ou veut-il te servir de caution ? reprit l'homme masqué.

— Je l'ignore, je ne connais pas les personnes au milieu desquelles je me trouve.

— Qu'en sais-tu?

— Je le suppose, toutes ayant, ainsi que moi, un masque sur le visage.

— Les Cœurs sombres, dit l'interrogateur d'un ton emphatique, ne se regardent pas au visage, ils sondent les âmes.

Le général s'inclina à cette phrase qui lui parut passablement amphigourique.

L'interrogateur continua :

— Connais-tu les conditions de ton affiliation ?

— Je les connais.

— Quelles sont-elles?

— Sacrifier mère, père, frères, parents, amis et moi-même sans hésiter, à la cause que je jure de défendre.

— Après?

— Au premier signal, soit de jour, soit de nuit, même au pied des autels, dans quelque circonstance que je me trouve, tout quitter pour accomplir sur l'heure l'ordre qui me sera donné, de quelque façon que ce soit, et quelle que soit la teneur de cet ordre.

— Tu souscris à ces conditions ?

— J'y souscris.

— Tu es prêt à jurer de t'y soumettre ?

— Je suis prêt.

— Répète donc après moi, la main sur l'Évangile, les paroles que je vais te dicter.

— Dictez.

Les trois hommes assis derrière la table se levèrent, une Bible fut apportée, le général posa résolument la main sur le livre.

Un frémissement parcourut les rangs de l'assemblée.

Le président frappa sur la table avec le pommeau de son poignard, le silence se rétablit.

Alors cet homme prononça d'une voix lente et profondément accentuée les paroles suivantes, que le général répéta après sans hésiter :

— Je jure de sacrifier, moi, ma famille, mes biens et tout ce que je puis espérer en ce monde, pour le salut de la cause que défendent les Cœurs sombres ; je jure de frapper tout homme, serait-ce mon père, serait-ce mon frère qui me serait désigné ; si je manque à ma foi, si je trahis ceux qui m'acceptent pour frère, je me reconnais digne de mort, et je pardonne d'avance aux Cœurs sombres de me la donner.

— Bien ! reprit le président, lorsque le général eut prononcé le serment, vous êtes notre frère.

Alors il se leva, fit quelques pas dans la salle et s'arrêta en face du général.

— Maintenant, dit-il d'une voix sombre et menaçante, répondez, don Pancho Bustamente, vous qui de gaieté de cœur prêtez un faux serment devant cent personnes, croyez-vous que nous commettrons un crime en vous jugeant, puisque vous avez eu l'audace de vous remettre vous-même entre nos mains?

Malgré toute son assurance, le général ne put retenir un geste d'effroi.

— Enlevez à cet homme le masque qui couvre son visage, afin que tout le monde sache bien que c'est lui ! Ah ! général, vous êtes entré dans l'antre du lion, il vous dévorera.

Une rumeur lointaine se fit entendre.

— Vos soldats viennent à votre secours, reprit le président, ils arriveront trop tard, général, préparez-vous, vous allez mourir !

Cette parole tomba comme un coup de massue sur le front de celui qui se voyait ainsi déjoué ; cependant il ne perdit pas encore courage, le bruit se rapprochait sensiblement, il était évident que ses troupes qui cernaient la Quinta Verde de toutes parts, ne tarderaient pas à s'en emparer, il fallait à tout prix gagner du temps.

— De quel droit, dit-il fièrement, vous posez-vous en juges et en exécuteurs de vos propres arrêts ?

— Vous êtes des nôtres, vous relevez de notre justice, répondit le président d'un ton sardonique.

— Prenez garde à ce que vous allez faire, messieurs, reprit le général d'une voix hautaine, je suis le ministre de la Guerre!

— Et moi je suis le Roi des ténèbres, s'écria le président avec un éclat de voix terrible qui glaça le général d'épouvante, mon poignard est plus sûr que les fusils de vos soldats, il ne laisse pas échapper ses victimes! Frères, quel châtiment mérite cet homme?

— La mort! répondirent les conjurés.

Le général vit qu'il était perdu.

XV

LE DÉPART

Le sergent Diego laissé par le général Bustamente à quelques pas de la Quinta Verde, n'était pas tranquille sur le sort de son chef; il avait de tristes pressentiments.

C'était un vieux soldat au fait de toutes les ruses et de toutes les trahisons employées dans son pays entre ennemis intimes. Il avait été loin d'approuver la démarche tentée par le général. Mieux que personne il savait le peu de confiance que l'on devait avoir dans les espions. Contraint ostensiblement d'obéir à l'ordre qu'il avait reçu, il avait résolu *in petto* de ne pas abandonner sans secours son chef dans le guêpier au milieu duquel il était allé donner tête baissée.

Diego portait au général Bustamente, sous les ordres duquel il servait déjà depuis plus de dix ans, une profonde amitié, ce qui lui donnait droit à certaines privautés auprès de lui et surtout à son entière confiance.

Il se mit immédiatement en rapport avec deux autres chefs de détachement, chargés comme lui de surveiller la maison mystérieuse dont la noire silhouette se détachait lugubrement dans la nuit, et autour de laquelle il avait établi un blocus sévère.

Il se promenait de long en large, en mordillant sa moustache et maugréant tout bas, déterminé si le général ne sortait pas au bout d'une demi-heure, d'y entrer de gré ou de force, lorsqu'une lourde main s'appesantit sur son épaule; il se retourna vivement en retenant avec peine un juron qui expira sur ses lèvres.

Un homme se trouvait devant lui : cet homme était don Pedro.

— Vous? s'écria-t-il en le reconnaissant.

— Moi! répondit l'espion.

— Mais d'où diable sortez-vous?

— Peu importe, voulez-vous sauver le général?

— Serait-il en péril?

— En danger de mort.

— *Demonios !* hurla le sergent, sauvons-le !

— Je viens exprès pour cela, mais parlez bas.

— Je parlerai comme vous voudrez, pourtant dites-moi...

— Rien ! interrompit don Pedro, il n'y a pas un instant à perdre.

— Que faire?

— Écoutez bien.

— Je suis tout oreilles.

— Un détachement simulera une attaque à la porte par laquelle est entré le général, un autre surveillera les environs; les Cœurs sombres ont des chemins connus d'eux seuls, vous, avec le troisième détachement vous me suivrez, je me charge de vous introduire dans la maison, est-ce convenu?

— Je le crois bien.

— Alors, hâtez-vous de prévenir vos collègues, le temps presse.

— J'y cours, où vous trouverai-je?

— Ici.

— Bon ! je ne vous demande que cinq minutes.

Et il s'éloigna à grands pas.

— Hum ! pensa don Pedro dès qu'il fut seul, il faut être prudent, quand on veut que les affaires rapportent; d'après ce qu'ils disent, ils veulent juger le général, ne les laissons pas aller jusque-là, mes intérêts souffriraient trop; j'ai assez bien manœuvré pour être à l'abri de tous les soupçons, si je réussis je serai plus en faveur que jamais auprès du général, sans rien perdre de la confiance que me témoignent les conspirateurs.

Diego revenait.

— Eh bien? lui demanda don Pedro.

— C'est fait, reprit le sergent d'une voix haletante, je vous attends.

— Allons donc, et Dieu veuille qu'il ne soit pas trop tard !

— Amen ! dit le soldat.

Tout se fit comme on était convenu; tandis qu'un détachement attaquait vigoureusement la porte de la Quinta Verde, don Pedro conduisit les troupes commandées par Diego du côté opposé de la maison, où une fenêtre basse était ouverte; cette fenêtre était grillée, mais plusieurs barreaux avaient été enlevés d'avance, ce qui rendait le passage facile.

Pedro recommanda le silence aux soldats, et ils sautèrent les uns après les autres dans la maison.

Guidés par l'espion, ils s'avancèrent à pas de loups sans rencontrer d'obstacles d'aucune espèce.

Au bout de quelques minutes ils se trouvèrent devant une porte fermée.

— C'est là, dit Pedro à voix basse.

Sur un signe du sergent, la porte fut jetée bas à coups de crosses de fusil, les soldats se précipitèrent dans la salle.

Elle était vide.

Un homme gisait étendu sans mouvement sur le sol.

Le sergent s'élança vers lui, soudain il recula avec un cri d'horreur.

Don Luis.

Il avait reconnu son chef.

Le général Bustamente avait un poignard tout entier planté dans la poitrine; au manche du poignard était attachée une longue banderole noire sur laquelle on lisait ces seuls mots écrits en encre rouge :

— *Justice des Cœurs sombres!*

— Oh! s'écria Diego, vengeance! vengeance!

— Vengeance! répétèrent les soldats avec une rage mêlée de terreur.

Le sergent se tourna vers don Pedro qu'il croyait à ses côtés, mais l'espion, qui seul pouvait les guider dans leurs recherches, avait jugé prudent de s'esquiver. Dès qu'il avait vu que ce qu'il redoutait était arrivé, il avait disparu sans que personne se fût aperçu de son départ.

— C'est égal, dit Diego, quand je devrais démolir ce repaire d'assassins de fond en comble et ne pas laisser pierre sur pierre, je jure que je retrouverai ces démons, fussent-ils cachés au centre de la terre.

Le vieux soldat commença à fureter de tous les côtés, tandis qu'un chirurgien qui avait suivi le détachement, donnait les premiers soins au blessé qu'il tâchait de rappeler à la vie.

Les Cœurs sombres, ainsi que l'avait fort bien dit l'espion, avaient des chemins connus d'eux seuls, par lesquels ils étaient partis tranquillement après avoir accompli leur terrible vengeance, ou exécuté leur sévère jugement, suivant le point de vue auquel on se placera pour apprécier un acte de cette nature et de cette importance.

Ils étaient déjà loin dans la campagne, à l'abri de tout danger, que les soldats s'acharnaient encore à les chercher dans la maison.

Don Tadeo et Don Gregorio rentrèrent ensemble à la chacra.

Ils furent étonnés à leur arrivée de voir Valentin, qu'ils supposaient couché et endormi depuis longtemps, s'approcher d'eux et à cette heure avancée de la nuit, leur demander quelques instants d'entretien.

Malgré la surprise toute naturelle que leur causa cette demande dont l'heure était si singulièrement choisie, les deux gentilshommes qui supposèrent que le Français avait des raisons graves pour agir de la sorte, lui accordèrent sa demande sans la moindre observation.

La conversation fut longue entre les trois personnages; nous croyons inutile de la rapporter ici, nous n'en ferons connaître que la fin qui la résume parfaitement.

— Je n'insisterai pas, fit don Tadeo, bien que vous ne veuillez pas nous les dire, je vous crois un homme trop sérieux, don Valentin, pour ne pas avoir la conviction que les raisons qui vous obligent à nous quitter sont graves.

— De la plus haute gravité, appuya le jeune homme.

— Fort bien, et en partant d'ici, de quel côté comptez-vous vous diriger?

— Ma foi, je vous avouerai franchement, ce que du reste vous savez déjà, que mon ami et moi nous sommes à la recherche de la fortune, que toutes les directions nous sont bonnes, puisque nous devons surtout compter sur le hasard.

— Je suis de votre avis, répondit don Tadeo en souriant; écoutez-moi, je possède dans la province de Valdivia de grands biens que je compte moi-même aller bientôt visiter. Qui vous empêche d'aller de ce côté plutôt que d'un autre?

— Rien absolument.

— J'ai en ce moment besoin d'un homme sûr pour le charger d'une mission importante en Araucanie auprès du principal chef du peuple de ce pays. Si vous vous rendez dans la province de Valdivia, vous serez obligé de traverser l'Araucanie dans toute sa longueur, voulez-vous être l'homme que je cherche et remplir cette mission? cela ne vous dérangera nullement.

— Pourquoi pas? dit Valentin, je n'ai jamais vu de sauvages, je ne serai pas fâché de savoir à quoi m'en tenir sur leur compte.

— Eh bien! voilà qui est convenu, c'est demain que vous partez, n'est-ce pas?

— Demain? permettez, aujourd'hui, dans quelques heures, car le soleil ne tardera pas à se lever.

— C'est juste; eh bien! au moment de votre départ le majordome vous remettra de ma part vos instructions par écrit.

— Caramba! fit Valentin en riant, me voilà métamorphosé en ambassadeur.

— Ne plaisantez pas, mon ami, fit sérieusement don Tadeo, la mission que je vous confie est délicate, périlleuse, je ne vous le cache pas; si l'on vous surprenait les papiers dont vous serez porteur, vous seriez exposé à de grands dangers... voulez-vous toujours être mon émissaire?

— Pardieu! dès qu'il y a du danger, il y a du plaisir; et comment se nomme celui auquel je dois remettre ces dépêches?

— Elles sont de deux sortes, les dernières ne regardent que vous; pendant le cours de votre voyage vous en prendrez connaissance, elles vous instruiront sur certaines choses qu'il est important que vous sachiez pour le succès de votre mission.

— Je comprends, et les autres?

— Les autres doivent être remises en mains propres à *Antinahuel*, c'est-à-dire le *Tigre Soleil*.

— Drôle de nom! fit Valentin en riant, et où rencontrerai-je ce monsieur qui se fait appeler d'une façon aussi formidable?

— Ma foi! vous m'en demandez trop, mon ami, répondit don Tadeo, je ne le sais pas plus que vous.

— Les Indiens Araucans, interrompit don Gregorio, sont un peuple un peu nomade, il est souvent difficile chez eux de trouver ceux que l'on cherche.

— Bah! je le trouverai, soyez tranquille.

— Dans quelques jours, ainsi que je vous l'ai annoncé, je pars moi-même pour placer dans un couvent de Valdivia, la jeune dame que vous avez si bravement sauvée; c'est donc à Valdivia que j'attendrai votre réponse.

— Pardon, mais je ne sais pas du tout où se trouve Valdivia, moi, observa Valentin.

— Ne vous en inquiétez pas, tout le monde vous enseignera la route, répondit don Gregorio.

— Merci.

— Et maintenant si vous avez changé d'avis lorsque nous nous reverrons, si vous consentez à rester parmi nous, souvenez-vous que nous sommes frères et ne craignez pas de me faire connaître votre nouvelle détermination.

— Je ne puis vous dire ni oui ni non, monsieur; il ne tiendra pas à moi que nous ne continuions à nous voir fréquemment.

Après quelques autres paroles échangées entre eux, les trois hommes se séparèrent.

Quelques heures plus tard, au lever du soleil, Louis et Valentin, montés sur de magnifiques chevaux que don Tadeo les avait forcés d'accepter, sortirent de la chacra, suivis par César.

Valentin avait reçu ses dépêches des mains du majordome.

Au moment où ils quittaient la ferme, Louis tourna instinctivement la tête, comme pour saluer d'un dernier regard ces lieux qu'il abandonnait pour toujours et qui lui étaient devenus si chers.

Une fenêtre s'entr'ouvrit doucement, et la jeune fille montra son charmant visage inondé de larmes.

Les deux hommes s'inclinèrent respectueusement sur le cou de leurs chevaux, la fenêtre se referma, Louis poussa un profond soupir.

— Adieu pour jamais ! murmura-t-il en étouffant un sanglot.

— Peut-être ! lui dit Valentin.

Ils piquèrent leurs chevaux et disparurent bientôt dans les méandres de la route.

A trois ou quatre jours de là, don Tadeo et don Gregorio partaient, eux aussi, pour Valdivia, où ils conduisaient dona Rosario.

Mais l'ennemi dont ils croyaient s'être débarrassés à la Quinta Verde n'était pas mort.

Le poignard des Cœurs sombres n'avait pas été plus sûr que les balles du général.

Les deux ennemis allaient bientôt se retrouver en présence.

Malgré l'affreuse blessure qu'il avait reçue, grâce aux soins intelligents qui lui avaient été prodigués, et surtout grâce à la force de sa constitution, le général Bustamente n'avait pas tardé à entrer en convalescence.

Don Pancho et la Linda, réunis désormais par le lien le plus fort, une haine personnelle commune, se préparaient à prendre leur revanche et à tirer de don Tadeo une éclatante vengeance.

Le général avait signalé son retour à la santé par des cruautés inouïes commises contre tous les hommes soupçonnés de libéralisme, et en inaugurant sur tout le territoire de la République un système épouvantable de terreur.

Don Tadeo de Leon avait été mis hors la loi, ses amis jetés dans les cachots et ses biens confisqués, puis, lorsque le général pensa par toutes ces vexations avoir réduit son ennemi aux abois et ne plus rien avoir à redouter de lui ni de ses partisans, il quitta Santiago sous le prétexte d'une visite dans les provinces de la République, et ne tarda pas à prendre, accompagné de sa maîtresse, la route de Valdivia.

XVI

LA RENCONTRE

Comme maintenant les principaux incidents de cette histoire vont se dérouler en Araucanie, nous croyons nécessaire de donner au lecteur quelques renseignements sur ce peuple qui, seul de toutes les nations que les Espagnols rencontrèrent en Amérique, parvint à leur résister et à conserver intacts jusqu'à l'époque où nous sommes, sa liberté et presque tout son territoire.

Les Araucans ou Moluchos habitent le beau pays situé entre les rivières Biobio et Valdivia, d'un côté la mer, et la grande Cordillère des Andes de l'autre.

Ils sont donc complètement enclavés dans la République chilienne, dont, ainsi que nous l'avons dit, ils ont su rester toujours indépendants.

Celui qui se figurerait que ces Indiens sont des sauvages se tromperait grossièrement.

Les Araucans ont pris de la civilisation européenne tout ce qui peut être utile à leur caractère et à leur manière de vivre, sans se soucier du reste.

Depuis les temps les plus reculés, ces peuples étaient formés en corps de nation forte, compacte, régie par des lois sages et rigoureusement exécutées.

Les premiers conquérants espagnols furent tout étonnés de rencontrer dans ce coin reculé de l'Amérique, une république aristocratique puissante, et une féodalité organisée presque sur le même patron que celle qui pesait sur l'Europe du XIIIe siècle.

Nous entrerons ici dans quelques détails du gouvernement des Araucans, qui s'intitulent eux-mêmes avec orgueil *Aucas*, — hommes libres.

Ces détails sur un peuple trop peu connu jusqu'à ce jour, ne peuvent, nous en sommes convaincu, qu'intéresser le lecteur.

L'intelligence de cette nation se montre dans la régularité des divisions politiques de son territoire : il est partagé, du nord au sud, en quatre *Utal-Mapus* ou gouvernements, nommés : *Languem-Mapus*, — pays maritime; — *Telbum-Mapus*, — pays plat; — *Inapiré-Mapus*, — pays sous les Andes; — et *Piré-Mapus*, — pays dans les Andes.

Chaque Utal-Mapus se divise à son tour en cinq *Allaregues*, — provinces, — qui forment neuf *Regues*, — districts.

La contrée maritime comprend les pays d'*Arauco, Tucapel, Illicura, Baroa* et *Nagtolten;* la contrée plate : *Puren, Ancol, Maguequa, Maxiquina* et *Repocura;* la contrée au pied des Andes renferme les pays de *Chacaico, Marben, Colhue, Quecheregua* et de *Quanagua.*

Enfin, le pays des Andes proprement dit comprend toutes les vallées de la Cordillère habitées par les *Puelches*, montagnards redoutables qui formaient jadis une tribu alliée des Araucans, mais qui, à présent, se gouvernent par leurs propres lois.

Les principaux chefs des Araucans sont les *Toquis* [1], les *Apo-Ulmènes* et les *Ulmènes*.

Il y a quatre Toquis, un pour chaque Utal-Mapus; ils ont sous leurs ordres les Apo-Ulmènes qui, à leur tour, commandent aux Ulmènes.

Les Toquis sont indépendants entre eux, mais confédérés pour le bien public.

Les titres sont héréditaires et passent de mâles en mâles.

Les vassaux ou *Mosotones* sont libres; en temps de guerre seulement ils sont assujettis au service militaire; du reste, dans ce pays, et c'est ce qui fait sa force, tous les hommes en état de porter les armes sont soldats.

On peut comprendre ce que sont les chefs en disant que le peuple les considère comme les premiers parmi leurs égaux, aussi leur autorité est-elle assez précaire; et si parfois certains Toquis ont voulu étendre leur autorité, le peuple jaloux de ses privilèges a toujours su les retenir dans les bornes prescrites par les anciens usages.

Une société dont les mœurs sont aussi simples, les intérêts aussi peu compliqués, qui est gouvernée par des lois sages, et dont tous les membres ont un ardent amour de liberté, est indomptable : c'est ce que les Espagnols ont maintes fois éprouvé à leurs dépens.

Après avoir, à plusieurs reprises, essayé de conquérir ce petit coin de terre isolé au milieu de leur territoire, ils ont fini par reconnaître l'inutilité de leurs efforts et se sont tacitement reconnus vaincus en renonçant à jamais à leurs projets de domination sur les Araucans, avec lesquels, en désespoir de cause, ils ont contracté des alliances, et dont ils traversent aujourd'hui pacifiquement le territoire pour se rendre de Santiago à Valdivia.

Le *Carampangue*, en idiome araucan, *Refuge des lions*, est un charmant cours d'eau, demi-torrent, demi-rivière, qui descend en bondissant du sommet inaccessible des Andes, et vient après les plus capricieux détours se perdre dans la mer à deux lieues au nord d'Arauco.

Rien n'est beau comme les rives du Carampangue, bordées de riants vallons couverts de bois, de pommiers surchargés de fruits, de riches pâturages où paissent en liberté des animaux de toutes sortes, et de hautes montagnes aux flancs verdoyants desquelles pendent, dans les positions les plus pittoresques, des grappes de cabanes, dont les murs blanchis à la chaux brillent au soleil et donnent la vie à ce paysage enchanteur.

Le jour ou recommence notre récit, par une belle matinée de juillet nommé par les Indiens *Ayen-Anta*, le mois du soleil, deux cavaliers suivis par un magnifique chien de Terre-Neuve blanc et noir, remontaient au grand trot le cours de la rivière, en marchant dans un sentier de bêtes fauves à peine tracé dans les hautes herbes.

Ces hommes, revêtus du costume chilien, surgissant tout à coup au milieu de cette nature sauvage et abrupte, formaient par leurs manières et leurs

1. Ce mot vient du verbe *toquin*, qui veut dire juger, commander.

vêtements, contraste avec tout ce qui les environnait, contraste dont ils ne se doutaient probablement pas, car ils voyageaient aussi insoucieusement dans cette contrée barbare, semée de périls et d'embûches sans nombre, que s'ils se fussent trouvés sur la route de Paris à Saint-Cloud.

Ces deux hommes, que le lecteur a reconnus certainement déjà, étaient le comte Louis de Prébois-Crancé et Valentin Guillois, son frère de lait.

Ils avaient successivement traversé Maulé, Talca, Conception ; depuis deux grands mois à peu près ils étaient en route, le jour où nous les retrouvons en pleine Araucanie, voyageant philosophiquement en compagnie de leur chien César, sur les bords du Carampangue, le 14 juillet 1837, à onze heures du matin.

Les jeunes gens avaient passé la nuit dans un *rancho* abandonné qu'ils avaient rencontré sur leur chemin, et au lever du soleil ils s'étaient remis en route.

Aussi commençaient-ils à se sentir en appétit.

Après s'être rendu compte de l'endroit où ils se trouvaient, ils aperçurent un bouquet de pommiers qui interceptait les rayons ardents du soleil et leur offrait un abri convenable pour se reposer et prendre leur repas.

Ils mirent pied à terre et s'assirent au pied d'un pommier, laissant leurs chevaux brouter les jeunes pousses des arbres. Valentin fit avec un bâton tomber quelques fruits, ouvrit ses *alforjas*, espèces de grandes poches en toile que l'on place derrière la selle, sortit des biscuits de mer, un morceau de lard salé et un fromage de chèvre, puis les deux jeunes gens commencèrent à manger gaiement, en partageant fraternellement leurs provisions avec César, qui, assis gravement sur sa queue en face d'eux, suivait du regard chaque morceau qu'ils portaient à leur bouche.

— Caramba ! dit Valentin avec une grimace, cela fait plaisir de s'asseoir, lorsqu'on est à cheval depuis quatre heures du matin.

— Le fait est que je me sens un peu fatigué dit Louis.

— Mon pauvre ami, tu n'es pas comme moi habitué à de longues courses, je suis une buse de ne pas y avoir songé.

— Bah ! je t'assure que je m'y habitue fort bien, au contraire ; et puis, ajouta-t-il avec un soupir, la fatigue physique me fait oublier...

— C'est juste, interrompit Valentin ; allons, je suis heureux de t'entendre parler ainsi, je vois que tu te fais homme.

Louis secoua tristement la tête.

— Non ! dit-il tu te trompes ; seulement, comme le mal qui me mine est sans remède, je m'efforce de prendre mon parti.

— Oui ! l'espoir est une des suprêmes illusions de l'amour, lorsqu'il ne peut exister l'amour meurt.

— Ou celui qui l'éprouve, dit le jeune homme avec un sourire mélancolique.

Il y eut un silence ; Valentin reprit le premier la parole.

— Quel charmant pays ! s'écria-t-il avec un feint enthousiasme, dans le but de donner un autre cours à la conversation, et en avalant avec délices un énorme morceau de lard.

— Oui ! mais les routes sont rudes.

— Qui sait ? fit Valentin avec un sourire, c'est peut-être le chemin du paradis ! Puis, s'adressant au chien : et toi, César, que penses-tu de notre voyage, mon garçon ?

Le chien remua la queue en fixant sur son maître ses yeux pétillants d'intelligence, et en dévorant à belles dents ce que celui-ci lui abandonnait.

Mais il s'arrêta brusquement dans son opération masticatoire, releva la tête, pointa les oreilles et hurla avec fureur.

— Silence, César ! dit Valentin, pourquoi aboyez-vous ainsi ? vous savez bien que nous sommes dans un désert, et dans les déserts, il n'y a personne, que diable !

César continuait ses hurlements sans écouter son maître.

— Hum ! dit Louis, je ne partage pas ton opinion, je crois que les déserts en Amérique sont trop habités.

— Tu as peut-être raison.

— Les cris de ton chien ne sont pas naturels, nous devrions prendre certaines précautions.

— Laisse-moi faire, dit Valentin ; et s'adressant au Terre-Neuve : ah çà ! vous ne voulez pas vous taire, César, cela devient ennuyeux à la fin, voyons donc ce qui vous tourmente ainsi ? auriez-vous senti un cerf ? Caramba ! ce serait une bonne aubaine pour nous.

Il se leva et jeta un regard interrogateur autour de lui ; mais il se baissa aussitôt en saisissant son rifle, tout en faisant signe à Louis de prendre le sien, afin d'être prêt à tout événement.

— Diable ! fit-il, César avait raison et je dois convenir que je ne suis qu'un imbécile ; vois donc, Louis ?

Celui-ci dirigea les yeux du côté que son compagnon lui indiquait.

— Oh ! oh ! dit-il, qu'est ceci ?

— Hum ! je crois qu'il nous va falloir en découdre.

— A la grâce de Dieu ! répondit Louis en armant son rifle.

Dix Indiens armés en guerre et montés sur de magnifiques chevaux, étaient arrêtés à vingt-cinq pas au plus des voyageurs, sans que ceux-ci pussent comprendre comment ils étaient parvenus à s'approcher aussi près d'eux sans être découverts.

Nonobstant les efforts de Valentin, César continuait ses hurlements furieux et voulait se précipiter sur les Indiens.

Les guerriers araucans, immobiles et impassibles, n'avaient fait ni un geste ni un mouvement, mais ils considéraient les deux Français avec une attention que Valentin, assez peu patient de sa nature, commençait à trouver excessivement déplacée.

Le sergent s'élança vers lui, il recula avec un cri d'horreur. Il avait reconnu son chef.

XVII

LES PUELCHES

— Eh! eh! fit Valentin en sifflant son chien qui vint immédiatement se placer auprès de lui, voilà des gaillards qui ne m'ont nullement l'air d'avoir des intentions amicales, méfions-nous, on ne sait pas ce qui peut arriver.

Liv. 12. F. ROY, édit. — Reproduction interdite. 12

— Ce sont des Araucans, dit Louis.

— Tu crois? alors ils sont bien laids.

— Mais non! je t'assure, je les trouve fort beaux, moi.

— Au fait, c'est possible au point de vue de l'art; dans tous les cas, voyons-les venir.

Et s'appuyant sur son fusil, il attendit.

Les Indiens causaient entre eux, tout en continuant à regarder les jeunes gens.

— Ils se consultent pour savoir à quelle sauce ils nous mangeront, dit Valentin.

— Du tout.

— Bah!

— Pardieux! ils ne sont pas anthropophages.

— Ah! tant pis, cela leur manque! à Paris, tous les sauvages que l'on fait voir sur les places sont anthropophages.

— Fou! tu riras donc sans cesse.

— Aimes-tu mieux que je pleure? il me semble qu'en ce moment notre position n'est pas déjà si séduisante par elle-même, pour que nous cherchions encore à l'assombrir.

Ces Indiens étaient pour la plupart des hommes faits, âgés de quarante à quarante-cinq ans, revêtus du costume *puelche*, une des nations les plus belliqueuses de la Haute-Araucanie; ils avaient le poncho bariolé flottant sur les épaules, les *calzoneras* serrées aux hanches et tombant à la cheville, la tête nue, les cheveux longs, plats et graisseux, retenus par un ruban rouge qui leur ceignait le front comme un diadème, et le visage peint de diverses couleurs.

Leurs armes se composaient d'une longue lance en roseau, d'un couteau passé dans leurs bottes en peau de taureau non tannée, d'un fusil pendu à la selle de leurs chevaux et d'un bouclier rond, recouvert en cuir, orné de crins de cheval et de touffes de cheveux humains.

Celui qui paraissait être le chef était un homme de haute stature, aux traits expressifs, durs et hautains, empreints d'une certaine franchise, rare chez les Indiens; la seule chose qui le fit distinguer de ses compagnons, était une plume d'aigle des Andes, plantée droite sur le côté gauche de la tête, dans le ruban d'un rouge vif qui retenait ses cheveux.

Après s'être consulté quelques minutes avec ses compagnons, le chef s'avança vers les voyageurs en faisant caracoler son cheval avec une grâce inimitable, et en abaissant sa lance en signe de paix.

A trois pas de Valentin il s'arrêta, et lui dit en espagnol, après un salut cérémonieux à la manière indienne, en plaçant la main droite sur sa poitrine et inclinant lentement la tête à deux reprises différentes :

— *Marry-Marry*, mes frères sont des *Muruches*, — étrangers, — et non des *Culme-Huinca*, — misérables Espagnols. Pourquoi se trouvent-ils si loin des hommes de leur nation?

Cette question faite, avec un accent guttural et ce ton emphatique particulier aux Indiens, fut parfaitement comprise des deux jeunes gens qui, ainsi que nous l'avons fait observer, parlaient couramment l'espagnol.

— Hum! dit Valentin à son compagnon, voilà un sauvage qui me paraît assez curieux, qu'en penses-tu?

— Bah! fit Louis, réponds-lui toujours, cela ne nous engage à rien.

— Au fait, c'est vrai, observa-t-il, nous ne risquons guère de nous compromettre plus que nous ne le sommes.

Et il se tourna vers le chef, qui attendait impassible.

— Nous voyageons, dit-il laconiquement.

— Seuls? répondit le chef.

— Cela vous étonne? mon ami.

— Mes frères ne craignent rien.

— Que pouvons-nous craindre? dit le Parisien en goguenardant, nous n'avons rien à perdre.

— Et la chevelure?

Louis se mit à rire, en regardant Valentin.

— Ah çà! est-ce qu'il se moquerait de la nuance un peu hasardée de mes cheveux, ce vilain masque-là? grommela Valentin, vexé de l'observation du chef et se méprenant sur ses intentions; attends un peu!

Et il reprit à haute voix :

— Soyez assez bons pour passer votre chemin, messieurs les sauvages, ce que vous me dites ne me plaît nullement, savez-vous?

Il arma son rifle, qu'il épaula en couchant le chef en joue.

Louis avait attentivement suivi les différentes péripéties de cette conversation, sans dire un mot, il imita le mouvement de son ami et dirigea le canon de son rifle sur le groupe des Indiens.

Le chef n'avait sans doute pas compris grand'chose au discours de son adversaire; mais loin de paraître effrayé du geste menaçant qui le terminait, il considéra avec un air de plaisir la pose martiale et décidée des Français, puis abaissant doucement le canon de l'arme dirigée contre sa poitrine,

— Mon ami se trompe, dit-il d'un ton conciliateur, je n'ai nullement l'intention de l'insulter, je suis son *penni*, — frère, — et celui de son compagnon; les visages pâles mangeaient quand je suis arrivé avec mes jeunes gens?

— Ma foi oui, chef, vous dites vrai, interrompit gaiement Louis, votre apparition subite nous a empêchés de terminer le maigre repas que nous faisions.

— Et qui est bien à votre service, continua Valentin, en désignant avec la main les provisions éparses sur l'herbe.

— J'accepte, dit l'Indien avec bonhomie.

— Bravo! fit Valentin, en jetant son rifle à terre et en se disposant à s'asseoir; à table donc !

— Oui, reprit le chef, mais à une condition.

« C'est que j'apporterai ma part.

— Accordé, dit Louis.

— C'est trop juste, appuya Valentin, d'autant plus que nous ne sommes pas riches, et que nous n'avons qu'un maigre festin à vous offrir.

— Le pain d'un ami est toujours bon, dit sentencieusement le chef.

— Admirablement répondu ; malheureusement, en ce moment, notre pain n'est que du biscuit gâté.

— J'y pourvoirai.

Le chef dit quelques mots en *molucho* à ses compagnons.

Chacun d'eux fouilla dans ses alforjas et en tira des *tortillas* de maïs, d u charqui et plusieurs outres pleines de chicha, espèce de cidre fait avec des pommes et du maïs.

Le tout fut placé sur l'herbe devant les deux Français, émerveillés de cette abondance subite qui succédait sans transition aucune à leur détresse.

Les Indiens mirent pied à terre et s'assirent en cercle aux côtés des voyageurs.

Le chef se tourna vers ses convives :

— Que mes frères mangent, dit-il avec un doux sourire.

Les jeunes gens ne se firent pas répéter cette invitation gracieuse, ils attaquèrent vigoureusement les provisions qui leur étaient si galamment offertes.

Pendant les premières minutes, le plus profond silence régna parmi les convives ; mais dès que l'appétit fut un peu calmé, la conversation reprit de nouveau.

Les Indiens sont peut-être les hommes qui entendent le mieux les lois de l'hospitalité.

Ils ont un instinct des convenances sociales, s'il est permis d'employer cette expression, qui leur fait deviner du premier coup, avec une justesse infaillible, quelles sont les questions qu'ils peuvent adresser à leurs hôtes, et le point où ils doivent s'arrêter pour ne pas commettre d'indiscrétions.

Les deux Français qui, pour la première fois depuis leur arrivée en Amérique, se trouvaient en contact avec les Araucans, ne revenaient point de la surprise que leur causaient le savoir-vivre et les façons nobles et dégagées de ces hommes que, sur la foi de récits plus ou moins mensongers, ils s'étaient accoutumés, ainsi que tous les Européens, à regarder comme des sauvages grossiers, presque dénués d'intelligence et incapables d'un procédé délicat.

— Mes frères ne sont pas Espagnols? dit le chef.

— C'est vrai, répondit Louis; mais comment vous en êtes-vous aperçu?

— Oh ! fit-il avec un sourire dédaigneux, nous connaissons bien ces *chiaplos* — méchants soldats, — ce sont de trop vieux ennemis pour que nous commettions une erreur à leur égard ; de quelle île sont mes frères?

— Notre pays n'est pas une île, observa Valentin.

— Mon frère se trompe, dit emphatiquement le chef, il n'y a qu'un pays qui ne soit pas une île, c'est la grande terre des *Aucas*, — hommes libres.

Les jeunes gens courbèrent la tête ; devant une opinion aussi péremptoirement émise toute discussion devenait impossible.

— Nous sommes Français, répondit Louis.

— Français, bonne nation, brave, nous avons eu plusieurs guerriers français au temps de la guerre.

— Ah ! dit curieusement Louis, des guerriers français ont combattu avec vous?

— Oui, répondit le chef avec orgueil, guerriers à barbe grise, dont la poitrine était couverte de *coups*, — blessures, — honorables, reçus dans les guerres de leur île, lorsqu'ils combattaient sous les ordres de leur grand chef *Zaléon*.

— Napoléon! dit Valentin étonné.

— Oui, je crois que c'est ainsi que les visages pâles prononcent son nom; mon frère l'a connu? demanda vivement l'Indien avec une curiosité mal contenue.

— Non, répondit le jeune homme, bien que né sous son règne je n'ai jamais pu le voir, et maintenant il est mort.

— Mon frère se trompe, dit le Puelche avec une certaine solennité, les guerriers comme celui-là ne meurent pas. Lorsqu'ils ont rempli leur tâche sur la terre, ils vont dans l'*eskennane*, — paradis, — chasser auprès de *Pillian*, — Dieu, — le maître du monde.

Les jeunes gens s'inclinèrent d'un air convaincu.

— C'est singulier, dit Louis, que la réputation de ce puissant génie se soit étendue jusqu'aux lieux les plus éloignés et les plus ignorés du globe, et qu'elle se soit conservée pure et brillante au milieu de ces hommes grossiers, lorsque dans cette France pour laquelle il a tout fait, on s'est continuellement acharné à l'amoindrir et même à chercher à la détruire.

— Ainsi que font leurs compatriotes qui, de temps en temps, parcourent nos territoires de chasse, nos frères ont sans doute le projet de commercer en venant parmi nous? où sont leurs marchandises? reprit le chef.

— Nous ne sommes pas marchands, répondit Valentin, nous venons visiter nos frères les Araucans, dont on nous a beaucoup vanté la sagesse et l'hospitalité.

— Les Moluchos aiment les Français, dit le chef flatté du compliment, mes frères seront bien reçus dans les *tolderias*, — villages.

— A quel tribu appartient mon frère? demanda Valentin, intérieurement charmé de la bonne opinion que les Indiens avaient de ses compatriotes.

— Je suis un des principaux Ulmènes de la tribu *sacrée du Grand Lièvre*, dit le chef avec orgueil.

— Merci, un mot encore.

— Mon frère peut parler, mes oreilles sont ouvertes.

— Nous sommes à la recherche d'un chef molucho, auquel nous sommes recommandés par des amis de notre couleur, avec lesquels il a souvent trafiqué.

— Quel est le nom de ce chef?

— Antinahuel.

— Bon.

— Mon frère le connaît?

— Je le connais. Si mes frères veulent me suivre, ils verront le toldo d'un chef dans lequel ils seront reçus comme des Pennis. Dès qu'ils se seront reposés, s'ils le désirent, je les conduirai moi-même auprès d'Antinahuel, le plus puissant toqui des quatre Utal-Mapus de la confédération araucane.

— Quelle est la province gouvernée par Antinahuel?

— Le Pirè-Mapus, c'est-à-dire l'intérieur des Andes.

— Merci.

— Mes frères acceptent-ils la proposition que je leur ai faite?

— Pourquoi ne l'accepterions-nous pas, chef, si, comme je le crois, elle est sérieuse?

— Que mes frères viennent donc, reprit en souriant le chef, ma tolderia n'est pas éloignée.

Le déjeuner était depuis longtemps terminé, les Indiens s'étaient remis en selle.

— Bah! allons-y, dit Valentin, cet Indien m'a l'air de nous parler avec franchise, et puis c'est une occasion pour nous de faire des études de mœurs intéressantes; qu'en penses-tu, Louis? cela peut devenir drôle.

— Ma foi! je ne vois pour nous aucun inconvénient à accepter.

— A la grâce de Dieu, alors!

D'un bond il se trouva à cheval, Louis l'imita.

— En route, commanda le chef.

Les guerriers Puelches partirent au galop.

— C'est égal, disait Valentin de sa voix goguenarde, il faut avouer que ces sauvages ont du bon; je me surprends à leur porter le plus vif intérêt, ce sont de véritables montagnards écossais pour l'hospitalité. Que penseraient mes camarades du régiment, et surtout mes anciens amis du boulevard du Temple, s'ils savaient ce qui m'arrive! Houp! après moi la fin du monde.

Louis sourit à cette boutade de l'incorrigible gamin, et sans plus s'inquiéter, les jeunes gens s'abandonnèrent gaiement à leurs guides qui, après avoir quitté les bords de la rivière, couraient à fond de train dans la direction des montagnes.

XVIII

LE CHACAL NOIR

Pour l'intelligence des faits qui vont suivre, nous sommes obligé de rapporter ici une aventure arrivée vingt et quelques années avant l'époque où commence notre histoire.

Vers la fin du mois de décembre 1816, par une nuit froide et pluvieuse, un voyageur monté sur un excellent cheval et enveloppé avec soin dans les plis d'un large manteau, suivait au grand trot la route ou plutôt le sentier perdu dans les montagnes qui conduit de *Cruces* à San-José.

Cet homme était un riche propriétaire qui faisait en ce moment une tournée en Araucanie pour traiter avec les Indiens d'une forte quantité de bœufs et de moutons.

Parti de Crucès vers deux heures de l'après-midi, il s'était attardé en route à conclure différentes affaires avec des *huasos,* il avait hâte d'arriver à une hacienda qu'il possédait à quelques lieues de l'endroit où il se trouvait en ce moment, et dans laquelle il comptait passer la nuit.

Le pays n'était pas tranquille.

Depuis plusieurs jours, les Puelches avaient paru en armes sur les frontières du Chili et fait des courses sur le territoire de la République, brûlant les chacras, enlevant les familles qu'ils pouvaient surprendre, commandés par un chef nommé le *Chacal Noir*, dont la cruauté glaçait d'effroi les populations exposées à ses déprédations.

Aussi était-ce avec une inquiétude et une appréhension secrètes, que l'homme dont nous avons parlé s'avançait sur la route déserte qui conduisait à son hacienda.

Chaque minute ne faisait qu'ajouter à ses craintes.

L'orage, qui toute la journée avait menacé, venait d'éclater enfin avec une fureur inconnue dans nos climats ; le vent sifflait avec force à travers les arbres qu'il ébranlait, la pluie tombait à torrents, des éclairs éblouissaient le cheval qui se cachait et refusait d'avancer.

Le cavalier éperonnait sa monture rétive et cherchait à s'orienter autant que le lui permettaient les ténèbres.

Avec des difficultés inouïes, il avait vaincu les plus grands obstacles ; déjà il voyait à quelque distance se dessiner dans l'ombre les murs de son hacienda, et scintiller comme des étoiles les lumières qui veillaient en l'attendant, lorsque son cheval fit un bond de côté si imprévu qu'il faillit être désarçonné.

Quand, après des efforts incroyables, il fut parvenu à se rendre maître de sa monture, il chercha ce qui pouvait l'avoir effrayée.

Il aperçut avec effroi plusieurs hommes au visage sinistre qui se tenaient immobiles devant lui.

Le premier mouvement du cavalier fut de porter la main à ses pistolets, afin de vendre chèrement sa vie, car il comprenait qu'il était tombé dans une embuscade de bandits.

— Ne touchez pas à vos armes, don Antonio Quintana, dit une voix rude, on n'en veut ni à votre vie, ni à votre argent.

— Que demandez-vous, alors? répondit-il, un peu rassuré par cette déclaration franche, mais continuant à se tenir sur la défensive.

— L'hospitalité pour cette nuit, d'abord, reprit celui qui avait déjà parlé.

Don Antonio chercha à reconnaître l'homme qui lui parlait, mais il ne put distinguer ses traits, les ténèbres étaient trop épaisses.

— Les portes de ma demeure se sont toujours ouvertes devant un étranger, dit-il, pourquoi n'y avez-vous pas frappé?

— Sachant que vous deviez passer par ici, j'ai préféré vous attendre.

— Que désirez-vous donc de moi?

— Je vous le dirai chez vous, la grande route est un lieu mal choisi pour se faire des confidences.

— Si vous n'avez plus rien à me dire et que vous soyez aussi pressé que moi de vous mettre à l'abri, nous continuerons notre route.

— Marchez, nous vous suivons.

Sans échanger d'autres paroles ils se dirigèrent vers l'hacienda.

Don Antonio Quintana était un homme résolu, la façon dont il avait répondu à ceux qui lui avaient si brusquement barré le passage le prouvait; malgré la facilité avec laquelle s'exprimait celui qui lui avait parlé, au premier mot il l'avait à son accent guttural reconnu pour un Indien; chez lui la crainte avait fait immédiatement place à la curiosité, il n'avait pas hésité à accorder l'hospitalité demandée, sachant que les Araucans *Puelches, Huiliches* ou *Moluchos* ne violent jamais le toit sous lequel ils sont accueillis, et que les hôtes qui les abritent leur sont sacrés.

On arriva à l'hacienda.

Don Antonio ne s'était pas trompé, les gens qui l'avaient accosté d'une aussi étrange façon étaient bien des Indiens. Ils étaient quatre, parmi eux se trouvait une jeune femme qui donnait le sein à un enfant.

L'hacendero les introduisit dans sa demeure avec toutes les formes de la courtoisie castillane la plus minutieuse.

Il donna l'ordre à ses *peones*, — domestiques Indiens, — effrayés de la tournure sauvage des étrangers, de servir tout ce que désiraient ses hôtes.

— Buvez et mangez, leur dit-il, vous êtes ici chez vous.

— Merci, répondit l'homme qui jusque-là avait parlé au nom de tous, nous acceptons votre offre d'aussi bon cœur que vous nous la faites, quant aux vivres seulement, dont nous avons le plus grand besoin.

— Ne voulez-vous pas vous reposer jusqu'au jour? demanda don Antonio, la nuit est sombre, le temps affreux pour voyager.

— Une nuit noire est ce que nous désirons, d'ailleurs il faut que nous partions de suite. Maintenant laissez-moi vous adresser la seconde demande que j'avais à vous faire.

— Expliquez-vous, dit l'Espagnol en examinant attentivement son interlocuteur.

Celui-ci était un homme d'une quarantaine d'années, d'une taille haute et bien prise; ses traits énergiques, son œil dominateur, montraient qu'il avait l'habitude du commandement.

— C'est moi, dit-il sans préambule, qui dirigeais la dernière *malocca*, — invasion, — faite contre les faces pâles des frontières, mes mosotones ont tous été tués hier dans une embuscade par vos *lanceros ;* les trois que vous voyez sont les seuls qui me restent d'une troupe de deux cents guerriers, les autres sont morts; moi-même je suis blessé, chassé, attaqué comme une bête féroce, sans chevaux pour regagner ma tribu, sans armes pour me défendre si je suis attaqué dans la plaine, je viens vous demander les moyens d'échapper à ceux qui me poursuivent. Je ne veux ni vous tromper, ni surprendre votre bonne foi; je dois vous dire le nom de l'homme dont vous tenez le salut entre vos mains. Je suis le plus grand ennemi des Espagnols, ma vie s'est passée à les combattre, en un mot, je suis le *Chacal Noir*, l'Apo Ulmen des Serpents-Noirs.

A ce nom redouté, le Chilien ne put réprimer un mouvement de terreur; mais reprenant immédiatement sa puissance sur lui-même, il répondit d'une voix calme et affectueuse :

— Vous êtes mon hôte, et vous êtes malheureux, deux titres sacrés pour moi, je ne veux rien savoir de plus, vous aurez des chevaux et des armes.

Plusieurs hommes au visage sinistre se tenaient immobiles devant lui.

Un sourire d'une ineffable douceur éclaira le visage de l'Indien.

— Une dernière prière, dit-il.

— Parlez.

Le chef prit la main de la jeune Indienne qui jusqu'à ce moment était restée accroupie, pleurant silencieusement, en berçant son enfant et la présentant à don Antonio :

— Cette femme m'appartient, dit-il, cet enfant est le mien, je vous les confie tous les deux.

— J'en aurai soin, la femme sera ma sœur, l'enfant sera mon fils, répondit simplement l'hacendero.

— L'alpo Ulmen se souviendra, dit le chef Puelche d'une voix brisée par l'émotion.

Il déposa un baiser sur le front de la chétive créature qui lui souriait, porta sur sa femme un regard chargé de tendresse et s'élança au dehors, suivi de ses compagnons.

Don Antonio leur fit amener des chevaux, leur distribua des armes, et les quatre Indiens disparurent dans la nuit.

Bien des années se passèrent sans que don Antonio entendît parler du Chacal Noir; l'enfant et la femme étaient toujours à l'hacienda, traités comme s'il eussent fait partie de la famille du Chilien.

L'hacendero s'était marié; malheureusement, après un an d'union qu'aucun nuage n'était venu troubler, sa femme était morte en donnant le jour à une charmante petite fille que son père avait nommée Maria.

Les deux enfants grandissaient côte à côte, surveillés par l'inquiète sollicitude de l'Indienne, et s'aimant comme frère et sœur.

Un jour, une nombreuse troupe de Puelches, magnifiquement parés et équipés, arriva à Rio Claro ville dans laquelle habitait l'hacendero .

Le chef de ces Indiens était le Chacal Noir, il venait redemander sa femme et son fils à celui qui jadis les avait sauvés.

L'entrevue fut des plus touchantes.

Le chef oublia l'impassibilité indienne, il se livra sans contrainte à la violence des sentiments qui l'agitaient et savoura le bonheur de retrouver, après tant de temps, ces deux êtres qui étaient ce qu'il avait de plus cher au monde.

Quand il fallut partir, que les enfants apprirent qu'ils allaient être séparés, ils versèrent d'abondantes larmes.

Depuis leur naissance, ils étaient accoutumés à vivre ensemble, ils ne comprenaient pas pourquoi il ne devait plus en être ainsi.

Don Antonio avait étendu son commerce sur différents points des frontières, il possédait des chacras dans lesquelles l'élève des bestiaux était pratiquée sur une vaste échelle.

Le Chacal Noir, qui lui avait voué une reconnaissance sans borne et une amitié à toute épreuve, lui fut d'une grande utilité pour ses transactions; souvent il lui faisait faire d'excellents marchés avec ses compatriotes, et surtout sauvegardait ses propriétés contre les déprédations des pillards.

Tous les ans, don Antonio visitait ses chacras parcourait l'Araucanie et passait une couple de mois dans la tribu des Serpents-Noirs, auprès de son ami le Chacal Noir; sa fille l'accompagnait toujours dans ses voyages, à cause de l'amitié qui liait les deux enfants.

Les choses allèrent ainsi plusieurs années.

A l'époque où commence cette histoire, le Chacal Noir était mort, comme un brave guerrier, les armes à la main, dans un combat sur la frontière; son fils Antinahuel, âgé de vint-cinq ans à peu près, qui promettait de marcher sur ses traces, avait été élu Apo Ulmen à sa place, puis enfin toqui de son Utal-Mapus ou province, ce qui en faisait un des principaux personnages de l'Araucanie.

Don Antonio était mort, lui aussi, peu de temps après le mariage de Maria avec don Tadeo de Léon, tué par l'inconduite de sa fille, dont les débordements avaient causé un effroyable scandale dans la haute société de Santiago.

Dona Maria n'avait plus, qu'à de longs intervalles, vu Antinahuel ; mais entre eux l'amitié était restée non seulement aussi vive qu'au temps de leur enfance, mais, de la part du guerrier Puelche, elle avait atteint un tel degré de fanatisme qu'il acceptait comme un ordre le moindre caprice de la jeune femme.

Aussi grand fut l'étonnement des guerriers de la tribu des Serpents-Noirs, lorsque le soir du jour où nous avons repris notre récit, ils virent arriver à leur tolderia et se diriger vers le *rancho* du toqui, dona Maria à cheval, et seulement accompagnée de deux péons.

En l'apercevant, le visage ordinairement sombre du jeune chef s'éclaira subitement d'un reflet de bonheur.

— L'Églantine des Bois! s'écria-t-il avec joie, ma sœur se souvient-elle encore du pauvre Indien?

— Je viens visiter le toldo de mon frère, dit-elle en lui tendant son front sur lequel il déposa un baiser; mon cœur est triste, le chagrin me dévore, je me suis souvenue de mon frère.

Le chef lui lança un regard mêlé d'inquiétude et de chagrin.

— Bien que ce soit à la douleur que je doive de voir ma sœur, je n'en suis pas moins heureux, dit-il.

— Oui, reprit-elle, c'est lorsque l'on souffre que l'on se souvient de ses amis.

— Ma sœur à bien fait de songer à moi, que puis-je faire pour elle?

— Mon frère peut me rendre un grand service.

— Ma vie est à ma sœur, elle sait quelle peut en disposer à son gré.

— Mais j'avais la certitude que je pouvais compter sur mon frère.

— Partout, et toujours.

Et après s'être incliné respectueusement devant la jeune femme, il l'introduisit dans son rancho, où sa mère avait tout disposé pour recevoir dignement la visite de celle que pendant tant d'années elle avait aimée comme sa fille.

XIX

DEUX VIEUX AMIS FAITS POUR S'ENTENDRE

Antinahuel, — le Tigre Soleil, — était alors un homme de trente-cinq ans environ.

Sa stature était haute, sa démarche majestueuse, tout dans sa personne annonçait l'homme habitué au commandement et fait pour dominer ses semblables.

Guerrier, sa réputation était immense et ses mosotones avaient pour lui une superstitieuse vénération.

Tel était au physique l'homme que dona Maria de Leon venait visiter ; nous verrons bientôt ce qu'il était au moral.

Le couvert était mis dans le toldo, nous nous servons de cette expression *le couvert était mis*, parce que les chefs Araucans connaissent parfaitement les usages européens, ils possèdent presque tous des plats, des assiettes, des fourchettes en argent massif, dont il ne se servent, il est vrai, que dans les grandes occasions et seulement pour faire étalage de leurs richesses ; pour eux ils poussent la frugalité jusqu'à son extrême limite, et lorsqu'ils sont seuls dans leur intérieur, ils mangent parfaitement avec leurs doigts.

Dona Maria s'assit à table et fit signe à Antinahuel, qui se tenait debout à ses côtés, de lui tenir compagnie et de se placer en face d'elle.

Le repas fut silencieux, les deux convives s'observaient.

Il était évident pour le chef indien que sa sœur, ainsi qu'il l'appelait, qui depuis quelques années semblait l'avoir complètement oublié, ne venait le chercher jusque dans son village que poussée par un intérêt puissant ; mais quel pouvait être cet intérêt, assez fort pour obliger une femme délicate, habituée au luxe et aux raffinements du confortable, à entreprendre un voyage long et périlleux pour venir causer avec un Indien dans une misérable tolderia perdue au milieu du désert ?

De son côté la jeune femme était en proie à une vive anxiété, elle cherchait à deviner si, malgré la négligence qu'elle avait apportée dans ses relations avec le chef, elle avait conservé le pouvoir sans bornes et sans contrôle que jadis elle avait exercé sur cette nature indienne, que la civilisation avait plutôt assouplie que domptée dans ses premières années ; elle craignait que le long oubli où elle l'avait laissé ne lui eût fait perdre de son prestige à ses yeux, et qu'à la vive amitié d'autrefois la froideur et l'indifférence n'eussent succédé.

Lorsque le repas fut terminé, un péon apporta le *maté* [1], cette infusion d'herbe du Paraguay qui tient lieu de thé aux Chiliens, et dont ils font leurs délices.

Deux coupes ciselés, posées sur un plateau en filigrane, furent présentées à dona Maria et au chef ; ils allumèrent leurs *pajillos* de maïs et fumèrent tout en aspirant leur maté avec une espèce de recueillement.

---

1. Les Chiliens ont emprunté le maté aux Araucans, qui en sont très friands, et ont un talent particulier pour le faire. Voici comment il se prépare :

On met dans une coupe une cuillerée à café d'herbe du Paraguay, à laquelle on ajoute un morceau de sucre, qu'on laisse sur le feu jusqu'à ce qu'il soit un peu brûlé, on exprime quelques gouttes de jus de citron, on jette ensuite de la cannelle et un clou de girofle, on remplit après cela la coupe d'eau bouillante, et on y introduit un tube d'argent de la grosseur d'une plume, percé de petits trous à sa partie inférieure ; au moyen de ce procédé, on aspire le maté, au risque, bien entendu, de s'échauder horriblement la bouche, ce qui ne manque pas d'arriver aux étrangers, les deux ou trois premières fois qu'ils en prennent, à la grande joie des habitants du pays.

Le maté est tellement passé dans les mœurs chiliennes, qu'il est dans cette contrée ce qu'est le café en Orient, c'est-à-dire qu'on en prend non seulement après chaque repas, ainsi que nous l'avons dit, mais encore à chaque visiteur qui arrive dans la maison, ou plus exactement toute la journée. Dans les cérémonies d'étiquette, un seul tube sert pour toutes les personnes réunies.

La troupe gravissait péniblement un sentier sinueux sur le flanc de la montagne.

Après quelques instants d'un silence qui commençait à devenir embarras-
sant pour tous deux, dona Maria, voyant que Antinahuel était résolu à rester
sur la défensive, se détermina enfin à prendre la parole :

— Mon frère, dit-elle avec un sourire, a été surpris de mon arrivée subite
dans sa tolderia.

— En effet, l'Églantine des Bois, répondit-il, est arrivée à l'improviste
parmi nous, mais elle n'en est pas moins pour cela la bienvenue.

Et il s'inclina.

— Je vois avec plaisir que mon frère est toujours galant.

— Non, j'aime ma sœur, je suis heureux de la voir, après avoir été si
longtemps privé de sa présence, voilà tout.

— Je connais votre amitié pour moi, *Penni*, notre enfance s'est écoulée côte à côte ; mais il y a bien longtemps de cela ; vous êtes aujourd'hui un des *Caraskens,* — grands chefs, — les plus renommés de votre nation, et moi je ne suis, comme jadis, qu'une pauvre femme.

— L'Églantine des Bois est ma sœur, ses moindres désirs seront toujours sacrés pour moi.

— Merci, Penni, mais laissons cette conversation, et causons de nos premières années, si vite passées, hélas !

— Hier n'existe plus, dit-il sentencieusement.

— C'est vrai, répondit-elle avec un soupir, pourquoi parler du temps qui ne peut revenir ?

— Ma sœur retourne à Chile ?

— Non, j'ai quitté Santiago provisoirement, je compte pendant quelque temps habiter Valdivia ; j'ai laissé mes amis continuer leur route et je me suis détournée pour saluer mon frère.

— Oui, je sais que celui que les faces pâles nomment le général Bustamente, à peine guéri d'une horrible blessure, s'est mis il y a un mois en route, et qu'il visite en ce moment la province de Valdivia. Je compte moi-même me rendre bientôt dans cette ville.

— Beaucoup de faces pâles du Sud s'y trouvent en ce moment.

— Parmi ces étrangers n'y en a-t-il pas quelques-uns que je connaisse ?

— Mon Dieu, je ne crois pas ; si, un seul, don Tadeo de Leon, mon mari.

Antinahuel leva la tête avec étonnement.

— Je le croyais fusillé, dit-il.

— Il l'a été.

— Eh bien ?

— Il est parvenu à se soustraire à la mort, quoique grièvement blessé.

La jeune femme cherchait à lire sur le visage impassible de l'Indien l'impression causée par la nouvelle qu'elle lui avait ainsi brusquement annoncée.

— Que ma sœur m'écoute, reprit-il au bout d'un instant, don Tadeo est toujours son ennemi, n'est-ce pas ?

— Plus que jamais.

— Bon.

— Non content de m'avoir lâchement abandonnée, de m'avoir ravi mon enfant, cette innocente créature qui seule me consolait et m'aidait à supporter les chagrins dont il m'a abreuvée, il a mis le comble à ses mauvais procédés envers moi en courtisant publiquement une autre femme qu'il traîne partout à sa suite et qui se trouve en ce moment à Valdivia avec lui.

— Ah ! fit le chef avec une certaine indifférence.

Habitué aux mœurs araucaniennes, qui permettent à chaque homme de prendre autant de femmes qu'il en peut nourrir, il trouvait l'action de don Tadeo toute naturelle.

Cette nuance n'échappa pas à dona Maria, un sourire ironique releva une seconde le coin de ses lèvres : elle continua négligemment, en regardant fixement le chef :

— Oui, cette femme se nomme, je crois, doña Rosario de Mendoz, c'est, dit-on, une adorable créature.

Ce nom jeté ainsi froidement produisit sur le chef l'effet d'un coup de foudre ; il se leva d'un bond, et le visage enflammé, l'œil étincelant :

— Rosario de Mendoz ! dites-vous, ma sœur ! s'écria-t-il.

— Mon Dieu, je ne la connais pas, répondit-elle, j'ai seulement entendu prononcer son nom, je crois effectivement qu'elle se nomme ainsi ; mais, ajouta-t-elle, quel intérêt prend donc mon frère ?...

— Aucun, interrompit-il.

Il reprit sa place.

— Pourquoi ma sœur ne se venge-t-elle pas de l'homme qui l'a abandonnée ?

— A quoi bon ? et puis, quelle vengeance puis-je espérer ? je ne suis qu'une femme faible et craintive, sans ami, sans appui, seule enfin.

— Et moi, dit le chef, que suis-je donc ?

— Oh ! dit-elle vivement, je ne veux pas que mon frère se fasse le vengeur d'une insulte qui m'est personnelle.

— Ma sœur se trompe ; en attaquant cet homme c'est ma propre insulte que je vengerai,

— Que mon frère s'explique, je ne le comprends pas.

— C'est ce que je veux faire.

— J'écoute.

En ce moment la mère de Antinahuel entra dans le toldo, et s'approchant du chef :

— Mon fils a tort de rappeler d'anciens souvenirs et de r'ouvrir de vieilles blessures, dit-elle avec tristesse.

— Femme ! retirez-vous, répondit l'Indien, je suis un guerrier, mon père m'a légué une vengeance, j'ai juré, j'accomplirai mon serment.

La pauvre Indienne sortit en poussant un soupir.

La Linda, dont la curiosité était éveillée au plus haut point, attendait avec anxiété que le chef s'expliquât.

Au dehors la pluie tombait en crépitant sur les feuilles des arbres, par instants un souffle de vent nocturne, chargé de rumeurs incertaines, arrivait en sifflant à travers les ais mal joints du toldo et faisait vaciller la torche qui l'éclairait.

Les deux interlocuteurs, perdus dans leurs réflexions, prêtaient malgré eux l'oreille à ces bruits sans nom, et sentaient une immense tristesse envahir leur esprit.

Le chef releva la tête, et aspirant coup sur coup plusieurs goulées de fumée de son pajillo qu'il jeta brusquement, il commença d'une voix basse :

— Bien que ma sœur soit presque un enfant de la maison, puisque ma mère l'a élevée, jamais elle n'a connu l'histoire de ma famille ; cette histoire que je vais lui dire lui révélera que j'ai contre don Tadeo de Leon une vieille haine toujours vivace, et que si jusqu'à présent j'ai paru la mettre en oubli, je ne l'ai fait que parce que cet homme était le mari de ma sœur ; la conduite de

don Tadeo envers ma sœur me dégage de la promesse que je m'étais faite à
moi-même et me rend ma liberté d'action.

La jeune femme fit un geste d'assentiment.

— Lorsque les *culme huinca*, — misérables Espagnols, — continua-t-il, eurent
conquis le Chili et réduit en esclavage ses lâches habitants, ils songèrent à
conquérir à son tour l'Araucanie, et marchèrent vers les Aucas, dont ils vio-
lèrent les frontières, — ma sœur voit que je prends mon récit de haut, — le
toqui Cadegual fut un des premiers à convoquer dans la plaine du Carampangue un grand *auca-coyog*, — conseil de la nation. — Nommé toqui des quatre
Utal-Mapus, il livra bataille aux faces pâles : la mêlée fut terrible, elle dura
depuis le lever jusqu'au coucher du soleil : bien des guerriers moluchos partirent pour les prairies bienheureuses de l'Eskennane, mais Pillian n'abandonna
pas les Aucas, ils furent vainqueurs, et les *Chiapoto* s'enfuirent comme des
lièvres craintifs devant les redoutables lances de nos guerriers. Bien des visages pâles tombèrent entre nos mains ; parmi eux se trouvait un chef puissant
nommé don Estevan de Leon. Le toqui Cadegual aurait pu user de ses droits
et le tuer, il n'en fit rien ; loin de là, il le conduisit dans sa tolderia, le traita
avec douceur, comme un frère. Mais quand les Espagnols ont-ils jamais
reconnaître un bienfait? Don Estevan, oubliant les devoirs sacrés de l'hospitalité, séduisait la fille de celui auquel il devait la vie, et un jour il disparut
avec elle. La douleur du toqui fut immense à cette indigne et déloyale trahison, il jura alors de faire aux faces pâles une guerre sans pitié, il tint son serment ; tous les Espagnols pris par lui, quels que fussent leur âge et leur sexe,
étaient massacrés ; ces terribles représailles étaient justes, n'est-ce pas ?

— Oui, dit laconiquement la Linda.

— Un jour, Cadegual surpris par ses féroces ennemis, tomba couvert de
blessures entre leurs mains, après une héroïque résistance, pendant laquelle
tous ses mosotones s'étaient bravement fait tuer à ses côtés. A son tour,
Cadegual était au pouvoir de don Estevan de Leon. Le chef des Espagnols
reconnut celui qui, quelques années auparavant, lui avait sauvé la vie. Il fut
miséricordieux. Après avoir coupé les deux poignets et crevé les yeux à son
prisonnier, il lui rendit sa fille dont il ne voulait plus, et le renvoya à sa
nation. Le toqui fut ramené par son enfant, à laquelle il avait pardonné.
Arrivé à sa tribu, Cadegual convoqua tous ses parents, leur raconta ce qu'il
avait souffert, leur montra ses bras sanglants et mutilés, et après avoir fait
jurer à ses fils et à tous ses parents de le venger, il se laissa mourir de faim,
pour ne pas survivre à sa honte.

— Oh! c'est affreux, s'écria dona Maria, émue malgré elle.

— Ce n'est rien encore, reprit le chef avec un sourire amer; que ma sœur
écoute la suite : Depuis cette époque, une implacable destinée a constamment
pesé sur les deux familles et continuellement opposé les descendants du toqui
Cadegual à ceux du capitaine don Estevan de Leon. Depuis trois siècles cette
lutte dure, ardente, acharnée entre les deux familles, elle ne se terminera que
par l'extinction de l'une d'elles ou peut-être de toutes deux. Jusqu'à présent
l'avantage est presque toujours resté aux Leons; les fils du toqui ont bien
souvent été vaincus, mais ils sont toujours demeurés debout, implacables,

Le chef s'avança vers les voyageurs en abaissant sa lance en signe de paix.

prêts à recommencer le combat au premier signal. Aujourd'hui la famille de don Estevan ne compte plus qu'un représentant, don Tadeo, représentant redoutable par son courage, sa fortune, et l'influence immense dont il dispose parmi ses compatriotes. Lui, personnellement, n'a jamais nui aux Aucas, il semble même ignorer la haine invétérée qui existe entre sa famille et celle du tóqui, mais les descendants de Cadegual se souviennent, ils sont forts, nombreux et puissants à leur tour, l'heure de la vengeance a sonné, ils ne la laisseront pas échapper. Ma sœur, fit-il avec un éclat de voix terrible, mon aïeul était le toqui Cadegual, merci de m'avoir averti que non seulement mon ennemi n'est pas mort, mais encore qu'il se trouve près de moi!

— Votre mère l'a dit, Penni, pourquoi réveiller de vieilles haines? la paix règne aujourd'hui entre les Chiliens et les Aucas, que mon frère prenne garde, les blancs sont nombreux, ils ont beaucoup de soldats aguerris.

— Oh! reprit-il avec un regard sinistre, je suis sûr de réussir : *nieucai ni amey malghon,* j'ai ma nymphe.

Les Indiens d'un haut rang ont tous la ferme croyance qu'ils ont un génie familier contraint de leur obéir.

Dona Maria feignit de se rendre à cette raison.

Elle avait réussi à lancer le chasseur sur le gibier qu'elle voulait atteindre, peu lui importait le motif qui le faisait lui obéir.

Elle savait parfaitement que cette haine particulière, que le chef mettait en avant, n'était qu'un prétexte, et que la véritable cause restait enfouie au fond de son cœur. Bien qu'elle l'eût devinée, elle ne parut pas s'en douter.

Pendant longtemps encore elle causa de choses indifférentes avec Antinahuel, puis elle se retira dans une chambre qui avait été préparée pour elle.

Il était tard, dona Maria voulait au point du jour partir pour Valdivia.

Elle connaissait assez bien son ancien compagnon d'enfance pour savoir que maintenant que le tigre était éveillé, il ne tarderait pas à se mettre en quête de la proie qui lui était indiquée.

La nuit entière s'écoula sans que le toqui, plongé dans de profondes réflexions, songeât à prendre un instant de repos.

XX

LE MACHI — SORCIER

Le même jour, une tolderia située à cent vingt kilomètres d'Arauco, au milieu des montagnes, sur les bords du Carampague, était livrée à la plus grande agitation.

Les femmes et les guerriers, rassemblés devant la porte d'un toldo au seuil duquel un cadavre était exposé sur une espèce de lit de parade en branchages, poussaient des cris et des gémissements qui se mêlaient aux bruits assourdissants des tambours, aux flûtes, aux accents lugubres et aux aboiements prolongés des chiens que tout ce tapage rendait furieux.

Au milieu de la foule, immobile aux côtés du cadavre, paraissant diriger la cérémonie, se trouvait un homme vieux déjà, de haute taille, revêtu d'un costume de femme, qui faisait des contorsions bizarres, entremêlées de hurlements.

Cet homme, d'un aspect farouche, était le machi ou sorcier de la tribu; le mouvement qu'il se donnait, les cris qu'il poussait, avaient pour but de défendre le cadavre contre les attaques du génie du mal qui prétendait s'en emparer.

A un signe de cet homme la musique et les gémissements cessèrent.

Le génie du mal, vaincu par le pouvoir du machi, avait renoncé à lutter plus longtemps, et, de guerre lasse, abandonnait le cadavre dont il ne pouvait s'emparer.

Alors le machi se tourna vers un homme aux traits altiers et au regard dominateur, qui se tenait auprès de lui appuyé sur une longue lance.

— Ulmen de la puissante tribu du Grand-Lièvre, lui dit-il d'une voix sombre, ton père, le valeureux Ulmen qui nous a été ravi par Pillian, ne redoute plus l'influence du mauvais génie que j'ai forcé à s'éloigner, il chasse maintenant dans les prairies bienheureuses de l'Eskennane avec les guerriers justes; tous les rites sont accomplis, l'heure de rendre son corps à la terre est arrivée!

— Arrêtez! répondit vivement le chef, mon père est mort, mais qui l'a tué? un guerrier ne succombe pas ainsi en quelques heures sans qu'une influence secrète ne se soit appesantie sur lui et soit venue sécher les sources de la vie dans son cœur; réponds-moi, machi inspiré de Pillian, dis-moi le nom de l'assassin? mon cœur est triste, il n'éprouvera de soulagement que lorsque mon père sera vengé.

A ces paroles prononcées d'une voix ferme, un frémissement parcourut les rangs de la population réunie et groupée autour du corps.

Le machi après avoir laissé errer son regard sur les assistants, baissa les yeux, croisa les bras sur sa poitrine et sembla se recueillir.

Les Araucans n'admettent qu'une seule mort, celle du champ de bataille; ils ne supposent pas que l'on puisse perdre la vie, soit par accident, soit par maladie; dans ces deux cas, ils attribuent toujours la mort à l'action du pouvoir occulte, ils sont persuadés qu'un ennemi du défunt lui a jeté le sort qui l'a tué. Dans cette persuasion, au moment des funérailles, les parents et les amis du mort s'adressent au machi afin qu'il leur dénonce l'assassin.

Le machi est obligé de le désigner; en vain il chercherait à leur faire comprendre que la mort de leur parent est naturelle, leur fureur se tournerait immédiatement contre lui, et il deviendrait leur victime.

Dans cette dure alternative, le machi se garde bien d'hésiter; le meurtrier est d'autant plus facile à désigner qu'il n'existe pas et que le sorcier ne craint pas de se tromper. Seulement, pour faire accorder ses intérêts avec ceux des parents qui réclament une victime, il désigne un de ses ennemis particuliers à la colère des parents; lorsque, ce qui est rare, le machi n'a pas d'ennemis, il prend au hasard.

Le prétendu meurtrier, en dépit de ses protestations d'innocence, est immolé sans pitié.

On comprend ce qu'une semblable coutume a de périlleux, quelle influence elle doit donner au sorcier dans la tribu, influence, nous sommes obligé d'en convenir, dont il abuse sans le moindre scrupule dans toutes les circonstances.

De nouveaux personnages, au nombre desquelles se trouvaient Valentin Guillois et son ami, avaient fait leur entrée dans le village; attirés par la curiosité, ils se mêlèrent aux groupes qui stationnaient devant le cadavre.

Les deux Français ne comprenaient rien à cette scène que leur guide leur expliqua brièvement, alors ils en suivirent les différentes phases avec le plus grand intérêt.

— Eh bien! reprit l'Ulmen au bout d'un instant, mon père ne sait-il pas le nom de l'homme auquel nous devons demander compte du meurtre?

— Je le sais, répondit le sorcier d'une voix sombre.

— Pourquoi donc le machi inspiré garde-t-il le silence lorsque le cadavre crie vengeance!

— Parce que, répondit le devin, en regardant cette fois bien en face le chef nouvellement arrivé, il y a des hommes puissants qui se rient de la justice humaine.

Les yeux de la foule se portèrent sur celui que le sorcier paraissait désigner indirectement.

— Le coupable! s'écria l'Ulmen avec force, quel que soit son rang dans la tribu, n'échappera pas à ma juste vengeance; parle sans crainte, devin, je te jure que celui dont tu prononceras le nom sera mis à mort!

Le machi se redressa, il leva lentement le bras, et au milieu de l'anxiété générale, il désigna du doigt le chef qui avait offert une si cordiale hospitalité aux étrangers, en disant d'une voix haute et vibrante :

— Accomplis donc ton serment, Ulmen, voici l'assassin de ton père! *Tangoil Lanec*, — ravin profond, — lui a jeté le sort qui l'a tué.

Et le machi se voila la face avec un coin de son poncho, comme s'il avait été accablé de douleur par la révélation qu'il avait faite.

Aux terribles paroles du devin, un silence d'étonnement se fit dans le peuple.

Tangoil Lanec était le dernier de la tribu qu'on aurait osé soupçonner, il était aimé et vénéré de tous pour son courage, sa franchise et sa générosité.

Le premier moment de surprise passé, il s'opéra un grand mouvement dans la foule, chacun s'écarta du soi-disant meurtrier qui resta seul face à face avec celui dont on l'accusait d'avoir causé la mort.

Tangoil Lanec demeura impassible, un sourire de dédain glissa sur ses lèvres, il descendit de cheval et attendit.

L'Ulmen marcha lentement vers lui, et arrivé à quelques pas :

— Pourquoi as-tu tué. mon père, Tangoil Lanec? lui dit-il d'une voix triste, il t'aimait, et moi n'étais-je pas ton *Penni*?

— Je n'ai pas tué ton père, Curumilla, — or noir, — répondit le chef, avec un accent de franchise qui aurait convaincu un homme moins prévenu que celui auquel il s'adressait.

— Le machi l'a dit.

— Il ment.

— Non, le machi ne peut mentir, il est inspiré de Pillian ; toi, ta femme et tes enfants, vous mourrez, la loi le veut ainsi.

Sans daigner répondre, le chef jeta ses armes et alla se placer près du poteau du sang, planté devant le toldo de médecine qui renferme l'idole sacrée.

Un cercle se forma, dont le poteau devint le centre ; la femme et les enfants du chef furent amenés ; on commença immédiatement les apprêts du supplice, les funérailles du chef ne pouvant avoir lieu avant l'exécution de son meur-trier.

Le machi triomphait.

Un seul homme avait, à plusieurs reprises, osé s'élever contre ses dilapida-tions et ses fourberies, cet homme allait mourir et le laisser maître absolu dans la tribu.

Sur un signe de Curumilla, deux Indiens s'emparèrent du chef, et malgré les pleurs et les sanglots de ses femmes et de ses enfants, ils se mirent en mesure de l'attacher au poteau.

Les deux Français avaient assisté au spectacle de ce drame infâme. Louis était révolté de la fourberie du machi et de la crédulité des Indiens.

— Oh ! dit-il à son ami, nous ne pouvons laisser accomplir ce meurtre.

— Hum ! murmura Valentin en caressant les crocs de ses moustaches blondes et en regardant autour de lui, ils sont nombreux.

— Qu'importe ? reprit Louis avec feu, je ne veux pas être témoin d'une pareille iniquité, dussé-je périr, j'essaierai de sauver ce malheureux qui nous a offert si franchement son amitié.

— Le fait est, dit Valentin d'un ton pensif, que Tangoil Lanec, comme ils le nomment, est un honnête homme pour lequel j'éprouve une vive sympa-thie ; mais que pouvons-nous ?

— Pardieu ! s'écria Louis en saisissant ses pistolets, nous jeter entre lui et ses ennemis, nous en tuerons toujours bien chacun cinq ou six.

— Oui, et les autres nous tueront, sans que nous réussissions à sauver celui pour lequel nous nous serons dévoués ; mauvais moyen, trouvons autre chose.

— Hâtons-nous, le supplice va commencer. Valentin se frappa le front.

— Ah ! dit-il tout à coup avec un sourire guoguenard, la ruse seule peut nous servir, laisse-moi faire, mon ancien métier de saltimbanque va, je crois, nous venir en aide, mais au nom du ciel jure-moi bien de rester calme.

— Je te jure, si tu le sauves.

— Sois tranquille, à fourbe, fourbe et demi, je vais prouver à ces sauvages que je suis plus fin qu'eux.

Valentin poussa son cheval au milieu du cercle.

— Un moment, dit-il d'une voix forte.

A l'apparition imprévue de cet homme, que personne n'avait encore remarqué, chacun se retourna et le regarda avec surprise.

Louis, la main sur ses armes, suivait avec anxiété les mouvements de son ami, prêt à voler à son secours.

— Ne plaisantons pas, continua Valentin, nous n'avons pas le temps de nous amuser, vous êtes des imbéciles et votre machi se moque de vous. Comme vous y allez, vous autres! vous n'y regardez pas à deux fois pour tuer un homme! Caramba, je me suis fourré dans la tête de vous empêcher de faire une sottise, et nous allons voir !

Et posant le poing sur la hanche, il promena sur l'assemblée un regard intrépide.

Les Indiens avaient, suivant leur coutume, écouté cet étrange discours, sans faire un geste qui témoignât de leur surprise.

Curumilla s'approcha :

— Que mon frère pâle se retire, dit-il froidement, il ignore les lois des Puelches, cet homme est condamné, il mourra, le machi l'a désigné.

— Vous êtes stupides! fit Valentin en haussant les épaules, votre machi est sorcier comme je suis Aucas; je vous répète qu'il se moque de vous, je vous le prouverai si vous voulez.

— Que dit mon père? demanda Curumilla au machi, qui se tenait froid et immobile aux côtés du cadavre.

Le devin sourit avec dédain.

— Quand les blancs ont-ils dit la vérité? répondit-il en ricanant; que celui-ci prouve s'il le peut ce qu'il avance.

— Bon! reprit l'Ulmen, le Muruche peut parler.

— Pardieu! s'écria le jeune homme, malgré l'imperturbable assurance de cet individu, ce n'est pas difficile de vous prouver qu'il est un imposteur.

— Nous attendons, fit Curumilla.

Les Indiens se rapprochèrent avec curiosité.

Louis ne comprenait pas où son ami voulait en venir : il devinait qu'une idée biscornue lui était passée par la cervelle et était aussi impatient que les autres de savoir comment il se tirerait à son honneur de l'obligation qu'il venait de prendre.

— Un instant, dit le machi avec assurance, que feront mes frères si je prouve, moi, que mon accusation est vraie ?

— L'étranger mourra, dit froidement Curumilla.

— J'accepte, répondit résolument Valentin.

Mis ainsi en demeure de s'expliquer, le Français se redressa, fronça les sourcils, et grossissant sa voix :

— Moi aussi, dit-il, je suis un grand médecin !

Les Indiens s'inclinèrent avec déférence.

La science des Européens est parfaitement établie parmi eux, ils la respectent sans la discuter.

— Ce n'est pas Tangoil Lanec, continua le Français avec aplomb, qui a tué le chef, c'est le machi lui-même.

Un frémissement d'étonnement et de crainte parcourut l'assemblée.

— Moi! s'écria le sorcier avec étonnement.

— Vous-même et vous le savez bien, répondit Valentin en jetant sur lui un regard qui le fit tressaillir.

— Étranger, dit Tangoil Lanec avec une suprême majesté, il est inutile de vous interposer en ma faveur, mes frères me croient coupable, tout innocent que je suis, je dois mourir.

— Votre dévouement est superbe, mais il est absurde, lui répondit Valentin.

— Cet homme est coupable, appuya le machi.

— Finissons-en, reprit Tangoil Lanec, tuez-moi.

— Que disent mes frères? demanda Curumilla, en s'adressant à la foule qui se pressait anxieuse autour de lui.

— Que le grand médecin Muruche prouve la vérité de ses paroles, répondirent les guerriers tous d'une voix.

Ils aimaient Tangoil Lanec et désiraient intérieurement qu'il ne mourût pas.

D'un autre côté, ils avaient pour le machi une haine que la terreur profonde qu'il leur inspirait suffisait à peine à leur faire dissimuler.

— Très bien, reprit Valentin en descendant de cheval, voici ce que je propose.

Chacun se tut.

Le Parisien dégaina son sabre et le fit étinceler aux yeux de la foule.

— Vous voyez ce machete, dit-il d'un air inspiré, je vais me l'enfoncer dans la bouche jusqu'à la poignée, si Tangoil Lanec est coupable, je mourrai; s'il est innocent, comme je l'affirme, Pillian m'aidera et je retirerai le sabre de mon corps sans avoir souffert aucune blessure.

— Mon frère a parlé comme un guerrier courageux, dit Curumilla, nous sommes prêts.

— Je ne le soufrirai pas, s'écria Tangoil Lanec, mon frère veut-il donc se tuer?

— Pillian est juge, répondit Valentin avec un sourire d'une expression indéfinissable et un air de conviction parfaitement joué.

Les deux Français échangèrent un regard.

Les Indiens sont de grands enfants pour lesquels tout spectacle est une fête; la proposition extraordinaire du Parisien leur sembla sans réplique.

— L'épreuve! l'épreuve! crièrent-ils.

— Bien, dit Valentin, que mes frères regardent.

Il se mit alors dans la position classique adoptée par les saltimbanques, lorsque sur les places ils se livrent à cet exercice, puis il introduisit dans sa bouche la lame du sabre, et, en quelques secondes, l'y fit disparaître tout entière.

Pendant l'exécution de ce tour de force, qui pour eux était un miracle, les Puelches regardaient le hardi Français avec terreur, sans oser même respirer; ils ne comprenaient pas qu'un homme accomplît une pareille opération sans se tuer immédiatement.

Valentin se tourna de tous les côtés, afin que chacun fût bien certain de la réalité du fait, puis, sans se presser, il retira la lame de sa bouche, aussi brillante que lorsqu'il l'avait sortie du fourreau.

Un cri d'enthousiasme s'échappa de toutes les poitrines.

Le miracle était évident.

— Un instant, dit-il, j'ai encore quelque chose à vous demander.

Le silence se rétablit.

— Je vous ai prouvé, n'est-ce pas, d'une façon irrécusable, que le chef n'est pas coupable ?

— Oui ! oui ! s'écrièrent-ils en tumulte, le visage pâle est un grand médecin, il est aimé de Pillian.

— Très bien ! maintenant, ajouta-t-il avec un sourire narquois à l'adresse du sorcier, il faut que votre machi prouve à son tour que je l'ai calomnié et que ce n'est pas lui qui a tué l'Apo Ulmen de votre tribu. Le chef mort était un guerrier renommé, il doit être vengé !

— Oui ! dirent les guerriers, il doit être vengé !

— Mon frère parle bien, observa Curumilla, que le machi fasse l'épreuve.

Le malheureux sorcier se vit perdu ; il devint livide, une sueur froide inonda ses tempes, un tremblement convulsif agita ses membres.

— Cet homme est un imposteur, grommela-t-il d'une voix éteinte, il vous abuse.

— Peut-être ! en attendant, imitez-moi ! dit Valentin.

— Tenez ! fit Curumilla en remettant le sabre au machi, si vous êtes innocent, Pillian vous protégera de même qu'il a protégé mon frère.

— Caramba, cela est certain, Pillian protège toujours les innocents, et vous allez en être la preuve, dit le Parisien, chez lequel l'esprit du gamin reprenait le dessus.

Le machi jeta autour de lui un regard désespéré.

Tous les yeux exprimaient l'impatience et la curiosité.

Le malheureux comprit qu'il n'avait de secours à attendre de personne.

Sa résolution fut prise en une seconde.

Il voulut mourir comme il avait vécu, en trompant la foule jusqu'à son dernier soupir.

— Je ne crains rien, dit-il d'une voix ferme, ce fer sera pour moi inoffensif. Vous voulez que j'accomplisse l'épreuve, j'obéirai ; mais prenez garde, Pillian est courroucé de votre conduite envers moi, l'humiliation que vous m'imposez sera vengée par de terribles fléaux qui vous accableront.

A ces paroles de leur *voyant*, les Puelches tressaillirent, ils hésitèrent ; depuis longues années ils avaient l'habitude d'ajouter foi entière à ses prophéties, ce n'était qu'avec crainte qu'ils osaient l'accuser d'imposture.

Valentin devinait ce qui se passait dans le cœur des Indiens.

— Bien joué, murmura-t-il en répondant par un clignement d'yeux au sourire de triomphe du machi, à mon tour maintenant : Que mes frères se rassurent, dit-il d'une voix haute et ferme, aucun malheur ne les menace, cet homme parle ainsi parce qu'il a peur de mourir, il sait qu'il est coupable, et que Pillian ne le protégera pas.

Le machi lui lança un regard empreint de haine, saisit le sabre, et d'un geste prompt comme la pensée, il fit disparaître la lame dans sa gorge.

Un flot de sang noir s'échappa de sa bouche, il ouvrit les yeux d'une façon démesurée, agita les bras convulsivement, fit deux pas en avant et tomba sur la face.

On s'empressa autour de lui, il était mort.

— L'Églantine des Bois ! s'écria-t-il avec joie ; ma sœur se souvient-elle encore du pauvre Indien ?

— Que l'on jette ce chien menteur aux vautours, dit Curumilla, en le poussant du pied avec mépris.

— Nous sommes frères à la vie, à la mort, s'écria Tangoil Lanec en embrassant Valentin.

— Eh bien ! dit en souriant le jeune homme à son ami, je ne m'en suis pas mal tiré, hein ? Tu vois qu'il est bon dans certaines circonstances d'avoir un peu essayé de tous les métiers, puisque celui du saltimbanque même peut servir au besoin.

— Ne calomnie pas ton cœur, répondit Louis avec chaleur, en lui serrant la main, tu as sauvé la vie à un homme.

— Oui, mais j'en ai tué un autre.

— Celui-là était coupable !

XXI

LES FUNÉRAILLES D'UN APO ULMEN

Peu à peu l'émotion causée par la mort du machi se calma, et l'ordre se rétablit.

Curumilla et Tangöil Lanec, abjurant tout sentiment de haine, s'étaient donné l'accolade fraternelle, aux applaudissements frénétiques des guerriers, qui aimaient les deux chefs.

— Maintenant que mon père est vengé, nous pouvons rendre son corps à la terre, observa Curumilla.

Puis, s'avançant vers les étrangers, il les salua en leur disant :

— Les visages pâles assisteront-ils aux funérailles?

— Nous y assisterons, répondit Louis.

— Mon toldo est grand, continua le chef, mes frères me feront honneur en consentant à l'habiter pendant leur séjour dans la tribu.

Louis allait répondre, Tangoil Lanec se hâta de prendre la parole :

— Mes frères, les visages pâles, dit-il, ont daigné accepter ma pauvre hospitalité.

Les jeunes gens s'inclinèrent en silence.

— Bon! reprit l'Ulmen, que fait cela? quel que soit le toldo que choisissent les Muruches, je les considérerai comme des hôtes.

— Merci, chef, répondit Valentin, croyez que nous vous sommes reconnaissants de votre bienveillance.

L'Ulmen prit alors congé des Français, et revint se placer auprès du corps de son père.

La cérémonie commença.

Les Araucans ne sont pas, ainsi que l'ont cru certains voyageurs, un peuple dénué de croyances; au contraire, leur foi est vive et leur religion repose sur des bases qui ne manquent pas de grandeur.

Ils n'ont aucun dogme, cependant ils reconnaissent deux principes, celui du bien et celui du mal.

Le premier nommé *Pillian*, est le dieu créateur; le second, nommé *Guécubu*, est le dieu destructeur.

Guécubu est en lutte continuelle avec Pillian, cherchant à troubler l'harmonie du monde et à détruire ce qui existe.

On voit par là que la doctrine du Manichéisme est établie chez les nations barbares de l'ancien et du nouveau monde, qui, n'étant pas capables de pénétrer les causes du bien et du mal, ont imaginé deux principes contraires.

En sus de ces deux divinités principales, les Araucans comptent un nombre considérable de génies secondaires qui aident Pillian dans sa lutte contre Guécubu.

Ces génies sont mâles et femelles; ces dernières sont toutes vierges, car, idée raffinée qu'on était loin d'attendre d'une nation barbare, la génération, n'a pas lieu dans le monde intellectuel.

Les dieux mâles sont nommés *Géru*, seigneurs.

Les femelles *Amey-Malghen*, nymphes spirituelles.

Les Araucans croient à l'immortalité de l'âme, et par conséquent à une vie future, où les Guerriers qui se sont distingués sur la terre chassent dans des prairies giboyeuses, entourés de tout ce qu'ils ont aimé.

Comme toutes les nations américaines, les Araucans sont extrêmement superstitieux.

Leur culte consiste à se réunir dans le toldo de médecine, où se trouve une idole informe qui est censée représenter Pillian; ils pleurent, poussent de grands cris avec force contorsions, et lui sacrifient un mouton, une vache, un cheval ou un *Chilihuegue*.

Sur un signe de Curumilla, les guerriers s'éloignèrent pour livrer passage aux femmes qui entourèrent le cadavre et se mirent à marcher en rond, en chantant sur un ton bas et plaintif les hauts faits du mort.

Au bout d'une heure, le cortège s'ébranla à la suite du corps, porté par les quatre guerriers les plus renommés de la tribu, et se dirigea vers une colline où la sépulture était préparée.

Par derrière venaient des femmes qui jetaient à pleines mains de la cendre chaude sur les traces laissées par le passage du cortège, afin que s'il prenait envie à l'âme du défunt de rentrer dans son corps, elle ne pût retrouver le chemin de son toldo et venir troubler ses héritiers.

Lorsque le cadavre eût été assis dans la fosse, Curumilla égorgea les chiens et les chevaux de son père qui furent déposés auprès de lui pour qu'il pût chasser dans les prairies bienheureuses. A portée de sa main on plaça une certaine quantité de vivres pour sa nourriture et celle de la *tempulaggy* ou batelière chargée de le conduire dans l'autre contrée, en présence de Pillian, où il devait être jugé suivant ses bonnes ou mauvaises actions, puis on jeta de la terre sur le corps; mais comme le défunt avait été un guerrier renommé, on amoncela des pierres dont on forma une pyramide, puis chacun fit une dernière fois le tour de la tombe en versant dessus une grande quantité de chicha.

Les parents et les amis retournèrent en dansant et en chantant au village, où les attendait un de ces homériques repas de funérailles araucaniens nommés *cahuins*, qui durent jusqu'à ce que tous les convives tombent ivres-morts.

Les voyageurs ne se souciaient que fort médiocrement d'assister à ce festin, ils se sentaient fatigués et préféraient prendre un peu de repos.

Tangoïl Lanec devina leur pensée; aussitôt que le cortège fut de retour à la tolderia, il se sépara de ses compagnons et offrit aux jeunes gens de les conduire à sa demeure.

Ceux-ci acceptèrent avec empressement.

Comme toutes les huttes araucaniennes, celle-ci était un vaste bâtiment en bois recouvert de boue blanchie à la chaux, ayant la forme d'un carré long, dont le toit était en terrasse.

Cette demeure simple, aérée, était à l'intérieur d'une propreté toute hollandaise.

Tangoil Lanec, on le sait, était un des chefs les plus respectés et les plus riches de sa tribu, il avait huit femmes.

Chez les Moluchos, la polygamie est admise.

Lorsqu'un Indien désire épouser une femme, il se déclare aux parents et fixe le nombre d'animaux qu'il veut leur donner; ses conditions acceptées, il vient avec quelques amis, enlève la jeune fille, la jette en croupe derrière lui et reste pendant trois jours caché au fond des bois.

Le quatrième jour il revient, égorge une jument devant la hutte du père de sa fiancée, et les fêtes du mariage commencent.

Le rapt et le sacrifice de la jument tiennent lieu d'acte civil.

De cette façon, un Aucas est libre d'épouser autant de femmes qu'il en peut nourrir.

Pourtant, la première femme qui porte le titre de *unem domo*, ou femme légitime, est la plus honorée; elle a la direction du ménage et la haute main sur les autres, qui sont appelées *inam domo*, ou femmes secondaires.

Toutes habitent le toldo de leur mari, mais dans des chambres séparées, où elles s'occupent à élever leurs enfants, à tisser des ponchos avec la laine des *guanaccos* et des *chilihueques*, et à préparer le plat que chaque jour une femme indienne est tenue de servir à dîner à son mari.

Le mariage est sacré, l'adultère est le plus grand des crimes; la femme et l'homme qui le commettraient seraient infailliblement assassinés par le mari et ses parents, à moins qu'ils ne rachetassent leur vie au moyen d'une contribution imposée par l'époux outragé.

Lorsqu'un Aucas s'absente, il confie ses femmes à ses parents; si, à son retour, il peut prouver qu'elles lui ont été infidèles, il a le droit d'exiger d'eux ce qu'il veut, aussi ont-ils intérêt à les surveiller.

Du reste, cette sévérité de mœurs ne regarde que les femmes mariées, les autres jouissent de la plus grande liberté et en profitent sans que personne y trouve à redire.

Les deux Français, jetés au milieu de ces mœurs étranges, ne comprenaient rien à cette existence indienne.

Valentin, surtout, était complètement désorienté, il était dans un étonnement perpétuel, qu'il se gardait bien de laisser percer soit dans ses discours, soit dans ses actions; l'aventure du machi l'avait placé si haut dans l'estime des habitants de la tolderia, qu'il craignait avec raison que la moindre question indiscrète ne le renversât du piédestal sur lequel il se tenait en équilibre.

Un soir que Louis se préparait, ainsi qu'il en avait pris l'habitude, à parcourir les toldos afin de visiter les malades et de les soulager autant que ses connaissances bornées en médecine le lui permettaient, Curumilla se présenta aux deux étrangers pour les inviter à assister au cahuin donné par le nouveau machi, élu dans la journée à la place du mort.

Il introduisit la lame du sabre dans sa bouche.

Valentin promit de s'y rendre avec son ami.

D'après ce que nous avons rapporté plus haut, on comprend quelle influence énorme possède un sorcier sur les membres de la tribu; le choix est donc difficile à faire, il est rare qu'il soit bon.

Le sorcier est assez ordinairement une femme; lorsque c'est un homme, il endosse le costume féminin qu'il conserve pendant tout le reste de sa vie. Presque toujours la science lui vient par héritage.

Après un nombre considérable de pipes fumées et de discours interminables, on avait choisi pour remplacer l'ancien machi un vieillard d'un caractère doux et serviable, qui, pendant le cours de sa longue existence, n'avait jamais eu que des amis.

Le repas fut ce qu'on devait le supposer, copieux, abondamment fourni de *ulpo*, le mets national des Araucans, et arrosé d'un nombre incalculable de *couis* de chicha.

Entre autres mets qui figuraient au festin, il y avait une grande corbeille d'œufs durs que les Ulmènes avalaient à qui mieux mieux.

— Pourquoi ne mangez-vous pas d'œufs? demanda Curumilla à Valentin, est-ce que vous ne les aimez pas?

— Pardon, chef, répondit celui-ci, j'aime beaucoup les œufs, mais pas accommodés de cette manière, je ne me soucie pas de m'étouffer, moi!

— Oui, répondit l'Ulmen, je comprends, vous les préférez crus.

Valentin éclata d'un rire homérique.

— Pas davantage, dit-il en reprenant son sérieux, j'aime beaucoup l'œuf à la coque, les omelettes, les œufs brouillés, mais ni durs ni crus.

— Que voulez-vous dire? les œufs ne peuvent se faire cuire que durs.

Le jeune homme le regarda avec stupéfaction, puis il lui dit d'un ton de compassion profonde :

— Comment, réellement, chef, vous ne connaissez que l'œuf dur?

— Nos pères les ont toujours mangés ainsi, répondit l'Ulmen avec simplicité.

— Pauvres gens! que je les plains, ils ont ignoré une des plus grandes jouissances de la vie! Eh bien! moi, ajouta-t-il en haussant la voix avec un enthousiasme goguenard, je veux que vous m'adoriez comme un bienfaiteur de l'humanité; en un mot, je veux vous doter de l'œuf à la coque et de l'omelette, au moins mon souvenir ne périra pas parmi vous; lorsque je serai parti et que vous mangerez un de ces deux plats, vous penserez à moi.

Malgré sa tristesse, Louis riait de la faconde burlesque et la gaieté inépuisable de son frère de lait, chez lequel, à chaque instant, le gamin dominait l'homme sérieux.

Les chefs se récrièrent avec joie à la proposition du spahi, et lui demandèrent à grands cris quel jour il comptait mettre son projet à exécution.

— Je ne veux pas vous faire attendre longtemps l'exécution de ma promesse, dit-il demain, sur la place de la tolderia, devant toute la tribu du Grand Lièvre assemblée, je vous montrerai comment vous devez vous y prendre pour faire cuire un œuf à la coque et confectionner une omelette.

A cette promesse, la satisfaction des chefs fut portée à son comble, les couïs de chicha circulèrent avec plus de vivacité, et bientôt les Ulmènes se sentirent assez passablement ivres pour se mettre à chanter à tue-tête tous à la fois.

Musique qui produisit un tel effet sur les deux Français qu'ils se sauvèrent en courant et en se bouchant les oreilles.

Le festin se prolongea encore longtemps après leur départ.

XXII

EXPLICATIONS

Nous retournerons maintenant à la chacra de don Grégorio Peralta, où avait été conduite dona Rosario, après sa miraculeuse délivrance.

Les premiers jours qui suivirent le départ des deux Français furent assez dénués d'incidents ; dona Rosario, enfermée dans sa chambre à coucher, restait presque continuellement seule.

La jeune fille, comme toutes les âmes blessées, cherchait à oublier la réalité pour se réfugier dans le rêve, afin de réunir et de conserver pieusement au fond de son cœur les quelques souvenirs heureux qui, parfois, étaient venus dorer d'un rayon de soleil la tristesse de son existence.

Don Tadeo, complètement absorbé par ses hautes combinaisons politiques, ne la voyait que de loin en loin et pendant quelques minutes à peine.

Devant lui la jeune fille s'efforçait de paraître joyeuse, mais elle souffrait davantage encore de la nécessité de cacher au fond de son cœur le mal qui la dévorait.

Parfois elle descendait au jardin ; rêveuse, elle s'arrêtait sous le bosquet où avait eu lieu sa rencontre avec Louis, et elle restait des heures entières à penser à celui qu'elle aimait et qu'elle-même avait contraint à s'éloigner d'elle pour jamais.

Cette pauvre enfant, si belle, si douce, si pure, si digne d'être aimée, était condamnée par un destin implacable à mener continuellement une vie de souffrance et d'isolement, sans un parent, sans un ami auquel elle pût confier le secret de sa douleur.

Elle avait seize ans à peine, et déjà son âme froissée se repliait sur elle-même, son teint s'étiolait, sa démarche devenait languissante, ses grands yeux bleus pleins de larmes se fixaient incessamment vers le ciel, comme vers le seul refuge qui lui restât ; elle ne semblait plus tenir que par un fil léger que le moindre choc de l'adversité devait rompre.

C'était une étrange histoire que celle de cette jeune fille.

Jamais elle n'avait connu ses parents, elle n'avait gardé aucune souvenance des baisers de sa mère, chaudes caresses du jeune âge qui font encore tressaillir de joie dans l'âge mûr.

Du plus loin qu'elle se rappelait, elle se voyait seule, seule toujours, livrée à des mains mercenaires et indifférentes.

Les joies naïves de l'enfance lui étaient restées étrangères, elle n'en avait connu que les ennuis et les tristesses, privée constamment de ces amitiés du jeune âge qui préparent insensiblement l'âme aux doux épanouissements, font éclore le rire au milieu des larmes et consolent dans un baiser.

Don Tadeo était la seule personne qui se soit attachée à elle, jamais il ne l'avait abandonnée, veillant avec le plus grand soin à son bien-être matériel, lui souriant et lui adressant toujours de bonnes et douces paroles; mais don Tadeo était un homme beaucoup trop sérieux pour comprendre ces mille petits soins qu'exige l'éducation d'une jeune fille. Elle ne pouvait avoir pour lui que cette amitié profonde, mais respectueuse, qui éloigne ces confidences naïves que l'on n'ose faire qu'à une mère ou à une compagne de son âge.

Les visites de don Tadeo étaient entourées d'un mystère incompréhensible; parfois, sans cause apparente, il lui faisait subitement quitter les gens auxquels il l'avait confiée, l'emmenait avec lui, après lui avoir fait d'abord changer de nom et l'obligeait à de longs voyages, — c'était ainsi qu'elle était allée en France, — puis tout à coup il la ramenait au Chili, tantôt dans une ville tantôt dans une autre, sans jamais vouloir lui expliquer les raisons de la vie errante à laquelle il l'obligeait. Contrainte par son isolement à ne compter que sur elle-même, forcée à réfléchir dès que les premières lueurs de la raison s'étaient fait jour dans son cerveau, cette jeune fille, si frêle et si délicate en apparence, était douée d'une énergie et d'une fermeté de caractère qu'elle ignorait elle-même, mais qui la soutenaient à son insu et devaient, si pour elle sonnait un jour l'heure du danger, lui être d'un grand secours.

Souvent la jeune fille, poussée par cet instinct de curiosité si naturel à son âge, dans la position exceptionnelle où elle se trouvait, avait cherché par des questions adroites à saisir quelques lueurs qui pussent la guider dans ce dédale; tout avait été inutile, don Tadeo était resté muet.

Un jour seulement, après l'avoir longtemps contemplée avec tristesse, il l'avait serrée sur son cœur, en lui disant d'une voix entrecoupée :

— Pauvre enfant! je saurai te protéger contre tes ennemis.

Quels pouvaient être ses ennemis redoutables? pourquoi s'acharnaient-ils ainsi sur une enfant de seize ans qui ignorait le monde et n'avait jamais fait de mal à personne?

Ces questions que dona Rosario se posait incessamment, restaient toujours sans réponse.

Seulement elle entrevoyait dans sa vie un de ces mystères terribles qui causent la mort des imprudents qui s'obstinent à les découvrir, aussi ses jours se passaient dans des frayeurs continuelles, enfantées par son imagination.

Un soir que, triste et songeuse comme à son ordinaire, blottie frileusement au fond d'un fauteuil dans sa chambre à coucher, elle feuilletait un livre qu'elle ne lisait pas, don Tadeo se présenta à elle.

Le gentilhomme la salua comme il faisait toujours en la baisant au front, prit un siège, s'assit en face d'elle, et après l'avoir un instant contemplée avec mélancolie :

— J'ai à vous parler, Rosario, lui dit-il doucement.

— Je vous écoute, mon ami, répondit-elle en essayant de sourire.

Mais avant de rapporter cette conversation, nous devons donner au lecteur certaines explications nécessaires.

De même que toutes les autres contrées de l'Amérique du Sud, le Chili,

Valentin poussa son cheval au milieu du cercle...

longtemps courbé sous le joug espagnol, avait conquis son indépendance plutôt grâce à la faiblesse de son ancien maître que par ses propres forces.

Le système suivi dès le principe par les autorités espagnoles, avait arrêté chez les peuples de ces contrées le dévelopement de ces idées philosophiques qui donnent à l'homme la conscience de sa propre valeur, le rendent un jour apte à conquérir la liberté et mûr pour en jouir dans de justes limites.

Nous l'avons dit dans un précédent ouvrage les Américains du Sud n'ont aucune des vertus de leurs ancêtres, en revanche ils en possèdent tous les vices. Dénuée de cette éducation première, sans laquelle il est impossible de faire ou seulement de concevoir de grandes choses, la nation chilienne, libre par un coup inespéré du hasard, se trouva immédiatement le jouet de quelques intrigants qui cachèrent sous de grands mots de patriotisme une ambition effrénée; vainement elle lutta, la nonchalance innée de ses habitants, la légèreté de leur caractère, fut un obstacle invincible à toute amélioration réelle.

A l'époque où nous sommes arrivés, le Chili se débattait sous la pression du général Bustamente. Cet homme, non content d'être ministre d'une république, ne rêvait rien moins que de s'en faire proclamer le chef, sous le titre de protecteur..

La réalisation de cette idée n'était pas impossible. Par sa position géographique, le Chili est presque indépendant de ces voisins incommodes qui dans les États de l'Ancien-Monde surveillent tous les actes d'une nation, prêts à mettre leur *veto* dès que leur intérêt semble menacé.

D'un côté, séparé du Haut Pérou par le vaste désert d'Atacama, presque infranchissable, la Bolivie pouvait seule hasarder quelques observations timides, mais le général Bustamente se réservait in petto d'englober cette République dans sa nouvelle confédération; d'un autre côté, d'immenses solitudes et la Cordillère le séparaient de Buenos-Ayres, qui n'avait ni la volonté, ni la puissance de s'opposer à ses projets. Un seul peuple pouvait lui faire une rude guerre, c'était le peuple araucan : cette petite nation indomptable, entrée comme un coin de fer dans le Chili, inquiétait vivement le général, il résolut de traiter avec le toqui araucan, déterminé, lorsque ses projets auraient réussi, à réunir toutes ses forces pour conquérir ce pays qui avait résisté à la puissance espagnole.

En un mot, le général Bustamente rêvait de créer à l'extrémité sud de l'Amérique, avec le Chili, l'Araucanie et la Bolivie confédérés, une nationalité rivale des États-Unis.

Malheureusement pour le général, il n'y avait pas en lui l'étoffe d'un grand homme.

Le général Bustamente était tout simplement un soldat parvenu, ignorant, cruel, et qui ne doutait de rien.

Lorsque l'Amérique leva contre la métropole l'étendard de la révolte, de nombreuses sociétés secrètes furent fondées sur tous les points du territoire.

La plus redoutable sans contredit fut celle des Cœurs Sombres.

Les hommes qui se placèrent à la tête de cette société étaient tous des gens intelligents, instruits, dont, pour la plupart, les études s'étaient faites en Europe et qui, en ayant vu de près les grands principes de la Révolution française, voulaient les appliquer dans leur pays et régénérer leur nation.

Après la proclamation de l'indépendance chilienne, les sociétés secrètes n'ayant plus de but disparurent.

Une seule persista à rester debout : la société des Cœurs Sombres; c'est que celle-là ne voulait pas la licence sous le manteau de la liberté ; elle comprenait qu'elle avait une grande et sainte mission à remplir, que sa tâche non seulement n'était pas terminée, mais qu'elle commençait à peine.

Il fallait instruire ce peuple, le rendre digne de prendre place parmi les nations, et surtout le délivrer des tyrans qui voudraient l'asservir.

Cette mission, la société des Cœurs Sombres la remplit sans relâche, luttant constamment contre les pouvoirs oppresseurs qui se succédaient, et les renversant sans pitié.

Protées insaisissables, les membres de cette société échappaient aux recherches les plus actives; si parfois quelques-uns tombaient dans l'arène, ils mouraient le front haut, confiants dans l'avenir et léguant à leurs frères le soin de continuer leur tâche.

La guérison du général Bustamente causa aux Cœurs Sombres un moment de stupeur; mais don Tadeo, qui avait fait répandre partout la nouvelle de la façon miraculeuse dont il avait survécu à son exécution, leur rendit, en se plaçant de nouveau à leur tête, non pas le courage qui ne leur avait pas failli, mais l'espoir.

Quelque grande que fût l'habileté des manœuvres employées par le général pour la réussite de ses projets, les Cœurs Sombres, qui avaient des affidés, l'avaient deviné; ils surveillaient avec soin toutes ces démarches, car ils prévoyaient que le moment était proche où leur ennemi jetterait le masque.

Ils avaient appris le départ pour Valdivia du général convalescent.

Pour quelle raison, lorsque sa santé était encore si chancelante et que le repos lui était si nécessaire, se rendait-il dans cette province éloignée?

Il fallait le savoir à tout prix et se préparer pour une éventualité, quelle qu'elle fût.

Dans une réunion de la société, les mesures furent prises ; de plus, il fut résolu que le Roi des ténèbres se rendrait lui-même à Valdivia, afin, le cas échéant, de pouvoir prendre l'initiative de la résistance.

Mais don Tadeo ne voulait pas laisser derrière lui dona Rosario exposée aux coups de la Linda, il pouvait seul défendre la jeune fille, n'était-il pas son unique soutien?

Dès que les Cœurs Sombres furent dispersés, don Tadeo revint donc à la chacra et se présenta à dona Rosario.

— Chère enfant, lui dit-il, j'ai une mauvaise nouvelle à vous apprendre.

— Parlez! mon ami, répondit-elle.

— Des affaires urgentes exigent ma présence le plus tôt possible à Valdivia.

— Oh ! fit-elle avec un mouvement d'effroi, vous ne me laisserez pas ici, n'est-ce pas?

— J'en avais d'abord l'intention, reprit-il, cette retraite me paraissait réunir toutes les garanties de sûreté, mais rassurez-vous, ajouta-t-il, j'ai changé d'avis; j'ai pensé que peut-être vous préféreriez m'accompagner.

— Oh oui ! dit-elle vivement, que vous êtes bon ! quand partons-nous?

— Demain, chère enfant, au lever du soleil.

— Je serai prête répondit-elle en lui tendant son front sur lequel il déposa un baiser.

Don Tadeo se retira.

La jeune fille s'occupa immédiatement des préparatifs de son voyage.

Que lui importait d'être dans un endroit plutôt que dans un autre, puisque partout elle était condamnée à souffrir!

Qui sait si la pauvre enfant, sans oser se l'avouer à elle-même, n'espérait pas revoir celui qu'elle aimait?

L'amour est un rayon de soleil divin qui illumine les nuits les plus sombres!

XXIII

LA CHINGANA

Valdivia, fondée en 1551 par le conquérant espagnol don Pedro de Valdivia, est une charmante ville qui s'élève à deux lieues de la mer, sur la rive gauche d'un fleuve que de forts navires remontent facilement, dans la fertile vallée de *Guadallauque*.

L'aspect de cette cité, sentinelle avancée de la civilisation dans ces contrées éloignées, est des plus riants ; les rues sont larges, tirées au cordeau, les maisons blanchies à la chaux, élevées d'un étage seulement à cause des tremblements de terre, se terminent toutes en terrasses.

Çà et là s'élancent dans les nuées les hautes flèches des clochers des nombreuses églises et des couvents, qui occupent plus d'un bon tiers de la ville.

C'est une chose inouïe que le nombre de couvents qui pullulent en Amérique! on peut affirmer que le nouveau monde est la Terre Promise des moines, ils semblent sortir du sol à chaque pas.

Grâce au commerce étendu que fait Valdivia à cause de son port, lieu de relâche des nombreux baleiniers qui pêchent dans ces parages, et des navires qui viennent s'y radouber, après avoir doublé le cap Horn ou avant de le passer, ses rues ont une animation que l'on rencontre rarement dans les villes américaines.

Don Tadeo arriva à Valdivia, en compagnie de don Gregorio et de dona Rosario, le soir du seizième jour après son départ de la chacra de son ami.

Ils avaient fait diligence, et pour ce pays, où l'on ne connaît d'autre moyen de transport que le cheval, c'était avoir voyagé avec une extrême rapidité.

Si les deux gentilshommes l'eussent voulu, il leur eût été facile d'entrer dans la ville vers deux ou trois heures de l'après-dîner, mais ils avaient préféré que, dans cette cité où beaucoup de personnes les connaissaient, nul ne se doutât de leur présence, d'abord parce que don Tadeo était contraint de se cacher pour éviter les agents de la police du président de la République, qui avaient reçu l'ordre de l'arrêter partout où ils le rencontreraient.

Heureusement que dans ces pays, sans un hasard extraordinaire ou un concours de circonstances impossibles à prévoir, la police n'arrête jamais personne, à moins que ceux qu'elle poursuit ne viennent de leur plein gré se livrer entre ses mains, ce qui, nous devons l'avouer, arrive rarement.

Comme pendant son séjour à Valdivia, sa manière de vivre devait être réglée sur les affaires qui l'y menaient, qu'il ne pouvait d'aucune façon avoir une maison montée, puisqu'il ne pouvait pas paraître en public, don Tadeo se rendit tout droit au couvent des Ursulines, et confia à l'abbesse, sa parente, digne femme dans laquelle il avait la plus grande confiance, la jeune fille qu'il avait amenée avec lui.

Dès que don Tadeo eut prit congé de sa pupille et de la vénérable abbesse des Ursulines, il se rendit en toute hâte dans une maison de la salle San-Xavier, où l'attendait don Gregorio dont il s'était séparé à l'entrée de la ville afin d'éviter d'être remarqué.

— Eh bien? lui demanda don Gregorio, dès qu'il le vit.

— Elle est en sûreté, du moins je le crois, répondit Tadeo avec un soupir.

— Tant mieux, car il nous faut redoubler de précautions.

— Comment cela?

— Depuis que je vous ai quitté, j'ai pris langue, je me suis informé, j'ai questionné en me promenant et en flânant sur le port et à l'Alameda.

— Eh bien?

— Eh bien, comme nous le pensions, le général Bustamente est ici.

— Déjà?

— Il est arrivé depuis deux jours.

— Quelle raison si importante peut l'amener? dit don Tadeo d'un air pensif; oh! je le saurai.

— Autre chose; savez-vous qui l'accompagne?

— Le bourreau! fit don Tadeo avec un sourire ironique.

— A peu près, répondit don Gregorio.

— Qui donc alors?

— La *Linda!*

Le chef des Cœurs sombres pâlit affreusement.

— Oh! dit-il, cette femme, toujours cette femme! oh! vous vous trompez, mon ami, c'est impossible.

— Je l'ai vue.

Don Tadeo marcha avec agitation pendant quelques secondes, puis, s'arrêtant devant son ami

— Voyons, don Grégorio, lui dit-il d'une voix étouffée, vous êtes certain de ne pas avoir été dupe d'une ressemblance, c'est bien elle que vous avez vue!

— Vous veniez de me quitter, je me rendais ici, lorsqu'un bruit de chevaux me fit tourner la tête, et je vis, je le répète, je vis la Linda; elle paraissait arriver, elle aussi, à Valdivia, ses deux lanceros l'escortaient, et un arierro conduisait des mules chargées de bagages.

— Oh! fit don Tadeo, ce démon s'acharnera-t-il donc constamment à mes pas?

— Ami, lui dit don Gregorio, dans la route que nous suivons tout obstacle doit être supprimé.

— Tuer une femme? fit avec horreur le gentilhomme.

— Je ne dis pas cela, mais la mettre dans l'impossibilité de nuire. Souvenez-vous que nous sommes les Cœurs sombres, et que, comme tels, nous devons être sans pitié.

— Silence! murmura don Tadeo.

A ce moment deux coups secs furent frappés en dehors.

— Entrez! cria don Gregorio.

La porte s'ouvrit, et don Pedro montra sa tête de fouine.

Il ne reconnut pas les deux hommes que, dans les diverses rencontres qu'il avait eues avec eux, il avait toujours vus masqués.

— Dieu vous garde, messieurs, dit-il en faisant une profonde salutation.

— Que désirez-vous, monsieur? répondit don Gregorio d'un ton froidement poli, en lui rendant son salut.

— Monsieur, dit don Pedro, en cherchant des yeux le siège qu'on ne lui offrait pas, j'arrive de Santiago.

Don Gregorio s'inclina.

— A mon départ de cette ville, un banquier entre les mains duquel j'avais déposé des fonds, me remit plusieurs traites, entre autres celle-ci, tirée à vue sur don Gregorio Peralta.

— C'est moi, monsieur, veuillez me la remettre.

— Comme vous le verrez, monsieur, cette traite est de vingt-trois onces.

— Fort bien, monsieur, répondit don Gregorio en la prenant, permettez-moi, je vous prie, de l'examiner.

Don Pedro s'inclina à son tour.

Don Gregorio s'approcha d'un flambeau, regarda attentivement la lettre de change, la mit dans sa poche et prit de l'argent dans un meuble.

— Voilà vos vingt-trois onces, monsieur, lui dit-il en les lui donnant.

L'espion les prit, compta les pièces d'or en les regardant les unes après les autres, et mit les onces dans sa poche.

— C'est singulier! monsieur, dit-il, au moment où les deux gentilshommes pensaient qu'ils allaient enfin être débarrassés de sa présence.

— Quoi donc, monsieur, demanda don Gregorio, est-ce que vous ne trouvez pas votre compte juste?

— Oh! pardonnez-moi, il est parfaitement juste; mais, ajouta-t-il avec hésitation, je vous croyais négociant?

— Ah!

— Oui.

— Eh bien! qui vous fait supposer le contraire?

— C'est que je ne vois pas de bureaux.

— Ils sont dans une autre partie de la maison, répondit don Gregorio, je suis armateur.

— Oh! fort bien, monsieur.

— Et si je n'avais pas pensé, continua don Gregorio, que vous aviez un besoin de cet argent...

— Bien pressant, en effet, interrompit l'autre.

— Eh bien! je vous aurais prié de repasser demain, parce que, à cette heure avancée, ma caisse est fermée.

Là-dessus, il le congédia en haussant les épaules.

Don Pedro se retira visiblement désappointé.

— Cet homme mange à deux râteliers, dit don Gregorio; c'est un espion du général.

— Je le sais! répondit don Tadeo; j'ai sur moi les preuves de sa trahison. C'était un instrument nécessaire; aujourd'hui il peut nous nuire, nous le briserons.

Don Gregorio tira de sa poche la traite que venait de lui être présentée, et la tendant à don Tadeo :

— Voyez! lui dit-il.

Cette traite, au premier abord, paraissait entièrement semblable aux autres, elle contenait la formule de rigueur : *A vue, il vous plaira payer*, etc.; mais dans deux ou trois endroits, la plume, trop dure sans doute, avait craché et formé un certain nombre de petits points noirs dont quelques-uns étaient presque imperceptibles.

Il paraît que ces points noirs avaient une certaine signification pour les deux hommes; car dès que don Tadeo eût jeté les yeux sur la traite, il saisit son manteau dans lequel il s'enveloppa.

— C'est Dieu qui nous protège! dit-il, il faut y aller sans retard.

— C'est aussi mon opinion, répondit don Gregorio, en présentant la traite à la lumière et la brûlant jusqu'à ce qu'il n'en restât pas la moindre parcelle.

Les deux hommes prirent chacun un long poignard et deux pistolets qu'ils cachèrent sous leurs habits, — les deux conspirateurs connaissaient trop bien leur pays pour négliger cette précaution; — ils rabattirent les ailes de leur chapeau sur leur front, et *embossés* jusqu'aux yeux, à la façon des amoureux ou des chercheurs d'aventures, ils descendirent dans la rue.

Il faisait une de ces nuits splendides comme il n'est pas donné à nos brumeux climats d'en connaître; le ciel, d'un bleu sombre, était plaqué d'un nombre infini d'étoiles, au milieu desquelles resplendissait la brillante croix du Sud; l'air était embaumé de mille senteurs, et une légère brise, qui s'élevait de la mer, rafraîchissait l'atmosphère échauffée par les rayons ardents du soleil pendant tout le jour qui venait de s'écouler.

Les deux hommes passaient rapides et silencieux à travers les groupes joyeux qui sillonnaient les rues dans tous les sens.

C'est le soir surtout que les Américains se promènent, afin de prendre l'air et de jouir de la fraîcheur.

Les conjurés ne semblaient entendre ni les sons provocateurs de la *vihuela* qui vibraient à leurs oreilles, ni les refrains de *sambacuejas* qui s'envolaient par bouffées des *chinganas*, ni les éclats de rire frais et argentins des jeunes filles aux yeux noirs et aux lèvres roses, qui les coudoyaient au passage en leur lançant des regards provocateurs.

Ils marchèrent ainsi assez longtemps en se tournant par intervalles pour voir s'ils n'étaient pas suivis, s'enfonçant de plus en plus dans les bas quartiers de la ville.

Ils s'arrêtèrent enfin devant une maison d'assez piètre apparence, d'où s'échappaient à grand bruit les accords peu mélodieux d'une musique éminemment nationale.

Cette maison était une *chingana*. Ce mot n'a pas d'équivalent en français.

Une chingana chilienne de bas étage offre un aspect excentriquement drolatique, qui défierait le pinceau de Callot, et qui échappe à toute description.

Que le lecteur se figure une salle basse, aux murs enfumés, dont le sol est en terre battue rendue raboteuse par les détritus qu'y apportent incessamment les pieds des nombreux visiteurs. Au milieu de cet antre, éclairé seulement par une lampe fumeuse nommée *candil*, qui ne laisse distinguer que les silhouettes des habitués, sur des tabourets sont assis quatre hommes : deux râclent de mauvaises guitares veuves de la plupart de leurs cordes, avec le dos de la main, le troisième tambourine avec ses poings sur une table boiteuse en frappant de toutes ses forces, le dernier râcle entre ses mains un morceau de bambou long de dix pouces, fendu en plusieurs branches, qui rend le son le plus discordant qui se puisse imaginer. Ces quatre *musiciens*, non contents du tapage formidable qu'ils produisent, hurlent à pleins poumons des chansons que nous nous garderons de traduire, et qui sont toutes à peu de différence près dans le genre celle-ci :

> Desde la esquina del carmen
> Desde la esquina
> Hasta la pena...
> Hasta la pena dorada
> He visto una...
> He visto una chica bajando...
> Cantando la...
> Cantando la moza mala
> Halsa que te han visto
> A la esquina del puente, etc.

Tout ce tapage infernal est fait dans le but d'exciter des danseurs qui se trémoussent en prenant les poses les plus lascives et les plus obscènes qu'ils puissent inventer, aux grands applaudissements des spectateurs qui se tordent de joie, trépignent de plaisir, et parfois entraînés par cette harmonie, détonnent tous ensemble le *halsa que te han visto* du refrain avec les musiciens et les danseurs.

Au milieu de ce tohu-bohu, de ces cris et de ces trépignements, circulent le maître de l'établissement et ses garçons, armés de couïs de chicha, de bouteilles d'aguardiente et même de *guarapo*, pour désaltérer les consommateurs qui, c'est un justice à leur rendre, plus ils boivent, plus ils ont soif et plus ils veulent boire.

Deux ou trois fois dans la soirée il arrive que des habitués, plus échauffés que d'autres ou saisis aux cheveux par le démon de la jalousie, se prennent de querelle.

Ces quatre musiciens, non contents du tapage qu'ils produisent, hurlent à pleins poumons des chansons.

Alors les couteaux sont tirés de la *polèna*, les ponchos roulés autour du bras gauche pour tenir lieu de bouclier; la musique se tait, on fait cercle autour des combattants, puis, quand l'un des deux est tombé, on le porte dans la rue, la musique reprend, la danse recommence et l'on n'y pense plus.

C'était devant un de ces établissements que le chef des Cœurs sombres et son ami s'étaient arrêtés; ils n'hésitèrent pas. Remontant les plis de leurs manteaux de façon à cacher complètement les traits de leurs visages, ils entrèrent dans la chingana; malgré l'atmosphère empestée qui les prenait à la gorge, ils passèrent inaperçus au milieu des buveurs et gagnèrent le fond de la salle.

La porte de la cave n'était que poussée, ils l'ouvrirent doucement et disparurent sur les premières marches d'un escalier.

Ils descendirent dix degrés et se trouvèrent dans une cave, où un homme penché sur des tonneaux qu'il paraissait occupé à mettre en ordre, leur dit, sans se déranger de son travail :

— Voulez-vous de l'aguardiente de pisco, du mescal ou de la chicha?

— Ni l'un ni l'autre, répondit don Tadeo, nous voulons du vin de France.

L'homme se redressa comme mû par un ressort.

Les deux aventuriers avaient mis leurs masques.

— Le voulez-vous blanc ou rouge? demanda l'homme.

— Rouge comme le sang, fit don Tadeo.

— De quelle année? reprit l'inconnu.

— De celui récolté le 5 avril 1817, dit encore don Tadeo.

— Alors, venez par ici, messieurs, répondit l'homme en s'inclinant respectueusement, le vin que vous me faites l'honneur de me demander est excessivement précieux, on l'enferme dans une cave à part.

— Pour être bu à la Saint-Martin, répondit don Tadeo.

L'homme, qui semblait n'attendre que cette dernière réponse à ses questions, sourit d'un air d'intelligence et appuya légèrement la main sur le mur.

Une pierre tourna lentement sur elle-même sans produire le moindre bruit, et livra passage aux conspirateurs qui entrèrent aussitôt.

Derrière eux le passage se referma.

Dans la chingana, les cris, les chants et la musique avaient acquis une intensité réellement formidable, la oie des buveurs était à son comble.

XXIV

LES DEUX ULMÈNES

Si, au lieu de raconter une histoire vraie, nous écrivions un roman, il y a certaines scènes de ce récit que nous passerions sous silence.

Celle qui va suivre serait certes de ce nombre; pourtant bien que d'une trivialité un peu risquée, elle porte avec elle son enseignement, en montrant quelle est l'influence des premières habitudes d'une vie misérable, même sur les natures les mieux douées, et combien il est difficile plus tard de s'en défaire.

Nous ajouterons à la louange de Valentin, l'homme dont nous voulons parler ici, que son *gaminisme*, s'il est permis de se servir de cette expression, était beaucoup plus feint que réel, et que son but, en s'y laissant entraîner, était d'amener le sourire sur les lèvres de son frère de lait, et de donner ainsi le change à la douleur dont il le voyait sourdement miné.

Ce préambule nécessaire posé, nous reprendrons le cours de notre narration, et, abandonnant pour un instant don Tadeo et son ami, nous prierons le lecteur de nous suivre dans la tribu du Grand Lièvre.

Le lendemain fut un beau jour pour la tribu, jour attendu avec impatience par les ménagères, qui allaient apprendre à *confectionner*, selon l'expression de Valentin, un plat nouveau qui semblait flatter la gourmandise de leurs maris.

Dès l'aube, hommes, femmes et enfants, réunis sur la grande place du village, formaient de nombreux groupes, où l'on discutait le mérite du plat inconnu, dont le secret devait être révélé.

Louis, pour lequel l'expérience que son ami allait faire avait fort peu d'intérêt, avait voulu rester dans le toldo; mais Valentin s'était obstiné à ce qu'il assistât à l'expérience, et, de guerre lasse, le jeune homme avait enfin consenti.

Le Parisien était déjà à son poste, debout dans un espace libre, au centre de la place; il suivait d'un œil narquois l'expression anxieuse ou incrédule qui se peignait tour à tour sur ces visages fixés sur lui.

Une table qui devait servir à ses apprêts culinaires, un fourneau allumé sur lequel chauffait une marmite en fer pleine d'eau, un couteau de cuisine, une poêle énorme, trouvée je ne sais où, une espèce de grande cuvette, une cuiller en bois, du persil, un morceau de lard, du sel, du poivre et une corbeille remplie d'œufs frais, avaient été préparés sur sa recommandation par les soins de Tangoil Lanec.

On attendait l'arrivée de l'Apo-Ulmen de la tribu, pour commencer la séance.

Une espèce d'estrade avait été préparée pour lui, en face de l'opérateur.

Lorsque l'Apo-Ulmen eut pris des mains de son porte-pipe le calumet allumé, il se pencha un peu de côté, parla bas à l'oreille de Curumilla, qui se tenait respectueusement auprès de lui.

L'Ulmen s'inclina, descendit de l'estrade, vint dire au Parisien qu'il pouvait se mettre à l'œuvre et regagna sa place.

Valentin salua l'Apo-Ulmen, retira son poncho qu'il plia et plaça soigneusement à ses pieds, et relevant gracieusement ses manches jusqu'au-dessus du coude, il pencha légèrement le corps en avant, appuya sa main droite sur la table, et, prenant le ton d'un marchand de vulnéraire qui vante sa marchandise aux badauds, il commença sa démonstration.

— Illustres Ulmènes et vous redoutables guerriers de la noble et sacrée tribu du Grand Lièvre, dit-il d'une voix haute, claire et parfaitement accentuée, écoutez avec soin ce que je vais avoir l'honneur de vous expliquer.

« Dans le commencement des temps, le monde n'existait pas, l'eau et les nuées qui s'entre-choquaient continuellement dans l'immensité formaient alors l'Univers. Lorsque Pillian créa le monde, aussitôt qu'à sa voix l'homme fut sorti du sein de la montagne rouge, il le prit par la main, et, lui montrant toutes les productions de la terre, de l'air et des flots, il lui dit : Tu es le roi de la création, par conséquent les animaux, les plantes et les poissons t'appartiennent, ils doivent, chacun dans la mesure de ses forces, de son instinct, de sa conformation, concourir à ton bien-être et à ton bonheur dans ce monde où je t'ai placé; ainsi, le cheval te portera d'un élan fougueux à travers les déserts, les lamas et les moutons à l'épaisse fourrure t'habilleront de leur laine et te nourriront de leur chair succulente. Quand Pillian eût ainsi analysé les unes après les autres les diverses qualités des animaux, avant de passer aux plantes et aux poissons, il arriva à la poule, qui coquetait insoucieusement en bécotant les graines éparses sur le sol. Pillian la prit par les ailes et la montrant à l'homme : Tiens, lui dit-il, voici un des êtres les plus utiles que j'aie créés pour ton usage : cuite dans la marmite, la poule te donnera un excellent bouillon lorsque tu seras malade, rôtie, sa chair blanche acquerra une saveur délectable, avec ses œufs tu feras des omelettes aux fines herbes, aux champignons, au jambon et surtout au lard; mais si tu es indisposé, qu'une nourriture forte soit trop pesante pour ton estomac affaibli, tu feras cuire ses œufs à la coque, et alors tu m'en diras des nouvelles! Voici, continua Valentin, en se posant de plus en plus devant les Indiens, qui, la bouche béante et les yeux écarquillés, avaient garde de comprendre un traître mot à ce qu'il lui plaisait de débiter, tandis que, malgré sa douleur secrète, Louis se tordait littéralement de rire; voici comment Pillian parla au premier homme, au commencement des siècles. Vous n'y étiez pas, guerriers Aucas, il n'est donc pas étonnant que vous l'ignoriez; je n'y étais pas non plus, c'est vrai, mais, grâce au talent que nous possédons, nous autres blancs, de transmettre notre pensée d'âge en âge au moyen de l'écriture, ces paroles du Grand Esprit ont été recueillies avec soin et sont parvenues intactes jusqu'à nous. Sans plus de préambule, je vais avoir l'honneur de confectionner devant vous un œuf à la coque. Écoutez ceci, c'est simple comme bonjour, et à la portée des intelligences les plus racornies. Pour faire un œuf à la coque, il faut deux chose : d'abord un œuf, puis de l'eau bouillante; vous prenez l'œut ainsi, vous découvrez votre marmite, et, mettant l'œuf dans la cuiller, vous l'introduisez dans la marmite où vous le laissez mijoter trois minutes, ni plus ni moins; faites attention à ce détail important, un temps plus long compromettrait le succès de votre opération, voilà!

Le geste avait suivi la démonstration.

Les trois minutes écoulées, Valentin retira l'œuf, le décapita, le saupoudra d'une pincée de sel et le présenta à l'Apo-Ulmen, avec des mouillettes de pain de maïs.

Tout ceci s'était exécuté avec un sérieux imperturbable, au milieu du silence profond de la foule attentive.

L'Apo-Ulmen goûta consciencieusement son œuf.

Un air de doute parut une seconde sur son visage, mais peu à peu les traits de sa large face se détendirent sous la pression de la joie et du plaisir, et il s'écria enfin avec enthousiasme :

— *Ooab! eh ihche !* — bon, — *chich mik kachel !* — très bon.

Valentin retourna auprès de son fourneau, avec un sourire modeste, et fit immédiatement cuire d'autres œufs qu'il distribua aux Ulmènes et aux principaux guerriers.

Ceux-ci mêlèrent bientôt leurs félicitations à celles de l'Apo-Ulmen.

Une joie délirante s'empara de ces pauvres Indiens, peu s'en fallut que Valentin ne fût renversé, tant étaient grands les efforts qu'ils faisaient pour obtenir un œuf et s'approcher de lui, afin d'examiner de plus près la façon dont il s'y prenait pour les cuire.

Enfin, le calme se rétablit, la gourmandise du plus grand nombre fut faite; l'Apo-Ulmen, dont il avait été jusque-là impossible d'entendre la voix au milieu du tumulte, put remettre un peu d'ordre dans la foule et obtenir le silence.

Valentin regarda son public d'un air de satisfaction. Désormais les Indiens étaient sous le charme, les plus incrédules étaient convaincus, tous attendaient avec impatience qu'il continuât sa démonstration.

— Écoutez, dit-il en frappant un grand coup sur la table avec le couteau qu'il tenait à la main, surtout observez bien comment je vais m'y prendre ; l'œuf à la coque était un jeu pour moi, mais l'omelette a besoin d'être approfondie et étudiée avec soin afin d'obtenir ce fini, ce velouté et cette perfection tant prisés par les véritables connaisseurs ; je vais faire une omelette au lard, c'est-à-dire le mets le plus recherché de l'univers ; tout en vous expliquant la façon de vous y prendre, je la confectionnerai : suivez bien mon raisonnement et la manière dont je vais manipuler les divers ingrédients qui entrent dans la confection de ce plat. Pour faire une omelette au lard il faut : du lard, des œufs, du sel, du poivre, du persil et du beurre, toutes ces choses sont là sur cette table, comme vous le voyez, maintenant je vais les mélanger.

Alors, avec une adresse incroyable et une vélocité extrême, il commença une monstrueuse omelette au lard, d'au moins soixante œufs, tout en continuant sa démonstration avec un laisser aller et une faconde inexprimables.

L'intérêt des Indiens était vivement excité, leur enthousiasme se trahissait par des sauts et des rires; mais il fut réellement porté à son comble, et les trépignements, les cris et les hurlements devinrent effroyables lorsque les Puelches virent Valentin saisir la queue de la poêle d'une main ferme, et lancer, à quatre reprises différentes, l'omelette dans les airs, sans effort apparent, avec le sans façon et l'aisance d'un cuisinier émérite.

Dès que l'omelette fut cuite à point, le Français la plaça sur un plat en bois, en ayant soin de la plier en deux, avec le talent que les cordons bleus possèdent seuls, puis il se disposa à la porter toute fumante à l'Apo-Ulmen ; mais celui-ci, alléché par l'œuf à la coque et dont la gourmandise était excitée au plus haut point, lui épargna cette peine, car il oublia tout décorum et se précipita vers la table, suivi des principaux Ulmènes de la tribu.

Le succès du Parisien fut énorme; de mémoire de cuisinier jamais chef n'obtint un si beau triomphe.

Valentin, modeste comme tous les hommes d'un véritable talent, se déroba aux honneurs qu'on voulait lui rendre, et se hâta d'aller se cacher avec son ami dans le toldo de Trangoil Lanec.

Le lendemain de ce jour mémorable, au moment où les jeunes gens se préparaient à sortir du cuarto qu'ils habitaient en commun, leur hôte se présenta à eux suivi de Curumilla.

Les deux chefs le saluèrent, s'assirent sur la terre battue qui remplaçait le parquet absent, et allumèrent leurs pipes.

Louis, habitué déjà aux manières cérémonieuses des Araucans, et convaincu que leurs amis avaient une communication sérieuse à leur faire, se rassit ainsi que son frère de lait, et attendit patiemment qu'ils jugeassent à propos de s'expliquer.

Quand leurs pipes eurent été consciencieusement fumées jusqu'à la fin, les chefs en secouèrent la cendre sur l'ongle, les repassèrent dans leur ceinture, et, après avoir échangé un coup d'œil entre eux, Trangoil Lanec prit la parole :

— Mes frères pâles veulent-ils toujours partir ? dit-il.

— Oui, répondit Louis.

— L'hospitalité indienne leur aurait-elle manqué ?

— Loin de là, chef, répondirent les jeunes gens, en lui serrant les mains avec effusion, vous nous avez traités comme des enfants de la tribu.

— Alors, pourquoi nous quitter ? reprit Trangoil Lanec, on sait ce qu'on perd, sait-on jamais ce qu'on trouvera ?

— Vous avez raison, chef, mais vous le savez, nous sommes venus en ce pays pour visiter Antinahuel, dit Louis.

— Mon frère aux cheveux dorés, fit le chef, qui donnait ce nom à Valentin, a donc absolument besoin de le voir ?

— Absolument, répliqua le jeune homme.

Les deux chefs échangèrent un second regard.

— Il le verra, reprit Trangoil Lanec, Antinahuel est à son village.

— Bon ! répondit Valentin, demain nous nous mettrons en route.

— Mes frères ne partiront pas seuls.

— Que voulez-vous dire ? demanda Valentin.

— La terre indienne n'est pas sûre pour les faces pâles, mon frère m'a sauvé la vie, je le suivrai.

— Vous n'y pensez pas, chef, fit Valentin, nous sommes des voyageurs que le hasard ballotte à son gré, nous ne savons pas ce que le destin nous réserve, ni où il nous conduira après avoir vu l'homme vers lequel nous sommes envoyés.

— Qu'importe, reprit Curumilla, où vous irez nous irons.

Les jeunes gens se sentirent émus de ce dévouement si franc et si naïf.

— Oh ! s'écria Louis avec élan, c'est impossible, mes amis, et vos femmes ! et vos enfants !

— Les femmes et les enfants seront gardés par nos parents en attendant notre retour.

— Mes amis, mes bons amis, dit Valentin avec émotion, vous avez tort, nous ne pouvons pas vous imposer un tel sacrifice, nous n'y consentirons pas dans votre intérêt même : je vous l'ai dit déjà, nous ignorons nous-mêmes ce qui nous attend et ce que nous ferons, laissez-nous partir seuls.

— Nous suivrons nos frères pâles, répondit Trangoil Lanec d'un ton qui n'admettait pas d'observations, mes frères ne connaissent pas les *llanos;* quatre hommes sont une force dans le désert, deux hommes sont morts.

Les Français n'essayèrent pas de lutter plus longtemps, ils acceptèrent la proposition des Ulmènes, d'autant plus qu'ils comprenaient parfaitement de quel immense secours leur seraient ces hommes habitués à la vie des bois, qui en connaissaient tous les mystères et en avaient sondé toutes les profondeurs.

Les chefs prirent congé de leurs hôtes, pour se préparer au départ fixé irrévocablement au lendemain.

Au lever du soleil, une petite troupe composée de Louis, de Valentin, de Trangoil Lanec, de Curumilla, tous quatre montés sur d'excellents chevaux de cette race andalouse mêlée d'arabe que les Espagnols ont emportée en Amérique, et de César, qui trottait à leur droite en serre-file, sortit de la tolderia, escortée par tous les membres de la tribu, qui criaient incessamment :

— *Ventini! ventini!* — au revoir! au revoir! — *viri tempi! viri tempi!* — bon voyage! bon voyage!

Après avoir fait à ces braves gens des adieux assez longs, les quatre voyageurs prirent la direction de la tolderia des Serpents Noirs, et disparurent bientôt dans les défilés sans nombre formés par les *Québradas.*

XXV

ANTINAHUEL — LE TIGRE SOLEIL

Dans l'état d'anarchie où se trouvait plongé le Chili à l'époque où se passe notre histoire, les partis étaient nombreux; chacun d'eux manœuvrait dans l'ombre le plus habilement possible, afin de s'emparer du pouvoir.

Le général Bustamente, nous l'avons expliqué plus haut, ne rêvait rien moins que le protectorat d'une confédération calquée sur celle des États-Unis qui, mal connue encore, éblouissait ses regards. Il ne pouvait deviner que ces anciens *Outlaws*, ces sectaires fanatiques expulsés de l'Europe, ces marchands enrichis, commençaient déjà à rêver en Amérique la monarchie universelle, utopie insensée dont l'application leur coûtera un jour la perte de cette soi-disant nationalité dont ils sont si fiers, et qui, en réalité, n'existe pas; probablement que le général Bustamente ne voyait pas aussi loin, ou s'il avait deviné les tendances des Anglo-Américains, peut-être songeait-il à suivre, lui aussi, cette marche ambitieuse dès que son pouvoir reposerait sur des bases solides.

Les Cœurs Sombres, les seuls véritables patriotes de ce malheureux pays, voulaient, eux, que le gouvernement adoptât des mesures un peu plus démocratiques; mais ils n'entendaient nullement le renverser, persuadés qu'une révolution ne pouvait qu'être préjudiciable au bien-être général de la nation.

A côté du général Bustamente et de la société des Cœurs Sombres, un troisième parti, plus puissant peut-être que les deux premiers, s'agitait silencieusement.

Ce parti était représenté par Antinahuel, le toqui du plus important Utal-Mapus de la confédération araucanienne.

Nous avons dit que, par sa position géographique, cette petite république indomptable est placée comme un coin sur le territoire chilien, qu'elle sépare violemment en deux.

Cette position donnait à Antinahuel une force immense.

Tous les Araucans sont soldats; à un signe de leurs chefs ils prennent les armes et peuvent, en quelques jours, réunir une armée formidable composée de guerriers aguerris.

Les républicains et les partisans de Bustamente comprenaient de quel intérêt il était pour eux d'attirer les Araucans dans leur parti ; avec le secours de ces féroces soldats, la victoire était certaine.

Déjà le général Bustamente et le Roi des ténèbres avaient, à l'insu de l'autre, fait des propositions à Antinahuel.

Ouvertures que le redoutable toqui avait paru écouter et auxquelles il feignait de répondre, voici pourquoi :

Antinahuel, outre la haine héréditaire que ses ancêtres lui avaient léguée contre la race blanche, ou peut-être à cause de cette haine, rêvait depuis qu'il avait été élu chef suprême d'un Utal-Mapus, non seulement l'indépendance complète de son pays, mais encore il voulait reconquérir tout le territoire que les Espagnols lui avaient enlevé, les rejeter de l'autre côté des Cordillères des Andes, et rendre à sa nation la splendeur dont elle jouissait avant l'arrivée des blancs au Chili.

Ce projet si patriotique, Antinahuel était homme à le mener à bonne fin.

Doué d'une vaste intelligence, d'un caractère audacieux et subtil à la fois, il ne se laissait décourager par aucun obstacle, vaincre par aucun revers.

Presque complètement élevé au Chili, il parlait parfaitement l'espagnol, connaissait à fond les mœurs de ses ennemis, et au moyen de nombreux espions disséminés partout, il était au courant de la politique chilienne et de l'état précaire dans lequel se trouvaient ceux qu'il voulait vaincre ; il se servait habituellement des dissensions qui les séparaient, feignant de prêter l'oreille aux propositions qu'on lui faisait de toutes parts, afin, le moment venu, d'écraser ses ennemis les uns par les autres, et de rester seul debout.

Il lui fallait un prétexte plausible pour tenir en armes son Utal-Mapus sans inspirer de méfiance aux Chiliens : ce prétexte, le général Bustamente et les Cœurs Sombres le lui fournissaient par leurs propositions ; nul ne pouvait s'étonner, pour cette raison, de voir en temps de paix le toqui rassembler une

Le misérable roula le crâne horriblement fracassé.

nombreuse armée sur les frontières chiliennes, puisque, in petto, chaque parti se flattait que cette armée était destinée à lui prêter main-forte.

La conduite du toqui était donc des plus habiles, car non seulement il n'inspirait de défiance à personne, mais, au contraire, il donnait de l'espoir à chacun.

La position devenait grave, l'heure d'agir ne pouvait tarder à sonner; Antinahuel, dont toutes les mesures étaient prises de longue main, attendait impatiemment le moment de commencer la lutte.

Voici à quel point en étaient les choses le jour où dona Maria était venue à la tolderia des Serpents Noirs, visiter son ami d'enfance.

En s'éveillant, la Linda donna les ordres pour son départ.

— Ma sœur me quitte déjà? lui dit Antinahuel d'un ton doux de reproche.

— Oui, reprit la jeune femme, mon frère sait qu'il me faut arriver le plus promptement possible à Valdivia.

Le chef n'insista pas pour la retenir, un sourire furtif éclaira son visage.

Lorsque dona Maria fut à cheval, elle se tourna vers le toqui :

— Mon frère ne m'a-t-il pas dit qu'il serait bientôt à Valdivia? lui demanda-t-elle avec un ton d'indifférence parfaitement joué.

— J'y serai aussi tôt que ma sœur, répondit-il.

— Nous nous reverrons, alors? .

— Peut-être.

— Il le faut! ceci fut dit d'un ton sec.

— Bon, reprit le chef au bout d'un instant, ma sœur peut partir, elle me reverra.

— Au revoir, dit-elle, et elle piqua des deux.

Elle disparut bientôt dans un nuage de poussière.

Le chef rentra pensif dans son toldo.

— Femme, dit-il à sa mère, je vais à la grande tolderia des visages pâles.

— J'ai tout entendu cette nuit, répondit tristement l'Indienne, mon fils a tort.

— Tort, pourquoi? demanda-t-il avec violence.

— Mon fils est un grand chef, ma sœur le trompe et lui fait servir sa vengeance.

— Ou la mienne, dit-il d'un ton singulier.

— La jeune fille blanche a droit à la protection de mon fils.

— Je protégerai *la rose sauvage*.

— Mon fils oublie que celle dont il parle lui a sauvé la vie.

— Silence! femme, s'écria-t-il avec colère.

L'Indienne se tut en poussant un soupir.

Le chef rassembla ses mosotones; il choisit parmi eux une vingtaine de guerriers sur lesquels il pouvait particulièrement compter, et leur ordonna de se préparer à le suivre dans une heure, puis se laissa aller sur un siège et tomba dans de profondes réflexions. Tout à coup un grand bruit se fit entendre au dehors.

Antinahuel sortit sur le seuil du toldo.

Deux étrangers, montés sur de forts chevaux et précédés d'un Indien, s'avançaient vers lui.

Ces étrangers étaient Valentin et le comte de Prébois-Crancé; ils avaient laissé leurs amis à quelques pas, en dehors de la tolderia.

Valentin, en quittant le village des Puelches, avait ouvert la lettre qui lui était adressée et que don Tadeo lui avait fait remettre par son majordome à la chacun en lui recommandant de n'en prendre connaissance qu'au dernier moment.

Le jeune homme était loin de s'attendre au contenu de cette étrange missive.

Après l'avoir lue avec le plus grand soin, il l'avait communiquée à son ami, en lui disant :

— Tiens, lis cela, Louis ; hum ! qui sait, peut-être cette lettre singulière contient-elle notre fortune ?

Comme tous les amoureux, Louis était fort sceptique pour les choses qui ne se rapportaient pas à son amour ; il avait rendu le papier en hochant la tête.

— La politique brûle les doigts, avait-il dit.

— Oui, ceux des maladroits, répondit Valentin en haussant les épaules ; m'est avis que, dans le pays où nous sommes, le plus grand élément de fortune que nous ayons est surtout cette politique, que tu sembles si fort dédaigner.

— Je t'avouerai, mon ami, que je me soucie fort peu de ces Cœurs Sombres que je ne connais pas, et auxquels on nous fait l'honneur de nous affilier.

— Je ne partage pas ton opinion, je les crois des hommes résolus et intelligents, je suis persuadé qu'un jour ou l'autre ils auront le dessus.

— Grand bien leur fasse ; mais que nous importe, à nous autres Français ?

— Plus que tu ne penses, et j'ai la ferme intention, aussitôt après mon entrevue avec cet Antinahuel, de me rendre directement à Valdivia, afin d'assister au rendez-vous qu'ils nous assignent.

— A la bonne heure, dit nonchalamment le comte, puisque c'est ton avis, allons-y donc, seulement je t'avertis que nous jouons notre tête ; si nous la perdons ce sera bien fait, d'avance je m'en lave les mains.

— Je serai prudent, Caramba ! ma tête est la seule chose qui soit bien à moi, répondit Valentin en riant, je ne la risquerai qu'à bon escient, sois tranquille ; et puis n'es-tu pas curieux autant que moi de voir comment ces gens-là entendent la politique, et de quelle façon ils s'y prennent pour conspirer ?

— Au fait, cela peut devenir intéressant, nous voyageons un peu pour nous instruire, instruisons-nous donc puisque l'occasion s'en présente.

— Bravo ! voilà comme j'aime t'entendre parler. Allons trouver le redoutable chef pour lequel on nous a remis une lettre.

Trangoil Lanec et Curumilla étaient des hommes trop prudents pour se risquer à faire connaître à Antinahuel l'amitié qui les liait aux deux Français ; sans soupçonner les raisons qui obligeaient leurs amis à se présenter au toqui, ils prévoyaient qu'un jour viendrait peut-être où il serait avantageux que leurs relations fussent ignorées ; aussi, arrivés à peu de distance de la toldería, les guerriers indiens étaient restés cachés dans un pli de terrain ; ils avaient gardé César avec eux et avaient laissé les deux Français continuer leur route, et se hasarder dans le village des Serpents Noirs, avec lesquels, du reste, depuis quelque temps, ils n'entretenaient pas de très bons rapports.

La réception faite aux Français fut des plus amicales.

Les Araucans, en temps de paix, sont excessivement hospitaliers.

Dès qu'on aperçut les étrangers, on s'empressa autour d'eux ; tous les

Indiens parlent l'espagnol avec une facilité étonnante, Valentin put donc se faire parfaitement comprendre.

Un guerrier plus complaisant que les autres, s'offrit pour servir de guide aux Français, qui étaient littéralement perdus dans le village et ne savaient pas de quel côté se diriger, et les conduisit au toldo du chef, devant lequel une vingtaine de cavaliers armés en guerre étaient réunis et paraissaient attendre.

—Voici Antinahuel, le grand toqui de l'Inapiré-Mapus, dit emphatiquement le guide en désignant du doigt le chef qui, en ce moment, sortait de son toldo, attiré par la rumeur qu'il avait entendue.

— Merci, dit Valentin.

Les deux Français s'avancèrent rapidement vers le toqui, lequel, de son côté, faisait quelques pas au-devant d'eux.

— Eh! eh! dit Valentin bas à son compagnon, cet homme a une belle prestance et un air bien intelligent pour un Indien.

— Oui, répondit Louis sur le même ton, mais il a le front étroit, le regard louche et les lèvres pincées, il ne m'inspire qu'une médiocre confiance.

— Bah! fit Valentin, tu es par trop difficile; t'attendais-tu à ce que ce sauvage fût un Antinoüs ou un Apollon du Belvédère?

— Non, mais je lui aurais voulu plus de franchise dans le regard.

— Nous allons le juger.

— Je ne sais pas pourquoi, mais cet homme me produit l'effet d'un reptile, il m'inspire une répulsion invincible.

— Tu es trop impressionnable, mon ami; je suis sûr que cet homme qui, en effet, a tout l'air d'un franc coquin, est au fond le meilleur homme du monde.

— Dieu veuille que je me trompe mais j'éprouve à son aspect une émotion dont je ne puis me rendre compte; il me semble qu'une espèce de pressentiment m'avertit de prendre garde à cet homme et qu'il me sera fatal.

— Folies que tout cela! Quels rapports peux-tu jamais avoir avec cet individu? Nous sommes chargés d'une mission auprès de lui; qui sait si nous le reverrons un jour, et puis quels intérêts peuvent nous lier à lui dans l'avenir?

— Tu as raison, je ne sais ce que je dis, d'ailleurs nous allons savoir bientôt à quoi nous en tenir sur son compte, car nous voici arrivés auprès de lui.

En effet, ils se trouvaient en ce moment en face du toldo du chef. Antinahuel se tenait devant eux et les examinait attentivement, en paraissant complètement absorbé par quelques ordres qu'il donnait à ses mosotones.

Il s'approcha vivement d'eux, et les saluant avec la plus exquise politesse:

— *Marry-Marry!* dit-il d'une voix douce avec un geste gracieux, étrangers, soyez les bienvenus dans mon toldo. Votre présence réjouit mon cœur; veuillez passer le seuil de cette misérable hutte qui vous appartient pour tout le temps que vous daignerez rester parmi nous.

— Merci des aimables paroles de bienvenue que vous nous adressez, chef puissant, répondit Valentin; les personnes qui nous ont envoyés vers vous nous avaient avertis de la bonne réception qui nous attendait.

—Si les étrangers viennent ici de la part de mes amis, c'est une raison de plus pour que je m'efforce de leur être agréable autant que cela sera en mon pouvoir.

Les deux Français s'inclinèrent cérémonieusement et mirent pied à terre.

Sur un signe du toqui, des peones s'emparèrent des chevaux et les conduisirent dans un vaste corral situé derrière le toldo.

XXVI

LE PARRICIDE

Nous l'avons dit plusieurs fois déjà, en temps de paix les Araucans sont extrèmement hospitaliers; cette hospitalité qui, de la part des guerriers, est simple et cordiale, de celle des chefs devient fastueuse.

Antinahuel était loin d'être un Indien grossier, attaché quand même aux usages de ses pères, bien qu'au fond du cœur il détestât cordialement, non seulement les Espagnols, mais indistinctement tous les individus qui appartenaient à la race blanche; l'éducation semi-civilisée qu'il avait reçue lui avait donné des goûts de comfort complètement en dehors des habitudes indiennes. Nombre de fermiers chiliens fort riches auraient été dans l'impossibilité de déployer un luxe comparable à celui qu'il étalait, lorsque son caprice ou son intérêt le poussaient à le faire.

Dans les circonstances présentes, il n'était pas fâché de montrer à des étrangers que les Araucans n'étaient pas aussi barbares que leurs arrogants voisins le voulaient donner à supposer, et qu'ils pouvaient, quand cela était nécessaire, rivaliser avec eux.

Au premier coup d'œil, Antinahuel avait reconnu que ses hôtes n'étaient pas Espagnols; mais, avec cette circonspection qui forme le fond du caractère indien, il avait renfermé ses observations dans son cœur.

Ce fut de l'air le plus gracieux et avec le son de voix le plus doux, qu'il les engagea à entrer dans son toldo.

Les Français l'y suivirent.

D'un geste, le chef les invita à s'asseoir.

Des peones mirent une profusion de cigares et de cigarettes sur la table, auprès d'un charmant brasero en filigrane.

Au bout d'un instant, d'autres peones entrèrent avec le *maté* qu'ils présentèrent respectueusement au chef et à ses hôtes.

Alors, sans que le silence eût été rompu, — les lois de l'hospitalité araucane exigent que l'on n'adresse aucune question aux étrangers, tant qu'ils ne jugent pas à propos de prendre la parole, — chacun huma l'herbe du Paraguay tout en fumant.

Cette opération préliminaire terminée, Valentin se leva :

— Je vous remercie, chef, dit-il, en mon nom et en celui de mon ami, de votre franche hospitalité.

— L'hospitalité est un devoir que tout Araucan est jaloux d'accomplir.

— Cependant, reprit Valentin, comme j'ai cru comprendre que le toqui se préparait à partir pour un voyage, je tâcherai de ne pas le retenir longtemps.

— Je suis aux ordres de mes hôtes, mon voyage n'est pas tellement pressé que je ne puisse le retarder de quelques heures.

— Je remercie le chef de sa courtoisie, mais j'espère que plus tôt il sera libre...

Antinahuel s'inclina.

— Un Espagnol m'a chargé d'une lettre pour le chef, dit-il.

— Ah! fit le toqui avec une intonation singulière, en fixant un regard ardent sur le jeune homme.

— Oui, reprit le Français, cette lettre je vais avoir l'honneur de vous la remettre.

Et il porta la main à sa poitrine, pour en tirer le papier qu'il y avait placé.

— Attendez! dit le chef en arrêtant son bras; il se tourna vers ses serviteurs : Sortez, ajouta-t-il.

Les trois hommes restèrent seuls dans le toldo.

— Maintenant, vous pouvez me donner ce *collier*, — lettre, — continua-t-il.

Valentin le lui présenta.

Le chef le prit, regarda attentivement la suscription, tourna et retourna le papier dans ses mains avec hésitation, et le présentant au jeune homme :

— Que mon frère lise, dit-il; les Blancs sont plus savants que nous autres pauvres Indiens, ils savent tout.

Valentin donna à sa physionomie l'expression la plus naïvement niaise qu'il lui fut possible.

— Je ne puis pas lire cela, dit-il avec un embarras parfaitement joué.

— Mon frère refuse-t-il donc de me rendre service? fit le chef en insistant.

— Je ne vous refuse pas, chef, seulement il m'est impossible de m'acquitter de ce que vous réclamez de moi, par une raison bien simple.

— Et cette raison?

— C'est que mon compagnon et moi nous sommes Français.

— Eh bien?

— Nous parlons un peu l'espagnol, mais nous ne savons pas le lire.

— Ah ! fit le chef avec un accent de doute.

Il fit quelques pas dans la salle en réfléchissant et dit :

— C'est possible.

Il se tourna alors vers les deux Français qui, en apparence, étaient impassibles et indifférents.

— Que mes frères attendent un instant, dit-il, je connais un homme dans ma tribu qui comprend les signes que les Blancs dessinent sur le papier; je vais lui ordonner de me traduire ce collier.

Les jeunes gens s'inclinèrent.

Le chef sortit.

— Pourquoi, demanda alors Louis à Valentin, as-tu refusé de lire cette lettre?

— Ma foi, répondit-il, je ne saurais trop te l'expliquer; mais ce que tu m'as dit de l'impression que cet homme te causait, a produit sur moi un certain effet : il ne m'inspire aucune confiance, je ne me soucie nullement de pénétrer des secrets que peut-être plus tard il voudrait me reprendre.

— Oui, tu as eu raison, qui sait si un jour nous ne nous féliciterons pas de cette circonspection?

— Chut! j'entends des pas.

Le chef rentra.

— Je connais le contenu de la lettre, dit-il ; si mes frères voient celui qui les en avait chargés, ils l'informeront que je pars aujourd'hui même pour Valdivia.

— Nous nous chargerions avec plaisir de cette mission, répondit Valentin, mais nous ne connaissons pas la personne qui nous a remis cette lettre, et il est probable que nous ne la reverrons jamais.

Le chef leur lança à la dérobée un coup d'œil soupçonneux.

— Bon ! mes frères restent ici?

— Ce serait avec infiniment de plaisir que nous passerions quelques heures dans l'agréable société du chef, mais le temps nous presse; s'il nous le permet, nous prendrons immédiatement congé de lui.

— Mes frères sont libres; mon toldo est ouvert pour entrer comme pour sortir.

Les jeunes gens se levèrent.

— De quel côté vont mes frères?

— Nous nous rendons à Conception.

— Que mes frères aillent en paix; s'ils s'étaient dirigés vers Valdivia, je leur aurais offert de faire route avec eux.

— Mille remerciements de votre offre gracieuse, chef, malheureusement nous ne pouvons en profiter, car notre chemin est complètement opposé.

Les trois hommes échangèrent encore quelques mots de courtoisie, puis ils sortirent du toldo.

Les chevaux des Français avaient été ramenés, ils se mirent en selle, et, après avoir une dernière fois salué le chef, ils partirent.

Aussitôt qu'ils furent hors du village, Louis se tourna vers Valentin.

— Nous n'avons pas un instant à perdre si nous voulons arriver à Valdivia avant cet homme, dit-il.

— Il nous faut aller à franc étrier; qui sait si don Tadeo n'attend pas notre retour avec impatience?

Ils eurent bientôt rejoint leurs amis, qui guettaient leur arrivée, et tous quatre s'élancèrent à fond de train dans la direction de Valdivia, sans pouvoir se rendre compte de la raison qui les poussait à faire une si grande diligence.

Antinahuel avait accompagné ses hôtes jusqu'à quelques pas en dehors de son toldo; lorsqu'ils eurent pris congé de lui, il les suivit des yeux aussi longtemps qu'il put les apercevoir; puis, quand ils eurent enfin disparu, à la sortie du village, il revint à pas lents et tout pensif à son toldo, en se disant à lui-même :

— Il est évident, pour moi, que ces hommes me trompent; la façon dont ils ont refusé de lire cette lettre n'était qu'un prétexte. Dans quel but agissent-ils ainsi? seraient-ce des ennemis? je les surveillerai.

Arrivé devant son toldo, il trouva tous ses mosotones à cheval, attendant ses ordres.

— Il faut partir, dit-il, là-bas je saurai tout, et peut-être, ajouta-t-il d'une voix si basse qu'il était presque impossible de l'entendre, peut-être la retrouverai-je, *elle?* Si dona Maria fausse sa promesse et ne me la livre pas, malheur à elle!

Il releva la tête.

Sa mère était devant lui.

— Que voulez-vous, femme? lui dit-il durement, votre place n'est pas ici.

— Ma place est auprès de vous quand vous souffrez, mon fils, répondit-elle d'une voix douce.

— Je souffre, moi! allons, vous êtes folle, ma mère! l'âge vous a tourné la tête, rentrez dans le toldo et veillez avec soin pendant mon absence à tout ce qui m'appartient.

— Est-ce donc bien réellement que vous voulez partir, mon fils?

— Je pars à l'instant, répondit-il.

Et d'un bond il se mit en selle.

— Où allez-vous? lui dit-elle en saisissant la bride de son cheval.

— Que vous importe? répliqua-t-il en lui jetant un regard courroucé.

— Prenez garde, mon fils, vous vous engagez dans une mauvaise voie, *Guecubu,* l'esprit du mal est maître de votre cœur.

— Je suis le seul juge de mes actions.

— Vous ne partirez pas, reprit-elle en se lançant résolument devant lui.

Les Indiens, groupés autour des deux interlocuteurs, assistaient avec un muet effroi à cette scène, ils connaissaient trop bien le caractère violent et impérieux d'Antinahuel pour ne pas redouter un malheur.

Les sourcils du chef étaient froncés, ses yeux semblaient lancer des éclairs; ce n'était qu'avec une peine extrême qu'il parvenait à maîtriser la colère qui bouillonnait dans sa poitrine.

— Je partirai, dit-il d'une voix saccadée avec un frémissement de rage, quand je devrais vous broyer sous les pieds de mon cheval.

La femme se cramponna convulsivement à la *montura,* — selle, — et regardant son fils bien en face:

— Faites-le donc, s'écria-t-elle, car sur l'âme de votre père, qui chasse à présent dans les prairies bienheureuses auprès de Pillian, je vous jure que je ne bougerai pas, quand même vous me passeriez sur le corps.

Le visage de l'Indien se contracta horriblement, il promena autour de lui un regard qui fit courir un frisson de terreur dans le cœur des plus braves.

— Femme! femme! s'écria-t-il en grinçant des dents avec rage, retirez-vous ou je vous briserai comme un roseau.

— Je ne bougerai pas, vous dis-je, reprit-elle avec une énergie fébrile.

— Prenez garde! prenez garde! fit-il encore, j'oublierai que vous êtes ma mère.

— Je ne bougerai pas.

Derrière les mules, venait un groupe nombreux de cavaliers.

Un tremblement nerveux agita les membres du chef, arrivé au dernier paroxysme de la fureur.

— C'est vous qui le voulez, s'écria-t-il d'une voix étranglée, que votre sang retombe sur votre tête!

Il enfonça les éperons dans le ventre de son cheval, qui se cabra de douleur, et partit comme une flèche, traînant après lui la pauvre femme, dont tout le corps ne fut bientôt qu'une plaie.

Un cri d'horreur s'élança des poitrines haletantes des Indiens épouvantés.

Après quelques minutes de cette course insensée, pendant laquelle elle avait laissé des lambeaux de sa chair à chaque angle du chemin, les forces de l'Indienne la trahirent, elle lâcha la bride et tomba expirante.

— Oh ! dit-elle d'une voix éteinte, en suivant d'un regard voilé par l'agonie, son fils qui disparaissait emporté comme un tourbillon, le malheureux !... le malheureux !...

Elle leva les yeux au ciel, joignit avec effort ses mains brisées comme pour une prière suprême et retomba en arrière.

Elle était morte en plaignant le parricide, en lui pardonnant.

Les femmes de la tribu relevèrent son corps avec respect et le reportèrent en pleurant dans le toldo.

A la vue du cadavre, un vieil Indien hocha la tête à plusieurs reprises en murmurant d'un ton prophétique ces paroles de sinistre augure :

— Antinahuel a tué sa mère, Pillian la vengera!

Et tous courbèrent tristement leurs fronts soucieux ; cet atroce forfait leur faisait craindre d'horribles malheurs dans l'avenir.

XXVII

LA JUSTICE DES CŒURS SOMBRES

Don Tadeo et son ami don Gregorio avaient été introduits, après avoir échangé plusieurs mots de passe, dans une salle souterraine dont l'entrée était parfaitement dissimulée dans la muraille.

La porte s'était immédiatement refermée sur eux.

Les deux hommes se retournèrent vivement; toute solution de continuité avait disparu sur le mur.

Sans s'inquiéter davantage de cette particularité à laquelle ils s'attendaient sans doute, ils jetèrent un regard scrutateur autour d'eux, afin de se reconnaître.

L'endroit où ils se trouvaient était bien choisi pour une réunion de conspirateurs.

C'était une immense salle voûtée qui devait avoir servi longtemps de cave, destination dont il était facile de s'apercevoir aux émanations essentiellement alcooliques qui voltigeaient encore dans l'air.

Les murs étaient bas et épais, secs et d'une couleur roussâtre; une lampe à trois becs, tombant de la voûte, loin de dissimuler les ténèbres, semblait servir à les rendre en quelque sorte visibles.

Dans un enfoncement était placée une table, derrière laquelle un homme masqué était assis auprès de deux sièges vides.

On voyait glisser dans l'obscurité, silencieux comme des fantômes, des hommes enveloppés dans des manteaux, et qui tous portaient sur le visage des loups de velours noir.

Don Tadeo et son ami échangèrent un regard, sans prononcer une parole, allèrent se placer sur les sièges vides.

Aussitôt qu'il se furent assis, un grand mouvement s'opéra dans l'assemblée.

Le faible chuchotement qui jusqu'à ce moment s'était fait entendre, cessa comme par enchantement.

Tous les conjurés se réunirent en un seul groupe en face de la table, et, croisant les bras sur la poitrine, ils attendirent.

L'homme qui, avant l'arrivée de don Tadeo, paraissait présider la réunion, se leva, et, promenant un regard assuré sur la foule attentive, il prit la parole.

— Aujourd'hui, dit-il, les soixante-douze *ventas* des Cœurs Sombres, disséminées sur le territoire de la République, sont au complet. Dans toutes, on arrête la prise d'armes dont nous allons, nous, la *venta* de Valdivia, donner incessamment le signal. Partout, les hommes loyaux, les véritables amis de la liberté, se préparent à commencer la lutte contre Bustamente; vous tous, compagnons, qui êtes ici présents, quand l'heure sonnera, descendrez-vous franchement dans l'arène? Sacrifierez-vous, sans arrière-pensée, votre famille, votre fortune, et votre vie, s'il le faut, pour le salut de la patrie?

Il s'arrêta.

Un silence funèbre régna dans l'assemblée.

— Répondez! reprit l'orateur, que ferez-vous?

— Nous mourrons! murmura comme un écho sinistre et terrible la foule des conjurés.

— Bien, mes frères, dit en se levant subitement, don Tadeo, j'attendais cette parole et je vous en remercie; depuis longtemps je sais que je puis compter sur vous, car je vous connais tous, moi, qu'aucun de vous ne connaît; ces masques qui vous cachent les uns aux autres, sont des gages transparents pour le chef des Cœurs Sombres, et le Roi des ténèbres, c'est moi!... Moi, qui ai juré de vous faire vivre libres ou mourir! Avant vingt-quatre heures, ce signal que depuis si longtemps vous attendez, vous l'entendrez, et alors commencera cette lutte terrible qui ne doit finir qu'avec la mort du traître; toutes les provinces, toutes les villes, tous les bourgs se lèveront en masse au même instant : courage donc, vous n'avez plus que quelques heures à souffrir. La guerre d'embûches, de surprises, de trahisons souterraines est finie, la guerre franche, loyale, au soleil, va commencer; montrons-nous, ce que nous avons toujours été, inébranlables dans notre foi, et prêts à mourir pour nos croyances!... Que les chefs des sections approchent.

Dix hommes sortirent des rangs, et vinrent silencieusement se placer à deux pas de la table.

— Que le caporal des chefs de sections réponde pour tous, reprit don Tadeo.

— Le caporal, c'est moi, dit un des hommes masqués; les ordres expédiés de la *Quinta Verde* ont été exécutés, toutes les sections sont averties, elles sont prêtes à se lever au premier signal : chacune s'emparera des postes qui lui sont désignés.

— Bien. De combien d'hommes disposez-vous?

— De sept mille trois cent soixante-dix-sept.

— Pouvez-vous compter sur tous?

— Non.

— Combien d'hommes tièdes et irrésolus?

— Quatre mille.

— De forts et de convaincus?

— Trois mille à peu près, mais de ceux-là, je réponds.

— C'est bien, nous avons plus de monde qu'il ne nous en faut, les braves entraîneront les autres, reprenez vos places.

Les chefs de sections se retirèrent.

— Maintenant, continua don Tadeo, avant de nous séparer, j'ai à vous demander justice contre un de nos frères qui, entré fort avant dans nos secrets, a trahi la société à plusieurs reprises pour un peu d'or; j'ai les preuves en main. Les circonstances sont suprêmes, un mot, un seul peut nous perdre : quel châtiment mérite cet homme?

— La mort, répondirent froidement les conjurés.

— Cet homme, je le connais, reprit don Tadeo, qu'il sorte des rangs et ne m'oblige pas à lui enlever son masque, et à lui jeter son nom à la face.

Personne ne bougea.

— Cet homme est ici, je le vois; pour la dernière fois, qu'il vienne et ne mette pas le comble à sa lâcheté, en cherchant à éviter le châtiment qu'il mérite.

Le conjurés se jetaient des regards soupçonneux, une anxiété extrême régnait dans l'assemblée; cependant celui que le Roi des ténèbres appelait s'obstinait à rester confondu parmi ses compagnons.

Don Tadeo attendit un instant.

Voyant enfin que celui qu'il avait interpellé se figurait que sous le masque il serait inconnu et introuvable, il fit un signe.

Don Gregorio se leva. Il s'avança lentement vers le groupe des conspirateurs, qui s'ouvrit à son approche, et posa rudement la main sur l'épaule d'un homme qui, instinctivement, avait reculé pas à pas devant lui, jusqu'à ce qu'enfin la muraille le contraignit à s'arrêter.

— Venez, don Pedro, lui dit-il.

Et il le traîna plutôt qu'il ne le conduisit devant la table, derrière laquelle se tenait don Tadeo, implacable; le misérable fut saisi d'un tremblement convulsif, ses dents claquèrent, il tomba sur les genoux en s'écriant avec terreur :

— Grâce! monseigneur, grâce!

Don Gregorio lui arracha son masque, on vit le visage de l'espion, dont les traits horriblement contractés par l'épouvante et d'une pâleur terreuse, étaient hideux.

— Don Pedro, lui dit don Tadeo d'une voix incisive, vous avez plusieurs fois cherché à vendre vos frères, c'est vous qui avez causé la mort des dix patriotes fusillés sur la place de Santiago, c'est vous qui avez livré aux soldats de Bustamente le secret de la *Quinta Verde;* aujourd'hui même, il y a deux heures à peine, vous avez eu avec le général une longue conversation, dans laquelle vous vous êtes engagé à lui livrer demain les principaux chef des Cœurs Sombres : est-ce vrai?

Le misérable ne trouva pas un mot pour sa défense ; confondu, accablé par les preuves irrécusables accumulées contre lui, il baissa la tête avec abattement.

— Est-ce vrai? reprit don Tadeo.

— C'est vrai, murmura-t-il d'une voix faible.

— Vous vous reconnaissez coupable?

— Oui, fit-il avec un sanglot déchirant, mais laissez-moi la vie, mon noble seigneur, et je vous jure...

Silence...

L'espion se tut atterré.

— Vous avez entendu, compagnons, cet homme avoue lui-même ses crimes; pour la dernière fois, quel châtiment mérite-t-il pour avoir vendu ses frères?

— La mort, répondirent sans hésiter les Cœurs Sombres.

— Au nom des Cœurs Sombres dont je suis le Roi, vous, don Pedro Saldillo, je vous condamne à mort pour trahison et félonie envers vos frères. Vous avez cinq minutes pour recommander votre âme à Dieu, dit don Tadeo d'une voix dure.

Il posa sa montre sur la table, et tira de sa ceinture un pistolet qu'il arma froidement.

Le bruit sec de l'échappement de la détente causa un frisson de terreur au condamné.

Un silence suprême régnait dans la salle.

On aurait pu entendre battre dans leur poitrine le cœur de tous ces hommes implacables.

L'espion jetait autour de lui des regards effarés qui ne rencontraient que des masques grimaçants qui fixaient sur lui des yeux ardents.

Au-dessus de la salle, dans la chingana, on dansait, et des bouffées affaiblies de sambacuejas arrivaient par intervalles, mêlées à de joyeux éclats de rire, jusqu'à l'endroit où ces hommes étaient réunis.

Le contraste de cette joie délirante avec cette justice terrible avait quelque chose d'épouvantable.

— Les cinq minutes sont écoulées, dit don Tadeo d'une voix ferme.

— Encore quelques instants, monseigneur, implora le misérable en se tordant les mains avec désespoir, je ne suis pas préparé, vous ne pouvez pas me tuer ainsi ; au nom de ce que vous avez de plus cher, laissez-moi vivre.

Sans l'écouter don Tadeo dirigea vers lui le canon de son pistolet, et le misérable roula le crâne horriblement fracassé.

— Oh! s'écria-t-il en tombant, soyez maudits, assassins !

Il expira.

Les conjurés étaient demeurés froids et impassibles.

Dès que l'espion fut mort, sur un signe de leur chef, plusieurs hommes ouvrirent une trappe qui se trouvait dans le plancher.

Sous cette trappe était un trou à moitié rempli de chaux vive.

Le cadavre jeté dedans, la trappe fut refermée.

— Justice est faite, mes frères, dit don Tadeo d'une voix brève, allez en paix, le Roi des ténèbres veille sur vous.

Les conjurés s'inclinèrent respectueusement, et disparurent les uns après les autres sans prononcer une parole.

Au bout de dix minutes la salle était vide, il n'y restait plus que deux personnes, don Tadeo et don Gregorio.

— Oh! fit don Tadeo, nous heurterons-nous donc continuellement à des traîtres?

— Courage! ami, vous l'avez dit vous-même, dans quelques heures commencera la guerre au soleil.

— Dieu veuille que je ne me sois pas trompé! cette lutte dans l'ombre a des exigences affreuses, je sens que le cœur me manque.

Les deux conspirateurs regagnèrent la chingana dans laquelle on dansait et on riait toujours, ils la traversèrent à pas lents et sortirent dans la rue.

A peine avaient-ils fait quelques pas qu'un homme se présenta à eux.

Cet homme était Valentin Guillois.

— Dieu soit loué, qui vous amène si à point! s'écria don Tadeo.

— J'espère que je suis exact, dit en riant le Parisien.

Don Tadeo lui serra la main et l'entraîna vers son logis, où nos trois personnages ne tardèrent pas à arriver.

XXVIII

LE TRAITÉ DE PAIX

Le général Bustamente était venu à Valdivia sous le prétexte de renouveler lui-même les traités qui existaient entre la République du Chili et la Confédération araucanienne.

Ce prétexte était excellent en ce sens qu'il lui permettait de concentrer des forces considérables dans la province, et qu'il lui donnait en outre une raison plausible de recevoir les Ulmènes les plus influents parmi les Indiens, qui ne manqueraient pas d'assister à la cérémonie, accompagnés d'un grand nombre de mosotones.

Chaque fois qu'un nouveau président est élu au Chili, le ministre de la Guerre renouvelle en son nom les traités. Le général Bustamente avait jusqu'à ce moment négligé de le faire; il avait de bonnes raisons pour cela.

Cette cérémonie, dans laquelle on déploie exprès un grand appareil, a lieu ordinairement dans une grande plaine située sur le territoire araucanien à vingt kilomètres au plus de Valdivia.

Par une coïncidence bizarre, le prétexte choisi par le général servait on ne peut mieux les intérêts des trois factions qui se partageaient à cette époque ce malheureux pays.

Les Cœurs Sombres en avaient habilement profité pour préparer la résistance qu'ils méditaient, et Antinahuel, feignant de vouloir rendre au ministre de la Guerre du président de la République chilienne de plus grands honneurs, avait massé aux environs du lieu choisi pour la solennité une véritable armée de guerriers d'élite.

Voilà en quel état se trouvaient les choses et quelle était la position des différents partis à l'égard les uns des autres, au moment où nous reprenons notre récit, c'est-à-dire le lendemain du jour où s'étaient passés les faits que nous avons rapportés dans notre précédent chapitre.

Les ennemis allaient donc se trouver en présence; il était évident que chacun, s'étant préparé de longue main, chercherait à profiter de l'occasion et qu'un choc était imminent; comment aurait-il lieu? qui mettrait le feu à la mine et ferait éclater ces colères et ces ambitions depuis si longtemps contenues? c'est ce que personne ne savait!

La plaine où devait avoir lieu la cérémonie était vaste, couverte de hautes herbes, encadrée par des montagnes garnies de forêts et de grands arbres.

Cette plaine, entrecoupée de bois, de pommiers surchargés de fruits, était séparée en deux par une capricieuse rivière qui s'y promenait lentement en balançant sur ses eaux argentées de nombreuses troupes de cygnes à têtes noires ; çà et là dans les éclaircies des halliers, on voyait apparaître le museau pointu d'une vigogne qui, l'oreille droite et l'œil effaré, semblait humer l'air, et tout à coup disparaissait au loin en bondissant.

Le soleil se levait majestueusement à l'horizon lorsqu'un bruit cadencé de sonnettes résonna dans un bois de pommiers et une *recua*, — troupe, — d'une dizaine de mules, guidée par la *yegua madrina*, — jument mère, — et conduite par un arriero, déboucha dans la plaine.

Ces mules portaient divers objets de campement, des vivres et quelques ballots d'habits et de linge.

A une vingtaine de pas derrière les mules, venait un groupe assez nombreux de cavaliers.

Arrivé sur le bord de la petite rivière dont nous avons parlé, l'arriero arrêta ses mules, et les cavaliers mirent pied à terre.

En un instant les ballots furent déchargés, rangés avec soin, de façon à former un cercle parfait au milieu duquel on alluma du feu.

Puis, au centre de ce camp improvisé on dressa une tente en coutil, et les chevaux et les mules furent entravés.

Ces cavaliers, que sans doute nos lecteurs ont déjà reconnus, étaient don Tadeo, son ami, les Français, les Ulmènes indiens, doña Rosario et trois domestiques.

Par une coïncidence étrange, en même temps qu'ils dressaient leur camp, sur le bord opposé de la rivière, juste en face d'eux, une autre caravane à peu près aussi nombreuse établissait le sien.

Celle-là avait pour chef doña Maria.

Comme cela arrive presque toujours, le hasard s'était plu, cette fois encore, à réunir d'irréconciliables ennemis qui ne se trouvaient séparés les uns des autres que par une distance d'une quinzaine de mètres tout au plus.

Mais était-ce bien le hasard ?

Don Tadeo ne se doutait pas de ce dangereux voisinage ; sans cela, il est probable qu'il aurait mis tout en œuvre pour l'éviter.

Il avait jeté un regard distrait sur la caravane établie en face de lui, et ne s'en était pas préoccupé davantage, car il était absorbé par des pensées d'un ordre bien autrement important.

Doña Maria, au contraire, savait parfaitement ce qu'elle faisait, et ce n'avait été qu'à bon escient qu'elle s'était placée où elle était.

Cependant, au fur et à mesure que la matinée s'avançait, le nombre des voyageurs croissait dans la plaine ; vers neuf heures du matin, elle se trouva littéralement couverte de tentes.

Un espace libre avait seulement été réservée aux environs d'une antique chapelle à moitié ruinée, dans laquelle on devait célébrer la messe avant de commencer la cérémonie.

Les Puelches, descendus en grand nombre de leurs montagnes, avaient passé la nuit à faire de joyeuses libations autour de leurs feux de campement ; bon nombre d'entre eux dormaient, dans un état complet d'ivresse ; cependant, aussitôt que l'on annonça l'arrivée du ministre de la République chilienne, tous se levèrent en tumulte et commencèrent à danser et à pousser des cris de joie.

D'un côté arrivait au grand trot le général Bustamente, entouré d'un brillant état-major, tout chamarré d'or et suivi d'une nombreuse troupe de lanceros, tandis que du côté opposé venaient au galop les quatre toquis araucans, suivis des principaux Ulmènes de leur nation et d'une grande quantité de mosotones.

Ces deux troupes qui accouraient au-devant l'une de l'autre, au milieu des vivats et des cris de joie de la foule, soulevaient d'épais nuages de poussière au milieu desquels elles disparaissaient.

Les Araucans surtout, qui sont d'excellents *ginetes*, expression usitée dans le pays pour désigner de bons cavaliers, se livraient à des excentricités équestres, dont les fantasias arabes dont on fait tant de bruit, peuvent seules donner une lointaine idée, car elles sont bien innocentes en comparaison des incroyables tours de force qu'exécutent ces hommes qui semblent nés pour manier un cheval.

Les Chiliens avaient une allure plus grave dont ils se seraient affranchis avec joie, si le respect humain ne les avait pas retenus.

Aussitôt que les deux troupes furent en présence, les chefs mirent pied à terre et se rangèrent, les Ulmènes, armés de leurs longues cannes à pommes d'argent, derrière Antinahuel, et les trois autres toquis et les Chiliens, derrière le général Bustamente.

LE GRAND CHEF DES AUCAS

On devait célébrer la messe avant de commencer la cérémonie.

C'était la première fois que le *Tigre Soleil* et le général se trouvaient face à face; aussi, ces deux hommes, également bons politiques, également fourbes et ambitieux, et qui du premier coup d'œil, s'étaient devinés l'un et l'autre, se considérèrent-ils avec une attention extrême.

Après avoir échangé quelques saluts, empreints d'une cordialité assez suspecte, les deux troupes rétrogradèrent chacune de quelques pas, pour livrer passage au commissaire général et aux quatre *capitanes de amigos*, — capitaines amis. — Ces officiers sont ce qu'on appelle, aux États-Unis, des *indianis-agents*, ils servent d'interprètes et d'agents aux Araucans pour le commerce et pour tout ce qui concerne leurs affaires avec les Chiliens.

Il est à remarquer que les Indiens parlent bien l'espagnol, mais ils ne veulent jamais s'en servir dans les réunions d'apparat; ces capitanes de amigos qui, pour la plupart, sont des sangs mêlés, sont très aimés et très respectés. Ceux-ci arrivaient amenant une vingtaine de mules chargées des cadeaux destinés par le président de la République aux principaux Ulmènes.

Car il est à noter que lorsque les Indiens traitent avec les chrétiens, ils ne reconnaissent rien d'arrêté tant qu'ils n'ont pas reçu de présents : c'est pour eux une preuve qu'on ne veut pas les tromper, ce sont des arrhes qu'ils exigent pour assurer le marché et leur prouver qu'on traite de bonne foi.

Les Chiliens, qui de longue main, malheureusement pour eux, sont habitués aux coutumes araucaniennes, n'avaient garde d'oublier cette condition importante.

Pendant que le commissaire général distribuait les présents, le général Bustamente se rendit avec son état-major à la chapelle, où un prêtre, venu exprès de Valdivia, célébra la messe.

Après la messe, les discours commencèrent dès que le ministre de la République et les quatre toquis des Utal-Mapus se furent donné l'accolade.

Ces discours, qui durèrent fort longtemps, se résumèrent des deux parts à s'assurer que l'on était satisfait de la paix qui régnait entre les deux peuples, et qu'on ferait tout ce qui serait nécessaire pour la maintenir le plus longtemps possible.

Nous devons faire observer, en faveur des deux interlocuteurs, qu'ils n'étaient pas plus sincères l'un que l'autre, et qu'ils ne pensaient pas un mot de ce qu'ils disaient, puisque, *in petto*, ils avaient l'intention de se trahir le plus tôt possible.

Ils parurent cependant fort satisfaits de la comédie qu'ils jouaient, et ils terminèrent en se donnant une dernière accolade, plus forte et plus chaleureuse que les précédentes, mais tout aussi fausse.

— Maintenant, dit le général, si mes frères les grands chefs consentent à me suivre jusqu'à la chapelle, nous planterons la croix.

— Non, répondit Antinahuel avec un sourire mielleux, la croix ne doit pas être plantée devant le toldo de pierre.

— Pourquoi cela? demanda le général avec étonnement.

— Parce que, répliqua l'Indien d'un ton de conviction, il faut que les paroles que nous avons échangées restent enterrées à l'endroit où elles ont été prononcées.

— C'est juste, fit le général en baissant la tête en signe d'assentiment, il sera fait ainsi que le désire mon frère.

Antinahuel sourit avec orgueil.

— Ai-je bien parlé, hommes puissants? dit-il en regardant les Ulmènes qui l'entouraient.

— Notre père, le toqui de l'Inapiré-Mapus, a bien parlé, répondirent les Ulmènes.

Les peones indiens allèrent alors prendre dans la chapelle, sur le sol de laquelle elle était étendue, une croix longue de trente pieds au moins, qu'ils apportèrent à l'endroit où les conférences avaient eu lieu.

Tous les chefs et les officiers chiliens se rangèrent autour; à une distance respectueuse les troupes formèrent un vaste cercle.

Après une pause d'un instant, dont le prêtre profita pour bénir la croix en un tour de main, avec cette vivacité et cette désinvolture qui distinguent le clergé espagnol en Amérique, elle fut plantée en terre.

Au moment où on allait recouvrir sa base, Antinahuel s'interposa.

— Arrêtez, dit-il aux Indiens armés de bêches, et se tournant vers le général : la paix est bien assurée entre nous, n'est-ce pas? lui demanda-t-il.

— Oui, répondit le général.

— Toutes nos paroles sont enterrées sous cette croix ?

— Toutes.

— Recouvrez-la donc de terre alors, commanda-t-il aux peones, de peur qu'elles ne s'échappent et que la guerre ne s'allume entre nous.

Puis, lorsque cette cérémonie fut accomplie, Antinahuel fit apporter un jeune agneau que le machi égorgea auprès de la croix.

Tous les chefs indiens trempèrent leurs mains dans le sang encore chaud de l'animal palpitant, et bariolèrent la croix de signes hiéroglyphiques destinés à éloigner *Guécubu*, le mauvais génie, et empêcher les paroles de sortir de l'endroit où elles étaient enfouies.

Enfin, les Araucans et les Chiliens déchargèrent en l'air leurs armes à feu et la cérémonie fut terminée.

Alors le général Bustamente s'approcha du toqui de l'Inapiré-Mapus et passa son bras sous le sien, en lui disant d'une voix amicale :

— Mon frère Antinahuel ne veut-il pas venir un instant dans ma tente, goûter un verre d'aguardiente de pisco et prendre le maté? il rendrait un ami heureux.

— Pourquoi ne le ferais-je pas? répondit le chef en souriant d'un ton de bonne humeur.

— Que mon frère m'accompagne !

— Allons.

Tous deux s'éloignèrent en causant entre eux de choses indifférentes, se dirigeant vers la tente du général, qui avait été dressée à une portée de fusil de l'endroit où la cérémonie s'était accomplie.

Le général avait donné ses ordres d'avance, aussi tout était-il disposé pour recevoir magnifiquement l'hôte qu'il amenait, et auquel, pour la réussite de ses projets, il croyait avoir un si grand intérêt de plaire.

XXIX

L'ENLÈVEMENT

Pendant que s'accomplissait entre les Araucans et les Chiliens la cérémonie que nous venons de décrire, un événement terrible se passait non loin de là, sur les bords de la rivière, dans le camp de don Tadeo de Leon.

Les trois partis qui se partageaient le Chili, et prétendaient y commander, avaient, comme d'un commun accord, choisi le jour du renouvellement des traités pour lever le masque et donner à leurs affidés le signal de la révolte.

Dona Tadeo, le Roi des ténèbres, qui craignait tout de dona Maria et des espions du général, avait consenti, bien qu'à regret, à ce que dona Rosario l'accompagnât dans la plaine pour assister à la cérémonie; il lui avait fait quitter le couvent des Ursulines et avait amené la jeune fille avec lui, intérieurement charmé d'un autre côté qu'elle ne se trouvât pas à Valdivia pendant les événements graves qui s'y préparaient.

Don Rosario n'avait consulté que son amour dans la demande qu'elle avait adressée à son tuteur; le désir seul de voir quelques heures à la dérobée celui qui l'aimait, avait dicté sa conduite dans cette circonstance.

Don Tadeo, qui d'aucune façon n'aurait pu assister à la cérémonie puisqu'il était contraint de se cacher, avait pris à part les deux Français, dès que son camp avait été dressé.

Il était alors environ sept heures du matin, la foule commençait à affluer dans la plaine.

Le Roi des ténèbres jeta un regard soupçonneux aux environs, mais rassuré par la solitude complète qui régnait autour de lui, il se décida enfin à expliquer aux jeunes gens, étonnés de cette étrange manœuvre, ce que sa conduite avait d'insolite et de bizarre en apparence.

— Caballeros, leur dit-il, depuis que j'ai l'honneur de vous connaître, je ne vous ai jamais rien caché, vous savez tous mes secrets : aujourd'hui doit se décider la question de vie ou de mort à laquelle, depuis que j'existe, j'ai voué toutes les forces actives de mon âme. Je pars à l'instant, je retourne à Valdivia : c'est dans cette ville que le premier coup sera porté dans quelques heures au tyran, la lutte qui va s'engager sera terrible. Je n'ai pas voulu y exposer la jeune fille que vous connaissez et à laquelle déjà vous avez sauvé la vie, je la confie à l'un de vous, l'autre m'accompagnera jusqu'à la ville; s'il m'arrivait malheur dans ce combat, je lui remettrais un papier qui vous apprendrait à tous deux quelles sont mes intentions et ce que vous devez faire de cette pauvre enfant, qui est mon bien le plus cher et dont je ne me sépare qu'avec une immense douleur. Lequel de vous, messieurs, consent à se charger pendant le temps de mon absence de la garde de dona Rosario?

— Partez tranquille, don Tadeo, allez où votre devoir vous appelle, répondit Louis d'une voix profonde, je vous jure que moi vivant, aucun danger ne la menacera ni de loin ni de près, il faudra marcher sur mon cadavre pour arriver jusqu'à elle.

— Merci, don Luis, répondit le Cœur Sombre, ému de l'accent du gentilhomme, j'ai foi en votre parole, je sais que vous tiendrez votre serment quand même; du reste, dans quelques heures, j'espère être de retour, et puis ici, elle ne peut rien avoir à redouter.

— Je veillerai, répondit le jeune homme.

— Merci encore une fois.

Don Tadeo quitta les jeunes gens et entra dans la tente où dona Rosario, couchée dans un hamac, se balançait doucement en rêvant; à l'arrivée de son tuteur, elle se leva vivement.

— Ne vous dérangez pas, je vous en supplie, chère enfant, dit don Tadeo en l'obligeant à reprendre sa première position, je n'ai que deux mots à vous dire.

— Je vous écoute, mon ami.

— Je viens vous faire mes adieux.

— Comment, vos adieux, don Tadeo! s'écria-t-elle avec effroi.

— Oh! rassurez-vous, peureuse, pour quelques heures seulement.

— Ah! fit-elle avec un sourire de satisfaction.

— Mon Dieu, oui! figurez-vous qu'il y a ici aux environs une grotte excessivement curieuse; j'ai eu la maladresse ce matin d'en dire quelques mots devant don Valentin, et ce démon de Français, ajouta-t-il avec un sourire, veut absolument que je l'y conduise, de façon que, pour me débarrasser de ses importunités, ma foi, j'ai fini par y consentir.

— Vous avez bien fait, dit-elle vivement, nous avons de grandes obligations à ces deux caballeros français, et ce que vous a demandé celui-ci était de si mince importance...

— Que j'aurais eu mauvaise grâce à le refuser, interrompit don Tadeo; aussi ne l'ai-je pas fait. Nous allons donc partir tout de suite afin d'être plus tôt de retour; ne vous ennuyez pas trop pendant mon absence, chère enfant.

— Je tâcherai, dit-elle d'un air distrait.

— Du reste, je vous laisse pour veiller sur vous don Luis, vous causerez tous deux et le temps passera plus vite.

La jeune fille rougit.

— Revenez bientôt, mon ami, dit-elle.

— Le temps d'aller et de revenir, pas davantage; allons, adieu, chère enfant.

Don Tadeo sortit de la tente et rejoignit les jeunes gens.

— Adieu, don Luis, dit-il, venez-vous, don Valentin?

— Comment, si je viens? répondit en riant le Parisien; Caramba! je serais désespéré de manquer l'occasion que vous m'offrez, de juger si vous vous entendez aussi bien en révolutions que nous autres Français.

— Eh! nous sommes jeunes encore, répondit modestement don Tadeo, mais pourtant nous commençons à nous former, je vous l'assure.

— Louis, à bientôt, dit Valentin en serrant la main du jeune homme, et se penchant à son oreille, il ajouta : Rends grâce à Dieu, tu le vois, il protège ton amour.

Le jeune homme ne répondit que par un soupir et un hochement de tête découragé.

Un péon avait amené les chevaux des deux Chiliens et du Français : tous trois se mirent en selle.

Les trois cavaliers enfoncèrent les éperons dans le ventre de leurs montures, et disparurent bientôt dans les hautes herbes et les méandres de la route.

Louis retourna au camp tout pensif.

Il était seul avec dona Rosario.

Les deux chefs indiens, entraînés par la curiosité, s'étaient éloignés dans la direction de la chapelle, mêlés à la foule, à la cérémonie.

Les arrieros et les peones n'avaient pas tardé à les suivre.

La jeune fille s'était assise rêveuse sur un monceau de *pellones,* — peaux de moutons teintes, — devant la tente, et regardait sans les voir les nuages qui, chassés par une forte brise, couraient avec une grande vitesse dans l'espace.

Dona Rosario était une charmante enfant de seize ans à peine, petite, frêle et délicate, mignonne dans toute sa personne, et dont les moindres gestes et les moindres mouvements avaient un attrait indéfinissable.

Beauté rare en Amérique, elle était blonde ; sa chevelure, longue et soyeuse, avait la couleur des épis mûrs, ses yeux bleus, où se reflétait l'azur du ciel, avaient cette expression mélancoliquement rêveuse qui n'appartient qu'aux anges et aux jeunes filles qui commencent à aimer ; son nez un peu aquilin, aux ailes roses, sa bouche un peu sérieuse, aux lèvres rouges, garnie de dents d'une blancheur éclatante, sa peau nacrée, d'une finesse extrême, achevaient d'en faire une délicieuse créature.

Le bruit des pas du jeune homme qui s'approchait l'arracha à sa rêverie ; elle tourna la tête de son côté et lui lança un regard empreint d'une ineffable tristesse, tandis qu'un faible sourire se jouait sur ses lèvres.

Le comte s'inclina respectueusement devant elle.

— C'est moi, lui dit-il, d'une voix basse et inarticulée.

— Je savais votre arrivée, répondit-elle d'une voix harmonieusement modulée, oh ! pourquoi êtes-vous revenu ?

— N'en m'en veuillez pas d'être près de vous de nouveau, j'ai voulu vous obéir, je suis parti, sans espoir, hélas ! de vous revoir jamais ; le destin en a décidé autrement.

Elle lui lança un long regard.

— Malheureusement, continua-t-il avec un sourire triste, vous êtes pour quelques heures condamnée à souffrir ma présence.

— Je m'y résigne, dit-elle en lui tendant la main avec abandon.

Le jeune homme déposa un baiser brûlant sur la main moite et veloutée de la charmante enfant.

— Ainsi, nous voilà seuls, dit-elle avec enjouement, en retirant sa main.

— Mon Dieu, oui, à peu près, répondit-il en se prêtant à son humeur ; les chefs indiens et les peones, emportés par la curiosité, se sont mêlés à la foule, ce qui nous procure un tête-à-tête.

— Au milieu de dix mille personnes, fit-elle en souriant.

— Ce sont les meilleurs, chacun s'occupe de ses affaires sans penser à celles des autres, et nous pouvons parler sans craindre d'être interrompus par des importuns.

— Oui, dit-elle avec un accent rêveur, c'est souvent au milieu de la foule que se trouve la plus grande solitude.

— Le cœur ne possède-t-il pas cette faculté si grande, de pouvoir s'isoler quand cela lui plaît pour se replier sur lui-même ?

— N'est-ce pas souvent un malheur, que cette faculté ?

— Peut-être! fit-il avec un soupir.

— Mais comment se fait-il, dit-elle d'un ton mutin, pour changer la conversation qui devenait trop sérieuse, pardonnez cette curiosité à une jeune fille, que vous, que j'ai entrevu quelquefois à Paris pendant le trop court séjour que j'y ai fait, et qui jouissiez alors, si je ne me trompe, d'une position brillante, je vous retrouve si loin de votre pays ?

— Hélas! madame, mon histoire est celle de beaucoup de jeunes gens et peut se résumer en deux mots : faiblesse et ignorance.

— Oui, ce n'est que trop vrai, cette histoire est à peu près celle de tout le monde, en Europe comme en Amérique.

En ce moment, un grand bruit se fit entendre au dehors du camp.

Dona Rosario et le comte causaient à l'entrée de la tente, ils étaient placés de façon à ne pouvoir pas voir ce qui se passait dans la plaine.

— Quel est ce bruit? demanda la jeune fille.

— Probablement le tumulte de la fête qui arrive jusqu'à nous ; désirez-vous assister à cette cérémonie ?

— A quoi bon ? ces cris et ce tumulte me font peur.

— Cependant, je croyais que c'était vous qui aviez demandé à don Tadeo à voir cette...

— Caprice de jeune fille, dit-elle, aussitôt passé que conçu.

— Mais l'intention de don Tadeo n'était-elle pas de...

— Qui peut connaître les intentions de don Tadeo? interrompit-elle avec un soupir étouffé.

— Il paraît vous aimer beaucoup, hasarda Louis timidement.

— Parfois, je suis sur le point de le croire; il a pour moi les attentions les plus délicates, les soins les plus tendres; puis, d'autres fois, il semble ne me supporter qu'avec peine, il me repousse, mes caresses le fatiguent.

— Singulière conduite, observa le comte, ce gentilhomme est votre parent, sans doute?

— Je ne sais, répondit-elle ingénûment ; lorsque seule et pensive, je redescends dans mes jeunes années, j'ai comme un vague souvenir d'une femme belle et jeune, dont les yeux noirs me souriaient sans cesse, et dont les lèvres roses me comblaient de chauds baisers, puis, tout à coup, une obscurité complète se fait dans mon cerveau, la mémoire me manque totalement. Du plus loin que je me rappelle, je ne trouve plus que don Tadeo veillant sur moi, partout et toujours, comme ferait un père sur sa fille.

— Mais, repartit le comte, peut-être en effet est-il votre père ?

— Oh ! non, non, il n'est pas mon père.

— Quelle certitude avez-vous de cela ?

— Écoutez, de même que toutes les jeunes filles, à mon insu, le besoin d'aimer un être qui me rattache à la vie se fait souvent sentir à mon cœur ; un jour, c'était après une longue et douloureuse maladie que je venais de faire, don Tadeo avait, jour et nuit, pendant plus d'un mois, veillé à mon chevet sans prendre un instant de repos; heureux de me voir revenir à la vie, car il avait cru me perdre, il me souriait avec tendresse, baisait mon front et mes mains, enfin il paraissait en proie à la joie la plus vive. « Oh ! lui dis-je comme illuminée par une pensée subite, oh ! vous êtes mon père ! un père seul peut se dévouer avec cette abnégation pour son enfant. » Lui jetant les bras autour du cou, je cachai ma tête dans son sein en fondant en larmes. Don Tadeo se leva, son visage était couvert d'une pâleur livide, ses traits étaient horriblement contractés, il me repoussa durement et se mit à marcher à grands pas dans la chambre. « Votre père, moi! doña Rosario ! s'écria-t-il d'une voix saccadée, vous êtes folle ! pauvre enfant ! ne répétez jamais ces paroles, votre père est mort, votre mère aussi, il y a longtemps, bien longtemps ; je ne suis pas votre père, entendez-vous, ne répétez jamais ce mot ! je suis votre ami seulement. Oui, votre père avant de mourir vous a confiée à ma garde, voilà pourquoi je vous élève ; mais moi je ne suis même pas votre parent ! » Son agitation était extrême; il dit encore beaucoup d'autres choses dont je ne me souviens pas, puis il sortit. Hélas ! hélas ! depuis ce jour je n'ai plus osé lui demander compte de ma famille.

Il y eut un silence.

Les deux jeunes gens réfléchissaient.

Le récit simple et touchant de dona Rosario avait vivement ému le comte.

Enfin il reprit la parole.

— Laissez-moi vous aimer, dona Rosario, lui dit-il d'une voix tremblante.

La jeune fille soupira.

— A quoi nous mènera cet amour, don Luis ? répondit-elle avec amertume, à la mort peut-être !

— Oh ! s'écria-t-il avec feu, elle serait la bienvenue si elle venait à cause de vous !

Au même instant plusieurs individus firent irruption dans la tente en poussant de grand cris.

D'un mouvement prompt comme la pensée, le comte se jeta devant la jeune fille, un pistolet de chaque main.

Mais comme si le ciel avait voulu accomplir le souhait qu'il venait de former, avant même qu'il eût eu le temps de se mettre en défense, il roula sur le sol frappé de plusieurs coups de poignard.

En tombant, il aperçut comme dans un rêve dona Rosario saisie brutalement par deux individus qui s'enfuirent en l'enlevant avec eux.

Don Tadeo fit un signe : l'officier qui commandait s'approcha de lui.

Alors, avec des efforts inouïs, le jeune homme se releva péniblement sur les genoux et parvint enfin à se redresser tout à fait.

Il aperçut les ravisseurs qui couraient vers leurs chevaux, tenus en bride à quelque distance par un Indien.

Le comte ajusta les misérables qui fuyaient, en criant :

— Au meurtre! au meurtre!

Et il fit feu.

Un des ravisseurs tomba en poussant une imprécation de rage.

Le jeune homme, épuisé par l'effort surhumain qu'il venait de faire, chancela comme un homme ivre, le sang bourdonna dans ses oreilles, sa vue se troubla et il roula inanimé sur le sol.

XXX

LA PROTESTATION

Les trois voyageurs retournèrent à Valdivia avec une telle rapidité qu'à peine s'ils mirent une heure et demie à franchir l'espace qui les séparait de la ville.

Ils croisèrent en chemin le général don Pancho Bustamente, qui se rendait à la cérémonie à la tête d'un détachement de lanceros et suivi d'un nombreux état-major.

Les Cœurs Sombres passèrent sans attirer l'attention.

Don Tadeo jeta un regard ironique à son ennemi.

— Voyez donc, dit-il avec un sourire railleur à don Gregorio, le général se croit déjà Protecteur, quelle pose majestueuse il affecte!

— Eh! fit don Gregorio en ricanant, entre la coupe et les lèvres, il sait pourtant qu'il y a place pour un malheur.

Dix heures sonnaient à l'instant où ils entraient dans Valdivia.

La ville était à peu près déserte; tous ceux que des affaires urgentes ne retenaient pas chez eux en avaient profité pour se rendre dans la plaine, où devaient être renouvelés les traités entre les Chiliens et les Araucans.

Cette cérémonie intéressait fort les habitants de la province, elle était pour eux une garantie de tranquillité pour l'avenir, c'est-à-dire la liberté de se livrer en toute sécurité à leurs transactions commerciales avec les Indiens.

Plus que toutes les autres provinces du Chili, celle de Valdivia redoute les hostilités avec ses redoutables voisins, séparée entièrement du territoire de la République, livrée à ses propres forces, le moindre mouvement parmi les Moluchos anéantit son commerce.

Si les habitants paraissaient avoir émigré pour la plupart, provisoirement s'entend, il n'en était pas de même des soldats; la garnison nombreuse, puisqu'elle se composait, chose inouïe et qui ne s'était jamais vue en temps de paix, de quinze cents hommes, s'était encore accrue depuis deux jours, et principalement pendant la nuit précédente, de deux régiments de cavalerie et d'un bataillon d'artillerie.

A quoi bon un tel déploiement de forces que rien ne justifiait?

Les quelques habitants demeurés dans la ville éprouvaient à ce sujet une vague inquiétude dont ils ne pouvaient se rendre compte.

Il est un fait singulier que nous voulons signaler ici, sans que pourtant nous nous chargions de l'expliquer, car toujours il nous a paru inexplicable.

Lorsqu'un grand événement, quel qu'il soit, doit s'accomplir dans un pays, un pressentiment vague semble en avertir les habitants; les hommes et les choses prennent un aspect étrange, la nature elle-même, s'associant à cette disposition des esprits s'assombrit sensiblement; un fluide magnétique court dans les veines, une oppression pénible serre toutes les poitrines, l'atmosphère devient plus lourde, le soleil perd de son éclat, ce n'est qu'à voix basse que l'on se communique l'un à l'autre les impressions que l'on éprouve; en un mot, il y a dans l'air un je ne sais quoi d'incompréhensible qui dit à l'homme d'un ton lugubre :

— Prends garde, une catastrophe te menace !

Et cela est si vrai, ce pressentiment fatal est si général, que lorsque l'événement a eu lieu, que la crise est passée, chacun s'écrie instinctivement :

— Je le sentais !...

Nul, cependant, n'aurait pu dire pourquoi il prévoyait le cataclysme.

C'est que le sentiment de la conservation, que Dieu a déposé dans le cœur de l'homme, ce sentiment qui fait sa sauvegarde, est tellement fort que lorsqu'un danger s'approche de lui il lui crie immédiatement :

— Gare !

Valdivia était en ce moment affaissée sous le poids d'une appréhension inconnue.

Les rares bourgeois restés dans la cité se hâtaient de regagner leurs demeures.

De nombreuses patrouilles de cavalerie et d'infanterie parcouraient les rues dans tous les sens. Les canons roulaient avec un bruit sinistre, et allaient prendre position aux angles des places principales.

Au *cabildo*, — maison de ville, — une foule d'officiers et de soldats entraient et sortaient d'un air affairé.

Des estafettes se succédaient sans cesse, et après avoir remis les ordres dont elles étaient chargées, repartaient ventre-à-terre.

Cependant, aux coins des rues, des hommes couverts de grands manteaux, le chapeau rabattu sur les yeux, haranguaient les ouvriers et les marins du port, et formaient des groupes qui, d'instants en instants, se faisaient plus épais.

Dans ces groupes, on commençait à voir briller des armes, des canons de fusils, des baïonnettes, et des fers de lances reluisaient au soleil.

Quand ces hommes mystérieux supposaient avoir accompli à un endroit la tâche qu'ils s'étaient imposée, ils allaient à un autre.

Immédiatement après leur départ, derrière eux, comme par enchantement, des barricades s'improvisaient et interceptaient le passage.

Dès qu'une barricade était terminée, une sentinelle aux traits énergiques, un ouvrier les bras nus, mais dont la main calleuse brandissait un fusil, une hache ou un sabre, se plaçait à son sommet et criait au large à tous ceux qui voulaient s'approcher.

En entrant dans la ville, don Tadeo et ses compagnons se trouvèrent complètement barricadés.

Don Tadeo sourit avec triomphe.

Les trois hommes franchirent au galop des barricades qui s'ouvrirent au passage.

Les sentinelles les saluaient devant eux.

Nous avons oublié de dire que tous trois étaient masqués.

Il y avait quelque chose de saisissant dans la marche de ces trois fantômes, devant lesquels tous les obstacles s'abaissaient.

Si parfois, en les apercevant, un bourgeois attardé se hasardait à demander timidement quels étaient ces hommes masqués, il recevait pour réponse :

— C'est le Roi des ténèbres et ses lieutenants !

Et le bourgeois, frissonnant de terreur, se signait dévotement et s'enfuyait épouvanté.

Les trois hommes arrivèrent ainsi à l'entrée de la place Mayor.

Là, deux pièces de canon en batterie leur barrèrent le passage.

Les artilleurs étaient auprès de leurs pièces, ils attendaient mèche allumée.

Don Tadeo fit un signe.

L'officier qui commandait s'approcha de lui.

Don Tadeo se pencha sur le cou de son cheval, et dit à voix basse quelques mots à l'officier.

Celui-ci salua respectueusement, et, se tournant vers ses soldats :

— Laissez passer ces messieurs, fit-il.

Dans toutes les villes de l'Amérique espagnole, il y a une fontaine monumentale au centre de la place Mayor.

Ce fut vers cette fontaine que don Tadeo conduisit ses compagnons.

Une centaine d'individus épars çà et là, et qui paraissaient l'attendre, se réunirent à son approche.

— Eh bien, demanda don Tadeo à Valentin, comment trouvez-vous notre promenade?

— Ravissante ! répondit celui-ci ; seulement, je crois que les coups ne tarderont pas à pleuvoir et que bientôt nous entendrons siffler les balles.

— Je l'espère, dit froidement le conspirateur.

— Ah ! fit le jeune homme, eh bien, tout est pour le mieux, alors.

— Vous allez assister à un spectacle intéressant, soyez tranquille.

— Oh ! je m'en rapporte à vous pour cela ! C'est égal, je suis content de ne pas avoir manqué cette occasion.

— N'est-ce pas?

— Ma foi oui !... C'est étonnant comme on s'instruit en voyageant, ajouta-t-il en forme de parenthèse.

Les individus réunis auprès de la fontaine les entourèrent avec toutes les marques du plus profond respect.

Ceux-là étaient les fidèles, les Cœurs Sombres, sur lequels on pouvait entièrement compter.

— Messieurs, dit don Tadeo, la lutte va bientôt commencer, je veux enfin que vous me connaissiez, et que vous sachiez quel est l'homme qui vous commande, et il jeta son masque loin de lui.

Un frémissement d'enthousiasme parcourut les rangs des conjurés.

— Don Tadeo de Leon! s'écrièrent-ils avec un étonnement mêlé d'une espèce de vénération pour cet homme qui avait souffert pour la cause commune.

— Oui, messieurs, répondit don Tadeo de Leon, celui que les sicaires du tyran avaient condamné à mort, et que Dieu a miraculeusement sauvé, afin d'être aujourd'hui l'instrument de sa vengeance.

Tous les conjurés se pressèrent tumultueusement autour de lui.

Ces hommes aux impressions spontanées, essentiellement superstitieux, ne doutaient plus de la victoire, puisqu'ils avaient à leur tête celui que Dieu, dans leur croyance, avait si manifestement sauvegardé

Don Tadeo comptait intérieurement sur cette manifestation pour augmenter l'ardeur des conjurés et augmenter encore le prestige dont il jouissait; le résultat avait répondu à son attente.

— Chacun est-il à son poste? demanda-t-il.

— Oui.

— Les armes et les munitions sont distribuées?

— A tout le monde.

— Toutes les barricades faites? toutes les portes de la ville gardées?

— Toutes.

— C'est bien. Maintenant, attendez.

Le calme se rétablit.

Tous ces hommes connaissaient depuis longtemps don Tadeo, ils appréciaient son caractère à sa juste valeur; déjà ils lui avaient voué une amitié sans bornes : maintenant qu'ils savaient que le Roi des ténèbres et don Tadeo étaient la même personne, ils étaient prêts à se faire tuer pour lui.

La nouvelle de la reconnaissance qui venait d'avoir lieu sur la place s'était répandue dans toute la ville avec la rapidité d'une traînée de poudre et avait encore ajouté à la fermentation qui régnait.

Pendant les quelques mots échangés entre le chef des conjurés et ses acolytes un régiment d'infanterie était rangé en bataille devant le cabildo, flanqué à droite et à gauche par deux escadrons de lanceros.

— Attention, commanda Tadeo.

Un frémissement d'impatience parcourut les rangs des hommes groupés autour de lui.

— Eh! eh! murmura Valentin avec ce ricanement moqueur qui lui était particulier, cela se dessine : Caramba! nous n'allons pas tarder à nous amuser.

Les portes du cabildo s'ouvrirent avec fracas.

Un général, suivi d'un brillant état-major, prit place au haut des marches du grand escalier, puis parurent plusieurs sénateurs en grand costume qui se groupèrent auprès de lui.

Sur un signe du général, un roulement de tambour se fit entendre.

Lorsque le silence fut complet, un sénateur qui tenait à la main un rouleau de papier, fit quelques pas en avant et se prépara à lire.

— Bah! fit le général en l'arrêtant par le bras, pourquoi perdre votre temps à lire tout ce fatras? laissez-moi faire.

Le sénateur, qui intérieurement ne demandait pas mieux que d'être dispensé de la commission épineuse dont il s'était chargé à son corps défendant, roula ses papiers et se retira en arrière.

Le général se campa fièrement sur la hanche, appuya la pointe de son épée sur le sol et dit d'une voix, qui fut parfaitement entendue de tous les coins de la place :

— Peuple de la province de Valdivia, le Sénat souverain, réuni en congrès à Santiago de Chile, a pris à l'unanimité les résolutions suivantes : 1° Les diverses provinces de la République chilienne se composeront des États indépendants réunis sous le titre de Confédération des États-Unis de l'Amérique du Sud; 2° Le vaillant et très excellent général don Pancho Bustamente a été élu Protecteur de la Confédération chilienne. Peuple! criez avec moi : Vive le Protecteur don Pancho!

Les officiers pressés autour du général et les soldats rangés sur la place, crièrent à pleins poumons :

— Vive le Protecteur!

Le peuple resta muet.

— Hum! murmura le général à part lui, il n'y a pas un bien grand enthousiasme.

Un homme sortit alors du groupe réuni autour de la fontaine et s'avança résolument jusqu'à vingt pas des soldats.

Cet homme était don Tadeo de Leon; son visage était calme, sa démarche assurée et tranquille.

Il fit un signe.

— Que voulez-vous? lui cria le général.

— Répondre à votre proclamation, répondit le chef des Cœurs Sombres.

— Parlez! je vous écoute, fit le général.

Don Tadeo s'inclina en souriant.

— Au nom du peuple chilien, dit-il d'une voix claire et accentuée, le Sénat de Santiago de Chile, composé de créatures vendues au tyran, est déclaré traître à sa patrie!

— Qu'osez-vous dire, misérable! s'écria le général avec colère.

— Pas d'insultes et laissez-moi terminer la réponse que j'ai à vous faire, répondit froidement don Tadeo.

Le général, dominé malgré lui par le courage héroïque de cet homme qui seul, sans armes devant une triple rangée de fusils dirigés sur sa poitrine, osait parler de ce ton haut et ferme, vaincu par cet ascendant qu'exerce toujours un grand caractère, mordait avec rage le pommeau de son épée.

— Au nom du peuple, continua don Tadeo, toujours calme et impassible, don Pancho Bustamente est déclaré traître à la patrie, et, comme tel, déchu de ses titres et de son pouvoir. Vive la liberté! vive le Chili!

— Vive la liberté! vive le Chili! s'écrièrent avec élan tous les hommes du peuple réunis sur la place.

— Oh! c'est trop d'audace, s'écria le général blême de fureur; soldats, arrêtez ce rebelle.

Des soldats se précipitèrent; mais plus prompts que la pensée, don Gregorio et Valentin s'étaient élancés vers lui, et l'avaient entraîné avec eux au milieu du groupe.

— Cordieu! s'écria Valentin en lui serrant les mains à les lui briser, vous êtes un rude homme, vous! je vous aime!

Cependant le général, outré de colère en voyant son ennemi lui échapper commanda le silence.

— Au nom du Protecteur, livrez immédiatement ce rebelle.

Des sifflets et des huées seuls lui répondirent.

— Feu! commanda le général qui, devant cette manifestation injurieuse, comprit qu'il n'y avait plus aucune mesure à garder.

Les fusils s'abaissèrent et une décharge formidable éclata comme un coup de tonnerre.

Plusieurs hommes tombèrent tués ou blessés.

— Vive le Chili! vive la liberté! à bas l'oppresseur! cria le peuple en s'armant de tout ce qu'il trouvait sous la main.

Une seconde décharge éclata, suivie presque aussitôt d'une troisième.

Le sol fut en un instant jonché de morts et de mourants.

Les patriotes ne firent pas un mouvement pour se disperser; au contraire, sous le feu incessant des soldats, ils organisèrent la résistance et bientôt répondirent par quelques coups de fusil aux feux de pelotons incessants qui les décimaient.

Désormais la lutte était engagée; la révolution commençait.

— Hum! murmura tristement le général, je me suis chargé d'une bien mauvaise mission.

Mais soldat avant tout et doué au plus haut degré de cette obéissance passive qui distingue ceux qui ont vieilli sous le harnais, il se prépara à châtier sévèrement les insugés ou à mourir bravement à son poste.

XXXI

ESPAGNOL ET INDIEN

Ce n'était pas, comme on pourrait le croire, par crainte que le général Bustamente s'était absenté de Valdivia au moment où un de ses lieutenants le proclamait si audacieusement du haut des marches du cabildo, devant la foule atterrée; le général Bustamente était un de ces soldats d'aventure que l'on rencontre tant en Amérique, habitué à jouer sa vie pour un coup de dé et ne redoutant rien au monde pour arriver à l'accomplissement de ses projets. Il avait espéré, grâce aux forces qu'il avait concentrées dans cette province reculée de la République, que les habitants pris à l'improviste ne feraient qu'une résistance insignifiante, et qu'il pourrait joindre ses troupes à celles d'Antinahuel, traverser au pas de course l'Araucanie, s'emparer de la province de Concepcion, et de là, en faisant la boule de neige et en entraînant ses compagnons à sa suite, arriver à Santiago assez à temps pour prévenir tout mouvement et obliger les habitants à accepter, comme un fait accompli, le changement de gouvernement inauguré par les provinces éloignées de la République.

Ce plan ne manquait ni d'audace, ni même d'une certaine habileté, il offrait de grandes chances de succès; malheureusement pour le général Bustamente, les Cœurs Sombres, dont les espions se trouvaient partout, avaient éventé ce projet et l'avaient contre-miné, en profitant de l'occasion que leur ennemi leur offrait de démasquer leurs batteries.

Nous avons vu dans quelles conditions la lutte s'était engagée à Valdivia entre les deux partis.

Le général, qui ignorait encore ce qui s'était passé, était dans une sécurité complète.

Une fois seul dans sa tente avec Antinahuel, il laissa retomber derrière lui le rideau qui la fermait, et invita d'un geste le toqui à prendre un siège.

— Asseyez-vous, chef, lui dit-il, nous avons à causer.

— Je suis aux ordres de mon père blanc, répondit l'Indien en s'inclinant.

Le général examinait attentivement cet homme qui était devant lui; il cherchait à démêler sur son visage les divers sentiments qui l'agitaient; mais les traits du chef semblaient de marbre, aucune impression ne venait s'y réfléchir.

— Parlons franchement et loyalement, en amis qui ne demandent pas mieux que de s'entendre, dit-il.

Antinahuel s'inclina avec réserve, à cet appel à la franchise.

Le général poursuivit :

— En ce moment, le peuple de Valdivia m'acclame protecteur d'une Confédération nouvelle formée entre tous les États.

— Bon! fit le chef en hochant la tête d'un air de douceur, mon père en est sûr?

— Certes, les Chiliens sont fatigués des continuelles agitations qui troublent le pays; ils m'ont obligé à me charger d'un lourd fardeau; mais je me dois à mon pays et je ne tromperai pas l'espoir que mes compatriotes placent en moi.

Ces paroles furent prononcées d'un ton d'hypocrite abnégation, dont l'Indien ne fut nullement dupe.

Un sourire plissa une seconde les lèvres du chef; le général ne parut pas s'en apercevoir.

— Bref, continua-t-il en quittant le ton doux et conciliant qu'il avait eu jusqu'alors, pour prendre une voix brève et sèche, êtes-vous prêt à tenir vos engagements?

Il reprenait au galop le chemin de Valdivia.

— Pourquoi ne les tiendrais-je pas ? répondit l'Araucan.

— Vous marcherez avec moi pour assurer la réussite de mes projets ?

— Que mon père ordonne, j'obéirai.

Cette facilité du chef déplut au général.

— Voyons, reprit-il avec colère, finissons-en, je n'ai pas le temps de lutter de finesse avec vous et de vous suivre dans toutes vos circonlocutions indiennes.

— Je ne comprends pas mon père, répondit impassiblement Antinahuel.

— Nous n'en finirons jamais, chef, dit le général en frappant du pied, si vous ne voulez pas me répondre catégoriquement.

— J'écoute mon père, qu'il interroge, je répondrai.

— Combien pouvez-vous mettre d'hommes sous les armes d'ici à vingt-quatre heures ?

— Dix mille, fit le chef avec orgueil.

— Tous guerriers expérimentés?

— Tous.

— Qu'exigez-vous pour me les donner?

— Mon père le sait.

— J'accepte toutes vos conditions, excepté une.

— Laquelle?

— Celle de vous abandonner la province de Valdivia.

— Mon père ne va-t-il pas regagner cette province d'un autre côté?

— Comment cela?

— Ne dois-je pas aider mon père à conquérir la Bolivie?

— Oui.

— Eh bien?

— Vous vous trompez, chef, ceci n'est plus la même chose, je puis augmenter le territoire chilien, mais l'honneur me défend de l'amoindrir.

— Que mon père réfléchisse, la province de Valdivia était anciennement un Utal-Mapus araucan.

— C'est possible, chef, mais à ce compte-là tout le Chili était araucan avant la découverte de l'Amérique.

— Mon père se trompe.

— Je me trompe?

— L'Incas Sinchiroca avait, cent ans auparavant, conquis la terre chilienne jusqu'au Rio-Maule.

— Vous connaissez bien l'histoire de votre pays, chef! observa le général.

— Est-ce que mon père ne connaît pas l'histoire du sien?

— Ce n'est pas de cela qu'il s'agit, acceptez-vous, oui ou non, mes propositions?

Le chef parut réfléchir un instant.

— Eh bien, répondez, reprit le général, le temps presse.

— C'est juste, alors je vais réunir un *auca coyog*, — conseil, — composé des Apo-Ulmènes et des Ulmènes de ma nation, et je lui soumettrai les paroles de mon père.

Le général réprima avec peine un geste de colère.

— Vous plaisantez sans doute, chef, dit-il, vos paroles ne sont pas sérieuses?

— Antinahuel est le premier toqui de sa nation, répondit l'Indien avec hauteur, il ne plaisante jamais.

— Mais c'est sur-le-champ, dans quelques minutes, qu'il faut que vous me donniez votre réponse, s'écria le général; qui sait si avant une heure nous ne serons pas obligés de marcher en avant?

— De même que mon père, mon devoir est d'accroître le territoire de mon peuple.

On entendit le galop d'un cheval qui s'approchait; le général s'élança vers l'entrée de la tente où un officier d'ordonnance venait de paraître.

Cet officier avait le visage couvert de sueur, quelques taches de sang marbraient çà et là son uniforme.

— Général! dit-il d'une voix haletante.

— Silence! s'écria celui-ci en lui désignant le chef, indifférent en apparence, mais qui suivait avec attention tous ses mouvements.

Le général se tourna vers Antinahuel.

— Chef, lui dit-il, j'ai des ordres à donner à cet officier, ordres pressés; si vous me le permettez, nous reprendrons notre entretien dans un moment?

— Bon, répondit le chef, que mon père ne se gêne pas, j'ai le temps d'attendre, moi.

Et après s'être incliné il sortit lentement de la tente.

— Oh! dit à part-soi le général, démon! si quelque jour je te tiens dans mes mains!... Mais, s'apercevant que la colère l'emportait trop loin, il se mordit les lèvres et se tourna vers l'officier demeuré immobile. Eh bien! Diego, lui dit-il, quelles nouvelles, sommes-nous vainqueurs?

L'officier secoua la tête.

— Non, répondit-il, le peuple, excité par ces démons incarnés de Cœurs Sombres, s'est mutiné.

— Oh! s'écria le général, je ne parviendrai donc jamais à les écraser! Que s'est-il passé?

— Le peuple a fait des barricades, don Tadeo de Leon est à la tête du mouvement.

— Don Tadeo de Leon! fit le général.

— Oui, celui qui a été si mal fusillé.

— Oh! c'est une guerre à mort!

— Une partie des troupes, entraînée par ses officiers vendus aux Cœurs Sombres, est passée de leur côté: à cette heure on se bat dans toutes les rues de la ville avec un acharnement inouï. J'ai dû traverser une grêle de balles pour venir vous avertir.

— Nous n'avons pas un instant à perdre.

— Non, car, bien que les soldats qui vous sont restés fidèles se battent comme des lions, je dois vous dire qu'ils sont serrés de près.

— Malédiction! s'écria le général, je ne laisserai pas pierre sur pierre de cette ville maudite.

— Oui, mais d'abord, il nous la faut reconquérir tout entière, et c'est une rude besogne, général, je vous jure, répondit le vieux soldat qui avait toujours conservé son franc parler.

— C'est bon! c'est bon! fit Bustamente; qu'on sonne le boute-selle, chaque cavalier prendra un fantassin en croupe.

Don Pancho Bustamente était en proie à un accès de fureur inouïe.

Pendant quelques instants, il tourna dans la tente comme une bête fauve dans sa cage; cette résistance imprévue, malgré les mesures de précaution qu'il avait prises, l'exaspérait.

Tout à coup on leva le rideau de la tente.

— Qui est là? cria-t-il. Ah! c'est vous, chef, eh bien, que direz-vous, enfin?

— J'ai vu sortir le chef, et j'ai pensé que peut-être mon père ne serait pas fâché de me voir, répondit celui-ci de sa voix cauteleuse.

— C'est juste, vous avez raison, je suis en effet charmé de vous voir; oubliez ce que nous avons dit, chef, j'accepte toutes vos conditions; êtes-vous satisfait, cette fois?

— Oui. Même celle de Valdivia?

— Celle-là surtout! fit le général avec une rage sourde et concentrée.

— Ah!

— Oui, et comme cette province est révoltée, pour que je vous la donne, il faut que je la fasse rentrer dans le devoir, n'est-ce pas?

— En effet!

— Eh bien! comme j'ai à cœur de remplir loyalement tous les engagements que je prends envers vous, je vais immédiatement marcher contre elle. Voulez-vous m'aider à la soumettre?

— C'est trop juste, puisque je travaillerai pour moi.

— Combien avez-vous de cavaliers sous la main?

— Douze cents.

— Bien! fit le général, c'est plus qu'il ne nous en faut.

Diego parut.

— Les troupes sont prêtes, elles n'attendent plus que les ordres de Votre Excellence, général, dit-il.

— En selle, alors! partons! partons! et, vous, chef, m'accompagnerez-vous?

— Que mon père parte! mes mosotones et moi nous marcherons dans ses pas.

Dix minutes plus tard, le général Bustamente reprenait au galop, avec tous ses soldats, le chemin de Valdivia.

Antinahuel le suivit quelque temps des yeux avec attention, puis il rejoignit ses Ulmènes, en disant entre ses dents:

— Laissons un peu ces *Moro-Huincas* s'entre-détruire, il sera toujours temps de se mettre de la partie!

XXXII

DANS LA MONTAGNE

Doña Rosario sentit une telle frayeur et un si grand saisissement s'emparer d'elle, quand elle vit tomber sous le poignard d'assassins inconnus le comte de Prébois-Crancé, qu'elle s'évanouit.

Lorsqu'elle reprit ses sens, la nuit était noire.

Pendant quelques instants ses pensées confuses tourbillonnèrent dans son cerveau; elle chercha, mais longtemps en vain, à renouer le fil si brusquement rompu de ses idées. Enfin la lumière se fit dans son esprit, elle poussa un profond soupir et murmura d'une voix basse et pleine de terreur:

Doña Rosario était étendue sur le dos d'une mule entre deux ballots.

— Mon Dieu! mon Dieu! qu'est-il donc arrivé?

Alors elle ouvrit les yeux, et elle jeta autour d'elle un regard désolé.

Nous l'avons dit, la nuit était noire, mais ce qui rendait encore les ténèbres plus épaisses pour la jeune fille, c'est qu'une lourde couverture était étendue sur elle et couvrait son visage.

Alors, avec cette patience qui caractérise tous les prisonniers, et qui n'est chez eux que l'instinct de la liberté, la pauvre enfant chercha à se rendre compte de sa position.

Autant qu'elle put en juger, elle était tout de son long étendue sur le dos d'une mule entre deux ballots; une corde passée autour de sa ceinture l'empêchait de se lever, mais ses mains étaient libres.

La mule avait ce trot dur et irrégulier, particulier à son espèce, qui faisait à chaque pas horriblement souffrir la jeune fille.

On avait jeté sur elle une couverture de cheval, afin, sans doute, de la garantir de l'abondante rosée de la nuit, ou peut-être pour l'empêcher de reconnaître la route qu'elle suivait.

Doña Rosario fit doucement, et en employant les plus grandes précautions, glisser la couverture afin de dégager son visage; après quelques efforts, sa tête fut complètement libre.

Alors elle regarda.

Les ténèbres étaient épaisses.

La lune, incessamment voilée par des nuages qui passaient sur son disque blafard, ne répandait à de rares intervalles qu'une lueur faible et incertaine.

En levant doucement la tête, la jeune fille distingua plusieurs cavaliers qui marchaient derrière et devant la mule qui la portait.

Autant qu'il lui fut possible de le reconnaître, à cause de l'obscurité qui l'enveloppait, ces cavaliers étaient des Indiens.

La caravane assez nombreuse, — elle paraissait se composer d'une vingtaine d'individus, — suivait un sentier étroit, profondément encaissé entre deux montagnes abruptes, dont les masses rocheuses, en se reflétant sur la route, augmentaient encore les ténèbres.

Ce sentier montait en pente assez douce; les chevaux et les mules, probablement fatigués d'une longue course, marchaient au pas. La jeune fille, à peine remise de son évanouissement, n'avait pu apprécier le temps qui s'était écoulé depuis son enlèvement; cependant, en rassemblant ses souvenirs, et se rappelant à quelle heure elle avait été victime de ce rapt odieux, elle calcula que douze heures environ s'étaient écoulées depuis qu'elle était prisonnière.

Vaincue par l'effort qu'elle avait été contrainte de faire pour regarder autour d'elle, la pauvre enfant laissa retomber sa tête en étouffant un soupir de découragement, et, fermant les yeux comme pour s'isoler encore davantage, elle se plongea dans de tristes et profondes méditations.

Elle ignorait au moins avec qui elle se trouvait.

Bien des fois, il est vrai, don Tadeo lui avait parlé d'un ennemi terrible, acharné à sa perte, d'une femme dont la haine veillait sans cesse, prête à la sacrifier à la première occasion favorable.

Mais cette femme, qui était-elle?

Quelle était la cause de cette haine?

Était-ce aux mains de cette femme qu'elle se trouvait en ce moment?

Et si cela était, pourquoi ne l'avait-elle pas sacrifiée déjà à cette vengeance?

Pour quel motif sa vie avait-elle été épargnée?

A quel supplice était-elle donc réservée?

Ces pensées, et bien d'autres encore, venaient en foule assaillir l'esprit bourrelé de la jeune fille.

Cette incertitude était pour elle une torture atroce, en ce moment la vérité eût été pour elle presque une consolation.

L'homme est ainsi fait, que ce qu'il redoute le plus est l'inconnu.

Ce qu'il ignore prend instinctivement, aux yeux prévenus de celui qu'un danger terrible menace, des proportions gigantesques plus effrayantes mille fois que ce danger même.

L'imagination malade se crée des fantômes que la réalité, quelque horrible qu'elle soit, fait évanouir.

En un mot, le patient qui marche au supplice souffre plus des appréhensions que lui donne la crainte de la mort qui l'attend, que ne lui en causera la douleur physique de cette mort elle-même.

Telle était, à cette heure, la situation de doña Rosario ; son esprit, chargé d'inquiétudes et de sombres pressentiments, lui faisait redouter des souffrances sans nom, dont la pensée seule glaçait le sang dans ses veines.

La caravane marchait toujours.

Elle était sortie du ravin et gravissait un sentier tracé sur le bord d'un précipice, au fond duquel on entendait gronder, avec de sourds murmures, une eau invisible.

Parfois, une pierre à demi-écrasée sous le sabot d'une mule, se détachait, roulait avec un bruit sinistre sur le flanc de la montagne, et allait s'engloutir dans le gouffre avec un grondement lugubre qui montait de l'abîme.

Le vent sifflait au travers des pins et des mélèzes, dont les branches s'entre-choquaient et faisaient pleuvoir un déluge de feuilles sèches sur les voyageurs.

Parfois, le hibou ou la chouette, cachés dans le creux des rochers, élevaient dans la nuit leurs notes plaintives qui rompaient tristement le silence.

Des aboiements furieux se firent entendre dans l'éloignement; peu à peu ils se rapprochèrent et finirent par former un effroyable concert, entrecoupé par des voix aigres de femmes et d'enfants qui essayaient de les calmer; des lumières étincelèrent et la caravane s'arrêta.

On était évidemment arrivé à la halte choisie pour passer le reste de la nuit.

La jeune fille jeta avec précaution un regard autour d'elle.

Mais la flamme des torches, remuée par le vent, ne lui permit de distinguer que les silhouettes sombres de quelques masures, et les ombres de plusieurs individus qui s'agitaient autour d'elle avec des cris et des rires.

Rien de plus.

Les gens de l'escorte s'occupaient, avec force cris et jurements, de desseller les chevaux et de décharger les mules, sans paraître songer en aucune façon à la jeune fille.

Un assez long espace de temps s'écoula.

Doña Rosario ne savait à quoi attribuer cet oubli incompréhensible.

Enfin, elle sentit qu'un individu prenait la mule par la bride, et elle entendit crier d'une voix rauque :

— *Arrea!* ce mot avec lequel les arrieros ont l'habitude d'exciter leurs animaux.

Elle s'était donc trompée? ce n'était donc pas là qu'elle devait s'arrêter ? Mais alors que signifiait cette halte?

Pourquoi une partie de l'escorte l'abandonnait-elle ?

Son incertitude ne fut pas de longue durée cette fois : au bout de dix minutes au plus la mule s'arrêta de nouveau.

L'homme qui la conduisait s'approcha de doña Rosario.

Cet homme, revêtu du costume des *huasos*, — campagnards chiliens, — avait sur la tête un vieux chapeau de paille de Panama, dont les larges ailes rabattues sur son visage empêchaient de distinguer ses traits.

À l'aspect de cet individu, la jeune fille éprouva malgré elle un frisson de terreur.

Le paysan, ou soi-disant tel, sans lui adresser une parole, retira la couverture qui la couvrait, dénoua la corde qui lui ceignait la ceinture, et, la prenant dans ses bras avec autant de facilité que si c'eût été un enfant, il la porta toute frémissante de peur dans une cabane qui s'élevait solitaire à quelques pas, et dont la porte toute grande ouverte semblait les inviter à entrer.

L'intérieur de cette cabane était obscur.

La jeune fille fut déposée sur le sol avec une précaution et un soin auxquels elle était loin de s'attendre.

Au moment où cet homme la laissait glisser sur la terre, il pencha la tête vers elle, et, d'une voix faible comme un souffle, il glissa ces mots à son oreille:

— Courage et espoir !

Et se relevant vivement, il sortit en toute hâte de la cabane, dont il referma la porte derrière lui.

Dès qu'elle fut seule, doña Rosario se redressa ; d'un bond elle se trouva debout.

Les deux mots que lui avait jetés l'inconnu avaient suffi pour lui rendre sa présence d'esprit et lui ôter toutes ses terreurs.

L'espoir, cette panacée universelle, ce bien suprême que Dieu, dans son inépuisable miséricorde, a donné aux malheureux pour les aider à souffrir, était subitement rentré dans son cœur; alors elle redevint forte et prête à engager la lutte contre ses ennemis inconnus.

Elle savait à présent qu'un ami veillait dans l'ombre sur elle, que, le cas échéant, son appui ne lui manquerait pas; aussi, ce fut non avec crainte, mais presque avec impatience, qu'elle attendit que ses ravisseurs lui signifiassent leurs volontés.

Le lieu où elle était enfermée était plongé dans une obscurité complète. Dans les premiers moments ce fut en vain qu'elle essaya de distinguer quelque chose dans ce chaos; mais peu à peu ses yeux s'accoutumèrent aux ténèbres, et, en face d'elle, elle aperçut une faible lueur qui filtrait entre les ais mal joints d'une porte.

Alors, avec précaution, pour ne pas éveiller l'attention des gardiens invisibles qui peut-être la surveillaient, elle tendit les bras en avant pour éviter de se choquer contre quelque obstacle qu'elle ne pouvait voir, et s'avança à pas de loup, en prêtant l'oreille au moindre bruit, du côté où brillait cette lueur, lumière qui l'attirait instinctivement comme la flamme attire les papillons imprudents dont elle brûle les ailes.

Plus elle approchait, plus cette lueur devenait distincte; un bruit de voix arrivait jusqu'à elle.

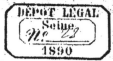

La porte du cuarto dans lequel dona Rosario était enfermé s'ouvrit brusquement,
le guerrier puelche parut.

Enfin, ses bras étendus touchèrent la porte, elle se pencha en avant et mit
son œil au niveau de la fente.

Elle étouffa un cri de surprise, et, comme en ce moment la conversation
un instant interrompue recommençait, elle écouta.

XXXIII

AUX AGUETS

Ce qu'elle entendait, ce qu'elle voyait surtout, devait en effet intéresser puissamment doña Rosario.

Dans une salle assez vaste, faiblement éclairée par une de ces chandelles jaunes que les Chiliens nomment *velas de cebo,* attachée au mur au moyen de graisse figée, une femme encore jeune, fort belle, vêtue d'un habit de cheval d'une grande richesse, était assise sur un fauteuil d'ébène recouvert de cuir de Cordoue; de la main droite elle agitait un *chicote* — cravache — à pomme d'or ciselée, et parlait avec une certaine animation à un homme qui se tenait respectueusement debout devant elle, le chapeau à la main.

Cet homme, autant que doña Rosario pu le conjecturer, était le même qui l'avait enfermée dans le *cuarto* où elle se trouvait.

La femme que doña Rosario ne se rappelait pas avoir jamais vue n'était autre que doña Maria, la courtisane éhontée, qui, sous le nom de la Linda, jouissait d'une si scandaleuse célébrité.

La position occupée par doña Maria faisait que la lueur de la chandelle donnait en plein sur son visage, et permettait de distinguer ses traits.

Doña Rosario la contemplait avidement, car elle sentait instinctivement que cette femme était l'ennemie qui, depuis sa naissance, s'était fatalement attachée à ses pas.

Elle comprenait qu'entre l'inconnu et elle une conférence suprême allait avoir lieu, que, dans quelques minutes, son sort se déciderait.

Et cependant, à l'aspect de cette femme, dont les sourcils froncés, le regard clair et hautain, les lèvres froidement pincées et les paroles cruelles, laissaient à flot déborder la haine qui la dévorait, ce n'était ni un sentiment de terreur, ni un sentiment de haine qu'éprouvait la jeune fille ; à son insu, une tristesse et une pitié indéfinissables s'emparèrent d'elle pour celle qui donnait alors des ordres qui la faisaient frémir.

Elle écoutait, haletante, fascinée, sans chercher à comprendre, ne sachant si ce qu'elle entendait était bien réellement vrai et se croyant parfois sous le coup d'une épouvantable hallucination.

Les deux interlocuteurs, qui ne se savaient ni épiés, ni écoutés, avaient repris leur conversation à voix haute.

Doña Rosario ne perdait pas une parole.

— Comment se fait-il, demanda la Linda à l'homme qui se tenait devant elle, que don Joan ne soit pas venu? c'est lui que j'attendais.

L'homme ainsi interpelé jeta un regard sournois autour de lui, en roulant entre les doigts les bords de son chapeau, et répondit avec un embarras mal dissimulé :

— Joan m'a envoyé à sa place.

— Et de quel droit, fit la Linda, avec un ton hautain, ce drôle se permet-il de confier à d'autres le soin d'acomplir les ordres que je lui donne?

— Joan est mon ami, repartit l'homme.

— Que m'importe, à moi, reprit-elle avec un sourire de mépris, les liens qui vous unissent?

— La mission dont vous l'aviez chargé a été accomplie.

— L'a-t-elle été fidèlement?

— La femme est là, dit-il en désignant du doigt la chambre où se trouvait doña Rosario; pendant la route elle n'a causé avec personne et je puis certifier qu'elle ignore en quel lieu on l'a conduite.

A cette assurance, l'œil de doña Maria se radoucit un peu, et ce fut d'une voix moins brève et moins hautaine qu'elle répondit :

— Mais pourquoi Joan vous a-t-il cédé sa place?

— Oh! fit l'homme avec une feinte bonhomie que démentait son œil rusé, par une raison bien simple; Joan est en ce moment attiré vers la plaine par les deux yeux noirs de la femme d'un visage pâle, qui brillent comme des *lucioles* dans la nuit; le toldo de cette femme est bâti dans la campagne, aux environs de la tolderia que vous nommez, je crois, Concepcion; bien que telle conduite soit indigne d'un guerrier, son cœur vole sans cesse vers cette femme, malgré lui, et tant qu'il ne sera pas parvenu à s'en emparer, il ne rentrera pas dans son bon sens.

— Eh bien! alors, interrompit la Linda en frappant du pied avec dépit, pourquoi ne l'enlève-t-il pas, l'imbécile?

— Je le lui ai proposé.

— Qu'a-t-il dit?

— Il a refusé.

Doña Maria haussa les épaules, tandis qu'un sourire de dédain plissait le coin de ses lèvres.

— Mais, fit-elle, tout cela ne me dit pas qui vous êtes, vous?

— Moi, je suis un Ulmen dans ma tribu, un grand guerrier parmi les Puelches, répondit-il avec orgueil.

— Ah! dit-elle avec satisfaction, vous êtes un Ulmen des Puelches, bon! puis-je compter sur votre fidélité?

— Je suis l'ami de Joan, répliqua-t-il simplement, en s'inclinant avec respect.

— Connaissez-vous cette femme que vous avez amenée? lui demanda-t-elle en lui lançant un regard de défiance.

— Comment la connaîtrais-je?

— Êtes-vous prêt à m'obéir en tout?

— Mon obéissance dépendra de ma sœur; qu'elle parle, je répondrai.

— Cette femme est mon ennemie, dit la Linda.

— Faut-il qu'elle meure? répondit-il rudement, sans baisser les yeux devant ceux inquisiteurs de la Linda.

— Eh non, s'écria-t-elle vivement, ces Indiens sont des brutes, ils n'entendent rien à la vengeance! Que m'importe sa mort? c'est sa vie que je veux !

— Que ma sœur s'explique, je ne la comprends pas.

— La mort, ce n'est que quelques instants de souffrance, puis tout est fini.

— La mort blanche, peut-être, mais la mort indienne, il faut l'appeler bien des heures avant qu'elle réponde.

— Je veux qu'elle vive, vous dis-je.

— Elle vivra !... Ah ! ajouta-t-il avec un soupir, le toldo d'un chef est vide, ses feux sont éteints.

— Oh ! oh ! interrompit la Linda, vous n'avez pas de femmes?

— Elles sont mortes.

— Et dans quel lieu se trouve votre tribu, en ce moment?

— Oh ! dit l'Indien, bien loin d'ici, à dix soleils de marche au moins ; je retournais rejoindre les guerriers de ma tolderia lorsque Joan m'a chargé de le remplacer.

Il y eut un silence.

La Linda réfléchit.

Doña Rosario redoubla d'attention, elle comprit qu'elle allait connaître son sort.

— Et vous, reprit doña Maria, en fixant un regard interrogateur sur son interlocuteur, quel intérêt si grand vous retenait dans les plaines du bord de la mer?

— Aucun. J'étais venu, ainsi que les autres Ulmènes, pour le renouvellement des traités.

— Vous n'aviez pas d'autres raisons?

— Pas d'autres.

— Écoutez, chef, vous avez sans doute admiré ces quatre chevaux qui sont attachés à la porte de cette masure?

— Ce sont de nobles bêtes, répondit l'Indien, dont l'œil brilla de convoitise

— Eh bien ! il ne dépend que de vous que je vous les donne.

— Oh ! oh ! s'écria-t-il avec joie, que faut-il faire pour cela?

La Linda sourit.

— M'obéir, dit-elle.

— J'obéirai, répondit-il.

— Quoi que je vous commande?

— Quoi que ma sœur me commande.

— Bien ; mais souvenez-vous de ce que je vais vous dire : si vous essayez de me tromper, ma vengeance sera terrible, elle vous suivra partout.

— Pourquoi tromperais-je ma sœur?

— Parce que votre race indienne est ainsi faite, astucieuse et fourbe, toujours prête à trahir.

Un éclair sinistre jaillit de l'œil voilé du guerrier puelche ; cependant il répondit d'une voix calme :

— Ma sœur se trompe, les Araucans sont loyaux.

— Nous verrons, reprit-elle ; comment vous nommez-vous?

— Le Rat Musqué.

— Bien. Écoutez, Rat Musqué, ce que je vais vous dire.

— Mes oreilles sont ouvertes.

— Cette femme que, d'après mes ordres exprès, vous avez conduite ici, ne doit plus revoir les plaines du bord de la mer.

— Elle ne les reverra plus.

— Je ne veux pas qu'elle meure, entendez-vous bien ; il faut qu'elle souffre, dit-elle avec un accent qui fit tressaillir d'épouvante la malheureuse jeune fille.

— Elle souffrira.

— Oui, fit doña Maria, dont la prunelle étincela ; je veux que pendant une longue suite d'années elle endure un martyre de tous les instants, de toutes les minutes ; elle est jeune, elle aura le temps d'appeler en vain la mort pour la délivrer de ses maux, avant que celle-ci daigne l'exaucer. Par delà les montagnes, bien loin dans les déserts, après les forêts vierges du *Gran-Chaco*, on dit qu'il existe des hordes d'Indiens féroces et sanguinaires, qui portent une haine mortelle à tous ceux qui appartiennent à la race blanche.

— Oui, fit mélancoliquement le Puelche, j'ai entendu parler souvent de ces hommes par les anciens de ma tribu ; ils ne vivent que pour le meurtre.

— C'est cela, fit-elle avec une joie sinistre ; eh bien, chef, vous croyez-vous capable de traverser ces vastes déserts et d'atteindre le Gran-Chaco ?

— Pourquoi ne le ferais-je pas ? répondit l'Indien en relevant la tête avec orgueil, existe-t-il des obstacles assez forts pour arrêter le guerrier araucan dans sa course ? Le *puma* est le roi des forêts, le vautour celui du ciel, mais l'Aucas est le roi du puma et de l'aigle, le désert est à lui, *Guatechà* le lui a donné ; son cheval et sa lance le rendent invincible et maître de l'immensité !

— Ainsi, mon frère accomplira ce voyage réputé impossible ?

Un sourire de dédain se joua un instant sur les lèvres du sauvage guerrier.

— Je l'accomplirai, dit-il.

— Bon ! mon frère est un chef, je le reconnais à présent.

Le Puelche s'inclina avec une contenance modeste.

— Mon frère ira donc, et, arrivé dans le Chaco, il vendra la fille pâle aux *Guayacurus*.

L'Indien ne laissa voir aucune marque d'étonnement sur son visage.

— Je la vendrai, repondit-il.

— Bien ! mon frère sera fidèle ?

— Je suis un chef, je n'ai qu'une parole, ma langue n'est pas fourchue ; mais pour quelle raison mener si loin cette femme pâle ?

Doña Maria lui jeta un regard pénétrant. Un soupçon traversa son cœur, l'Indien s'en aperçut.

— Je ne faisais qu'une simple observation à ma sœur ; au fond cela m'importe peu, elle ne me répondra que si elle le juge convenable, dit-il avec indifférence.

Le front de la Linda se rasséréna.

— Cette observation est juste, chef, j'y répondrai ; pourquoi la mener si loin ? m'avez-vous demandé ; parce que Antinahuel aime cette femme, que son cœur s'est amoli pour elle, que peut-être il se laisserait attendrir par ses prières, qu'il la rendrait à sa famille, et je ne veux pas que cela arrive, moi; il faut qu'elle pleure des larmes de sang, que son cœur se brise sous l'effort incessant de la douleur, qu'elle perde tout, enfin, même l'espérance !

En prononçant ces dernières paroles, doña Maria s'était levée, la tête haute, l'œil étincelant, le bras étendu; il y avait dans son aspect quelque chose de fatal et de terrible qui effraya l'Indien lui-même, si difficile à émouvoir.

— Allez ! ajouta-t-elle d'un ton de commandement, avant qu'elle parte pour toujours, je veux voir cette femme une fois, une seule, et l'entretenir quelques instants ; il faut au moins qu'elle me connaisse, amenez-la moi.

L'Indien sortit sans répliquer; cette femme si belle et si cruelle l'épouvantait, elle lui faisait horreur.

Doña Rosario, à cette atroce sentence prononcée froidement contre elle, était tombée à demi-évanouie sur le sol.

XXXIV

FACE A FACE

La porte du *cuarto* dans lequel doña Rosario était enfermée s'ouvrit brusquement et le guerrier puelche parut à l'entrée ; il tenait à la main une grossière lampe en terre, dont la flamme, bien que très faible, permettait de distinguer les objets.

Cet homme avait remis sur sa tête le sordide chapeau, dont les larges bords servaient à dissimuler ses traits.

— Venez, dit-il d'un ton bourru à la jeune fille.

Celle-ci, reconnaissant l'inutilité d'une résistance qui ne pouvait qu'être dangereuse pour elle au milieu des bandits qui l'entouraient, courba la tête avec résignation et suivit silencieusement son guide.

Doña Maria avait repris sa place sur le fauteuil; les bras croisés et la tête baissée sur sa poitrine, elle était plongée dans une sombre méditation.

Au bruit léger des pas de la jeune fille, elle se redressa, un éclair de haine jaillit de sa prunelle fauve, et, d'un geste, elle commanda à l'Indien de se retirer.

Le Puelche se retira.

Les deux femmes s'examinaient avidement; leurs regards se croisaient.

Le milan et la colombe étaient en présence.

Un silence de mort régnait dans la salle; par intervalles, le vent s'engouffrait avec de lugubres murmures à travers les ais mal joints des portes, agitait la vieille masure jusque dans ses fondements, et faisait vaciller l'unique chandelle qui éclairait mélancoliquement la vaste salle où les deux femmes se trouvaient réunies.

Après un laps de temps assez long, la Linda qui, avec cet instinct que possèdent les femmes à un si haut point, avait détaillé une à une les innombrables beautés de la ravissante créature qui se tenait tremblante et courbée devant elle, prit la parole :

— Oui, fit-elle d'une voix sourde, en se parlant à elle-même, vaincue par l'évidence, cette fille est belle, elle a tout ce qui peut la rendre adorable, il suffit de la voir pour l'aimer ; eh bien ! cette beauté qui jusqu'à ce jour a fait sa joie et son orgueil, la douleur la flétrira rapidement, je veux qu'avant un an elle soit un objet de mépris et de pitié pour tous ! Oh ! ajouta-t-elle d'une voix vibrante, je tiens donc ma vengeance, enfin !

— Que vous ai-je fait, madame, pour que vous me haïssiez tant ? dit la jeune fille d'une voix plaintive, dont le timbre doux et mélodieux aurait attendri tout autre que celle à laquelle elle s'adressait.

— Ce que tu m'as fait, folle créature ! s'écria-t-elle en bondissant comme une lionne blessée, et se dressant frémissante devant doña Rosario ; ce que tu m'as fait ? puis elle ajouta avec un rire strident : C'est vrai, tu ne m'as rien fait, toi !

— Hélas ! madame, je ne vous connais pas, c'est pour la première fois aujourd'hui que je me trouve en votre présence ; moi, pauvre jeune fille, dont la vie jusqu'à présent s'est écoulée dans la retraite. puis-je donc vous avoir offensée ?

Doña Maria la considéra un instant avec une expression indéfinissable.

— Oui, j'en conviens, répondit-elle, tu ne m'as rien fait ! et personnellement, comme tu viens de me le dire, je n'ai rien à te reprocher ; mais, en te faisant souffrir, ne comprends-tu donc pas que c'est de lui que je me venge ?

— Je ne sais pas ce que vous voulez me dire, madame, fit la jeune fille avec candeur.

— Insensée, qui joue avec la lionne prête à la dévorer ! ne feins pas davantage une ignorance dont je ne suis pas dupe ; si déjà tu n'as pas deviné mon nom, je vais te le dire : je suis doña Maria, celle que l'on nomme la Linda, me comprends-tu maintenant ?

— Pas davantage, madame, répondit doña Rosario avec un accent de franchise qui ébranla sa persécutrice malgré elle ; jamais je n'ai, que je sache, entendu prononcer ce nom.

— Serait-il vrai ? fit-elle avec doute.

— Je vous le jure.

La Linda se mit à marcher à grands pas dans la salle.

Doña Rosario, de plus en plus étonnée, regardait à la dérobée cette femme sans pouvoir se rendre compte de l'émotion que sa présence et le son de la voix lui faisaient éprouver : ce n'était pas de la crainte, encore moins de la joie, mais un mélange incompréhensible de tristesse, de joie, de pitié et de terreur ; un sentiment indéfinissable qui, loin de lui causer de l'éloignement, l'attirait vers celle dont les odieux projets n'étaient pas un secret pour elle, et dont elle savait qu'elle avait tout à redouter.

Singulière sympathie! ce que doña Rosario éprouvait pour la Linda, la Linda l'éprouvait pour doña Rosario ; en vain elle appelait à son aide tous les griefs qu'elle croyait avoir à reprocher à l'homme qu'elle voulait frapper dans la jeune fille ; dans les replis les plus cachés de son cœur, une voix de plus en plus forte lui parlait en faveur de celle qu'elle se préparait à sacrifier à sa haine ; plus elle cherchait à surmonter ce sentiment dont elle ne pouvait se rendre compte, plus elle sentait que ses efforts se brisaient impuissants ; enfin, elle était sur le point de s'attendrir.

— Oh! murmura-t-elle avec rage, que se passe-t-il donc en moi, vais-je me laisser dominer par les larmes de cette chétive créature?

De même que ces guerriers indiens qui, attachés au poteau du sang, chantent leurs exploits pour s'encourager à supporter courageusement les tortures que préparent silencieusement leurs bourreaux, la Linda rappela le souvenir palpitant de tous les outrages dont l'avait abreuvée don Tadeo, et, l'œil toujours étincelant, la lèvre frémissante, elle s'arrêta brusquement devant doña Rosario.

— Écoute, jeune fille, lui dit-elle d'une voix que la colère faisait trembler, cette fois est la première et la dernière que nous nous trouverons en présence ; je veux que tu saches bien pourquoi je te porte une haine si grande; ce que tu vas apprendre sera peut-être pour toi plus tard une consolation et t'aidera à supporter avec courage les douleurs que je te réserve, ajouta-t-elle avec un rire de démon.

— Je vous écoute, madame, répondit doña Rosario avec une angélique douceur, bien que je sois certaine que ce que vous allez me dire ne peut en aucun cas me rendre coupable vis-à-vis de vous.

— Tu crois? fit la Linda avec un ton ironiquement compatissant; eh bien! écoute, nous avons le temps de causer, tu ne dois partir que dans une heure.

Cette allusion à son départ prochain fit frissonner la jeune fille, en lui rappelant tout ce que ce départ renfermait pour elle de tortures.

— Une femme, continua la Linda, jeune et belle, plus belle que toi, frêle enfant des villes que le moindre orage courbe comme un faible roseau, une femme, dis-je, avait par amour épousé un homme jeune aussi, beau comme le mauvais ange avant sa chute, qui, avec des paroles perfidement dorées, en lui ouvrant des horizons immenses et inconnus, l'avait si bien séduite, elle, pauvre fille des champs, qu'en moins de quelques jours il lui avait fait furtivement abandonner le toit qui avait abrité son enfance et sous lequel son vieux père devait l'appeler en vain jusqu'à sa mort pour la bénir et lui pardonner.

— Oh! c'est affreux! s'écria doña Rosario.

— Pourquoi donc? puisqu'il l'épousa, la morale était satisfaite aux yeux du monde; cette femme était pure, et pouvait désormais marcher tête levée devant la foule qui avait assisté avec des rires de mépris à sa chute. Mais tout passe en ce monde, et plus promptement que tout, l'amour de l'homme le plus passionné. Un an à peine après son mariage, seule dans la chambre la plus reculée de sa demeure, cette femme pleurait son bonheur évanoui à jamais; son mari l'avait abandonnée! Un enfant était né de cette union, une petite fille blonde, chérubin aux lèvres roses, dont les yeux reflétaient l'azur

La porte s'ouvrit brusquement et plusieurs hommes firent irruption dans le cuarto.

du ciel, la seule consolation qui, dans son immense malheur, restât à la pauvre mère délaissée. Une nuit, pendant qu'elle était plongée dans le sommeil, son mari s'introduisit comme un voleur dans sa demeure, s'empara de l'enfant malgré les cris de la mère désolée qui se traînait en larmes à ses pieds en l'implorant par ce qu'il y a de plus sacré au monde, et, après avoir durement repoussé cette mère au désespoir, qui tomba mourante sur les dalles froides de la chambre, cet homme sans cœur et sans pitié disparut avec l'enfant

— Et la mère? demanda avec anxiété doña Rosario, vivement émue de ce récit que la Linda faisait tout à son avantage.

— La mère, répondit-elle d'une voix basse et entrecoupée, elle ne devait jamais revoir son enfant! elle ne l'a jamais revu! Prières, menaces, tout a été tour à tour employé par elle sans succès; alors cette mère qui adore son enfant, qui donnerait sa vie pour elle, cette mère a voué à l'homme qu'elle avait tant aimé et qui était sans pitié pour elle, une haine que nulle vengeance ne sera jamais assez forte pour assouvir! A présent, sais-tu le nom de cette mère, jeune fille? dis, le sais-tu? Non, n'est-ce pas? eh bien! cette mère, c'est moi! L'homme qui lui a ravi tout son bonheur, l'homme qu'elle hait à l'égal du démon dont il a le cœur, cet homme c'est don Tadeo de Leon!

— Don Tadeo!... s'écria doña Rosario en reculant de surprise.

— Oui, reprit la Linda avec rage, don Tadeo, ton amant!

La jeune fille bondit jusqu'à doña Maria, et lui saisissant le bras à le briser, et approchant son visage enflammé de colère de celui de la courtisane, stupéfaite de cette énergie qu'elle ne soupçonnait pas dans cette mignonne enfant.

— Qu'avez-vous osé dire, madame? fit-elle avec indignation, don Tadeo, mon amant, lui?... Vous en avez menti, madame!

— Serait-il vrai? demanda vivement la Linda, me serais-je en effet si grossièrement trompée? Mais alors, ajouta-t-elle avec défiance, qui donc êtes-vous? et à quel titre vous garde-t-il auprès de lui?

— Qui je suis, madame? répondit noblement la jeune fille, je vais vous le dire.

Tout à coup le galop précipité de plusieurs chevaux se fit entendre au dehors, mêlé à des cris et à des jurons.

— Que se passe-t-il donc? dit doña Maria en pâlissant.

— Oh! fit doña Rosario en joignant les mains avec ferveur, mon Dieu! m'envoyez-vous des libérateurs?

— Vous n'êtes pas libre encore, lui dit la Linda avec un sourire cruel.

Le tumulte augmenta dans d'énormes proportions, la porte violemment poussée au dehors s'ouvrit brusquement, et plusieurs hommes firent irruption dans le cuarto.

XXXV

LA RÉVOLTE

La multiplicité des scènes que nous avons à rapporter et les exigences de notre récit nous contraignent à abandonner doña Rosario et la Linda pour retourner à Valdivia, où la révolte avait pris les proportions gigantesques d'une révolution.

Électrisés par l'action héroïque du Roi des ténèbres, les patriotes combattaient avec un acharnement inouï.

Les Cœurs Sombres semblaient avoir le don d'ubiquité ; ils se multi-
pliaient, partout ils se trouvaient à la tête des insurgés, les excitant du geste,
de la voix et surtout leur donnant l'exemple.

La ville était complètement coupée de barricades, contre lesquelles le peu
de troupes restées fidèles au général Bustamente, luttaient en vain.

Écrasés par les ennemis qui, de toutes parts, surgissaient contre eux, aux
cris mille fois répété de : « — Vive la Patrie! vive le Chili! vive la Liberté! » les
soldats reculaient pas à pas, abandonnant les uns après les autres les différents postes, dont, au commencement de l'action, ils s'étaient emparés, et ils se
massaient sur la place Mayor dont, à leur tour, ils avaient, eux aussi, barricadé
les issues.

La ville était au pouvoir des insurgés ; la bataille désormais concentrée
sur un point, il n'était plus difficile de prévoir à qui resterait la victoire, car
les soldats découragés par le mauvais succès de leur coup de main, et comprenant qu'ils s'étaient faits les champions d'une cause perdue, ne combattaient plus que pour obtenir des conditions honorables.

Les officiers du général Bustamente et les sénateurs qu'il avait achetés pour
en faire ses partisans, tremblaient en songeant au sort qui les menaçait s'ils
tombaient aux mains de leurs ennemis ; le succès justifie tout : dès qu'ils n'avaient
pas réussi, ils étaient traîtres à la patrie, et, comme tels, ils n'avaient aucun
droit à une capitulation ; aussi excitaient-ils leurs soldats à lutter vaillamment,
en leur annonçant un prompt secours, et tâchaient de leur rendre le courage en
leur disant que leurs adversaires n'étaient que des bourgeois dont ils auraient
facilement raison s'ils voulaient prendre hardiment l'initiative ou seulement
résister une heure encore.

Le général qui commandait la garnison, et que nous avons vu avec tant
d'arrogance lire sur les marches du cabildo le sénatus-consulte qui changeait
la forme du gouvernement, se mordait les lèvres avec rage et faisait des prodiges de valeur pour donner à don Pancho Bustamente le temps d'arriver ;
dès qu'il avait vu la tournure que prenaient les choses, il lui avait en toute
hâte expédié un exprès.

Cet exprès était don Diego, ce vieux soldat dévoué au général Bustamente.

— Lieutenant! lui avait-il dit en terminant, vous voyez dans quelle position nous sommes, il faut que vous arriviez coûte que coûte.

— J'arriverai, général, soyez tranquille, répondit intrépidement don Diego.

— Moi je tâcherai de tenir jusqu'à votre retour.

Don Diego s'était alors précipité tête baissée au milieu des rangs les plus
pressés des insurgés, poussant son cheval en avant et faisant tourner avec
une rapidité extrême son sabre autour de sa tête. Les Cœurs Sombres,
étonnés de cette attaque terrible d'un seul homme, s'étaient dans le premier
moment, ouverts devant lui comme une grenade trop mûre, incapable de résister au choc impétueux de ce démon qui semblait invulnérable, et qui, à chaque coup, les fauchait impitoyablement.

Diego profita habilement du désordre jeté dans leurs rangs par son élan téméraire; il poussa toujours en avant, et, après des efforts gigantesques, il parvint enfin à sortir de la ville.

Dès qu'il fut en sûreté, la surexcitation fébrile qui, jusque-là, l'avait soutenu, tomba subitement, et à quelques pas des portes, il fut contraint de s'arrêter pour reprendre haleine et remettre un peu d'ordre dans ses idées bouleversées.

Le vieux soldat lava les flancs et les naseaux de son cheval avec un peu d'eau et d'eau-de-vie, puis, aussitôt ce devoir rempli, comprenant que le sort de ses compagnons dépendait de la célérité avec laquelle il remplirait sa mission, d'un bond il se remit en selle et partit avec la rapidité d'une flèche.

Le général n'avait pas hésité à retourner à Valdivia.

Il sentait trop bien l'avantage énorme qu'il retirerait d'un succès, et l'échec irréparable qu'il recevrait s'il était battu.

Vainqueur, sa route jusqu'à Santiago ne serait plus qu'une marche triomphale : les autorités des villes qu'il traverserait viendraient à l'envi les unes des autres se ranger sous son drapeau, au lieu que, contraint d'abandonner Valdivia en fugitif, il se verrait traqué comme une bête fauve et forcé de chercher son salut dans une prompte fuite, soit en Bolivie, soit à Buenos-Ayres, et ses projets qu'il nourissait depuis si longtemps dont il croyait avoir de longue main assuré le succès, se trouveraient ajournés et peut-être détruits pour toujours.

Aussi le général était-il en proie à une de ces rages froides, d'autant plus terribles qu'elles ne peuvent s'exhaler au dehors.

Les cavaliers s'avançaient au milieu d'un nuage de poussière soulevé par leur course précipitée, roulant comme un tourbillon sur la route avec le bruit du tonnerre.

A deux longueurs de lance, en avant des soldats, don Pancho, courbé sur le cou de son cheval, le front pâle et les dents serrées, galopait à fond de train, l'œil fixé sur les hauts clochers de Valdivia, dont les silhouettes sombres grandissaient de plus en plus l'horizon.

A un demi-mille de la ville le général arrêta sa troupe.

Le bruit sec et sifflant de la fusillade résonnait avec force, par intervalles le grondement sourd du canon y mêlaient sa lugubre basse.

La bataille continuait toujours.

Le général se hâta de faire ses derniers préparatifs avant de tenter un effort suprême.

Les fantassins mirent pied à terre et se formèrent en pelotons.

Les armes furent chargées.

Les troupes amenées par le général, à notre point de vue européen, où l'on est habitué à voir se choquer des grandes masses, n'étaient pas nombreuses ; elles se composaient au plus de huit cents hommes.

Nous disons, nous autres, que la victoire reste aux plus gros bataillons ; en Amérique, où les armées les plus considérables ne sont souvent que de trois mille hommes, ce mot se modifie tout naturellement, et ce n'est ordinairement que le plus adroit ou le plus hardi qui reste maître du champ de bataille.

Don Pancho Bustamente était un rude soldat, habitué aux luttes des

— En avant ! cria-t-il d'une voix retentissante.

guerres civiles qui, la plupart du temps, ne se composent que de coups de mains audacieux; doué d'un courage à toute épreuve, d'une témérité sans égale, d'une ambition immense, il se disposa avec sang-froid à rétablir par une attaque irrésistible ses affaires compromises.

La campagne aux environs de Valdivia est un véritable jardin anglais, entrecoupé de bosquets, de pommiers, de bois de taillis et de minces cours d'eau qui vont tous se jeter dans le fleuve.

Il fut facile au général de dissimuler entièrement sa présence.

Deux soldats furent détachés en éclaireurs afin d'apprendre des nouvelles.

Au bout de quelques instants ils revinrent; les abords de la ville étaient solitaires ; les insurgés avaient refoulé les troupes dans l'intérieur, et, au dire des batteurs d'estrade, avec l'imprudence de bourgeois métamorphosés tout à coup en hommes de guerre, ils n'avaient pas laissé de réserve ni même placé des sentinelles pour assurer leurs derrières et se garantir d'une surprise.

Ces nouvelles, au lieu de rendre la sécurité au général, lui firent froncer les sourcils ; il pressentit un piège et, tandis que ses officiers faisaient des gorges chaudes à propos de la tactique savante des insurgés, il jugea nécessaire de redoubler de précautions.

Les troupes furent divisées en deux corps qui devaient au besoin se soutenir l'un l'autre ; et, comme on attaquait une ville entièrement barricadée, les lanceros eurent ordre de mettre pied à terre pour renforcer l'infanterie ; seulement un escadron d'une centaine de cavaliers resta en selle, caché à vingt-cinq mètres de la place, afin de soutenir la retraite ou de sabrer les fuyards si la reprise réussissait.

Ces dispositions prises, le général fit une chaleureuse allocution à ses soldats, auxquels il promit en cas de succès le sac de la ville, puis il se plaça en tête du premier détachement et donna l'ordre de marcher en avant

Les troupes s'avancèrent alors à l'indienne, s'abritant derrière chaque pli de terrain et chaque arbre qui se trouvait devant eux.

Ils arrivèrent ainsi sans avoir donné l'éveil jusqu'à portée de pistolet de la place.

Le silence morne qui continuait à régner autour de lui, la tranquillité parfaite des alentours de la ville, contrastaient d'une façon lugubre avec la fusillade et le bruit de la canonnade qui se faisaient d'instants en instants plus intenses dans l'intérieur, et redoublaient les inquiétudes du général.

Un sombre pressentiment l'avertissait qu'il était menacé d'un grand danger, qu'il ne savait comment éviter, puisqu'il ignorait de quelle sorte il était.

Toute hésitation à ce moment suprême pouvait entraîner des malheurs irréparables.

Le général serra avec force la poignée de son épée dans sa main crispée, et se tournant vers ses soldats :

— En avant ! cria-t-il d'une voix retentissante.

Le détachement, qui n'attendait que cet ordre, se précipita en hurlant, et franchit au pas de course l'espace qui le séparait de la ville.

Fenêtres et portes, tout était fermé ; n'eût été le bruit lointain de la fusillade qu'on entendait au cœur de la ville, on l'aurait crue déserte.

Le premier détachement ne trouvant pas d'obstacles devant lui, continua sa route ; le second détachement, entra aussitôt.

Alors, tout à coup, devant, derrière et sur les flancs des deux troupes, un cri formidable éclata en même temps, et à chaque fenêtre parurent subitement des hommes armés de fusils.

Don Pancho Bustamente était entouré, il s'était laissé prendre, qu'on nous pardonne la trivialité de cette comparaison, comme un rat dans une souricière.

Les soldats, une seconde étonnés, se remirent bientôt ; ils firent face en avant et en arrière, et se ruèrent avec rage sur la double barrière qui les enfermait.

Mais en vain, ils se heurtèrent contre elle, ils ne purent la rompre.

Ils comprirent alors qu'ils étaient perdus, qu'ils n'avaient pas de quartier à attendre, et ils se préparèrent à mourir en gens de cœur.

Le général jetait des regards farouches et désespérés autour de lui, cherchant, mais sans succès, une issue au milieu de cette forêt menaçante de baïonnettes croisées contre lui, qui l'enserrait comme dans un réseau de fer.

Quelques auteurs se sont divisés souvent aux dépens des guerres et des batailles américaines où, disent-ils, les deux armées ont toujours le soin de se placer hors de portée de canon, si bien qu'elles n'ont jamais un homme tué.

Cette plaisanterie de fort mauvais goût a pris aujourd'hui les proportions d'une calomnie qu'il est bon de réfuter, car elle attaque l'honneur des Amécains du Sud qui, nous le proclamons hautement, sont doués d'un courage qui s'est brillamment montré pendant les guerres de l'indépendance contre les Espagnols. Malheureusement aujourd'hui ce courage s'use dans des luttes sans convictions.

Trois fois les soldats se précipitèrent sur les insurgés, trois fois ils furent repoussés avec une perte énorme.

La bataille était horrible, sans merci ; on combattait à l'arme blanche, pied contre pied, poitrine contre poitrine, jusqu'au dernier souffle, ne tombant que mort.

Les troupes, décimées par cet affreux carnage, perdaient peu à peu du terrain ; l'espace qu'elles occupaient se resserrait de plus en plus, et l'instant n'était pas loin où elles allaient disparaître sous le flot populaire qui montait toujours et menaçait de les engloutir sous sa masse irrésistible.

Le général réunit une cinquantaine d'hommes résolus à mourir ou à s'ouvrir un passage, et il tenta un effort suprême.

Ce fut un choc de géants.

Pendant quelques minutes, les deux masses lancées l'une contre l'autre demeurèrent presque immobiles par la force même de leur élan ; don Pancho faisait tournoyer son épée autour de lui, et, levé sur ses étriers, il abattait tout ce qui s'opposait à son passage.

Soudain un homme se dressa devant lui comme un roc qui surgit du fond de la mer.

A sa vue, le général recula malgré lui en étouffant un cri de surprise et de rage.

Cet homme était don Tadeo de Leon.

Son ennemi mortel !

Celui que déjà il avait condamné à mort et qui avait, d'une façon incompréhensible, survécu à son exécution.

Aujourd'hui Dieu semblait le placer fatalement devant lui pour être l'instrument de sa vengeance et la cause de sa ruine et de sa honte !

XXXVI

LE LION AUX ABOIS

— Mon Dieu ! fit le général, suis-je en proie à une hallucination ?

— Ah ! ah ! répondit le Roi des ténèbres avec un sourire ironique, vous me reconnaissez, général ?

— Don Tadeo de Leon ! s'écria don Pancho avec horreur, les morts sortent donc du tombeau ? Oh ! j'espérais que ce que l'on m'avait annoncé était faux, c'est vous ?

— Oui, reprit Tadeo d'une voix sombre, vous ne vous trompez pas, don Pancho, je suis don Tadeo de Leon, celui que vous avez fait fusiller sur la place Mayor de Santiago ! Vos espions vous ont bien renseigné.

— Homme ou démon ! s'écria le général avec rage, je te combattrai et je te contraindrai à rentrer dans l'enfer d'où tu sors !

Son ennemi sourit avec dédain.

— Votre heure est arrivée, don Pancho, dit-il, vous appartenez à la justice des Cœurs Sombres.

— Vous ne me tenez pas encore, misérable ! si je ne puis vaincre, je saurai mourir les armes à la main !

— Non, votre heure a sonné, vous dis-je, vous nous appartenez, vous mourrez, mais pas de la mort du soldat, vous serez exécuté par notre justice !

— Eh bien ! hurla le général en brandissant son épée, venez donc me prendre, alors !

Don Tadeo dédaigna de répondre.

Il fit un geste, et un lasso lancé par un bras invisible tournoya dans l'air et s'abattit en sifflant sur les épaules du général.

Avant que celui-ci, étonné par cette attaque imprévue, pût essayer une résistance impossible, il reçut un choc affreux, perdit les étriers, fut enlevé de son cheval et entraîné au milieu des insurgés.

Le général éperdu, à moitié fou de douleur et de honte, s'épuisait en vains efforts, à demi étranglé par le lasso qui lui meurtrissait la gorge, son visage avait pris une teinte violette, ses yeux injectés de sang paraissaient vouloir s'élancer de leurs orbites, une écume blanchâtre suintait aux coins de ses lèvres décolorées.

Don Tadeo le considéra un instant avec un mélange de pitié et de triomphe.

— Débarrassez-le de ce nœud coulant, dit-il, et assurez-vous de sa personne, tout en conservant pour lui les plus grands égards.

Les soldats, épouvantés par cette effroyable péripétie à laquelle ils

Un lasso tournoya dans l'air et s'abattit en sifflant sur les épaules du général.

étaient loin de s'attendre, restaient mornes et décontenancés, ne songeant même plus, dans leur stupeur, à faire usage de leurs armes.

Don Tadeo se tourna vers eux.

— Rendez-vous, leur dit-il, rendez-vous; l'homme qui vous a égarés est en notre pouvoir, vous aurez la vie sauve.

Les soldats se consultèrent un instant des yeux, puis, par un mouvement spontané, ils jetèrent leurs fusils en criant avec élan :

— Vive le Chili! vive la liberté!

— Bien, reprit don Tadeo, sortez de la ville, vous camperez à un mille, hors des portes, en attendant les ordres qui bientôt vous seront transmis.

Les soldats vaincus reprirent, la tête basse, le chemin qu'ils avaient parcouru une heure auparavant; ils traversèrent les rangs silencieux des insurgés qui s'ouvrirent pour leur livrer passage.

Sans perdre de temps, don Tadeo, suivi d'une foule de ses partisans, se dirigea vers la place Mayor où la bataille durait toujours.

Les soldats, solidement retranchés dans la place, et maîtres du cabildo, combattaient vaillamment, espérant encore le secours que devait leur amener le général Bustamente, dont ils ignoraient le sort.

Bien que réduites à un petit nombre, ces troupes occupaient une position formidable où il était presque impossible de les forcer, à moins de se résoudre à souffrir des pertes immenses.

Dans la persuasion où ils étaient, qu'il ne s'agissait que de gagner du temps, les soldats luttaient avec l'énergie du désespoir, défendant pouce à pouce les barricades derrière lesquelles ils s'abritaient.

Cependant la journée s'écoulait, leurs munitions s'épuisaient, un grand nombre des leurs étaient étendus sans vie à leurs pieds, et rien ne leur présageait encore que le secours si impatiemment attendu fût proche.

Dans la chaleur de l'action, ils n'avaient pas entendu le bruit du combat livré par don Pancho aux portes de la ville, et cela d'autant moins que seulement un petit nombre de coups de fusils avaient été tirés, et que tout s'était ensuite passé à l'arme blanche ; pourtant le découragement commençait à s'emparer des plus braves; le général qui commandait sentait lui-même son énergie diminuer, et il jetait autour de lui des regards inquiets.

Morne, les yeux baissés, le sénateur de la fatale proclamation tremblait de tous ses membres, il regrettait, mais trop tard, de s'être si inconsidérément jeté dans ce guêpier; il faisait les vœux les plus magnifiques aux innombrables saints de la légende dorée espagnole, s'ils le sortaient sain et sauf du péril dans lequel il se trouvait.

Le digne homme n'avait nullement les instincts belliqueux, et nous pouvons affirmer en toute sûreté, sans crainte d'être démenti, que s'il avait eu seulement le plus léger soupçon que les choses dussent tourner de cette façon, il serait resté bien tranquille dans sa charmante quinta de *Cerro-Azul*, aux environs de Santiago, où pour lui la vie s'écoulait si douce, si heureuse, et surtout si exempte de soucis.

Malheureusement, comme souvent cela arrive dans ce bas monde, où, n'en déplaise à Candide, tout n'est pas pour le mieux et qui n'est aucunement le meilleur possible, don Ramon Sandias, ainsi se nommait le sénateur, n'avait pas su apprécier à leur juste valeur les charmes de cette douce vie, l'ambition l'avait mordu au cœur, lui qui n'avait rien à désirer, et il s'était, comme nous l'avons dit, plongé jusqu'au cou dans un guêpier dont il ne savait plus comment sortir.

A chaque coup de fusil qu'il entendait, le pauvre sénateur sautait comme un guanacco, avec des yeux effarés, et lorsque parfois, malgré les précautions qu'il avait prises, le sifflement sinistre d'une balle résonnait à son oreille, il se jetait à plat ventre en marmottant toutes les prières que sa mémoire troublée lui rappelait.

Dans les premiers moments, les contorsions et les cris de don Ramon Sandias avaient beaucoup diverti les officiers et les soldats au milieu desquels le hasard l'avait jeté, ils s'étaient même amusés à augmenter encore ses terreurs; mais à la longue, ainsi que cela arrive plus souvent qu'on ne croit en pareille circonstance, les plaisanteries avaient cessé, peu à peu la frayeur de don Ramon s'était communiquée aux rieurs, qui voyaient avec effroi que leur position se faisait à chaque minute plus désespérée.

— Au diable soit le poltron ! lui dit enfin le général avec colère, ne pouvez-vous trembler moins fort? Crespita! consolez-vous, on ne vous tuera jamais qu'une fois !

— Cela vous est facile à dire, répondit le sénateur d'une voix entrecoupée, je ne suis pas militaire, moi; vous, c'est votre métier de vous faire tuer, cela vous est égal.

— Hum! repartit le général, pas autant que vous paraissez le croire ! mais rassurez-vous, si cela continue quelque temps encore, nous y passerons tous.

— Hein! qu'est-ce que vous dites? murmura le pauvre homme avec un redoublement d'effroi.

— Caramba! il est clair comme le jour que si don Pancho ne se hâte pas de venir, nous mourrons tous ici.

— Mais je ne veux pas mourir, moi! s'écria le sénateur en fondant en larmes, je ne suis pas soldat; oh! je vous en supplie, mon bon, mon estimable don Tiburcio Cornejo, laissez-moi m'en aller?

Le général haussa les épaules.

— Qu'est-ce que cela vous fait? reprit le sénateur d'une voix suppliante; bah! sauvez-moi la vie, enseignez-moi par où il faut que je passe pour sortir de cette bagarre maudite?

— Et! le sais-je? fit le général avec impatience.

— Tenez, dit le sénateur, vous me devez deux mille piastres que je vous ai gagnées au *monte*, n'est-ce pas?

— Eh bien, après? dit le général, vexé de ce souvenir malencontreux.

— Sortez-moi de là, je vous en tiens quitte.

— Vous êtes un imbécile, don Ramon, croyez-vous que s'il m'était possible de me tirer d'ici, j'y resterais?

— Allez fit le sénateur avec découragement, vous n'êtes qu'un faux ami, vous voulez ma mort, vous avez soif de mon sang.

Bref, le pauvre homme était à moitié fou, il ne savait plus ce qu'il disait, la terreur finissait de lui enlever le peu de bon sens qu'il eût jamais eu.

Du reste, la position devenait de plus en plus critique : le carnage était horrible, les soldats tombaient les uns après les autres sous les coups des insurgés embusqués à tous les coins de la place.

Deux ou trois sorties tentées par les troupes avaient été vigoureusement repoussées; sans chercher davantage à prendre une initiative possible, décimées comme elles l'étaient, elles se voyaient contraintes à empêcher seulement que leurs retranchements ne fussent forcés.

Tout à coup le sénateur bondit comme un chamois, il s'élança vers le général, dont il saisit le bras :

— Nous sommes sauvés! s'écria-t-il, grâce à Dieu, nous sommes sauvés!

— Hein! que voulez-vous dire, don Ramon? quelle lubie vous prend? êtes-vous définitivement fou?

— Je n'ai pas de lubie, reprit avec volubilité le sénateur, je ne suis pas fou, nous sommes sauvés, vous dis-je, nous sommes sauvés!

— Quoi? que se passe-t-il? don Pancho arrive-t-il enfin?

— Il s'agit bien de don Pancho! je le voudrais au fond des enfers!

— Qu'y a-t-il, alors?

— Comment, vous ne voyez pas, là, tenez, derrière la barricade qui fait l'angle de la *calle de la Merced?*

— Eh bien?

— Un pavillon parlementaire, un pavillon blanc!

— Hein? fit vivement le général, voyons, voyons!

Et il regarda.

— C'est ma foi vrai! dit-il au bout d'un instant, vivent les poltrons pour avoir de bons yeux, je ne l'avais pas aperçu.

—Oui, mais je l'ai vu, moi! fit don Ramon en se frottant les mains, tout ragaillardi et en se mettant à marcher avec impatience.

En ce moment une balle perdue vint ricocher non loin de lui, et siffler lugubrement à son oreille.

— Miséricorde! s'écria-t-il en tombant à plat ventre sur le sol où il resta immobile comme s'il était mort, bien qu'en réalité il n'eût pas reçu une égratignure.

Le combat était interrompu; n'entendant plus rien, le sénateur, comme un lapin qui se hasarde hors de son terrier, leva un peu la tête : rassuré par le silence qui continuait à régner, il se redressa en regardant avec anxiété de tous les côtés; enfin, convaincu que le péril était passé, il se releva tout à fait et se retrouva sur ses jambes qui, cependant, flageolaient encore et avaient peine à le soutenir.

XXXVII

EN PARLEMENTAIRE

Dès que le drapeau parlementaire eut été arboré, le feu cessa subitement des deux parts.

Ces troupes, aux abois, qui n'espéraient plus d'être secourues, n'étaient

Après de minutieuses recherches, les Indiens se placèrent devant la tente.

pas fâchées de voir que les insurgés sauvegardaient leur honneur militaire en demandant les premiers à parlementer.

Le général Cornejo surtout était fatigué du combat sans résultat qu'il soutenait vaillamment depuis le matin.

— Eh ! don Ramon, dit-il en s'adressant au sénateur d'un ton plus cordial que celui qu'il avait employé jusqu'alors en causant avec lui, je crois avoir trouvé le moyen de vous faire échapper sans coup férir ; ce qui est convenu est convenu, n'est-ce pas?

Le sénateur le regarda d'un air ébahi ; le digne homme ne se souvenait pas le moins du monde de ce que la frayeur avait pu lui faire dire pendant que les balles sifflaient à ses oreilles.

— Je ne vous comprends pas du tout, général, répondit-il.

— Faites donc l'innocent! répondit don Tiburcio en lui frappant en riant sur l'épaule, voulez-vous me persuader que vous êtes comme les guanaccos, qui perdent la mémoire en tremblant?

— Sur mon honneur, insista le sénateur, je vous jure, don Tiburcio, que je n'ai pas le moindre souvenir de vous avoir promis quelque chose.

— Ah!... au fait, c'est possible, car vous aviez bien peur; je vais vous rafraîchir la mémoire, attendez.

— Vous me ferez plaisir.

— J'en doute, mais c'est égal. Vous m'avez dit, à cette place où nous sommes, il n'y a pas plus d'une demi-heure, que si je trouvais le moyen de vous faire échapper sain et sauf, vous me tiendrez quitte des deux mille piastres que j'ai perdues contre vous et que je vous dois.

— Vous croyez? fit le sénateur chez lequel les instincts cupides se réveillaient déjà.

— J'en suis sûr. Demandez à ces messieurs, ajouta le général en se tournant vers quelques officiers qui se trouvaient là.

— C'est vrai, dirent-ils en riant.

— Ah!

— Oui, et comme je ne voulais pas écouter, vous avez ajouté...

— Comment, s'écria en bondissant don Ramon, qui savait de longue date à qui il avait affaire, j'ai ajouté quelque chose?

— Pardieu! fit l'autre, tenez, je vous cite vos paroles mêmes. Vous avez dit en propres termes : et j'ajouterai mille piastres en sus.

— Oh! ce n'est pas possible, s'écria le sénateur hors de lui.

— Peut-être ai-je mal entendu?

— C'est cela!

— Et, continua impassiblement le général, avez-vous dit deux mille...

— Mais non!... mais non!... s'écria don Ramon, confondu par les rires des assistants.

— Vous croyez que c'est davantage? très bien, nous ne chicanerons pas là-dessus.

— Je n'ai pas dit un mot de cela! s'écria le sénateur exaspéré.

— Alors, j'en ai menti! fit le général d'un ton sévère en fronçant les sourcils et en le regardant fixement.

Don Ramon comprit qu'il faisait fausse route, il se ravisa.

— Pardon, mon cher général, dit-il en prenant l'air le plus aimable qu'il lui fût possible, vous avez parfaitement raison; oui, en effet, je me rappelle à présent, ce sont bien deux mille piastres que je vous ai promises en plus.

Ce fut au tour du général à rester ébahi, cette générosité du sénateur, dont l'avarice était proverbiale, le stupéfiait; il flaira un piège.

— Mais, ajouta don Ramon d'un air triomphant, vous ne m'avez pas sauvé!

— Comment cela?

— Mais, dame! puisque nous allons parlementer, vous êtes hors de cause, et notre marché est nul.

— Ah! fit don Tiburcio avec un sourire railleur, vous croyez?

— Caspita! j'en suis sûr!

— Eh bien! c'est ce qui vous trompe, cher ami, et je vais vous en faire juge; venez avec moi, voici le parlementaire ennemi qui traverse la barricade, d'ici un instant vous reconnaîtrez que jamais, au contraire, vous n'avez été aussi près de la mort qu'à présent.

— Vous voulez rire?

— Je ne plaisante jamais dans les circonstances sérieuses.

— Expliquez-vous, au nom du ciel! s'écria le pauvre sénateur, dont toutes les terreurs étaient revenues.

— Oh! mon Dieu! c'est la chose la plus simple du monde, dit négligemment le général, je n'ai qu'à avouer au chef des révoltés, et croyez bien que je n'y manquerai pas, que je n'ai agi que par vos ordres.

— Mais c'est faux, interrompit don Ramon avec effroi.

— Je le sais bien, répondit le général avec aplomb, mais comme vous êtes sénateur, on me croira, et vous serez bel et bien fusillé, ce qui sera dommage.

Don Ramon resta foudroyé sous le coup de cette implacable logique; il comprit qu'il était dans une impasse dont il lui était impossible de se tirer sans se laisser rançonner; il regarda *son ami* qui fixait sur lui un regard impitoyablement ironique, tandis que les autres officiers se mordaient les lèvres pour ne pas rire; il étouffa un soupir et prenant son parti, bien qu'à contrecœur, en maudissant intérieurement celui qui l'exploitait d'une façon aussi cynique.

— Eh bien! don Tiburcio, dit-il, c'est convenu, je vous dois deux mille piastres, mais moi, je vous payerai.

Seule épigramme qu'il osât se permettre, touchant la solvabilité du général.

Mais celui-ci fut magnanime, il ne releva pas ce que ce mot avait de blessant pour lui, et rendu tout joyeux par le marché qu'il venait de conclure, il se prépara à écouter les propositions du parlementaire qu'on lui amenait les yeux bandés.

Ce parlementaire était don Tadeo de Leon lui-même.

— Que venez-vous faire ici? lui demanda brusquement le général.

— Vous offrir bonne composition, si vous voulez vous rendre, répondit don Tadeo d'une voix ferme.

— Nous rendre! s'écria le général d'un ton railleur, vous êtes fou, monsieur!

Il se tourna alors vers les soldats qui avaient amené le parlementaire.

— Enlevez le bandeau qui couvre les yeux de ce cavalier, dit-il.

Le bandeau tomba aussitôt.

— Voyez, continua fièrement le général, avons-nous donc l'air de gens qui demandent grâce?

— Non, général, vous êtes un rude soldat, et vos troupes sont braves; vous ne nous demandez pas grâce, c'est nous qui venons vous offrir de mettre bas les armes et de cesser ce combat fratricide, repartit noblement don Tadeo.

— Qui êtes-vous donc, monsieur? fit le général frappé de l'accent de l'homme qui lui parlait.

— Je suis don Tadeo de Leon, que votre chef a fait fusiller.

— Vous! s'écria le général, vous ici?

— Moi-même, j'ai un autre nom encore.

— J'attends que vous me le disiez, monsieur.

— On m'appelle le Roi des ténèbres.

— Le chef des Cœurs Sombres, murmura le général en tressaillant malgré lui, et le regardant avec une curiosité inquiète.

— Oui, général, je suis le chef des Cœurs Sombres, mais je suis encore autre chose.

— Expliquez-vous, monsieur, demanda le général qui commençait à ne plus savoir quelle contenance tenir devant l'étrange personnage qui lui parlait.

— Je suis le chef de ceux que vous nommez des révoltés, et qui n'ont en réalité pris les armes que pour défendre les institutions que vous renversez, et la Constitution que vous avez indignement violée.

— Monsieur! fit le général, vos paroles...

— Sont sévères, mais justes, continua don Tadeo, interrogez votre loyal cœur de soldat, général, puis répondez, dites-moi de quel côté est le droit?

— Je ne suis pas un avocat, monsieur, répondit don Tiburcio avec impatience, vous l'avez dit vous-même, je suis un soldat, et comme tel je me borne à obéir sans discuter aux ordres que je reçois de mes chefs.

— Ne perdons pas notre temps en vaines paroles, monsieur; voulez-vous, oui ou non, mettre bas les armes?

— De quel droit me faites-vous cette proposition? fit le général dont l'orgueil se révoltait d'être obligé de parlementer avec un bourgeois.

— Je pourrais vous répondre, riposta sèchement don Tadeo, que c'est du droit du plus fort; que vous savez aussi bien que moi, que vous combattez pour une cause perdue et que vous continuez sans profit une lutte insensée; mais, ajouta-t-il avec mélancolie, je préfère m'adresser à votre cœur et vous dire : pourquoi s'égorger ainsi entre compatriotes, entre frères, pourquoi verser plus longtemps un sang précieux? Faites vos conditions, général, et croyez bien que pour sauvegarder votre honneur de soldat, cet honneur qui est le nôtre aussi, puisque, dans ces troupes contre lesquelles nous combattons, se trouvent nos parents et nos amis, nous vous les accorderons aussi larges que vous les désirerez.

Le général se sentit ému, ce noble langage avait trouvé de l'écho dans son cœur; il courba le front vers la terre et réfléchit quelques minutes, enfin il releva la tête :

— Monsieur, répondit-il, croyez bien qu'il m'en coûte de ne pas répondre comme je le voudrais à ce que vous m'avez fait l'honneur de me dire, mais j'ai un chef au-dessus de moi.

— A votre tour, expliquez-vous, monsieur! fit don Tadeo.

Les Indiens soulevèrent doucement le blessé et le transportèrent dans la tente.

— J'ai juré à don Pancho Bustamente de me faire tuer pour défendre sa cause.

— Eh bien?

— Eh bien! monsieur, à moins que don Pancho Bustamente soit mort ou prisonnier, auxquels cas je me considérerais comme délié de mon serment envers lui, je me ferai tuer.

— Est-ce bien la seule raison qui vous arrête, général?

— Oui, la seule.

— Dans le cas où le général Bustamente serait mort ou prisonnier, vous vous rendriez?

— A l'instant, je vous le répète.

— Eh bien ! reprit don Tadeo en allongeant le bras dans la direction de la barricade par laquelle il était venu, regardez par ici, général.

Don Tiburcio suivit des yeux la direction indiquée et poussa un cri de surprise et de douleur.

Le général don Pancho Bustamente venait d'apparaître au sommet de la barricade, il avait la tête nue, deux hommes armés surveillaient tous ses mouvements.

— Vous avez vu? demanda Tadeo.

— Oui, répondit tristement le général, nous sommes tous rendus, monsieur, et appuyant la pointe de son épée en terre, il plia la lame qu'il chercha à briser.

Don Tadeo l'arrêta, s'empara de l'épée, mais la lui rendant aussitôt :

— Général, lui dit-il, conservez bien cette arme, elle vous servira encore contre les ennemis de notre chère patrie.

Le général ne répondit pas, il serra silencieusement la main que lui tendait le Roi des ténèbres, et en se détournant pour cacher l'émotion qui lui gonflait la poitrine, il essuya une larme qui était tombée sur sa moustache grise.

XXXVIII

DEUX PROFILS DE COQUINS

La ville était pacifiée.

La révolution était finie, ou, pour être plus logique, la révolution était faite.

Les soldats, après avoir mis bas les armes, avaient évacué Valdivia, qui se trouvait complètement au pouvoir des Cœurs Sombres.

Aussitôt que la paix fut rétablie, le Roi des ténèbres donna des ordres pour que les barricades fussent détruites et que les traces de la lutte qui avait ensanglanté la cité disparussent le plus tôt possible.

Par la seule force des faits accomplis, don Tadeo de Leon se trouva tout naturellement porté au pouvoir et investi du commandement supérieur de la province, avec les facultés dictatoriales.

— Eh bien! demanda-t-il à Valentin, que pensez-vous de ce que vous avez vu?

— Ma foi, répondit le Parisien avec le sans-façon qui le caractérisait, je pense qu'il faut venir en Amérique pour voir pêcher des hommes à la ligne comme de simples goujons.

Don Tadeo ne put réprimer un sourire à cette boutade.

— Ne me quittez pas, lui dit-il, tout n'est pas fini encore.

— Je ne demande pas mieux, mais nos amis que nous avons laissés là-bas, ne vous semble-t-il pas qu'ils doivent être inquiets de notre longue absence ?

— Croyez-vous donc que je les aie oubliés ? Non, non, mon ami, dans une heure vous serez libre. Venez avec moi, je me charge de vous faire voir des visages auxquels notre victoire a donné une expression bien différente de celle qu'ils affectent ordinairement.

— Cela sera curieux, fit Valentin en riant

— Oui, répondit don Tadeo pensif, ou hideux, à votre choix.

— Hum ! l'homme n'est pas complet, dit philosophiquement Valentin.

— Heureusement ! parce qu'alors il serait exécrable, répliqua don Tadeo.

Ils entrèrent dans le cabildo, dont les portes étaient gardées par un détachement des Cœurs Sombres.

Les vastes salons du palais étaient envahis par une foule affairée qui venait saluer le soleil levant, c'est-à-dire, qu'ils venaient offrir le spectacle de leur bassesse à l'homme heureux qu'ils auraient lapidé, sans nul doute, si le succès n'avait pas couronné son audace.

Don Tadeo passa sans les voir, à travers les rangs pressés de ces solliciteurs, courtisans nés de tous les pouvoirs, sans honneur comme sans vergogne, qui ne possèdent qu'un seul talent, celui de faire des courbettes auxquelles il semble impossible que puisse atteindre la colonne vertébrale d'un homme, si flexible qu'elle soit.

Valentin, qui suivait pas à pas son ami, feignait de prendre pour lui la plupart de ces génuflexions intéressées qu'on lui prodiguait, et saluait à droite et à gauche avec un sang-froid et un aplomb imperturbables.

Les deux hommes, après force retards causés par la foule toujours croissante qui se pressait autour d'eux, atteignirent enfin un salon retiré, dans lequel deux personnes se trouvaient seules.

Ces deux personnes étaient le général don Tiburcio Cornejo et le sénateur don Ramon Sandias.

La physionomie de ces personnages formait un contraste frappant.

Le général, le visage triste, les sourcils froncés, marchait pensif dans la salle, tandis que le sénateur, mollement étendu sur un fauteuil, le sourire aux lèvres, le visage épanoui, une jambe jetée sur l'autre, s'éventait négligemment avec un mouchoir de fine batiste brodée.

A la vue de don Tadeo, le général s'avança rapidement vers lui ; quant au sénateur, il se redressa sur son fauteuil, prit un maintien sévère et attendit.

— Monsieur, dit le général à voix basse, deux mots.

— Parlez, général, répondit don Tadeo, je suis entièrement à votre disposition.

— Ce sont quelques questions que je désire vous adresser.

— Croyez bien que si je puis vous répondre, général, je n'hésiterai pas à vous satisfaire.

— J'en suis convaincu, voilà ce qui m'a enhardi à vous aborder.

— Je vous écoute.

Le général hésita un instant.

Il sembla prendre enfin son parti.

— Mon Dieu, monsieur, dit-il, je suis un vieux soldat, ignorant tout ce qui est politique; j'avais un ami, presque un frère, je suis dévoré d'une inquiétude mortelle à son sujet.

— Et cet ami?

— C'est le général Bustamente; vous comprenez, ajouta-t-il vivement, nous avons été soldats ensemble, je le connais depuis trente ans, je désirerais...

Il s'arrêta en regardant son interlocuteur.

— Vous désireriez? dit impassiblement don Tadeo.

— Savoir le sort qui lui est réservé.

Don Tadeo jeta un regard triste au général.

— A quoi bon? murmura-t-il.

— Je vous en prie.

— Vous l'exigez!

— Oui.

— Le général Bustamente est un grand coupable; chef du pouvoir, il a voulu changer la forme du gouvernement contre la volonté du peuple, dont il tenait son mandat, au mépris des lois qu'il a foulées aux pieds sans pudeur.

— C'est vrai, dit le général, dont le front se couvrit d'une rougeur subite.

— Le général Bustamente a été implacable pendant le cours de sa trop longue carrière; vous le savez, celui qui sème le vent ne peut jamais récolter que la tempête.

— Ainsi?

— On sera implacable pour lui, comme il l'a été pour les autres.

— C'est-à-dire?

— C'est-à-dire qu'il sera probablement condamné à mort.

— Hélas! je m'y attendais, mais cette condamnation dont vous me parlez, se fera-t-elle longtemps attendre?

— Deux jours au plus, la commission qui doit le juger sera formée aujourd'hui même.

— Pauvre ami! fit piteusement le général, enfin!... voulez-vous m'accorder une grâce, monsieur?

— Parlez.

— Puisque le général doit mourir, ce serait pour lui une consolation d'avoir un ami à ses côtés.

— Sans doute.

— Accordez-moi sa garde, je suis sûr qu'il sera heureux de savoir que c'est moi qui suis chargé de veiller sur lui et de le conduire à la mort, et puis au moins je ne l'abandonnerai pas jusqu'au dernier moment.

— Soit, votre demande est accordée. Vous n'avez pas autre chose à me dire, général, je serais heureux de vous être agréable?

— Non, je vous remercie, monsieur, voilà tout ce que je désirais. Ah! un mot encore.

— Parlez.

Louis était étendu en travers de l'entrée de la porte.

— Pourrai-je prendre la garde bientôt ?

— Immédiatement, si cela vous plaît.

— Merci.

Après avoir profondément salué don Tadeo, le général sortit d'un pas pressé.

— Pauvre homme ! dit Valentin.

— Hein ! fit don Tadeo.

— Je dis, pauvre homme !

— J'ai fort bien entendu, mais de qui parlez-vous ?

— De ce malheureux qui sort d'ici.

Don Tadeo haussa les épaules.

Valentin lui jeta un regard étonné.

— Savez-vous d'où vient cette sollicitude de ce pauvre homme, ainsi que vous le nommez, pour son ami ?

— Eh ! mais de son amitié, c'est clair.

— Vous croyez ?

— Certes.

— Eh bien ! vous n'y êtes pas du tout, mon ami ; ce pauvre général ne désire être auprès de son ancien compagnon d'armes que pour avoir la facilité de supprimer les preuves de sa complicité dans l'échauffourée d'aujourd'hui, preuves que don Pancho porte sur lui probablement, et que l'autre veut faire disparaître à tout prix.

— Il serait possible !

— Mon Dieu, oui, il veut être là à toute heure afin de l'empêcher de communiquer avec personne, il le tuerait au besoin.

— Mais c'est infâme !

— C'est comme cela.

— Pouah ! cela donne des nausées.

— Attendez encore un instant avant de les avoir.

— Pourquoi donc ?

— Parce que, continua don Tadeo, en désignant le sénateur, nous avons encore quelqu'un ici.

Aussitôt que don Ramon avait vu le général quitter le salon, il avait abandonné son fauteuil et s'était avancé vers don Tadeo en le saluant.

— A qui ai-je l'honneur de parler ? lui demanda le Roi des ténèbres avec une politesse exquise.

— Monsieur, répondit l'autre avec un grand laisser-aller de gentilhomme, je me nomme don Ramon Sandias et je suis sénateur.

Don Tadeo salua.

— A quoi puis-je vous être bon, monsieur ? lui demanda-t-il.

— Oh ! répondit don Ramon avec suffisance, pour moi personnellement, je ne demande rien.

— Ah !

— Ma foi, non, je suis riche, que puis-je désirer de plus ? Mais je suis Chilien, bon patriote, monsieur, et qui plus est, sénateur. Placé dans des conditions exceptionnelles, je dois donner à mes concitoyens des preuves non équivoques de mon dévouement à la sainte cause de la liberté. N'êtes-vous pas de mon avis, monsieur ?

— Entièrement.

— J'ai entendu dire, monsieur, que le misérable *Cabecilla*, cause du mouvement qui a mis la République à deux doigts de sa perte, était entre vos mains,

— Effectivement, monsieur, répondit don Tadeo avec un imperturbable sang-froid, nous avons été assez heureux pour nous emparer de sa personne.

— Vous allez sans doute juger cet homme ? demanda don Ramon d'un ton doctoral.

— Sous quarante-huit heures, oui, monsieur.

— Bien, monsieur, c'est ainsi que justice doit être faite de ces agitateurs sans vergogne qui, au mépris des plus saintes lois de l'humanité, cherchent à plonger notre beau pays dans le gouffre des révolutions.

— Monsieur...

— Pardonnez-moi de parler ainsi, fit don Ramon avec un beau semblant d'enthousiasme, je sens que ma franchise va un peu loin peut-être, mais mon indignation m'entraîne, monsieur, il est temps que ces faiseurs de veuves et d'orphelins reçoivent le châtiment exemplaire qu'ils méritent, je ne puis songer, sans frémir, aux maux innombrables qui seraient tombés sur nous si ce misérable avait réussi.

— Monsieur, cet homme n'est pas encore jugé.

— Voilà justement ce qui m'amène, monsieur ; comme sénateur, comme patriote dévoué, je revendique auprès de vous le droit qui m'appartient de présider la commission appelée à le juger.

— Votre demande vous est accordée, monsieur, répondit don Tadeo qui ne put réprimer un sourire de mépris.

— Merci, monsieur, fit le sénateur avec un mouvement de joie, quelque pénible que soit ce devoir, je saurai le remplir.

Après avoir profondément salué don Tadeo, le sénateur sortit tout joyeux du salon.

— Vous le voyez, dit don Tadeo en se tournant vers Valentin, don Pancho avait deux amis sur lesquels il croyait pouvoir compter : l'un s'était chargé de le proclamer, l'autre de le défendre. Eh bien ! dans l'un il a trouvé un geôlier, dans l'autre un bourreau !...

— C'est monstrueux, fit Valentin avec dégoût.

— Non, répondit don Tadeo, c'est logique, voilà tout, il a échoué !

— J'ai assez de vos hommes politiques à double face, dont aucune n'est véritable, reprit Valentin, laissez-moi retourner auprès de nos amis.

— Allez donc, puisque vous le voulez.

— Merci.

— Vous reviendrez immédiatement à Valdivia, n'est-ce pas ?

— Pardieu.

— Voulez-vous une escorte ?

— Pourquoi faire ?

— C'est vrai ! pardonnez-moi, j'oublie toujours que vous ne redoutez jamais aucun danger.

— Je ne tremble que pour mes amis, voilà pourquoi je vous quitte.

— Auriez-vous quelque raison sérieuse ?

— Aucune, une inquiétude vague que je ne puis définir, m'engage seule à ne pas rester plus longtemps auprès de vous.

— Partez vite, alors, mon ami ; surtout veillez avec soin sur doña Rosario.

— Soyez tranquille, avant trois heures elle sera ici.

— C'est convenu ; bonne chance, songez que je vous attends avec impatience.

— Le temps d'aller et de venir, pas davantage.

— Allons, au revoir.

Valentin sortit du salon, se rendit aux écuries, sella lui-même son cheval et partit au galop.

Il avait dit vrai à don Tadeo, une inquiétude vague le tourmentait, il avait le pressentiment d'un malheur.

XXXIX

LE BLESSÉ

Revenons au comte de Prébois-Crancé.

Lorsque l'enlèvement avait été commis, la partie de la plaine où don Tadeo avait dressé son camp était déserte.

La foule, entraînée par la curiosité, s'était portée tout entière du côté où devait avoir lieu le renouvellement des traités.

Du reste, les mesures des ravisseurs étaient si bien prises, tout s'était passé si vite, sans résistance, sans cris et sans tumulte, que l'éveil n'avait pas été donné, et que nul ne se doutait de ce qui s'était passé.

Les cris : « Au meurtre ! » poussés par le jeune homme, n'avaient pas été entendus, et les coups de pistolet qu'il avait tirés s'étaient confondus avec les autres bruits de la fête.

Louis resta donc, pendant un laps de temps assez considérable, étendu évanoui devant la tente, perdant son sang par deux blessures.

Par un hasard singulier, les peones, les arrieros et même les deux chefs indiens qui croyaient n'avoir rien à redouter, s'étaient éloignés tous, comme nous l'avons dit, pour assister à la cérémonie.

Lorsque la croix eut été plantée, que le général et le toqui, se prenant par le bras, furent tous deux entrés dans la tente, la foule se divisa par petits groupes et ne tarda pas à se disperser, chacun retournant à l'endroit où il avait établi son camp provisoire.

Les chefs indiens revinrent les premiers auprès de Louis; à présent que leur curiosité était satisfaite, ils se reprochaient d'y avoir cédé et d'être si longtemps restés éloignés de leur ami.

En approchant du camp, ils furent surpris de ne pas voir Louis, et un certain désordre dans l'arrangement des ballots les remplit d'inquiétude.

Ils pressèrent le pas.

Plus ils approchaient, plus le désordre devenait évident à leurs yeux, habitués à remarquer ces mille indices qui, aux yeux d'un blanc, passent inaperçus.

En effet, le passage laissé libre dans l'enceinte formée par les ballots semblait avoir été le théâtre d'une lutte; les pas de plusieurs chevaux étaient fortement empreints sur la terre humide, quelques ballots avaient même été dérangés, comme pour agrandir l'entrée, et gisaient çà et là.

Ces indices étaient plus que suffisants pour les Indiens ; ils échangèrent un regard d'inquiétude et entrèrent dans le camp d'un pas précipité.

Louis était encore tel que les assassins l'avaient laissé, étendu en travers de l'entrée de la porte, ses pistolets déchargés dans les mains, la tête renversée en arrière, les lèvres à demi ouvertes et les dents serrées.

Ce guerrier était un homme de haute taille, à la mine fière, son regard perçant avait une expression farouche et cruelle.

Son sang ne coulait plus.

Les deux hommes le considérèrent un instant avec stupeur. Son visage était couvert d'une pâleur livide.

— Il est mort! dit Curumilla d'une voix étranglée par l'émotion.

— Peut-être, répondit Trangoil Lanec en s'agenouillant auprès du corps.

Il souleva la tête inerte du jeune homme, défit sa cravate et découvrit sa poitrine; alors il aperçut les deux plaies béantes.

— C'est une vengeance, murmura-t-il.

Curumilla hocha la tête avec découragement.

— Que faire? dit-il.

— Essayons, j'espère qu'il n'est pas mort.

Alors, avec une adresse infinie et une célérité incroyable, les deux chefs indiens prodiguèrent au blessé les soins les plus intelligents et les plus affectueux.

Longtemps tout fut inutile.

Enfin, un soupir faible comme un souffle s'exhala péniblement de la poitrine oppressée du jeune homme; une légère rougeur colora les pommettes de ses joues, et, à plusieurs reprises, il entr'ouvrit les yeux.

Curumilla, après avoir lavé les plaies avec de l'eau fraîche, avait appliqué dessus un cataplasme de feuilles d'*oregano* pilées.

— La perte de sang l'a seule fait tomber dans cette syncope, dit-il, ses blessures sont larges, mais peu profondes, et nullement dangereuses.

— Mais que s'est-il donc passé ici? fit Trangoil Lanec.

— Écoutez! dit Curumilla en lui posant la main sur le bras, il parle.

En effet, les lèvres du jeune homme s'agitaient silencieusement; enfin il prononça avec effort, d'une voix si basse que les deux Indiens l'entendirent à peine, ce seul mot qui pour lui résumait tout :

— Rosario!

Et il retomba.

— Ah! s'écria Curumilla comme éclairé d'une lueur subite, où donc est la jeune vierge pâle?

Et d'un bond il s'élança dans la tente.

— Je comprends tout, maintenant, dit-il en revenant auprès de son ami.

Les Indiens soulevèrent doucement le blessé dans leurs bras, et le transportèrent dans la tente où ils l'étendirent dans le hancas vide de doña Rosario.

Louis avait repris connaissance, mais presque aussitôt il était tombé dans un assoupissement profond.

Après l'avoir installé le plus commodément possible, les Indiens quittèrent la tente et commencèrent, avec l'instinct particulier à leur race, à chercher sur le sol des indices qu'ils ne pouvaient demander à personne, mais qui leur apprendraient les traces qu'ils sauraient découvrir

Maintenant que le meurtre et l'enlèvement avaient eu lieu, il fallait pouvoir se mettre sur la piste des ravisseurs pour essayer, si cela était possible, de sauver la jeune fille.

Après de minutieuses recherches qui ne durèrent pas moins de deux heures, les Indiens revinrent se placer devant la tente, ils s'assirent en face l'un de l'autre, et fumèrent quelques instants en silence.

Les peones et les arrieros étaient revenus de la cérémonie; en apprenant ce qui s'était passé pendant leur absence, ils avaient été épouvantés.

Les pauvres gens ne savaient quel parti prendre, ils tremblaient en songeant à la responsabilité qui pesait sur eux, et au compte terrible que leur demanderait don Tadeo.

Cependant, après que les deux chefs eurent fumé pendant quelques minutes, ils éteignirent leurs pipes et Trangoil Lanec prit la parole.

— Mon frère est un chef sage, fit-il, qu'il dise ce qu'il a vu?

— Je parlerai puisque mon frère le désire, répondit Curumilla en s'inclinant, la vierge pâle aux yeux d'azur a été enlevée par cinq cavaliers.

Trangoil Lanec fit un geste d'assentiment.

— Ces cinq cavaliers venaient de l'autre côté de la rivière, leurs pas sont fortement empreints sur le sol qu'ils ont mouillé aux endroits où les chevaux ont posé leurs sabots humides, quatre de ces cavaliers sont des huiliches, le cinquième est un visage pâle; arrivés à l'entrée du camp, ils se sont arrêtés, ont discuté un instant, et quatre ont mis pied à terre, la trace de leurs pas est visible.

— Bon! fit Trangoil Lanec, mon frère a les yeux d'un guanacco, rien ne lui échappe.

— Des quatre cavaliers qui ont mis pied à terre, trois sont Indiens, ce qui est facile à reconnaître par l'empreinte de leurs pieds nus, dont le pouce, habitué à maintenir l'étrier, est très écarté des autres doigts, le quatrième est un *maruche*, la molette de ses éperons a laissé des traces profondes partout; les trois premiers se sont glissés en rampant jusqu'à don Luis, qui causait à l'entrée de la tente avec la jeune vierge aux yeux d'azur, et par conséquent tournait le dos à ceux qui venaient vers lui; il a été assailli à l'improviste et est tombé sans avoir le temps de se défendre, alors le quatrième cavalier a bondi comme un puma, il a saisi la jeune fille dans ses bras, et après avoir une seconde fois sauté par-dessus le corps de don Luis, il est allé retrouver son cheval, suivi par les trois Indiens; mais don Luis s'est relevé d'abord sur les genoux, ensuite il est parvenu à se mettre debout, il a alors fait feu de ses pistolets sur un des ravisseurs, celui-ci est tombé mort; c'est le visage pâle, une mare de sang marque la place de sa chute, et dans son agonie il a arraché les herbes avec ses mains crispées; alors ses compagnons sont descendus de cheval, l'ont ramassé et ont fui avec lui; don Luis, après avoir déchargé ses armes, a eu un éblouissement et il est retombé; voilà ce que je sais.

— Bon, répondit Trangoil Lanec, mon frère sait tout; après avoir relevé le corps de leur camarade, les ravisseurs ont retraversé la rivière et ils ont pris immédiatement la direction des montagnes; maintenant que fera mon frère?

— Trangoil Lanec est un chef expérimenté, il attendra don Valentin; Curumilla est jeune, il se mettra sur la piste des ravisseurs.

— Mon frère a bien parlé, il est sage et prudent, il les trouvera.

— Oui, Curumilla les trouvera, fit laconiquement le chef.

Après avoir dit ces paroles, il se leva, sella son cheval et sortit du camp; Trangoil Lanec le perdit bientôt de vue.

Alors il revint près du blessé.

La journée se passa ainsi.

Les Espagnols avaient tous quitté la plaine ; les Indiens pour la plupart avaient suivi leur exemple, il ne restait plus que quelques Araucans retardataires, mais qui faisaient, eux aussi, leurs préparatifs de départ.

Cependant, vers le soir, Louis se trouva beaucoup mieux, il put en quelques mots raconter au chef indien ce qui s'était passé, mais il ne lui apprit rien de nouveau, celui-ci avait tout deviné.

— Oh ! fit en terminant le jeune homme, Rosario, pauvre Rosario ! elle est perdue !

— Que mon frère ne se laisse pas abattre par la douleur, répondit doucement Trangoil Lanec, Curumilla suit la piste des ravisseurs, la jeune vierge pâle sera sauvée !

— Est-ce sérieusement que vous me dites cela, chef ? Curumilla est-il réellement à leur poursuite ? demanda le jeune homme en fixant ses yeux ardents sur l'Indien, pourrais-je en effet espérer ?

— Trangoil Lanec est un Ulmen, répondit noblement l'Araucan, jamais le mensonge n'a souillé ses lèvres, sa langue n'est point fourchue ; je lui répète que Curumilla suit les ravisseurs. Que mon frère espère, il reverra le petit oiseau qui chante de si douces chansons dans son cœur.

Une rougeur subite colora le visage du jeune homme à ces paroles ; un sourire triste plissa ses lèvres pâles ; il serra doucement la main du chef et se laissa retomber sur son hamac en fermant les yeux.

Tout à coup le galop furieux d'un cheval se fit entendre au dehors.

— Bon ! murmura Trangoil Lanec en considérant le blessé, dont la respiration régulière montrait qu'il dormait paisiblement, que va dire don Valentin ?

Il sortit à grands pas et se trouva en face de Valentin.

Le Parisien avait les traits bouleversés par l'inquiétude.

— Chef, s'écria-t-il d'une voix haletante, ce que disent les peones serait-il vrai ?

— Oui, répondit froidement le chef.

Le jeune homme tomba comme foudroyé.

L'Indien l'assit doucement sur un ballot, et se plaçant auprès de lui, il saisit sa main en lui disant doucement :

— Mon frère a beaucoup de courage.

— Hélas ! s'exclama le jeune homme avec douleur, Louis, mon pauvre Louis, mort, assassiné ! Oh ! ajouta-t-il avec un geste terrible, je le vengerai ! C'est seulement pour accomplir ce devoir sacré que je consens à vivre encore quelques jours.

Le chef le regarda un instant avec attention.

— Que dit donc là mon frère ? reprit-il, son ami n'est pas mort.

— Oh ! pourquoi chercher à me tromper, chef ?

— Je dis la vérité, don Luis n'est pas mort, reprit l'Ulmen d'une voix imposante qui fit entrer la conviction dans le cœur brisé du jeune homme.

— Oh ! fit-il avec emportement en se levant d'un bond, il vit, il serait possible !

— Il a reçu deux blessures.

— Deux blessures !

— Oui, mais que mon frère se rassure, elles ne sont pas dangereuses, dans huit jours au plus elles seront guéries.

Valentin resta un instant abasourdi par cette bonne nouvelle, après la catastrophe que les peones et les arrieros lui avaient annoncée.

— Oh ! s'écria-t-il en se jetant dans les bras du chef, qu'il serra avec une espèce de frénésie sur sa poitrine, c'est bien vrai, n'est-ce pas ? sa vie n'est pas en danger.

— Non, que mon frère se rassure, la perte du sang lui a seule causé l'état de torpeur dans lequel il est tombé ; je réponds de lui.

— Merci ! merci, chef ! je puis le voir, n'est-ce pas ?

— Il dort.

— Oh ! je ne le réveillerai pas, soyez tranquille, seulement, je veux le voir.

— Voyez-le donc, répondit en souriant Trangoil Lanec.

Valentin entra.

Il regarda un instant son ami, plongé dans un paisible sommeil, se pencha doucement sur lui et déposa un baiser sur son front en disant à voix basse :

— Dors, frère, moi je veille.

Les lèvres du blessé s'agitèrent, il murmura :

— Valentin !... sauve-la !...

Le Parisien fronça le sourcil, et, se redressant :

— Venez, chef, dit-il à Trangoil Lanec, et rapportez-moi dans tous ses détails ce qui s'est passé, afin que je puisse venger mon frère et sauver celle qu'il aime !

Les deux hommes sortirent de la tente.

XI

DIPLOMATIE ARAUCANIENNE

Antinahuel n'était pas longtemps resté inactif ; à peine l'escorte du général Bustamente avait-elle disparu dans un flot de poussière qu'il remonta à cheval, et, suivi des chefs araucans, il traversa la rivière.

Arrivé sur l'autre rive il planta sa lance dans le sol, et, se tournant vers le *chasqui* — héraut qui se tenait à ses côtés, prêt à exécuter ses ordres :

— Que les trois toquis, les Ulmènes et les Alpo-Ulmènes, se réunissent ici dans une heure, dit-il, le feu du conseil sera allumé à cette place pour un grand *auccayog* — conseil. — Allez.

Le chasqui inclina la tête sur le cou de son cheval et piqua des deux.

Antinahuel jeta un regard autour de lui ; tous les chefs avaient regagné leurs huttes, seul, un guerrier était demeuré ; en l'apercevant, un sourire se dessina sur les lèvres du toqui.

Ce guerrier était un homme de haute taille, à la mine fière, au visage hautain, dont le regard perçant avait une expression farouche et cruelle.

Il paraissait être dans la force de l'âge, c'est-à-dire avoir à peu près quarante ans; il portait un poncho en poil de lama d'une finesse extrême, bariolé de couleurs tranchantes, la longue canne à pomme d'argent qu'il tenait à la main le faisait reconnaître pour un Alpo-Ulmen.

Il répondit au sourire du toqui par une grimace d'intelligence, et, se penchant à son oreille :

— Quand les congouars se déchirent entre eux, dit-il avec un accent de haine joyeuse, ils préparent une riche curée aux aigles des Andes.

— Les Puelches sont des aigles, répondit Antinahuel, ils sont maîtres de l'autre côté des montagnes, ils laissent aux femmes huiliches le soin de leur tisser des ponchos.

A ce sarcasme lancé contre les huiliches, fraction du peuple araucan, qui se livrent principalement à l'agriculture et à l'élève des bestiaux, l'Apo-Ulmen fronça le sourcil.

— Mon père est sévère pour ses fils, dit-il d'une voix rauque.

— Le *Cerf Noir* est un chef redouté dans sa nation, répondit Antinahuel avec un accent conciliateur, c'est le premier des Apo-Ulmènes des allarègues — provinces — du languem mapus — contrée maritime. — Son cœur est puelche, mon âme se réjouit quand il est à mon côté; pourquoi faut-il que ses Ulmènes ne soient pas dans les mêmes dispositions que lui?

— Mon père l'a dit, obligé de vivre en continuelles relations d'échange avec les *culme-huinca* — misérables Espagnols — les tribus des languem mapus et des telbum mapus — pays plats — ont déposé la lance pour prendre la pioche, ils se sont faits cultivateurs; mais, que mon père ne s'y trompe pas, le vieil esprit de leur race repose toujours en eux, et le jour où il faudrait qu'ils combattissent pour leur indépendance, tous se lèveraient en un jour pour punir ceux qui prétendraient les asservir.

— Serait-il vrai? s'écria vivement Antinahuel en arrêtant court son cheval et en regardant en face son interlocuteur, pourrait-on en effet compter sur eux?

— A quoi bon parler de cela en ce moment? dit l'Apo-Ulmen avec un sourire railleur; mon père ne vient-il pas de renouveler les traités avec les visages pâles?

— C'est juste, fit le toqui en lançant un regard profond au guerrier indien, la paix est assurée pour longtemps.

— Mon père est un chef sage, ce qu'il fait est bien, repartit l'autre en baissant les yeux.

Antinahuel se préparait à répondre lorsqu'un Indien arriva à toute bride, et, par un prodige d'adresse, que seuls ces cavaliers émérites peuvent exécuter, il s'arrêta subitement devant les deux chefs, et resta immobile comme une statue de bronze.

Les flancs haletants de son cheval, qui soufflait par les narines une fumée épaisse et dont la robe était souillée de flots d'une écume blanche, montraient qu'il avait fait une longue course à fond de train.

Antinahuel le considéra un instant.

— Mon fils *Theg-teg* — le Foudroyant — a fait un voyage rapide?

— J'ai exécuté les ordres de mon père, répondit l'Indien.

A ces paroles, par discrétion, l'Apo-Ulmen pressa les flancs de son cheval pour se retirer.

Antinahuel lui posa la main sur le bras.

— Le Cerf Noir peut rester, dit-il, n'est-il pas mon *penni?*

— Je resterai si mon père le désire, répondit doucement le chef.

— Qu'il demeure donc; mon père n'a pas de voiles pour lui, et, se tournant vers le guerrier toujours immobile : Que mon fils parle, continua-t-il.

— Les *Chiaplos* — Espagnols — se battent, répondit celui-ci, ils ont déterré la hache et l'ont tournée contre leur propre poitrine.

— *Aymi!* — Oh! — s'écria le toqui avec un feint étonnement, mon fils se trompe, les visages pâles ne sont pas des cougouars pour s'entre-dévorer entre eux, et il se tourna vers le Cerf Noir avec un sourire d'une expression indéfinissable.

— Theg-teg ne se trompe pas, répondit gravement le guerrier indien, ses yeux ont bien vu : la tolderia en pierres, que les visages pâles nomment Valdivia, est en ce moment un brasier plus ardent que le volcan d'Autaco qui sert de retraite à Guécubu, le génie du mal.

— Bon, reprit froidement le toqui, mon fils a bien vu, c'est un guerrier très brave dans la bataille, mais il est prudent aussi, il sera resté à l'écart pour se réjouir sans chercher à savoir qui avait le dessus?

— Theg-teg est prudent, mais quand il regarde il veut bien voir, il sait tout, mon père peut l'interroger.

— Bon, le grand guerrier des visages pâles est parti d'ici pour voler au secours de ses soldats, l'avantage lui est resté.

L'Indien sourit sans répondre.

— Que mon frère parle, reprit Antinahuel, le toqui de sa nation l'interroge.

— Celui que mon père nomme le grand guerrier des visages pâles est prisonnier de ses ennemis, ses soldats sont dispersés comme les grains de blé semés dans la plaine.

—Aymi! s'écria Antinahuel avec une feinte colère, mon fils a la langue menteuse, ce qu'il dit ne peut être : l'aigle devient-il la proie du hibou? le grand guerrier a le bras fort comme la foudre de Pillian, rien ne lui résiste.

— Ce bras si puissant n'a pu le sauver, l'aigle est captif; le puma courageux a été surpris par des renards rusés, il est tombé, traîtreusement vaincu, dans le piège qu'ils avaient tendu sous ses pas.

— Mais ses soldats? le grand toqui des blancs avait une armée nombreuse.

— Je l'ai dit à mon père : le chef captif, les soldats éperdus et frappés d'épouvante par Guécubu, ont succombé sous les coups de leurs ennemis irrités.

— Les chefs, vainqueurs, les poursuivirent sans doute.

— A quoi bon? les visages pâles sont des femmes sans courage : dès que leurs ennemis pleurent et demandent grâce, ils pardonnent.

A cette nouvelle, le toqui ne put réprimer un mouvement d'impatience qu'il dissimula aussitôt.

— Les frères ne doivent pas être inexorables, dit-il, lorsqu'ils lèvent la hache les uns contre les autres; ils peuvent sans le vouloir blesser un ami. Les guerriers pâles ont bien fait.

L'Indien s'inclina en signe d'assentiment.

— Que font les visages pâles à présent? reprit le chef.

— Ils sont réunis au feu du conseil.

— Bon, ce sont des hommes sages. Je suis content de mon fils, continua Antinahuel avec un sourire gracieux, c'est un guerrier aussi adroit qu'il est brave, il peut se retirer pour prendre le repos qui lui est nécessaire après une aussi longue course.

— Theg-teg n'est pas fatigué, sa vie est à mon père, répondit le guerrier en s'inclinant, il peut en disposer à son gré.

— Antinahuel se souviendra de son fils, dit le toqui en faisant un geste de congé.

L'Indien s'inclina respectueusement devant son chef, et serrant les genoux en retenant la bride, il fit exécuter une courbette à son cheval, l'enleva de terre par un bond énorme et s'éloigna en caracolant.

Le toqui le suivit un instant de l'œil d'un air distrait, et s'adressant à l'Alpo-Ulmen :

— Que pense mon frère de ce que vient de dire cet homme ? lui demanda-t-il.

— Mon père est le plus sage des toquis de la nation, le chef le plus vénéré des tribus araucanes : Pillian soufflera à son esprit des paroles qui monteront à ses lèvres et que nous écouterons avec respect, répondit évasivement le Cerf Noir, qui craignait de se compromettre par une réponse trop franche.

— Mon frère a raison, répliqua le toqui avec un regard orgueilleux, *nieu-cui ni amey ma'ghon* — j'ai ma nymphe.

L'Apo-Ulmen s'inclina d'un air convaincu. Nous ferons observer au lecteur à propos de cette expression qui, pour la première fois se rencontre sous notre plume, que, dans la mytholohie araucane, outre un nombre infini de dieux et de déesses, il y a ce qu'on appelle des *amey ma'ghon,* c'est-à-dire des nymphes spirituelles qui font auprès des hommes l'office des génies familiers : il n'y a pas de chef renommé parmi les Araucans qui ne se glorifie d'en avoir une à son service.

Aussi, ce que venait de dire Antinahuel, loin de détourner le Cerf Noir, lui donna, au contraire, une plus grande vénération pour son chef; car, lui aussi, se flattait *in petto* d'avoir à ses ordres un esprit familier, bien qu'il n'osât pas l'affirmer hautement.

En ce moment, les tambours et les trompettes araucanes résonnèrent avec force.

Les *chasquis* appelèrent les chefs au conseil.

— Que fera mon père ? demanda l'Apo-Ulmen.

Antinahuel s'avança la tête haute, brandissant dans sa main nerveuse sa puissante
hache de guerre...

— L'homme est faible, répondit Antinahuel ; mais Pillian aime ses fils les
moluchos, il m'inspirera les paroles que je prononcerai : mon seul désir est
le bonheur de la nation araucane.

— Mon père a convoqué le grand Aucacoyog de la nation ; soupçonnait-il
donc la nouvelle qu'il vient de recevoir ?

— Antinahuel sait tout, répondit-il avec un feint sourire.

— Bon, je sais ce que pense mon père.

— Peut-être.

— Que mon père se souvienne des paroles que j'ai prononcées.

— Mes oreilles sont ouvertes, que mon fils me les redise.

— Quand les congouars se déchirent entre eux, ils préparent une riche curée aux aigles des Andes.

— Bon, fit Antinahuel en riant ; mon fils est un grand chef, qu'il me suive à l'Aucacoyog, les guerriers nous attendent.

Les deux Araucans échangèrent un regard d'une expression indéfinissable.

Ces deux hommes, si fins et si dissimulés, s'étaient compris sans se rien avouer l'un à l'autre.

Ils se dirigèrent au galop vers l'endroit où les principaux chefs les attendaient, rangés en cercle autour d'un brasier dont la fumée montait en tournoyant vers le ciel.

XLI

DIPLOMATIE ARAUCANIENNE

Les Araucans, que certains voyageurs mal renseignés, ou de mauvaise foi, s'obstinent à représenter comme des hommes sauvages plongés dans la plus effroyable barbarie, sont, au contraire, un peuple relativement très civilisé.

Leur gouvernement, dont l'origine se perd dans la nuit des temps, et qui, à l'époque de la conquête espagnole, était aussi bien organisé et fonctionnait aussi facilement qu'aujourd'hui, est, ainsi que nous l'avons dit dans un précédent chapitre, une république aristocratique aux allures essentiellement féodales.

Ce gouvernement, qui affecte toutes les apparences du système féodal, en a toutes les qualités et tous les défauts.

Ainsi, excepté en temps de guerre, les toquis n'ont que l'ombre de la souveraineté ; la puissance réside dans le corps tout entier des chefs, qui, sur les questions d'importance, décident dans une diète générale nommée *Butacoyog* ou *Auca-coyog*, grand conseil ou conseil des hommes libres, car tel est le nom qu'ils affectent de se donner entre eux, nom fort juste, puisque nul n'a jamais pu les soumettre.

Ces conseils se tiennent ordinairement aux yeux de tous dans une vaste prairie.

Antinahuel avait saisi avec empressement le prétexte du renouvellement des traités pour chercher à obtenir des chefs l'autorisation de mettre à exécution les projets que depuis si longtemps il mûrissait dans sa pensée.

Le code araucan, le *Admapu*, qui résume toutes les lois de la nation, lui en faisait une obligation, à laquelle sa renommée et sa popularité étaient impuissantes à le soustraire.

Mais il espérait vaincre l'opposition des chefs ou leur répugnance à condescendre à ses volontés, grâce à son éloquence et à l'influence que, dans mainte circonstance, elle avait exercée sur l'esprit des Ulmènes, même les plus résolus à lui résister.

Les Araucans cultivent avec succès l'art de la parole qui, chez eux, mène aux honneurs publics.

Ils s'efforcent de bien parler leur langue et d'en conserver la pureté, en se gardant surtout d'y introduire des mots étrangers. Ils poussent cela si loin que lorsqu'un blanc s'établit parmi eux, ils l'obligent à quitter son nom pour en prendre un de leur pays.

Le style de leurs discours est figuré et allégorique. Ils n omment *coyagtucan* le style des harangues parlementaires ; il est à remarquer que ces discours contiennent toutes les parties essentielles de la vraie rhétorique, et sont presque toujours partagés en trois points.

Les quelques mots que nous venons de dire suffisent pour prouver que les Araucans ne sont pas aussi sauvages qu'on se plaît à le supposer.

Bref, un petit peuple qui, sans alliés, isolé à l'extrémité du continent, qui, depuis le débarquement des Espagnols sur ses plages, c'est-à-dire depuis trois cents ans, a constamment résisté seul aux armées européennes composées de soldats aguerris et d'aventuriers avides que nulles difficultés ne semblaient devoir arrêter, et qui a conservé intactes son indépendance et sa nationalité, est à notre avis respectable à tous égards, et ne doit pas être impunément flétri du nom de barbare : triste, méprisable vengeance de ces Espagnols orgueilleux et impuissants, qui n'ont jamais pu les vaincre et dont les fils dégénérés lui payent aujourd'hui tribut, sous l'apparence menteuse d'une offrande annuelle.

Nous qui, jeté par le hasard de nos courses aventureuses parmi ces tribus indomptables, avons vécu de longs jours avec elles, nous avons été à même de juger sainement ce peuple méconnu. Nous avons pu apprécier tout ce qu'il y a de réellement simple, grand et généreux dans son caractère.

Terminant ici cette digression un peu longue, tribut de reconnaissance payé à d'anciens amis bien chers, nous reprendrons notre récit.

Antinahuel et le Cerf Noir étaient réunis.

Ils mirent pied à terre et se mêlèrent aux groupes des Ulmènes.

Les chefs, qui causaient paisiblement entre eux, se turent à leur arrivée et, pendant quelques minutes, le plus grand silence plana sur l'assemblée.

Enfin Cathicara, le toqui du Piré-Mapus, fit quelques pas vers le centre du cercle et prit la parole.

Cathicara était un vieillard de soixante-dix ans, à la démarche majestueuse et aux traits imposants.

Guerrier renommé dans sa jeunesse, maintenant que les hivers avaient courbé son front et argenté sa longue chevelure, il jouissait à juste titre dans la nation d'une grande réputation de sagesse.

Descendant d'une vieille race d'Ulmènes continuellement opposée aux blancs, c'était un ennemi acharné des Chiliens, auxquels il avait lui-même longtemps fait la guerre.

Il connaissait les vues secrètes de Antinahuel, dont il était le plus chaud partisan et l'ami le plus dévoué.

— Toquis, Apo-Ulmènes et Ulmènés de la vaillante nation des Aucas, dont les immenses territoires de chasse couvrent la surface de la terre, dit-il, mon cœur est triste, un nuage couvre mon esprit, mes yeux remplis de larmes se fixent sans cesse sur la terre. D'où provient le chagrin qui me dévore ? pourquoi le chant si joyeux du chardonneret ne résonne-t-il plus gaiement à mon oreille ? pourquoi les rayons du soleil me semblent-ils moins chauds ? pourquoi la nature enfin me paraît-elle moins belle ? répondez-moi, frères ? Vous gardez le silence, la honte couvre vos fronts, vos yeux humiliés se baissent, vous n'osez répondre ? C'est que vous n'êtes plus qu'un peuple dégénéré ! vos guerriers sont des femmes, qui, au lieu de la lance, prennent des fuseaux ! c'est que vous vous courbez lâchement sous le joug de ces Chiaplos, de ces Huincas qui se rient de vous, car ils savent bien que vous n'avez plus le sang assez rouge pour les combattre ! Depuis quand, guerriers Aucas, les hibous et les chouettes immondes font-ils leur nid dans le nid des aigles ? A quoi me sert cette hache de pierre, symbole de la force, cette hache que vous m'avez donnée pour vous défendre, si elle doit rester inactive entre mes mains, et s'il me faut descendre dans la tombe vers laquelle je penche déjà, sans avoir pu faire rien pour votre affranchissement ? Reprenez-la, guerriers, puisqu'elle n'est plus qu'un vain ornement honorifique ; pour moi, ma vie a été trop longue, laissez-moi me retirer sous mon toldo, où, jusqu'à mon dernier jour, il me sera au moins permis de pleurer sur notre indépendance compromise par votre faiblesse, et notre gloire éclipsée à jamais par votre lâcheté !

Après avoir prononcé ces mots, le vieillard fit quelques pas en arrière en chancelant comme s'il était accablé de douleur. Antinahuel se précipita vers lui et parut lui prodiguer des consolations à voix basse.

Ce discours avait vivement ému l'assemblée: le toqui était aimé et vénéré de tous. Les Ulmènes restaient silencieux, impassibles en apparence, mais leurs passions haineuses avaient été fortement remuées et la colère commençait à faire briller leurs yeux d'un feu sombre.

Le Cerf Noir s'avança :

— Père, dit-il d'une voix mielleuse avec un maintien composé, vos paroles sont rudes, elles ont plongé nos cœurs dans la tristesse, peut-être n'auriez-vous pas dû être aussi sévère pour vos enfants? Pillian seul connaît les intentions des hommes. Que nous reprochez-vous? d'avoir fait aujourd'hui ce que nos pères ont toujours fait avant nous, tant qu'ils ne se croyaient pas en mesure de lutter victorieusement contre leurs ennemis. Non, les hibous et les chouettes immondes ne font pas leur nid dans le nid des aigles! non, les Aucas ne sont pas des femmes ! ce sont des guerriers vaillants et invincibles comme l'étaient leurs pères! Écoutez! écoutez, ce que l'esprit me révèle : le *Huinca-coyog*,— conseil avec les Espagnols, — d'aujourd'hui est nul, parce qu'il n'a pas eu lieu comme les Admapu l'exige : le toqui n'a pas présenté au chef des visages pâles la branche de cannelier, symbole de la paix, les cannes des Apo-Ulmènes n'ont pas été liées en faisceaux avec l'épée du chef huinca, le serment et les discours ont été prononcés sur la croix de visages pâles et non pas sur le faisceau, comme la loi l'exige; donc, je le répète, le Huinca-coyog est nul, ce n'est plus qu'une cérémonie vaine et dérisoire, à laquelle nous ne devons attacher aucune importance! Ai-je bien parlé, hommes puissants?

— Oui! s'écrièrent les chefs en brandissant leurs armes, le Huinca-coyog est nul!

Antinahuel fit alors quelques pas dans le cercle, la tête penchée en avant, les regards fixés dans l'espace, les bras étendus comme s'il entendait et voyait des choses que lui seul pouvait voir et entendre.

— Silence! s'écria le Cerf Noir en le désignant du doigt, le grand toqui correspond avec son amey mag'hon.

Les chefs firent un mouvement d'effroi en regardant le toqui.

Un silence solennel régna dans l'assemblée.

Lui ne bougea pas.

Le Cerf Noir s'approcha doucement, et se penchant à son oreille :

— Que voit mon père? lui demanda-t-il.

— Je vois les guerriers des visages pâles, ils ont déterré la hache de guerre et luttent les uns contre les autres.

— Que voit encore mon père? reprit le Cerf Noir.

— Je vois des flots de sang qui rougissent le sol, l'odeur de ce sang réjouit mon cœur : c'est celui des visages pâles versé par des frères.

— Mon père voit-il encore quelque chose?

— Je vois le grand chef des blancs, il combat vaillamment à la tête de ses soldats ; il est entouré, il combat toujours, il va tomber, il est vaincu ! ses ennemis s'en emparent !

Les Ulmènes assistaient, épouvantés, à cette scène qui pour eux était incompréhensible.

Un sourire de dédain plissa les lèvres du Cerf Noir, il continua :

— Mon père entend-il quelque chose?

— J'entends les cris des mourants qui demandent vengeance contre leurs frères.

— Mon père entend-il autre chose encore?

— Oui, j'entends les guerriers Aucas morts depuis longtemps, leurs cris me glacent d'effroi.

— Que disent-ils? s'écrièrent cette fois tous les chefs, en proie à la plus vive anxiété, que disent les guerriers Aucas?

— Ils disent : Frères, l'heure est arrivée, aux armes ! aux armes !

— Aux armes! s'écrièrent les chefs tout d'une voix, aux armes ! mort aux visages pâles !

L'élan était donné, l'enthousiasme s'était emparé de tous les cœurs, désormais Antinahuel pouvait à sa guise diriger les passions de cette foule en délire.

Un sourire de satisfaction suprême éclaira son visage hautain, il se redressa.

— Chefs des Aucas, dit-il, que m'ordonnez-vous ?

— Antinahuel, répondit Cathicara en jetant la hache de pierre dans le brasier, mouvement que les autres toquis imitèrent immédiatement, il n'y a plus qu'une hache suprême dans la nation, elle repose dans votre main; qu'elle se rougisse jusqu'à la poignée dans le sang vil des Huincas; guidez nos Utal-Mapus au combat, vous avez le pouvoir suprême ! nous vous donnons droit de vie et de mort sur nos personnes ; à compter de cette heure, seul dans la nation, vous avez le droit de commander: nous, quels que soient vos ordres, vous saurons les accomplir,

Antinahuel s'avança la tête haute, le front rayonnant, brandissant dans sa main nerveuse sa puissante hache de guerre, symbole du pouvoir dictatorial et sans contrôle qui venait de lui être conféré.

— Aucas, dit-il d'une voix fière, j'accepte l'honneur que vous me faites, je saurai me rendre digne de la confiance que vous mettez en moi; cette hache ne sera enterrée que lorsque mon cadavre aura servi de pâture aux vautours des Andes, ou lorsque les lâches visages pâles, contre lesquels nous allons combattre, seront venus à genoux implorer leur pardon !

Les chefs répondirent à ces paroles par des cris de joie et des hurlements féroces.

L'auca-coyog était terminé.

Des tables furent installées et un *cahuin* — banquet — réunit tous les guerriers présents au conseil.

Au moment où Antinahuel s'asseyait à la place qu'on lui avait réservée, un Indien couvert de sueur et de poussière s'approcha de lui et lui dit quelques mots tout bas.

Le chef tressaillit: un mouvement nerveux agita tous ses membres, et il se leva en proie à la plus vive agitation.

— Oh ! s'écria-t-il avec colère, c'est à moi seul que cette femme doit appartenir ! et s'adressant à l'Indien qui lui avait parlé : Que mes mosotones montent à cheval et soient prêts à me suivre à l'instant !

XLII

COURSE DE NUIT.

D'un signe, Antinahuel ordonna au Cerf Noir de venir près de lui.

L'Apo-Ulmen ne se fit pas attendre ; malgré les nombreuses libations auxquelles il s'était livré, le chef araucan avait le visage aussi impassible, la démarche aussi calme que s'il n'avait bu que de l'eau.

Arrivé devant le toqui, il le salua respectueusement et attendit en silence qu'il lui adressât la parole.

Celui-ci, les yeux fixés sur la terre et plongé dans de sérieuses réflexions, resta longtemps sans s'apercevoir de sa présence.

Enfin il leva les yeux.

Son visage était sombre, son regard semblait lancer des éclairs, un tressaillement nerveux agitait tous ses membres.

— Mon père souffre? dit le Cerf Noir d'une voix douce et affectueuse.

— Je souffre, répondit le chef.

— Le *Guecubu* a soufflé sur le cœur de mon père, mais qu'il prenne courage, Pillian le soutiendra.

— Non, répondit Antinahuel : le souffle qui dessèche ma poitrine est un souffle de crainte.

— De crainte?

— Oui, les Huincas sont puissants, je redoute la force de leurs armes pour mes jeunes hommes.

Le Cerf Noir le considéra avec étonnement.

— Qu'importe la puissance des faces pâles, dit-il, puisque mon père est à la tête des quatre Utal-Mapus?

— Cette guerre sera terrible, je veux vaincre.

— Mon père vaincra, tous les guerriers n'écoutent-ils pas sa voix?

— Non, dit tristement Antinahuel, les Ulmènes des Puelches n'assistaient pas au Huinca-coyog.

— C'est vrai! murmura le Cerf Noir.

— Les Puelches sont les premiers parmi les guerriers Aucas.

— C'est vrai, fit encore le Cerf Noir.

— Je souffre, répéta Antinahuel.

Le Cerf Noir lui posa la main sur l'épaule.

— Mon père, dit-il d'une voix insinuante, est le chef d'une grande nation, rien ne lui est impossible.

— Que veut dire mon fils?

— La guerre es déclarée; tandis que nous tenterons des *maloccas* — invasions — sur le territoire chilien pour tenir les ennemis dans l'inquiétude sur nos projets, que mon père monte avec ses mosotones sur ses coursiers, plus légers que le vent, et qu'il vole sur l'aile de la tempête auprès des Puelches; sa parole les convaincra, les guerriers abandonneront tout pour le suivre et combattre sous ses ordres; avec leur secours nous vaincrons les Huincas et le cœur de mon père se gonflera de joie et d'orgueil.

— Mon fils est sage, je suivrai son conseil, répondit le toqui avec un sourire d'une expression indéfinissable; mais, il l'a dit, la guerre est résolue, les intérêts de ma nation ne doivent pas souffrir de la courte absence que je serai forcé de faire.

— Mon père y pourvoira.

— J'y ai pourvu, dit Antinahuel avec un sourire cauteleux, que mon fils écoute.

— Mes oreilles sont ouvertes pour recueillir les paroles de mon père.

— A l'*endit-là*, — lever du soleil, — quand les fumées de l'eau de feu seront dissipées, les chefs demanderont Antinahuel.

Le Cerf Noir fit un signe d'assentiment.

— Je remets à mon fils, continua le chef, la hache de pierre, signe de ma dignité; le Cerf Noir est une partie de mon âme, son cœur m'est dévoué, je le nomme mon vice-toqui, il me remplacera.

L'Apo-Ulmen s'inclina respectueusement devant Antinahuel et lui baisa la main.

— Ce que mon père ordonnera sera exécuté sur l'heure, dit-il.

— Les chefs ont le caractère altier, leur courage est bouillant, mon fils ne leur donnera pas le temps de se refroidir; il en est parmi eux qu'il faut immédiatement compromettre, afin qu'ils ne puissent pas rétrograder plus tard.

— Les noms de ces chefs? afin que je les garde dans ma mémoire.

— Ce sont les Ulmènes les plus puissants de la nation. Que mon fils se souvienne, ils sont au nombre de huit; chacun d'eux fera une malocca sur la frontière, afin de prouver aux Chiaplos que les hostilités sont commencées, les quatre principaux d'entre eux se rendront immédiatement à Valdivia pour signifier la déclaration de guerre aux visages pâles.

— Bon.

— Voici les noms des Ulmènes : *Manquepan, Tangol, Auchanguer, Qudpal, Colfunquin, Trumau, Cuyumil* et *Pailapan*. Mon fils a-t-il bien entendu ces noms?

— Je les ai entendus.

— Mon fils a compris le sens de mes paroles? Elles sont entrées dans son cerveau?

— Les paroles de mon père sont là, dit le Cerf Noir en portant la main à son front, il peut bannir toute inquiétude et voler vers celle qui s'est emparée de son cœur.

— Bon, répondit Antinahuel, mon fils m'aime, il se souviendra; après deux soleils il me trouvera à la tolderia des Serpents Noirs.

— Le Cerf Noir s'y rendra, accompagné de ses plus vaillants guerriers; que Pillian guide les pas de son père, et que *Epananum* — dieu de la guerre — lui donne la réussite.

— *Venti penni,* — adieu, frère, — murmura Antinahuel en prenant congé de son lieutenant.

Le Cerf Noir salua le toqui et se retira.

Dès qu'il fut seul, Antinahuel fit un signe à l'Indien qui lui avait annoncé la nouvelle qui causait son départ.

Pendant la conférence des deux chefs, cet homme s'était tenu immobile à quelques pas, assez loin pour ne rien entendre, mais assez près pour exécuter immédiatement les ordres qu'on lui donnerait.

Il s'approcha.

— Mon fils est fatigué? lui demanda le toqui.

— Non, mon cheval seul a besoin de repos.

— Bien, on donnera un autre cheval à mon fils, il nous guidera.

Antinahuel, suivi de l'éclaireur, s'avança alors, sans plus de paroles, vers un groupe de cavaliers qui, appuyés sur leurs longues lances, détachaient sinistrement dans la nuit leurs silhouettes noires.

Les chefs répondaient à ces paroles par des cris de joie et des hurlements féroces...

Ces cavaliers, au nombre de trente environ, étaient les mosotones du toqui.

Antinahuel d'un bond sauta sur un magnifique cheval tenu en bride par deux Indiens.

— En marche! cria-t-il, en s'assurant sur sa selle et en enfonçant les éperons dans les flancs de sa monture, qui partit avec la rapidité d'une flèche.

Les mosotones s'ébranlèrent à sa suite.

Cette troupe de sombres cavaliers glissa dans les ténèbres comme une légion de lugubres fantômes.

Devant eux courait le guide.

Qui peut exprimer cette poésie terrible d'une course de nuit dans les déserts américains?

Le vent de minuit avait nettoyé le ciel, dont la voûte, d'un bleu sombre, apparaissait splendidement semée comme un manteau de roi d'un nombre indéfini d'étoiles.

La nuit avait cette transparence veloutée particulière à ces chaudes régions.

Par instants, un souffle de vent, chargé de rumeurs incertaines, arrivait en faisant tourbillonner les feuilles sèches dans l'espace et se perdait au loin comme un soupir.

Les Araucans, penchés sur le cou de leurs chevaux, dont les naseaux exhalaient des nuages épais de fumée, couraient, couraient toujours, sans regarder autour d'eux.

Et pourtant le désert qu'ils traversaient, rapides et silencieux, jetait à flots dans l'espace ses splendides harmonies.

C'était le murmure de l'eau parmi les lianes et les glaïeuls, les râles du vent parmi le feuillage, ou la rumeur confuse de mille insectes invisibles; parfois, des lueurs filtrant à travers le feuillage dansaient sur l'herbe à la manière des feux follets; de loin en loin de vieux arbres se dressaient aux angles des ravins ou sur les bords des précipices — *quebradas* — comme des spectres, en agitant leurs linceuls de lianes; mille rumeurs volaient dans l'air, des cris sans nom sortaient des tanières creusées sous les racines, des soupirs étouffés descendaient du haut des cimes chenues des montagnes; on sentait vivre autour de soi un monde inconnu et mystérieux.

Partout, sur la terre, dans l'air, on entendait le bruit du grand flot de la vie, qui vient de Dieu, passe et se renouvelle sans cesse!

Les Araucans continuaient toujours leur course furieuse, franchissant torrents et ravins, écrasant sous le sabot de leurs coursiers rapides les cailloux qui roulaient avec fracas dans les *barrancas*.

A deux longueurs de lance, en avant, aux côtés de l'éclaireur, Antinahuel, les yeux ardemment fixés devant soi, pressait incessamment son cheval, haletant, dont les sourds râlements trahissaient la fatigue.

Tout à coup une masse sombre surgit à quelque distance, puis un bruit de voix se fit entendre.

— Nous sommes arrivés, dit le guide.

— C'est bien, dit Antinahuel en arrêtant son cheval, qui manqua des quatre pieds.

Ils se trouvaient dans un misérable village, composé de cinq ou six huttes qui tombaient en ruines, et qui, à chaque rafale de vent, menaçaient de s'écrouler.

Antinahuel, qui s'attendait à la chute de son cheval, se dégagea vivement et s'adressant au guide, qui, lui aussi, avait mis pied à terre :

— Dans quel toldo se trouve-t-elle? lui demanda-t-il.
— Venez, répondit laconiquement l'Indien.

Antïnahuel le suivit.

Ils firent quelques pas sans échanger une parole.

Le chef pressait avec force sa main sur sa poitrine comme pour comprimer les mouvements de son cœur.

Après dix minutes d'une marche précipitée, les deux hommes se trouvèrent devant une cabane isolée, à l'intérieur de laquelle on voyait briller une faible lueur.

L'Indien s'arrêta, et se tournant vers Antinahuel :

— C'est là, dit-il en étendant le bras dans la direction de la cabane.

Le toqui se retourna pour s'assurer que ses mosotones, que dans la rapidité de sa course il avait laissés bien loin derrière lui, le rejoignaient; puis, après une seconde d'hésitation, il s'approcha de la porte et la poussa en disant d'une voix basse, mais résolue :

— Il faut en finir !

La porte s'ouvrit, il entra.

XLIII

DEUX HAINES

Antinahuel se trouva face à face avec doña Maria.

Par un mouvement instinctif, chacun fit un pas en arrière en étouffant un cri.

Cri de stupeur de la part d'Antinahuel, de surprise de la part de la Linda.

— Oh! soupira avec accablement doña Rosario, en courbant la tête sous le regard ardent du chef indien; oh! Seigneur! c'est à présent que je suis bien réellement perdue!

Doña Maria avait en quelques secondes refoulé au fond de son cœur les sentiments qui bouillonnaient en elle.

Ce fut d'une voix douce, avec un visage riant, qu'elle adressa la parole à Antinahuel.

— Mon frère est le bienvenu, dit-elle, en l'invitant à entrer dans le cuarto, à quel heureux hasard dois-je sa présence?

— Hasard heureux, pour moi surtout, répondit-il avec un sourire railleur, en composant son visage.

Le toqui connaissait trop bien son amie d'enfance pour ne pas savoir qu'il avait en elle un rude adversaire, avec lequel il lui faudrait jouer serré pour l'amener à faire ses volontés.

— Eh bien! reprit la Linda, mon frère daignera-t-il me faire le plaisir de m'expliquer la cause de cette subite apparition qui, du reste, me comble de joie?

— Oh! la cause est bien simple, elle ne mérite certes pas la peine d'être mentionnée; je n'espérais en aucune façon rencontrer ma sœur ici, je dois même lui avouer en toute humilité que je ne la cherchais pas.

— Ah! fit doña Maria en feignant de prendre le change, je suis doublement heureuse, alors.

Le chef s'inclina.

— Voici le fait, dit-il.

— Bon, pensa-t-elle, il va mentir; voyons quelle fourberie inventera ce démon. Alors elle ajouta à haute voix avec un séd aisant sourire qui découvrit trente-deux dents mignonnes de l'émail le plus pur : Je suis tout oreilles, mon frère peut parler.

— Comme le sait ma sœur, ce village se trouve sur la route qui conduit à ma tolderia, j'ai dû tout naturellement le traverser en retournant dans ma tribu; la nuit est avancée, mes mosotones ont besoin de quelques heures de repos, j'ai résolu de camper ici, je suis entré dans le premier rancho qui s'est offert à ma vue, ce rancho est celui que provisoirement vous habitez, j'en remercie le hasard qui, ainsi que je vous l'ai dit, a tout fait et est seul coupable.

— Pas mal pour un Indien, murmura la Linda; allons, ne nous occupons plus de cela.

— Eh! fit Antinahuel en feignant pour la première fois d'apercevoir doña Rosario et en s'avançant vers elle, quelle est cette charmante jeune femme?

— Une esclave à laquelle vous ne devez pas songer, répondit-elle durement.

— Une esclave! s'écria Antinahuel.

— Oui.

La Linda frappa dans ses mains.

L'Indien avec lequel nous l'avons déjà vue causer entra aussitôt.

— Emmenez cette femme, lui dit-elle.

— Oh! madame, supplia doña Rosario en tombant à ses genoux, serez-vous inexorable pour une malheureuse qui jamais ne vous a fait de mal?

La Linda la couvrit d'un regard de flamme, et la repoussant froidement du pied :

— J'ai ordonné d'emmener cette fille, reprit-elle d'une voix sèche.

A cette sanglante insulte, le sang afflua avec force au cœur de la pauvre enfant : son front si pâle se couvrit d'une rougeur fébrile, et, se redressant majestueuse et fière :

— Madame, dit-elle d'une voix vibrante, dont l'accent prophétique frappa la Linda au cœur, prenez garde. Dieu vous punira! Ainsi que vous êtes aujourd'hui sans pitié pour moi, un jour viendra où l'on sera pour vous sans pitié !

Et elle sortit la tête haute, après avoir lancé à son implacable ennemie un regard qui la foudroya.

Antinahuel et la Linda restèrent seuls.

Il y eut un long et funèbre silence.

Les dernières paroles de doña Rosario avaient blessé la Linda comme un coup de poignard ; ce fut en vain qu'elle essaya de se roidir contre l'émotion qu'elle éprouvait, elle se sentit vaincue par cette faible enfant.

Cependant, peu à peu elle parvint à surmonter l'émotion incompréhensible qui l'oppressait ; passant sa main sur son front comme pour en chasser l'idée importune qui la poursuivait, elle se retourna vers Antinahuel.

— Pas de diplomatie entre nous, frère, lui dit-elle, nous nous connaissons trop bien l'un et l'autre pour perdre notre temps à ruser.

— Ma sœur a raison, parlons avec franchise.

— L'histoire du retour dans votre tribu est fort bien trouvée, Antinahuel, mais je n'en crois pas un mot.

— Bon, ma sœur connaît la raison qui m'amène ?

— Je la connais, fit-elle avec un fin sourire qui glissa comme un rayon de soleil entre ses lèvres roses.

Antinahuel ne répondit pas.

Il commença à marcher avec agitation dans le cuarto, parfois il jetait un regard de colère et de dépit du côté de la porte par laquelle doña Rosario était sortie.

La Linda le suivait attentivement d'un œil sournois et railleur.

— Eh bien ! fit-elle au bout d'un instant, mon frère ne parlera-t-il pas ?

— Pourquoi ne parlerais-je pas ? dit-il avec violence. Antinahuel est le chef le plus redouté de sa nation, les plus fiers guerriers courbent sans hésiter leurs fronts orgueilleux devant lui !

— J'attends ! reprit-elle d'une voix calme.

— Un chef s'explique clairement, nul ne lui en impose. Ma sœur connaît ma haine pour le chef des visages pâles, dont elle-même a tant à se plaindre.

— Oui, je sais que cet homme est l'ennemi personnel de mon frère.

— Bon, ma sœur tient entre ses mains la vierge aux yeux d'azur, elle me la donnera pour que je puisse, en la faisant souffrir, me venger de mon ennemi.

— Mon frère est un homme, il ne saura pas bien se venger ; pourquoi lui donnerais-je ma prisonnière ? les femmes seules possèdent le secret de torturer ceux qu'elles haïssent ; que mon frère s'en rapporte à moi, ajouta-t-elle avec un sourire cruel, les tourments que j'inventerai suffiront, je le jure, à assouvir une haine plus profonde que celle qu'il peut ressentir.

Antinahuel, bien que son visage restât impassible, frémit intérieurement à ces paroles odieuses.

— Ma sœur se vante, répondit-il ; sa peau est blanche, son cœur ne sait pas haïr, qu'elle laisse faire le chef indien.

— Non, reprit-elle avec violence, j'ai disposé du sort de cette femme, je ne la donnerai pas à mon frère.

— Ainsi ma sœur oublie ses promesses et fausse ses serments ?

— De quelles promesses et de quels serments parlez-vous, chef ?

— De ceux, répondit l'Indien avec hauteur, que ma sœur a prononcés dans le toldo d'Antinahuel, lorsqu'elle est venue dans sa tribu implorer son secours.

La Linda sourit.

— La femme est un oiseau moqueur, dit-elle, qui fait attention à ses paroles.

— Bon, fit Antinahuel, ma sœur gardera sa prisonnière, que ma sœur fasse sa volonté ; je vais continuer ma route pour me rendre dans ma tribu.

La Linda le regarda avec étonnement ; la facilité avec laquelle Antinahuel renonçait en apparence à ses projets lui paraissait d'autant plus incompréhensible qu'elle savait avec quelle ténacité il poursuivait ses entreprises, quand une fois il croyait avoir une chance de réussite ; elle résolut de savoir positivement à quoi s'en tenir.

Au moment où le chef faisait un pas pour se retirer :

— Mon frère part ? lui dit-elle.

— Je pars, répondit-il.

— A-t-il donc déjà terminé les affaires pour lesquelles le général Bustamente l'avait prié de venir s'entendre avec lui ?

— Le général Bustamente n'a plus besoin d'Antinahuel ni de personne.

— A-t-il donc réussi si vite ?

— Oui, répondit-il avec un accent équivoque.

— Ainsi, s'écria la Linda avec joie, il est maître de la ville, il triomphe, enfin !

Antinahuel sembla hésiter pendant une minute ou deux ; un sourire ironique errait sur ses lèvres.

— Mon frère ne veut-il pas répondre ? reprit la Linda avec une impatience à laquelle se mêlait malgré elle un commencement d'inquiétude.

— Celui que ma sœur nomme le général Bustamente, répondit-il d'une voix brève, n'a plus besoin de personne, je le répète, il est prisonnier.

La Linda bondit comme une lionne blessée.

— Prisonnier ! s'écria-t-elle, oh ! mon frère se trompe !

— Il est prisonnier, avant trois jours il sera mort.

La Linda était frappée de stupeur.

Cette affreuse nouvelle l'atterrait.

— Oh ! murmura-t-elle, malgré Dieu je triompherai.

En proférant ce blasphème, son regard étincelait, ses lèvres frémissaient et ses poings se crispaient avec rage.

— Oh ! je ne veux pas qu'il meure ! s'écria-t-elle.

— Il mourra ! répondit Antinahuel, qui pourrait le sauver ?

— Vous ! chef, dit-elle résolument en lui serrant le bras avec force.

— Pourquoi le ferais-je ? répondit-il avec insouciance ; que m'importe la vie de cet homme, à moi ? les visages pâles ne sont pas mes frères !

— Non, mais sa vie m'est précieuse, à moi, pour ma vengeance ! lui seul peut me livrer mon ennemi ! je veux qu'il vive, vous dis-je !

— Bon, ma sœur le délivrera, alors, puisqu'elle tient tant à le sauver ?

— Vous seul pouvez le faire, chef, si vous le voulez, reprit-elle.

Antinahuel la regarda fixement.

— Qui vous fait supposer que je le voudrai ? dit-il.

— Écoutez, chef, s'écria la Linda avec exaltation, vous aimez cette femme, cette misérable chienne des visages pâles !

L'Indien tressaillit, mais ne répondit pas.

— Oh! ne cherchez pas à me donner le change, on ne trompe pas les yeux d'une femme : la haine que vous portez à don Tadeo s'est changée en amour à la vue de cette créature.

— Eh bien! quand cela serait? dit-il avec agitation.

— Troc pour troc, donnez-moi le général Bustamente, dit-elle résolument, je vous la livrerai.

— Oh! fit Antinahuel avec un sourire railleur, la femme est un oiseau moqueur qui fait attention à ses paroles...

En entendant le chef lui jeter au visage les paroles qu'elle-même lui avait dites quelques instants auparavant, elle frappa du pied avec impatience.

— Eh! s'écria-t-elle avec colère, prenez-la, cette femme, et qu'elle soit maudite!

Antinahuel poussa un rugissement de tigre et s'élança au dehors.

— Oh! s'écria la Linda d'une voix rauque, avec un accent impossible à rendre, je crois que l'amour de ce misérable me vengera mieux que toutes les tortures que j'aurais inventées.

Tout à coup le chef rentra avec précipitation, ses traits étaient décomposés par la fureur et le désappointement.

— Elle s'est enfuie! s'écria-t-il.

En effet, doña Rosario et l'Indien auquel la Linda avait confié sa garde avaient disparu.

Nul ne savait ce qu'ils étaient devenus.

Antinahuel lança immédiatement ses mosotones à leur poursuite dans toutes les directions.

La Linda était en proie à une rage indicible.

Sa vengeance lui échappait!

Elle était écrasée sous le poids de l'impuissance à laquelle elle se trouvait réduite.

XLIV

RETOUR A VALDIVIA

La nuit était venue, penché au chevet de son ami, toujours plongé dans cette espèce de sommeil léthargique qui suit ordinairement les grandes pertes de sang. Valentin épiait avec une tendresse inquiète les nuages qui parfois obscurcissaient le visage pâle de son ami.

— Oh! dit-il à demi-voix, en serrant les poings avec colère, tes assassins, quels qu'ils soient, frère, payeront cher leur crime!

Le rideau de la tente se souleva, une main se posa sur l'épaule du jeune homme.

Il se retourna.

Trangoil Lanec était devant lui.

Le visage de l'Ulmen était sombre comme la nuit.

Il semblait en proie à une vive émotion.

— Qu'avez-vous, chef? lui demanda Valentin effrayé de l'état dans lequel il le voyait, que se passe-t-il, au nom du ciel! Est-ce donc un nouveau malheur que vous venez m'annoncer?

— Le malheur veille incessamment auprès de l'homme, répondit sentencieusement le chef, il doit être prêt à le recevoir à toute heure, comme un hôte attendu.

— Parlez, répondit le jeune homme d'une voix ferme, quoi qu'il arrive, je ne faiblirai pas.

— Bon, mon frère est fort, c'est un grand guerrier, il ne se laissera pas abattre : que mon frère se hâte, il faut partir.

— Partir! s'écria Valentin avec un tressaillement nerveux, et mon ami?

— Notre frère Luis nous accompagnera.

— Est-il donc possible de le transporter?

— Il le faut, dit péremptoirement l'Indien, la hache de guerre est déterrée contre les visages pâles, les chefs aucas ont bu l'eau de feu, le génie du mal est maître de leur cœur, il faut partir avant qu'ils songent à nous; dans une heure, il serait trop tard.

— Partons donc, répondit tristement le jeune homme, convaincu que Trangoil Lanec en savait plus qu'il ne voulait en dire, et qu'un grand danger les menaçait en effet, puisque le chef qui était un homme d'un courage à toute épreuve avait perdu ce masque d'impassibilité qui n'abandonne jamais les Indiens.

Les préparatifs du départ furent faits en toute hâte et bientôt terminés.

Le hamac dans lequel Louis reposait fut solidement attaché à deux longues traverses en bois et attelé à deux mules, sans que le blessé se réveillât.

La petite troupe se mit en route, en usant des plus grandes précautions.

Ils marchèrent ainsi pendant plus d'une heure, sans échanger une parole; les feux de campement des Indiens s'effacèrent peu à peu dans l'éloignement, et ils étaient hors de danger, du moins provisoirement.

Valentin s'approcha de Trangoil Lanec qui marchait en tête du convoi.

— Où allons-nous? lui demanda-t-il.

— A Valdivia, répondit le chef, c'est là seulement que don Luis pourra se rétablir en sûreté.

— Vous avez raison, dit Valentin; mais nous, resterons-nous donc inactifs?

— Je ferai ce que voudra mon frère le visage pâle, ne suis-je pas son penni? où il ira, j'irai, sa volonté sera la mienne.

— Merci, chef, répondit le Français avec émotion, vous êtes un brave et digne cœur.

— Mon frère m'a sauvé la vie, fit l'Ulmen avec simplicité, cette vie n'est plus à moi, elle lui appartient.

Soit que les chefs araucans ne se fussent pas aperçu du départ des étrangers, soit, ce qui est plus probable, qu'ils eussent dédaigné de les poursuivre,

Cette troupe de cavaliers glissa dans les ténèbres comme une légion de lugubres fantômes.

la petite troupe ne fut pas inquiétée dans sa fuite, car quel autre nom pouvait-on donner à cette marche dans le désert au milieu de la nuit ?

Ils avançaient doucement, retardés par le blessé qui n'aurait pu, dans l'état de faiblesse et de prostration où il se trouvait, supporter les secousses d'une course rapide.

Vers trois heures du matin, quelques lueurs fugitives et incertaines, qui tremblotaient à l'horizon et perçaient avec peine le brouillard qui, à cette heure de la nuit, enveloppe la terre comme un froid linceul, annoncèrent à la caravane qu'elle approchait de la ville et que bientôt elle y serait rendue.

Au bout de trois quarts d'heure ils atteignirent les *huertas* — jardins — qui enveloppent Valdivia comme un immense bouquet de fleurs du sein duquel elle paraît jaillir.

La caravane fit halte quelques instants, afin de laisser respirer les chevaux et les mules avant d'entrer dans la ville.

Désormais on n'avait plus rien à redouter.

— Mon frère connaît-il cette ville? demanda Trangoil Lanec à Valentin.

— Pourquoi cette question ? répliqua celui-ci.

— Pour une raison bien simple, reprit le chef; dans le désert je puis, de nuit et de jour, servir de guide à mon frère, mais ici, dans cette tolderia des blancs, mes yeux se ferment, je suis aveugle, mon frère nous conduira.

— Diable ! fit Valentin déconcerté, dans ce sens-là, je suis au moins aussi aveugle que vous, chef; c'est hier pour la première fois que je suis entré dans cette ville et, ajouta-t-il en souriant, les balles sifflaient dans l'air d'une si rude façon que je n'ai guère pris le temps de me renseigner et de demander mon chemin.

— Que cela ne vous inquiète pas, Seigneurie, dit un des peones qui avait entendu les quelques mots échangés par les deux hommes, dites-moi seulement où vous voulez aller, je me charge de vous y conduire.

— Hum! répondit Valentin, où je veux aller? je ne sais trop, tous les endroits me sont bons pourvu que mon ami s'y trouve en sûreté.

— Pardon, Seigneurie, reprit l'arriero, si j'osais...

— Osez ! osez! mon ami, votre idée est probablement excellente, pour moi j'avoue en ce moment que j'ai l'esprit vide comme un tambour.

— Pourquoi Votre Seigneurie n'irait-elle pas chez don Tadeo de Leon, mon maître ?

— Pardieu ! fit Valentin avec mauvaise humeur, je vous trouve charmant, ma parole d'honneur ; je ne vais pas chez don Tadeo de Leon par la raison toute simple que je ne sais pas comment le trouver, voilà tout.

— Je le sais, moi, Seigneurie, don Tadeo doit être au cabildo.

— C'est pardieu vrai, je n'y avais pas songé; mais par où passer pour aller au cabildo?

— Je vais vous y conduire, Seigneurie.

— Bien répondu, ce garçon est rempli d'intelligence : quand partons-nous, mon ami?

— Quand il plaira à Votre Seigneurie.

— De suite ! de suite !

— En route, alors, répondit l'arriero : *Eat arrea mula!* cria-t-il à ses bêtes, et la caravane reprit sa marche.

Quelques minutes plus tard elle débouchait sur la place Mayor, juste en face du cabildo.

La ville était morne et silencieuse; çà et là, dernières traces de la lutte acharnée qui l'avait ensanglantée pendant le jour, des amas de meubles brisés ou de larges tranchées ouvertes dans le sol témoignaient des ravages causés par l'insurrection.

Un factionnaire se promenait à pas lents devant le cabildo; à la vue de la caravane qui s'avançait vers lui, il s'arrêta en armant son fusil :

— Qui vive? cria-t-il d'une voix rude.

— *La patria !* répondit Valentin.

— Passez au large! dit le factionnaire.

— Hum! murmura le jeune homme, il paraît qu'il n'est pas aussi facile d'entrer que je le croyais; c'est égal, ajouta-t-il, essayons toujours. Mon ami, fit-il d'une voix insinuante à la sentinelle qui se tenait impassible devant lui, nous avons affaire au palais.

— Avez-vous le mot d'ordre? demanda le soldat.

— Ma foi non! répondit franchement Valentin.

— Alors vous n'entrerez pas.

— J'ai cependant bien besoin d'y entrer.

— C'est possible, mais comme vous n'avez pas le mot d'ordre, je vous conseille de passer votre chemin, car je vous jure que quand même vous seriez le diable en personne, je ne vous livrerais pas passage.

— Mon ami, répondit le Parisien d'un ton narquois, ce que vous dites là n'est pas logique; si j'étais le diable je n'aurais pas besoin du mot d'ordre, et j'entrerais malgré vous.

— Prenez garde, Seigneurie, murmura l'arriero, ce soldat est capable de tirer sur vous.

— Pardieu! j'y compte bien, dit Valentin en riant.

Le peon le regarda tout ébahi, il le crut fou.

Le factionnaire, ennuyé de cette longue conversation, croyant comprendre qu'il avait maille à partir avec de mauvais plaisants, épaula son fusil en criant d'une voix irritée:

— Pour la dernière fois, retirez-vous ou je fais feu.

— Je veux entrer, répondit résolument Valentin.

— Aux armes! cria le soldat, et il lâcha son coup de fusil.

Valentin, qui suivait attentivement les mouvements du soldat, s'était vivement glissé à bas de son cheval, la balle siffla inoffensive à ses oreilles.

Au cri poussé par le factionnaire et au bruit de la détonation, plusieurs soldats armés et suivis d'un officier qui tenait un fanal allumé, s'étaient élancés en tumulte hors du palais.

— Que se passe-t-il donc? demanda l'officier à voix haute.

— Eh! s'écria Valentin, à qui cette voix n'était pas inconnue, est-ce vous, don Gregorio?

— Qui m'appelle? fit celui-ci, car c'était lui en effet.

— Moi! don Valentin.

— Comment, c'est vous, cher ami, qui causez tout ce tapage? reprit don Gregorio en s'approchant, j'ai cru à une attaque.

— Que voulez-vous? dit en riant le jeune homme, je n'avais pas le mot d'ordre et je tenais à entrer.

— Il n'y a que des Français pour avoir des idées comme celle-là.

— N'est-ce pas qu'elle est originale?

— Oui, mais vous risquiez d'être tué.

— Bah! on risque toujours d'être tué, mais on ne l'est pas, dit insoucieusement Valentin. Je vous la recommande dans l'occasion.

— Bien obligé, mais je doute que je m'en serve jamais.

— Vous aurez tort.

— Enfin ! entrez ! entrez !

— Je ne demande pas mieux, d'autant plus qu'il faut absolument que je voie don Tadeo à l'instant.

— Je crois qu'il dort.

— Il se réveillera.

— Est-ce que vous apportez des nouvelles intéressantes ?

— Oui, répondit le jeune homme, devenu triste tout à coup, des nouvelles terribles.

Don Gregorio, frappé de l'accent dont le Français avait prononcé ces paroles, pressentit un malheur et ne l'interrogea pas davantage.

Les arrieros portèrent dans l'intérieur du cabildo le hamac dans lequel Luis dormait toujours.

Par les soins de don Gregorio, le blessé fut placé dans une chambre et couché dans un lit que l'on prépara à la hâte.

— Que s'est-il donc passé, don Luis est blessé ? demanda don Gregorio avec étonnement.

— Oui, répondit Valentin d'une voix sourde, il a reçu deux coups de poignard.

— Qu'est-ce que cela signifie ?

— Vous allez l'apprendre, répondit Valentin, mais je vous en prie, conduisez-moi à l'instant auprès de don Tadeo.

— Venez donc, au nom du ciel ! vos réticences me font frémir.

Et, suivi de Valentin et de Trangoil Lanec, don Gregorio s'enfonça à grands pas dans le dédale formé par les nombreux corridors du palais dont il paraissait connaître à fond toutes les dispositions.

XLV

OU LE PÈRE SE RÉVÈLE.

Don Tadeo avait passé une assez grande partie de la nuit à donner des ordres pour faire disparaître les traces hideuses laissées par le combat. Il avait nommé des magistrats chargés de la police de la ville. Après avoir assuré autant que possible la tranquillité et la sécurité des citoyens, expédié plusieurs estafettes à Santiago et dans les autres centres de population, afin d'annoncer ce qui s'était passé, rendu de fatigues, tombant de sommeil, il s'était jeté tout vêtu sur un lit de camp, pour prendre quelques instants de repos.

Il dormait depuis une heure à peine de ce sommeil agité qui est le lot des hommes sur lesquels repose la destinée des empires, lorsque la porte de la chambre dans laquelle il s'était retiré fut poussée violemment; une grande lueur frappa ses yeux, plusieurs hommes entrèrent.

Don Tadeo se réveilla en sursaut.

— Qui va là ? s'écria-t-il en cherchant à reconnaître, malgré la lumière qui éblouissait ses yeux, ceux qui troublaient son sommeil d'une si malencontreuse manière.

— C'est moi, répondit don Gregorio.

— Eh mais, vous n'êtes pas seul, il me semble !

— Non, don Valentin m'accompagne.

— Don Valentin ! s'écria don Tadeo en se levant subitement et en passant sa main sur son front, pour chasser les derniers nuages qui obscurcissaient sa pensée, mais je n'attendais don Valentin que ce matin au plus tôt : quelle raison assez sérieuse a pu l'obliger à voyager de nuit ?

— Une raison puissante, don Tadeo, répondit le jeune homme d'une voix sombre.

— Parlez ! au nom du ciel ! s'écria don Tadeo.

— Soyez homme ! soyez ferme, rassemblez tout votre courage pour supporter dignement le coup qui va vous frapper.

Don Tadeo fit deux ou trois tours dans la salle, la tête basse, le sourcil froncé, puis il s'arrêta devant Valentin, le front pâle, mais le visage impassible.

Cet homme de fer avait dompté en lui la nature ; pressentant la rudesse du choc qu'il allait recevoir, il avait ordonné à son cœur de ne pas se briser, à ses muscles de ne pas tressaillir.

— Parlez, dit-il, je suis prêt à vous entendre.

En prononçant ces mots, sa voix était ferme, ses traits calmes.

Valentin, lui, qui se connaissait en courage, fut frappé d'admiration.

— Le malheur que vous allez m'annoncer m'est-il personnel ? reprit don Tadeo.

— Oui, dit le jeune homme d'une voix tremblante.

— Dieu soit loué ! Allez, je vous écoute.

Valentin comprit qu'il ne fallait pas mettre l'âme de cet homme à une plus dure épreuve, il se décida à parler.

— Doña Rosario a disparu, dit-il, elle a été enlevée pendant notre absence ; Louis, mon frère de lait, en voulant la défendre, est tombé percé de deux coups de poignard.

Le Roi des ténèbres semblait une statue de marbre, aucune émotion ne se trahissait sur son visage austère.

— Don Luis est-il mort ? demanda-t-il avec intérêt.

— Non, reprit Valentin, de plus en plus étonné, j'espère même que dans quelques jours il sera guéri.

— Tant mieux ! fit don Tadeo avec sentiment, ce que vous m'annoncez là est pour moi une heureuse nouvelle.

Et, croisant ses bras sur sa large poitrine, il se remit à marcher à grands pas dans la salle.

Les trois hommes se regardaient, surpris de ce stoïcisme auquel ils ne comprenaient rien.

— Abandonnez-vous donc doña Rosario à ses ravisseurs ? lui demanda don Gregorio avec un accent de reproche.

Don Tadeo lui lança un regard chargé d'une si amère ironie, que don Gregorio baissa malgré lui les yeux.

— Ces ravisseurs ! fussent-ils cachés dans les entrailles de la terre, je les découvrirai, quels qu'ils soient, répondit don Tadeo.

Trangoil Lanec s'avança.

— Un homme est sur leur piste, dit-il, cet homme est Curumilla, il les découvrira.

Un éclair de joie illumina pendant une seconde l'œil noir du Roi des ténèbres.

— Oh ! murmura-t-il, prenez garde, doña Maria !

Il avait tout d'abord deviné l'auteur du rapt dont doña Rosario avait été victime.

— Que comptez-vous faire ? reprit don Gregorio.

— Rien, répondit-il froidement, tant que notre éclaireur ne sera pas de retour; et, revenant à Valentin : Ami, lui dit-il, n'avez-vous rien de plus à m'annoncer?

— Qui vous fait supposer que je ne vous ai pas tout appris ? demanda le jeune homme.

— Ah ! reprit don Tadeo avec un sourire mélancolique, vous le savez, ami, nous autres Hispano-Américains, quoi que nous fassions pour paraître civilisés, nous sommes à demi-barbares encore et, comme tels, horriblement superstitieux.

— Eh bien?

— Eh bien ! entre autres sottises du même genre, nous avons foi aux proverbes : n'en existe-t-il pas un qui dit quelque part qu'un malheur ne vient jamais seul?

— Vive Dieu ! s'écria Valentin, me prenez-vous pour un oiseau de mauvais augure, don Tadeo ?

— Dieu m'en garde, mon ami, seulement cherchez bien dans votre souvenir, je suis certain que je ne me suis pas trompé, et que vous avez encore quelque chose à m'apprendre.

— Au fait, vous avez raison, j'ai encore une nouvelle à vous annoncer. Est-elle bonne, est-elle mauvaise? vous seul pouvez en juger.

— Je savais bien qu'il y avait encore quelque chose, fit don Tadeo avec un sourire triste; allez, mon ami, voyons cette nouvelle, je vous écoute.

— Hier, vous le savez, le général Bustamente a renouvelé les traités de paix avec les chefs araucans.

— En effet.

— J'ignore quel transfuge ou quel éclaireur les a mis au courant de ce qui s'est passé ici, le fait est que vers le soir ils ont su la défaite et la prise du général.

— Fort bien ; continuez.

— Alors, une espèce de folie furieuse s'est emparée d'eux, ils ont tenu un grand conseil.

— Bref, ils ont rompu les traités, n'est-ce pas cela, mon ami ?

— Oui

— Et ils sont probablement déterminés à nous faire la guerre ?

— Je le suppose ; les quatre toquis ont jeté la hache, et à leur place, un toqui suprême a été élu.

— Ah ! ah ! fit don Tadeo, et savez-vous le nom de ce toqui suprême ?

— Oui.

— C'est ?

— C'est Antinahuel.

— Je m'en doutais, s'écria don Tadeo avec colère ; cet homme nous a trompés ; c'est un fourbe qui ne vit que par l'astuce et dont la dévorante ambition lui fait sacrifier, quand la nécessité l'ordonne, les intérêts les plus chers et fausser les serments les plus sacrés. Cet homme jouait un double jeu : il feignait d'être le partisan du général Bustamente, de même qu'il paraissait être le nôtre, bâtissant sur notre ruine mutuelle sa fortune et son élévation future ; mais il s'est trop hâté de jeter le masque. Vive Dieu ! je lui infligerai un châtiment dont ses compatriotes garderont le souvenir, et qui, dans un siècle, les fera encore frissonner d'épouvante.

— Prenez garde aux oreilles qui nous écoutent, dit don Gregorio, en lui désignant du regard l'Ulmen qui se tenait impassible en face de lui.

— Eh ! que m'importe ? reprit don Tadeo avec violence, si je parle ainsi, c'est que je veux qu'on m'entende. Je suis un noble Espagnol, moi, ce que pense mon cœur mes lèvres le disent ; l'Ulmen est libre si bon lui semble de répéter mes paroles à son chef.

— Le Grand Aigle des blancs est injuste envers son fils, répondit Trangoil Lanec d'une voix triste, tous les Araucans n'ont pas le même cœur ; Antinahuel est seul responsable de ses actes. Trangoil Lanec est un Ulmen dans sa tribu ; il sait comment on doit assister aux conseils des chefs : ce que ses yeux voient, ce que ses oreilles entendent, son cœur l'oublie, sa bouche ne le répète pas : pourquoi mon père m'adresse-t-il ces paroles blessantes, à moi, qui suis prêt à me dévouer pour lui rendre celle qu'il a perdue ?

— C'est vrai ! je suis injuste, chef, j'ai eu tort de parler ainsi, votre cœur est droit et votre langue ignore le mensonge ; pardonnez-moi et laissez-moi serrer votre main loyale dans la mienne.

Trangoil Lanec pressa chaleureusement la main que lui tendait don Tadeo avec abandon.

— Mon père est bon, dit-il, son cœur est obscurci en ce moment par le grand malheur qui le frappe ; que mon père se console, Trangoil Lanec lui rendra la jeune fille aux yeux d'azur.

— Merci, chef, j'accepte votre offre, vous pouvez compter sur ma reconnaissance.

— Trangoil Lanec ne vend pas ses services, il est payé quand ses amis sont heureux.

— Caramba ! s'écria Valentin en secouant avec force la main du chef, vous êtes un digne homme, Trangoil Lanec, je suis honoré d'être votre ami.

Il se tourna vers don Tadeo :

— Je vais vous dire adieu pour quelque temps, fit-il ; je vous confie mon frère Louis.

— Vous me quittez ? demanda vivement don Tadeo.

— Oui, il le faut ; je vois votre cœur qui se brise malgré les efforts inouïs que vous faites pour rester impassible ; je ne sais quel lien vous attache à la malheureuse enfant qui a été victime d'un si odieux attentat, mais je sens que sa perte vous tue ; eh bien ! vive Dieu ! je vous la rendrai, moi, don Tadeo, ou je mourrai à la peine.

— Don Valentin ! s'écria le gentilhomme avec émotion, que voulez-vous faire ? votre projet est insensé, jamais je n'accepterai un tel dévouement.

— Laissez-moi faire, caramba ! je suis Parisien, moi, c'est-à-dire entêté comme une mule, et quand une fois une idée, bonne ou mauvaise, est entrée dans ma cervelle, elle n'en sort plus, je vous le jure. Je ne prends que le temps d'embrasser mon pauvre frère et je pars aussitôt ; allons, chef, mettons-nous sur la piste des ravisseurs.

— Partons, dit l'Ulmen.

Don Tadeo demeura un instant immobile, les yeux fixés sur le jeune homme avec une expression étrange ; un violent combat parut se livrer en lui ; enfin la nature l'emporta, il éclata en sanglots et tomba dans les bras du Français en murmurant d'une voix étouffée par la douleur :

— Valentin ! Valentin ! rendez-moi ma fille !...

Le père venait enfin de se révéler tout entier.

Le stoïcisme de l'homme d'État s'était brisé à tout jamais contre l'amour paternel.

Mais la nature humaine a des limites qu'elle ne peut dépasser ; la secousse morale que don Tadeo avait reçue, les efforts immenses qu'il avait faits pour la dissimuler, avaient complètement usé ses forces : il tomba à la renverse sur les dalles du salon comme un chêne orgueilleux frappé de la foudre.

Il était évanoui.

Valentin le considéra un instant avec une expression de pitié et de douleur.

— Va ! pauvre père, dit-il, prends courage, ton enfant te sera rendue !

Et il sortit à grands pas, suivi de Trangoil Lanec, tandis que don Gregorio, agenouillé auprès de son ami, lui prodiguait les soins les plus empressés et cherchait à le rappeler à la vie.

(*La prochaine livraison contiendra une gravure coloriée.*)

LE GRAND CHEF DES AUCAS

GUSTAVE AIMARD

DEUXIÈME PARTIE

F. ROY, éditeur, 222, boulevard Saint-Germain, PARIS

OEUVRES DE GUSTAVE AIMARD

LE CHACAL NOIR.

F. ROY, éditeur.

DEUXIÈME PARTIE

I

CURUMILLA

Afin de bien expliquer au lecteur la disparition miraculeuse de doña Rosario, nous sommes obligé de faire quelques pas en arrière, et de retourner auprès de Curumilla, au moment où l'Ulmen, après sa conversation avec Trangoil Lanec, s'était mis comme un bon limier sur la piste des ravisseurs de la jeune fille.

Curumilla était un guerrier aussi renommé pour sa prudence et sa sagesse dans les conseils, que pour son courage dans les combats.

La rivière traversée, il laissa entre les mains d'un péon, qui l'avait accompagné jusque-là, son cheval qui, non seulement lui devenait inutile, mais encore qui aurait pu lui être nuisible en décelant sa présence par le bruit retentissant de ses sabots sur le sol.

Les Indiens sont des cavaliers émérites, mais ils sont surtout des marcheurs infatigables. La nature les a doués d'une force de jarrets inouïe, ils possèdent au plus haut degré la science de ce pas gymnastique relevé et cadencé que, depuis quelques années, nous avons, en Europe et particulièrement en France, introduit dans la marche des troupes.

Ils accomplissent avec une célérité incroyable des trajets que des cavaliers lancés à toute bride pourraient à peine fournir ; coupant toujours en ligne droite, pour ainsi dire à vol d'oiseau ! sans tenir compte des difficultés sans nombre qui se dressent sur leur passage, aucun obstacle n'est assez grand pour entraver leur course.

Cette qualité, qu'eux seuls possèdent, les rend surtout redoutables aux Hispano-Américains, qui ne peuvent atteindre cette facilité de locomotion, et qui, en temps de guerre, les trouvent toujours devant eux au moment où ils s'y attendent le moins, et cela, presque toujours à des distances considérables des endroits où logiquement ils devraient être.

Curumilla, après avoir étudié avec soin les empreintes laissées par les ravisseurs, devina du premier coup la route qu'ils avaient prise et le lieu où ils se rendaient.

Il ne s'amusa pas à les suivre, ce qui lui aurait fait perdre beaucoup de temps ; au contraire, il résolut de les couper et de les attendre dans un coude qu'il connaissait et où il lui serait facile de les compter et peut-être de sauver la jeune fille.

Cette résolution arrêtée, l'Ulmen prit sa course.

Il marcha plusieurs heures sans se reposer, l'œil et l'oreille au guet, sondant les ténèbres, écoutant patiemment les bruits du désert.

Ces bruits qui, pour nous autres blancs, sont lettre morte, ont pour les Indiens, habitués à les interroger, chacun une signification spéciale à laquelle ils ne se trompent jamais ; ils les analysent, les décomposent et apprennent souvent par ce moyen des choses que leurs ennemis ont le plus grand intérêt à leur cacher.

Tout inexplicable que ce fait paraisse au premier abord, il est simple.

Il n'existe pas de bruit sans cause au désert.

Le vol des oiseaux, la passée d'une bête fauve, le bruissement des feuilles, le roulement d'une pierre dans un ravin, l'ondulation des hautes herbes, le froissement des branches dans les halliers, sont pour l'Indien autant d'indices précieux.

A un certain endroit qu'il connaissait, Curumilla se coucha à plat ventre sur le sol, derrière un bloc de rochers, et se confondit immobile avec les herbes et les broussailles qui bordaient la route.

Il demeura ainsi plus d'une heure, sans faire le moindre mouvement.

Quiconque l'eût aperçu, l'eût pris pour un cadavre.

L'ouïe exercée de l'Indien, toujours en éveil, perçut enfin dans l'éloignement le bruit sourd du sabot des mules et des chevaux heurtant contre la pierre sèche et sonore. Ce bruit se rapprocha de plus en plus ; bientôt, à deux longueurs de lance du rocher derrière lequel il s'était mis en embuscade, l'Ulmen aperçut une vingtaine de cavaliers qui cheminaient lentement dans l'ombre.

Les ravisseurs, rassurés par leur nombre, et se croyant à l'abri de tout danger, marchaient avec la plus parfaite sécurité.

L'Indien leva doucement la tête, s'appuya sur les mains, les suivit avidement du regard, et attendit.

Ils passèrent sans le voir.

A quelques pas en arrière de la troupe, un cavalier venait seul, suivant nonchalamment le pas cadencé de son cheval. Sa tête tombait parfois sur sa poitrine et sa main ne retenait que faiblement les rênes.

Il était évident que cet homme sommeillait sur sa monture.

Une idée subite traversa comme un éclair le cerveau de Curumilla.

Se ramassant sur lui-même, il raidit ses jarrets de fer, et bondissant comme un tigre, il sauta en croupe du cavalier.

Avant que celui-ci, surpris par cette attaque imprévue, eût le temps de pousser un cri, il lui serra la gorge de façon à le mettre provisoirement dans l'impossibilité d'appeler à son aide.

En un clin d'œil, le cavalier fut bâillonné et jeté sur le sol ; puis, s'emparant du cheval, Curumilla l'attacha à un buisson et revint auprès de son prisonnier.

Celui-ci, avec ce courage stoïque et dédaigneux particulier aux aborigènes de l'Amérique, se voyant vaincu, n'essaya pas une résistance inutile; il regarda son vainqueur avec un sourire de mépris et attendit qu'il lui adressât la parole.

— Oh! fit Curumilla, qui, en se penchant vers lui, le reconnut, Joan!

— Curumilla! répondit l'autre.

— Hum! murmura l'Ulmen à part lui, j'aurais préféré que ce fût un autre. Que fait donc mon frère sur cette route? demanda-t-il à haute voix.

— Qu'est-ce que cela importe à mon frère? dit l'Indien, répondant à une question par une autre.

— Ne perdons pas un temps précieux, reprit le chef en dégaînant son couteau, que mon frère parle!

Joan tressaillit, un frisson d'épouvante parcourut ses membres à l'éclair bleuâtre jeté par la lame longue et aiguë du couteau.

— Que le chef interroge! dit-il d'une voix étranglée.

— Où va mon frère?

— A la tolderia de San-Miguel.

— Bon! et pourquoi mon frère va-t-il là?

— Pour remettre entre les mains de la sœur du grand toqui une femme que, ce matin, nous avons prise en malocca.

— Qui vous a ordonné ce rapt?

— Celle que nous allons rejoindre.

— Qui dirigeait cette malocca?

— Moi.

— Bon! où cette femme attend-elle la prisonnière?

— Je l'ai dit au chef : à la tolderia de San-Miguel.

— Dans quelle casa?

— Dans la dernière, celle qui est un peu séparée des autres.

— Bien! que mon frère change de poncho et de chapeau avec moi.

L'Indien obéit sans observation.

Lorsque l'échange fut effectué, Curumilla reprit :

— Je pourrais tuer mon frère; la prudence exigerait même que je le fisse, mais la pitié est entrée dans mon cœur; Joan a des femmes et des enfants, c'est un des braves guerriers de sa tribu, si je lui laisse la vie, me sera-t-il reconnaissant?

L'Indien croyait mourir. Cette parole lui rendit l'espérance. Ce n'était pas un méchant homme au fond, l'Ulmen le connaissait bien, il savait qu'il pouvait compter sur sa promesse.

— Mon père tient ma vie entre ses mains, répondit Joan, s'il ne la prend pas aujourd'hui, je resterai son débiteur, je me ferai tuer sur un signe de lui.

— Fort bien! dit Curumilla, en repassant son couteau dans sa ceinture, mon frère peut se relever, un chef a sa parole.

L'Indien bondit sur ses pieds et baisa avec ferveur la main de l'homme qui l'épargnait.

— Qu'ordonne mon père? dit-il.

— Mon frère va se rendre en toute hâte à la tolderia que les Huincas nomment Valdivia. Il ira trouver don Tadeo, le Grand Aigle des blancs, et lui rapportera ce qui s'est passé entre nous, en ajoutant que je sauverai la prisonnière ou que je mourrai.

— C'est tout?

— Oui. Si le Grand Aigle a besoin des services de mon frère, il se mettra sans hésiter à sa disposition. Adieu! Que Pillian guide mon frère, et qu'il se souvienne que je n'ai pas voulu prendre sa vie qui m'appartenait!

— Joan se souviendra! répondit l'Indien.

Sur un signe de Curumilla, il se courba dans les hautes herbes, rampa comme un serpent et disparut dans la direction de Valdivia.

Le chef, sans perdre un instant, se mit en selle, piqua des deux et ne tarda pas à rejoindre la petite troupe des ravisseurs qui continuait à cheminer paisiblement, sans se douter de la substitution qui venait de s'opérer.

C'était Curumilla qui, en transportant la jeune fille dans le cuarto de la masure, avait murmuré à son oreille:

— Espoir et courage!

Ces trois mots qui, en l'avertissant qu'un ami veillait sur elle, lui avaient rendu les forces nécessaires pour la lutte qui la menaçait.

Après l'arrivée inopinée de Antinahuel, lorsque, sur l'ordre de doña Maria, Curumilla eut fait sortir la prisonnière, au lieu de la reconduire dans le cuarto où primitivement elle avait attendu, il lui jeta un poncho sur les épaules afin de la déguiser.

— Suivez-moi, lui dit-il à voix basse, marchez hardiment: je vais essayer de vous sauver.

La jeune fille hésita. Elle redoutait un piège.

L'Ulmène la comprit.

— Je suis Curumilla, reprit-il rapidement, un des Ulmènes dévoués aux deux Français amis de don Tadeo.

Doña Rosario tressaillit imperceptiblement.

— Marchez! répondit-elle d'une voix ferme, quoi qu'il arrive, je vous suivrai!

Ils sortirent de la hutte.

Les Indiens, dispersés çà et là, ne les remarquèrent pas; ils causaient entre eux des événements de la journée.

Les deux fugitifs marchèrent dix minutes sans échanger un mot.

Bientôt le village se fondit dans l'ombre.

Curumilla s'arrêta.

Deux chevaux sellés et bridés étaient attachés derrière un buisson de cactus.

— Ma sœur se sent-elle assez forte pour monter à cheval et fournir une longue course? dit-il.

— Pour échapper à mes persécuteurs, répondit-elle d'une voix entrecoupée, je me sens la force de tout faire.

— Bon! fit Curumilla, ma sœur est courageuse. Son Dieu l'aidera!

— C'est en lui seul que j'ai placé mon espoir, dit-elle tristement.

— A cheval et partons! les minutes sont des siècles !

Ils se mirent en selle et lâchèrent la bride à leurs chevaux qui partirent avec une rapidité extrême, sans que le bruit de leurs pas résonnât sur la terre.

Curumilla avait enveloppé les pieds des chevaux avec des morceaux de peau de mouton.

La jeune fille ne put retenir un soupir de bonheur en se sentant libre, sous la protection d'un ami dévoué.

Les fugitifs couraient à fond de train dans une direction diamétralement opposée à celle qu'ils auraient dû suivre pour retourner à Valdivia.

La prudence exigeait qu'ils ne reprissent pas encore une route où, selon toutes les probabilités, on les chercherait d'abord.

II

DANS LE CABILDO

Après le départ de Valentin et de Trangoil Lanec, don Gregorio Peralta avait prodigué à son ami les soins les plus empressés.

Don Tadeo, nature essentiellement ferme, vaincue un instant par une émotion terrible, au-dessus de toutes les forces humaines, n'avait pas tardé à revenir à lui.

En rouvrant les yeux, il avait jeté un regard désespéré autour de lui; alors le souvenir se faisant jour dans son cerveau, il avait laissé tomber avec accablement sa tête dans ses mains et s'était abandonné pendant quelques minutes à sa douleur.

Dès qu'il avait vu que ses soins n'étaient plus nécessaires, don Gregorio, avec ce tact inné chez toutes les organisations d'élite, avait compris que cette immense douleur avait besoin d'une solitude complète, et s'était retiré sans que son ami se fût aperçu de son départ.

On dit et on répète à satiété que les larmes soulagent, qu'elles font du bien; ceci peut être vrai pour les femmes, natures nerveuses et impressionnables, dont la douleur s'échappe le plus souvent avec les larmes, et qui, lorsqu'elles sont taries, sont tout étonnées d'être consolées.

Mais si les larmes font du bien aux femmes, ce que nous admettons facilement, en revanche, nous certifions qu'elles font horriblement souffrir les hommes.

Les larmes, chez l'homme, sont l'expression de l'impuissance, de l'impossibilité contre laquelle la volonté la plus implacable se brise comme un brin de paille.

L'homme fort qui en est réduit à pleurer, s'avoue vaincu; il succombe sous le poids du malheur : la lutte lui devient impossible à soutenir plus longtemps; aussi cés pleurs qu'il verse lui retombent goutte à goutte sur le cœur et le lui brûlent comme un fer rouge.

Pleurer, c'est le plus affreux supplice auquel puisse être condamné un homme de cœur et d'intelligence!

Don Tadeo pleurait.

Don Tadeo, ce Roi des ténèbres, qui cent fois avait regardé en souriant la mort en face! qui vivait par un miracle!

Lui, dont la volonté de fer avait broyé si rapidement tout ce qui s'était opposé à l'exécution de ses projets; lui, qui d'un mot, d'un geste, d'un froncement de sourcils, gouvernait des milliers d'hommes courbés sous son caprice.

Cet homme pleurait!

Il était là, faible et inerte, sans force et sans courage, pleurant comme un enfant!

Poussant des rugissements de bête fauve qui menaçaient de faire éclater sa poitrine, contraint de reconnaître enfin qu'il n'existe qu'une volonté suprême au monde, une force unique, celle de Dieu!

Mais don Tadeo n'était pas un de ces hommes qu'une douleur, si intense qu'elle soit, puisse longtemps abattre; enfonçant avec rage ses poings dans ses yeux brûlés de fièvre, il se redressa, fier, terrible.

— Oh! tout n'est pas fini encore! s'écria-t-il.

Passant alors sa main sur son front inondé d'une sueur froide :

— Courage! ajouta-t-il, j'ai un peuple à sauver avant de songer à ma fille! les affections de famille ne doivent passer qu'après les devoirs de l'homme d'État; continuons notre métier de dictateur.

Il frappa dans ses mains.

Don Gregorio parut.

D'un coup d'œil il vit les ravages que la douleur avait faits dans l'âme de son ami, mais il vit aussi que le Roi des ténèbres avait vaincu le père.

Il était environ sept heures du matin.

Les solliciteurs envahissaient déjà toutes les salles du cabildo.

— Quelles sont vos intentions au sujet du général Bustamente? demanda don Gregorio.

Don Tadeo était calme, froid, impassible; toute trace d'émotion avait disparu de son visage, qui avait la blancheur et la rigidité du marbre.

Assis auprès d'une table sur laquelle il frappait nonchalamment avec un couteau à papier, il écouta cette question avec cet air préoccupé d'un homme absorbé par de sérieuses réflexions.

— Mon ami, répondit-il, nous avons hier, par un moyen que je déplore, puisqu'il a coûté la vie à bien du monde, sauvé la liberté de notre pays sur le point de périr, et assuré la stabilité de son gouvernement; mais si, grâce à vous et à tous les patriotes dévoués qui ont combattu à nos côtés, j'ai renversé pour toujours don Pancho Bustamente et annihilé ses projets ambitieux, je n'ai pas pour cela pris sa place. Si je le faisais, je serais à mon tour un traître, et le pays n'aurait échappé à un péril que pour tomber dans un autre au moins aussi grand.

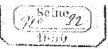

« — Voici son poncho et son chapeau, reprit Joan. — Ciel ! s'écria Louis, il est mort ! »

— Mais vous êtes le seul homme qui...

— Ne dites pas cela, interrompit vivement don Tadeo, je ne me reconnais pas le droit d'imposer à mes concitoyens des idées et des vues qui peuvent être fort bonnes, du moins je les crois telles, mais qui ne sont peut-être pas les leurs. L'homme qui voulait nous asservir est abattu, sa tyrannie ne pèse plus sur nous, mon rôle est fini. Je dois laisser au peuple, dont je m'honore d'être un des membres les plus obscurs, le droit de désigner librement l'homme qui veillera désormais à ses intérêts et le gouvernera.

— Qui vous dit, mon ami, que cet homme ne sera pas vous?

— Moi! répondit don Tadeo d'une voix ferme.

Don Gregorio fit un geste de surprise.

— Cela vous étonne, n'est-ce pas, mon ami? mais que voulez-vous, c'est ainsi; hier j'ai expédié des exprès dans toutes les directions, afin que personne ne se méprît sur mes intentions; je n'aspire qu'à déposer le pouvoir, fardeau trop lourd pour ma main fatiguée, et à rentrer dans la vie privée dont peut-être, ajouta-t-il avec un sourire de regret, je n'aurais pas dû sortir.

— Oh! ne parlez pas ainsi, don Tadeo! s'écria vivement don Gregorio, la reconnaissance du peuple vous est acquise à jamais.

— Fumée que tout cela, mon ami, répondit don Tadeo avec ironie; savez-vous si le peuple est content de ce que j'ai fait? Qui vous prouve qu'il ne préférerait pas l'esclavage? Le peuple, mon ami, est un grand enfant que toujours on a mené avec des mots, et qui n'a jamais eu de louanges que pour ses oppresseurs, de statues que pour ses tyrans !... Finissons-en, ma résolution est prise, rien ne pourra la changer.

— Mais... voulut ajouter don Gregorio.

Don Tadeo l'arrêta d'un geste.

— Un mot encore, dit-il; pour être homme d'État, mon ami, il faut marcher seul dans la voie qu'on s'est tracée, n'avoir ni enfants, ni parents, ni amis, ne compter les hommes que comme les pions d'un vaste échiquier, enfin, ne pas sentir battre son cœur, sans cela il arrive un moment où, soit par fatigue, soit autrement, on écoute malgré soi les battements de son cœur, et alors on est perdu; celui qui est au pouvoir ne doit avoir d'humain que l'apparence.

— Que voulez-vous faire?

— D'abord envoyer à Santiago le général Bustamente; bien que cet homme ait mérité la mort, je ne veux pas prendre sur moi la responsabilité de sa condamnation; assez de sang a été hier versé par mes ordres. Il partira avec le général Cornejo et le sénateur Sandias; ces deux personnages ne le laisseront pas échapper, ils ont trop intérêt à son silence; du reste, il sera assez bien escorté pour être à l'abri d'un coup de main, si, ce que je ne crois pas, ses partisans tentaient de le délivrer.

— Vos ordres seront ponctuellement exécutés.

— Ce sont les derniers que vous recevrez de moi, mon ami.

— Pourquoi donc?

— Parce qu'aujourd'hui même, je vous remettrai le pouvoir.

— Mais... mon ami.

— Plus un mot, je vous en prie, je l'ai résolu; maintenant, accompagnez-moi auprès de ce jeune Français, qui a si noblement, au péril de sa vie, défendu ma malheureuse fille.

Don Gregorio le suivit sans répondre.

Le comte de Prébois-Crancé avait, d'après les instructions de don Gregorio, été placé dans une chambre où les plus grands soins lui étaient donnés.

Son état était des plus satisfaisants; sauf une grande faiblesse, il se sentait beaucoup mieux.

La visite de don Tadeo lui fit plaisir.

Trangoil Lanec ne s'était pas trompé; par un hasard miraculeux, les poignards n'avaient fait que glisser dans les chairs; la perte du sang causait seule la faiblesse que ressentait le jeune homme, dont les blessures commençaient déjà à se fermer, et qui, dans deux ou trois jours au plus tard, pourrait reprendre son train de vie ordinaire.

Par une espèce de bravade, un peu dans son caractère, Louis était habillé; à demi couché dans un vaste fauteuil, il lisait lorsque don Tadeo et don Gregorio pénétrèrent dans sa chambre.

Don Tadeo s'approcha vivement de lui et lui serra la main.

— Mon ami, lui dit-il avec chaleur, c'est Dieu qui vous a jetés, vous et votre compagnon, sur mon passage; je vous connais à peine depuis quelques mois, et déjà j'ai contracté envers vous deux, envers vous surtout, de ces dettes sacrées dont il est impossible de s'acquitter jamais.

A ces paroles amicales, l'œil du jeune homme rayonna, un sourire de plaisir plissa ses lèvres et une légère rougeur monta à ses joues pâlies.

— Pourquoi attacher un aussi haut prix au peu que j'ai pu faire, don Tadeo? dit-il. Hélas! j'aurais donné ma vie pour vous conserver doña Rosario.

— Nous la retrouverons, fit énergiquement don Tadeo.

— Oh! si je pouvais monter à cheval, s'écria le jeune homme, je serais déjà sur ses traces!

En ce moment la porte s'ouvrit et un péon dit quelques mots à voix basse à don Tadeo.

— Qu'il vienne! qu'il vienne! s'écria-t-il avec agitation; et se tournant vers Louis, qui le regardait étonné: Nous allons avoir des nouvelles, lui dit-il.

Un Indien entra.

Cet Indien était Joan, l'homme que Curumilla n'avait pas voulu tuer.

III

JOAN

Les sordides vêtements qui couvraient le corps de l'Indien étaient souillés de boue et déchirés par les ronces et les épines.

On voyait qu'il venait de faire une course précipitée à travers les halliers, dans des chemins affreux.

Il salua les personnes en présence desquelles il se trouvait avec une grâce modeste, croisa les bras sur sa poitrine et attendit impassiblement qu'on l'interrogeât.

— Mon frère appartient à la vaillante tribu des Serpents-Noirs ? lui demanda don Tadeo.

Le guerrier fit de la tête un signe affirmatif.

Don Tadeo connaissait les Indiens, il avait longtemps habité parmi eux, il savait qu'ils ne parlent que dans le cas d'une nécessité absolue; ce mutisme ne l'étonna donc pas.

— Comment se nomme mon frère ? reprit-il.

L'Indien releva fièrement le front.

— Joan, dit-il, en souvenir d'un guerrier des visages pâles qui se nommait ainsi et que j'ai tué dans une malocca.

— Bon ! reprit don Tadeo avec un sourire triste, mon frère est un chef renommé dans sa tribu.

Joan sourit avec orgueil.

— Mon frère vient de son village, sans doute; il a des affaires à traiter avec les visages pâles, et il me demande que je fasse la justice égale entre lui et ceux avec lesquels il a traité ?

— Mon père se trompe, répondit l'Indien d'une voix brève, Joan n'est pas un Huiliche, c'est un guerrier Puelche, mon père le sait; Joan ne réclame le secours de personne : quand il est insulté, sa lance le venge.

Don Gregorio et Louis suivaient avec curiosité cet entretien auquel ils ne comprenaient pas un mot, car ils ne devinaient pas encore où don Tado en voulait venir.

— Que mon frère m'excuse, fit-il; il doit néanmoins avoir une raison pour se présenter à moi.

— J'en ai une, dit l'Indien.

— Que mon frère s'explique, alors.

— Je réponds aux questions de mon père, dit Joan en s'inclinant.

Les Araucans sont ainsi : quelque grave que soit la mission dont ils sont chargés, quand même un retard devrait causer la mort d'un homme, ils ne se résoudront jamais à parler clairement et à rendre compte de cette mission, à moins que celui qui les interroge ne parvienne, à force d'adresse, à les faire s'expliquer.

Certes, Joan ne demandait pas mieux que de tout dire, il avait fait une hâte extrême dans l'intention d'arriver plus tôt; malgré cela, il ne se laissait tirer les paroles de la bouche que une à une et comme à regret.

Ce fait peut paraître extraordinaire et incompréhensible. Il est pourtant de la plus scrupuleuse exactitude. Nous en avons été nous-même témoin et victime nombre de fois, pendant le séjour légèrement forcé que nous avons fait en Araucanie.

Don Tadeo connaissait l'homme auquel il avait affaire.

Un pressentiment secret l'avertissait que cet homme était porteur d'une importante nouvelle. Il ne se rebuta pas et poursuivit ses questions :

— D'où vient mon frère?

— De la tolderia de San-Miguel.

— Il y a loin pour venir ici; mon frère est parti depuis longtemps?

— *Keyen* — la lune — allait disparaître derrière la cime des hautes montagnes, et le *Poron-Choyké* — la croix du Sud — répandait seul sa resplendissante clarté sur la terre, au moment où Joan a commencé son voyage pour se rendre auprès de mon père.

Il y a près de dix-huit lieues du village de San-Miguel à Valdivia.

Don Tadeo fut étonné d'une aussi grande diligence. Cela ne fit que le confirmer davantage dans l'opinion qu'il avait que l'Indien était porteur de nouvelles de la dernière importance.

Il prit sur une table un verre, l'emplit jusqu'au bord d'aguardiente de pisco, et l'offrit au messager, en lui disant d'une voix amicale :

— Que mon frère boive ce couï d'eau de feu, c'est probablement la poussière de la route collée à son palais qui l'empêche de parler aussi facilement qu'il le voudrait. Lorsqu'il aura bu, sa langue sera plus déliée.

L'Indien sourit, son œil brilla de convoitise; il prit le verre, qu'il vida d'un trait.

— Bon! dit-il en faisant claquer sa langue et reposant le verre sur la table, mon père est hospitalier, il est bien le Grand Aigle des blancs.

— Mon frère vient de la part du chef de sa tribu? reprit don Tadeo, qui ne perdait pas de vue le but auquel il tendait.

— Non, répondit Joan, c'est Curumilla qui m'envoie.

— Curumilla! s'écrièrent les trois hommes avec un tressaillement involontaire.

Don Tadeo respira, il était sur la voie.

— Curumilla est mon penni, dit-il; il ne lui est rien arrivé de fâcheux?

— Voici son poncho et son chapeau, reprit Joan.

— Ciel! s'écria Louis, il est mort.

Don Tadeo sentit son cœur se serrer.

— Non, fit l'indien, Curumilla est un Ulmen, il est brave et sage. Joan avait enlevé la jeune vierge pâle aux yeux d'azur, Curumilla pouvait tuer Joan, il ne l'a pas voulu, il a préféré s'en faire un ami.

Les blancs écoutaient avec anxiété ces paroles; malgré leur obscurité, elles étaient cependant assez claires pour qu'ils comprissent que le chef indien tenait la piste des ravisseurs.

— Curumilla est bon, répondit don Tadeo, son cœur est large et son âme n'est pas cruelle.

— Joan était le chef de ceux qui ont enlevé la jeune fille blanche, Curumilla a changé de vêtements avec lui, reprit sentencieusement l'Indien, et il a dit à Joan : Va trouver le Grand Aigle des blancs et dis-lui que Curumilla sauvera la jeune vierge, ou qu'il périra; Joan est venu sans s'arrêter, bien que la route fût longue.

— Mon frère a bien agi, dit don Tadeo en serrant avec force la main de l'Indien, dont le visage rayonna.

— Mon père est content? fit-il, tant mieux.

— Et, reprit don Tadeo, mon frère avait enlevé la jeune fille pâle, il avait été bien payé pour cela?

L'Indien sourit.

— La grande cavale aux yeux noirs est généreuse, dit-il.

— Ah! je le savais! s'écria don Tadeo, toujours cette femme! toujours ce démon! oh! doña Maria! nous avons un terrible compte à régler ensemble!

Il savait enfin ce qu'il avait tant d'intérêt à connaître.

Louis se leva péniblement du fauteuil sur lequel il était étendu, et s'approchant doucement de don Tadeo :

— Ami, lui dit-il d'une voix tremblante d'émotion, il faut sauver doña Rosario!

— Merci, lui répondit don Tadeo, merci de votre dévouement, mon ami ; mais, hélas! vous êtes faible, blessé, presque mourant!

— Qu'importe! s'écria le jeune homme avec chaleur, dussé-je périr à la tâche, je vous jure, don Tadeo de Leon, sur l'honneur de mon nom, que je ne me reposerai que lorsque doña Rosario sera libre.

Don Tadeo l'obligea à se rasseoir.

— Mon ami, lui dit-il, trois hommes dévoués sont déjà attachés aux pas des ravisseurs de ma fille.

— Votre fille? fit Louis avec un étonnement mêlé de plaisir.

— Hélas, oui! mon ami, ma fille! Pourquoi aurais-je des secrets pour vous? cet ange aux yeux bleus, que deux fois vous avez essayé de sauver, est ma fille! le seul bonheur, la seule joie qui me reste au monde!

— Oh! nous la retrouverons, il le faut! reprit Louis avec force.

Tout à l'émotion qui l'agitait, don Tadeo ne remarqua pas l'accent passionné du comte.

Celui-ci s'était relevé ; malgré les douleurs qu'il ressentait, il semblait avoir subitement reconquis toutes ses forces.

— Mon ami, continua don Tadeo, les trois hommes dont je vous parle cherchent en ce moment à délivrer la pauvre enfant, n'entravons pas leurs plans, peut-être leur nuirions-nous. Quoi qu'il m'en coûte, je dois attendre.

Louis fit un mouvement.

— Oui, je vous comprends, cette inaction vous pèse, hélas! croyez-vous qu'elle ne broie pas mon cœur de père! Don Luis, j'endure des tourments atroces, tout se déchire en moi à la pensée cruelle de la situation affreuse où se trouve celle qui m'est si chère ; mais je sens que les tentatives que je ferais aujourd'hui seraient plutôt nuisibles qu'utiles pour son salut, et je me résigne en versant des larmes de sang à ne pas tenter la moindre démarche.

— C'est vrai! avoua le blessé, il faut attendre! attendre, mon Dieu! quand elle souffre, quand elle nous appelle peut-être! Oh! c'est horrible! pauvre père! pauvre fille!

— Oui, dit faiblement don Tadeo, plaignez-moi, mon ami, plaignez-moi!

— Cependant, reprit le Français, cette inaction ne peut durer ; vous le voyez, je suis fort, je puis marcher, je suis convaincu que je me tiendrai facilement à cheval.

Don Tadeo sourit.

— Vous êtes un héros pour le cœur et le dévouement, mon ami, je ne sais comment vous remercier; vous me rendez le courage et faites de moi un homme presque aussi résolu que vous.

— Oh ! tant mieux si vous reprenez espoir, répondit Louis, qui avait rougi aux paroles de son ami.

Don Tadeo se tourna vers Joan.

— Mon frère reste? dit-il.

— Je suis aux ordres de mon père, répliqua l'Indien.

— Puis-je me fier à mon frère?

— Joan n'a qu'un cœur et une vie, tous deux appartiennent aux amis de Curumilla.

— Mon frère a bien parlé, je serai reconnaissant envers lui.

L'Indien s'inclina.

— Que mon frère revienne ici au troisième soleil, il nous guidera sur la piste de Curumilla.

— Au troisième soleil, Joan sera prêt.

Et, saluant les trois personnages avec noblesse, l'Indien se retira pour prendre quelques heures d'un repos qui lui était indispensable après la marche forcée qu'il avait faite.

— Don Gregorio, reprit le dictateur, en s'adressant à son lieutenant, vous n'expédierez le général Bustamente à Santiago que dans trois jours. Je me joindrai à l'escorte jusqu'à la fourche où commence la route de San-Miguel. Ces trois jours vous sont indispensables, dit-il en souriant à Louis, nous ne savons pas quels sont les dangers et les fatigues qui nous attendent dans le voyage que nous allons entreprendre, il faut, mon ami, que vous soyez en état de les supporter.

— Encore trois siècles à attendre ! murmura le jeune homme avec accablement.

IV

LE HALLALI.

Nous retournerons auprès de Curumilla.

La nuit était noire, l'obscurité profonde.

Penchés sur le cou de leurs chevaux qu'ils excitaient du geste et de la voix, les fugitifs couraient à toute bride vers une forêt qui dessinait à l'horizon ses sombres contours.

Mais les inextricables méandres du sentier qu'ils étaient obligés de suivre semblaient éloigner le but vers lequel il tendaient.

S'ils atteignaient la forêt, ils étaient sauvés !

Un silence de plomb pesait sur le désert.

Par intervalles, le vent d'automne sifflait tristement à travers les arbres et couvrait à chaque rafale les voyageurs d'une pluie de feuilles mortes.

Les fugitifs galopaient sans articuler une parole, sans regarder en arrière, les yeux immuablement fixés sur la forêt, dont les premiers plans se rapprochaient incessamment, mais étaient pourtant bien éloignés encore.

Tout à coup le hennissement sonore d'un cheval traversa l'espace, comme un lugubre appel de clairon.

— Nous sommes perdus ! s'écria Curumilla avec désespoir, ils nous suivent !

— Que faire ? repartit doña Rosario avec anxiété.

Curumilla ne répondit pas; il réfléchissait.

Les chevaux couraient toujours.

— Attendez ! dit l'Ulmen.

Et il arrêta les deux chevaux.

La jeune fille le laissa agir à sa guise; depuis quelques heures elle ne vivait plus que comme dans un songe, elle se croyait sous le poids d'un horrible cauchemar.

L'Indien lui fit mettre pied à terre.

— Ayez confiance en moi, lui dit-il, tout ce qu'un homme peut faire, je le tenterai pour vous sauver.

— Je le sais, répondit-elle affectueusement, quoi qu'il arrive, mon ami, je vous remercie.

Curumilla l'enleva dans ses bras et l'emporta avec autant de facilité que s'il ne se fût agi que d'un enfant.

— Pourquoi me portez-vous ainsi ? lui demanda-t-elle.

— Pas de traces, répondit Curumilla.

Il la déposa à terre avec précaution au pied d'un arbre dans lequel s'élevait un bouquet de cactus.

— Cet arbre est creux, ma sœur se cachera dedans, elle ne bougera pas jusqu'à mon retour.

— Vous m'abandonnez ? fit-elle avec effroi.

— Je vais faire une fausse piste, dit-il, bientôt je reviendrai.

La jeune fille hésita, elle avait peur.

Se trouver ainsi, seule, abandonnée dans le désert au milieu de la nuit; cette alternative lui causait des frissons de terreur qu'elle ne pouvait réprimer.

Curumilla devina ce qui se passait dans son esprit.

— C'est notre seule chance de salut, dit-il tristement; si ma sœur ne veut pas, je resterai, mais elle sera perdue, ce ne sera pas la faute de Curumilla.

La lutte exerce la volonté, fait circuler le sang plus vite; doña Rosario n'était pas une de ces faibles et malingres jeunes filles de nos grandes villes européennes, plantes étiolées avant de fleurir; élevée sur les frontières indiennes, la vie du désert n'avait rien de nouveau pour elle; souvent, pendant des parties de chasse, elle s'était trouvée dans des positions à peu près semblables; elle était douée d'une âme forte, d'un caractère énergique, elle comprit qu'elle devait aider autant que possible cet homme qui se dévouait pour elle, et ne pas lui rendre impossible sa tâche si difficile déjà.

Sa résolution fut prise avec la rapidité de l'éclair, elle se raidit contre la

La Linda se mit en selle, prit en bride le cheval qui portait sa victime et partit au galop.

frayeur qui s'était emparée de son esprit, surmonta sa faiblesse et répondit d'une voix ferme :

— Je ferai ce que désire mon frère.

— Bon ! répondit l'Indien, que ma sœur se cache donc.

Il écarta avec précaution les cactus et les lianes qui obstruaient le pied de l'arbre, et démasqua une cavité dans laquelle la jeune fille se blottit toute frisonnante comme un pauvre friquet dans l'aire d'un aigle.

Liv. 33. F. ROY, édit. — Reproduction interdite·   33

Dès qu'il vit doña Rosario installée commodément dans le creux de l'arbre, le chef ramena les broussailles dans leur position primitive et dissimula complètement la cachette sous ce transparent rideau.

Il s'assura par un dernier regard que tout était bien en ordre et que l'œil le plus exercé ne pourrait soupçonner que les buissons avaient été dérangés, puis il regagna les chevaux, monta sur le sien, prit en main la bride de l'autre et partit à fond de train ; coupant à angle droit la route que devaient suivre ceux qui le poursuivaient, il galopa ainsi pendant à peu près vingt minutes sans ralentir sa course.

Puis, lorsqu'il jugea qu'il s'était assez éloigné de la place où doña Rosario était cachée, il descendit, prêta l'oreille un instant, débarrassa les pieds des chevaux des peaux de mouton qui amortissaient le bruit de leurs pas, et repartit comme un trait.

Bientôt un galop de chevaux se fit entendre derrière lui ; ce galop d'abord éloigné se rapprocha peu à peu et finit par devenir parfaitement distinct.

Curumilla eut une lueur d'espoir, sa ruse avait réussi.

Il pressa encore la course de sa monture, et laissant ses lourds éperons de bois à angles acérés battre le long des flancs de l'animal toujours courant, il planta sa lance en terre, s'appuya sur elle, s'enleva à la force des poignets et retomba doucement sur le sol, tandis que les deux chevaux abandonnés à eux-mêmes continuaient leur course furieuse.

Curumilla se glissa dans les buissons et se mit en devoir de rejoindre doña Rosario, persuadé que les cavaliers, égarés sur la fausse piste qu'il leur avait jetée comme un appât, ne reconnaîtraient leur erreur que lorsqu'il serait trop tard.

L'Ulmen se trompait.

Antinahuel avait lancé ses mosotones dans toutes les directions, afin de découvrir les traces des fugitifs, mais lui était demeuré au village avec doña Maria.

Du reste, Antinahuel était un guerrier trop expérimenté pour qu'il fût possible de lui faire prendre ainsi le change.

Ses éclaireurs revinrent les uns après les autres.

Ils n'avaient rien découvert.

Les derniers qui revinrent ramenèrent avec eux deux chevaux trempés de sueur.

C'étaient les chevaux abandonnés par Curumilla.

— Nous échapperait-elle donc ? murmura la Linda en déchirant ses gants avec rage.

— Ma sœur, répondit froidement le toqui avec un sourire sinistre, lorsque je poursuis un ennemi jamais il ne m'échappe.

— Cependant ? dit-elle.

— Patience ! reprit-il, ils avaient une chance pour eux : c'était la grande avance que leurs chevaux leur donnaient sur moi ; grâce aux précautions que j'ai prises, cette chance, ils ne l'ont plus, je les ai contraints à quitter leurs chevaux qui seuls pouvaient les sauver. Ma sœur me comprend-elle ? ajouta-t-il, avant une heure ils seront entre nos mains.

— A cheval, alors ! et partons sans plus tarder, fit doña Maria avec une impatience nerveuse, en se mettant en selle d'un bond.

— A cheval, soit ! répondit le chef.

Ils partirent.

Cette fois ils ne firent pas fausse route ; ils se dirigèrent en droite ligne du côté où s'étaient échappés les prisonniers.

Antinahuel dirigeait la troupe, doña Maria se tenait à ses côtés.

Cependant Curumilla avait rejoint doña Rosario.

— Eh bien ? lui demanda-t-elle d'une voix étranglée par la frayeur.

— Dans peu d'instants nous serons repris, répondit tristement le chef.

— Comment ? ne nous reste-t-il aucun espoir ?

— Aucun ! ils sont plus de cinquante, nous sommes cernés de toutes parts.

— Oh ! que vous ai-je donc fait, mon Dieu, pour que votre main s'appesantisse si lourdement sur moi ?

Curumilla s'était nonchalamment étendu à terre, il avait ôté les armes qu'il portait à sa ceinture, les avait posées près de lui et, avec ce fatalisme stoïque de l'Indien lorsqu'il sait qu'il ne peut échapper au sort qui le menace, il attendait impassible, les bras croisés sur sa poitrine, l'arrivée des ennemis auxquels, malgré tous ses efforts, il n'avait pu soustraire la jeune fille.

On entendait déjà dans l'éloignement résonner sourdement les pas des chevaux qui s'approchaient de plus en plus.

Un quart d'heure encore et tout était fini.

— Que ma sœur se prépare, dit froidement Curumilla, Antinahuel approche.

La jeune fille tressaillit à la voix du chef, elle le regarda avec compassion.

— Pauvre homme, fit-elle, pourquoi avez-vous essayé de me sauver ?

La jeune vierge aux yeux d'azur est l'amie de mes frères pâles, je donnerai ma vie pour elle.

Doña Rosario se leva et s'approcha de l'Ulmen.

— Il ne faut pas que vous mouriez, chef, lui dit-elle de sa voix douce et pénétrante, je ne le veux pas.

— Pourquoi ? je ne crains pas la torture, ma sœur verra comment meurt un chef.

— Écoutez, vous avez entendu les menaces de cette femme, elle me destine à être esclave, ma vie ne court donc aucun danger.

Curumilla fit un geste d'assentiment.

— Mais, continua-t-elle, si vous restez avec moi, si vous êtes pris, on vous tuera ?

— Oui, fit-il froidement.

— Alors, qui apprendra mon sort à mes amis ? Si vous mourez, chef, comment connaîtront-ils le lieu où l'on va me conduire ? comment feront-ils enfin pour me délivrer ?

— C'est vrai, ils ne le pourront pas.

— Il faut donc que vous viviez, chef, si ce n'est pour vous, que ce soit pour moi. Partez, hâtez-vous.

— Ma sœur le veut ?

— Je l'exige.

— Bon! fit l'Indien, je partirai donc, mais que ma sœur ne se laisse pas abattre, bientôt elle me reverra.

En ce moment le bruit de la cavalcade qui s'approchait retentissait avec une force qui dénotait qu'elle n'était plus qu'à une vingtaine de pas.

Le chef ramassa ses armes, les replaça à sa ceinture, et, après avoir fait un dernier signe d'encouragement à doña Rosario, il se glissa dans les hautes herbes et disparut.

La jeune fille demeura un instant pensive, mais bientôt elle redressa intrépidement la tête, et murmura d'une voix ferme ce seul mot :

— Allons !

Elle sortit du fourré qui la dérobait aux regards, et se plaça résolument au milieu un sentier.

Antinahuel et la Linda n'étaient qu'à dix pas d'elle.

— Me voici, dit-elle d'une voix assurée, faites de moi ce qu'il vous plaira.

Ses persécuteurs, frappés de tant de courage, s'arrêtèrent stupéfaits.

En se livrant ainsi, la courageuse enfant avait sauvé Curumilla.

V

SERPENT ET VIPÈRE.

Doña Rosario restait toujours immobile en travers du sentier, les bras croisés sur la poitrine, le front haut et le regard dédaigneux.

La Linda, promptement remise de l'émotion que lui avait causée la présence subite de sa prisonnière, s'élança sur le sol, et saisissant le bras de la jeune fille, elle le secoua avec force.

— Oh ! oh ! lui dit-elle avec un accent railleur, ma belle enfant, c'est donc ainsi que vous nous obligez à courir après vous? Caramba! quelle délurée vous faites ! ne craignez rien, nous saurons vous empêcher de vous livrer à votre humeur vagabonde.

Doña Rosario ne répondit à ce flux de paroles que par un sourire de froid mépris.

— Ah ! s'écria la courtisane exaspérée, en lui serrant le bras avec violence, je vous obligerai à courber votre caractère hautain.

— Madame, répondit doucement la jeune fille, vous me faites horriblement mal.

— Serpent ! reprit la Linda en la repoussant brusquement, que ne puis-je t'écrasser sous mon talon !

Doña Rosario fit quelques pas en trébuchant, son pied buta contre une racine et elle tomba.

Dans sa chute, son front avait porté contre un caillou tranchant, elle poussa un faible cri de douleur et s'évanouit.

Antinahuel s'élança vivement vers elle pour la relever.

Le sang coulait en abondance d'une profonde blessure qu'elle s'était faite dans sa chute.

Le chef indien, à la vue de la large plaie que la jeune fille avait au front, poussa un rugissement de bête fauve.

Il se pencha sur elle, la releva avec des précautions infinies, et chercha à étancher le sang qui coulait.

— Fi! lui dit la Linda avec un sourire railleur, allez-vous faire un métier de vieille femme, vous, le premier chef de votre nation? laissez cette mijaurée : vos soins lui sont inutiles, cette saignée lui fera du bien.

Antinahuel garda le silence, un instant il eut la pensée de poignarder cette furie; il lui lança un regard tellement chargé de haine et de fureur, qu'elle en fut épouvantée et fit malgré elle un mouvement comme pour se mettre sur la défensive, en portant la main à son corsage pour y prendre une dague qu'elle portait toujours sur elle.

Cependant les soins d'Antinahuel ne produisaient aucun résultat, la jeune fille était toujours sans connaissance.

Au bout d'un instant, la Linda reconnut que chez le sauvage chef des Araucans l'amour l'emportait sur la haine, elle reprit toute son arrogance.

— Qu'on attache cette créature sur un cheval, dit-elle, et retournons à la tolderia.

— Cette femme m'appartient, fit Antinahuel, moi seul ici ai le droit d'en disposer comme bon me semble.

— Pas encore, chef, donnant donnant : lorsque vous aurez délivré le général, je vous la remettrai.

Antinahuel haussa les épaules.

— Ma sœur oublie que j'ai trente mosotones avec moi et qu'elle est presque seule.

— Cela signifie? demanda-t-elle d'un ton hautain.

— Cela signifie, reprit-il froidement, que je suis le plus fort et que je ferai à ma guise.

— Holà! fit-elle en ricanant, est-ce ainsi que vous tenez vos promesses?

— J'aime cette femme! dit-il d'une voix profonde.

— *Caraï!* je le sais bien, répliqua-t-elle avec violence, voilà justement pourquoi je vous la donne.

— Je ne veux pas qu'elle souffre.

— Voyez comme nous nous entendons peu, fit-elle en raillant toujours, moi je vous la livre exprès pour que vous la fassiez souffrir.

— Si telle est la pensée de ma sœur, elle se trompe.

— Chef, mon ami, vous ne savez ce que vous dites, et vous ne connaissez pas le cœur des femmes blanches.

— Je ne comprends pas ma sœur.

— Vous ne comprenez pas que cette femme ne vous aimera jamais, qu'elle n'aura pour vous que mépris et dédain, et que plus vous vous abaisserez devant elle, plus elle vous foulera aux pieds.

— Oh! répondit Antinahuel, je suis un trop grand chef pour être ainsi méprisé par une femme.

— Vous le verrez ; en attendant, je réclame ma prisonnière.

— Ma sœur ne l'aura pas.

— Est-ce sérieusement que vous parlez ?

— Antinahuel ne plaisante jamais.

— Eh bien ! essayez de me la prendre ! s'écria-t-elle.

Et, bondissant comme une tigresse, elle repoussa vigoureusement le chef et saisit la jeune fille, sur la gorge de laquelle elle appuya si résolûment son poignard que le sang jaillit.

— Je vous jure, chef, dit-elle d'une voix stridente, le regard étincelant et le visage décomposé par la colère, que si vous ne remplissez pas loyalement les engagements que vous avez pris envers moi, et ne me laissez pas agir comme il me plaît avec cette femme, je la tue comme un chien.

Antinahuel poussa un cri terrible.

— Arrêtez ! s'écria-t-il avec effroi, je consens à tout !

— Ah ! s'écria la Linda avec un sourire de triomphe, je savais bien que j'aurais le dernier.

Le chef se mordait les poings avec rage devant son impuissance, mais il connaissait trop bien cette femme pour continuer plus longtemps une lutte qui se serait infailliblement terminée par la mort de la jeune fille ; il savait que dans l'état d'exaspération où elle se trouvait, la Linda n'aurait pas hésité à la tuer.

Par un prodige de volonté dont seuls les Indiens sont capables, il renferma dans son cœur les sentiments qui l'agitaient, contraignit son visage à sourire et dit d'une voix douce :

— *Och !* ma sœur est vive ! qu'importe que cette femme soit à moi aujourd'hui ou dans quelques heures, puisque ma sœur a promis de me la remettre ?

— Oui, mais seulement lorsque le général Bustamente ne sera plus entre les mains de ses ennemis, chef, pas avant.

— Soit, dit-il avec un soupir de regret ; puisque ma sœur l'exige, qu'elle agisse comme elle l'entendra, Antinahuel se retire.

— Fort bien, mais que mon frère m'assure contre lui-même ; il aime cette femme et pourrait vouloir intervenir d'autres fois encore.

— Quelle sécurité puis-je donner à ma sœur afin de la rassurer totalement ? dit-il avec un sourire amer.

— Celle-ci, fit-elle en ricanant : que mon frère jure par Pillian, sur les ossements de ses ancêtres, qu'il n'essaiera ni de m'enlever cette femme ni de s'opposer à ce qu'il me plaira de lui faire, jusqu'à ce que le général soit libre.

Le chef hésita ; le serment que la Linda exigeait de lui est sacré pour les Indiens : ils redoutent au plus haut degré de le fausser, tant ils ont de respect pour les cendres de leurs pères. Cependant Antinahuel était tombé dans un piège dont il lui était impossible de sortir ; il comprit qu'il valait mieux s'exécuter de bonne grâce et en finir sur-le-champ : il s'y résolut, mais il jura intérieurement une haine implacable à celle qui l'obligeait à subir une telle humiliation, et se promit de tirer d'elle, aussitôt qu'il le pourrait, une vengeance éclatante.

— Bon, dit-il en souriant, que ma sœur se rassure, je jure sur les ossements de mes pères que je ne m'opposerai à rien de ce qu'il lui plaira de faire.

— Merci, répondit la Linda, mon frère est un grand guerrier.

Pas plus qu'Antinahuel, la courtisane ne s'était trompée sur la portée de l'altercation qu'ils avaient eue entre eux; elle comprit qu'elle venait de se faire un ennemi implacable, et elle jugea prudent de se tenir sur ses gardes.

— Ma sœur vient? demanda le chef.

— J'ai à faire transporter cette femme le plus commodément possible, repartit-elle; que mon frère me précède, je le suis.

Antinahuel n'avait plus de prétexte plausible pour rester; il rejoignit à pas lents et comme à regret ses mosotones, se remit en selle et partit en lançant à la Linda un dernier regard qui l'eût glacée d'épouvante si elle avait pu l'apercevoir.

La courtisane ne s'occupait pas de lui en ce moment, elle était toute à sa vengeance.

Elle considéra avec une expression d'ironie cruelle la jeune fille étendue à ses pieds.

— Misérable créature! grommela-t-elle, qu'un rien fait tomber en syncope, tes douleurs commencent à peine. Don Tadeo, c'est toi que je blesse en torturant cette femmelette; obtiendrai-je enfin que tu me rendes ma fille? Oh! oui! ajouta-t-elle avec une intonation sauvage, quand je devrais déchirer cette femme avec mes ongles!

Les peones indiens attachés à son service étaient demeurés auprès d'elle; dans la chaleur de la poursuite et de la discussion, les chevaux abandonnés par Curumilla et ramenés par les éclaireurs étaient restés avec la troupe sans que personne songeât à se les approprier.

— Amenez un de ces chevaux, commanda-t-elle.

Un péon obéit.

La courtisane fit jeter la jeune fille en travers sur le dos de ce cheval, le visage tourné vers le ciel, puis elle ordonna que les pieds et les mains de sa victime fussent ramenés sous le ventre de l'animal et attachés solidement avec des cordes par les chevilles et les poignets.

— Cette femme n'est pas solide sur ses jambes, dit-elle avec un rire sec et nerveux, elle s'est déjà blessée en tombant, je ne veux pas qu'elle coure le risque d'une nouvelle chute.

Ainsi que cela arrive toujours en pareille circonstance, dans le but de faire leur cour à leur maîtresse, les peones applaudirent avec des rires joyeux à ces cruelles paroles comme à une excellente plaisanterie.

La pauvre enfant ne donnait presque plus signe de vie, son visage avait une teinte terreuse et cadavérique, le sang coulait abondamment de sa blessure jusque sur le sol.

Son corps, horriblement cambré par la posture affreuse dans laquelle on l'avait attachée, avait des tressaillements nerveux qui la faisaient bondir, et lui meurtrissaient les poignets et les chevilles dans lesquels les cordes entraient peu à peu,

Un râle sourd s'échappait de sa poitrine oppressée.

Lorsque ses ordres furent accomplis, la Linda se mit en selle, prit en bride le cheval qui portait sa victime, piqua des deux et partit au galop.

VI

L'AMOUR D'UN INDIEN

La Linda rejoignit bientôt Antinahuel qui, sachant quelle torture elle se préparait à infliger à la jeune fille, s'était arrêté à quelques pas du lieu où il l'avait laissée, afin de l'obliger à ralentir la rapidité de sa course.

Ce fut en effet ce qui arriva : quelque désir que doña Maria eût de presser le pas des chevaux, le chef, avec cet entêtement inerte de l'homme qui ne veut pas comprendre, feignit de ne point s'apercevoir de son impatience et continua à s'avancer au trot jusqu'à ce que l'on fût arrivé à San-Miguel.

Cet acte d'humanité, si en dehors du caractère et des habitudes du chef araucan, sauva la vie de doña Rosario, que tuait le galop du cheval sur lequel elle était attachée.

Lorsque l'on eut atteint la tolderia, les cavaliers mirent pied à terre, la jeune fille fut détachée et transportée, à demi-morte, dans le cuarto où, une heure auparavant, elle s'était, pour la première fois, trouvée en présence de la courtisane.

Les Indiens qui la portaient la jetèrent brutalement à terre dans un coin et sortirent; la tête de la pauvre enfant rebondit sur le sol avec un son mat.

L'aspect de doña Rosario était réellement affreux, et aurait ému de pitié toute autre que la tigresse qui se plaisait à la maltraiter si cruellement.

Ses longs cheveux, détachés, tombaient en désordre sur ses épaules à demi nues et étaient collés par places sur son visage avec le sang qui avait coulé de sa blessure; sa figure, souillée de sang et de boue, avait une teinte verdâtre, ses lèvres entr'ouvertes laissaient à découvert ses dents serrées.

Ses poignets et ses chevilles, auxquels pendaient encore les tronçons de la corde grossière avec laquelle on l'avait attachée sur le cheval, étaient meurtris et diaprés de larges ecchymoses sanguinolentes.

Tout son corps frémissait, agité de tressaillements nerveux, et sa poitrine haletante ne laissait qu'avec peine exhaler sa respiration sifflante.

Elle était toujours évanouie.

La Linda et Antinahuel entrèrent.

— Pauvre fille! murmura le chef.

La Linda le regarda avec un feint étonnement.

— Je ne vous reconnais plus, chef, lui dit-elle avec un sourire sardonique; mon Dieu, comme l'amour change un homme! Comment, vous, Antinahuel, le plus intrépide guerrier des quatre Utal-Mapus de l'Araucanie, vous vous

Elle appuya sous les narines de sa victime un flacon de sels d'une grande puissance.

apitoyez sur le sort de cette péronnelle! Dieu me damne! vous êtes, je crois, sur le point de pleurer comme une femme!

Le chef secoua la tête avec tristesse.

— Oui, dit-il, en considérant la jeune fille d'un air sombre, c'est vrai, ma sœur a raison, je ne me reconnais plus moi-même! Oh! ajouta-t-il avec un accent plein d'amertume, est-il possible, en effet, que moi, Antinahuel, auquel les Huincas ont fait tant de mal, je sois ainsi? Quelle est donc la force de ce sentiment que j'ignorais, puisqu'il me ferait commettre une lâcheté? Cette femme est d'une race maudite, elle appartient à l'homme dont les ancêtres ont été, depuis des siècles, les bourreaux des miens; cette femme est là, devant moi, elle est en ma puissance, je puis me venger sur elle, assouvir la haine qui me dévore, lui faire endurer les maux les plus atroces!... et je n'ose pas!... non, je n'ose pas!...

Ces dernières paroles furent prononcées avec un accent si terriblement passionné qu'elles semblaient le rugissement d'une panthère prise au piège; elles avaient quelque chose qui épouvantait et faisait froid au cœur.

La Linda regardait le chef avec un mélange de terreur et d'admiration; cette passion de bête fauve la touchait, l'intéressait, si l'on peut parler ainsi; elle comprenait tout ce qu'il y avait d'âcre, de féroce, de voluptueux dans l'amour de ce guerrier sauvage, dont jusqu'à ce jour les seules joies avaient été la bataille, le sang versé à torrents et le râle de ses victimes.

Elle contemplait ce titan vaincu, honteux de sa défaite, se débattant en vain sous la force toute-puissante du sentiment qui l'étreignait, et qui, en rugissant, était contraint d'avouer sa défaite.

Ce spectacle était pour elle plein de charmes et d'imprévu.

— Mon frère aime donc bien cette femme? demanda-t-elle d'une voix douce et insinuante.

Antinahuel la regarda comme s'il se réveillait en sursaut, il fixa sur elle un œil hébété et lui serrant sans y songer le bras à le briser:

— Si je l'aime! s'écria-t-il avec violence, si je l'aime!... que ma sœur écoute: avant de mourir et d'aller dans l'*eskennane* — paradis — chasser dans les prairies bienheureuses avec les guerriers justes, mon père me fit appeler et approchant sa bouche de mon oreille, car la vie s'éteignait en lui (il ne pouvait plus parler à peine), il me révéla d'une voix entrecoupée les malheurs de notre famille : « Mon fils, ajouta-t-il, tu es le dernier de notre race, don Tadeo de Leon est aussi le dernier de la sienne; depuis l'arrivée des visages pâles, la famille de cet homme s'est fatalement trouvée toujours, partout, dans toutes les circonstances, en lutte avec la nôtre, il faut que don Tadeo meure, afin que sa race maudite disparaisse de la surface de la terre et que la nôtre reprenne sa force et sa splendeur. Jure-moi de tuer cet homme que jamais je n'ai pu atteindre! » Je le jurai : « Bon, me dit-il, Pillian aime les enfants qui obéissent à leur père. Que mon fils monte son meilleur cheval et qu'il se mette à la recherche de son ennemi, afin que, lorsqu'il l'aura tué, son cadavre brûle sur mon tombeau et me réjouisse dans l'autre vie. » Puis d'un signe mon père m'ordonna de partir. Sans répliquer, je sellai, ainsi qu'il me l'avait commandé, mon meilleur cheval, je vins dans la ville nommée Santiago, résolu à tuer mon ennemi n'importe où je le rencontrerais pour obéir à mon père.

— Eh bien? demanda la Linda en voyant qu'il s'interrompait brusquement.

— Eh bien! reprit-il d'une voix sourde, je vis cette femme, j'oubliai tout, serment, haine, vengeance, pour ne plus songer qu'à l'aimer, et mon ennemi vit encore.

La Linda lui lança un regard de dédain; Antinahuel ne le remarqua pas et continua :

— Un jour cette femme me trouva mourant, percé de coups, gisant abandonné au fond d'un fossé sur une route; elle me fit relever par ses peones, me
conduisit dans son toldo en pierre, et pendant trois lunes veilla seule à mon
chevet, obligeant à se retirer la mort, qui déjà s'était penchée sur moi.

— Et quand mon frère fut guéri? dit la Linda.

— Quand je fus guéri, reprit-il avec exaltation, je m'enfuis comme un
tigre blessé, portant dans mon cœur une plaie incurable! Longtemps j'ai lutté,
j'ai combattu contre moi-même pour vaincre cette passion insensée, tout a été
inutile. Il y a deux soleils, lorsque j'ai quitté ma tolderia, ma mère que j'ai-
mais et que je vénérais, a voulu s'opposer à mon départ; elle savait que c'était
l'amour qui m'entraînait loin d'elle, que c'était pour voir cette femme que je
la quittais; eh bien, ma mère...

— Votre mère? fit la courtisane haletante.

— Comme elle s'obstinait à ne pas me laisser partir, je l'ai broyée sans
pitié sous les sabots de mon cheval! s'écria-t-il d'une voix stridente.

— Oh! s'écria la Linda avec horreur, en reculant malgré elle.

— Oui, c'est horrible, n'est-ce pas, de tuer sa mère? de la tuer pour une
fille d'une race maudite!... Oh! ajouta-t-il avec un ricanement terrible, ma
sœur me demandera-t-elle encore si j'aime cette femme?... Pour elle... pour
la voir... pour l'entendre m'adresser une de ces douces paroles qu'elle me
disait de sa voix harmonieuse et musicale comme un chant d'oiseau, quand
elle veillait près de moi, ou seulement la voir me sourire, comme elle le faisait
autrefois, je sacrifierais avec joie les intérêts les plus sacrés, je me plongerais
dans le sang de mes amis les plus chers, rien ne m'arrêterait.

Pendant qu'il parlait ainsi, la Linda, tout en l'écoutant, réfléchissait profondément; lorsqu'il se tut, elle lui dit :

— Je vois que mon frère aime bien réellement cette femme; qu'il me pardonne, je croyais qu'il n'éprouvait pour elle qu'un de ces caprices passagers
qu'un lever et un coucher de soleil voient naître et mourir, je me suis trompée,
je saurai réparer ma faute.

— Que veut dire ma sœur?

— Je veux dire que si j'avais connu la passion de mon frère, je n'aurais pas
infligé à cette fille les rudes châtiments que je lui ai fait subir.

— Pauvre enfant! soupira-t-il.

La Linda sourit avec ironie.

— Oh! mon frère ne connaît pas les femmes pâles, dit-elle, ce sont des
vipères que l'on a beau écraser, et qui toujours se redressent pour piquer au
talon celui qui appuie le pied dessus. On ne discute pas avec la passion, sans
cela je dirais à mon frère : Remerciez-moi, car en tuant cette femme je vous
préserve d'atroces douleurs; cette femme ne vous aimera jamais! plus vous
vous ferez humble devant elle, plus elle se tiendra froide, hautaine et mépri-
sante devant vous!

Antinahuel fit un mouvement.

— Mais, continua-t-elle, mon frère aime, je lui rendrai cette femme; avant
une heure je la lui livrerai, sinon complètement guérie, du moins hors de

danger, et sans attendre l'accomplissement de la promesse qu'il m'a faite, je le laisserai libre d'en disposer comme bon lui semblera.

— Oh! si ma sœur fait cela, s'écria Antinahuel ivre de joie, je serai son esclave!

Doña Maria sourit avec une expression indéfinissable, elle avait atteint son but.

— Je le ferai, dit-elle, seulement le temps presse, nous ne pouvons rester ici davantage, des devoirs impérieux nous réclament, mon frère l'oublie sans doute.

Antinahuel lui jeta un regard soupçonneux.

— Je n'oublie rien, dit-il; l'ami de ma sœur sera délivré, dussé-je, pour obtenir ce résultat, faire tuer mille guerriers.

— Bon! mon frère réussira.

— Seulement je ne partirai que lorsque la vierge aux yeux d'azur aura repris connaissance.

— Que mon frère se hâte donc de donner l'ordre du départ, car dans dix minutes cette frêle enfant sera dans l'état qu'il désire.

— Bien! fit Antinahuel, dans dix minutes je serai ici.

Il sortit du cuarto d'un pas précipité.

Dès qu'elle fut seule, la Linda s'agenouilla devant la jeune fille, la délivra des cordes qui la serraient encore, lui lava le visage avec de l'eau fraîche, releva ses cheveux et banda avec soin la blessure qu'elle avait au front.

— Oh! pensa-t-elle, par cette femme, je te tiens, démon, va! agis comme bon te semblera, je suis toujours assurée maintenant de t'obliger à faire toutes mes volontés.

Elle souleva doucement la jeune fille, la plaça sur le fauteuil à dossier qui se trouvait dans le cuarto, répara tant bien que mal le désordre de la toilette de sa victime, et lui appuya sous les narines un flacon de sels d'une grande puissance.

Ces sels ne tardèrent pas à produire de l'effet: le râle cessa, la poitrine fut moins oppressée, la jeune fille poussa un profond soupir et ouvrit les yeux en jetant autour d'elle des regards languissants. Mais subitement son œil se fixa sur la femme qui lui prodiguait des soins, une nouvelle pâleur couvrit ses traits qui avaient repris une teinte rosée, elle ferma les yeux et fut sur le point de s'évanouir de nouveau.

La Linda haussa les épaules; elle sortit un nouveau flacon de sa poitrine et, entr'ouvrant la bouche de la pauvre enfant, elle versa sur les lèvres violacées quelques gouttes de cordial.

L'effet en fut prompt comme la foudre.

La jeune fille se redressa subitement et tourna la tête vers la Linda.

En ce moment Antinahuel rentra.

— Tout est près, dit-il, nous pouvons partir.

— Quand vous voudrez, répondit doña Maria.

Le chef regarda la jeune fille et sourit avec joie.

— J'ai tenu ma promesse, fit la Linda.

— Je tiendrai la mienne, dit-il.

— Que faites-vous de cette enfant?

— Elle reste ici; j'ai pourvu à tout.

— Partons, alors, et se tournant vers doña Rosario : Au revoir, señorita, lui dit-elle avec un sourire méchant.

Doña Rosario se leva comme poussée par un ressort, et lui saisissant les bras :

— Madame, lui dit-elle d'une voix triste, je ne vous maudis pas. Dieu veuille, si vous avez des enfants, qu'ils ne soient jamais exposés à souffrir les tortures auxquelles vous m'avez condamnée!

A cette parole qui lui brûla le cœur comme un fer rouge, la Linda poussa un cri de terreur, une sueur froide inonda son front pâli et elle sortit de la salle en trébuchant.

Antinahuel la suivit.

Bientôt le bruit des chevaux qui s'éloignaient apprit à la jeune fille que ses ennemis s'étaient éloignés et qu'enfin elle se trouvait seule.

La pauvre enfant, libre de se livrer à sa douleur, fondit en larmes et laissa tomber sa tête dans ses mains en s'écriant avec désespoir :

— Ma mère! ma mère! si vous vivez encore où êtes-vous donc? que vous n'accourez pas au secours de votre fille.

VII

PRÉPARATIFS DE DÉLIVRANCE

Nous avons annoncé plusieurs fois déjà dans le cours de cet ouvrage, et si nous y revenons encore ce n'est pas sans intention, que la République araucanienne était une puissance parfaitement organisée et non pas un ramassis de tribus sauvages, ainsi que la plupart des auteurs se sont jusqu'à ce jour plu à représenter ce peuple. Nous allons, dans ce chapitre, donner un aperçu de ce système militaire qui corroborera par des faits l'opinion que nous soutenons.

Nous le répétons, pour juger ce peuple, il ne faut pas se placer au point de vue de notre civilisation européenne, mais établir simplement un point de comparaison entre lui et les nations qui l'entourent.

Il est certain qu'à l'époque de la découverte de l'Amérique et de la conquête du Mexique et du Pérou, les Mexicains et les Péruviens jouissaient d'une civilisation au moins aussi avancée que celle de leurs conquérants ; que chez eux, les arts et les sciences avaient acquis un certain développement que le système odieusement barbare, inauguré par les Espagnols, a seul entravé, et que si ces peuples sont retombés dans l'état sauvage, c'est la faute de leurs conquérants qui ont pris à tâche de les abrutir et de les prolonger dans les ténèbres où ils croupissent maintenant.

Les Araucans, sortes de Spartiates américains, ont toujours vaillamment lutté pour conserver leur liberté, ce bien suprême qu'ils placent au-dessus de tous les autres.

Et il est arrivé ceci : que les Araucans, absorbés par le soin de conserver l'intégrité de leurs frontières, d'empêcher les Blancs de s'introduire chez eux et de s'y établir, ont sacrifié à ce devoir, qui seul garantit leur nationalité, tous les autres intérêts qui pour eux n'étaient que secondaires, de sorte que les sciences et les arts sont restés chez eux dans une espèce de *statu quo* depuis l'apparition des Blancs, et que les seuls progrès qu'ils ont faits ont été dans l'art militaire afin de résister plus facilement aux Espagnols qui les menaçaient incessamment.

L'armée araucanienne se compose d'infanterie et de cavalerie.

Ils n'ont commencé à se servir de cavalerie qu'après en avoir apprécié les avantages dans les premières batailles qu'ils ont livrées aux Espagnols ; avec cette adresse particulière à la race indienne, ils s'habituèrent facilement aux exercices du manège, et cela si vite qu'ils ne tardèrent pas à surpasser leurs maîtres en fait d'équitation ; ils se procurèrent de nombreuses et bonnes races de chevaux et les élevèrent si bien qu'en l'année 1568, c'est-à-dire à peine dix-sept ans après avoir pour la première fois tenu tête aux Espagnols, ils avaient déjà dans leur armée plusieurs escadrons de cavalerie.

Ce fut le toqui *Cadégual*, arrière-grand-père d'Antinahuel, qui le premier, en 1585, donna une organisation régulière à cette cavalerie, dont, en peu de temps, la légèreté et la promptitude des manœuvres devinrent excessivement redoutables aux Européens,

Le *manucitalinco* —l'infanterie— est divisé en régiments et en compagnies: chaque régiment a un effectif de mille hommes et les compagnies de cent. L'organisation de la cavalerie est semblable. Seulement le nombre de chevaux n'est pas fixé et varie à l'infini.

Chaque corps a son drapeau, timbré d'une étoile qui est l'écusson de la nation.

Fait étrange que celui de ce blason, se retrouvant presque aux confins de la terre habitable, chez un peuple que l'on prétend être barbare ou sauvage, ce qui, n'en déplaise à bien des érudits, n'est nullement synonyme.

Les soldats ne sont pas, comme les Européens, astreints à l'uniforme, ils portent seulement sous leurs vêtements ordinaires des cuirasses et des casques de cuir durci au moyen de certain apprêt.

La cavalerie est armée de lances fort longues, terminées par un fer de plusieurs pouces, forgé par les Araucans eux-mêmes, et de larges épées courtes à lame triangulaire, qui ont une certaine ressemblance avec les poignards de nos fantassins.

Dans leurs premières guerres ils faisaient usage de frondes et de flèches, mais ils les ont presque abandonnées, car l'expérience leur a appris qu'il vaut mieux recourir d'abord à l'arme blanche et charger résolûment l'ennemi afin de l'empêcher de se servir de ses armes à feu.

Jusqu'à présent ces vaillants guerriers n'ont jamais pu parvenir à trouver le moyen de fabriquer de la poudre, malgré les nombreux efforts qu'ils ont tentés.

Nous rapporterons à ce propos une anecdote qui nous a été racontée à Tucapel et dont, malgré son apparence fabuleuse, nous garantissons la véracité.

Il y avait beaucoup de nègres dans les armées espagnoles; à tort ou à raison les Araucans se figurèrent que la poudre se fabriquait avec un extrait du corps de ces pauvres diables.

En conséquence, afin de savoir positivement à quoi s'en tenir, ils mirent tous leurs soins à s'emparer d'un nègre.

Cela ne fut pas difficile, ils eurent bientôt un prisonnier noir; alors, sans perdre de temps, ils le firent brûler tout vif; dès que le corps de ce malheureux eut été réduit en charbon, ils le pulvérisèrent afin d'obtenir le résultat tant désiré.

Mais ils furent promptement détrompés sur leurs principes chimiques, et ils durent renoncer à se procurer de la poudre par ce moyen.

Par la suite, ils se bornèrent à se servir des armes à feu dont ils s'emparaient; nous devons ajouter qu'ils manient le fusil avec autant d'adresse que le soldat le plus aguerri.

L'armée se met en marche au son des tambours, précédée par des batteurs d'estrade, afin d'éclairer la route.

Infanterie et cavalerie, l'armée entière est à cheval tout le temps de sa marche, ce qui donne une grande rapidité à ses mouvements; mais le moment venu de livrer bataille, l'infanterie met pied à terre et forme ses lignes.

Comme dans ce pays tout individu en état de porter les armes est soldat, personne ne contribue à la subsistance de l'armée, chaque homme est obligé de porter ses vivres et ses armes avec lui.

Ces vivres consistent en un sac de *harina tostada* — farine rôtie — pendu à l'arçon de leur selle; de cette façon, ces troupes dénuées de tous bagages manœuvrent avec une célérité sans exemple, et comme elles sont fort vigilantes, il arrive souvent qu'elles surprennent l'ennemi.

De même que tous les peuples guerriers, les Araucans connaissent et emploient tous les stratagèmes usités en campagne.

Lorsqu'ils campent la nuit, ils entourent leur position de larges tranchées, construisent des ouvrages militaires fort ingénieux, et chaque soldat est obligé d'entretenir devant sa tente un feu de bivouac, dont le nombre considérable, lorsque l'armée est forte, éblouit les yeux de l'ennemi et garantit les Araucans de toutes surprises, d'autant plus que leur camp est entouré de trois rangs de sentinelles qui, au moindre mouvement suspect, se replient les unes sur les autres, et donnent ainsi à l'armée le temps de se mettre sur la défensive.

On voit par ce qui précède, que le Roi des Vengeurs et le général Bustamente avaient un grand intérêt, chacun à son point de vue, à se ménager l'alliance de cette nation belliqueuse, et à tâcher d'attirer son chef Antinahuel dans leurs intérêts.

Car, à un signal donné, les Araucans peuvent sans difficulté, en moins de quelques jours, mettre sous les armes une armée de vingt mille hommes.

Malheureusement pour les deux chefs des factions chiliennes, celui avec lequel ils prétendaient s'allier était lui-même un homme, nous ne dirons pas ambitieux — il ne pouvait pas espérer obtenir un rang plus élevé que celui qu'il avait atteint — mais essentiellement patriote et dévoré du devoir de restituer à ses compatriotes les parcelles de territoire qu'en différentes fois, et à la suite de guerres malheureuses pour eux, les Espagnols leur avaient enlevées et enclavées dans la République chilienne ; il voulait, ce qui était presque impossible, pousser d'un côté les frontières araucanes jusqu'au *Rio Concepcion*, et de l'autre au détroit de Magallaës.

De même que la plupart des rêves des conquérants, celui-ci était presque irréalisable. Les Chiliens, quelque faibles qu'ils soient numériquement, partout, en comparaison de leurs féroces adversaires, sont, nous nous plaisons à leur rendre cette justice, de fort braves soldats, instruits, disciplinés, commandés par de bons officiers qui possèdent une connaissance assez approfondie de la tactique et de la stratégie militaire, pour défier tous les efforts des Araucans.

La petite troupe de cavalerie, en tête de laquelle marchaient Antinahuel et la Linda, s'avançait rapidement et silencieusement sur la route qui conduit de San-Miguel à la vallée où s'était accompli la veille le renouvellement des traités.

Au lever du soleil ils débouchèrent dans la plaine ; ils n'avaient encore fait que quelques pas en avant dans les hautes herbes qui bordent les rives de la petite rivière dont nous avons parlé, lorsqu'ils virent un cavalier accourir à toute bride au-devant d'eux.

Ce cavalier était le Cerf Noir.

Antinahuel ordonna à son escorte de s'arrêter pour l'attendre.

— A quoi bon cette halte ? observa doña Maria, continuons à avancer, au contraire.

Antinahuel la regarda avec ironie.

— Ma sœur est soldat ? dit-il,

La Linda se mordit les lèvres, mais ne répondit pas.

Elle avait compris qu'elle avait commis une faute, en se mêlant d'une chose qui ne la regardait pas.

En Araucanie, ainsi que dans tous les pays habités par la race indienne, la femme est une espèce d'Ilote condamnée aux plus rudes travaux, mais qui ne doit, sous aucun prétexte, se mêler de choses qui sont de la compétence des hommes.

Les chefs surtout sont, à cet égard, d'une sévérité dont rien n'approche, et bien que doña Maria fût Espagnole et presque la sœur du chef, celui-ci, malgré sa prudence et le désir qu'il avait de ne pas s'aliéner sa bienveillance, à cause de son amour pour doña Maria, n'avait pu s'empêcher de lui faire une observation, afin de l'avertir qu'elle était femme, et que, comme telle, elle devait laisser agir les hommes à leur guise.

Doña Maria, mortifiée de cette dure apostrophe, tira la bride de son cheval

Je me rapprochai d'eux le plus possible afin de ne pas perdre un mot de ce qu'ils diraient.

et lui fit faire quelques pas en arrière, de façon que Antinahuel se trouva seul en tête de la troupe.

Au bout de cinq minutes, le Cerf Noir, avec une adresse extrême, arrêta court son cheval aux côtés du toqui.

— Mon père est de retour parmi ses enfants? dit-il en inclinant la tête pour saluer son chef.

— Oui, répondit Antinahuel.

— Mon père est satisfait de son expédition ?

— J'en suis satisfait.

— Tant mieux que mon père ait réussi.

— Qu'a fait mon fils pendant mon absence ?

— J'ai exécuté les ordres de mon père.

— Tous ?

— Tous.

— Bon ! Mon fils n'a pas reçu de nouvelles des visages pâles ?

— Si.

— Quelles sont-elles ?

— Une forte quantité de Chiaplos se prépare à quitter Valdivia pour se rendre à Santiago.

— Bon ! Dans quel but ? mon fils le sait-il ?

— Je le sais.

— Que mon fils me le dise.

— Ils mènent à Santiago le prisonnier qu'ils nomment le général Busta-mente.

Antinahuel tourna la tête vers la Linda et échangea avec elle un coup d'œil d'intelligence.

— Pour quel jour les Huincas ont-ils fixé leur départ de Valdivia ?

— Ils se mettront en route après-demain à l'*endit-hà* — lever du soleil.

Antinahuel réfléchit quelques instants.

— Voici ce que fera mon fils, dit-il : dans deux heures il lèvera son camp de la plaine, et avec tous les guerriers qu'il pourra rassembler, il se dirigera vers le *cañon del Rio Seco*, où je vais aller l'attendre ; mon fils a bien compris ?

— Oui, fit le Cerf Noir en baissant affirmativement la tête.

— Bon ! Mon fils est un guerrier expérimenté, il exécutera mes ordres avec intelligence.

Le vice-toqui sourit de plaisir à cet éloge de son chef, qui n'avait pas l'habitude de les prodiguer : après s'être respectueusement incliné devant lui, il fit exécuter une volte gracieuse à son cheval et repartit vers les siens.

Antinahuel, au lieu de s'avancer plus longtemps dans la direction qu'il suivait, obliqua légèrement à droite et reprit au grand trot le chemin des montagnes avec ses mosotones.

Après avoir marché quelque temps silencieusement à côté de doña Maria, qui, depuis sa dernière observation, se gardait bien de lui adresser la parole, il se tourna gracieusement vers elle :

— Ma sœur a-t-elle compris la teneur de l'ordre que je viens de donner ? lui demanda-t-il.

— Non, répondit-elle avec une légère teinte d'ironie, ainsi que l'a fort bien remarqué mon frère, je ne suis pas soldat et, par conséquent, je ne me reconnais pas apte à juger ses préparatifs militaires.

Le chef sourit avec orgueil.

— Ceux-ci sont bien simples, reprit-il avec une espèce de condescendance hautaine, le cañon del Rio Seco est un étroit défilé que les visages pâles sont obligés de traverser pour se rendre à Santiago, et dans lequel cinquante guerriers d'élite peuvent combattre avec avantage contre un nombre d'ennemis vingt fois plus grand. C'est dans ce lieu que j'ai résolu d'attendre les Huincas; les Moluchos s'empareront des hauteurs, et lorsque les visages pâles se seront engagés sans défiance dans ce passage, je les attaquerai de tous les côtés à la fois avec mes guerriers, et ils seront massacrés jusqu'au dernier s'ils essaient une résistance insensée.

— N'existe-t-il donc pas d'autre chemin pour se rendre à Santiago?

— Il n'en existe pas; ils sont obligés de passer là.

— Alors ils sont perdus! s'écria-t-elle avec joie.

— Sans ressource! fit-il avec orgueil; le cañon del Rio Seco est célèbre dans notre histoire. Ce fut là, ajouta-t-il, que mon aïeul Cadegual, le grand toqui des Araucans, défit, à la tête de huit cents Huiliches, une armée espagnole, à l'époque où ces fanfarons visages pâles se berçaient de l'espoir de dompter les Aucas!

— Alors mon frère répond de sauver don Pancho Bustamente?

— Oui! à moins que le ciel ne tombe! fit-il avec un sourire.

Quatre heures plus tard, la petite troupe arrivait au cañon del Rio Seco.

VIII

CONTRE-MINE

Conformément à la prédiction de Trangoil Lanec, Louis de Prébois-Crancé se rétablissait avec une promptitude étonnante.

Soit désir de commencer plus tôt ses recherches, soit à cause de sa bonne constitution, la veille du jour fixé pour le départ, il était parfaitement dispos et annonçait à don Tadeo qu'il était en état de se mettre en route quand on le voudrait.

Dans les romans, il est assez ordinaire de voir des gens grièvement blessés la veille recommencer le lendemain, comme si de rien n'était, le cours de leurs pérégrinations aventureuses; mais dans la vie réelle il n'en est pas de même. La nature a des droits imprescriptibles devant lesquels l'homme le plus fort est contraint de se courber. Si, cinq jours à peine après avoir été blessé, le jeune Français était debout, c'est que ses blessures n'étaient que des estafilades sans conséquence, qui n'avaient eu d'autre résultat que celui de l'affaiblir en lui occasionnant une grande perte de sang, et qu'elles se trouvaient alors cicatrisées, grâce aux compresses souvent renouvelées d'orégano, plante qui possède cette qualité précieuse de guérir les plaies presque instantanément.

Néanmoins, tout porte à croire que le jeune homme, aveuglé par son amour, se trompait en affirmant que ses forces étaient revenues. L'impatience qui le dévorait le lui faisait croire sans doute. Dans tous les cas, le mouvement qu'il se donnait portait à supposer qu'il disait vrai, et qu'en effet il était bien guéri.

Une autre inquiétude minait encore le jeune homme : Valentin, son chien César et Trangoil Lanec étaient partis depuis trois jours, sans que l'on sût ce qu'ils étaient devenus.

Curumilla, dont l'arrivée avait été annoncée par Joan, n'avait pas non plus donné signe de vie.

Toutes ces raisons augmentaient, dans des proportions énormes, l'impatience du jeune homme.

De son côté, don Tadeo n'était pas plus tranquille.

Le pauvre père, les yeux constamment fixés sur les hautes montagnes araucaniennes, frémissait de douleur à la pensée des souffrances auxquelles sa fille chérie était exposée au milieu de ses ravisseurs.

Cependant, par une singulière inconséquence de l'esprit humain, à cette immense douleur, qui lui serrait le cœur comme dans un étau, se mêlait chez don Tadeo un sentiment indéfinissable de joie en songeant aux tortures qu'il infligerait à son tour à doña Maria, en lui révélant que celle qu'elle avait pris tant de bonheur à martyriser était sa fille, c'est-à-dire le seul être qu'elle aimât réellement au monde, la cause innocente de sa haine contre don Tadeo, celle enfin pour laquelle, dans son amour de bête fauve, elle voudrait racheter chaque larme par une pinte de son sang.

Don Tadeo, âme d'élite, doué de sentiments nobles et élevés, repoussait avec force cette pensée, inspirée par la haine, mais toujours elle revenait plus vive et plus tenace, tant le désir de la vengeance est inné dans le cœur de l'homme.

Don Gregorio, entre les mains duquel don Tadeo avait remis le pouvoir, hâtait, poussé par Louis qui ne le quittait pas une minute, les préparatifs de départ pour le lendemain.

Il était environ huit heures du soir, dans une des salles réservées du cabildo, don Gregorio, après leur avoir donné certaines instructions, avait congédié le général Cornejo et le sénateur Sandias, chargés d'accompagner don Pancho Bustamente à Santiago. Ils causaient avec don Tadeo et le comte du voyage du lendemain, seul sujet qui, en ce moment, pût intéresser nos trois personnages, lorsque la porte s'ouvrit brusquement et un homme entra.

A sa vue, ils poussèrent un cri de joie et d'étonnement.

Cet homme était Curumilla.

— Enfin ! s'écrièrent ensemble Louis et don Tadeo.

— Me voici ! répondit tristement l'Ulmen.

Le pauvre Indien paraissait accablé de fatigue et de besoin ; on le fit asseoir et on se hâta de lui offrir des rafraîchissements.

Malgré toute l'impassibilité indienne et la dignité à laquelle les chefs sont habitués dès leur enfance, Curumilla se jeta littéralement sur les vivres qu'on lui servit et les dévora.

Cette façon d'agir, si en dehors des coutumes araucanes, donna fort à réflé-

chir aux blancs qui supposèrent que, pour que l'Ulmen oubliât si complètement les traditions de son peuple, il fallait qu'il eût bien souffert.

Dès que son appétit fut calmé, Curumilla, sans se faire prier, raconta
dans les plus grands détails ce qui s'était passé depuis son départ du camp,
de quelle manière il avait délivré la jeune fille, et comment, une heure plus
tard à peine, il avait été contraint de la laisser retomber au pouvoir de ses
ennemis.

Lorsqu'il avait quitté doña Rosario, le brave Indien ne s'était éloigné
d'elle que juste assez pour ne pas, lui aussi, être pris par les ravisseurs; mais
bien qu'invisible à leurs yeux, il les avait suivis à la piste, ne les perdant pas de
vue et épiant tous leurs mouvements, ce qui lui fut d'autant plus facile qu'ils
avaient renoncé à le chercher.

Le Roi des Ténèbres et le comte le remercièrent de ce dévouement si pur
et si loyal.

— Je n'ai rien fait encore, dit-il, puisque tout est à recommencer, et maintenant, ajouta-t-il en hochant la tête d'un air de doute, ce sera plus difficile,
car ils se tiennent sur leurs gardes.

— Demain, répondit vivement don Tadeo, nous nous remettrons tous
ensemble sur la piste.

— Oui, reprit le chef, je sais que demain vous devez partir.

Les trois hommes se regardèrent avec étonnement; ils ne comprenaient pas
comment la nouvelle de leur départ avait pu s'ébruiter, avec les précautions
dont ils avaient usé pour se cacher.

Curumilla sourit.

— Il n'y a pas de secrets pour les Aucas, dit-il, lorsqu'ils veulent savoir.
Antinahuel n'ignore rien de ce qui se passe ici.

— Mais c'est impossible! s'écria don Gregorio avec violence.

— Que mon frère écoute, répliqua paisiblement le chef; demain, au lever
du soleil, un détachement de mille soldats blancs quittera Valdivia pour conduire à Santiago le prisonnier, celui que les visages pâles nomment le général
Bustamante, est-ce bien cela?

— Oui, répondit don Gregorio, je dois en convenir, ce que vous me dites
là est de la plus grande exactitude; mais qui vous a si bien renseigné? voilà
ce qui me confond.

— Je dois avouer, fit l'Ulmen en souriant, que celui qui m'a donné ces
détails circonstanciés les adressait à une autre personne et ne se doutait nullement que mon oreille les recueillît.

— Expliquez-vous, chef, je vous en supplie, s'écria don Tadeo; nous
sommes sur des charbons ardents, nous désirons savoir comment nos ennemis
ont été si bien renseignés sur nos mouvements?

— Je vous ai dit que je suivais la troupe d'Antinahuel, je dois ajouter que
parfois je la dépassais; avant-hier, le toqui et ses mosotones, toujours accompagnés de cette femme pâle qui doit être *Guécubu*, le génie du mal, arrivèrent
dans la prairie où s'était accompli le renouvellement des traités; rampant
comme un serpent dans l'herbe haute de la plaine, je me blottis à vingt pas en
avant de la troupe.

Le Cerf-Noir, dès qu'il aperçut le grand toqui araucan, mit son cheval au galop pour le rejoindre ; comme je me doutais que pendant leur conférence ces deux hommes laisseraient échapper des paroles qui plus tard nous serviraient, je me rapprochai d'eux le plus possible, afin de ne pas perdre un mot de ce qu'ils diraient, et voilà comment, sans s'en douter, ils m'ont mis au courant de leurs projets.

— De leurs projets? demanda vivement don Gregorio, songeraient-ils donc à nous attaquer ?

— La femme pâle a fait jurer à Antinahuel de délivrer son ami, qui est prisonnier.

— Eh bien?

— Eh bien! Antinahuel le délivrera.

— Oh! oh! fit don Gregorio, ce projet est plus facile à former qu'à exécuter, chef.

— Mon frère se trompe.

— Comment cela ?

— Les soldats sont obligés de traverser le *cañon del Rio Seco*.

— Sans doute.

— C'est là que Antinahuel attaquera les visages pâles avec ses mosotones.

— *Sangre de Cristo !* s'écria don Gregorio, que faire?

— L'escorte sera défaite, observa don Tadeo avec accablement.

Curumilla gardait le silence.

— Peut-être, dit le comte. Je connais le chef, il n'est pas homme à mettre ses amis dans l'embarras sans avoir un moyen de leur faire éviter le péril qu'il leur montre.

— Mais, reprit don Tadeo, ce péril n'est malheureusement que trop imminent; il n'existe pas d'autre passage que ce défilé maudit, il faut absolument le franchir, et cinq cents hommes résolus peuvent y tenir en échec toute une armée et même la tailler en pièces.

— C'est égal, reprit le jeune homme avec insistance, je répète ce que j'ai dit, le chef est un guerrier habile, son esprit est fertile en ressources, j'affirme qu'il sait comment nous sortir de ce mauvais pas.

Curumilla sourit au Français en lui faisant un signe d'assentiment.

— J'en étais sûr, dit Louis, voyons, parlez, chef, n'est-ce pas que vous connaissez un moyen de nous faire éviter ce passage dangereux?

— Je ne certifie pas cela, répondit l'Ulmen, mais si mes frères les visages pâles consentent à me laisser agir, je me charge de déjouer les projets de Antinahuel et de ses compagnons, et peut-être du même coup, ajouta-t-il, de délivrer la jeune vierge aux yeux d'azur.

— Parlez! parlez! chef, s'écria vivement le comte, expliquez-nous le projet que vous avez formé, ces caballeros s'en rapporteront complètement à vous, n'est-ce pas, messieurs?

— Oui, répondit don Tadeo, nous vous écoutons, chef.

— Mais, reprit Curumilla, que mes frères y réfléchissent bien, il faut qu'ils me laissent maître absolu de diriger l'expédition.

— Vous avez ma parole, Ulmen, dit don Gregorio, nous ne ferons que ce que vous commanderez.

— Bon! fit le chef, que mes frères écoutent.

Et alors, sans plus tarder, il leur détailla le plan qu'il avait formé, et qui, comme cela devait être, obtint l'assentiment général.

Don Tadeo et le comte en étaient surtout enthousiasmés, ils se promettaient les plus beaux résultats.

Lorsque les dernières mesures furent prises, que tout fut bien convenu, la nuit était fort avancée, les quatre interlocuteurs avaient besoin de prendre du repos afin de se préparer aux hasards qui les attendaient le lendemain dans leur aventureuse expédition; Curumilla surtout, qui depuis quelques jours avait pris à peine le temps de dormir, tombait littéralement de fatigue.

Seul, Louis ne semblait pas éprouver le besoin de réparer ses forces; si on avait voulu l'écouter on se serait mis immédiatement en marche,

Mais la prudence exigeait que quelques heures fussent accordées au sommeil, et malgré les observations du comte on se sépara.

Le jeune homme, contraint malgré lui d'obéir aux remontrances des hommes expérimentés qui l'entouraient, se retira de mauvaise humeur en se promettant *in petto* de ne pas laisser ses amis oublier l'heure fixée pour le départ.

Comme tous les amoureux, ne pouvant voir celle qu'il aimait, il entraîna avec lui Curumilla afin d'avoir au moins la consolation de parler d'elle.

Mais le pauvre Ulmen était si fatigué que, dès qu'il fut étendu sur la natte qui lui servait de lit, il tomba dans un si profond sommeil que le jeune homme renonça à l'en tirer.

Nous devons ajouter à la louange de Louis qu'il prit assez facilement son parti de cette contrariété, en réfléchissant que de Curumilla dépendait le succès du coup de main qu'ils allaient tenter, et que, pour qu'il fût en possession de toutes ses qualités et les servît bien, il fallait qu'il fût dispos.

Il poussa un soupir de regret et laissa l'Ulmen dormir tant qu'il voulut.

Mais comme il lui était impossible d'en faire autant, que l'impatience et l'amour, ces deux tyrans de la jeunesse, lui brûlaient le cerveau, il monta sur l'*azotea* — toit — du palais et, le regard fixé sur les hautes montagnes qui dessinaient leurs sombres contours à l'horizon, il se mit à penser à doña Rosario.

Rien n'est pur, calme et voluptueux comme une nuit américaine.

Ce ciel d'un bleu noir, plaqué d'un nombre infini d'étoiles, au milieu desquelles rayonne la splendide croix du Sud, les senteurs embaumées de l'atmosphère rafraîchies par la brise de mer qui y mêle ses âcres parfums, tout dispose l'âme à la rêverie.

Louis s'oublia longtemps à penser ainsi, seul, dans la nuit.

Lorsqu'il songea à redescendre dans le palais, les étoiles s'éteignaient successivement dans les profondeurs du ciel, et une teinte nacrée commençait à nuancer légèrement l'horizon.

Le jour n'allait pas tarder à paraître.

— Il est temps, dit le jeune homme, et il descendit rapidement l'escalier de l'*azotea* pour aller réveiller ses compagnons.

Mais il les trouva debout et prêts à partir.

Lui seul était en retard.

La chose est facile à comprendre.

Louis avait rêvé ; les autres avaient dormi.

IX

EL CAÑON DEL RIO SECO

Les paysages américains ont un aspect grandiose et majestueux, dont rien en Europe ne peut donner une idée juste et complète.

La hache du pionnier a depuis si longtemps jeté à bas nos vieilles forêts gauloises et scandinaves que, dans les sites les plus abrupts et les plus accidentés, la main de l'homme se fait toujours sentir ou du moins se devine.

Tant de générations se sont succédé sur le sol de la vieille Europe, tant d'empires ont surgi comme des volcans du sein de cette terre féconde, pour s'engloutir après, qu'il est impossible, sous ces ruines entassées où la poussière humaine a fini par former le terrain que nous foulons, de reconnaître le sceau de Dieu, ce stigmate que l'on retrouve à chaque pas en Amérique et qui inspire à l'homme, auquel il est pour la première fois donné de le contempler, un inexprimable respect.

Il n'y a pas d'athées dans le Nouveau-Monde.

Il ne peut pas y en avoir.

C'est la terre de la foi vive et de la croyance naïve, parce que là Dieu se fait partout visible aux yeux de l'homme qui ne le verrait pas ou seulement essaierait de douter.

Des savants ont essayé de prouver que l'Amérique était toute nouvelle, comparativement à l'ancien monde connu ; cette hypothèse est absurde, aussi absurde que celle qui veut que cette terre ait été peuplée par l'Asie au moyen du détroit de Behring.

Les ruines imposantes de *Palenguè*, cette ville découverte depuis peu dans le *Iucatan*, prouvent non seulement une antiquité plus éloignée que tout ce que nous ont conservé les Égyptiens, mais encore une civilisation que les anciens n'ont jamais possédée.

La race rouge, quoi qu'on en ait dit, n'a aucun rapport avec les races blanche, noire et jaune, et, comme elles, est primordiale ou autochthone.

A ce sujet nous nous souvenons d'une repartie que fit un jour un chef comanche auquel un missionnaire, je ne sais trop à quel propos, cherchait à prouver qu'il n'y avait pas eu de race aborigène en Amérique, se fondant assez maladroitement, à notre avis, sur ce passage de la *Bible* qui dit que

— Comment nommez-vous cet endroit? dit le comte avec curiosité.

Noé eut trois fils, dont l'un peupla l'Europe, le second l'Asie et le troisième l'Afrique, qu'ainsi il fallait que les habitants du Nouveau-Monde descendissent de l'un de ces enfants de Noé.

— Frère, dit l'Indien, le père a oublié ceci, c'est que ceux qui ont conservé la tradition de ce Noé ne lui ont donné que trois fils, parce que, à cette époque, notre terre n'était pas connue, sans cela il en eût certainement eu quatre.

Cette réponse vaut un gros livre.

Mais revenons à notre sujet.

Le territoire chilien, et surtout la partie araucanienne, est un des plus accidentés et des plus bouleversés du Nouveau-Monde.

Le Chili possède vingt et quelques volcans, toujours en irruption, dont quelques-uns, tel que celui d'Autaco, atteignent une immense hauteur; aussi, dans ce pays, les tremblements de terre sont-ils extrêmement fréquents.

Il ne se passe pas d'années sans qu'une ou plusieurs villes ne soient englouties par ce terrible fléau.

L'Araucanie, ainsi que nous l'avons dit, se divise en quatre contrées parfaitement distinctes.

Celle qui borde la mer, et que l'on nomme contrée maritime, est plate, mais cependant on sent incessamment sous ses pas ces ondulations de terrain qui vont s'exhaussant peu à peu jusqu'aux Cordillères et qui, dans certains endroits, sont déjà presque des montagnes.

A dix lieues environ de San-Miguel de la Frontera, misérable bourgade peuplée par quelques vingt ou trente pasteurs huiliches, sur la route d'Arauco, le terrain se soulève rapidement et forme subitement une imposante muraille de granit, dont le sommet est couvert de forêts vierges, de pins et de chênes, impénétrables aux rayons du soleil.

Un passage de dix mètres au plus de large est ouvert par la nature dans cette muraille. Sa longueur est de près de cinq kilomètres, il forme une foule de capricieux et inextricables détours qui semblent constamment revenir sur eux-mêmes. De chaque côté de ce formidable défilé, le sol couvert d'arbres et de halliers étagés les uns au-dessus des autres peut, en cas de besoin, offrir d'inexpugnables retranchements à ceux qui défendraient le passage; aussi Antinahuel n'avait pas exagéré la force de cette position, en disant que cinq cents hommes résolus pouvaient hardiment s'y défendre contre toute une armée.

Cet endroit se nommait *el cañon del Rio Seco*, nom assez commun en Amérique, parce que, bien que la végétation eût depuis longtemps recouvert les parois de cette muraille d'un tapis d'émeraude, il était évident que dans des temps reculés, une rivière ou du moins un *desaguadero*, c'est-à-dire le conduit par lequel les eaux des plateaux supérieurs des Andes débordant, soit à la suite d'un tremblement de terre, soit à cause de tout autre cataclysme naturel, s'étaient violemment et *naturellement* frayé un passage vers la mer.

Du reste le sol, entièrement composé de cailloux arrondis et roulés par les eaux, ou de grandes masses de rochers éparses çà et là, usées et luisantes, en offrait aux yeux les moins clairvoyants des preuves irréfragables.

A quelle époque avait eu lieu ce bouleversement? comment les eaux s'étaient-elles taries ensuite? C'est ce que personne dans le pays n'aurait pu dire.

Depuis la plus haute antiquité, le lit de la rivière servait de passage, sans que jamais la rivière se fût révélée.

Le soleil commençait à apparaître à l'horizon, les objets étaient encore à demi voilés par les ombres de la nuit qui décroissaient rapidement en leur donnant les aspects les plus fantastiques; le majestueux paysage, dont nous avons essayé de donner une idée au lecteur, sortait insensiblement de l'épais manteau de brume qui le couvrait et se déchirait aux pointes aiguës des rochers ou aux hautes branches des arbres. Le plus grand silence régnait dans le cañon qui semblait plongé dans la plus profonde solitude.

Au plus haut des airs, des troupes d'énormes vautours chauves des Andes tournoyaient lentement au-dessus du défilé. Parfois, au milieu d'un taillis, perchée en équilibre sur la pointe d'un roc, une vigogne dressait sa tête intelligente, humait l'air avec inquiétude et disparaissait.

L'homme auquel il aurait été donné en ce moment de planer auprès des vautours, aurai joui d'un spectacle étrange et d'un intérêt saisissant.

Il eût compris au premier coup d'œil que ce silence trompeur et cette solitude factice cachaient un orage terrible.

Cet endroit si solitaire en apparence était littéralement gorgé de monde.

Antinahuel, ainsi qu'il l'avait annoncé au Cerf Noir, s'était rendu au défilé dont il prétendait défendre le passage contre les Espagnols.

Le toqui, en chef expérimenté, avait établi son bivouac sur les versants des deux murailles, à une certaine hauteur du lit desséché de la rivière.

Vers le soir, le Cerf Noir parut à la tête de quinze cents guerriers.

Antinahuel les embusqua à droite et à gauche de la route, de manière à ce qu'ils fussent invisibles, leur recommandant de se borner à faire glisser du poste élevé qu'ils occupaient des quartiers de roc sur leurs ennemis, et surtout de ne pas descendre pour en venir à l'arme blanche.

Ces diverses dispositions furent assez longues à prendre.

Il était plus de deux heures du matin avant que chacun fût convenablement installé.

Antinahuel, suivi pas à pas par la Linda, qui voulait tout voir par elle-même, visita les postes, donna des instructions nettes et précises aux Ulmènes, puis, il regagna le bivouac qu'il avait choisi et qui formait l'avant-garde de l'embuscade.

— A présent, qu'allons-nous faire? lui demanda doña Maria.

— Attendre, répondit-il.

Et, s'enveloppant dans son poncho, il s'étendit sur le sol et ferma les yeux.

La Linda, à laquelle on avait construit une espèce de cabane en branchages entrelacés, se retira sous cet abri afin de prendre quelques heures d'un repos que les fatigues des jours passés lui rendaient nécessaire.

De leur côté, les Espagnols s'étaient mis en route un peu avant le lever du soleil.

Ils formaient une troupe compacte de cinq cents cavaliers, au centre de laquelle s'avançait sans armes, entre deux lanceros chargés de lui brûler la cervelle au moindre geste suspect, le général Bustamente, le front pâle, le sourcil froncé et l'air pensif.

En avant de cette troupe, il y en avait une autre d'une force presque égale; celle-là était en apparence composée d'Indiens.

Nous disons en apparence, parce que ces hommes étaient en réalité des Chiliens; mais leur costume araucan, leur armement, et jusqu'aux caparaçons de leurs chevaux, tout dans leur déguisement était si exact, qu'à une distance même très proche il était impossible que les yeux exercés des Indiens eux-mêmes les reconnussent.

Ces soi-disant Indiens étaient commandés par Joan, qui marchait à leur tête, tout en fouillant, sans paraître y attacher d'importance, d'un regard inquisiteur, les hautes herbes qu'il traversait, afin de s'assurer que nul espion n'était aux aguets.

A vingt-cinq kilomètres de Valdivia, à moitié route du cañon, la seconde troupe fit halte, tandis que celle commandée par Joan continuait à avancer.

Comme cette bande de faux Indiens marchait au grand trot, elle ne tarda pas à prendre une avance considérable et à disparaître entièrement, dans les méandres de la route.

C'était probablement ce qu'attendait le second détachement, car à peine le premier eut disparu qu'il se remit en marche.

Seulement il ne s'avançait que lentement et semblait redoubler de précautions.

Quatre cavaliers étaient demeurés en arrière. Ces quatre cavaliers, qui causaient vivement entre eux, étaient don Tadeo de Leon, don Gregorio Peralta, Curumilla et le comte Louis.

— Ainsi, dit don Gregorio, vous ne voulez personne avec vous ?

— Personne, à nous deux nous suffisons, répondit Curumilla en désignant le jeune Français.

— Pourquoi ne pas m'emmener avec vous ? demanda don Tadeo.

— Je ne vous refuse pas de nous accompagner, reprit le chef; si je ne vous l'ai pas offert, c'est que j'ai cru que vous préfériez rester avec vos soldats.

— Je veux le plus tôt possible rejoindre ma fille.

— Venez donc, alors. Vous, ajouta-t-il en se tournant vers don Gregorio, souvenez-vous que vous ne devez vous risquer dans le défilé que lorsque vous aurez vu briller un feu au sommet du *Corcobado* (bossu).

— C'est entendu ; maintenant, adieu et bonne chance !

— Bonne chance ! répondit le comte.

Les quatre hommes se séparèrent après s'être chaleureusement serré la main.

Don Gregorio rejoignit ses soldats au galop, tandis que don Tadeo et le comte, guidés par Curumilla, gravissaient la montagne.

Ils montèrent pendant près d'une heure une rampe assez raide et bordée de profonds précipices; arrivés à une espèce de plate-forme naturelle de quelques mètres seulement d'étendue, Curumilla s'arrêta.

— Pied à terre, dit-il en joignant l'exemple au précepte.

Ses compagnons l'imitèrent.

— Dessellons nos chevaux, continua le chef, les pauvres bêtes ne pourront nous servir de longtemps. Je connais, non loin d'ici, un endroit où elles seront parfaitement abritées, et où nous les reprendrons en revenant, si nous revenons, ajouta-t-il avec un sourire équivoque.

— Holà, chef! demanda Louis, avez-vous donc une aussi mauvaise opinion de la démarche que nous tentons ?

— *Och!* reprit l'Ulmen, mon frère est jeune, son sang est très chaud ; Curumilla est vieux, il est sage.

— Merci, chef, dit le jeune homme d'un ton de bonne humeur, il est impossible de traiter plus poliment de fou un de ses amis.

Tout en causant ainsi entre eux, les trois hommes avaient continué à monter, en traînant leurs chevaux après eux par la bride ; chose qui n'était pas facile, sur ce sentier étroit où les animaux buttaient à chaque pas, renâclaient et dressaient les oreilles avec terreur.

Enfin ils atteignirent avec mille peines l'entrée d'une grotte naturelle dans laquelle ils parvinrent à faire entrer les nobles bêtes.

On les fournit abondamment de nourriture, puis l'entrée de cette grotte fut bouchée au moyen de grosses pierres, entre lesquelles on pratiqua seulement une étroite ouverture pour laisser passer l'air et filtrer un peu de lumière.

Ce soin rempli, Curumilla se tourna vers ses compagnons.

— Partons! dit-il.

Ils rejetèrent leurs fusils sur l'épaule et se remirent résolument en marche.

A partir du lieu qu'ils quittaient, il n'existait plus de sentier tracé ; ils étaient obligés de monter en s'accrochant aux racines, aux branches d'arbres ou aux touffes d'herbes, et de s'enlever continuellement à la force du poignet.

Cette ascension était non seulement hérissée de difficultés sans nombre, mais encore excessivement périlleuse et surtout des plus fatigantes.

Le moindre faux pas, une position mal prise ou mal assurée, un mouvement mal calculé, suffisaient pour les précipiter dans un abîme d'une profondeur incommensurable, au fond duquel ils ne seraient arrivés qu'en lambeaux, car ils grimpaient presque à pic, en rampant comme des reptiles le long des flancs escarpés de la montagne, et en s'aidant des pieds et des mains.

Quant à Curumilla, il montait avec une facilité et une légèreté qui remplissaient ses compagnons d'admiration, et que, dans le fond du cœur, ils ne pouvaient s'empêcher d'envier.

Parfois il se retournait pour les encourager ou leur tendre la main.

Après cinq quarts d'heure de cette pénible ascension, l'Ulmen s'arrêta.

— C'est ici, dit-il.

Les trois hommes avaient atteint le sommet d'un pic élevé du haut duquel un immense et splendide panorama se déroulait à leurs yeux.

X

AVANT LE COMBAT

En mettant le pied sur la plate-forme qui terminait la montagne, don Tadeo et le comte tombèrent épuisés.

Curumilla les laissa reprendre haleine, puis, lorsqu'il jugea qu'ils étaient un peu remis de la fatigue qu'ils avaient éprouvée, il les invita à regarder autour d'eux.

Les deux hommes se retournèrent.

Le spectacle qui s'offrit à leur vue les frappa de surprise et d'admiration.

Ils avaient à leurs pieds le cañon del Rio Seco, avec ses masses granitiques imposantes et ses épais fourrés de verdure.

Rien ne trahissait dans le défilé la présence de l'homme, il n'y semblait régner que la solitude calme et majestueuse du désert.

Un peu à gauche, deux tourbillons de poussière, du sein desquels sortaient par instant des masses noires et animées, signalaient les deux troupes qui, à une distance considérable l'une de l'autre, continuaient leur route; et, dans les lointains bleuâtres de l'horizon, la mer traçait une ligne foncée qui se confondait avec le ciel.

— Oh! s'écria Louis avec enthousiasme, que c'est beau!

Don Tadeo, blasé depuis son enfance sur la vue de ces sublimes panoramas, ne jetait qu'un regard distrait et indifférent sur cette magnifique perspective, son front restait pensif, son œil triste et voilé.

Le Roi des Ténèbres pensait à sa fille, à son enfant chérie qu'il espérait délivrer bientôt; il calculait avec angoisse les minutes qui devaient encore s'écouler avant qu'il pût reconquérir et serrer dans ses bras celle qui pour lui était tout.

Oh! quoi qu'en aient dit les détracteurs de la famille, l'amour paternel est bien réellement un sentiment divin dont l'Être suprème a déposé le germe dans le cœur de l'homme pour le régénérer et fournir un but à sa vie, en lui donnant le courage nécessaire à la lutte incessante de chaque jour, lutte entreprise seulement pour le bonheur des enfants et qui sans eux ne serait plus qu'une mesquine recherche des jouissances physiques, sans intérêt comme sans portée, mais que l'amour paternel ennoblit et qu'un baiser de l'innocente créature, pour laquelle seule on s'y obstine, paye avec usure en en faisant oublier tous les déboires et toutes les déceptions!

— Est-ce que nous allons demeurer à cette place? demanda don Tadeo.

— Pendant quelques instants, répondit Curumilla.

— Comment nommez-vous cet endroit? dit le comte avec curiosité.

— C'est le pic que les visages pâles appellent le *Corvocado*, répondit l'Ulmen.

— Celui sur lequel vous êtes convenu d'allumer le feu du signal

— Oui, hâtons-nous de le préparer.

Les trois hommes ramassèrent du bois sec, dont de grandes quantités étaient éparses çà et là, et, sur la pointe la plus avancée de la montagne, ils élevèrent un immense bûcher.

— Maintenant, reprit Curumilla, reposez-vous un peu, et surtout ne bougez pas jusqu'à mon retour.

— Où allez-vous donc, chef? demanda le comte.

— Compléter notre plan d'attaque.

Et, sans entrer dans plus de détails, Curumilla se lança sur la pente abrupte de la montagne où il disparut presque instantanément au milieu des arbres.

Les deux amis s'assirent auprès du bûcher, et attendirent en rêvant le retour de l'Ulmen.

La troupe commandée par Joan s'approchait du défilé en affectant toutes les allures indiennes.

Bientôt elle se trouva à moins d'une portée de fusil du cañon.

Antinahuel l'avait aperçue. Depuis longtemps déjà il surveillait ses mouvements.

Malgré sa finesse, le toqui ne soupçonna pas un instant un piège.

Il se croyait certain que les Espagnols ignoraient l'embuscade qu'il leur avait dressée.

Qui aurait pu les en avertir ?

La présence en tête de la troupe de Joan, qu'il reconnut au premier coup d'œil, acheva de le rassurer et de lui inspirer la plus entière confiance.

Il supposa, ce qui du reste était probable, que ces Indiens étaient des retardataires qui, à cause de l'éloignement de leur campement, n'avaient pas été prévenus à temps par les émissaires du vice-toqui, et qui se hâtaient de rejoindre leurs compagnons.

De son côté, le Cerf Noir, avec non moins de raison, supposa que Antinahuel avait, en se rendant au cañon après leur entrevue, fait prévenir les arrivants.

Tout conspirait donc pour plonger les deux chefs dans la plus complète erreur.

Joan s'avançait toujours avec la même audace; seulement, au fur et à mesure qu'il approchait du défilé, par une manœuvre convenue entre lui et les Espagnols, il pressait son cheval de telle sorte qu'à l'entrée du cañon il était à environ soixante pas de sa troupe.

Il s'enfonça dans le défilé sans témoigner la moindre hésitation.

A peine avait-il fait une dizaine de pas en avant, qu'un Indien, sortant d'un épais taillis, sauta légèrement sur le sol, en face de lui.

Cet Indien était Antinahuel lui-même.

Joan tressaillit intérieurement à la vue du chef redouté de tous, mais son visage demeura impassible.

— Mon fils arrive bien tard, dit le toqui en lui jetant un regard louche

— Mon père me pardonnera, répondit respectueusement Joan, je n'ai été prévenu que cette nuit et ma tolderia est éloignée.

— Bon, reprit le chef, je sais que mon fils est prudent; combien de lances amène-t-il avec lui ?

— *Guaranca !* — mille.

Ainsi qu'on le voit, Joan doublait bravement le nombre de ses soldats, mais il ne faisait en cela que suivre les instructions de Curumilla.

— Oh !•oh ! fit le toqui avec joie, on peut venir tard quand on amène une troupe aussi nombreuse.

— Mon père sait que je lui suis dévoué, répondit hypocritement l'Indien.

— Je le sais, mon fils est un brave guerrier; a-t-il vu les Huincas ?

— Je les ai vus.

— Sont-ils loin ?

— Non, ils arrivent; dans *isthenalliaganta,* — moins d'une heure, — ils seront ici.

— Nous n'avons pas un instant à perdre; mon fils s'embusquera de chaque côté du cañon, proche du cactus brûlé.

— Bon, cela sera fait; que mon père s'en rapporte à moi.

En ce moment, la troupe des faux Indiens parut à l'entrée du défilé, dans lequel elle entra résolument à l'exemple de son chef.

La circonstance était critique. La moindre hésitation de la part des Espagnols pouvait, en découvrant l'imposture, causer la perte de tous.

— Que mon fils fasse diligence, dit Antinahuel.

Et il regagna son poste.

Joan et ses hommes prirent le galop; ils étaient alors surveillés par mille ou quinze cents espions invisibles qui, au moindre soupçon, au premier geste suspect, les auraient massacrés sans rémission.

Il fallait une prudence extrême.

Joan, après avoir fait mettre pied à terre à ses hommes et cacher ses chevaux en arrière, dans un coude naturel formé par le lit de la rivière, les distribua avec le plus grand calme et une désinvolture capable de bannir à jamais tous les soupçons dans l'esprit du chef, si par hasard il en avait eu.

Dix minutes plus tard, le défilé paraissait aussi solitaire qu'auparavant.

Joan avait à peine fait quelques pas dans les buissons, afin de reconnaître les environs du poste qu'il occupait, qu'une main se posa sur son épaule.

Il se retourna en tressaillant.

Curumilla était devant lui.

— Bon, murmura celui-ci d'une voix basse comme un souffle, mon fils est loyal, qu'il me suive avec ses hommes.

Joan fit un geste d'assentiment.

Alors, avec des précautions extrêmes et en gardant le plus grand silence, trois cents hommes commencèrent à escalader les rochers à la suite de l'Ulmen.

Curumilla les distribua dans plusieurs directions, de façon qu'il établit une double ligne de soldats qui formaient un large cercle autour du poste choisi par Antinahuel pour le bivouac de l'élite de sa troupe.

Il la saisit par ses longs cheveux et la jeta en travers sur le cou de son cheval.

Cette manœuvre fut d'autant plus facile à exécuter, que, nous le répétons, le toqui n'avait et ne pouvait avoir aucun soupçon, et que, loin de surveiller ce qui se passait autour de lui, il suivait atentivement des yeux le détachement de don Gregorio qui commençait à paraître au loin dans la plaine.

Les trois cents soldats de Joan, qui avaient escaladé la muraille du défilé, du côté opposé du cañon, s'étaient partagés en deux troupes.

La première avait pris position au-dessus du Cerf Noir, et la seconde, forte de cent hommes, s'était massée en arrière-poste, prête, si le besoin l'exigeait, à exécuter une charge et à prendre l'ennemi à revers.

Aussitôt que Curumilla eut fait préparer la manœuvre que nous venons de décrire, il quitta Joan et rejoignit ses compagnons qui l'attendaient au sommet du Corcovado.

— Enfin! s'écrièrent-ils en le voyant paraître.

— Je commençais à craindre qu'il ne vous fût arrivé malheur, chef, lui dit le comte.

Curumilla sourit.

— Tout est prêt, dit-il, et, quand ils le voudront, les visages pâles pourront pénétrer dans le défilé.

— Croyez-vous que votre plan réussisse? lui demanda don Tadeo avec inquiétude.

— Je l'espère, répondit l'Indien; mais Pillian seul peut savoir ce qui arrivera.

— C'est juste. Qu'allons-nous faire, maintenant?

— Allumer le feu et partir.

— Comment, partir? et nos amis?

— Ils n'ont pas besoin de nous; dès que le feu sera allumé nous nous mettrons à la recherche de la jeune fille.

— Dieu veuille que nous puissions la sauver!

— Pillian est tout-puissant, répondit Curumilla en sortant son *mechero* de sa ceinture et en battant le briquet.

— Oh! nous la sauverons, il le faut! s'écria le jeune homme avec exaltation.

Curumilla, après avoir allumé un peu de chiffon brûlé qui lui servait d'amadou, renfermé dans une boîte de corne, réunit avec ses pieds des feuilles sèches, déposa ce chiffon dessus et souffla de toutes ses forces.

Les feuilles, calcinées à demi par les rayons du soleil, ne tardèrent pas à s'allumer; Curumilla en jeta d'autres dessus et y ajouta quelques branches de bois mort qui prirent feu presque immédiatement; le chef plaça alors ces branches sur le bûcher; le feu, avivé par la bise qui, à cette hauteur, soufflait avec violence, se communiqua rapidement de proche en proche, et bientôt une épaisse colonne de flammes monta en tourbillonnant vers le ciel.

— Bon! dit Curumilla à ses compagnons qui comme lui regardaient avidement dans la plaine, ils ont vu le signal, nous pouvons partir.

— Partons donc sans plus tarder, s'écria le comte avec impatience.

— Allons, dit don Tadeo.

Les trois hommes s'enfoncèrent dans l'immense forêt vierge qui couvrait le faîte de la montagne, en laissant derrière eux ce phare sinistre, signal de meurtre et de destruction.

Dans la plaine, don Gregorio Peralta, craignant de trop s'avancer avant de savoir positivement à quoi s'en tenir, avait donné l'ordre à sa troupe de s'arrêter.

Il ne se dissimulait pas les dangers de sa position. Il savait qu'il allait avoir à braver un péril immense, il voulait donc mettre toutes les chances possibles de succès de son côté, pour que, s'il succombait dans le combat qu'il était sur le point de livrer, son honneur fût sauf et sa mémoire sans reproche.

— Général, dit-il en s'adressant à Cornejo qui, ainsi que le sénateur, se trouvait auprès de lui, vous êtes un brave homme de guerre, un soldat intrépide, je ne vous cacherai donc pas que nous sommes dans une situation hérissée de périls.

— Oh! oh! fit le général en relevant sa moustache et en lançant un regard railleur à don Ramon qui, à cette annonce faite ainsi à brûle-pourpoint, était devenu tout pâle, expliquez-moi donc cela, don Gregorio?

— Oh! mon Dieu! répondit celui-ci, c'est d'une simplicité enfantine : les Indiens sont embusqués en force dans le défilé pour nous en disputer le passage.

— Voyez-vous cela, les gaillards! mais ils vont nous assommer, alors, fit le général toujours calme.

— C'est un épouvantable guet-apens! s'écria le sénateur atterré.

— Caspita! si c'est un guet-apens, reprit le général, je le crois bien! Du reste, ajouta-t-il avec un sourire narquois, vous serez à même d'en juger tout à l'heure; vous m'en donnerez des nouvelles après, si, ce qui est peu probable, vous en réchappez, cher ami.

— Mais je ne veux pas aller fourrer ma tête dans cet affreux traquenard, s'écria don Ramon hors de lui de frayeur, je ne suis pas soldat, moi, que diable!

— Bah! vous vous battrez en amateur, cela sera très beau de votre part, vu que vous n'en avez pas l'habitude.

— Monsieur, dit froidement don Gregorio, tant pis pour vous! si vous étiez tranquillement resté à Santiago, comme c'était votre devoir, vous ne vous trouveriez pas dans cette alternative.

— C'est vrai, cher ami, appuya en riant le général, pourquoi, vous qui êtes poltron comme un lièvre, vous avisez-vous de faire de la politique militante?

Le sénateur ne répondit pas à cette dure apostrophe : il était hébété par la peur, déjà il se croyait mort.

— Quoi qu'il arrive, puis-je compter sur vous, général? reprit don Gregorio.

— Je ne puis vous promettre qu'une chose, répondit noblement le vieux soldat, c'est de ne pas marchander ma vie, et, le cas échéant, de me faire bravement tuer. Quant à ce poltron, ajouta-t-il en désignant don Ramon, ne vous inquiétez pas de lui, je me charge de lui faire accomplir des prodiges de valeur.

A cette menace, le malheureux sénateur sentit une sueur froide inonder tout son corps.

Une longue colonne de flamme brilla au sommet du Corcovado.

— Il n'y a plus à hésiter. Caballeros, s'écria résolument don Gregorio, en avant! et que Dieu protège le Chili!

— En avant! répéta le général en dégaînant son sabre.

La troupe partit dans la direction du défilé.

XI

LE PASSAGE DU DÉFILÉ.

Sur ces entrefaites, dans le défilé, quelques mots échangés entre Antinahuel et la Linda remplissaient le toqui d'inquiétude en lui faisant vaguement redouter une trahison.

Après avoir reconnu les Indiens qui arrivaient, ou tout au moins conversé avec leur chef, Antinahuel avait regagné son poste.

— Qu'y a-t-il donc ? lui demanda doña Maria qui avait suivi d'un œil attentif tous les mouvements du chef.

— Rien de bien extraordinaire, répondit négligemment celui-ci, un secours un peu tardif sur lequel je ne comptais pas, et dont nous aurions pu facilement nous passer, mais qui n'en est pas moins le bienvenu.

— Mon Dieu ! dit doña Maria, j'ai peut-être été abusée par une trompeuse ressemblance, et si l'homme dont je veux parler n'était pas à plus de quarante lieues d'ici, j'affirmerais que c'est lui qui commande cette troupe.

— Que ma sœur s'explique, fit Antinahuel.

— Dites-moi d'abord, chef, reprit la Linda avec émotion, le nom du guerrier auquel vous avez parlé.

— C'est un valeureux Aucas, répliqua fièrement le toqui, il se nomme Joan.

— C'est impossible ! Joan est en ce moment à plus de quarante lieues d'ici, retenu par son amour pour une femme blanche, s'écria la Linda avec explosion.

— Ma sœur se trompe, puisque je viens, il y a quelques minutes, de causer avec lui.

— Alors, c'est un traître ! dit-elle vivement, je l'avais chargé d'enlever la fille pâle, et l'Indien qu'il m'a envoyé à sa place m'a conté cette histoire à laquelle j'ai ajouté foi.

Le front du chef devint soucieux.

— En effet, dit-il, ceci est louche ; serais-je trahi ? continua-t-il d'une voix sourde.

Et il fit un geste comme pour s'éloigner.

— Que voulez-vous faire ? lui demanda la Linda en l'arrêtant.

— Demander à Joan compte de sa conduite ambiguë.

— Il est trop tard ! reprit la Linda en lui désignant du doigt les Chiliens, dont les premiers rangs apparaissaient alors à la bouche du défilé.

— Oh ! s'écria Antinahuel avec une rage concentrée, malheur à lui, s'il est un traître !

— Allons, il n'est plus temps de récriminer, il faut combattre.

La courtisane avait en ce moment sur le visage une expression qui chassa du cœur du chef araucanien toute autre pensée que celle de la lutte qu'il allait soutenir.

— Oui, répondit-il avec élan, combattons! après la victoire, nous châtierons les traîtres.

Il poussa son cri de guerre d'une voix retentissante.

Les Indiens lui répondirent par des hurlements de fureur qui glacèrent d'effroi le sénateur don Ramon Sandias.

Le plan des Araucans était des plus simples : laisser les Espagnols s'engager dans le défilé, puis les attaquer à la fois en avant et en arrière, pendant que les guerriers, embusqués sur les flancs, feraient pleuvoir sur eux des blocs énormes de rochers.

Une partie des Indiens s'était bravement jetée devant et derrière les Espagnols dans l'intention de leur barrer le passage.

Antinahuel se leva, et encourageant ses guerriers du geste et de la voix, il fit rouler une énorme pierre au milieu des ennemis.

Tout à coup une grêle de balles vint en crépitant pleuvoir sur sa troupe, et autour du poste qu'il occupait se montrèrent comme de sinistres fantômes les faux Indiens de Joan, qui le chargèrent résolument au cris de :

— Chili ! Chili !

— Nous sommes trahis ! hurla Antinahuel, tue ! tue !

Dans le ravin et sur les flancs des deux montagnes qui le bordaient, commença une horrible mêlée.

Pendant une heure la lutte fut un chaos, la fumée et le bruit enveloppaient tout.

Le défilé était rempli d'une masse de combattants qui allaient, venaient, se retiraient pour revenir encore, se heurtant, se poussant, se bousculant avec des cris de rage, de douleur ou de victoire.

Des cavaliers chargeaient à toute bride, d'autres galopaient éperdus, au milieu des piétons effrayés.

Des blocs de rochers, lancés du haut des montagnes, venaient en ricochant bondir parmi les combattants, écrasant indistinctement amis et ennemis.

Des Indiens et des Chiliens, précipités du poste élevé qu'ils occupaient, se brisaient sur les cailloux de la route.

Les Araucans ne reculaient pas d'un pouce, les Chiliens n'avançaient point d'un pas.

La mêlée ondulait comme les flots de la mer dans la tempête.

La terre était rouge de sang.

Les hommes, rendus furieux par cette lutte acharnée, étaient ivres de rage et brandissaient leurs armes avec des cris de défi et de colère.

Au milieu des combattants, Antinahuel bondissait comme un tigre, renversant tous les obstacles, et ramenant incessamment à la charge ses compagnons que la résistance désespérée de leurs ennemis décourageait.

Chiliens et Indiens étaient tour à tour vainqueurs et vaincus, assiégeants et assiégés.

Le combat avait pris les proportions grandioses d'une épopée; ce n'était plus une lutte réglée où la tactique et l'habileté peuvent suppléer au nombre, c'était un duel immense, où chacun cherchait son adversaire afin de se battre corps à corps.

Antinahuel écumait de rage, il se consumait en vains efforts pour rompre le réseau de fer que ses ennemis avaient formé autour de lui.

Cercle qui se resserrait sans cesse et qui le menaçait à chaque instant davantage; obligé de se défendre contre les soldats chiliens qui s'étaient postés au-dessus de lui, il était aux abois.

Dans le défilé, les cavaliers espagnols avaient fait face en tête et face en arrière et poussaient des charges terribles contre les Indiens qui les harcelaient.

Enfin, par un effort suprême, Antinahuel réussit à rompre les rangs pressés des ennemis qui l'enveloppaient et se précipita dans le défilé, suivi de ses guerriers, en faisant tourner sa lourde hache au-dessus de sa tête.

Le Cerf Noir parvint à opérer le même mouvement.

Mais les cavaliers chiliens de Joan, embusqués en arrière, s'élancèrent du pli de terrain qui les cachait avec de grands cris et vinrent, en sabrant tout devant eux, augmenter encore la confusion.

La Linda suivait pas à pas Antinahuel, les yeux brillants, les lèvres serrées, humant comme une bête fauve le sang par tous les pores.

Don Gregorio et le général Cornejo faisaient des prodiges de valeur; sous leurs sabres les Indiens tombaient comme des fruits mûrs sous la gaule qui les touche.

Cette horrible boucherie ne pouvait plus longtemps durer, les morts s'entassaient sous les pieds des chevaux et les faisaient trébucher, les bras se lassaient à force de frapper.

— En avant! en avant! criait don Gregorio d'une voix de tonnerre.

— *Chile! Chile!* répétait le général en abattant un homme à chaque coup.

Don Ramon, plus mort que vif, que la vue de tout ce sang paraissait avoir rendu fou, combattait comme un démon : il faisait tournoyer son sabre, écrasait du poitrail de son cheval ceux qui s'approchaient trop de lui, et poussait des cris inarticulés en se démenant comme un énergumène.

Cependant, don Pancho Bustamente, cause de ce carnage, qui jusqu'à ce moment était demeuré spectateur impassible de ce qui se passait autour de lui, s'empara brusquement du sabre de l'un des soldats chargés de veiller sur lui, fit bondir son cheval et s'élança en avant, en criant d'une voix formidable :

— A moi! à moi!

A cet appel, les Araucans répondirent par des hurlements de joie et se précipitèrent de son côté.

— Oh! oh! s'écria une voix railleuse, vous n'êtes pas libre encore, don Pancho.

Le général Bustamente se retourna, il était face à face avec le général Cornejo, qui avait fait franchir à son cheval un monceau de cadavres.

Les deux hommes, après avoir échangé un regard de haine, se précipitèrent au-devant l'un de l'autre, le sabre levé.

Le choc fut terrible, les deux chevaux s'abattirent, don Pancho avait reçu une légère blessure à la tête, le général Cornejo avait le bras traversé par l'arme de son adversaire.

D'un bond don Pancho fut debout, le général Cornejo voulut en faire autant, mais soudain un genou pesa lourdement sur sa poitrine et l'obligea de retomber sur le sol.

— Pancho! Pancho! s'écria avec un rire de démon doña Maria, car c'était elle, vois comme je tue tes ennemis.

Et d'un mouvement plus prompt que la pensée, elle plongea son poignard dans le cœur du général.

Celui-ci lui jeta un regard de mépris, poussa un soupir et ne bougea plus.

Il était mort.

Don Pancho n'avait pas entendu l'appel de la courtisane, il se défendait à grand'peine contre les nombreux ennemis qui l'attaquaient de tous les côtés à la fois.

Don Ramon semblait avoir puisé du courage dans l'intensité même de sa terreur.

Le hasard du combat l'avait porté à deux pas de doña Maria, au moment où celle-ci poignardait froidement le général Cornejo. Par une de ces anomalies de caractère qui ne se peuvent expliquer, mais qui font que souvent on aime ceux-là mêmes qui paraissent prendre le plus de plaisir à nous tourmenter, le digne sénateur professait une profonde estime pour le général, qui en avait fait son plastron; à la vue du meurtre odieux commis par la courtisane, une rage inexprimable s'empara de don Ramon, et levant son sabre :

— Vipère, s'écria-t-il, je ne veux pas te tuer parce que tu es femme, mais je te mettrai du moins dans l'impossibilité de nuire.

La Linda tomba en poussant un cri de douleur : il lui avait balafré le visage du haut en bas!

Ce cri de hyène blessée fut tellement effroyable que les combattants tressaillirent; le général Bustamente l'entendit : d'un bond il se trouva auprès de son ancienne maîtresse, que la plaie qui lui traversait la figure rendait hideuse; il se pencha légèrement de côté et, la saisissant par ses longs cheveux, il la jeta en travers sur le cou de son cheval; puis il enfonça les éperons dans les flancs de sa monture et se précipita tête baissée au plus fort de la mêlée.

Malgré les efforts inouïs des Chiliens pour ressaisir le fugitif, il parvint à leur échapper, grâce à un hasard providentiel, avant que les cavaliers eussent réussi à l'entourer entièrement.

Les Indiens avaient obtenu le résultat qu'ils désiraient, la délivrance du général; pour eux le combat n'avait plus de but, d'autant plus que les Espagnols, les ayant contraints à abandonner leurs positions, en faisaient un carnage horrible.

A un signal d'Antinahuel, les Indiens se jetèrent de chaque côté du défilé et escaladèrent les rochers avec une vélocité incroyable, sous une grêle de balles.

Le combat était fini.

Les Araucans avaient disparu.

Les Chiliens se comptèrent.

Leurs pertes étaient grandes.

Ils avaient soixante-dix hommes tués et cent quarante-trois blessés.

Plusieurs officiers, au nombre desquels se trouvait le général Cornejo, avaient succombé.

Ce fut en vain que l'on chercha Joan. L'intrépide Indien était devenu invisible.

La perte des Araucans était bien plus grande encore, ils laissaient plus de trois cents morts sur le terrain.

Les blessés avaient été emportés par leurs compatriotes, mais tout faisait supposer qu'ils étaient nombreux,

Don Gregorio était désespéré de la fuite du général Bustamente.

Cette fuite pouvait avoir pour la sécurité du pays des résultats excessive·ment mauvais.

Il fallait immédiatement prendre des mesures sévères.

Il était désormais inutile que don Gregorio se rendît à Santiago; il était urgent au contraire qu'il retournât à Valdivia, afin d'assurer la tranquillité de cette province, que la nouvelle de l'évasion du général troublerait sans doute ; mais, d'un autre côté, il était tout aussi important que les autorités de la capitale fussent prévenues pour qu'elles se tinssent sur leurs gardes.

Don Gregorio se trouvait dans une perplexité extrême, il ne savait qui charger de cette mission, lorsque le sénateur vint le tirer d'embarras.

Ce digne don Ramon avait fini par prendre son courage au sérieux, il se croyait de bonne foi l'homme le plus vaillant du Chili, et déjà, sans y penser, il affectait des airs *penchés* à mourir de rire.

Plus que jamais, il était tourmenté du désir de retourner à Santiago, non qu'il eût peur : loin de là ! qui, lui ? peur ! allons donc ! mais il brûlait d'envie d'étonner ses amis et ses connaissances en leur racontant ses incroyables exploits.

Cette raison était la seule qui l'engageât à se retirer, ou du moins c'est la seule qu'il faisait valoir.

En apprenant que les troupes retournaient à Valdivia, il se présenta à don Gregorio, en lui demandant l'autorisation de continuer sa route vers la capitale.

Don Gregorio fut charmé de cette ouverture qu'il accueillit avec un sourire gracieux.

Il accorda au sénateur ce que celui-ci lui demandait, et de plus il le chargea de porter la double nouvelle de la bataille gagnée sur les Indiens, bataille à laquelle, lui, don Ramon, avait pris une si large part de gloire, et la fuite imprévue du général Bustamente.

Don Ramon accepta avec un sourire de satisfaction orgueilleuse cette mission si honorable pour lui ; séance tenante, il monta à cheval et, escorté par cinquante lanceros, il partit pour Santiago.

Les Indiens n'étaient pas à redouter en ce moment, ils venaient de recevoir une trop rude leçon pour être tentés de recommencer bientôt.

Don Gregorio quitta le défilé après avoir enterré ses morts, et retourna à Valdivia en abandonnant aux vautours, qui en firent curée, les cadavres des Araucans.

— Mes frères sont les bienvenus : ils resteront sous mon toit tout le temps que cela leur conviendra.

XII

LE VOYAGE

Nous rejoindrons maintenant deux personnages intéressants de cette histoire, que depuis bien longtemps nous avons été forcé de négliger.

Après son entrevue avec don Tadeo, Valentin avait à peine pris le temps de faire ses adieux au jeune comte et s'était immédiatement éloigné, suivi de Trangoil Lanec et de son inséparable chien de Terre-Neuve.

En quittant la France, Valentin s'était intérieurement tracé une ligne de conduite ; il avait donné un but sacré à sa vie, qui, jusqu'à cette époque, s'était un peu écoulée au jour le jour, sans souci du passé comme de l'avenir. L'avenir pour lui, c'était alors l'espoir plus ou moins hypothétique d'obtenir, après une longue carrière, s'il n'était pas tué par les Arabes, l'épaulette de lieutenant ou peut-être celle de capitaine.

A cela se bornait toute son ambition, et encore il n'osait pas en convenir avec lui-même, tant cette ambition lui paraissait démesurée, lorsqu'il songeait à ce qu'il avait été, un gamin de Paris.

Mais lorsque son frère de lait l'appela auprès de lui pour lui confier la catastrophe terrible qui, après lui avoir enlevé sa fortune, l'avait de chute en chute conduit à ne plus trouver de refuge que dans le suicide, alors, pour la première fois de sa vie sans doute, Valentin se prit à réfléchir.

Par un sublime testament de soldat, le colonel de Prébois-Crancé lui avait en quelque sorte légué son fils en mourant.

Valentin comprit que le moment était venu de recueillir l'héritage que lui avait laissé son bienfaiteur.

Il n'hésita pas.

Bien que depuis sa première enfance il eût presque entièrement perdu de vue son frère de lait, qui, lancé, grâce à sa position aristocratique et à sa fortune, dans la haute société parisienne, ne recevait qu'à la dérobée les visites du pauvre soldat, Valentin avait du premier coup deviné cette organisation exceptionnelle, presque féminine, essentiellement nerveuse, qui ne vivait que de sensations et dont la faiblesse formait la plus grande force.

Il comprit que ce jeune homme, habitué à faire de l'argent le seul moyen, à n'employer, avec ses habitudes de grand seigneur, que des forces étrangères à lui-même, était perdu s'il ne lui tendait pas son rude bras d'homme du peuple pour lui servir d'égide et le soutenir dans la vie d'épreuves qui allait commencer pour lui.

De même que beaucoup de jeunes gens nés avec de la fortune, Louis ignorait les premiers principes de l'existence ; toujours il s'en était rapporté à son argent pour vaincre les difficultés ou surmonter les obstacles.

Mais cette clé d'or qui ouvre toutes les portes lui ayant manqué subitement, Louis, après de mûres réflexions qui l'avaient amené à cette conclusion désastreuse de reconnaître qu'il ne pouvait rien par lui-même, s'était enfin résolu à se tuer.

Valentin, au contraire, habitué depuis sa naissance à exercer son intelligence et à chercher ses ressources en lui-même, sentit que l'éducation de son frère de lait était tout à refaire ; il ne recula pas devant cette tâche difficile, presque impossible pour un homme qui n'aurait pas ainsi que lui porté en germe dans le cœur la faculté de se dévouer ; il résolut donc de faire de Louis, comme il le dit pittoresquement, un *homme*.

De ce jour, le but de sa vie était trouvé : se vouer au bonheur de son frère de lait et le rendre heureux quand même.

Cette résolution bien gravée dans sa cervelle, Valentin l'exécuta en faisant rompre brusquement Louis avec sa vie passée ; pour le forcer à quitter la France il se servit du prétexte de son amour.

Nous disons que Valentin se servit du prétexte de l'amour de son frère de lait, parce qu'il était convaincu que jamais il ne retrouverait en Amérique cette femme qui, semblable à un éclatant météore, avait brillé quelques mois à Paris, puis s'était éclipsée brusquement.

Il se réservait, en mettant le pied sur le sol brûlant du Nouveau Monde, de faire oublier à Louis sa passion romanesque et de le lancer dans une voie où les péripéties fiévreuses de la vie d'aventures ne lui auraient pas laissé le temps de songer à l'amour, *maladie*, c'est ainsi que l'appelait Valentin, qui n'est bonne qu'à faire perdre à un homme le peu d'esprit que Dieu lui a donné.

Le hasard, qui se plaît toujours à déranger et à bouleverser les projets les mieux conçus et les plus solidement arrêtés, s'était diverti à renverser ceux-là, en jetant fortuitement, dès leur arrivée au Chili, la jeune fille que Louis aimait presque à sa tête.

Forcé de s'avouer vaincu, Valentin avait sagement courbé le front, attendant patiemment l'heure de prendre sa revanche et comptant sur la faiblesse de son ami et sur le temps pour le guérir d'un amour que doña Rosario, tout en le partageant, était la première à reconnaître impossible.

La révélation échappé à don Tadeo dans le paroxysme de la douleur, était une fois encore venue déranger toutes les batteries de Valentin et ruiner ses projets de fond en comble.

Alors une idée lumineuse avait, comme un jet de flamme, traversé le cerveau du jeune homme.

Il avait saisi avec ardeur l'occasion qui lui était offerte de se mettre à la recherche de doña Rosario, qu'il désirait ardemment sauver et rendre à son père.

Nous croyons inutile de dire que Valentin avait formé un nouveau plan, mais cette fois ce plan lui souriait infiniment, car, s'il réussissait, il lui fournissait les moyens de rendre son frère de lait au bonheur en lui donnant à la fois la fortune et celle qu'il aimait.

Le matin du jour où se livrait au cañon del Rio Seco le sanglant combat que nous avons décrit dans le précédent chapitre, Valentin et Trangoil Lanec marchaient côte à côté, suivis en serre-file par César.

Les deux hommes causaient entre eux tout en croquant une galette de biscuit qu'ils arrosaient de temps en temps avec un peu d'eau de *smylax*, contenue dans une gourde que Trangoil Lanec portait suspendue à sa ceinture.

La journée semblait devoir être magnifique, le ciel était d'un bleu transparent et les rayons d'un chaud soleil d'automne faisaient miroiter les cailloux de la route qu'ils suivaient.

A droite et à gauche, des milliers d'oiseaux, cachés dans le feuillage d'un vert d'émeraude des arbres, babillaient gaiement, et au loin quelques huttes apparaissaient çà et là groupées sans ordre sur le bord du chemin.

— Tenez, chef, dit en riant Valentin, vous me désespérez avec votre flegme et votre indifférence.

— Que veut dire mon frère? répondit l'Indien étonné.

— Caramba! nous traversons les plus ravissants paysages du monde, nous avons devant nous les sites les plus accidentés, et toutes ces beautés vous laissent aussi froid que les masses granitiques qui se dressent à l'horizon.

— Mon frère est jeune, observa doucement Trangoil Lanec, il est enthousiaste.

— Je ne sais pas si je suis enthousiaste, répondit vivement le jeune homme, seulement je sais, je sens que cette nature est magnifique et je le dis, voilà tout.

— Oui, dit le chef avec une voix profonde, Pillian est grand, c'est lui qui a fait toutes choses.

— Dieu, vous voulez dire, chef; mais c'est égal, notre pensée est la même, et nous ne nous disputerons pas pour un nom. Ah! dans mon pays, ajouta-t-il avec un soupir de regret pour la patrie absente, on payerait bien cher pour contempler un instant ce que je vois toute la journée pour rien; on a bien raison de dire que les voyages forment la jeunesse.

— Est-ce que dans l'île de mon frère, demanda curieusement l'Indien, il n'y a pas de montagnes et d'arbres comme ici?

— Je vous ai déjà fait observer, chef, que mon pays n'était pas une île, mais une terre aussi grande que celle-ci; il n'y manque pas d'arbres, grâce à Dieu, il y en a même beaucoup, et, en fait de montagnes, nous en avons de fort hautes, entre autres Montmartre.

— Hum! fit l'Indien qui ne comprenait pas.

— Oui, reprit Valentin, nous avons des montagnes, mais comparées à celles-ci, ce ne sont que des collines.

— Ma terre est la plus belle du monde, répondit l'Indien avec orgueil, Pillian l'a faite pour ses enfants, voilà pourquoi les visages pâles voudraient nous en déposséder.

— Il y a du vrai dans ce que vous dites là, chef; je ne discuterai point cette opinion qui nous mènerait trop loin, car nous avons à nous occuper de sujets autrement importants.

— Bon! fit le chef avec condescendance, tous les hommes ne peuvent pas être nés dans mon pays.

— C'est juste, voilà pourquoi je suis né autre part.

César, qui avait philosophiquement marché aux côtés des deux amis en mangeant les miettes qu'ils lui donnaient, gronda sourdement.

— Qu'est-ce qu'il y a, mon vieux? lui demanda amicalement Valentin en le caressant, est-ce que tu sens quelque chose de suspect?

— Non, fit tranquillement Trangoil Lanec, nous approchons de la tolderia, le chien aura senti un Aucas aux environs.

En effet, à peine avait-il fini de parler, qu'un cavalier indien apparut au tournant de la route.

Il s'avança en galopant au devant des deux hommes, les salua en passant du *mary-mary* consacré, et continua son chemin.

— Ah çà ! dit Valentin dès qu'il eut rendu le salut au voyageur et que celui-ci se fut éloigné, savez-vous que nous avons peut-être tort de marcher ainsi à découvert ?

— Pourquoi cela ?

— Caramba ! parce qu'il ne manque pas d'individus intéressés à nous contre carrer.

— Qui sait ce que nous faisons? qui sait ce que nous sommes?

— Personne, c'est vrai !

— Eh bien ! alors, ne vaut-il pas mieux agir franchement ? Nous sommes des voyageurs, voilà tout. Si nous nous trouvions dans le désert, ce serait différent; mais ici, dans une tolderia presque espagnole, des précautions, loin de nous servir, nous nuiraient.

— Après cela, ce que je vous dis là n'est qu'une simple observation, vous agirez comme vous voudrez; d'ailleurs vous devez savoir beaucoup mieux que moi ce qu'il convient de faire.

Pendant ce qui précède, les deux interlocuteurs avaient continué à s'avancer de ce pas gymnastique relevé, habituel à ceux qui voyagent ordinairement à pied et qui, suivant la significative expression des soldats, *mange la route;* ils étaient arrivés presque sans s'en apercevoir à l'entrée du village.

— Ainsi, nous sommes à San-Miguel? demanda Valentin.

— Oui, répondit l'autre.

— Et vous croyez que doña Rosario n'y est plus?

L'Indien secoua la tête.

— Non, dit-il.

— Qui vous fait penser cela? chef.

— Je ne puis expliquer cette pensée à mon frère.

— Pourquoi cela?

— Parce qu'elle est instinctive.

— Diable ! pensa Valentin, si l'instinct s'en mêle, nous sommes perdus ; mais encore, ajouta-t-il tout haut, vous avez une raison, quelle est-elle?

— Que mon frère regarde.

— Eh bien ! fit le jeune homme en tournant les yeux de tous côtés, je ne vois rien.

— Voilà ma raison : le village est trop tranquille, les femmes huiliches sont aux champs, les guerriers sont à la chasse, seuls les anciens se trouvent dans les toldos.

— C'est vrai, dit Valentin devenu rêveur, je n'y avais pas songé.

— Si la prisonnière était ici, mon frère verrait des guerriers, des chevaux, le village vivrait, il est mort.

— Corbleu ! pensa Valentin, ces sauvages sont de fiers hommes, ils voient tout, ils devinent tout; nous ne sommes nous autres, avec toute notre civilisation, que des enfants, comparés à eux. Chef, dit-il à haute voix, vous êtes sage, enseignez-moi, je vous prie, qui vous a appris toutes ces choses.

L'Indien s'arrêta; d'un geste majestueux il montra l'horizon au jeune homme, et d'une voix dont l'accent solennel le fit tressaillir :

— Frère, lui dit-il, c'est le désert.

— Oui, répondit le Français avec conviction, car c'est là seulement que l'homme voit Dieu face à face. Oh ! jamais je ne parviendrai à acquérir les connaissances que possède cet Indien.

Ils entrèrent dans le village.

Ainsi que l'avait dit Trangoil Lanec, il semblait abandonné.

Comme dans toutes les tolderias indiennes, les portes étaient ouvertes et les voyageurs purent facilement, sans entrer dans les maisons, s'assurer de l'absence des habitants.

Dans quelques-unes seulement, ils virent des malades qui, couchés sur des *pellones*, — peaux de moutons, — geignaient lamentablement.

— Caramba ! fit Valentin désappointé, vous avez si bien deviné, chef, que nous ne trouvons même pas des chiens pour nous mordre les *mollets*.

— Continuons notre route, dit le chef toujours impassible.

— Ma foi, répondit le jeune homme, je crois que c'est ce qui nous reste de mieux à faire, car il nous est même impossible de nous procurer des renseignements.

Tout à coup César s'élança en hurlant, et arrivé devant une hutte isolée il s'arrêta à la porte et se mit à gratter la terre avec ses pattes en poussant des cris furieux.

— Dans cette maison, dit Trangoil Lanec, nous apprendrons peut-être des nouvelles de la jeune fille pâle.

— Hâtons-nous donc de nous y rendre ! s'écria Valentin avec impatience.

Les deux hommes se dirigèrent en courant vers la hutte.

César continuait toujours ses hurlements.

XIII

RENSEIGNEMENTS.

Lorsque Valentin et Trangoil Lanec arrivèrent devant la hutte, la porte s'ouvrit et une femme se présenta sur le seuil.

Cette femme paraissait âgée de quarante ans environ, bien qu'en réalité elle n'en eût au plus que vingt-cinq ; mais la vie à laquelle sont condamnées les femmes indiennes, les travaux auxquels elles sont astreintes, les vieillissent vite et leur font perdre en peu d'années cette fleur de beauté et de jeunesse que les femmes de nos climats, habituées à un régime plus doux, conservent si longtemps.

Cette femme avait dans le visage une grande expression de douceur mêlée à une teinte de mélancolie, elle paraissait souffrante.

Son vêtement, tout en laine de couleur bleu turquin, consistait en une tunique qui lui tombait jusqu'aux pieds, mais fort étroite, ce qui oblige les femmes de ce pays à ne faire que de petits pas ; un mantelet court appelé *ichella* couvrait ses épaules et se croisait sur sa poitrine, où il était serré au moyen d'une boucle d'argent qui servait aussi à retenir la ceinture de sa tunique.

Ses longs cheveux, noirs comme l'aile du corbeau, partagés en huit tresses, tombaient sur ses épaules et étaient ornés d'une profusion de *lianca* ou fausses émeraudes; elle avait des colliers et des bracelets faits avec des perles de verre soufflé, ses doigts étaient garnis d'une infinité de bagues d'argent, et à ses oreilles pendaient des boucles de forme carrée faites du même métal.

Tous ces joyaux sont fabriqués en Araucanie par les Indiens eux-mêmes.

Dans ce pays, les femmes portent très loin le luxe de la parure, même les plus pauvres possèdent des bijoux; aussi calcule-t-on que plus de cent mille marcs d'argent sont employés à ces ornements féminins, somme énorme, dans une contrée où le commerce ne consiste généralement que dans l'échange d'une denrée contre une autre, et où la monnaie est presque inconnue et par cela même fort recherchée.

Dès que cette femme ouvrit la porte, César se précipita si violemment dans l'intérieur de la hutte qu'il manqua de renverser l'Indienne. Elle trébucha et fut obligée de se retenir au mur.

Les deux hommes la saluèrent poliment et s'excusèrent de leur mieux de la brutalité du chien, que son maître sifflait vainement et qui s'obstinait à ne pas revenir.

— Je sais ce qui trouble ainsi cet animal, dit doucement la femme; mes frères sont voyageurs, qu'ils entrent dans ce pauvre toldo qui leur appartient, leur esclave les servira.

— Nous acceptons l'offre bienveillante de ma sœur, répondit Tangoil Lanec. Le soleil est chaud; puisqu'elle le permet, nous nous reposerons et nous nous rafraîchirons quelques instants.

— Mes frères sont les bienvenus, ils resteront sous mon toit tout le temps que cela leur conviendra.

Après ces paroles, la maîtresse de la hutte s'effaça afin de livrer passage aux étrangers.

César était couché au milieu du cuarto, le museau à terre, il sentait et grattait en poussant des gémissements sourds; en apercevant son maître il courut vers lui en remuant la queue, lui fit une caresse et reprit immédiatement sa première position.

— Mon Dieu! murmura Valentin avec inquiétude, que s'est-il donc passé ici?

Sans rien dire, Trangoil Lanec avait été se placer auprès du chien, s'était étendu à terre et, l'œil fixé sur le sol, l'explorait avec attention.

La femme, dès que ses hôtes avaient été dans la hutte, les avait laissés seuls, afin de leur préparer des rafraîchissements.

Au bout d'un moment, le chef se leva et s'assit silencieusement auprès de Valentin.

Celui-ci, voyant que son compagnon s'obstinait à ne pas parler, lui adressa la parole.

— Eh bien! chef, lui demanda-t-il, quoi de nouveau?

— Rien ! répondit l'Ulmen, ces traces sont anciennes, elles remontent au moins à quatre jours.

— De quelles traces parlez-vous, chef?

— De traces de sang dont le sol est imprégné.

— Du sang ! s'écria le jeune homme, doña Rosario aurait-elle été assassinée?

— Non, répondit le chef; ce sang lui appartient, elle a été seulement blessée.

— Qui vous fait supposer cela?

— Je ne le suppose pas, j'en suis sûr.

— Mais sur quelles preuves?

— Parce qu'elle a été pansée.

— Pansée ! ceci est trop fort, par exemple, chef ! vous me permettrez d'en douter; comment pouvez-vous savoir que la personne, quelle qu'elle soit, qui a été blessée ici a été pansée ensuite ?

— Mon frère est très prompt, il ne veut pas réfléchir.

— Pardieu ! je réfléchirais jusqu'à demain que je n'en serais pas plus avancé.

— Peut-être ! que mon frère regarde ceci.

En disant ces paroles, le chef avait ouvert sa main droite et montré un objet qui y était renfermé.

— Caramba ! répondit Valentin avec humeur, c'est une feuille sèche; que diable voulez-vous que cela m'apprenne ?

— Tout ! dit l'Indien.

— Par exemple ! si vous pouvez me prouver cela, chef, je vous tiendrai pour le plus grand *machi* de toute l'Araucanie.

Le chef sourit d'un air de bonne humeur.

— Mon frère plaisante toujours, dit-il.

— Aussi vous êtes désespérant, chef, au diable ! aimez-vous mieux que je pleure? Voyons votre explication.

— Elle est bien simple.

— Hum ! fit Valentin avec doute, nous allons voir.

— Cette feuille, continua le chef, est une feuille d'oregano; l'oregano est précieux pour arrêter le sang et guérir les blessures, mon frère le sait.

— Oui, c'est vrai, continuez.

— Bon, voici des traces de sang, une personne a été blessée, au même endroit je trouve une feuille d'oregano : cette feuille n'est pas venue là toute seule, donc cette personne a été pansée.

— Évidemment, avoua Valentin abasourdi de cette explication toute logique, et se levant avec un désespoir comique, il se frappa le front en disant: Je ne sais pas comment cela se fait, mais ce diable d'homme a le talent de me prouver continuellement que je ne suis qu'un imbécile.

— Mon frère ne réfléchit pas assez.

— C'est vrai, chef, c'est vrai, mais soyez tranquille, cela viendra.

La femme entra en ce moment, elle portait deux cornes de bœuf pleines de *harina tostada*.

Les voyageurs, qui le matin n'avaient fait qu'un maigre déjeuner, accep-

Les quatre hommes se placèrent le fusil en avant sur le bord de la plate-forme.

tèrent avec empressement ce qu'on leur offrait; ils mangèrent bravement leur corne de farine et burent par-dessus chacun un *couï de chica*.

Aussitôt qu'ils eurent terminé ce léger repas, l'Indienne leur présenta le maté qu'ils humèrent avec un véritable plaisir, puis ils allumèrent leurs cigares.

Mes frères désirent-ils autre chose? demanda l'Indienne.

— Ma sœur est bonne, répondit Trangoil Lanec, elle causera un instant avec nous?

— Je ferai ce qu'il plaira à mes frères.

Valentin, qui déjà était au courant des mœurs araucanes, se leva, et tirant deux piastres fortes de sa poche, il les présenta à l'Indienne en lui disant :

— Ma sœur me permettra de lui offrir ceci pour se faire des boucles d'oreilles.

A ce cadeau magnifique, les yeux de la pauvre femme brillèrent de joie.

— Je remercie mon frère, dit-elle, mon frère est un *muruche*, peut-être est-il parent de la jeune fille pâle qui était ici? Il désire savoir ce qu'elle est devenue, je le lui dirai.

Valentin admira intérieurement la pénétration de cette femme, qui du premier coup avait deviné sa pensée.

— Je ne suis pas son parent, dit-il, je suis son ami, je lui porte un grand intérêt, et j'avoue que si ma sœur peut me renseigner sur son compte elle me rendra heureux.

— Je le ferai, répondit-elle.

Elle pencha la tête sur sa poitrine et resta pensive un instant : elle recueillait ses souvenirs.

Les deux hommes attendaient avec impatience.

Enfin elle releva la tête et s'adressant à Valentin:

— Il y a quelques jours, fit-elle, une grande femme des visages pâles, à l'œil brûlant comme un rayon de soleil du midi, arriva ici vers le soir, suivie d'une dizaine de mosotones; je suis malade, ce qui fait que depuis un mois je reste au village au lieu d'aller aux champs; cette femme me demanda à passer la nuit dans ma hutte, l'hospitalité ne peut se refuser, je lui dis qu'elle était chez elle. Vers la moitié de la nuit il se fit un grand bruit de chevaux dans le village, et plusieurs cavaliers arrivèrent amenant avec eux une jeune vierge des visages pâles, au regard doux et triste; celle-là était prisonnière de l'autre, ainsi que je l'appris plus tard. Je ne sais comment fit cette jeune fille, mais elle parvint à s'échapper pendant que la grande femme pâle était en conférence avec Antinahuel qui, lui aussi, venait d'arriver; cette femme et le toqui se mirent à la recherche de la jeune fille; bientôt ils la ramenèrent attachée sur un cheval et la tête fendue; la pauvre enfant était évanouie, son sang coulait en abondance, elle faisait pitié. Je ne sais ce qui se passa, mais la femme qui jusqu'alors l'avait continuellement maltraitée changea subitement de manière d'agir avec la jeune fille, la pansa et prit d'elle les soins les plus affectueux.

A ces dernières paroles, Trangoil Lanec et Valentin échangèrent un regard.

L'Indienne continua :

— Ensuite, Antinahuel et la femme partirent en laissant la jeune fille dans ma hutte avec une dizaine de mosotones pour la garder. Un des mosotones me dit que cette fille appartenait au toqui qui avait l'intention d'en faire sa femme; et comme on ne se méfiait pas de moi, cet homme m'avoua que cette enfant avait été volée à sa famille par la grande femme qui l'avait vendue au chef, et que, pour que sa famille ne pût pas la retrouver, aussitôt qu'elle serait assez forte pour supporter les fatigues de la route, on l'emmènerait bien loin de l'autre côté des montagnes, dans le pays des Puelches.

— Eh bien? demanda vivement Valentin en voyant que l'Indienne s'arrêtait.

— Hier, reprit-elle, hier elle s'est trouvée beaucoup mieux, alors les mosotones ont sellé leurs chevaux et ils sont partis avec elle vers la troisième heure du jour.

— Et, demanda Trangoil Lanec, la jeune fille n'a rien dit à ma sœur?

— Rien, reprit tristement l'Indienne. La pauvre enfant pleurait, elle ne voulait pas partir; mais ils la firent monter de force à cheval, en la menaçant de l'attacher si elle résistait, alors elle a obéi.

— Pauvre enfant! dit Valentin, ils la maltraitaient, n'est-ce pas?

— Non, ils avaient beaucoup de respect pour elle; d'ailleurs, j'avais entendu moi-même le toqui leur ordonner, avant son départ, de la traiter doucement.

— Ainsi, reprit Trangoil Lanec, elle est partie depuis hier?

— Depuis hier.

— De quel côté?

— Les mosotones parlaient entre eux de la tribu du Vautour Fauve, mais je ne sais si c'est là qu'ils sont allés.

— Merci, répondit l'Ulmen, ma sœur est bonne, Pillian la récompensera; elle peut se retirer, les hommes vont tenir conseil.

L'Indienne se leva sans se permettre une observation et elle sortit du cuarto.

— Maintenant, demanda le chef à Valentin, quelle est l'intention de mon frère?

— Dame! notre route est toute tracée, il me semble : suivre à la piste les ravisseurs jusqu'à ce que nous parvenions à leur enlever la jeune fille

— Bon, c'est aussi mon avis, seulement deux hommes ne sont pas beaucoup pour accomplir un tel projet.

— C'est vrai, mais qu'y pouvons-nous faire?

— Ne partir que ce soir.

— Pourquoi cela?

— Parce que Curumilla, et peut-être encore d'autres amis de mon frère nous aurons rejoints.

— Vous en êtes sûr, chef?

— J'en suis sûr.

— Bien, alors nous attendrons.

Valentin, sachant qu'il avait plusieurs heures à passer dans cet endroit, résolut de les mettre à profit : il s'étendit sur le sol, plaça une pierre sous sa tête, ferma les yeux et s'endormit.

César était venu se coucher à ses pieds. Trangoil Lanec, lui, ne dormait pas; avec un bout de corde qu'il ramassa dans un coin de la hutte, il s'occupa à mesurer toutes les empreintes laissées sur le sol; ensuite, il appela l'Indienne, et lui montrant les diverses empreintes, il lui demanda si elle pouvait lui désigner quelle était celle des pas de la jeune fille.

— Celle-ci, lui répondit la femme en lui montrant la plus mignonne.

— Bon, fit Trangoil Lanec en la marquant, puis serrant soigneusement le bout de corde dans sa ceinture, il vint à son tour se coucher sur le sol auprès de Valentin et il ne tarda pas à s'endormir.

XIV

L'EMBUSCADE

Curumilla et ses deux compagnons descendaient avec le plus de célérité qui leur fut possible les hauteurs abruptes du Carcovado.

Mais si l'ascension avait été rude, la descente ne l'était pas moins.

A chaque pas les voyageurs étaient arrêtés dans leur marche par des rochers qui se dressaient devant eux, ou d'épais fourrés d'arbres qui leur barraient le passage.

Souvent ils croyaient poser le pied sur un terrain ferme, leur pied s'enfonçait subitement et ils reconnaissaient avec effroi que ce qu'ils avaient pris pour le sol n'était qu'un fouillis de plantes entrelacées qui cachaient d'énormes fondrières; partout, sous leurs pas, s'échappaient des myriades de hideux animaux; parfois, ils entrevoyaient des serpents qui déroulaient leurs anneaux menaçants sous les feuilles mortes et les détritus sans nom qui, de toutes parts, recouvraient la terre.

Il leur fallut tantôt ramper sur les genoux, tantôt sauter de branches en branches, ou bien, la hache à la main, se frayer une route.

Cette marche, pénible et fatigante, composée d'une infinité de détours, dura près de deux heures.

Au bout de ce temps, ils se retrouvèrent à l'entrée de la grotte où ils avaient laissé leurs chevaux.

Les deux blancs étaient littéralement harassés; le comte surtout, qui, élevé dans des habitudes tout aristocratiques, n'avait jamais mis ses forces à une si rude épreuve, se sentait complètement anéanti; ses pieds et ses mains étaient couverts d'ampoules, son visage déchiré; l'obligation de marcher l'avait soutenu jusque-là, mais une fois arrivé sur la plate-forme, il se laissa tomber haletant en jetant autour de lui les regards hébétés d'un homme vaincu par un exercice violent trop longtemps continué.

Don Tadeo était loin de se sentir aussi harassé que son compagnon, cependant sa respiration était courte, l'incarnat qui couvrait ses joues et la sueur qui inondait son visage étaient autant de preuves de la lassitude qu'il éprouvait.

Quant à Curumilla, il était aussi frais et aussi dispos que s'il n'avait pas fait un pas.

Les fatigues physiques ne semblaient pas avoir de prise sur l'organisation de fer de l'Indien.

— Mes frères ont besoin de repos, dit-il, nous resterons ici le temps nécessaire pour qu'ils puissent reprendre des forces.

Ni don Tadeo ni le comte ne répondirent, la honte les empêchait d'avouer leur faiblesse.

Une demi-heure s'écoula sans qu'un mot fût échangé.

Curumilla s'était éloigné.

Lorsqu'il reparut :

— Eh bien? demanda-t-il.

— Encore quelques minutes, répondit le comte.

L'Indien hocha la tête.

— Le temps presse, fit-il.

Le chef sortit alors une petite boîte de sa ceinture, l'ouvrit et la présenta à don Tadeo.

— Tenez, dit-il.

Cette boîte était divisée en quatre compartiments ; le premier contenait une certaine quantité de feuilles sèches de la couleur blanchâtre des feuilles de bouleau, le second renfermait de la chaux vive, le troisième de petits morceaux de pierre qui étaient gros comme des avelines, dont ils avaient la forme, dans le quatrième se trouvaient trois ou quatre minces spatules en bois de fer.

— Oh ! s'écria don Tadeo avec joie, de la *coca!*...

— Oui, fit l'Indien, mon père peut prendre.

Don Tadeo ne se le fit pas répéter; il saisit vivement une des spatules d'une main, de l'autre il prit une feuille, sur cette feuille, au moyen de la spatule, il étendit de la chaux vive, enveloppa un morceau de pierre dans la feuille ainsi préparée, de façon à former une espèce de boule qu'il mit dans sa bouche.

Le comte avait suivi les divers mouvements de don Tadeo avec un intérêt toujours croissant; dès qu'il eut terminé :

— Qu'est-ce que c'est donc que cela ? lui demanda-t-il avec curiosité.

— De la coca, répondit celui-ci.

— Fort bien, mais cela ne m'apprend rien.

— Mon ami, fit don Tadeo, l'Amérique est la terre promise, son sol privilégié produit tout : de même que nous avons l'herbe du Paraguay qui remplace le thé, nous avons la coca qui, je vous l'assure, remplace avantageusement le bétel, je vous engage à en essayer.

— Avec votre garantie, don Tadeo, j'essaierais de faire des choses impossibles, à plus forte raison de goûter cette feuille qui me paraît assez inoffensive ; mais je vous avoue que je ne serais pas fâché de connaître les qualités de cette panacée qui, d'après la joie que vous avez montrée à sa vue, doivent être grandes.

— Jugez-en, répondit don Tadeo, qui tout en parlant préparait une seconde pilule en tout semblable à la première, la coca a la faculté de rendre les forces, d'enlever le sommeil, la faim et de réveiller le courage.

— Et pour jouir de tous ces dons si précieux, il faut?

— Simplement mâcher la coca comme les marins mâchent le tabac et les Malais le bétel.

— Diable! fit le jeune homme, vous êtes trop sérieux, don Tadeo, pour que je suppose un seul instant que vous veuillez vous amuser de ma crédulité; donnez-moi vite, je vous prie, cette drogue précieuse afin que j'en essaie; en résumé, si cela ne me fait pas de bien...

— Cela ne vous fera pas de mal, c'est toujours une consolation, répondit en souriant don Tadeo, qui tendit au comte la coca qu'il avait préparée.

Celui-ci la mit sans hésiter dans sa bouche.

Curumilla, après avoir serré avec soin la boîte dans sa ceinture, avait sellé les chevaux.

Tout à coup une vive fusillade, suivie d'une explosion horrible de hurlements, éclata à peu de distance.

— Qu'est-ce que cela? s'écria Louis en se levant brusquement.

— Le combat qui commence, répondit froidement Curumilla.

— Que ferons-nous? demanda don Tadeo.

— Volons au secours de nos amis! dit noblement le jeune homme.

Don Tadeo fixa sur l'Ulmen un regard interrogateur.

— Et la jeune fille? dit l'Indien.

Le comte tressaillit, mais se remettant aussitôt:

— Nos compagnons sont à sa recherche, dit-il; nous avons ici des ennemis cruels qu'il est de notre devoir de mettre dans l'impossibilité de nuire.

En ce moment les cris redoublèrent, le bruit de la fusillade devint plus fort.

— Décidons-nous, continua vivement le jeune homme.

— Allons! s'écria résolument don Tadeo, une heure de retard ne causera pas grand dommage à ma fille.

— A cheval, alors, dit le chef.

Les trois hommes se mirent en selle.

Au fur et à mesure qu'ils approchaient, le bruit du combat acharné qui se livrait dans le défilé devenait plus distinct, ils reconnaissaient parfaitement le cri de guerre des Chiliens qui se mêlait aux hurlements des Araucans, parfois des balles venaient s'aplatir ou ricocher sur les arbres autour d'eux.

Si ce n'eût été l'épais rideau de feuillage qui les masquait, ils auraient vu les combattants.

Cependant, sans tenir compte des obstacles sans nombre qui s'opposaient à leur course, les cavaliers galopaient à fond de train, au risque de rouler dans les précipices qu'ils longeaient sans y faire attention.

— Halte! cria soudain l'Ulmen.

Les cavaliers retinrent la bride de leurs chevaux inondés de sueur.

Curumilla avait conduit ses amis à une place qui commandait entièrement la sortie du défilé du côté de Santiago.

C'était une espèce de forteresse-naturelle, composée de blocs de granit bizarrement empilés les uns sur les autres par quelque convulsion de la nature, un tremblement de terre peut-être.

Ces rochers avaient de loin une ressemblance frappante avec une tour, leur hauteur totale était de trente pieds.

Complètement isolés sur la pente rapide du précipice, on ne pouvait arriver à leur sommet qu'en s'aidant des pieds et des mains.

En un mot, c'était une véritable forteresse, du haut de laquelle on aurait au besoin pu soutenir un siège.

— Quelle belle position ! observa don Tadeo.

— Hâtons-nous de nous en emparer, répondit le comte.

Ils mirent pied à terre.

Curumilla débarrassa les chevaux de leurs harnais et les chassa dans les bois, certain que les intelligents animaux ne s'éloigneraient pas, et qu'il les retrouverait quand il en aurait besoin.

Louis et don Tadeo escaladaient déjà la masse de rochers.

Curumilla allait suivre leur exemple, lorsqu'un certain mouvement se fit dans le feuillage, les taillis s'agitèrent et un homme parut.

L'Ulmen s'était vivement abrité derrière un arbre en armant son fusil.

L'homme qui venait d'arriver si inopinément avait son fusil rejeté en arrière, il tenait à la main une épée rougie jusqu'à la poignée, qui montrait qu'il s'était bravement battu.

Il courait en regardant de tous les côtés, non comme un homme qui fuit, mais au contraire comme s'il cherchait quelqu'un.

Curumilla poussa une exclamation de surprise, quitta son abri provisoire et s'avança vers le nouveau venu.

Au cri du chef, l'Indien se retourna, une expression de joie se peignit sur son visage.

— Je cherchais mon père, dit-il vivement.

— Bon, répondit Curumilla, me voici.

Le bruit du combat croissait d'instant en instant et semblait se rapprocher de plus en plus.

— Que mon fils me suive, dit Curumilla, nous ne pouvons rester là.

Les deux Indiens escaladèrent alors les rochers au sommet desquels don Tadeo et le jeune comte étaient déjà parvenus.

Par un hasard étrange, le sommet de cette masse de rochers, large d'environ vingt pieds carrés, contenait une grande quantité de pierres qui, entassées sur le bord de la plate-forme, offraient un abri sûr derrière lequel on pouvait facilement tirer à couvert.

Les deux blancs furent surpris de la présence du nouveau venu, qui n'était autre que Joan ; mais le moment n'était pas propice pour demander une explication, les quatre hommes se hâtèrent d'installer leurs parapets.

Ce travail terminé, ils se reposèrent.

Ils étaient quatre hommes résolus, armés de fusils, abondamment fournis de munitions. Les vivres ne leur manquaient pas, ce qui rendait leur position excellente.

Ils pouvaient tenir pendant au moins huit jours contre un nombre considérable d'assaillants.

Chacun s'assit alors sur une pierre et on procéda à l'interrogatoire de Joan, tout en surveillant avec soin ce qui se passait dans la plaine, qui était encore plongée dans une solitude complète, bien que les cris et les coups de feu continuassent à se faire entendre dans le défilé.

Nous ne rapporterons pas ce que Joan raconta à ses amis, nos lecteurs le savent déjà, mais nous prendrons son récit au moment où lui-même quitta la bataille.

— Lorsque je vis, dit-il, que l'homme prisonnier avait réussi à s'échapper, malgré les vaillants efforts de ceux qui l'escortaient, je pensai qu'il vous serait peut-être utile d'apprendre cette nouvelle, et me faisant à grand'peine jour au milieu des combattants, je me jetai dans la forêt et je me mis à votre recherche, le hasard vous a placés en face de moi, lorsque je désespérais presque de vous rencontrer.

— Comment! s'écria don Tadeo avec stupeur, cet homme est parvenu à se sauver!

— Oui, et vous ne tarderez pas, j'en suis sûr, à le voir dans la plaine.

— Vive Dieu! s'écria énergiquement le jeune comte, si ce misérable passe à portée de mon fusil, je jure que je l'abattrai comme une bête puante.

— Oh! fit don Tadeo, si cet homme est libre, tout est perdu!

Les cris redoublèrent, la fusillade éclata avec une force inouïe, et une masse d'Indiens déboucha en tumulte du défilé; les uns courant éperdus dans toutes les directions, les autres cherchant à résister à des ennemis invisibles encore.

Les quatre hommes se placèrent, le fusil en avant, sur le bord de la plateforme.

Le nombre des fuyards croissait d'instants en instants.

La plaine, tout à l'heure si calme et si solitaire, offrait maintenant un spectacle des plus animés.

Les uns couraient comme s'ils étaient frappés de vertige, les autres se réunissaient par petites troupes et retournaient au combat.

De temps en temps on apercevait des hommes qui tombaient, beaucoup pour ne plus se relever; d'autres, plus heureux, qui n'étaient que blessés, faisaient des efforts incroyables pour se relever et continuer à fuir.

Une troupe de cavaliers chiliens arriva au galop, refoulant devant elle les Araucans, résistant toujours.

En avant de cette troupe, un homme monté sur un cheval noir, sur le cou duquel était couché une femme évanouie, courait avec la rapidité d'une flèche.

Il gagnait incessamment du terrain sur les soldats, qui renoncèrent enfin à une vaine poursuite et rentrèrent dans le défilé.

— C'est lui! c'est lui! s'écria don Tadeo, c'est le général!

— Je le tiens au bout de mon fusil, répondit froidement le comte en lâchant la détente.

En même temps que lui, Curumilla tira; les deux explosions se confondirent.

Le cheval s'arrêta court, il se dressa tout droit, battit l'air avec ses pieds

Chacun s'assit tant bien que mal sur un crâne de bœuf.

de devant, parut chanceler un instant et s'abattit avec la rapidité de la foudre, en entraînant son cavalier dans sa chute.

— Est-il mort? demanda don Tadeo avec anxiété.

— Je le crois! répondit Louis.

— Une balle de plus ne peut pas nuire, observa judicieusement Joan, et il tira.

Les Indiens, frappés d'épouvante à cette attaque imprévue, redoublaient de vitesse et fuyaient dans la plaine comme une volée de corbeaux épouvantés, sans songer plus longtemps à combattre et ne cherchant plus qu'à mettre leur vie en sûreté.

XV

LA FORTERESSE

— Alerte! alerte! s'écria le comte en se levant vivement, profitons de la terreur des Araucans pour nous emparer du général.

— Un instant! dit flegmatiquement Curumilla en l'arrêtant, la partie n'est pas égale; que mon frère regarde.

En effet, une foule d'Indiens débouchait du défilé.

Mais ceux-là faisaient bonne contenance.

Serrés en masse profonde, ils reculaient pas à pas, non comme des lâches qui fuient, mais comme des guerriers qui abandonnent fièrement un champ de bataille qu'ils renoncent à disputer plus longtemps et qui font retraite en bon ordre.

A l'arrière-garde, un peloton d'une centaine d'hommes soutenait cette brave retraite.

Deux chefs montés sur des chevaux fringants, allaient de l'un à l'autre, et tenaient tête à l'ennemi invisible qui les harcelait.

Tout à coup, une fusillade éclata avec un sifflement sinistre, et des cavaliers chiliens apparurent, chargeant à fond.

Les Indiens, sans reculer d'une ligne, les reçurent sur la pointe de leurs longues lances.

La plupart des fuyards, disséminés dans la plaine, s'étaient ralliés à leurs compagnons et faisaient tête à l'ennemi.

Il y eut une mêlée de quelques minutes à l'arme blanche.

Les aventuriers voulurent y prendre part; quatre coups de fusils partirent de la forteresse improvisée, dont le sommet se couronna d'une auréole de fumée.

Les deux chefs indiens roulèrent sur le sol.

Les Araucans poussèrent un cri de terreur et de rage et s'élancèrent en avant, afin de s'opposer à l'enlèvement de leurs chefs, que les Chiliens enveloppaient déjà.

Mais avec la promptitude de l'éclair, Antinahuel et le Cerf Noir, car c'étaient eux, avaient abandonné leurs chevaux et s'étaient relevés en brandissant leurs armes et en poussant leur cri de guerre.

Tous deux étaient blessés.

Les Chiliens, dont l'intention était seulement de refouler leurs ennemis hors du défilé, se retirèrent en bon ordre et disparurent bientôt.

Les Araucans continuèrent leur retraite.

La plaine que dominait la tour de rochers, dont le sommet était occupé par les quatre hommes, n'avait tout au plus qu'un mille dans sa plus grande largeur; elle ne tardait pas à se rétrécir, et à l'extrémité s'élevaient les contreforts d'une forêt vierge dont le terrain, s'exhaussant peu à peu, finissait au loin par se confondre avec les montagnes.

Les Araucans, marchant toujours serrés, traversèrent la plaine et s'enfoncèrent dans la forêt.

Le général Bustamente avait depuis longtemps déjà disparu.

Les Indiens n'avaient laissé derrière eux que les cadavres de leurs ennemis morts et les corps des chevaux frappés par Louis et ses compagnons, au-dessus desquels les vautours commençaient à tournoyer en poussant leurs cris aigus et bizarres.

La plaine avait repris son apparence tranquille.

— Nous pouvons continuer notre route, dit don Tadeo en se levant.

Curumilla le regarda avec les marques d'un profond étonnement, mais sans lui répondre.

— Pourquoi cette surprise? chef, reprit don Tadeo; vous le voyez, la plaine est solitaire, les Araucans et les Chiliens se sont retirés chacun de leur côté; nous pouvons, je le crois, continuer notre route sans danger.

— Voyons, chef, dit le comte, répondez : vous savez que le temps nous presse, nos amis nous attendent, nous n'avons plus rien à faire ici; pourquoi y restons-nous?

L'Indien montra d'un geste la forêt vierge.

— Trop d'yeux cachés, dit-il.

— Vous croyez que nous sommes surveillés? demanda Louis.

Le chef baissa affirmativement la tête.

— Oui, répliqua-t-il.

— Vous vous trompez, chef, reprit don Tadeo, les Araucans ont été battus, ils ont réussi à protéger la fuite de l'homme qu'ils voulaient sauver, pourquoi s'obstineraient-ils à rester ici, où ils n'ont plus rien à faire?

— Mon père ne connaît pas les guerriers de ma nation, dit Curumilla avec un suprême accent d'orgueil : ils ne laissent jamais d'ennemis derrière eux quand ils ont l'espoir de les détruire.

— Ce qui signifie? interrompit don Tadeo avec impatience.

— Que Antinahuel a été blessé par une balle sortie d'un fusil tiré de cette place, et qu'il ne s'éloignera pas sans vengeance.

— Je ne puis admettre cela, notre position est imprenable; les Araucans sont-ils des aigles, pour voler jusqu'ici?

— Les guerriers sont prudents, répondit l'Ulmen, ils attendront que les vivres de mes frères soient épuisés, afin de les prendre par la famine.

Don Tadeo fut frappé du raisonnement plein de justesse du chef indien et ne trouva rien à répondre.

— Nous ne pouvons pourtant pas rester ainsi, dit le jeune homme; j'admets que vous ayez raison, chef, il est alors incontestable que, dans quelques jours, nous tomberons entre les mains de ces démons.

— Oui, fit Curumilla.

— J'avoue, reprit le comte, que cette perspective n'a rien de bien flatteur pour nous; il n'existe pas de si mauvaise position dont on ne puisse sortir avec du courage et de l'adresse.

— Mon frère a un moyen? demanda l'Ulmen.

— Peut-être, je ne sais pas s'il est bon, dans tous les cas le voici : Dans deux heures la nuit sera venue, nous laisserons les ténèbres s'épaissir, puis, quand nous croirons que les Indiens se sont laissés aller au sommeil, nous partirons silencieusement d'ici.

— Les Indiens ne dorment pas, dit froidement Curumilla.

— Au diable, alors! s'écria énergiquement le comte, dont l'œil fier brilla d'une lueur martiale ; s'il le faut, nous passerons sur leurs cadavres, mais nous nous échapperons.

Si Valentin avait pu voir en ce moment son frère de lait, il aurait été heureux de cette énergie qui, pour la première fois, éclatait en lui. C'est que Louis était amoureux, qu'il voulait revoir celle qu'il aimait, et que l'amour a le privilège d'enfanter des prodiges.

— Eh mais! fit don Tadeo, ce plan ne me semble pas dépourvu de chances de réussite ; je pense que vers le milieu de la nuit nous pourrons essayer de le mettre à exécution; si nous échouons, nous aurons toujours la ressource de nous réfugier ici.

— Bon, répondit Curumilla, je ferai ce que désirent mes frères.

Joan n'avait pris aucune part à la discussion; assis à terre, le dos appuyé contre un quartier de roc, il fumait avec toute la nonchalance de l'Indien, dont aucune préoccupation ne trouble la quiétude naturelle.

Les Araucans sont généralement ainsi : le moment d'agir passé ils trouvent inutile de fatiguer leurs facultés, qu'ils préfèrent garder pour lorsqu'ils ont besoin de s'en servir, et ils se laissent aller à jouir du présent sans songer à se préoccuper de l'avenir, à moins qu'ils ne soient chefs d'une expédition et que la responsabilité d'un succès ou d'un échec ne pèse sur eux; dans ce cas-là, ils sont au contraire d'une vigilance extrême et ne s'en rapportent qu'à eux seuls pour tout voir et tout préparer.

Depuis le départ de Valdivia le matin, les quatre hommes n'avaient pas eu le temps de manger, l'appétit commençait à les talonner sérieusement; ils résolurent de profiter du repos que leur laissaient leurs ennemis pour assouvir leur faim.

Les préparatifs du repas ne furent pas longs; comme ils n'étaient pas certains que les Indiens connussent leur position, et que dans tous les cas il était préférable de les laisser dans le doute et leur donner à supposer qu'ils s'étaient retirés, on n'alluma pas de feu; le repas se composa seulement de harina tostada délayée dans de l'eau, chétive nourriture, mais que le besoin fit trouver excellente aux aventuriers.

Nous avons dit qu'ils étaient abondamment fournis de vivres ; en effet, en les économisant, ils en avaient pour plus de quinze jours; mais l'eau qu'ils possédaient ne se composait que de six outres de peaux de chevreau pleines, environ soixante litres, aussi était-ce surtout la soif qu'ils redoutaient s'ils étaient contraints à soutenir un siège.

Lorsque leur maigre repas fut terminé, ils allumèrent philosophiquement leurs cigares et fumèrent, les regards fixés vers la plaine, en attendant la nuit avec impatience.

Près d'une demi-heure s'écoula ainsi sans que rien vînt troubler la quiétude dont jouissaient les aventuriers.

Le soleil baissait rapidement à l'horizon, le ciel prenait peu à peu des teintes plus sombres, les cimes éloignées des montagnes s'effaçaient sous d'épais nuages de brume, enfin tout annonçait que la nuit n'allait pas tarder à couvrir la terre.

Tout à coup les vautours, qui s'étaient abattus en grand nombre sur les cadavres, dont ils faisaient une horrible curée, s'envolèrent et s'élevèrent tumultueusement dans les airs en poussant des cris discordants.

— Oh! oh! fit le comte, que se passe-t-il donc là-bas?... cette déroute annonce quelque chose.

— Nous allons probablement savoir bientôt à quoi nous en tenir, et si nous sommes cernés ainsi que le prétend le chef, répondit don Tadeo.

— Mon frère verra, répliqua l'Ulmen avec un sourire malin.

Une troupe composée d'une cinquantaine de lanceros chiliens venait de sortir au grand trot du défilé.

En arrivant dans la plaine, elle obliqua un peu sur la gauche et s'engagea dans le sentier qui conduit à Santiago.

Don Tadeo et le comte cherchaient en vain à reconnaître les hommes qui composaient ce détachement et surtout le chef qui les commandait.

L'ombre était déjà trop épaisse.

— Ce sont des visages pâles, dit froidement Curumilla, dont les yeux perçants avaient du premier coup d'œil reconnu les nouveaux venus.

Cependant les cavaliers continuaient paisiblement à cheminer, ils semblaient être exempts de toute inquiétude, ce qui était facile à voir, car ils avaient leurs fusils rejetés en arrière sur leur dos, leurs longues lances traînaient nonchalamment, et c'est à peine s'ils conservaient leurs rangs.

Ces cavaliers formaient l'escorte que don Gregorio Peralta avait donnée à don Ramon Sandias pour l'accompagner jusqu'à Santiago.

Ils s'approchaient de plus en plus des épais taillis qui se trouvaient, comme des sentinelles avancées, un peu en avant de la forêt vierge, dans les profondeurs de laquelle ils n'allaient pas tarder à disparaître, lorsqu'un horrible cri de guerre répété par les échos des *Quebradas* retentit auprès d'eux, et une nuée d'Araucans les assaillit avec fureur de tous les côtés à la fois.

Les Espagnols, pris à l'improviste, épouvantés par cette attaque subite, ne firent qu'une molle résistance et se débandèrent dans toutes les directions.

Les Indiens les poursuivirent avec acharnement et bientôt tous furent pris ou tués.

Un pauvre diable qui s'était sauvé dans la direction du rocher où se tenaient les aventuriers, haletants et terrifiés de cet épouvantable massacre, vint tomber sous leurs yeux, le corps traversé de part en part d'un coup de lance.

Puis, comme par enchantement, Indiens et Chiliens, tous disparurent dans la forêt.

La plaine redevint calme et solitaire.

— Eh bien ! demanda Curumilla à don Tadeo, que pense mon père ?... les Indiens se sont-ils retirés ?

— Vos prévisions étaient justes, chef, je dois en convenir. Hélas ! ajouta-t-il avec un soupir qui ressemblait à un sanglot, qui sauvera ma pauvre fille ?

— Moi, vive Dieu ! s'écria résolument le comte. Écoutez, chef, nous avons commis l'incroyable sottise de nous fourrer dans cette souricière, il faut en sortir à tout prix ; si Valentin était ici, son esprit inventif nous en donnerait les moyens, j'en suis convaincu. Je vais vous quitter, dites-moi où il est, je le ramènerai avec moi, et nous verrons si ce ramassis de démons pourra nous arrêter.

— Merci, dit chaleureusement don Tadeo, mais ce n'est pas vous, c'est moi, mon ami, qui dois tenter cette hasardeuse entreprise.

— Allons donc ! fit gaiement le jeune homme, laissez-moi faire, je suis certain que je réussirai.

— Oui, fit Curumilla, mes frères les visages pâles ont raison, Trangoil Lanec et mon frère aux cheveux d'or nous sont indispensables ; un homme ira les chercher, mais cet homme, ce sera Joan.

— Je connais la montagne, dit alors celui-ci, qui se mêla à l'entretien, les visages pâles ne savent pas les ruses indiennes, ils sont aveugles la nuit, ils s'égareraient et tomberaient dans un piège. Joan rampe comme la *vivara*, — couleuvre, — il a le flair du chien bien dressé, il trouvera. Antinahuel est un Lapin, voleur des Serpents Noirs, Joan veut le tuer.

Sans ajouter une parole, l'Indien se débarrassa de son poncho, dont il se fit une ceinture, et se prépara à partir.

Avec son couteau, Curumilla trancha un morceau de son poncho large de quatre doigts environ, et le remit à Joan en lui disant :

— Mon fils remettra ceci à Trangoil Lanec afin qu'il reconnaisse de quelle part il vient, et il lui racontera ce qui se passe ici.

— Bon, fit Joan en serrant le morceau d'étoffe dans sa ceinture, où trouverai-je le chef ?

— Dans la tolderia de San-Miguel, où il nous attend.

— Joan va partir, dit l'Indien avec noblesse, s'il ne remplit pas sa mission, c'est qu'on l'aura tué.

Les trois hommes lui pressèrent chaleureusement la main.

L'Indien les salua et commença à descendre ; aux dernières lueurs du jour ils le virent en rampant atteindre les premiers arbres de la montagne du Carcovado ; arrivé là il se retourna, fit avec la main un geste d'adieu et disparut au milieu des hautes herbes.

Les aventuriers tressaillirent.

Un coup de fusil, presque immédiatement suivi d'un second, venait de retentir dans la direction prise par leur émissaire.

— Il est mort ! s'écria le comte avec désespoir.

— Peut-être ! répondit avec hésitation Curumilla, Joan est un guerrier prudent ; seulement mes frères voient que la fuite est impossible, et que nous sommes bien réellement cernés.

— C'est vrai, murmura don Tadeo avec accablement.

Et il laissa tomber sa tête dans ses mains.

XVI

PROPOSITIONS

L'obscurité ne tarda pas à envelopper la terre et à confondre tous les objets.

Les ténèbres étaient épaisses. Des nuages couraient lourdement dans l'espace et cachaient le disque blafard de la lune.

Un silence de mort pesait sur la nature. Parfois ce silence était interrompu par les cris sinistres des bêtes fauves ou les sifflements du vent à travers les branches des arbres.

En vain les trois hommes réfugiés sur les rochers se fatiguaient les yeux en cherchant à distinguer les objets, autour d'eux tout était obscurité.

A de longs intervalles, des bruits sans nom montaient jusqu'à la plateforme sur laquelle ils se trouvaient et augmentaient encore leur inquiétude.

Obligés de veiller avec soin pour éviter toute surprise, aucun d'eux n'eut le loisir de prendre un instant de repos.

Don Tadeo avait remarqué pendant le jour que, bien que les rochers au sommet desquels ils étaient s'élevassent à pic dans l'espace, la montagne sur la pente de laquelle ils s'élevaient était beaucoup plus haute qu'eux, et que, bien qu'à une distance assez considérable, d'adroits tireurs postés à une certaine hauteur les domineraient et les fusilleraient presque sans coup férir.

Il fit part à ses compagnons de cette observation, dont ils reconnurent la justesse.

Du côté de la plaine, ils étaient parfaitement garantis, l'escalade était impossible et ils pouvaient tirer à l'abri sur ceux qui les attaqueraient.

Ils s'occupèrent donc de se fortifier également du côté opposé.

Ils profitèrent des ténèbres qui les enveloppaient comme d'un linceul pour le faire.

Ils élevèrent une espèce de mur en entassant les pierres les unes sur les autres à une hauteur de huit pieds, et comme en ce pays les rosées sont excessivement fortes, au moyen de la lance de Curumilla et de celle de Joan, que celui-ci avait abandonnée en partant, ils établirent une espèce de tente en étendant dessus deux ponchos qu'ils attachèrent l'un à l'autre.

Sous cette tente ils entassèrent les couvertures et les pellones de leurs chevaux, de sorte que non seulement ils parvinrent à se garantir de toute attaque de ce côté, mais encore ils se procurèrent un abri fort utile contre le froid de la nuit et la chaleur des rayons du soleil pendant le jour, s'ils étaient contraints de demeurer longtemps en ce lieu.

Cette tente leur servit aussi pour mettre à couvert leurs provisions de guerre et de bouche, que l'eau et le soleil auraient également détériorées.

Ces divers travaux les occupèrent une grande partie de la nuit.

Vers trois heures du matin, comme l'obscurité commençait à se dissiper, que le ciel {prenait à l'horizon des teintes d'opale qui précèdent ordinairement dans ces contrées le lever du soleil, Curumilla s'approcha de ses deux compagnons, qui luttaient vainement contre le sommeil et la fatigue qui les accablaient.

— Que mes frères dorment deux heures, leur dit-il, Curumilla veillera.

— Mais vous, chef, lui répondit don Tadeo, vous qui vous êtes si noblement dévoué à notre cause, vous devez avoir au moins autant besoin de repos que nous, dormez ! nous veillerons à votre place.

— Curumilla est un chef, répondit l'Ulmen, il ne dort pas sur le sentier de la guerre.

Les deux hommes connaissaient trop bien leur ami pour lui faire des observations inutiles ; charmés au fond du cœur de ce refus qui leur permettait de reprendre des forces, ils se jetèrent sur les pellones et s'endormirent presque aussitôt.

Lorsque Curumilla fut bien certain que ses compavnons étaient plongés dans le sommeil, il se glissa en rempant le long de la pente des rochers et arriva au pied de la forteresse.

Nous avons dit que la montagne était couverte d'une profusion de hautes herbes ; du milieu de ces herbes, desséchées par les rayons ardents du soleil de l'été, s'élevaient par places des bouquets d'arbres résineux ; Curumilla s'accroupit dans les buissons et prêta l'oreille.

Rien ne troublait le silence.

Tout dormait ou semblait dormir dans la plaine et sur la montagne.

Le chef ôta son poncho, s'étendit sur le sol, de façon à dissimuler le plus possible sa présence, puis il jeta son poncho sur lui et s'en recouvrit. Ce soin pris, il tira son *méchero* de sa ceinture et battit le briquet sans craindre, grâce à ses minutieuses précautions, que les étincelles qui jaillissaient de la pierre fussent aperçues dans l'obscurité.

Dès qu'il eut du feu il ramassa des feuilles sèches au pied d'un buisson, souffla patiemment pour aviver le feu jusqu'à ce que la fumée eût pris une certaine consistance, puis il s'éloigna en rampant comme il était venu et regagna le sommet des rochers sans avoir donné l'éveil à aucune des nombreuses sentinelles qui, probablement, surveillaient dans l'ombre les mouvements des aventuriers.

Ses compagnons dormaient toujours.

— *Och !* se dit-il en lui-même avec satisfaction, à présent nous ne craindrons pas que des tirailleurs s'embusquent derrière les arbres au-dessus de nous.

Et il resta les yeux obstinément fixés sur la place qu'il venait de quitter.

Bientôt une lueur rougeâtre perça l'obscurité ; cette lueur grandit peu à peu et se changea en une colonne de flamme qui monta vers le ciel en épais tourbillons et en lançant autour d'elle des milliers d'étincelles. La flamme

On alluma un candil et les trois interlocuteurs se virent.

gagna rapidement de proche en proche, si bien que tout le sommet de la montagne se trouva presque immédiatement en feu.

Des cris furieux se faisaient entendre et l'on voyait courir à la lueur de l'incendie une foule d'Indiens qui s'échappaient de leurs postes d'observation, et dont les silhouettes se détachaient en noir dans ce foyer incandescent.

Liv. 41 F. ROY, édit. — Reproduction interdite.   41

Mais le Corcovado n'était pas complètement boisé, aussi l'incendie ne put-il pàs s'étendre au loin. Néanmoins, le but que Curumilla s'était proposé était atteint, les lieux qui une heure auparavant offraient d'excellents abris, étaient à présent entièrement découverts.

Aux cris poussés par les Indiens, don Tadeo et le comte s'étaient éveillés en sursaut, et croyant à une attaque ils avaient rejoint le chef.

Ils le trouvèrent contemplant l'incendie d'un œil radieux, se frottant les mains silencieusement.

— Eh ! fit don Tadeo, qui a allumé ce brasier?

— Moi ! répondit Curumilla, voyez comme ces bandits se sauvent à demi grillés.

Les deux hommes partagèrent franchement son hilarité.

— Ma foi ! observa le comte, vous avez eu une heureuse idée, chef! nous sommes débarrassés de voisins qui n'auraient pas laissé que d'être incommodes.

Faute d'aliments, l'incendie s'éteignit aussi rapidement qu'il s'était allumé; les aventuriers dirigèrent leurs regards vers la plaine.

Ils poussèrent un cri d'étonnement et de stupeur.

Aux premiers rayons du soleil levant, mêlés aux lueurs mourantes de l'incendie, ils avaient aperçu un camp indien entouré d'un large fossé et retranché dans toutes les règles araucanes.

Dans l'intérieur de ce camp, qui était assez considérable, s'élevaient un grand nombre de huttes, construites avec des peaux de bœufs tendues sur des pieux croisés fichés en terre.

Les trois hommes allaient avoir à soutenir un siège en règle.

Toutes les prévisions de Curumilla s'étaient accomplies avec une précision désespérante.

— Hum ! dit le comte, je ne sais trop comment nous nous en tirerons.

— Eh mais ! observa don Tadeo, on dirait qu'ils demandent à parlementer.

— Oui, dit Curumilla en épaulant son fusil, faut-il tirer?

— Gardez-vous-en bien, chef, s'écria don Tadeo, voyons d'abord ce qu'ils veulent, peut-être leurs propositions sont-elles acceptables.

— J'en doute, répondit le comte, cependant je crois que nous devons les écouter.

Curumilla redressa tranquillement son fusil sur lequel il s'appuya nonchalamment.

Plusieurs hommes étaient sortis du camp.

Ces hommes étaient sans armes.

L'un d'eux agitait de la main droite, au-dessus de sa tête, un de ces drapeaux étoilés qui servent de guidons aux Araucans.

Deux de ces individus portaient le costume chilien. Arrivés presque au pied de la citadelle improvisée, ils s'arrêtèrent.

La hauteur était assez grande, la voix n'arrivait que faiblement aux oreilles des assiégés.

— Que l'un de vous descende, cria une voix que don Tadeo reconnut pour être celle du général Bustamente, afin que nous puissions vous poser les conditions que nous voulons vous offrir.

Don Tadeo se préparait à répondre, le comte le repoussa vivement en arrière.

— Êtes-vous fou, cher ami, dit-il un peu brusquement? Ils ignorent quels sont les hommes qui sont ici, il est inutile de les en instruire, laissez-moi faire.

Et se penchant sur le bord de la plate-forme :

— Si l'un de nous descend, cria-t-il, sera-t-il libre de rejoindre ses compagnons, si vos propositions ne sont pas acceptées?

— Oui, répondit le général, sur ma parole d'honneur de soldat, il ne sera rien fait au parlementaire et il pourra rejoindre ses compagnons.

Louis regarda don Tadeo.

— Allez, lui dit celui-ci avec noblesse; moi, qui suis son ennemi, je me fierais à sa parole.

Le jeune homme se retourna vers la plaine.

— Je viens, cria-t-il.

Alors il quitta ses armes, et avec l'adresse et la célérité d'un chamois, il sauta de rocher en rocher et au bout de cinq minutes il se trouva en face des chefs ennemis.

Ils étaient quatre, nous l'avons dit.

Antinahuel, le Cerf Noir, le général Bustamente et le sénateur don Ramon Sandias.

Seul, le sénateur n'était pas blessé.

Le général et Antinahuel avaient des blessures à la tête et à la poitrine, le Cerf Noir portait le bras droit en écharpe.

Le comte, dès qu'il fut devant eux, les salua avec la plus exquise courtoisie, et se croisant les bras sur la poitrine, il attendit qu'il leur plût de prendre la parole.

— Caballero, lui dit don Paucho avec un sourire contraint, le soleil est bien chaud, ici; comme vous le voyez je suis blessé, voudriez-vous nous suivre dans le camp? vous n'aurez rien à craindre.

— Monsieur, répondit le jeune homme avec hauteur, je ne crains rien, ma démarche vous le prouve, je vous suivrai où bon vous semblera.

Le général s'inclina en signe de remerciement.

— Venez, lui dit-il.

— Passez, monsieur, je vous suis.

Les cinq hommes se dirigèrent alors vers le camp, dans lequel ils furent introduits l'un après l'autre, en marchant sur une planche jetée en travers du fossé.

— Hum! fit le Français à part lui, ces gens-là ont de bien mauvaises figures, je crains bien de m'être jeté dans la gueule du loup.

Le général, qui en ce moment le considérait, parut avoir deviné sa pensée, car il s'arrêta au moment de mettre le pied sur la planche en lui disant:

— Monsieur, si vous avez peur, vous pouvez vous retirer.

Le jeune homme tressaillit, son front rougit de honte et de colère

— Général, répondit-il avec hauteur, j'ai votre parole, ensuite il est une chose que vous ignorez...

— Quelle est cette chose que j'ignore, monsieur?

— Celle-ci, général, c'est que je suis Français.

— Ce qui veut dire?

— Que je n'ai jamais peur; ainsi, veuillez passer, je vous prie, afin que je passe après vous, ou bien, si vous le préférez, cédez-moi votre place.

Le général le regarda avec étonnement, presque avec admiration, pendant une seconde; par un mouvement spontané, il étendit le bras vers lui.

— Votre main, monsieur, lui dit-il, vous êtes un brave; il ne tiendra pas à moi, je vous le jure, que vous ne vous en retourniez satisfait de notre entrevue.

— Cela vous regarde, monsieur, répondit le jeune homme en posant sa main blanche, fine et aristocratique, dans celle que lui tendait le général.

Les deux Indiens avaient attendu, impassibles, la fin de cette discussion.

Les Araucans sont bons juges en matière de courage; pour eux cette qualité est la première de toutes, aussi ils l'honorent même dans un ennemi.

Les cinq personnages marchèrent silencieusement pendant quelques minutes à travers le camp, enfin ils arrivèrent devant une hutte, plus grande que les autres, à l'entrée de laquelle un faisceau de longues lances à banderoles écarlates, plantées en terre, montrait que c'était la hutte d'un chef.

Ils entrèrent.

Cette hutte était tout à fait privée de meubles, quelques crânes de bœufs épars çà et là servaient de sièges.

Dans un coin, sur un amas de feuilles sèches recouvertes de pellones et de ponchos, une femme était étendue la tête enveloppée de compresses.

Cette femme était la Linda.

Elle paraissait dormir. Pourtant, au bruit causé par l'entrée des chefs, son œil fauve étincela dans la demi-obscurité de la hutte et prouva qu'elle était bien éveillée.

Chacun s'assit tant bien que mal sur un crâne de bœuf.

Lorsque tous eurent pris place, le général parut se recueillir un instant, puis il leva les yeux sur le comte et lui dit d'une voix brève:

— Voyons, monsieur, à quelles conditions consentez-vous à vous rendre?

— Pardon, monsieur, répondit le jeune homme, nous ne consentons à nous rendre à aucune condition; ne déplaçons pas la question, s'il vous plaît: c'est au contraire vous qui avez des propositions à nous faire, ce qui est bien différent. J'attends qu'il vous plaise de les articuler.

Un profond silence suivit ces paroles.

XVII

LE MESSAGER.

Joan était un jeune homme de trente ans au plus, hardi, aventureux, ne redoutant aucun péril, mais doué aussi de cette astuce froide et profonde qui caractérise ses compatriotes. Avant de partir il avait pesé parfaitement toutes les chances pour et contre le succès de sa mission. Il ne se dissimulait pas qu'elle était hérissée de difficultés et que ce serait en quelque sorte un miracle s'il parvenait à éviter les pièges sans nombre tendus sous ses pas.

Ces difficultés même, au lieu de le rebuter, la lui avaient fait accepter avec empressement.

Il y voyait l'occasion de jouer un bon tour à Antinahuel, qu'il détestait sans trop savoir pourquoi, nous devons le dire, tout en sauvant Curumilla qui lui avait sauvé la vie.

Tout se résumait à traverser, sans être tué, la ligne des sentinelles qui, sans doute, enveloppaient le poste qu'il venait de quitter.

Il resta un instant accroupi dans les hautes herbes, réfléchissant au moyen qu'il emploierait pour s'échapper sain et sauf.

Il paraît que ce moyen ne tarda pas à être trouvé, car il se mit à courir.

Assuré qu'il était bien seul, il déroula son laço, dépassa le nœud coulant et en noua l'extrémité à un buisson.

Sur ce buisson il attacha son chapeau de façon à ce qu'il pût tomber, puis il s'éloigna avec précaution en déroulant son laço au fur et à mesure.

Lorsqu'il fut arrivé à l'extrémité du laço, il tira doucement, par petites secousses, en imprimant un léger mouvement oscillatoire au buisson.

Ce mouvement fut aperçu presque aussitôt des sentinelles, elles s'élancèrent de ce côté, virent le chapeau et firent feu.

Pendant ce temps-là, Joan détalait avec la légèreté d'un guanacco, riant comme un fou du désappointement des sentinelles, quand elles reconnaîtraient sur quoi elles avaient tiré.

Du reste, il avait si bien pris ses mesures qu'il était déjà loin et complètement hors d'atteinte, avant que les Araucans se fussent aperçus du tour qu'il leur avait joué.

Il y a loin du cañon del Rio Seco à la tolderia de San-Miguel par la route tracée, ou pour être plus vrai, à peu près tracée, que prennent les voyageurs; si Joan avait voulu la suivre, il aurait eu près de quinze lieues à faire.

Mais Joan était un Indien, il coupait le chemin à vol d'aigle, en ligne droite.

Jeune et doué d'un jarret de fer, il partit au pas gymnastique, traversant monts et vallées, sans jamais ralentir sa marche.

Il avait quitté le rocher à six heures du soir. Il arrivait en vue de San-Miguel à trois heures du matin.

En neuf heures il avait parcouru plus de douze lieues par des chemins où les chèvres seules et les Indiens peuvent passer.

C'était vigoureusement marcher.

Quand il entra dans la tolderia, l'ombre et le silence régnaient partout, tous les habitants dormaient, quelques chiens errants hurlaient à la lune, c'était tout !

Joan était assez embarrassé, il ne savait comment trouver ceux auxquels il avait affaire, lorsque la porte d'une hutte s'ouvrit, et deux hommes, suivis d'un énorme chien de Terre-Neuve, parurent sur la route.

Dès que le chien aperçut l'Indien, il s'élança vers lui en aboyant avec fureur.

— Retenez votre chien, s'écria Joan en se mettant promptement en défense.

— Ici, César ! ici, monsieur, fit une voix.

Le chien obéit et revint en grognant tout bas se placer auprès de son maître.

Ces paroles avaient été prononcées en français, langue que naturellement Joan ignorait; il se souvenait d'avoir vu à Valdivia, auprès des Français, un chien semblable à celui qui lui faisait un si formidable accueil, cela le porta à supposer que le hasard le mettait face à face avec ceux qu'il cherchait.

Joan était l'homme de résolution prompte, il prit son parti sans hésiter et cria d'une voix forte :

— *Marry-marry*, êtes-vous le *maruche*, ami de Curumilla ?

— Curumilla ! s'écria Trangoil Lanec en s'approchant, qui a prononcé ce nom ?

— Un homme qui vient de sa part, répondit Joan.

Le chef dirigea sur lui un œil soupçonneux, mais les ténèbres étaient si épaisses qu'il ne put que difficilement distinguer l'homme qui lui parlait.

— Approchez, lui dit-il, puisqu'il vous envoie vers nous, vous devez avoir certaines choses à nous rapporter ?

— Êtes-vous ceux que je cherche ? demanda Joan, hésitant à son tour.

— Oui, mais dans la hutte, à la clarté d'un candil, nous nous reconnaîtrons mieux qu'ici, où la nuit est plus noire que le cratère de l'*antuco*.

— C'est vrai, appuya Valentin en riant, il fait si noir que le diable marcherait sur sa queue.

Les trois hommes entrèrent dans la hutte, suivis par le terre-neuvien qui formait l'arrière-garde.

Sans perdre de temps, Trangoil Lanec sortit son méchero et battit le briquet, on alluma un candil et les trois interlocuteurs se virent.

Trangoil Lanec s'avança vers l'Indien.

— Bon, dit-il, je reconnais mon *penny*, c'est lui que déjà Curumilla avait envoyé à Valdivia.

— Oui, répondit Joan en montrant le chien qui s'était couché auprès de lui et lui léchait les mains, vous voyez que le chien m'a reconnu.

— Celui que mon chien aime, je l'aime, guerrier, voici ma main, dit Valentin.

Joan serra cordialement cette main loyale, la franchise du Français lui avait gagné le cœur, entre ces deux hommes désormais c'était à la vie à la mort.

Trangoil Lanec s'était accroupi sur le sol, il fit signe à ses compagnons de prendre place à ses côtés.

Ceux-ci obéirent.

Après un moment de silence, pendant lequel il sembla rassembler ses pensées, le chef se tourna vers Joan :

— J'attendais ce soir, au coucher du soleil, dit-il, l'arrivée de Curumilla et de deux amis. Curumilla est un chef, sa parole est sacrée, la nuit s'avance, le hibou a déjà fait entendre son chant lugubre qui annonce le lever du soleil, Curumilla n'est pas venu, quelle raison l'en empêche ? Mon fils est un guerrier, il vient de la part de mon frère, qu'il parle, mes oreilles sont ouvertes.

Joan s'inclina respectueusement et tira de sa ceinture le morceau d'étoffe que lui avait remis Curumilla comme preuve de sa mission : l'Indien le présenta silencieusement.

— Un morceau du poncho de Curumilla ! s'écria violemment Trangoil Lanec en s'en emparant et le passant à Valentin, aussi ému que lui. Parle, messager de malheur, mon frère est-il mort ? De quelle terrible nouvelle es-tu porteur ? Parle, au nom de Pillian ! dis-moi les noms de ses assassins, afin qu'avec leurs os Trangoil Lanec se fasse des sifflets de guerre.

— Les nouvelles que j'apporte sont mauvaises ; cependant, au moment où je les ai quittés, Curumilla et ses compagnons étaient en sûreté et sans blessures.

Les deux hommes respirèrent.

— Curumilla, continua l'Indien, coupa ce morceau de son poncho et me le donna en me disant : Va trouver mes frères, montre-leur cette étoffe, alors ils te croiront et tu leur rapporteras dans tous ses détails la situation dans laquelle nous sommes ; je suis parti, j'ai fait douze lieues sans m'arrêter depuis le coucher du soleil, et me voilà.

Sur un signe de Trangoil Lanec, Joan fit alors le récit qu'on attendait de lui.

Ce récit fut long, l'Ulmen et Valentin l'écoutèrent avec la plus grande attention. Lorsqu'il fut terminé il y eut un silence.

Chacun réfléchissait à ce qu'il venait d'entendre.

Les nouvelles étaient effectivement mauvaises, la position des assiégés critique ; il était impossible que trois hommes, si résolus qu'ils fussent, pussent longtemps résister aux efforts combinés d'un millier de guerriers furieux de la défaite que les Espagnols leur avaient infligée et qui brûlaient de prendre leur revanche.

Le secours qu'ils porteraient à leurs amis serait bien faible, peut-être arriverait-il trop tard.

Que faire ?

C'est ce que ces trois hommes indomptables se demandaient avec rage, sans pouvoir se faire une réponse satisfaisante.

Ils se trouvaient devant une impossibilité qui se dressait implacable et terrible devant eux.

Ils n'avaient que deux choses à faire : ou laisser mourir leurs amis sans chercher à les sauver, cette idée ne leur vint même pas, ou aller mourir avec eux.

Hors de ces deux combinaisons, il n'y avait rien ! c'était vainement qu'ils se creusaient la tête pour résoudre ce problème insoluble.

C'était un mal sans remède, il fallait courber le front; Valentin fut le premier qui se décida.

— Vive Dieu ! dit-il en se levant avec violence, puisque nous ne pouvons que mourir avec nos amis, hâtons-nous de les joindre, la mort leur semblera plus douce si nous sommes près d'eux.

— Allons ! répondirent résolument les deux Indiens comme un écho funèbre.

Ils sortirent de la hutte.

Le soleil se levait radieux à l'horizon.

— Bah ! dit Valentin tout ragaillardi par l'air frais du matin et les éblouissants rayons du soleil qui faisaient miroiter les cailloux de la route, nous nous en tirerons ! Tant que l'âme tient au corps, il y a de l'espoir ! ne nous laissons pas abattre, chef, je suis certain que nous les sauverons.

L'Ulmen hocha tristement la tête.

En ce moment, Joan, qui s'était éloigné sans que ses compagnons le remarquassent, revint, conduisant en bride trois chevaux harnachés.

— A cheval, dit-il, peut-être arriverons-nous à temps.

Les deux hommes poussèrent un cri de joie et sautèrent en selle.

Alors commença une course furieuse qui ne peut être comparée à rien.

Cette course dura six heures.

Il était près de onze heures lorsque les trois hommes, toujours suivis par le brave César, arrivèrent en vue du Corcovado.

— Ici nous devons mettre pied à terre, dit Joan, continuer plus longtemps notre route à cheval serait nous exposer à être découverts par les éclaireurs de Antinahuel.

Les chevaux furent abandonnés.

Le plus grand silence régnait aux environs.

Les trois compagnons commencèrent à gravir la montagne.

Après avoir monté pendant assez longtemps, ils s'arrêtèrent pour reprendre haleine et se consulter.

— Attendez-moi ici, dit Joan, je vais à la découverte, nous devons être entourés d'espions.

Ses compagnons s'étendirent sur le sol; il s'éloigna en rampant.

Au lieu de monter davantage, l'Indien, qui avait calculé qu'ils se trouvaient à peu près à la hauteur du bloc de rochers, obliqua peu à peu et disparut bientôt derrière un bloc de rochers.

Son absence fut longue, près d'une heure s'écoula avant qu'il r eparût.

— Si vous échouez, je vous livre aux Indiens qui vous brûleront tout vif.

Ses amis, inquiets de cette longue attente, ne savaient quel parti prendre ni que penser.

Ils craignaient qu'il n'eût été découvert et fait prisonnier.

Déjà ils se préparaient à reprendre leur marche, au risque de ce qui pourrait arriver, lorsqu'ils le virent accourir rapidement sans même se donner la peine de se cacher.

Quand il fut près d'eux :

— Eh bien ! lui demanda vivement Valentin, que se passe-t-il ? pourquoi cet air joyeux répandu sur votre visage ?

— Curumilla est un chef prudent, répondit Joan, il a brûlé la forêt derrière les rochers.

— Quel si grand avantage cet incendie nous procure-t-il donc ?

— Un immense. Les guerriers de Antinahuel étaient embusqués à l'abri des arbres, ils ont été obligés de se retirer ; à présent, la route est libre, nous pouvons joindre nos amis quand nous voudrons.

— Allons ! alors ! s'écria Valentin.

— Et Curumilla ? demanda Trangoil Lanec, comment l'avertir de notre présence ?

— Je l'ai averti, reprit Joan ; il a aperçu mon signal, il nous attend.

— Ces diables d'Indiens pensent à tout, se dit Valentin en mordillant sa moustache ; allons, viens, César, viens, mon bon chien. Ce sera malheureux si, avec le concours de ces trois hommes résolus, je ne parviens pas à sauver mon pauvre Louis. L'horizon se rembrunit d'une furieuse façon, ajouta-t-il, bigre ! il faut faire attention à ne pas laisser sa peau ici.

Et, suivi de César, qui le regardait en remuant la queue et semblait comprendre les pensées qui attristaient son maître, tant son regard était expressif, il se mit à marcher derrière Trangoil Lanec qui, lui, marchait pour ainsi dire dans les pas de Joan. Vingt minutes plus tard, sans avoir été inquiétés, ils se trouvaient au pied des rochers, du haut de la plate-forme desquels don Tadeo et Curumilla leur faisaient de joyeux signaux de bienvenue.

XVIII

DANS LA GUEULE DU LOUP.

Nous sommes forcé d'interrompre notre récit, afin de raconter différents incidents qui étaient arrivés dans le camp des Aucas, à la suite du combat livré aux Espagnols dans le défilé.

Les hommes embusqués au sommet des rochers leur avaient fait souffrir des pertes sensibles.

Les principaux chefs araucaniens, échappés sains et saufs à la lutte acharnée du matin, avaient été grièvement blessés, frappés par des mains invisibles.

Le général Bustamente, jeté à bas de son cheval, avait reçu une balle qui, heureusement pour lui, n'avait fait qu'entamer assez légèrement les chairs.

Les Araucans, furieux de cette attaque à laquelle ils étaient loin de s'attendre, et dans le premier paroxysme de la colère, avaient juré de se venger sans désemparer.

Résolution qui mettait les aventuriers dans une position fort critique.

Le général Bustamente avait été enlevé évanoui du champ de bataille et caché dans les bois, ainsi que la Linda.

Don Pancho, presque immédiatement pansé, revint promptement à lui.

Son premier mouvement fut de chercher à savoir où il était et de s'informer de ce qui s'était passé.

Antinahuel le lui dit :

— Quelle conduite tiendra mon frère? lui demanda le général.

— Le Grand Aigle a ma parole, répondit le chef avec un regard louche; qu'il tienne sa parole, je tiendrai la mienne.

— Je n'ai pas la langue double, dit le général : que je revienne au pouvoir et je restituerai au peuple araucan le territoire qui lui a appartenu.

— Alors, que mon père ordonne, j'obéirai, reprit Antinahuel.

Un sourire d'orgueil plissa la lèvre dédaigneuse du général; il comprit que tout n'était pas encore fini pour lui et se prépara à jouer hardiment cette dernière partie, d'où dépendait sa fortune ou sa perte.

— Où sommes-nous? demanda-t-il.

— Embusqués en face des visages pâles qui nous ont si rudement salués, il y a une heure, à notre entrée dans la plaine.

— Et que prétend mon frère?

— M'emparer d'eux, répondit Antinahuel, ces hommes mourront.

Sur ces derniers mots, il salua le général et se retira,

Après son départ, don Pancho resta plongé dans une sombre mélancolie; cette obstination des Aucas à réduire une poignée d'aventuriers, dont la résistance serait longue sans doute, pouvait faire manquer le plan que déjà il mûrissait dans sa tête, en donnant aux patriotes le temps de se préparer à cette lutte nouvelle.

Pour la réussite de ses projets, la célérité était la condition *sine quâ non*, et il maudissait l'orgueil des Indiens, qui leur faisait sacrifier à une vaine entreprise, sans autre intérêt que la mort de quelques hommes, des questions pour lui d'un si haut intérêt.

La tête tristement appuyée sur la main, il se plongeait dans ses réflexions lorsqu'il sentit qu'on le tirait légèrement par son habit.

Il se retourna avec surprise et retint un cri d'horreur.

C'était doña Maria, les vêtements déchirés et maculés de sang et de boue, le visage enveloppé de compresses et de linges sanglants.

La courtisane devina l'impression qu'elle avait produite sur l'homme que jusqu'à ce moment elle avait tenu courbé devant elle, obéissant à ses moindres caprices; elle comprit qu'avec la beauté s'était en allé l'amour; un sourire amer crispa ses lèvres.

— Je vous fais horreur, don Pancho? dit-elle d'une voix lente, avec un accent de tristesse indéfinissable.

— Madame! fit vivement le général.

Elle l'interrompit.

— Ne vous abaissez pas à un mensonge indigne de vous et de moi. Qu'a d'étonnant ce qui se passe? n'en est-il pas toujours ainsi?

— Madame, croyez bien...

— Vous ne m'aimez plus, vous dis-je, don Pancho. Je suis laide, à présent, reprit-elle avec amertume; du reste, ne vous ai-je pas tout sacrifié? il ne me restait plus que ma beauté, je vous l'ai donnée avec joie.

— Je ne répondrai pas aux récriminations déguisées que vous m'adressez ; j'espère vous prouver par mes actes que...

— Laissons là, interrompit-elle violemment, ces banalités dont ni vous ni moi ne croyons un mot ; si l'amour ne peut plus nous unir, que la haine soit le lien qui nous attache l'un à l'autre ; nous avons le même ennemi.

— Don Tadeo de Leon ! fit-il avec colère.

— Oui, don Tadeo de Leon, celui qui, il y a quelques jours à peine, nous a abreuvés de tant d'humiliations.

— Mais je suis libre aujourd'hui ! s'écria-t-il avec un accent terrible.

— Grâce à moi, dit-elle avec intention, car tous vos lâches partisans vous avaient abandonné.

— Oui, répondit-il, c'est vrai, vous seule m'êtes restée fidèle.

— Les femmes sont ainsi, elles ne comprennent pas les sentiments bâtards : chez elles, tout est franchement dessiné, elles aiment ou elles haïssent ; mais assez sur ce chapitre, il faut vous hâter de profiter de votre liberté : vous connaissez l'habileté et la froide bravoure de votre ennemi, si vous lui en donnez le temps, en peu de jours il deviendra un colosse dont il vous sera impossible de saper les larges bases de granit.

— Oui, murmura-t-il comme en se parlant à lui-même, je le sais, je le sens, hésiter, c'est tout perdre ! mais que faire ?

— Ne pas se désespérer d'abord, et examiner tout ce qui se passera ici. Oh ! ajouta-t-elle en penchant la tête en avant, entendez-vous ce bruit ? c'est peut-être le secours que nous attendons qui nous arrive.

Il se fit un grand mouvement dans le bois : c'était l'escorte de don Ramon qui était entourée et faite prisonnière par les Indiens.

Antinahuel apparut, amenant un personnage que les deux interlocuteurs reconnurent aussitôt.

Cet homme était don Ramon Sandias.

En apercevant la Linda, il fit un saut de frayeur, et si le chef ne l'avait pas retenu, il se serait enfui, au risque de se faire tuer par les Indiens.

— Misérable ! s'écria le général en lui serrant la gorge.

— Arrêtez, dit la Linda en dégageant le sénateur plus mort que vif.

— Comment, vous défendez cet homme ! s'écria le général au comble de l'étonnement, vous ne savez donc pas qui il est ? Non seulement il m'a indignement trahi avec son complice Cornejo, mais encore c'est lui qui vous a fait cette affreuse blessure.

— Je sais tout cela, répondit la Linda avec un sourire qui donna la chair de poule au pauvre diable, qui crut sa dernière heure arrivée, mais, continua-t-elle, la religion commande l'oubli et le pardon des injures : j'oublie et je pardonne à don Ramon Sandias, et vous ferez comme moi, don Pancho.

— Mais... voulut-il dire.

— Vous ferez comme moi, reprit-elle de sa voix la plus calme, avec un regard significatif.

Le général comprit que la Linda avait une idée, il n'insista pas.

— Bon, dit-il, puisque vous le désirez, doña Maria, je pardonne comme vous ; tenez, don Ramon, voici ma main, ajouta-t-il en la lui tendant.

Le sénateur ne savait pas s'il devait en croire ses oreilles, mais à tout hasard il saisit avec empressement cette main qui lui était tendue et la secoua de toutes ses forces.

Antinahuel sourit avec mépris au dénoûment de cette scène dont, malgré toute son astuce, il ne devina pas la portée.

— S'il en est ainsi, dit-il, je vous laisse ensemble, il est inutile d'attacher ce prisonnier.

— Parfaitement inutile, appuya don Pancho.

— Oui, fit le toqui, je vois que vous vous entendez.

— On ne peut pas mieux, chef, on ne peut pas mieux, reprit le général avec un sourire d'une expression indéfinissable.

Antinahuel se retira.

Sitôt qu'il fut seul avec la Linda et le général, don Ramon ne mit plus de bornes à sa reconnaissance.

— Oh! mes chers bienfaiteurs, s'écria-t-il avec enthousiasme, en s'élançant vers eux.

— Un instant, caballero, s'écria don Pancho, nous avons à causer, maintenant.

Le sénateur s'arrêta tout interdit.

— Avez-vous donc supposé, dit la Linda, qu'un plat coquin de votre espèce puisse nous inspirer la moindre pitié?

— Mais, continua le général, nous avons tenu à être les seuls à disposer de vous.

— Vous reconnaissez, n'est-ce pas, reprit la Linda, que vous êtes bien réellement en notre pouvoir, et que si nous voulons vous tuer, cela nous est facile?

Le sénateur resta anéanti.

— Maintenant, ajouta le général, répondez catégoriquement aux questions qui vous seront adressées; je dois vous avertir qu'un mensonge ferait tomber votre tête.

Un nouveau tremblement agita le sénateur.

— Comment vous trouvez-vous ici?

— Oh! d'une manière bien simple, général, je viens à l'instant d'être surpris par les Indiens.

— Où alliez-vous?

— A Santiago.

— Seul?

— Non pas, diable! j'avais une escorte de cinquante cavaliers. Hélas! ajouta-t-il avec un soupir, ce n'était pas assez.

Au mot d'escorte, le général et la Linda se lancèrent un coup d'œil d'intelligence.

Don Pancho continua son interrogatoire.

— Qu'alliez-vous faire à Santiago ?

— Hélas! je suis fatigué de la politique, mon intention était de me retirer dans ma quinta de Cerro Azul, au milieu de ma famille.

— Vous n'aviez pas d'autre but? demanda le général.

— Ma foi non.

— Vous en êtes sûr?

— Certes... Ah! attendez, fit-il en se ravisant, j'étais chargé d'une mission.

— Là! vous voyez bien!

— Oh! mon Dieu! je l'avais oublié, je vous assure.

— Hum! et quelle était cette mission?

— Je l'ignore.

— Comment, vous l'ignorez?

— Ma foi oui, j'étais chargé d'une dépêche.

— Donnez.

— Voilà!

Le général s'en empara, brisa le cachet et la parcourut rapidement des yeux.

— Bah! fit-il en la froissant entre ses doigts crispés, cette dépêche n'a pas le sens commun, elle est du genre de celles que l'on confie aux gens de votre espèce.

Le sénateur feignit de prendre cette phrase pour un compliment.

— C'est ce que j'avais pensé aussi, dit-il avec un sourire qui avait la prétention d'être agréable, mais dont la terreur qui décomposait ses traits faisait à son insu une affreuse grimace.

A cette réponse saugrenue, le général ne put retenir son sérieux, il éclata d'un franc éclat de rire, auquel le sénateur s'associa avec empressement, sans savoir pourquoi.

Doña Maria mit fin à cette hilarité en prenant la parole.

— Don Pancho, dit-elle, rendez-vous auprès de Antinahuel; il est important que demain, au lever du jour, il fasse demander une entrevue aux aventuriers qui se sont perchés comme des hiboux au sommet du rocher.

— Mais il refusera, observa le général étonné.

— Il faut qu'il accepte, chargez-vous de le convaincre.

— J'essaierai.

— Il faut réussir.

— Je réussirai, puisque vous l'exigez.

— Pendant votre absence, moi, je causerai avec cet homme.

— A votre aise, je me retire.

De quels arguments se servit le général pour amener le toqui à parlementer avec les assiégés? il est certain qu'il y réussit.

Lorsqu'il rejoignit doña Maria, celle-ci terminait sa conversation avec le sénateur, en lui disant d'une voix sardonique :

— Arrangez-vous comme vous pourrez, cher monsieur; si vous échouez, je vous livre aux Indiens qui vous brûleront tout vif.

— Hum! fit don Ramon avec épouvante, s'ils apprennent que c'est moi qui ai fait cela, que m'arrivera-t-il?

— Vous serez brûlé.

— Diable! diable! la perspective n'est pas agréable; franchement, est-ce que vous ne pourriez pas charger un autre de cette commission?

Doña Maria sourit avec finesse.

— Tranquillisez-vous, lui dit-elle, vous m'aurez pour complice, je vous aiderai.

— Oh ! alors, fit-il avec joie, je suis certain de réussir.

La Linda lui tint parole, elle l'aida à exécuter le hardi projet qu'elle avait conçu.

Don Pancho s'abstint d'interroger la courtisane.

Il savait qu'elle travaillait pour lui, cela lui suffisait. Il attendait patiemment qu'elle jugeât convenable de lui faire ses confidences.

XIX

LA CAPITULATION.

Retournons dans la hutte du conseil, où le comte de Prébois-Crancé avait été introduit par le général.

Don Pancho Bustamente avait trop de courage personnel pour ne pas aimer et apprécier cette qualité chez un autre.

L'attitude fière et hautaine prise par le jeune homme lui avait plu ; aussi, après sa réponse, au lieu de lui savoir mauvais gré de la manière dont il avait rétabli les faits et posé la question, il lui en sut gré, et lui dit en s'inclinant :

— Votre observation est parfaitement juste, monsieur...

— Le comte de Prébois-Crancé, acheva le Français en saluant.

En Amérique, cette terre de l'égalité par excellence, à ce que prétendent du moins les gens qui n'y sont jamais allés, la noblesse n'existe pas. Les titres y sont par conséquent inconnus. Pourtant il n'y a pas de pays au monde où cette noblesse et ces titres jouissent d'un plus grand prestige.

Un comte ou un marquis sont regardés par les populations qu'ils visitent comme des hommes d'une essence supérieure à celle du commun des mortels. Et ce que nous disons ici ne se rapporte pas seulement à l'Amérique du Sud, où, après tout, selon la vieille loi qui dit que tout Castillan est noble, les descendants des Espagnols pourraient à bon droit revendiquer la noblesse; mais c'est surtout aux États-Unis que l'influence des titres règne dans toute sa force.

L'immortel Fenimore Cooper avait du reste fait avant nous cette observation dans un de ses romans. Il raconte l'effet produit par un de ses personnages, Américain d'origine, qui, ayant émigré en Angleterre à la Révolution, en était revenu affublé du titre de *baronnet* : cet effet fut immense, et Cooper ajoute *naïvement* que ces dignes Yankees en furent tout *enorgueillis*.

D'où peut provenir cette anomalie chez des républicains aussi *farouches* que les Américains?

Pour notre part, nous avouons franchement notre incompétence, et nous laissons à d'autres plus initiés dans les mystères du cœur humain, le soin de résoudre cette question ardue.

Le général et le sénateur regardèrent le jeune homme avec une curiosité sympathique, et don Pancho reprit au bout d'un instant :

— Avant toute autre question, permettez-moi, monsieur le comte, de vous demander comment il se fait que vous, personnellement, vous vous trouviez parmi les hommes que nous assiégeons?

— Par la raison la plus simple, monsieur, répondit Louis avec un fin sourire : je voyage avec quelques amis et quelques domestiques ; hier le bruit d'un combat est arrivé jusqu'à nous ; je me suis informé naturellement de ce qui se passait ; sur ces entrefaites, plusieurs soldats espagnols, courant sur la crête des montagnes, se sont retranchés sur ce rocher où moi-même j'avais cherché un refuge, ne me souciant nullement de tomber entre les mains des vainqueurs, si ces vainqueurs étaient les Araucans, gens que l'on dit féroces, sans foi ni loi, que sais-je encore? La bataille commencée dans le défilé a continué dans la plaine ; les soldats, n'écoutant que leur courage, ont tiré sur l'ennemi ; cette imprudence nous a été fatale, puisque voilà pourquoi vous nous avez découverts.

Le général et le sénateur savaient parfaitement à quoi s'en tenir sur la véracité de ce récit, auquel cependant, en gens du monde, ils eurent l'air d'ajouter la foi la plus entière ; d'ailleurs, il avait été débité avec une bonne humeur, un laisser-aller et un aplomb si réjouissants qu'ils l'avaient écouté en souriant.

Antinahuel et le Cerf Noir l'avaient pris au pied de la lettre.

— Ainsi, monsieur le comte, répondit le général, c'est vous qui êtes le chef de la garnison?

— Oui, monsieur...

— Le général don Pancho Bustamente.

— Ah ! pardon, fit d'un air surpris le jeune homme, qui savait fort bien à qui il s'adressait, j'ignorais, général.

Don Pancho sourit avec orgueil.

— Et cette garnison est-elle nombreuse? reprit-il.

— Hum ! assez, répondit légèrement le comte.

— Trente hommes, peut-être, fit le général d'un ton insinuant.

— Oui, à peu près, dit le comte avec aplomb.

Le général se leva.

— Comment, monsieur le comte, s'écria-t-il avec une feinte colère, c'est avec trente hommes que vous prétendez résister à cinq cents guerriers araucans qui vous entourent!

— Et pourquoi pas, monsieur? répondit froidement le jeune homme.

En disant ces quelques mots, l'accent du Français fut si ferme, son œil lança un tel éclair, que les assistants tressaillirent d'admiration.

— Mais c'est de la folie! reprit le général.

— Non, monsieur, c'est du courage, répondit le comte. Vive Dieu ! vous tous qui m'écoutez, vous êtes des hommes intrépides que mon langage ne peut étonner ; à ma place, vous agiriez de même !

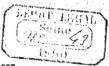

Arrivé sur l'autre rive, il redressa son corps ruisselant, fit un dernier signe d'adieu
à ses amis et disparut.

— Oui! fit Antinahuel, mon frère le muruche parle bien, c'est un grand
chef parmi les guerriers de sa nation, les Aucas seront fiers de le vaincre.

Le général fronça le sourcil, l'entrevue prenait une direction qui ne lui
convenait pas.

— Essayez, chef, répliqua le jeune homme avec fierté, mais la roche qui
nous abrite est haute, et nous sommes résolus à nous faire tuer tous avant
de nous rendre.

— Voyons, monsieur le comte, dit le général d'un ton conciliant, tout ceci n'est qu'un malentendu; la France n'est pas en guerre avec le Chili, que je sache!

— Je dois l'avouer, répondit Louis.

— Il me semble donc qu'il est plus facile de nous entendre que vous ne le supposez?

— Ma foi, je vous dirai franchement que je suis venu en Amérique pour voyager et non pour me battre, et que si j'avais pu éviter ce qui est arrivé hier, je l'eusse fait de grand cœur.

— Eh bien! rien n'est plus facile que de terminer le différend.

— Je ne demande pas mieux.

— Ni moi non plus, et vous, chef? dit-il à Antinahuel.

— Bon, mon frère est le maître, ce qu'il fera sera bien fait.

— Très bien, reprit le général, voici quelles sont mes conditions : vous, monsieur le comte, et tous les Français qui vous accompagnent, vous serez libres de vous retirer où bon vous semblera; mais les Chiliens et les Aucas, quels qu'ils soient, qui se trouvent dans votre troupe, nous seront immédiatement livrés.

La comte fronça le sourcil, se leva, et, après avoir salué les assistants avec la plus grande courtoisie, sortit résolument de la hutte.

Les quatre hommes se regardèrent un instant avec surprise, puis, par un mouvement spontané, ils s'élancèrent sur ses traces.

Le comte, d'un pas lent et tranquille, se dirigeait vers le rocher.

Le général le rejoignit à quelque distance des retranchements.

— Où allez-vous donc, monsieur? lui dit-il, et pourquoi ce départ subit sans daigner nous répondre?

Le jeune homme s'arrêta.

— Monsieur, dit-il d'une voix brève, après une telle proposition, toute réponse est inutile.

— Il me semble pourtant... objecta don Pancho.

— Fi, monsieur! n'insistez pas, je vais rejoindre mes compagnons; sachez bien ceci, c'est que tous les hommes qui sont avec moi se trouvent momentanément placés sous ma protection, ils suivront jusqu'au bout ma fortune comme je suivrai la leur : les abandonner serait commettre une lâcheté; ces deux chefs aucas qui nous écoutent sont, j'en suis convaincu, des hommes de cœur, ils comprennent que je dois rompre toute négociation.

— Mon frère parle bien, dit Antinahuel; mais des guerriers sont morts, il faut que le sang versé soit vengé.

— C'est juste, observa le jeune homme, aussi, je me retire, mon honneur me défend de rester plus longtemps ici et de prêter l'oreille à des propositions que je considère comme inacceptables.

Tout en parlant, le comte avait continué à marcher, et les cinq personnes étaient sorties du camp en quelque sorte sans s'en apercevoir, et ne se trouvaient plus qu'à une courte distance de la citadelle improvisée.

— Cependant, monsieur, observa le général, avant de refuser si péremptoirement, vous devriez au moins avertir vos compagnons.

— Vous avez raison, général, fit le comte avec un sourire railleur.

Il prit son agenda, écrivit quelques mots sur une des pages, la déchira et la plia en quatre.

— Vous allez être satisfait séance tenante, dit-il ; et se tournant vers le rocher, il porta ses mains à sa bouche en les arrondissant en forme de porte-voix :

« Descendez un laço, cria-t-il avec force.

Presque immédiatement une longue corde en cuir passa par une des meurtrières et flotta bientôt à un pied du sol.

Le comte prit une pierre, l'enveloppa dans la feuille de papier et attacha le tout à l'extrémité du laço qui remonta.

Le jeune homme se croisa les bras sur la poitrine, et se tournant vers ceux qui l'entouraient :

— Vous aurez bientôt la réponse, dit-il.

Une certaine agitation régnait en ce moment parmi les Aucas : un Indien venait d'arriver tout effaré et de murmurer à l'oreille de Antinahuel quelques mots qui l'avaient bouleversé.

Le général avait échangé avec le sénateur un regard significatif.

Tout à coup, les fortifications mobiles entassées sur le sommet des rochers s'écartèrent comme par enchantement, et la plate-forme parut couverte de soldats chiliens armés de fusils ; un peu en avant d'eux se tenait Valentin avec son chien César.

Don Tadeo et les deux chefs indiens étaient seuls invisibles.

Valentin était nonchalamment appuyé sur son fusil.

Le comte ne savait s'il voulait en croire ses yeux, il se demandait vainement où ses amis avaient recruté ces nombreux soldats.

Cependant il ne se démonta pas, nulle trace de surprise ne passa sur son visage, il se retourna paisiblement vers les chefs et leur dit avec un sourire railleur :

— Vous voyez, messieurs, que la réponse ne s'est pas fait attendre ; écoutez bien, je vous prie.

— Monsieur le comte, cria Valentin avec une voix qui retentit avec l'éclat de la foudre, au nom de vos compagnons qui me chargent de vous répondre, vous avez eu raison de rejeter les propositions honteuses que l'on vous offrait ; nous sommes ici cent cinquante hommes résolus à périr plutôt que de les accepter.

Le chiffre de cent cinquante produisit un grand effet sur les chefs aucas, joint à la nouvelle qu'ils venaient de recevoir que leurs prisonniers chiliens avaient réussi à s'échapper du camp avec armes et bagages et à rejoindre les assiégés.

Est-il besoin d'expliquer que cette fuite des prisonniers avait été concertée et exécutée par doña Maria et le sénateur ?

Voilà quel était le projet qu'elle avait conçu pour obliger les Araucans à lever le siège, projet qui, de même que tous ceux formés par cette femme à l'esprit de démon, devait réussir par sa hardiesse même.

Le comte qui, lorsqu'il ne représentait qu'une garnison composée de **trois**

hommes, avait tenu un langage si hautain, n'était pas d'humeur à le modifier
à présent que la fortune lui souriait si visiblement.

— C'est convenu, cria-t-il à Valentin, et s'adressant aux chefs. Vous le
voyez, dit-il, mes compagnons sont de mon avis.

— Que veut donc mon frère ? demanda Antinahuel.

— Oh ! mon Dieu, répondit le jeune homme, m'en aller simplement. Je ne
suis pas ambitieux, moi, nous sommes tous de braves gens, pourquoi nous
égorgerions-nous sans raisons plausibles ? ce serait ridicule. Vous allez rentrer
dans vos retranchements en me donnant votre parole d'honneur de ne pas
en sortir avant trois heures ; pendant ce temps-là j'évacuerai avec ma troupe
le poste que j'occupe, et je me retirerai avec armes et bagages, sans descendre
dans la plaine ; dès que je serai parti, vous lèverez votre camp et vous partirez de votre côté, sans chercher à inquiéter ma retraite. Ces conditions vous
conviennent-elles ?

Antinahuel, le Cerf Noir et le général se consultèrent un instant à voix
basse.

— Nous acceptons, dit Antinahuel. Mon jeune frère pâle est un grand
cœur, lui et ses mosotones sont libres de se retirer où ils voudront.

— Bien, répondit le comte, en serrant la main que lui tendait le toqui,
vous êtes un brave guerrier et je vous remercie, chef ! mais j'ai encore une
demande à vous adresser.

— Que mon frère s'explique, et si je puis la lui accorder je le ferai, répondit
Antinahuel.

— Eh bien ! reprit le jeune homme avec effusion, ne faites pas les choses à
demi, chef ; hier vous vous êtes emparé de quelques prisonniers espagnols,
rendez-les-moi.

— Ces prisonniers sont libres, dit le toqui avec un sourire contraint, ils
ont rejoint déjà leurs frères du rocher.

Louis comprit alors d'où provenait cet accroissement inouï de sa garnison.

— Je n'ai donc plus qu'à me retirer, répondit-il.

— Pardon ! pardon ! s'écria le sénateur, qui n'était pas fâché de profiter de
l'occasion pour s'éloigner au plus vite de doña Maria et du général, dont la
société ne lui plaisait que fort médiocrement, j'étais au nombre de ces prisonniers, moi !

— C'est juste, observa don Pacho, que décide mon frère ?

— Bon, que cet homme parte, répondit Antinahuel en haussant les épaules.

Don Ramon ne se le fit pas répéter, et suivit le comte avec empressement.

Louis salua courtoisement les chefs et regagna la tour où ses compagnons
l'attendaient avec anxiété.

Les préparatifs du départ furent courts.

Le sénateur surtout avait hâte de s'éloigner, tant il redoutait de retomber
au pouvoir de ceux auxquels par un miracle il avait échappé.

Si doña Maria et le général Bustamente s'étaient doutés que l'homme qu'ils
haïssaient, et contre lequel ils s'étaient ligués, était au nombre de ceux qu'ils
avaient si ardemment travaillé à sauver, quel aurait été leur désappointement !

Quelques heures plus tard, ces lieux étaient retombés dans leur solitude habituelle, que troublait seul par intervalles le vol des condors ou la course effaré des guanaccos.

Chiliens et Araucans avaient disparu !

XX

L'APPEL

Il faisait nuit.

Valentin et ses compagnons marchaient toujours.

Dès que la position gardée si résolument avait été évacuée, le Parisien avait immédiatement pris non seulement la direction, mais encore le commandement de la troupe.

Ce changement s'était opéré tout naturellement, sans secousses et sans réclamations de la part de ses compagnons.

Tous, instinctivement, lui reconnaissaient une supériorité que lui seul ignorait.

C'est que, depuis son arrivée en Amérique, Valentin se trouvait jeté dans les hasards d'une vie diamétralement opposée à celle que jusqu'alors il avait menée. Sa position, en s'élargissant, avait élargi son intelligence.

Valentin, doué d'une âme énergique, d'un cœur chaud, avait la décision prompte et le regard empreint de cette fermeté qui commande ; aussi, à son insu, exerçait-il sur tous ceux qui l'approchaient une influence dont ils ne se rendaient pas compte, mais qu'ils subissaient.

Louis de Prébois-Cancé avait été le premier à éprouver cette influence ; dans le commencement il avait à plusieurs reprises cherché à s'y soustraire, mais bientôt il avait été forcé de convenir avec lui-même de la supériorité de Valentin, et il avait fini par l'accepter.

Les Araucans avaient fidèlement observé les conditions du traité : les Chiliens s'étaient tranquillement retirés sans apercevoir un coureur ennemi.

Ils suivaient la route de Valdivia.

Cependant, ainsi que nous l'avons dit en commençant, il faisait nuit : les ténèbres qui enveloppaient la terre confondaient tous les objets et rendaient la marche excessivement pénible.

Les chevaux fatigués n'avançaient plus qu'avec peine, et en trébuchant à chaque pas.

Valentin craignit avec raison de s'égarer dans l'obscurité. Arrivé sur les bords d'une rivière qu'il reconnut pour être celle où, quelques jours auparavant, avait eu lieu le renouvellement des traités, il fit halte et campa pour la nuit.

Il ne voulait pas, à cette heure avancée, se hasarder à passer sur l'autre rive, d'autant plus que, dans les temps ordinaires, cette rivière, qui n'est qu'un mince filet d'eau coulant clair et limpide dans la plaine, grossie en ce moment par quelque pluie ou quelque fonte de neige dans la montagne, roulait des eaux bruyantes et jaunâtres.

Par intervalles, un vent froid frissonnait dans le pâle feuillage des saules, la lune avait disparu sous les nuages et le ciel avait pris une teinte d'acier, sinistre et menaçante.

Il y avait de l'orage dans l'air.

La prudence ordonnait de s'arrêter et de s'abriter aussi bien que possible, au lieu de s'obstiner à marcher dans les ténèbres qui, d'instants en instants, se faisaient plus intenses ; l'ordre de camper fut accueilli par les compagnons de Valentin avec un cri de joie, et chacun se hâta de tout préparer pour passer la nuit.

Les Américains, habitués à la vie nomade, qui plus souvent dorment sous le ciel nu que sous un toit, ne sont jamais embarrassés de se confectionner des abris.

Des feux furent allumés pour éloigner les bêtes fauves et combattre le froid piquant de la nuit, et des huttes de feuillages et de branches entrelacées s'élevèrent comme par enchantement.

Alors chacun, fouillant dans ses *alforjas,* espèces de larges poches de toile rayée que les huasos et les soldats chiliens portent constamment avec eux, en tira le *chargué* et la *harina tostada,* qui devaient composer le souper.

Les repas des hommes fatigués d'une longue route sont courts, le sommeil est leur premier besoin ; une heure plus tard , excepté les sentinelles qui veillaient à la sûreté commune, tous les soldats dormaient profondément.

Seuls, sept hommes assis autour d'un immense brasier qui brûlait au milieu du camp, causaient entre eux en fumant.

Ces hommes, le lecteur les a reconnus.

— Mes amis, dit Valentin en ôtant son cigare de sa bouche et en suivant des yeux la légère colonne de fumée bleuâtre qu'il venait de lancer, nous ne sommes plus à une grande distance de Valdivia.

— A dix lieues à peine, répondit Joan.

— Je crois, sauf meilleur avis, reprit Valentin, que nous ferons bien, avant de prendre un repos dont nous avons tous un si pressant besoin, de convenir de nos faits et d'arrêter une détermination quelconque.

Tous inclinèrent la tête en signe d'assentiment.

— Nous n'avons pas besoin de rappeler la raison qui nous a fait, il y a quelques jours, quitter Valdivia, cette raison devient à chaque instant plus importante : différer davantage de commencer nos recherches, c'est rendre notre tâche plus ardue et, le dirai-je, presque impossible ; entendons-nous donc bien, afin qu'une fois que nous aurons résolu une chose, nous l'exécutions sans hésiter et avec toute la célérité possible.

— Qu'est-il besoin de discuter, mon ami? dit vivement don Tadeo, demain, au point du jour, nous reprendrons le chemin des montagnes, et nous laisserons les soldats continuer leur marche sur Valdivia , sous la conduite de don Ramon, d'autant plus que maintenant il n'y a plus rien à craindre.

— C'est convenu, fit le sénateur; nous sommes tous bien armés, les quelques lieues qui nous restent à faire n'offrent aucune apparence d'un danger sérieux ; demain, au point du jour, nous nous séparerons de vous, et nous vous laisserons libres de vous occuper de vos affaires, après vous avoir remerciés du service que vous nous avez rendu.

— Maintenant, continua Valentin, je demanderai à nos amis araucans s'ils ont toujours l'intention de nous suivre, ou s'ils préfèrent se retirer dans leur tolderia?

— Pourquoi mon frère m'adresse-t-il cette question? répondit Trangoil Lanec, désire-t-il donc notre départ?

— Je serais désespéré que vous donnassiez cette signification à mes paroles, chef; au contraire, mon plus ferme désir serait de vous conserver auprès de moi.

— Que mon frère s'explique alors, afin que nous le comprenions.

— C'est ce que je vais faire. Voici longtemps déjà que mes frères ont quitté leur village, ils peuvent avoir le désir de revoir leurs femmes et leurs enfants; d'un autre côté, le hasard nous oblige à combattre justement leurs compatriotes, je comprends fort bien la répugnance que, dans de telles circonstances, doivent éprouver mes frères; mon intention, en leur faisant ma question, a donc été simplement de les délier de toute obligation envers nous, et de les laisser libres d'agir comme leur cœur les poussera à le faire.

Trangoil Lanec reprit la parole.

— Mon frère a bien parlé, dit-il, c'est une âme loyale; dans ses discours son cœur est toujours sur ses lèvres, aussi sa voix résonne-t-elle à mon oreille comme le chant du *maw kawis*, je suis heureux quand je l'entends. Trangoil Lanec est un des chefs de sa nation, il est sage, ce qu'il fait est bien. Antinahuel n'est pas son ami, Trangoil Lanec suivra son frère le visage pâle partout où il voudra aller; j'ai dit.

— Merci, chef, je comptais sur votre réponse; cependant mon honneur m'ordonnait de vous adresser ma question.

— Bon, fit Curumilla, mon frère ne reviendra plus sur ce sujet à présent.

— Ma foi non, dit gaiement Valentin, je suis heureux d'avoir aussi bien terminé cette affaire qui, je l'avoue, me taquinait intérieurement beaucoup; maintenant je crois que nous ne ferons pas mal de dormir.

Tous se levèrent.

Tout à coup César, qui était tranquillement accroupi devant le feu, se mit à hurler avec fureur.

— Allons, bien! fit Valentin, que va-t-il encore arriver?

Chacun tendit l'oreille avec inquiétude, en cherchant ses armes par un mouvement instinctif.

Un bruit assez fort, qui croissait rapidement, se faisait entendre à courte distance.

— Aux armes! commanda Valentin à voix basse, il y a beaucoup de courants d'air par ici, on ne sait pas à qui on peut avoir affaire, il est bon de se tenir sur ses gardes.

En quelques secondes tout le camp fut éveillé, les soldats se preparèrent à bien recevoir l'intrus qui oserait se présenter.

Le bruit se rapprochait de plus en plus, des formes noires commençaient à dessiner leurs contours dans la nuit.

— *Quién vive?* — qui vive? — cria la sentinelle.

— *Chile!* répondit une voix forte.

— *Qué gente?* — quels gens? — reprit le soldat.

— *Gente de paz!* — hommes de paix! — dit encore la voix, qui ajouta immédiatement : Don Gregorio Peralta.

A ce nom tous les fusils se redressèrent.

— Venez! venez! don Gregorio, cria Valentin. Caramba! soyez le bienvenu parmi vos amis.

— Caspita! caballeros! répondit vivement don Gregorio en serrant les mains que de tous côtés lui tendaient ses amis, quel heureux hasard de vous rencontrer aussi vite!

Derrière don Gregorio, une trentaine de cavaliers entrèrent dans le camp.

— Comment, aussi vite? demanda don Tadeo, vous nous cherchiez donc, cher ami?

— *Carai!* si je vous cherchais, don Tadeo! c'est exprès pour vous que je suis sorti, il y a quelques heures, de Valdivia.

— Je ne vous comprends pas, fit don Tadeo.

Don Gregorio ne parut pas le remarquer, et faisant signe aux Français et à don Tadeo de le suivre, il s'éloigna de quelques pas afin que nul autre que ses trois amis ne pût entendre ce qu'il allait dire.

— Vous m'avez demandé pourquoi je vous cherchais, don Tadeo, reprit-il, je vais vous le dire : aujourd'hui je suis parti, envoyé vers vous par tous les patriotes, nos frères, par tous les Cœurs Sombres du Chili, dont vous êtes le chef et le roi, avec la mission de vous dire ceci quand je vous rencontrerai : Roi des ténèbres, la patrie est en danger! un homme seul peut la sauver, cet homme, c'est vous! refuserez-vous de vous sacrifier pour elle?

Don Tadeo ne répondit pas, son front pâle penchait vers la terre, il semblait en proie à une vive douleur.

— Écoutez les nouvelles que je vous apporte, don Tadeo, continua gravement don Gregorio, le général Bustamente s'est échappé!

— Je le savais! murmura-t-il faiblement.

— Oui, mais ce que vous ignorez, c'est que ce misérable est parvenu à mettre les Araucans dans ses intérêts; avant huit jours, une armée formidable de ces féroces guerriers, commandés par Antinahuel en personne et par le général Bustamente, envahira nos frontières, précédée par le meurtre et l'incendie.

— Ces nouvelles... objecta don Tadeo.

Un seul guerrier était resté au camp abandonné.

— Sont certaines, interrompit vivement don Gregorio ; un espion fidèle nous les a apportées.

— Vous le savez, mon ami, j'ai résigné le pouvoir entre vos mains, je ne suis plus rien.

—Lorsque vous avez résigné le pouvoir, don Tadeo, l'ennemi était vaincu, prisonnier, la liberté était victorieuse ; mais aujourd'hui tout est changé, le péril est plus grand que jamais, la patrie vous appelle ; resterez-vous sourd à sa voix ?

— Ami, répondit don Tadeo avec un accent profondément triste, une autre voix m'appelle aussi, celle de ma fille, je veux la sauver.

— Le salut du pays passe avant les affections de famille ! Roi des Ténèbres, souvenez-vous de vos serments ! dit rudement don Gregorio.

— Mais ma fille ! ma pauvre enfant ! le seul bien que je possède ! s'écriat-il d'une voix pleine de larmes.

— Souvenez-vous de vos serments, Roi des Ténèbres ! répéta don Gregorio avec un accent profond, vos frères vous attendent.

— Oh ! s'écria le malheureux d'une voix que la douleur rendait rauque et saccadée, n'aurez-vous pas pitié d'un père qui vous implore ?

— Bien ! répondit don Gregorio avec amertume en faisant un pas en arrière, je me retire, don Tadeo ; pendant dix ans, nous avons tout sacrifié pour la cause que vous trahissez aujourd'hui ! nous saurons mourir pour cette liberté que vous abandonnez. Adieu, don Tadeo, le peuple chilien succombera, mais vous retrouverez votre fille et vous courberez le front sous la malédiction de vos frères ! Adieu, je ne vous connais plus !

— Arrêtez ! s'écria don Tadeo, rétractez ces affreuses paroles. Vous le voulez ? eh bien, soit ! je mourrai avec vous ! Partons ! partons !... Ma fille ! ma fille ! ajouta-t-il d'une voix déchirante, pardonne-moi.

— Oh ! je retrouve mon frère ! s'écria avec joie don Gregorio en le serrant dans ses bras. Non ! avec un tel champion, la liberté ne peut périr.

— Don Tadeo ! s'écria Valentin, allez où le devoir vous ordonne ; je jure Dieu que nous vous rendrons votre fille !

— Oui, fit le comte en lui pressant la main, dussions-nous périr !

Don Gregorio ne voulut pas finir la nuit au camp ; chaque cavalier prit un fantassin en croupe, et une heure plus tard ils s'élançaient au galop sur la route de Valdivia.

— Ma fille ! ma fille ! cria une dernière fois don Tadeo.

— Nous la sauverons, répondirent les Français.

Bientôt la troupe chilienne s'effaça dans la nuit. Il ne restait au camp que Valentin, Louis, Curumilla, Joan et Trangoil Lanec.

Dès qu'ils furent seuls, Valentin poussa un soupir.

— Pauvre homme ! dit-il ; puis il ajouta : Prenons quelques instants de repos, demain la journée sera rude !

Les cinq aventuriers s'enveloppèrent dans leurs ponchos, se couchèrent les pieds au feu et s'endormirent sous la garde de César, vigilante sentinelle qui ne devait pas se laisser surprendre.

XXI

LE CONSEIL

Vers le milieu de la nuit l'orage éclata.

Les ténèbres étaient épaisses ; par moments des éclairs éblouissants traversaient l'espace et répandaient des lueurs fugitives qui imprimaient aux objets une apparence fantastique.

Les arbres, fouettés par le vent qui mugissait avec fureur, se secouaient et pliaient comme des roseaux sous l'effort de la tempête ; le sourd grondement du tonnerre mêlait ses éclats métalliques aux rugissements de la rivière qui débordait dans la prairie.

Le ciel avait l'apparence d'une immense lame de plomb, et la pluie tombait si drue que les voyageurs, malgré tous leurs efforts, ne parvenaient pas à s'en garantir.

Leur feu de bivouac s'éteignit, et jusqu'au jour ils grelottèrent sous les éléments combinés qui faisaient rage au-dessus de leur tête.

Vers le matin, l'ouragan se calma un peu et le soleil en se levant le dissipa tout à fait.

Ce fut alors que les cinq aventuriers purent apprécier les désordres occasionnés par cet effroyable cataclysme.

Des arbres étaient brisés ou tordus comme des fétus de paille, d'autres, déracinés sous l'effort de la tourmente, gisaient les racines en l'air.

La prairie n'était qu'un large marécage.

La rivière, la veille encore si calme, si limpide, si inoffensive, avait tout envahi, roulant des eaux bourbeuses, couchant les herbes et creusant de profonds ravins.

Valentin se félicita d'avoir, le soir, établi son camp sur le penchant de la montagne, au lieu de descendre dans la plaine ; s'il n'avait pas agi ainsi, peut-être lui et ses compagnons auraient-ils été engloutis par les eaux furieuses lorsqu'elles avaient débordé.

Le premier soin des voyageurs fut de rallumer du feu pour se sécher et pour préparer leur repas.

Trangoil Lanec chercha d'abord une pierre plate et assez large. Sur cette pierre, il étendit un lit de feuilles, au-dessus desquelles le feu fut enfin allumé.

Sur la terre mouillée, il eût été impossible d'en obtenir.

Bientôt une colonne de flammes claires monta vers le ciel et ranima le courage des voyageurs transis de froid, qui la saluèrent par un cri de joie.

Dès que le déjeuner fut terminé, la gaieté reparut, les souffrances de la nuit furent oubliées, et ces cinq hommes ne pensèrent plus aux misères passées que pour s'encourager à supporter patiemment celles qui les attendaient encore.

Il était sept heures du matin. Accroupis devant le brasier, ils fumaient en silence, lorsque Valentin prit la parole :

— Nous avons eu tort cette nuit, dit-il, de laisser partir don Tadeo.

— Pourquoi cela ? lui demanda Louis.

— Mon Dieu, nous étions en ce moment sous le coup d'une impression terrible, nous n'avons pas réfléchi à une chose qui me revient en ce moment.

— Laquelle ?

— Celle-ci : dès que don Tadeo aura accompli les devoirs de bon citoyen, auxquels l'oblige son patriotisme éprouvé, il est évident pour nous tous qu'il résignera immédiatement un pouvoir qu'il n'a accepté qu'à son corps défendant.

— C'est évident.

— Quel sera alors son plus vif désir ?

— Pardieu ! celui de se mettre à la recherche de sa fille, dit vivement Louis.

— Ou de nous rejoindre.

— C'est la même chose.

— D'accord ; mais là surgira devant lui un obstacle infranchissable qui l'arrêtera net.

— Lequel ?

— Un guide qui puisse le conduire auprès de nous.

— C'est vrai ! s'écrièrent les quatre hommes avec stupeur.

— Comment faire ? demanda Louis.

— Heureusement, continua Valentin, qu'il n'est pas trop tard encore pour réparer notre oubli. Don Tadeo a besoin avec lui d'un homme qui lui soit entièrement dévoué, qui connaisse à fond les parages que nous nous proposons de parcourir, qui nous suive, en quelque sorte, à la piste comme un fin limier, n'est-il pas vrai ?

— Oui, fit Trangoil Lanec avec un geste affirmatif.

— Eh bien ! reprit Valentin, cet homme, c'est Joan.

— C'est juste, observa l'Indien, moi je serai le guide.

— Joan va nous quitter, je lui donnerai une lettre que Louis écrira, et dans laquelle j'instruirai don Tadeo de la mission dont notre ami se charge auprès de lui.

— Bon ! fit Curumilla, notre ami pense à tout ; que don Luis dessine le *collier* — lettre.

— Eh mais ! s'écria joyeusement Valentin, à présent que j'y songe, il vaut mieux que cette idée ne me soit venue que ce matin.

— Pourquoi donc ? dit Louis avec étonnement.

— Parce que ce pauvre don Tadeo sera tout heureux de recevoir de nous ce mot qui lui prouvera que nous ne le négligeons pas, et que nous prenons ses intérêts à cœur.

— C'est vrai, dit le comte.

— N'est-ce pas ? eh bien ! écris, frère.

Le comte ne se le fit pas répéter, il se mit à l'œuvre.

La lettre, écrite sur une feuille de son agenda, fut bientôt prête.

Joan, de son côté, avait terminé ses préparatifs de départ.

— Frère, lui dit Valentin, en lui remettant le billet que l'Indien cacha sous le ruban qui ceignait ses cheveux, je n'ai aucune recommandation à vous faire : vous êtes un guerrier expérimenté, un homme au cœur fort, vous laissez ici des amis dans le souvenir desquels vous tiendrez toujours une grande place.

— Mon frère n'a rien à me dire ? répondit Joan, avec un sourire qui éclaira son martial visage d'un rayon de bonté sympathique ; je laisse mon cœur ici, je saurai l'y retrouver.

Il s'inclina devant ses amis ; puis le brave Indien s'éloigna rapidement en bondissant comme un guanacco dans les hautes herbes.

Bientôt ils le virent se jeter dans la rivière et la traverser à la nage.

Arrivé sur l'autre rive, il redressa son corps ruisselant, fit un dernier signe d'adieu à ses amis et disparut dans un pli de terrain.

— Brave garçon ! murmura Valentin en se rasseyant devant le feu.

— C'est un guerrier, dit Trangoil Lanec avec orgueil.

— Maintenant, chef, reprit le spahi, causons un peu, voulez-vous ?

— J'écoute mon frère.

— Je vais m'expliquer : la tâche que nous entreprenons est difficile, j'ajouterais même qu'elle est impossible, si nous ne vous avions pas avec nous ; Louis et moi, malgré tout notre courage, nous serions contraints d'y renoncer, car dans ce pays, les yeux de l'homme blanc, si bons qu'ils soient, sont impuissants pour le diriger. Vous seuls pouvez nous guider sûrement vers le but ; que l'un de vous soit donc notre chef, nous lui obéirons avec joie, et nous nous laisserons conduire par lui comme il le jugera convenable ; ainsi, chef, entre nous pas de fausse délicatesse, vous et Curumilla êtes de droit chefs de l'expédition.

Trangoil Lanec réfléchit quelques minutes, puis il répondit :

— Mon frère a bien parlé, son cœur est sans nuages pour ses amis. Oui, la route est longue et hérissée de périls, mais que nos frères pâles s'en rapportent à nous : élevés dans le désert, il ne garde plus de mystères pour nous, et nous saurons déjouer les embûches et éventer les pièges qui nous seront tendus.

— Voilà qui est convenu, chef, dit Valentin, quant à nous, nous n'aurons qu'à obéir.

— Ce point réglé à la satisfaction commune, observa le comte, il en est un autre non moins important qu'il nous faut régler aussi séance tenante.

— Quel est ce point, frère ? demanda Valentin.

— Celui de savoir de quel côté nous nous dirigerons, et si nous nous mettrons bientôt en route.

— Immédiatement, répondit Trangoil Lanec ; seulement nous devons d'abord adopter une ligne de conduite dont nous ne nous écarterons plus pendant le cours du voyage.

— Ceci est raisonner en homme prudent, chef; soumettez-nous donc vos observations, c'est du choc des idées que jaillit la lumière.

— Je pense, dit Trangoil Lanec, que pour retrouver la piste de la vierge pâle aux yeux d'azur, il nous faut retourner à San-Miguel, et de là nous lancer sur les traces des guerriers qui l'ont emmenée.

— C'est assez mon avis, appuya Valentin, je ne vois pas trop comment nous pourrions faire autrement.

Curumilla secoua négativement la tête.

— Non, dit-il, cette piste nous égarerait et nous ferait perdre un temps précieux.

Les deux Français le regardèrent avec étonnement, tandis que Trangoil Lanec continuait à fumer, le regard impassible.

— Je ne vous comprends pas, chef, dit Valentin.

Curumilla sourit.

— Que mon frère écoute, dit-il; Antinahuel est un chef puissant et redouté, c'est le plus grand des guerriers araucans, son cœur est vaste comme le monde. Le toqui a déclaré la guerre aux visages pâles : cette guerre, il la fera cruelle, parce qu'il a auprès de lui un homme et une femme huincas qui, dans leur intérêt, le pousseront à envahir leur pays. Antinahuel rassemblera ses guerriers, mais il ne retournera pas dans son village; la vierge aux yeux d'azur a été enlevée par la femme au cœur de vipère pour décider le chef à cette guerre, car le chef aime la vierge, et je l'ai dit à mes frères, la volonté du chef brûle ce qu'il ne peut atteindre; le chef, obligé de rester à la tête des guerriers, ordonnera que la vierge lui soit amenée. Afin de découvrir la trace du puma femelle, les chasseurs suivent celle du mâle; pour retrouver la piste de la jeune vierge, il faut suivre celle de Antinahuel, et nous reconnaîtrons que bientôt toutes deux s'enchaînent et se confondent. J'ai dit, que mes frères réfléchissent.

Il se tut, et baissant la tête sur la poitrine, il attendit.

Il y eut un silence assez long, ce fut le comte qui le rompit.

— Ma foi, dit-il, je ne sais que penser, les raisons que le chef vient de nous donner me semblent si bonnes que je suis prêt à m'y rendre.

— Oui, appuya Valentin, je crois que mon frère Curumilla a deviné juste : il est évident pour nous que Antinahuel aime doña Rosario, et que c'est dans le but de la lui livrer que cette hideuse créature, que notre ami appelle fort bien le cœur de vipère, a fait enlever la malheureuse enfant; qu'en pensez vous, chef? demanda-t-il à Trangoil Lanec.

— Curumilla est un des Ulmènes les plus prudents de sa nation, il a le courage du jaguar et l'adresse du renard, lui seul a jugé sainement; nous suivrons la piste de Antinahuel.

— Suivons donc la piste de Antinahuel, cela ne nous sera pas difficile, elle est assez large, dit gaiement Valentin.

Trangoil Lanec hocha la tête.

— Mon frère se trompe, nous suivrons effectivement la trace de Antinahuel, mais nous la suivrons à l'indienne.

— C'est-à-dire ?

— Dans l'air.

— Très bien, répondit Valentin abasourdi par cette explication laconique, je ne comprends plus du tout.

Le chef ne put s'empêcher de sourire de la mine effarée du jeune homme.

— Si nous suivions servilement par derrière les traces du toqui, dit-il avec condescendance, comme il a deux jours d'avance sur nous, qu'il est à cheval et que nous sommes à pied, malgré toute la diligence que nous ferions, nous ne parviendrions que dans bien longtemps à l'atteindre, et peut-être serait-il trop tard.

— Caramba! s'écria le jeune homme, c'est vrai, je n'avais pas songé à cela; comment nous procurer des chevaux?

— Nous n'en avons pas besoin, dans les montagnes on voyage plus vite à pied. Nous allons couper la piste en ligne droite; chaque fois que nous la rencontrerons, nous relèverons soigneusement sa direction, et nous agirons toujours ainsi jusqu'à ce que nous nous croyions sûrs de trouver celle de la vierge pâle; alors nous modifierons notre système de poursuite, d'après les circonstances.

— Oui, répondit Valentin, ce que vous me dites là me semble assez ingénieux, et de cette façon vous êtes certain de ne pas vous égarer, en un mot de ne pas faire fausse route?

— Que mon frère soit tranquille.

— Oh! parfaitement, chef, et dites-moi, en marchant ainsi à vol d'oiseau, quand pensez-vous atteindre celui que nous poursuivons?

— Après-demain soir nous serons bien près de lui.

— Comment! aussi promptement? c'est incroyable.

— Que mon frère réfléchisse : pendant que notre ennemi, qui ne soupçonne pas qu'on le poursuit, mais qui cependant peut marcher vite, fera quatre lieues dans la plaine, en suivant le chemin que nous allons prendre, nous, nous en ferons huit dans les montagnes.

— Vive Dieu! c'est affaire à vous pour dévorer l'espace. Agissez à votre guise, chef, je vois que nous ne pouvions avoir de meilleurs guides que vous deux.

Trangoil Lanec sourit.

— Partons-nous? reprit Valentin.

— Pas encore, répondit l'Ulmen en désignant son compagnon occupé à confectionner des chaussures indiennes. Tout est indice dans le désert; s'il arrive que ceux que nous poursuivons nous poursuivent à leur tour, vos bottes nous feront reconnaître. Vous allez les quitter, alors les guerriers araucans seront aveugles, car dès qu'ils verront des traces indiennes ils ne conserveront pas de méfiance.

Valentin, sans répondre, se laissa aller sur l'herbe et quitta ses bottes, mouvement qui fut imité par le comte.

— A présent, dit en riant le Parisien, je suppose qu'il faut que je les jette dans la rivière, hein? afin qu'on ne les retrouve pas.

— Que mon frère s'en garde bien, répondit sérieusement Trangoil Lanec, les bottes doivent être gardées; qui sait? plus tard peut-être elles pourront servir.

Les deux jeunes gens avaient chacun un havresac en peau assez semblable à celui des soldats, qu'ils portaient sur leurs épaules et qui contenait leurs effets de première nécessité, leurs ponchos et leurs couvertures de campement.

Sans faire d'observation, ils attachèrent les bottes sur le havresac et le bouclèrent sur leurs épaules.

Curumilla eut bientôt terminé sa besogne, il leur remit à chacun une paire de chaussures en tout semblables aux siennes, et qu'ils chaussèrent à leurs pieds.

Tous ces préparatifs terminés, ils reprirent à grands pas le chemin des montagnes, suivis par César qui formait l'arrière-garde.

XXII

FIN CONTRE FIN

Aussitôt que les Chiliens eurent évacué le rocher, Antinahuel, qui semblait ne les avoir qu'à regret laissé échapper, se retourna d'un air de mauvaise humeur du côté du général Bustamente :

— J'ai fait ce que mon frère désirait, dit-il, que veut-il encore?

— Rien, quant à présent, chef, à moins que vous ne consentiez à partir aussi de votre côté, ce qui, je crois, serait le mieux.

— Mon frère a raison, nous ne servons plus à rien ici.

— A rien, en effet; seulement, puisque désormais nous voilà libres de nos actions, si mon frère y consent nous nous rendrons dans la hutte du conseil, afin de dresser un plan de campagne.

— Bon, répondit machinalement le toqui, en suivant d'un regard haineux les derniers rangs des soldats chiliens qui disparaissaient en ce moment derrière un accident de terrain.

Le général lui posa résolument la main sur l'épaule.

Le toqui se retourna brusquement.

— Que veut le chef pâle? dit-il d'une voix sèche.

— Vous dire ceci, chef, répondit froidement le général : qu'importe une trentaine d'hommes, quand vous pouvez en immoler des milliers? Ce que vous avez fait aujourd'hui est le comble de l'adresse : en revoyant ces soldats vous semblez accepter votre défaite et renoncer, vous sentant trop faible, à tout espoir de vengeance. Vos ennemis prendront confiance, ils ne songeront pas à se tenir sur leurs gardes, et si vous êtes prudent, vous pourrez les attaquer avant qu'ils soient en mesure de vous résister.

Le front du chef se dérida, son regard devint moins farouche.

— Oui, murmura-t-il comme se parlant à lui-même, il y a du vrai dans ce

Ils attendaient tous avec anxiété que celui qu'ils aimaient comme un père revînt à la vie.

que dit mon frère; il faut souvent dans la guerre abandonner une poule afin de prendre un cheval plus tard; l'avis de mon frère est bon, allons dans la hutte du conseil.

Antinahuel et le général, suivis du Cerf Noir, entrèrent dans le toldo où les attendait doña Maria.

Lorsqu'ils se furent assis :

— Ce jeune homme qui s'est présenté ici de la part de ses amis est un cœur

vaste, dit Antinahuel en regardant don Pancho, mon frère le connaît sans
doute ?

— Ma foi non, répondit insoucieusement le général, je l'ai vu ce matin
pour la première fois ; c'est un de ces vagabonds étrangers que les vaisseaux
d'Europe jettent sur nos côtes pour voler nos richesses.

— Non, ce jeune homme est un chef, il a le regard de l'aigle.

— Vous vous intéressez à lui ?

— Oui, comme on s'intéresse à un homme brave quand on l'a vu à l'œuvre,
je serais heureux de le rencontrer une seconde fois.

— Malheureusement, dit le général avec un sourire ironique, ce n'est pas
probable ; je crois que le pauvre diable a eu une si belle peur qu'il se hâtera
de quitter le pays.

— Qui sait ? fit le chef d'un air pensif, et il ajouta : Que mon frère écoute,
un toqui va parler, que ses paroles se gravent dans la mémoire de mon frère.

— J'écoute, répondit le général en réprimant un mouvement d'impatience.

Antinahuel reprit impassiblement :

— Pendant que ce jeune homme était ici, qu'il parlait, moi je l'examinais ;
lorsqu'il croyait ne pas être vu de mon frère, il lui jetait des regards étranges ;
cet homme est un ennemi implacable.

Le général haussa les épaules.

— Je ne le connais pas, vous dis-je, chef, répondit-il, et quand même il
serait mon ennemi ? que m'importe ce vagabond ? jamais il ne pourra rien
contre moi.

— Il ne faut jamais mépriser un ennemi, dit sentencieusement Antinahuel,
les plus infimes sont souvent les plus dangereux à cause de leur petitesse
même. Mais venons au sujet de notre réunion, quelles sont à présent les
intentions de mon frère ?

— Écoutez-moi à votre tour, chef : nous sommes désormais attachés l'un
à l'autre par l'intérêt commun ; sans moi vous ne pouvez rien ou presque rien ;
de mon côté je confesse que sans vous, je suis dans l'impossibilité d'agir ;
mais je suis convaincu que si nous nous aidons mutuellement et si nous nous
soutenons franchement, nous obtiendrons en peu de jours de magnifiques
résultats.

— Bon ! que mon frère explique sa pensée, dit Antinahuel.

— Je ne marchanderai pas avec vous, chef ; voici le traité que je vous propose : aidez-moi franchement à ressaisir le pouvoir qui m'est échappé, donnez-
moi les moyens de me venger de mes ennemis et je vous abandonne à jamais,
en toute propriété, non seulement la province de Valdivia tout entière, mais
encore celle de Concepcion jusqu'à Talca, c'est-à-dire que je couperai en deux
le Chili, et que je vous en donnerai la moitié.

À cette magnifique proposition, le visage de Antinahuel ne laissa paraître
aucune trace d'émotion.

— Mon frère est généreux, dit-il, il donne ce qu'il n'a pas.

— C'est vrai, répondit le général avec dépit, mais je l'aurai si **vous**
m'aidez, et sans moi, vous ne pourrez jamais l'avoir.

Le chef fronça imperceptiblement les sourcils; le général feignit de ne pas s'en apercevoir, il continua :

— C'est à prendre ou à laisser, chef, le temps presse, toute nécessité perdue est un obstacle nouveau que nous créons; répondez loyalement : acceptez-vous, oui ou non?

Mis si brusquement en demeure, le toqui se recueillit un instant, puis se tournant vers le général :

— Et qui me garantira l'exécution de la promesse de mon frère? dit-il en le regardant en face.

Ce fut au tour du général à être décontenancé.

Il se mordit les lèvres, mais se remettant presque aussitôt :

— Que mon frère me dise quelle garantie il demande? dit-il.

Un sourire d'une expression indéfinissable plissa les lèvres d'Antinahuel.

Il fit un signe au Cerf Noir.

Celui-ci se leva et sortit de la hutte.

— Que mon frère attende un instant, dit impassiblement le toqui.

Le général s'inclina sans répondre.

Au bout d'une dizaine de minutes, le Cerf Noir rentra.

Il était suivi d'un guerrier aucas qui portait une espèce de table boiteuse, faite à la hâte de morceaux de bois mal équarris.

Sur cette table, le vieux toqui plaça silencieusement du papier, des plumes et de l'encre.

A cette vue le général tressaillit, il était pris.

Où et comment les Aucas s'étaient-ils procuré les divers objets qu'ils exhibaient? c'est ce qu'il ne put deviner.

Antinahuel prit une plume, et jouant machinalement avec elle :

— Les visages pâles, dit-il, ont beaucoup de science, ils en savent plus que nous autres pauvres Indiens ignorants; mon frère ne doute pas que j'ai fréquenté les Blancs, je connais donc plusieurs de leurs coutumes : ils possèdent l'art de déposer leur pensées sur le papier. Que mon frère prenne cette plume et qu'il me répète là, fit-il en désignant du doigt une feuille blanche, ce qu'il vient de me dire; alors, comme je conserverai ses paroles, le vent ne pourra pas les emporter, et si la mémoire lui fait défaut quelque jour, eh bien! il sera facile de les retrouver; du reste, ce que je demande là à mon frère n'a rien qui doive le froisser, les visages pâles agissent toujours ainsi entre eux.

Le général saisit la plume et la trempa dans l'encre.

— Puisque mon frère se méfie de ma parole, dit-il d'un ton piqué, je suis prêt à faire ce qu'il désire.

— Mon frère a mal compris mes paroles, répondit Antinahuel; j'ai en lui la plus grande confiance, je n'entends nullement lui faire injure; seulement, je représente ma nation; si, plus tard, les Ulmènes et les Apo-Ulmènes des Utal-Mapus me demandent compte du sang de leurs mosotones qui coulera comme de l'eau dans cette guerre, ils approuveront ma conduite dès que je leur montrerai ce *collier* sur lequel sera marqué le nom de mon frère.

Don Pancho vit qu'il ne lui restait plus d'échappatoire, il comprit que mieux valait s'exécuter bravement; que le moment venu de tenir sa promesse, il saurait bien trouver un faux-fuyant pour s'en dispenser.

Se tournant alors vers Antinahuel, il lui dit en souriant:

— Soit! mon frère a raison, je vais faire ce qu'il désire.

Le toqui s'inclina gravement.

Le général plaça le papier devant lui, écrivit rapidement quelques lignes et signa.

— Tenez, chef, dit-il en présentant le papier à Antinahuel, voici ce que vous m'avez demandé.

— Bon, répondit celui-ci en le prenant.

Il le tourna et le retourna dans tous les sens, cherchant probablement ce que le général avait écrit; mais, comme on le pense, tous ses efforts restèrent sans résultat.

Don Pancho et doña Maria le suivaient attentivement des yeux.

Au bout d'un instant, le chef fit un signe au Cerf Noir.

Celui-ci sortit et rentra presque aussitôt suivi de deux guerriers qui conduisaient au milieu d'eux un soldat chilien.

Le pauvre diable n'avait pu suivre ses camarades, lorsqu'ils s'étaient échappés, à cause d'une blessure assez grave à la jambe; il était pâle et jetait des regards effarés autour de lui.

Antinahuel sourit en le voyant.

— *Moro Huinca*, lui dit-il d'une voix rude, sais-tu expliquer ce qu'il y a sur le papier?

— Hein? répondit le soldat, qui ne comprenait pas cette question à laquelle il était loin de s'attendre.

Le général prit alors la parole:

— Le chef te demande si tu sais lire? fit-il.

— Oui, Seigneurie, balbutia le blessé.

— Bon, fit Antinahuel; tiens, explique, et il lui donna le papier.

Le soldat le prit machinalement.

Il le tourna et retourna entre ses doigts

Il était évident que ce misérable, abruti par la terreur, ne savait pas ce qu'on voulait de lui.

Le général arrêta d'un geste le chef, que ce manège impatientait, et s'adressant de nouveau au soldat:

— Mon ami, lui dit-il, puisque vous savez lire, ayez, je vous prie, l'obligeance de nous expliquer ce qu'il y a sur ce papier. N'est-ce pas cela que vous désirez, chef? fit-il en s'adressant au toqui.

Celui-ci hocha affirmativement la tête.

Le soldat, dont la frayeur était un peu calmée, grâce à l'accent amical que le général avait pris en lui parlant, comprit enfin ce qu'on attendait de lui; il jeta les yeux sur le papier et lut ce qui suit, d'une voix tremblante et entrecoupée par un reste d'émotion:

« Je soussigné don Pancho Bustamente, général de division, ex-ministre de la guerre de la République chilienne, m'engage envers Antinahuel, grand toqui des Araucans, à abandonner en toute propriété, à lui et à son peuple, pour en jouir et disposer à leur gré, maintenant et toujours, sans que jamais on puisse leur en contester la légitime propriété : 1° la province de Valdivia; 2° la province de Concepcion jusqu'à vingt milles de la ville de Talca. Ce territoire appartiendra, dans toute sa largeur et toute sa longueur, au peuple araucan, si le toqui Antinahuel, à l'aide d'une armée, me rétablit au pouvoir que j'ai perdu et me donne les moyens de le retenir entre mes mains. Cette condition n'étant pas exécutée par Antinahuel dans l'espace d'un mois, à compter de la date du présent traité, il sera de plein droit considéré comme nul.

« En foi de quoi j'ai signé de mes nom, prénoms et qualités,

« DON PANCHO BUSTAMENTE,

« *Général de division, ex-ministre de la Guerre de la République chilienne.* »

Pendant que le soldat lisait, Antinahuel, penché sur son épaule, semblait chercher à lire aussi; lorsqu'il eut terminé, d'une main il lui arracha brusquement le papier, de l'autre, il lui plongea son poignard dans le cœur.

Le malheureux fit deux pas en avant, les bras étendus et les yeux démesurément ouverts, en chancelant comme un homme ivre, et il tomba sur le sol en poussant un profond soupir.

— Qu'avez-vous fait ? s'écria le général en se levant subitement.

— *Ooah !* répondit négligemment le chef en pliant le papier qu'il cacha dans sa poitrine, cet homme aurait parlé plus tard, peut-être.

— C'est juste, fit don Pancho.

Un guerrier aucas prit le corps, le chargea sur ses épaules et sortit du toldo.

Il restait une large mare de sang entre les deux hommes.

Mais ni l'un ni l'autre n'y songeait.

Qu'importait à ces deux ambitieux la vie d'un homme !

— Eh bien ? reprit le général.

— Mon frère peut compter sur mon concours, répondit Antinahuel; mais d'abord il faut que je retourne à mon village.

— Mais, chef, insista le général, c'est perdre un temps précieux.

— Des intérêts de la plus haute importance m'obligent de retourner à ma tolderia.

Doña Maria, qui jusqu'alors était demeurée spectatrice silencieuse et en apparence désintéressée de ce qui s'était passé, s'avança lentement, et s'arrêtant devant le toqui :

— C'est inutile, dit-elle froidement.

— Que veut dire ma sœur ? demanda Antinahuel avec étonnement.

— J'ai compris l'impatience qui dévorait le cœur de mon frère loin de celle qu'il aime; ce matin, j'ai expédié un *chasqui* vers les mosotones qui conduisaient la vierge pâle à la tolderia des Puelches, avec l'ordre de leur faire rebrousser chemin et d'amener la jeune fille à mon frère.

Le visage du chef s'épanouit.

— Ma sœur est bonne, s'écria-t-il en lui serrant les mains avec effusion; Antinahuel n'est pas ingrat, il se souviendra.

— Que mon frère consente donc à faire ce que désire le grand guerrier des visages pâles, et je me tiendrai satisfaite, dit-elle d'une voix insinuante.

— Que mon frère parle, fit gravement le chef.

— Il nous faut, si nous voulons réussir, agir avec la rapidité de la foudre, dit don Pancho. Je vous le répète, chef, afin que vous en soyez bien convaincu, réunissez tous vos guerriers et donnez-leur rendez-vous sur le *Biobio*. Nous nous emparerons de Concepcion par un coup de main, de là nous marcherons sur Talca, qui est une ville ouverte, et si nos mouvements sont prompts, nous serons maîtres de Santiago, la capitale, avant même que l'on ait eu le temps de lever les troupes nécessaires pour s'opposer à notre passage.

— Bon, répondit en souriant Antinahuel, mon frère est un chef habile, il réussira.

— Oui, mais il faut se hâter surtout.

— Mon frère va voir, répondit laconiquement le toqui.

Se tournant vers le Cerf-Noir :

— Mon frère fera courir le *Quipus* et la lance de feu, dit-il; dans dix soleils, trente mille guerriers seront réunis dans la plaine de Condorkanki : les guerriers marcheront jour et nuit pour se rendre au point désigné; l'Ulmen qui n'amènera pas ses mosotones sera dégradé et renvoyé dans son village avec une robe de femme. J'ai dit, allez.

Le Cerf-Noir s'inclina et sortit sans répondre.

Vingt minutes plus tard, des courriers partaient à toute bride dans toutes les directions.

— Mon frère est-il content? demanda Antinahuel.

— Oui, répondit le général; bientôt je prouverai au chef que moi aussi je sais tenir mes promesses.

Le toqui donna l'ordre de lever le camp.

Une heure après, une longue file de cavaliers disparaissait dans les profondeurs de la forêt vierge qui formait les limites de la plaine.

C'était Antinahuel et ses guerriers qui se rendaient à la plaine de Condorkanki.

Un seul guerrier était resté au camp abandonné.

Il avait ordre d'attendre l'arrivée des mosotones qui conduisaient doña Rosario, afin de les guider à l'endroit où le toqui allait établir son camp, avant d'envahir le Chili.

Doña Maria et le général Bustamente étaient heureux.

Ils croyaient toucher enfin le but.

Ils s'imaginaient être sur le point de voir se réaliser l'espoir qu'ils nourrissaient depuis si longtemps, d'arriver au pouvoir suprême, et de tirer de leurs ennemis une vengeance éclatante.

Antinahuel ne songeait qu'à son amour pour doña Rosario.

XXIII

DÉLIRE

Ce n'avait été que malgré lui que don Tadeo de Leon avait consenti à reprendre ce pouvoir toujours si lourd, dans les révolutions, aux âmes réellement d'élite, et qu'il s'était une première fois déjà hâté de déposer dès qu'il avait cru la tranquillité rétablie dans la République.

Il suivait, morne et pensif, la troupe qui paraissait plutôt escorter un prisonnier d'Etat que l'homme qu'elle jugeait seul capable de sauver la patrie de l'abîme sur lequel elle penchait et où elle menaçait de tomber, s'il ne la retenait pas, sur cette pente terrible le long de laquelle elle glissait fatalement, par la toute-puissance de son génie et de sa volonté.

Depuis quelque temps l'orage avait éclaté avec fureur au-dessus des cavaliers qui couraient silencieux dans la nuit sous l'effort de la tempête, comme les sombres fantômes de la ballade allemande.

Chacun, enveloppé dans les plis de son manteau, le chapeau rabattu sur les yeux, cherchait à se garantir de l'ouragan,

Don Tadeo, au souffle ardent de la tempête, sembla renaître; jetant loin de lui son chapeau afin que la pluie inondât son front brûlant, les cheveux flottants au vent, le regard inspiré, il enfonça les éperons aux flancs de son cheval, qui hennit de douleur, et s'élança en avant en criant d'une voix retentissante :

— Hurra! mes fidèles! hurra! pour le salut de la patrie! en avant! en avant!

Ses compagnons, à la lueur d'un éclair sinistre, aperçurent cette imposante silhouette qui galopait devant eux, faisant bondir son cheval, franchissant tous les obstacles.

Subitement électrisés par cette vision étrange, ils se précipitèrent résolument à sa suite en poussant des cris d'enthousiasme.

Alors ce fut, dans cette plaine inondée, au milieu de ces arbres tordus sous la main puissante de l'ouragan qui rugissait avec furie, une course fiévreuse dont rien ne peut donner l'idée, impossible à décrire.

Don Tadeo, le cœur déchiré par tant de douleurs qui à la fois l'avaient assailli, était en proie à un accès de délire qui menaçait, s'il se prolongeait, de tourner à la folie.

Plus la course devenait haletante, plus l'orage sévissait, plus don Tadeo, les yeux ardents, se sentait entraîné fatalement par le délire furieux qui lui serrait les tempes comme dans un étau.

Par intervalles il faisait volte-face, poussait des cris inarticulés, et tout à coup il enlevait son cheval avec les éperons et les genoux et repartait à fond de train, poursuivant un ennemi imaginaire qui sans cesse fuyait devant lui.

Les soldats, épouvantés de cette crise terrible qu'ils ne savaient à quoi attribuer, remplis de douleur de le voir dans ce malheureux état, couraient derrière lui sans savoir de quelle façon lui rendre la raison qui l'abandonnait de plus en plus.

Mais par le bruit de leurs chevaux et leur aspect sinistre, ils augmentaient encore, s'il est possible, l'intensité de la crise que subissait l'infortuné gentilhomme.

Cependant on approchait de Valdivia; déjà à quelque distance, chose étrange à cette heure avancée de la nuit, on voyait scintiller des lueurs innombrables dans la direction de la ville, qui commençait à sortir des ténèbres et à dessiner ses sombres contours à l'horizon.

Don Gregorio, l'ami le plus fidèle de don Tadeo, était navré de douleur de le voir ainsi; il cherchait en vain un moyen de le rappeler à lui et de lui rendre cette raison qui lui échappait de plus en plus et qui, peut-être, si l'on n'y portait pas un prompt remède, ne tarderait pas à s'éteindre pour jamais.

Le temps pressait, la ville était proche, que faire?

Tout à coup une idée traversa son cerveau comme un jet de flammes.

Don Gregorio lança son cheval à toute bride en le piquant de la pointe de son poignard, afin d'augmenter encore la vélocité de son élan.

Le noble animal baissa la tête, souffla avec force et partit comme un trait.

Après quelques minutes de cette course insensée, don Gregorio fit tourner son cheval presque debout sur les pieds de derrière, et sans ralentir son élan, il revint sur ses pas comme un tourbillon.

Lui et don Tadeo étaient lancés l'un contre l'autre, ils devaient inévitablement se croiser.

Au passage, don Gregorio saisit d'une main la gourmette du cheval de son ami, et lui donnant un coup sec, il l'arrêta net.

Le Roi des Ténèbres tressaillit, il fixa des yeux ardents sur l'homme qui lui barrait ainsi brusquement le passage.

Tous les spectateurs de cette scène s'étaient arrêtés haletants et inquiets.

— Don Tadeo de Leon, lui dit don Gregorio d'une voix imposante, avec un ton de reproche, avez-vous oublié doña Rosario, votre fille?

Au nom de sa fille, un tremblement convulsif agita tous les membres de don Tadeo, il passa la main sur son front brûlant et fixant un œil égaré sur celui qui l'interpellait ainsi :

— Ma fille! s'écria-t-il d'une voix déchirante, oh! rendez-moi ma fille!

Soudain, une pâleur cadavérique envahit son visage, ses yeux se fermèrent, il abandonna les rênes et tomba à la renverse.

Mais plus rapide que la pensée, son ami s'était jeté à terre et l'avait reçu dans ses bras.

Don Tadeo était évanoui.

Don Gregorio le considéra un instant avec tendresse, le prit dans ses bras comme un enfant, et l'étendit sur les manteaux amoncelés, dont les soldats s'étaient dépouillés avec empressement pour faire un lit.

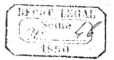

Dix minutes plus tard il galopait à toute bride sur la route de Concepcion.

— Il est sauvé! dit-il.

Tous ces rudes hommes de guerre, que nul danger n'avait le pouvoir d'étonner ou d'émouvoir, poussèrent un soupir de soulagement à cette parole d'espoir, à laquelle ils n'osaient croire encore.

Plusieurs couvertures et manteaux avaient été suspendus aux branches de l'arbre sous lequel reposait le chef, afin de l'abriter.

Et tous muets, immobiles, la bride passée dans le bras, ils restèrent là respectueusement inclinés, malgré la pluie et le vent, attendant avec anxiété que celui qu'ils aimaient comme un père revint à la vie.

Une heure s'écoula ainsi.

Un siècle pendant lequel on n'entendit pas un murmure, pas une plainte

Don Gregorio, penché sur son ami, suivait d'un regard avide les progrès de la crise, à la lueur d'une torche dont la flamme vacillante donnait à cette scène une apparence fantastique.

Peu à peu le tremblement convulsif qui agitait le corps du malade se calma, il tomba dans une immobilité complète.

Alors don Gregorio déchira la manche de don Tadeo, mit à nu le bras droit, tira son poignard et piqua la veine.

Le sang ne jaillit pas d'abord.

Cependant, après quelques secondes, une tache noire, grosse comme une tête d'épingle, apparut à la lèvre de la blessure, elle augmenta progressi-vement et tomba enfin, chassée par une seconde, et au bout de deux minutes un long jet de sang noir et écumeux s'élança de la plaie.

Tous, la tête penchée en avant, épiaient attentivement les progrès de la cure tentée par don Gregorio.

Un assez long espace de temps se passa ainsi.

Le sang coulait toujours, avec une force qui augmentait de seconde en seconde.

Don Tadeo ne donnait pas encore signe de vie.

Enfin il fit un mouvement, ses dents, qui jusqu'alors étaient restées serrées, laissèrent passer un soupir.

Le sang avait perdu cette couleur bitumineuse qu'il avait d'abord et deve-nait vermeil.

Don Tadeo ouvrit les yeux, et promena autour de lui un regard calme et étonné.

— Où suis-je? murmura-t-il faiblement, que s'est-il passé?

— Grâce à Dieu ! vous en voilà quitte, cher ami, répondit don Gregorio, en plaçant le pouce sur la blessure et lui bandant le bras avec son mouchoir de poche déchiré en lanières; quelle peur vous nous avez faite, cher ami !

Don Tadeo s'assit et passa sa main sur son front moite de sueur.

— Mais que signifie cela? reprit-il d'une voix plus ferme, dites-moi, don Gregorio, qu'est-il arrivé?

— Ma foi, c'est ma faute, répondit celui-ci, heureusement que nous en sommes quittes pour la peur, cela m'apprendra une autre fois à choisir moi-même mes chevaux et à ne pas m'en rapporter à un péon.

— Expliquez-vous, mon ami, je ne vous comprends pas, je suis brisé.

— On le serait à moins ! figurez-vous que vous avez fait une horrible chute.

— Ah ! fit don Tadeo qui cherchait à rassembler ses idées, vous croyez?

— *Caspita !* si je le crois ! demandez à ces caballeros. C'est-à-dire que nous vous avons cru mort ! c'est un miracle qui vous a sauvé : évidemment Dieu a voulu conserver celui dont dépend le salut de notre patrie !

— C'est singulier ! Je ne me rappelle rien de ce que vous me dites; lorsque nous avons quitté nos amis, nous cheminions tranquillement, tout à coup l'orage a éclaté...

— C'est cela ! Vous vous rappelez parfaitement, au contraire : votre cheval, ébloui par un éclair, s'est effrayé, il s'est emporté, nous nous sommes lancés sur vos traces, mais en vain ; lorsque nous sommes arrivés près de vous, vous gisiez sans connaissance dans un ravin, au fond duquel vous aviez roulé avec votre cheval.

— Ce que vous me dites doit être vrai, en effet, car je suis rompu, je sens une fatigue inouïe par tout le corps.

— C'est cela ; mais, je vous le répète, heureusement vous n'êtes pas blessé ; seulement, comme vous tardiez à reprendre connaissance, j'ai cru devoir vous saigner avec mon poignard.

— Je vous remercie, cette saignée m'a fait du bien, ma tête n'est pas aussi brûlante, mes idées sont plus calmes. Merci, mon ami, ajouta-t-il en lui prenant la main et en lui jetant un regard d'une expression indéfinissable, maintenant je me sens tout à fait bien ; nous pouvons, si vous le jugez à propos, continuer notre voyage.

Don Gregorio vit que son ami n'était qu'à moitié dupe du mensonge qu'il avait inventé, mais il n'eut pas l'air de le comprendre.

— Peut-être n'êtes-vous pas assez fort encore pour vous tenir à cheval ? lui dit-il.

— Si, je vous assure que mes forces sont complètement revenues ; d'ailleurs, le temps presse, il nous faut arriver à Valdivia.

En disant ces mots, don Tadeo se leva et demanda son cheval.

Un soldat le tenait par la bride.

Don Tadeo le considéra attentivement.

Le pauvre animal était dégoûtant, il avait été littéralement roulé dans la boue.

Don Tadeo fronça le sourcil, il ne comprenait plus.

Don Gregorio riait sous cape : c'était par son ordre que, pour dérouter son ami, le cheval avait été mis en cet état.

Il ne voulut pas que don Tadeo pût soupçonner jamais qu'il avait été, pendant deux heures, sous le coup d'un délire affreux.

Il y réussit parfaitement.

Don Tadeo, contraint de se rendre à l'évidence, secoua tristement la tête et se mit en selle.

— Je me demande, en voyant cette pauvre bête, comment nous ne nous sommes pas tués tous deux, dit-il.

— N'est-ce pas ? répondit don Gregorio d'un ton de conviction très bien joué, c'est incompréhensible ! aucun de nous n'a pu s'en rendre compte.

— Sommes-nous loin de la ville ?

— Une lieue au plus.

— Hâtons-nous, alors.

La troupe repartit au galop.

Cette fois, don Tadeo et son ami marchaient côte à côte et parlaient entre eux à voix basse des moyens à prendre pour déjouer les tentatives du général

Bustamente, qui sans doute essaierait, avec l'aide des Araucans, de ressaisir le pouvoir.

Don Tadeo avait recouvré tout son sang-froid.

Ses idées étaient redevenues nettes ; en un mot il était en possession de toute sa haute intelligence.

Un seul homme était demeuré étranger aux faits que nous venons de rapporter, et s'était si peu aperçu de ce qui s'était passé, qu'il eût été certes bien embarrassé d'en rendre compte.

Cet homme était don Ramon Sandias.

Le pauvre sénateur, traversé par la pluie, effrayé par l'orage, emmitouflé jusqu'aux yeux dans son manteau, n'avait plus pour ainsi dire qu'une vie mécanique et machinale.

Il n'aspirait qu'à une chose : gagner un gîte le plus tôt possible afin de se mettre à l'abri.

Aussi avait-il continué son chemin, sans même savoir ce qu'il faisait et sans songer si on le suivait ou non.

Il arriva ainsi aux portes de Valdivia.

Il allait les franchir sans s'en apercevoir, lorsque son cheval fut arrêté par un homme qui le saisit par la bride.

— Holà! eh! caballero! dormez-vous? cria une voix rude aux oreilles du sénateur.

Celui-ci fit un bond de frayeur et risqua un œil.

Il reconnut qu'il était à l'entrée de la ville.

— Non pas, dit-il d'une voix enrouée, je ne suis que trop éveillé, au contraire.

— D'où venez-vous tout seul si tard? reprit l'homme qui lui avait parlé déjà, et autour duquel d'autres étaient venus se ranger.

— Comment, tout seul! fit don Ramon en se récriant, pour qui prenez-vous donc mes compagnons?

— Comment, vos compagnons? de quels compagnons parlez-vous? s'écrièrent plusieurs voix sur tous les tons de la gamme chromatique.

Don Ramon regarda autour de lui d'un air effaré.

— C'est vrai, dit-il au bout d'un instant, je suis seul! Où diable sont passés les autres?

— De quels autres parlez-vous ? reprit le premier interlocuteur, nous ne voyons personne!

— Eh! caramba! répondit le sénateur impatienté, je parle de don Gregorio et de ses soldats!

— Comment! vous faites partie de la troupe de don Gregorio? s'écria-t-on de tous les côtés.

— Sans doute! fit le sénateur ; mais laissez-moi me mettre à l'abri, car la pluie tombe d'une horrible force.

— Ne craignez rien, lui dit en riant un mauvais plaisant, vous ne serez pas plus mouillé que vous ne l'êtes.

— C'est vrai, fit-il piteusement en jetant un coup d'œil désolé sur ses habits qui ruisselaient.

— Savez-vous si don Gregorio a rencontré don Tadeo de Leon? lui demanda-t-on de plusieurs côtés à la fois.

— Oui, ils arrivent ensemble.

— Sont-ils loin?

— Ma foi, je ne saurais trop vous dire, mais je ne crois pas, puisque j'étais avec eux et que me voilà.

Là-dessus, les gens qui l'avaient arrêté se dispersèrent en criant, dans toutes les directions, sans plus s'occuper de lui.

Le malheureux sénateur eut beau prier, supplier afin qu'on lui enseignât un gîte, nul ne lui répondit.

Chacun s'occupait d'allumer des torches, d'éveiller les habitants des maisons, soit en frappant aux portes, soit en les appelant par leurs noms.

Des hommes armés arrivaient à demi endormis et se rangeaient en toute hâte de chaque côté de la porte de la ville.

— Valga me Dios! murmura le désespéré sénateur, ces gens sont tous fous de courir les rues par un temps pareil! Vais-je encore assister à une nouvelle révolution? Dieu m'en préserve!

Et, éperonnant son cheval qui n'en pouvait plus, il s'éloigna cahin-caha, en hochant tristement la tête, pour chercher un toit hospitalier où il pût changer d'habits et prendre quelques heures d'un repos qui lui était devenu indispensable.

XXIV

PLAN DE CAMPAGNE

Don Tadeo fit à Valdivia une entrée réellement triomphale.

Malgré la pluie qui tombait à torrents, toute la population était rangée sur son passage, tenant à la main des torches dont les flammes, agitées par le vent, portaient çà et là des lueurs blafardes qui se confondaient avec celles des éclairs.

Les cris de joie des habitants, le roulement des tambours battant aux champs, se mêlaient aux éclats de la foudre et aux sifflements furieux de la tempête.

C'était un magnifique spectacle que celui qu'offrait ce peuple, qui, lorsque l'ouragan sévissait et faisait rage sur sa tête, avait, au milieu de la nuit, abandonné ses demeures pour venir, les pieds dans la boue, saluer d'un cri de bienvenue et d'espérance l'homme dépositaire de sa confiance et qu'il appelait son libérateur.

Au premier rang étaient les Cœurs Sombres, calmes, résolus, serrant dans leurs mains nerveuses les armes qui, une fois déjà, avaient renversé la tyrannie.

Don Tadeo fut ému de cette preuve d'amour que lui donnait la population.

Il comprit que, si grands que soient les intérêts privés, ils sont bien petits, comparés à ceux de tout un peuple ; qu'il est beau de les lui sacrifier, et que celui qui sait bravement mourir pour le salut de ses concitoyens remplit une sainte et noble mission !

Son parti fut pris sans arrière-pensée.

Vaincre d'abord l'ennemi commun, ne pas tromper l'espoir qu'on mettait si naïvement en lui; puis, lorsque l'hydre de la guerre civile serait abattu, si, la lutte terminée, il était debout encore, il songerait à sa fille qui, du reste, n'était pas abandonnée sans défenseurs, puisque deux nobles cœurs s'étaient dévoués pour la sauver.

Il poussa un profond soupir et passa la main sur son front, comme pour en arracher la pensée de son enfant qui le poursuivait sans cesse.

Cette marque de faiblesse fut la dernière.

Il redressa fièrement la tête et salua en souriant les groupes joyeux qui se pressaient sur son passage en battant des mains et en criant : « Vive le Chili ! »

Il arriva, ainsi escorté, jusqu'au cabildo.

Il mit pied à terre, monta l'escalier du palais et se retourna vers la foule.

L'immense place était pavée de têtes. Les fenêtres de toutes les maisons regorgeaient de monde ; il y en avait de grimpés jusque sur les *azoteas*, et toute cette foule poussait des cris de joie assourdissants.

Don Tadeo vit qu'on attendait qu'il prononçât quelques mots.

Il fit un geste.

Un silence profond régna immédiatement dans la multitude.

— Mes chers concitoyens ! dit le Roi des Ténèbres d'une voix haute, claire et parfaitement accentuée, qui fut entendue de tous, mon cœur est touché, plus que je ne saurais l'exprimer, de la marque extraordinaire de sympathie que vous avez voulu me donner. Je ne tromperai pas la confiance que vous mettez en moi. Toujours vous me verrez au premier rang de ceux qui combattront pour votre liberté. Soyons tous unis pour le salut de la Patrie, et le tyran ne parviendra pas à nous vaincre !

Cette chaleureuse allocution fut accueillie par de longs bravos, et des cris prolongés de : « Vive le Chili ! Vive la Patrie ! »

Don Tadeo entra dans le palais.

Il y trouva réunis les officiers supérieurs des troupes cantonnées dans la province, les alcades et les principaux chefs des Cœurs Sombres qui l'attendaient.

Tous ces personnages se levèrent à son arrivée et s'inclinèrent devant lui.

Depuis que le Roi des Ténèbres s'était retrempé dans l'enthousiasme populaire, il avait ressaisi toutes ses facultés.

L'esprit avait fini par dominer la matière; il n'éprouvait plus aucune fatigue; ses idées étaient aussi claires et aussi lucides que si, une heure auparavant, il n'avait pas été en proie à une crise terrible.

Il entra dans le cercle formé par les assistants, et les invitant d'un geste à s'asseoir :

— Caballeros ! dit-il, je suis heureux de vous voir réunis au cabildo. Les

moments sont précieux. Le général Bustamente, j'en ai la preuve, s'était lié
par un traité avec Antinahuel, le grand toqui des Araucans, afin de parvenir
plus facilement au pouvoir. Voici pourquoi il avait fait son *pronunciamiento*
dans cette province éloignée de la République. Délivré par les Araucans, il
s'est réfugié au milieu d'eux. Bientôt nous le verrons, à la tête de ces guerriers féroces, envahir nos frontières et désoler nos plus riches provinces. Je
vous le répète, nos moments sont précieux! une initiative hardie peut seule
nous sauver. Mais pour prendre cette initiative, il me faut, à moi dont vous
avez fait votre chef, des pouvoirs réguliers octroyés par le Sénat. Si je ne les
ai pas, je serai moi-même un *cabecilla* et je paraîtrai allumer cette guerre
civile que je veux empêcher, contre laquelle je veux combattre à la tête de
tous les bons citoyens.

Ces paroles, dont chacun reconnaissait la justesse, firent une profonde
sensation.

A la sérieuse objection soulevée par don Tadeo, une réponse était difficile
à faire.

Nul n'osait en assumer sur soi la compromettante responsabilité.

Don Gregorio s'approcha. Il tenait un pli à la main.

— Prenez, dit-il en présentant le pli ouvert à don Tadeo; voici la réponse
du Sénat de Santiago au manifeste que vous lui avez adressé après la chute
du tyran : c'est un ordre qui vous investit du pouvoir suprême. Comme, après
la victoire, vous aviez résigné le commandement entre mes mains, j'avais
conservé cet ordre secret. Le moment est venu de le rendre public : Don
Tadeo de Leon! vous êtes notre chef; ce ne sont pas seulement quelques
citoyens qui vous nomment, ce sont les délégués de la nation!

A cette nouvelle imprévue, les assistants se levèrent avec joie et crièrent
avec enthousiasme : « Vive don Tadeo de Leon! »

Celui-ci prit le pli et le parcourut des yeux.

— Très bien! dit-il en le rendant à don Gregorio avec un sourire; à présent,
je suis libre d'agir comme je le jugerai convenable pour le salut de tous.

Les membres de l'assemblée reprirent leurs places et le silence se rétablit.

— Caballeros! poursuivit don Tadeo, je vous l'ai dit, une initiative hardie
peut seule nous sauver. C'est une espèce de course au clocher que nous allons
entreprendre. Il nous faut gagner notre adversaire de vitesse. Vous connaissez
l'homme, vous savez qu'il possède toutes les qualités nécessaires à un bon
général; il ne s'endormira donc pas dans une fausse sécurité; son allié Antinahuel est un chef intrépide, doué d'une ambition démesurée; ces deux
hommes, unis par les mêmes intérêts, peuvent, si nous n'y prenons garde,
nous donner fort à faire : nous devons donc les attaquer tous deux à la fois.
Voici ce que je propose : si le plan que je vais vous soumettre vous semble
vicieux, puisque nous sommes réunis en conseil, vous le discuterez, et je me
rangerai à l'avis de la majorité.

A ces paroles sympathiques, le silence et l'attention redoublèrent.

Il continua :

— Nous partagerons nos forces en deux parties; la première ira à marches forcées attaquer *Arauco*, la capitale de nos ennemis; cette expédition, dont le seul but est de diviser les forces de nos adversaires, ne devra être faite que de façon à les obliger à y expédier des renforts importants. Une seconde division, composée de tous les hommes de la province en état de porter les armes, se rendra sur le Biobio, afin de tendre la main aux troupes de la province de Concepcion et de mettre ainsi les Araucans entre deux feux.

— Mais, objecta un officier supérieur, permettez, don Tadeo, il me semble que dans votre plan, fort bon, du reste, vous oubliez une chose à mon avis très importante.

— Laquelle, monsieur?

— Mais la province de Valdivia, donc? n'est-elle pas plus qu'une autre exposée à une *malocca*?

— Vous vous trompez, monsieur; voici pourquoi : c'est que vous rattachez les événements qui vont s'y passer à ceux qui les ont précédés.

— Sans doute.

— Voici où est l'erreur : lorsque don Pancho Bustamente s'est fait proclamer à Valdivia, il avait pour cela une raison : cette province est éloignée, isolée, le général espérait en faire son dépôt de guerre et s'y établir solidement, grâce à ses alliés indiens, puis sortir de cette ville pour conquérir peu à peu le reste du territoire; ce plan était parfaitement conçu, il offrait de grandes chances de réussite, mais aujourd'hui la question est complètement changée : le général ne s'appuie plus sur le pays, la guerre régulière lui est impossible, c'est dans la capitale qu'il doit faire et qu'il tentera la révolution qu'il médite. A mon avis, il faut lui barrer le chemin de la capitale et le contraindre à accepter la bataille sur le territoire araucan. Quant à la province de Valdivia, elle n'est nullement menacée; seulement, comme dans de telles circonstances on ne saurait user de trop de prudence, une milice civile sera instituée afin de défendre ses foyers : voici, caballeros, le plan que je vous propose.

Il n'y eut qu'un cri dans toute l'assemblée pour approuver ce plan si simple.

— Ainsi, messieurs, reprit don Tadeo après un instant, ce plan vous convient? vous l'adoptez?

— Oui, oui, s'écria-t-on de toutes parts.

— Bien! maintenant, passons à l'exécution : don Gregorio Torral, vous prendrez le commandement des troupes destinées à agir contre Arauco, sous ce pli je vous donnerai vos instructions particulières.

Don Gregorio s'inclina.

— Je conserve pour moi, continua don Tadeo, la direction de l'armée du Biobio. Ce matin, au point du jour, monsieur l'alcade mayor, vous ferez publier un *bando* dans toutes les rues de la ville, annonçant que des enrôlements volontaires à une demi-piastre par jour sont ouverts; vous établirez des bureaux dans tous les quartiers; ce que je vous ordonne pour Valdivia doit avoir lieu dans le reste de la province. Vous, colonel Gutierez, dit don Tadeo en s'adressant à un officier supérieur qui se tenait auprès de lui, je vous nomme gouverneur de la province, votre premier soin doit être d'organiser la

L'animal, aussi effrayé que le maître, dressait les oreilles et redoublait de vitesse.

garde civique ; je vous recommande surtout la prudence et la circonspection dans l'accomplissement du mandat délicat que je vous confie.

— Que Votre Excellence s'en rapporte à moi, répondit le colonel ; je comprends l'importance des devoirs que j'ai à remplir.

— Depuis longtemps je vous connais, colonel, et je sais que je puis vous laisser agir en toute confiance, fit don Tadeo avec un sourire ; maintenant, caballeros, ajouta-t-il, à l'œuvre !

« Dans deux jours, au plus tard, il faut que les troupes se mettent en marche et franchissent la frontière araucanienne ; je compte sur votre concours, de vous dépend le salut de la Patrie ; allez, Messieurs, et recevez mes remerciements pour les preuves de patriotisme que vous donnez au pays.

Les membres de l'assemblée se retirèrent après avoir une fois encore protesté de leur dévouement.

Don Tadeo et don Grégorio restèrent seuls.

Le Roi des Ténèbres semblait transfiguré.

Une ardeur martiale rayonnait dans ses regards.

Don Grégorio le regardait avec étonnement et respect.

Enfin don Tadeo s'arrêta devant lui.

— Frère, lui dit-il, cette fois il faut vaincre ou mourir. Tu seras près de moi à l'heure de la bataille ; ce commandement que je t'ai donné est indigne de toi, tu le quitteras à quelques lieues d'ici : c'est à mes côtés que tu dois combattre.

— Merci, fit don Grégorio avec émotion, merci !

— Ce tyran contre lequel nous allons nous mesurer une fois encore, il faut qu'il meure !

— Il mourra.

— Parmi les Cœurs Sombres, tu choisiras dix hommes résolus qui s'acharneront spécialement à sa poursuite ; toi et moi nous les guiderons. Tant que Bustamente vivra, la Patrie sera en péril : il faut en finir.

— Comptez sur moi ; mais pourquoi vous exposez-vous, vous dont la vie nous est si précieuse ?

— Oh ! répondit don Tadeo avec enthousiasme, qu'importe ma vie ? pourvu que la liberté triomphe et que l'homme qui prétend nous livrer aux barbares succombe ! Une seule bataille doit être livrée ; si nous sommes obligés de faire la guerre de partisans, nous sommes perdus.

— C'est vrai.

— Le Chili n'est qu'une étroite langue de terre resserrée entre la mer et les montagnes, ce qui rend impossible une longue guerre de partisans ; il nous faut donc vaincre du premier coup, sinon notre ennemi, après nous avoir passé sur le ventre, entrera sans coup férir à Santiago qui lui ouvrira ses portes.

— Oui, observa don Grégorio, vous avez bien jugé la position.

— Voilà pourquoi je n'hésiterai pas à faire, si cela est nécessaire, le sacrifice de ma vie pour empêcher un aussi grand malheur.

— Nous sommes tous dans le même intention.

— Je le sais. Ah ! j'oubliais : envoyez de suite un exprès au gouverneur de la province de Concepcion, afin qu'il se tienne sur ses gardes.

— Je vais le faire.

— Eh ! mais, j'y songe, nous avons sous la main l'exprès dont nous avons besoin.

— De qui voulez-vous parler ?

— De don Ramon Sandias.

— Hum ! fit don Grégorio en hochant la tête, c'est un assez triste personnage et je crains bien...

— Vous vous trompez, sa nullité même garantit le succès; jamais le général Bustamente ne supposera que nous ayons confié une mission sérieuse à
un aussi pauvre sire; il passera tête haute partout où un homme connu par
son énergie serait arrêté.

— C'est juste; ce projet, par sa hardiesse même, offre de grandes chances
de réussite.

— Ainsi, c'est convenu, vous allez m'envoyer le sénateur.

— Dame! c'est que je vous avouerai que je ne sais où le prendre en ce
moment.

— Bah! bah! un aussi grand personnage ne se perd pas ainsi.

Don Gregorio s'inclina en souriant et sortit sans répondre.

XXV

UNE MISSION DÉSAGRÉABLE

Au lieu de prendre quelques instants d'un repos que les fatigues qu'il avait
supportées depuis plusieurs jours lui rendaient indispensable, don Tadeo,
dès qu'il fut seul, s'assit à une table et commença à expédier une foule d'ordres
que des estafettes portaient immédiatement dans toutes les directions.

Les âmes énergiques sont ainsi : le travail les repose.

Don Tadeo sentait instinctivement que s'il s'abandonnait à ses pensées,
elles l'absorberaient bientôt et lui ôteraient les facultés nécessaires pour soutenir la lutte qu'il avait entreprise; aussi cherchait-il dans un travail ingrat
le moyen d'échapper à lui-même et d'être prêt à l'heure dite à rentrer le front
haut et le cœur ferme dans la lice.

Plusieurs heures se passèrent ainsi.

La matinée était avancée, don Tadeo avait dépêché **tous ses courriers.**

Il se leva et se mit à marcher à grands pas dans la salle.

En ce moment la porte s'ouvrit, don Ramon Sandias se montra.

Le sénateur paraissait n'être que le fantôme de lui-même, tant son visage
était pâle et ses traits tirés.

Le digne homme, dont toute la vie s'était écoulée dans un *dolce farniente*
continuel, qui jusqu'alors avait été comblé de tous les dons de la fortune et
n'avait jamais senti l'aiguillon cuisant de l'ambition, s'était laissé tromper par
le général Bustamente. Aussi, depuis un mois, sa vie n'était plus qu'un enfer;
sa face, si vermeille et si rebondie, était maigre et flétrie ; il prenait les contours
anguleux d'un squelette, et lorsque par hasard il s'apercevait dans une glace,
il se faisait réellement peur, et se demandait si sa famille et ses amis reconnaîtraient dans cette espèce de spectre ambulant l'insoucieux propriétaire
qui les avait quittés, il y avait un mois à peine, si gras et si dodu, pour courir après une chimère qu'il n'avait pu atteindre et dont il n'avait que faire

pour être heureux, puisqu'il l'avait constamment été lorsqu'il ne la cherchait pas.

Don Tadeo jeta un long regard sur le nouveau venu; il ne put retenir un geste de pitié à la vue des changements que le chagrin avait opérés dans sa personne.

Le sénateur le salua humblement.

Don Tadeo lui rendit son salut et lui indiqua un siège.

— Eh bien! don Ramon, lui dit-il d'une voix amicale, vous êtes encore des nôtres?

— Encore, oui, Excellence, répondit le sénateur d'une voix creuse.

— Qu'est-ce à dire, don Ramon? fit-il en souriant; auriez-vous à vous plaindre d'être à Valdivia?

— Oh! non, fit vivement le sénateur, au contraire; mais, depuis quelque temps, je suis le jouet d'événements si terribles que, malgré moi, je tremble toujours qu'il ne m'arrive quelque malheur, je crains continuellement une catastrophe.

— Rassurez-vous, don Ramon, vous êtes en sûreté, en ce moment du moins, ajouta-t-il avec intention.

Cette réticence donna à réfléchir au sénateur.

— Hein? fit-il en tressaillant, que voulez-vous dire, don Tadeo?

— Rien qui doive vous effrayer; mais, vous le savez, les chances de la guerre sont scabreuses.

— Oui, trop scabreuses, j'en sais quelque chose! Aussi je n'ai qu'un seul désir.

— Lequel?

— Celui de rejoindre **ma** famille. Oh! si Dieu permet que je revoie une fois encore la charmante hacienda que je possède aux environs de Santiago, je jure, par ce qu'il y a de plus sacré au monde, que je donnerai ma démission, et que, loin du fracas des affaires et de leurs fallacieuses espérances, je vivrai heureux au sein de ma famille, laissant à de plus dignes le soin de sauver la Patrie.

— Ce souhait n'a rien d'exagéré, don Ramon, répondit don Tadeo d'un ton sérieux, qui, sans qu'il comprît pour quelle raison, fit passer un frisson dans les membres du sénateur, et s'il ne tient qu'à moi, il sera promptement accompli, vous avez assez agi dans ces derniers temps pour avoir acquis le droit de vous reposer.

— Je ne suis pas taillé pour figurer dans les guerres civiles, je suis un de ces hommes qui ne sont bons que dans la solitude; aussi je laisse de grand cœur aux autres cette vie agitée qui n'est pas faite pour moi.

— Vous n'avez cependant pas toujours pensé ainsi.

— Hélas! Excellence, voilà la cause de tous mes déboires; je pleure des larmes de sang lorsque je songe que je me suis ainsi, par une folle ambition, laissé entraîner...

— Oui, fit don Tadeo en interrompant les lamentations du moderne Jérémie; eh bien! ce que vous avez perdu, si vous le voulez, moi, je puis vous le rendre.

— Oh ! parlez ! parlez ! et quoi qu'il faille faire pour cela...

— Même retourner parmi les Aucas ? fit don Tadeo avec malice.

Le sénateur tressaillit, son visage devint encore plus blême, et, d'une voix tremblante, il s'écria :

— Oh ! plutôt mourir mille fois que de me remettre entre les mains de ces barbares sans foi ni loi !

— Mais vous n'avez pas eu trop à vous en plaindre, que je sache.

— Aussi n'est-ce pas à eux personnellement, mais...

— Brisons là, interrompit don Tadeo ; voici ce qu'on attend de vous, écoutez attentivement.

— J'écoute, Excellence, répondit le sénateur en baissant la tête avec humilité.

Don Gregorio entra.

— Qu'y a-t-il ? demanda don Tadeo.

— Cet Indien, nommé Joan, qui déjà vous a servi de guide, vient d'arriver. Il a, dit-il, des choses importantes à vous communiquer.

— Qu'il entre ! qu'il entre ! s'écria don Tadeo en se levant et sans plus s'occuper du sénateur.

Celui-ci respira, il se crut oublié, et sournoisement il se glissa vers la porte par laquelle était ressorti don Gregorio.

Don Tadeo l'aperçut.

— Sénateur, lui dit-il, restez, je vous prie, nous n'avons pas encore terminé notre entretien.

Don Ramon, surpris en flagrant délit, chercha vainement une excuse, il hésita, balbutia ; bref, il resta court et se laissa retomber sur son siège en poussant un profond soupir.

La porte s'ouvrit au même instant. Joan entra.

Don Tadeo alla vers lui.

— Qui vous amène ? lui demanda-t-il avec agitation ; s'est-il passé quelque chose de nouveau ? Parlez ! parlez ! mon ami !

— Lorsque j'ai quitté le camp des chefs blancs, ils se préparaient à prendre la piste de Antinahuel.

— Dieu les bénisse, les nobles cœurs ! s'écria don Tadeo en levant les yeux au ciel et en joignant les mains avec ferveur.

— Mon père était triste cette nuit, lorsqu'il s'est séparé de nous, son cœur était déchiré, il semblait horriblement souffrir.

— Oh ! oui ! murmura le pauvre père d'une voix étouffée.

— Avant de prendre la piste, don Valentin aux cheveux dorés comme des épis mûrs, a senti son cœur s'amollir à la pensée des inquiétudes que vous éprouviez sans doute : alors il a fait tracer ce collier par son frère aux yeux de colombe, et je me suis chargé de vous le remettre.

En disant ces mots, il sortit la lettre qui était soigneusement cachée sous le bandeau qui ceignait son front et la présenta à don Tadeo.

Celui-ci la prit vivement et la dévora des yeux.

— Merci, dit-il avec effusion en serrant le papier dans sa poitrine et en tendant gracieusement la main au guerrier, merci, frère, vous êtes un homme de cœur, votre dévouement me rend tout mon courage; vous resterez avec moi, et lorsque le moment sera venu, vous me guiderez vers ma fille.

— Je le ferai; mon père peut compter sur moi, répondit simplement l'Indien.

— J'y compte, Joan; ce n'est pas d'aujourd'hui que j'ai apprécié votre noble et excellente nature; restez ici près de moi, nous parlerons de nos amis : c'est en nous entretenant d'eux que nous tâcherons d'oublier les tristesses de l'absence.

— Je suis à mon père comme le cheval est au guerrier qui le monte, répondit respectueusement Joan.

Et, après avoir salué don Tadeo, il se prépara à se retirer.

— Un instant, dit celui-ci en frappant dans ses mains.

Un serviteur parut.

— J'ordonne, dit don Tadeo d'un accent impérieux, que l'on ait les plus grands égards pour ce guerrier ; il est mon ami, il est libre de faire ce qu'il voudra : tout ce qu'il demandera, j'entends qu'on le lui donne. Et, se tournant vers Joan : Maintenant, allez, mon ami.

Le guerrier indien sortit avec le domestique.

— Nature d'élite! se dit Tadeo tout rêveur.

— Oh ! oui, fit don Ramon d'une voix hypocrite, c'est un bien digne homme, pour un sauvage !

Le Roi des Ténèbres fut rappelé à lui-même par cette voix qui venait subitement mêler ses notes criardes au milieu de ses pensées.

Ses yeux tombèrent sur le sénateur auquel il ne songeait plus et qui le regardait d'un air béat.

— Ah ! dit-il, je vous avais oublié, don Ramon.

Celui-ci se mordit la langue et se repentit, mais trop tard, de son exclamation hors de saison.

— Ne me disiez-vous pas, reprit don Tadeo, que vous payeriez bien cher pour être à votre hacienda ?

Le sénateur hocha la tête affirmativement; il craignait de se compromettre en formulant plus clairement sa pensée.

— Je vous offre alors, continua don Tadeo, de vous rendre ce bonheur auquel vous aspirez, mais que déjà vous commencez à désespérer d'atteindre jamais. Vous allez à l'instant partir pour Concepcion.

— Moi ?

— Oui, vous. Arrivé à Concepcion, vous remettrez ce papier au général Fuentès, qui commande les troupes de cette province; puis, cette mission remplie, vous serez libre d'aller où bon vous semblera; seulement, faites attention qu'on vous surveillera de près, et que si je ne reçois pas de réponse du général Fuentès, je vous retrouverai facilement, et alors nous aurons à régler ensemble un compte très sérieux.

Pendant ces paroles, le sénateur avait donné les marques de la plus grande agitation : il avait rougi, blêmi, il s'était tourné de cent façons différentes, ne sachant quelle contenance tenir.

— Eh ! mais, fit don Tadeo, on dirait, Dieu me pardonne, que ce n'est qu'avec répugnance que vous acceptez la mission dont je vous charge ?

— Pardon, Excellence, pardon ! balbutia le sénateur ahuri, mais les missions ne me réussissent que médiocrement, et, vrai, je crois que vous feriez mieux de donner celle-là à un autre.

— Vous croyez ?

— J'en suis convaincu, Excellence ; voyez-vous, j'ai si peu de chance...

— C'est un malheur.

— N'est-ce pas, Excellence ?

— Oui, d'autant plus que nul autre que vous ne doit être chargé de cette mission.

— Mais, cependant...

— Silence ! dit don Tadeo d'un ton sec, en se levant et en lui donnant un papier ; arrangez-vous comme vous voudrez, mais il faut que dans une demi-heure vous soyez parti, sinon vous serez fusillé dans trois quarts d'heure. Ainsi, choisissez.

— Mon choix est tout fait.

— Alors ?

— Je pars.

— Bon voyage !

— Mais, fit le sénateur en se ravisant, si les Araucaniens me surprennent et s'emparent de ce papier ?

— Vous serez fusillé, dit froidement don Tadeo.

Le sénateur bondit d'épouvante.

— Mais, c'est une impasse ! s'écria-t-il avec terreur, je n'en sortirai jamais !

— Cela vous regarde.

— Mais...

— Je crois devoir vous avertir, lui dit le Roi des Ténèbres, que vous n'avez plus que vingt minutes pour faire vos préparatifs de départ.

Le sénateur saisit vivement la lettre, et, sans répondre, se précipita comme un fou hors du salon, en se cognant à tout les meubles.

Don Tadeo ne put s'empêcher de sourire de la frayeur de don Romon, et il se dit :

— Pauvre diable ! il ne se doute pas d'une chose, c'est que je désire qu'on s'empare du papier qu'il porte.

Don Gregorio venait d'entrer.

— Tout est prêt, dit-il.

— Que les troupes se massent en deux corps, hors de la ville. Où est Joan ?

— Me voici, répondit celui-ci eu paraissant.

— Mon frère croit-il arriver à Concepcion sans tomber dans un parti de batteurs d'estrades, enfin sans être arrêté ?

— J'en suis sûr.

— Je veux confier à mon frère une mission de vie et de mort.

— Je l'accomplirai, ou je mourrai.

— Mon frère a-t-il un bon cheval?

— Je n'en ai aucun, ni bon, ni mauvais.

— On en donnera un à mon frère, ardent comme la tempête.

— Bon ! que ferai-je ?

— Joan remettra ce collier au général espagnol Fuentès, qui commande les troupes de la province de Concepcion.

— Je le lui remettrai.

Don Tadeo tira de sa poitrine un poignard de forme bizarre, dont la poignée en bronze servait de cachet.

— Que mon frère prenne ce poignard : en le voyant, le général saura que Joan vient de ma part.

— Bon! fit le guerrier en prenant l'arme qu'il passa à sa ceinture.

— Que mon frère prenne garde, cette arme est empoisonnée, la plus légère piqûre donne la mort.

— Oh ! oh ! dit l'Indien avec un sourire sinistre, c'est une bonne arme; quand dois-je partir ?

— Mon frère est-il reposé?

— Je suis reposé.

— On va donner un cheval à mon frère.

— Bon ! Adieu.

— Un mot encore.

— J'écoute.

— Que mon frère ne se fasse pas tuer, je veux qu'il revienne près de moi.

— Je reviendrai, dit l'Indien, avec assurance.

— Adieu !

— Adieu !

Joan sortit.

Dix minutes plus tard, il galopait à toute bride sur la route de Concepcion, et dépassait don Ramon Sandias, qui trottait de mauvaise grâce sur la même route.

Don Tadeo et don Gregorio quittèrent le cabido.

Les ordres du Roi des Ténèbres avaient été exécutés avec une ponctualité et une intelligence remarquables.

La garde civile, fort nombreuse déjà, était presque organisée et en état si besoin était, de défendre la ville.

Deux corps de troupes étaient rangés en bataille.

L'un, de neuf cents hommes, était chargé d'attaquer Arauco, l'autre, de près de deux mille, sous les ordres immédiats de don Tadeo lui-même, devait aller à la recherche de l'armée araucanienne et lui offrir la bataille.

Don Tadeo passa en revue cette petite armée.

Il n'eut qu'à se louer de la bonne tenue et de l'ardeur des soldats.

Après avoir adressé une dernière allocution aux habitants de Valdivia, pour leur recommander la plus grande vigilance, le Roi des Ténèbres donna l'ordre du départ.

Outre une assez nombreuse cavalerie, l'armée chilienne emmenait avec elle dix pièces d'artillerie de montagne.

Les guerriers lui jetèrent le nœud coulant autour du cou et le hissèrent à la branche de l'espino.

Les troupes défilèrent au pas accéléré devant les habitants qui les saluèrent de chaleureux vivats, puis elles se mirent en marche.

Lorsqu'ils furent sur le point de se séparer, don Tadeo prit son ami à part.

— Ce soir, lorsque vous aurez établi votre camp pour la nuit, don Gregorio, lui dit-il, vous donnerez le commandement à votre lieutenant, et vous me rejoindrez.

— C'est convenu, je vous remercie de la faveur que vous me faites.

— Frère, lui répondit don Tadeo d'une voix triste, ne devons-nous pas vivre et mourir ensemble!

— Oh! ne parlez pas ainsi, fit don Gregorio; puis il ajouta, afin de donner un autre tour à l'entretien et changer le cours des idées de son ami. Soyez donc assez bon pour me dire, avant que je vous quitte, ce que signifie le message que vous avez donné à Joan?

— Oh! répondit don Tadeo avec un fin sourire, ce message, mon ami, est une ruse de guerre, dont, je l'espère, vous verrez bientôt le succès.

Après une dernière poignée de main, les deux chefs se quittèrent pour se mettre à la tête de leurs troupes respectives, qui s'éloignaient rapidement dans la plaine.

XXVI

LE MILAN ET LA COLOMBE

Le général Bustamente avait mis à profit la bonne volonté subite dont Antinahuel avait fait preuve à son égard.

Aussi, deux jours après les événements que nous avons rapportés, l'armée araucanienne était-elle fortement retranchée sur le Biobio, dans une position inaccessible.

Antinahuel, en chef expérimenté, avait établi son camp au sommet d'une colline boisée qui dominait le seul gué de la rivière.

Un rideau d'arbres avait été laissé pour dissimuler la présence de l'armée, si bien que nul n'aurait pu, à moins de renseignements positifs, la croire dans cette position.

Les divers contingents des Utals-Mapus étaient arrivés en toute hâte au rendez-vous assigné par le toqui; d'instants en instants il en arrivait encore.

La force totale de l'armée était en ce moment d'environ neuf mille hommes.

Le Cerf Noir, avec un corps de guerriers d'élite, battait la campagne dans tous les sens afin de surprendre les coureurs ennemis.

Les *maloccas*, ou invasions araucaniennes, ne sont que des surprises, aussi la prudence déployée par les chefs dans ces expéditions est-elle extrême.

Rien ne donnait à supposer aux Indiens que les blancs se doutassent du coup de main qu'ils méditaient.

Ils voyaient sur la rive opposée du Biobio les troupeaux paître en liberté et les huasos vaquer tranquillement à leurs affaires, comme si de rien n'était.

Le général Bustamente interrogeait l'horizon à l'aide d'une longue-vue.

Antinahuel était retiré sous son toldo avec la Linda et doña Rosario.

La jeune fille n'était au camp que depuis une heure.

La pauvre enfant portait sur son visage pâli les traces des fatigues qu'elle avait éprouvées; une sombre tristesse était répandue sur ses traits.

Elle se tenait debout, les yeux baissés, devant le toqui, dont le regard brûlant ne la quittait pas une seconde.

— Mon frère voit que j'ai tenu ma promesse, lui dit la Linda avec un mauvais sourire à l'adresse de la jeune fille.

— Oui, répondit le toqui, je remercie ma sœur, moi aussi j'ai tenu la mienne.

— Mon frère est un grand guerrier, il n'a qu'une parole; avant d'entrer sur le territoire des Huincas, il serait bon qu'il fixât le sort de sa prisonnière.

— Cette jeune vierge n'est pas ma prisonnière, répondit Antinahuel, dont le regard étincela, elle sera la femme du grand toqui des Aucas.

— Soit! fit la Linda en haussant les épaules, Antinahuel est le maître.

Le chef se leva, et s'approchant de la jeune fille :

— Ma sœur est triste, lui dit-il avec douceur, la longue route qu'elle a faite l'a fatiguée sans doute; un toldo est préparé pour ma sœur, elle se reposera quelques heures, et puis après Antinahuel lui fera connaître ses intentions.

— Chef, répondit la jeune fille avec mélancolie, mon corps n'éprouve pas de fatigue, je suis forte, vos mosotones ont été bons pour moi, ils ont eu pitié de ma jeunesse et m'ont traitée avec douceur.

— Le chef l'avait ordonné, dit galamment Antinahuel.

— Je vous remercie d'avoir donné ces ordres, cela me prouve que vous n'êtes pas méchant.

— Non, fit Antinahuel, j'aime ma sœur.

La jeune fille ne comprit point cette déclaration d'amour à brûle-pourpoint, et se méprit sur le sens des paroles qui lui étaient adressées.

— Oh! oui, dit-elle naïvement, vous m'aimez, vous avez pitié de moi, vous ne voudrez pas me voir souffrir!

— Non, j'apporterai tous mes soins à ce que ma sœur soit heureuse.

— Oh! ce serait bien facile, si vous le vouliez réellement! s'écria-t-elle en lui jetant un regard de prière et en joignant les mains.

— Que faut-il faire pour cela? je suis prêt à obéir à ma sœur.

— Bien vrai?

— Que ma sœur parle! fit le chef.

— Les larmes d'une pauvre jeune fille ne peuvent qu'attrister un grand guerrier comme vous!

— C'est la vérité, dit-il doucement.

— Rendez-moi à mes amis, à mes parents! s'écria-t-elle avec effusion; oh! si vous faites cela, chef, je vous bénirai! je vous garderai une éternelle reconnaissance, car je serai bien heureuse!

Antinahuel recula tout interdit en se mordant les lèvres avec colère.

La Linda éclata de rire.

— Vous voyez, dit-elle, il vous est très facile de la rendre bien heureuse!

Le chef fronça les sourcils d'un air courroucé.

— Holà! frère, reprit la Linda, ne nous fâchons pas, je vous prie, et laissez-moi un instant causer avec cette colombe effarouchée.

— Pourquoi faire? dit le toqui avec impatience.

— Caramba! pour lui expliquer clairement vos intentions; au train dont vous y allez, vous n'en finirez jamais.

— Bon.

— Seulement, faites bien attention que je ne réponds nullement de la bien disposer à votre égard.

— Ah! fit Antinahuel désappointé.

— Non, mais je vous garantis qu'après notre conversation elle saura parfaitement à quoi s'en tenir sur vos projets sur elle; cela vous convient-il?

— Oui, ma sœur a la langue dorée, elle l'endormira.

— Hum! je ne crois pas; cependant je vais essayer pour vous être agréable, dit-elle avec un sourire ironique.

— Bien, pendant la conversation de ma sœur, je visiterai le camp.

— C'est cela, fit la Linda, de cette façon vous ne perdrez pas votre temps.

Antinahuel sortit après avoir lancé à la jeune fille un regard qui lui fit baisser les yeux en rougissant.

Restée seule avec doña Rosario, la Linda l'examina un instant avec une telle expression de méchanceté haineuse que la jeune fille se sentit frémir d'effroi malgré elle.

La vue de cette femme produisait sur elle cet effet étrange que l'on attribue au regard du serpent : elle se sentait fascinée par cet œil glauque au regard froid qui se rivait sur elle avec une fixité insupportable.

Après quelques minutes qui parurent un siècle à la pauvre enfant, la Linda se leva, s'approcha lentement d'elle et lui posant rudement la main sur l'épaule :

— Pauvre fille! lui dit-elle d'une voix incisive, depuis bientôt un mois que tu es prisonnière, en es-tu donc encore à deviner pour quelle raison je t'ai fait enlever?

— Je ne vous comprends pas, madame, répondit doucement la jeune fille, vos paroles sont pour moi des énigmes dont je cherche vainement le sens.

— Pauvre innocente! reprit la courtisane avec un rire moqueur, il me semble pourtant que la nuit où nous nous sommes trouvées face à face au village de San-Miguel je t'ai parlé assez franchement.

— Tout ce qu'il m'a été possible de comprendre, madame, c'est que vous me haïssez pour une raison que j'ignore.

— Que t'importe la raison, puisque le fait existe! Oui, je te hais, misérable! je me venge sur toi des tortures qu'une autre personne m'a fait endurer; qu'est-ce que cela me fait, à moi, que tu ne m'aies rien fait! je ne te connais pas! en me vengeant sur toi, ce n'est pas toi que je hais! c'est celui qui t'aime! dont chacune de tes larmes brise le cœur! Mais ce n'est pas assez des tourments que je te réserve, s'il les ignore, je veux qu'il en soit témoin, je veux qu'il expire de désespoir en apprenant ce que j'ai fait de toi, à quel état d'abaissement et de mépris je t'ai réduite.

— Dieu est juste, madame, répondit la jeune fille avec fermeté, je ne sais quels forfaits vous méditez, mais il veillera sur moi et ne laissera pas s'accomplir cette atroce vengeance dont vous me menacez.

— Dieu! misérable créature, s'écria la Linda avec un ricanement farouche,

Dieu n'est qu'un mot! il n'existe pas! prie-le, car tu n'as plus que lui qui puisse te venir en aide!

— Il ne me faillira pas, madame! répondit-elle, prenez garde que bientôt, courbée sous sa main puissante, à votre tour vous imploriez en vain sa miséricorde et ne trouviez que sa tardive mais implacable justice!

— Va! misérable enfant! tes menaces ne m'inspirent que du mépris.

— Je ne menace pas, madame, je suis une malheureuse jeune fille, que la fatalité a jetée innocente entre vos mains, je tâche de vous attendrir.

— Vaines prières, que les tiennes! Eh bien, soit! ajouta-t-elle en s'animant à la colère qui grondait en elle, lorsque mon heure sera venue, je ne demanderai pas plus de pitié que je n'en aurai pour toi!

— Dieu vous pardonne le mal que vous voulez me faire, madame.

Pour la deuxième fois, malgré elle, la Linda éprouvait une émotion indéfinissable, dont elle cherchait vainement à s'expliquer la cause; mais elle se raidit contre ce pressentiment secret qui semblait l'avertir que sa vengeance s'égarait, et qu'en voulant frapper trop fort elle se trompait.

— Écoute, lui dit-elle d'une voix brève et saccadée, c'est moi qui t'ai fait enlever, tu le sais; mais tu ignores dans quel but, n'est-ce pas? eh bien! ce but, je vais te le faire connaître: l'homme qui sort d'ici, Antinahuel, le chef des Araucans, est un misérable! eh bien! il a conçu pour toi une passion immonde, monstrueuse, comme son esprit féroce est seul capable d'en concevoir; écoute, sa mère a voulu le détourner de cette passion, il a tué sa mère!

— Oh! s'écria la jeune fille avec horreur.

— Tu trembles, n'est-ce pas? reprit la Linda; c'est un être bien abject, en effet, que cet homme! il n'a de cœur que pour le crime, il ne reconnaît de lois que celles que ses passions et ses vices lui imposent! eh bien! cet être hideux, ce scélérat odieux, t'aime, te dis-je, il est amoureux de toi. Me comprends-tu? Je ne sais ce qu'il aurait donné pour te posséder, pour faire de toi sa maîtresse: moi, je t'ai vendue à cet homme, tu lui appartiens, tu es son esclave, il a le droit de faire de toi ce qu'il voudra, et il en abusera, sois-en certaine!

— Oh! vous n'avez pas fait cet odieux marché! s'écria la jeune fille avec stupeur.

— Si, je l'ai fait, reprit-elle en grinçant des dents, et ce serait à recommencer, je le ferais encore! Oh! tu ne sais pas quel bonheur j'éprouverai à te voir, toi, blanche colombe, vierge immaculée, rouler dans la fange; chacune de tes larmes rachètera une de mes douleurs!

— Mais vous n'avez donc pas de cœur, madame?

— Non, je n'en ai plus; il y a longtemps qu'il a été tordu et brisé par le désespoir; aujourd'hui je me venge!

La jeune fille eut un moment de vertige, elle fondit en larmes et tomba aux pieds de son bourreau, en éclatant en sanglots déchirants.

— Pitié, madame! s'écria-t-elle d'une voix navrante; oh! vous venez de le dire: vous avez eu un cœur! vous avez aimé! au nom de ce que vous avez aimé, pitié! pitié! pour moi, pauvre orpheline qui jamais ne vous ai fait de mal!

— Non, non, pas de pitié! l'on n'en a pas eu pour moi.

Et elle la repoussa durement.

Mais la jeune fille, cramponnée à sa robe, la suivait en se traînant sur les genoux.

— Madame ! au nom de ce que vous avez aimé sur la terre, pitié ! pitié !

— Je n'aime plus rien que la vengeance ! Oh ! fit-elle avec un sourire hideux, c'est bon de haïr, on oublie sa douleur ! les larmes de cette misérable enfant me font du bien !

Doña Rosario n'entendait pas ces affreuses paroles ; en proie au plus violent désespoir, elle continuait à pleurer et à supplier.

Seulement, le mot enfant frappa son oreille ; une lueur se fit dans son cerveau.

— Oh ! madame ! s'écria-t-elle ; oh ! je savais bien que vous étiez bonne et que je parviendrais à vous attendrir ! oh ! Dieu a eu pitié de moi !

— Que veut dire cette folle ? fit la Linda.

— Madame ! reprit doña Rosario, vous avez eu des enfants ! vous les avez aimés ! oh ! bien aimés ! j'en suis sûre !

— Silence ! malheureuse ! s'écria la Linda ; silence ! ne me parle pas de ma fille !

— Oui ! continua doña Rosario ; c'est cela, c'était une douce et charmante créature ! oh ! vous l'adoriez ! madame !

— Si j'adorais ma fille !!... s'écria la Linda avec un rugissement de hyène.

— Eh bien ! au nom de cette fille chérie, pitié ! pitié ! madame !

La Linda éclata subitement d'un rire frénétique et se pencha sur la jeune fille, en fixant sur elle des yeux flamboyants.

— Misérable ! s'écria-t-elle d'une voix saccadée par la rage ; quel souvenir viens-tu d'évoquer ! Mais c'est pour venger ma fille, ma fille qui m'a été dérobée, que je veux faire de toi la plus infortunée de toutes les créatures, c'est afin de la venger que je t'ai vendue à Antinahuel !

Doña Rosario resta un instant comme frappée de la foudre ; cependant peu à peu elle revint à elle, se redressa lentement et, regardant bien en face la courtisane qui triomphait :

— Madame, lui dit-elle, vous n'avez pas de cœur, soyez maudite !... Dieu vous punira cruellement !... Quant à moi, je saurai me soustraire aux outrages dont vous me menacez vainement.

Et, d'un geste rapide comme la pensée, elle arracha de la ceinture de la Linda une dague effilée et aiguë, que celle-ci y portait constamment depuis qu'elle vivait avec les Indiens.

La Linda se précipita vers elle.

— Arrêtez, madame, lui dit résolument la jeune fille ; un pas de plus et je me frappe ! Oh ! je ne vous crains plus maintenant, je suis maîtresse de ma vie ! Je vous le disais bien que Dieu ne m'abandonnerait pas !

Le regard de la jeune fille était si ferme, sa contenance si déterminée, que la Linda s'arrêta malgré elle.

— Eh bien ! reprit doña Rosario avec un sourire de mépris, vous ne triomphez plus à présent, vous n'êtes plus aussi certaine de votre vengeance ! Que cet homme, dont vous m'avez menacée, ose approcher de moi, je me plongerai ce poignard dans le cœur ! Je vous remercie, madame, car c'est à vous que je dois le moyen suprême d'échapper au déshonneur.

La Linda la regarda avec rage ; mais elle ne répondit pas, elle était vaincue.

En ce moment, il se fit un grand tumulte dans le camp ; des pas pressés s'approchèrent du toldo dans lequel se trouvaient les deux femmes.

La Linda reprit son siège en composant son visage, afin de cacher aux yeux des arrivants les sentiments qui l'agitaient.

Doña Rosario, avec un sourire de joie, glissa le poignard dans son sein.

XXVII

LA FIN DU VOYAGE DE DON RAMON

Cependant don Ramon Sandias avait quitté Valdivia.

Cette fois, le sénateur était seul.

Seul avec son cheval, pauvre bête étique à moitié fourbue, qui trottinait la tête et les oreilles basses, et semblait de tous points se conformer aux tristes pensées qui, sans nul doute, assaillaient son maître.

Le sénateur, pareil à ces chevaliers des anciens romans, qui sont le jouet d'un méchant enchanteur et tournent des années entières dans le même cercle sans jamais parvenir à atteindre un but quelconque, était sorti de la ville avec la ferme persuasion qu'il n'arriverait pas au terme de son voyage.

L'avenir ne lui apparaissait nullement couleur de rose.

Il était parti de Valdivia sous le poids d'une menace de mort; à chaque pas il s'attendait à être couché en joue par un fusil invisible embusqué derrière les buissons du chemin.

Ne pouvant pas en imposer par la force aux ennemis disséminés sans doute sur son chemin, il avait résolu de leur en imposer par sa faiblesse, c'est-à-dire qu'il s'était débarrassé de toutes ses armes, sans garder seulement un couteau sur lui.

A quelques lieues de Valdivia, il avait été dépassé par Joan qui, en arrivant auprès de lui, lui avait jeté un bonjour ironique, puis avait piqué des deux et n'avait pas tardé à disparaître dans un nuage de poussière.

Don Ramon l'avait longtemps suivi des yeux d'un air d'envie.

— Que ces Indiens sont heureux ! grommela-t-il entre ses dents ; ils sont braves, le désert leur appartient. Ah ! ajouta-t-il avec un soupir, si j'étais à *Caza Azul*, moi aussi je serais heureux !

Caza Azul était la quinta du sénateur.

Cette quinta aux murs blancs, aux contrevents verts, aux bosquets touffus, qu'il regrettait tant d'avoir abandonnée dans un moment de folle ambition et qu'il n'espérait plus revoir, hélas !

Chose singulière, plus le sénateur avançait dans son voyage, moins il espérait le mener à bonne fin.

Déjà, tant de fois, il s'était vu forcé de s'arrêter dans sa course, et obligé de regagner son point de départ, qu'il n'osait croire que cette fois il sortirait enfin du cercle fatal dans lequel il s'imaginait être enserré.

Lorsqu'il lui fallait côtoyer un bois ou traverser un chemin étroit entre deux montagnes, il jetait des regards effarés autour de lui, et s'engageait dans le passage suspect en murmurant tout bas :

— C'est ici qu'il m'attendent.

Puis, le bois traversé, le pas dangereux franchi sans obstacle, au lieu de se féliciter d'être sain et sauf, il disait en hochant la tête :

— Hum ! les *Picaros !* ils savent bien que je ne puis leur échapper, ils jouent avec moi comme les chats avec une souris.

Cependant deux jours s'étaient écoulés déjà sans encombre, rien n'était venu corroborer les soupçons et les inquiétudes du sénateur.

Don Ramon avait, le matin même, passé à gué le Carampangue, il approchait rapidement du Biobio, qu'il espérait atteindre au coucher du soleil.

Le Biobio forme la frontière araucanienne : c'est un fleuve assez étroit mais très rapide, qui descend des montagnes, traverse Concepcion et se jette dans la mer un peu au sud de Talcahuano.

Une fois le Biobio franchi, le sénateur serait en sûreté, puisqu'il se trouverait alors sur le territoire chilien.

Mais il fallait franchir le Biobio.

Là était la difficulté !

Le fleuve n'a qu'un gué, ce gué se trouve un peu au-dessus de Concepcion.

Le sénateur le connaissait parfaitement, mais un pressentiment secret lui disait de ne pas s'en approcher, que c'était là que l'attendaient tous les malheurs qui le menaçaient depuis le commencement de son voyage.

Malheureusement don Ramon n'avait pas le choix, il n'avait pas d'autre chemin à prendre, il lui fallait absolument se décider pour le gué, à moins de renoncer à entrer au Chili.

Le sénateur hésita longtemps, comme César au fameux passage du Rubicon, mais sans doute par d'autres motifs ; enfin, comme il n'y avait pas moyen de faire autrement, bon gré mal gré, don Ramon piqua son cheval et s'avança vers le gué en recommandant son âme à tous les saints de la légende dorée espagnole, et Dieu sait si elle en possède une riche collection !

Le cheval était fatigué, cependant l'odeur de l'eau lui rendit des forces et il galopa fort gaillardement du côté du gué qu'il avait éventé avec l'instinct infaillible de ces nobles bêtes, sans hésiter dans les méandres inextricables qui se croisaient dans les hautes herbes, tracés par le passage des renards, des mules ou les pieds des chasseurs indiens.

Bien que le fleuve ne fût pas visible encore, déjà don Ramon entendait le sourd grondement des eaux.

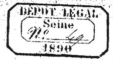

Antinahuel leva sa massue et lui fracassa le crâne.

Il côtoyait en ce moment une sombre colline dont les flancs entièrement boisés laissaient échapper par intervalles des rumeurs étranges.

L'animal, aussi effrayé que le maître, dressait les oreilles et redoublait de vitesse.

Don Ramon osait à peine respirer, il regardait avec crainte autour de lui. Il était proche du gué qui apparaissait déjà à une courte distance, lorsque tout à coup une voix rude frappa son oreille et le rendit aussi immobile que s'il avait été subitement changé en un bloc de marbre.

Une dizaine de guerriers indiens l'enveloppaient de toutes parts.

Ces guerriers étaient commandés par le Cerf-Noir, le vice-toqui des Aucas.

Chose étrange, le premier moment de frayeur passé, le sénateur se rassura presque complètement.

Maintenant il savait à quoi s'en tenir, le danger que depuis si longtemps il redoutait, lui était enfin apparu, mais moins effrayant qu'il ne se l'était figuré.

C'est une des propriétés de l'appréhension de grossir démesurément les objets, et de rendre par contre-coup, la réalité, quelque terrible qu'elle soit en effet, beaucoup moins effrayante que les fantômes que se plait à créer l'imagination.

Dès qu'il se vit pris, le sénateur se prépara à jouer son rôle le plus adroitement possible, afin de ne pas laisser soupçonner le message dont il était porteur.

Cependant il ne put retenir un soupir de regret en considérant le gué qui s'étendait à vingt pas de lui.

Ce n'était pas avoir de chance : il avait jusque-là surmonté tous les obstacles qui s'opposaient à l'accomplissement de son voyage, pour venir faire naufrage au port.

Le Cerf-Noir l'examinait attentivement ; enfin il posa la main sur la bride de son cheval et lui dit en cherchant à rappeler un souvenir effacé de sa mémoire :

— Il me semble que j'ai vu déjà le visage pâle ?

— Effectivement, chef, répondit le sénateur en essayant de sourire, nous sommes de vieux amis.

— Je ne suis pas l'ami des Huincas, fit durement l'Indien.

— Je voulais dire, reprit don Ramon, que nous sommes d'anciennes connaissances.

— Bon ! que fait ici le Chiaplo ?

— Hum ! dit le sénateur avec un soupir, je ne fais rien, et je voudrais bien être autre part.

— Que le visage pâle réponde clairement, un chef l'interroge, dit le Cerf-Noir en fronçant le sourcil.

— Je ne demande pas mieux, répondit don Ramon d'un ton conciliant, interrogez-moi.

— Où va le visage pâle ?

— Où je vais ? ma foi, je ne sais pas à présent, puisque je suis votre prisonnier et que vous déciderez de moi ; seulement, quand vous m'avez arrêté, je me préparais à franchir le Biobio.

— Bon ! et le Biobo franchi ?

— Oh ! alors je me serais hâté de me rendre à ma quinta, que je n'aurais jamais dû quitter.

— Sans doute que le visage pâle est chargé d'une mission de la part des guerriers de sa nation ?

— Moi ! fit le sénateur du ton le plus dégagé qu'il put prendre, mais en rougissant malgré lui, qui voulez-vous qui m'ait chargé d'une mission? je ne suis qu'un pauvre homme inoffensif.

— Bon, dit le Cerf-Noir, mon frère se défend bien, il est très rusé.

— Je vous assure, chef, fit le sénateur avec modestie.

— Où est le collier?

— De quel collier parlez-vous? je ne vous comprends pas.

— De celui qu'il doit remettre au chef de Concepcion.

— Moi?

— Oui.

— Je n'en ai pas.

— Mon frère parle bien; les guerriers aucas ne sont pas des femmes, ils savent découvrir ce qu'on prétend leur cacher; que mon frère descende de cheval.

Don Ramon obéit.

Toute résistance était impossible, du reste dans aucun cas il n'aurait osé se défendre.

Aussitôt qu'il eut mis pied à terre, le cheval fut emmené.

Le sénateur poussa un soupir en se séparant de sa monture.

— Que le visage pâle me suive, dit le Cerf-Noir.

— Hum! demanda don Ramon, où allons-nous donc ainsi?

— Auprès du toqui et du Grand-Aigle des blancs.

— Eh! fit don Ramon à part lui, cela se gâte, je crois que j'aurai de la peine à m'en tirer.

Les guerriers s'enfoncèrent avec leur prisonnier dans les taillis qui couvraient le pied de la colline.

Après une montée assez rude, qui dura près d'un quart d'heure, ils arrivèrent au camp.

Le général Bustamente et Antinahuel se promenaient en causant ensemble.

— Qu'est-ce que cela? demanda le général.

— Un prisonnier, répondit le Cerf-Noir en le démasquant.

— Eh! mais, fit le général qui reconnut le sénateur, c'est mon honorable ami don Ramon! Par quel heureux hasard dans ces parages?

— Hasard heureux, en effet, puisque je vous y rencontre, général, répondit le sénateur avec un sourire contraint, cependant je vous avoue que je n'y comptais pas.

— Comment donc cela? est-ce que vous ne me cherchiez pas un peu? fit le général avec un accent railleur.

— Dieu m'en garde! s'écria le sénateur, c'est-à-dire, fit-il en se reprenant, que je n'espérais pas avoir le bonheur de vous rencontrer.

— Voyez-vous cela! et où alliez-vous ainsi tout seul?

— Je retournais chez moi.

Le général et Antinahuel échangèrent quelques mots à voix basse.

— Venez avec nous, don Ramon, reprit le général, le toqui désire vous entretenir.

Cette invitation était un ordre, don Ramon le comprit.

— Avec plaisir, dit-il.

Et, tout en maudissant sa mauvaise étoile, il suivit les deux hommes dans le toldo, où se trouvaient la Linda et doña Rosario.

Les guerriers qui avaient amené le sénateur restèrent dehors, prêts à exécuter les ordres qu'ils recevraient.

— Vous disiez donc, reprit le général lorsqu'ils furent dans le toldo, que vous vous rendiez chez vous ?

— Oui, général.

— Est-ce à Casa Azul que vous alliez ?

— Hélas! oui, général.

— Pourquoi ce soupir ! rien, je crois, ne s'opposera à la continuation de votre voyage.

— Vous croyez? fit vivement le sénateur.

— Dame ! cela dépendra de vous seul.

— Comment cela?

— Remettez au toqui l'ordre que vous avez été chargé, par don Tadeo de Leon, de porter au général Fuentès à Concepcion.

— De quel ordre parlez-vous, général ?

— Mais de celui que vous avez probablement.

— Moi!

— Vous.

— Vous vous trompez, général, je ne suis chargé d'aucune mission pour le général Fuentès.

— Vous croyez ?

— J'en suis sûr.

— Cependant le toqui prétend le contraire. Que dites-vous de cela, chef?

— Cet homme ment, il doit avoir un collier, dit Antinahuel.

— Il est facile de nous en assurer, dit froidement le général. Cerf-Noir, mon ami, ayez, je vous prie, la complaisance de faire suspendre ce caballero par les pouces au premier arbre venu, jusqu'à ce qu'il consente à donner son ordre.

Le sénateur frissonna.

— Je vous ferai observer, continua le général, que nous ne commettrons pas l'indiscrétion de vous fouiller.

— Mais je vous assure que je n'ai pas d'ordre.

— Bah ! je suis bien sûr que vous en trouverez un, il n'y a rien de tel que d'être suspendu par les pouces, vous verrez.

— Venez, dit le Cerf-Noir en lui posant la main sur l'épaule.

Le sénateur bondit d'épouvante, tout son courage l'abandonna.

— Je crois me rappeler... balbutia-t-il.

— Là, vous voyez.

— Que je suis porteur d'une lettre.

— Quand je vous le disais!

— Mais j'ignore ce qu'elle contient.

— Caramba! je le crois bien ! à qui est-elle adressée?

— Je suppose que c'est au général Fuentès.

— Vous voyez bien !

— Mais si je vous remets ce papier, je serai libre? fit-il en hésitant.

— Ah! dame! la position est changée maintenant. Si vous vous étiez exécuté de bonne grâce, j'aurais presque pu vous le garantir, mais à présent, vous comprenez...

— Cependant...

— Donnez toujours.

— Le voilà, fit le sénateur en le tirant de sa poitrine.

Le général prit le papier, le lut rapidement, puis entraînant Antinahuel à l'autre extrémité du toldo, tous deux causèrent pendant quelques minutes à voix basse.

Enfin le général revint auprès du sénateur; ses sourcils étaient froncés, sa physionomie sévère.

Don Ramon eut peur, sans savoir pourquoi.

— Malheureux, lui dit durement le général, est-ce donc ainsi que vous me trahissez, après les preuves d'amitié que je vous ai données et la confiance que j'avais en vous !

— Je vous assure, général, balbutia le malheureux sénateur qui se sentait blêmir.

— Taisez-vous, misérable espion! reprit le général d'une voix tonnante, vous m'avez voulu vendre à mes ennemis, mais Dieu n'a pas permis qu'un projet aussi noir fût exécuté! l'heure du châtiment a sonné pour vous! recommandez votre âme à Dieu !

Le sénateur fut atterré; il était si loin de s'attendre à un tel dénoûment, qu'il n'eut même pas la force de répondre.

— Emmenez cet homme, dit Antinahuel.

Le pauvre diable se débattit vainement aux mains des guerriers indiens qui s'étaient brutalement emparés de lui et l'entraînèrent hors du toldo malgré ses cris et ses prières.

Le Cerf-Noir le conduisit au pied d'un énorme *espino*, dont les branches touffues ombrageaient au loin la colline.

Arrivé là, don Ramon fit un effort suprême, s'échappa des mains de ses gardiens stupéfaits, et s'élança comme un fou sur la pente rapide de la montagne.

Où allait-il? il ne le savait pas.

Il fuyait sans s'en rendre compte, dominé par la crainte de mourir.

Mais cette course insensée ne dura que quelques minutes à peine et finit d'épuiser ses forces.

Lorsque les guerriers indiens eurent réussi à s'emparer de lui, ce qui leur fut facile, l'épouvante l'avait déjà presque tué.

Les yeux démesurément ouverts, il regardait sans voir, il n'avait plus conscience de ce qui se passait autour de lui, des tressaillements nerveux indiquaient seuls qu'il vivait encore.

Les guerriers lui jetèrent le nœud coulant d'un lasso autour du cou, et le hissèrent à la maîtresse branche de l'espino.

Il se laissa faire sans opposer la moindre résistance.

Il était mort quand on le pendit.

La frayeur l'avait tué.

Il était écrit que le pauvre don Ramon Sandias, victime d'une folle ambition, ne reverrait jamais Caza Azul !

XXVIII

L'AUCA-COYOG

La fin tragique du sénateur n'était que la conséquence de sa pusillanimité bien connue.

Si le général avait cru pouvoir se fier à sa parole, il l'aurait immédiatement relâché.

Mais il fallait avant tout que le secret de l'expédition fût gardé. De ce secret dépendait le succès de l'entreprise. Don Ramon rendu à la liberté n'aurait pas manqué, sous la pression des menaces, de révéler à la première occasion tout ce qu'il savait.

D'un autre côté, une armée en campagne, obligée de se porter rapidement d'un lieu à un autre, ne pouvait se charger d'un prisonnier gênant, qui se serait échappé d'un moment à l'autre.

Enfin, pour tout dire, le général n'était pas fâché d'abandonner cette victime à ses féroces alliés et de s'assurer leur concours dévoué, par cette preuve de condescendance.

De l'ensemble de toutes ces considérations était résultée la mort du pauvre diable qui, dans cette sombre tragédie, avait joué le rôle de bouc émissaire.

Aussitôt après l'exécution du sénateur, les *chasquis*, — hérauts, — convoquèrent les chefs à un grand *Auca-coyog* qui devait se tenir au centre du camp, devant le toldo du toqui.

Bientôt une trentaine d'Ulmènes et d'Apo-Ulmènes furent réunis à l'endroit désigné.

Ils s'assirent gravement sur des crânes de bœufs, qui avaient été disposés pour leur servir de sièges, et attendirent que le toqui se présentât au conseil.

Antinahuel ne tarda pas à arriver, suivi du général Bustamente.

A l'arrivée du toqui les chefs se levèrent, le saluèrent respectueusement et reprirent leur place.

Antinahuel tenait à la main la lettre saisie sur don Ramon.

Il rendit cérémonieusement leur salut aux chefs et prit la parole.

— Ulmènes, Apo-Ulmènes et chefs des quatre Utalmapus de la confédération araucanienne, dit-il, je vous ai fait convoquer par les chasquis, pour vous donner communication d'un collier arraché à l'espion qui par mon ordre vient d'être mis à mort; ce collier changera, je crois, les dispositions que nous avions prises pour la malocca qui nous réunit. Notre allié le Grand Aigle des blancs va vous l'expliquer. Que mon frère lise, ajouta-t-il en se tournant vers le général et en lui remettant le papier.

Celui-ci, qui se tenait immobile auprès du chef, prit la lettre, l'ouvrit et la lut à haute voix.

Voici ce qu'elle contenait :

« Mon cher général,

« J'ai soumis au conseil réuni à Valdivia les objections que vous avez cru devoir me faire au sujet du plan de campagne que j'avais d'abord adopté; ces objections ont été trouvées justes : en conséquence, le plan susdit a été modifié d'après vos observations, c'est-à-dire que la jonction de nos deux corps d'armée a été jugée inutile; vous continuerez donc à couvrir la province de Concepcion, en conservant la ligne du Biobio, que vous ne traverserez pas jusqu'à nouvel ordre; de mon côté, avec les sept mille hommes que j'ai réunis, je marcherai sur Arauco, dont je m'emparerai et que je détruirai, ainsi que toutes les villes araucaniennes qui se trouveront sur mon passage. Ce plan nous offre d'autant plus de chance de réussite que, d'après le rapport d'espions fidèles, les ennemis sont dans une trompeuse sécurité au sujet de nos mouvements ; et loin d'avoir à se défendre, ils sont persuadés qu'ils peuvent en toute sécurité nous attaquer. Le porteur de cet ordre est un personnage que vous connaissez et auquel sa nullité même facilitera les moyens de traverser les lignes ennemies. Il est impossible que les Araucans soupçonnent qu'un homme aussi notoirement incapable soit porteur d'un ordre de cette importance. Vous vous débarrasserez de cet individu en l'internant et le renvoyant chez lui, avec injonction de ne pas en sortir sans une permission signée de moi.

« Cet lettre n'étant à autre fin, je prie Dieu, Général, qu'il vous conserve pour le salut de la patrie.

« *Signé* : DON TADEO DE LEON,

« Dictateur, général en chef de l'armée libératrice. »

La lecture de ce document fut écoutée par les chefs avec une profonde attention.

Lorsque le général eut terminé, Antinahuel reprit la parole.

— Ce collier, dit-il, était tracé en signes particuliers que notre frère le visage pâle est parvenu à déchiffrer. Que pensent les Ulmènes de cet ordre? Je suis prêt à écouter leurs observations.

Un des anciens toquis, vieillard respectable, doué d'une grande finesse et qui avait une réputation de sagesse et d'expérience bien établie, se leva au milieu du silence général.

— Les visages pâles sont très rusés, dit-il, ce sont des renards pour la malice et des jaguars pour la férocité; cet ordre est un piège tendu à la bonne foi des Aucas, pour leur faire abandonner la ligne formidable qu'ils occupent; mais les guerriers aucas sont sages, ils riront des fourberies des Huincas et continueront à garder le gué du Biobio : c'est de la prise de ce poste que dépend le succès de la guerre. Les communications des blancs entre eux sont coupées, tels qu'un serpent dont le corps a été tranché par un coup de hache, ils cherchent vainement à rejoindre les divers tronçons de leur armée, mais ils ne pourront pas y parvenir. Les Aucas doivent conserver la position qu'ils occupent. J'ai dit. Ai-je bien parlé, hommes puissants ?

Cette allocution, prononcée d'une voix ferme, par un des chefs les plus justement respectés de la nation, produisit un certain effet sur les membres de l'assemblée.

— Le chef a bien parlé, appuya le général qui tenait avant tout à ce que son plan d'invasion fût suivi, je me range entièrement à son avis.

Un autre chef se leva, et parla à son tour.

— Les blancs sont très rusés, ainsi que l'a dit mon père, fit-il, ce sont des renards sans courage, ils ne savent que massacrer les femmes et les enfants et fuient à la vue d'un guerrier aucas ; mais ce collier dit la vérité et traduit littéralement leur pensée : la façon dont ce collier est conçu, les termes qui sont employés, l'homme choisi pour le porter, tout me confirme dans l'opinion que ce collier est vrai. Des espions ont dû être expédiés de tous les côtés par le toqui, afin d'éclairer les mouvements des visages pâles ; attendons leur retour, les nouvelles qu'ils nous apporteront régleront notre conduite, en confirmant ce collier ou en nous prouvant qu'il est faux. Chefs, tous nous avons des femmes et des enfants, nous devons d'abord songer à leur sûreté : nous ne pouvons entreprendre une malocca sur le territoire ennemi, en laissant derrière nous nos parents et nos amis sans défense ; d'ailleurs, vous le voyez, le secret de notre entreprise est connu, les Huincas sont sur leurs gardes, soyons prudents, chefs, ne nous jetons pas dans un piège en croyant au contraire en tendre un à nos ennemis. J'ai dit : que mes frères réfléchissent. Ai-je bien parlé, hommes puissants ?

Le chef se rassit.

Son discours fut suivi d'une grande agitation.

Une partie du conseil penchait pour son avis.

Les Araucans ont pour leur famille une affection profonde. L'idée de laisser derrière eux, exposés aux désastres de la guerre, leurs parents et leurs amis, les plongeait dans une inquiétude extrême.

Le général Bustamente suivait avidement les diverses fluctuations du conseil ; il comprenait que si, au lieu de l'invasion projetée, les chefs se résolvaient à faire un mouvement rétrograde, le succès de son entreprise était compromis et presque désespéré, aussi prit-il la parole.

— Ce que mon frère a dit est juste, dit-il, mais ses opinions ne reposent que sur une hypothèse ; les blancs ne disposent pas de forces assez considérables pour tenter d'envahir le territoire araucanien, ils ne feront que le traverser au pas de course, afin de voler au secours de leurs plus riches provinces menacées. Que mes frères laissent au camp mille guerriers résolus pour défendre le passage, et que la nuit venue, ils passent hardiment le Biobio, je leur garantis le succès : ils arriveront à Santiago en refoulant devant eux les populations effrayées. Je suis certain que l'ordre saisi sur l'espion est faux,

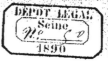

Les deux chevaux entraînèrent les deux hommes enlacés l'un à l'autre comme deux serpents.

et que le général Fuentès ignore notre présence si près de lui; notre succès dépend de la rapidité de nos mouvements : hésiter, c'est tout compromettre; reculer, c'est tout perdre; marcher en avant, au contraire, c'est nous assurer la victoire ! J'ai dit : ai-je bien parlé, hommes puissants ?

— Mon frère est un guerrier habile, dit Antinahuel; le plan qu'il propose montre son expérience. Ainsi que lui, jusqu'à preuve du contraire, je crois que le collier est faux, et que sans nous occuper d'un ennemi trop éloigné et trop faible pour nous nuire, nous devons cette nuit même envahir le territoire des blancs.

Le général respira, sa cause était gagnée.

Tous les chefs semblaient prêts à se ranger à l'avis de Antinahuel.

Tout à coup le Cerf Noir, le vice-toqui, vint prendre place dans l'assemblée; il paraissait réprimer avec peine une forte émotion.

— Que se passe-t-il? lui demanda le toqui.

— Plusieurs espions sont de retour, répondit le Cerf Noir

— Eh bien! reprit le toqui d'une voix brève, quelles nouvelles apportent-ils?

— Tous s'accordent à dire que des forces considérables, traînant avec elles des canons, ont investi Arauco.

A ces paroles, il y eut un mouvement de stupeur indicible dans l'assemblée.

— Ce n'est pas tout, reprit le Cerf Noir.

— Que mon frère parle, dit Antinahuel en imposant d'un geste le silence aux chefs.

— Écoutez, reprit le Cerf Noir d'une voix sombre, Illicura, Boroa, Nagtolten ont été livrés aux flammes et leurs habitants passés au fil de l'épée; un autre corps de troupes, plus considérable encore que le premier et coordonnant ses opérations avec les siennes, agit dans le pays plat de la même façon que l'autre dans la contrée maritime ; voici le résumé des nouvelles apportées par les espions. J'ai dit.

Une agitation extrême s'empara des Ulmènes, ce n'étaient que cris de rage et de désespoir.

Antinahuel cherchait en vain à rétablir un peu d'ordre dans le conseil, enfin le calme se fit et le silence régna.

Alors le chef qui une fois déjà avait conseillé la retraite, reprit la parole :

— Qu'attendez-vous, chefs des Aucas? s'écria-t-il avec violence; n'entendez-vous pas les cris de vos femmes et de vos enfants qui implorent votre secours? ne voyez-vous pas les flammes qui dévorent vos demeures et détruisent vos moissons? Aux armes! guerriers, aux armes! Ce n'est plus le territoire ennemi qu'il faut envahir, c'est le vôtre qu'il s'agit de défendre! toute hésitation est un crime, le sang araucan, versé à flots, crie vengeance! Aux armes! aux armes!

— Aux armes! rugirent les guerriers en se levant avec élan.

Il y eut un moment de confusion impossible à décrire : c'était un chaos, un tohu-bohu inexprimable.

Le général Bustamente se retira dans le toldo, la mort dans le cœur.

— Eh bien! lui demanda la Linda en le voyant entrer, que se passe-t-il? que signifient ces cris et ce tumulte effroyables? Les Indiens se révoltent-ils contre leurs chefs?

— Non, répondit le général avec désespoir. Don Tadeo, ce démon acharné à ma perte, a déjoué tous mes plans; je suis perdu, l'armée indienne se met en retraite.

— En retraite! s'écria la Linda avec fureur; et s'élançant vers Antinahuel qui arrivait en ce moment : Comment! lui dit-elle avec violence, vous! vous!

vous fuyez! vous vous avouez vaincu! Don Tadeo de Leon, le bourreau de
votre famille, marche contre vous et vous avez peur! Lâche! lâche! prenez
des jupons! vous n'êtes pas un guerrier! vous n'êtes pas un homme! vous
êtes une vieille femme!

Le toqui la repoussa d'un geste de suprême dédain.

— Femme, vous êtes folle! lui dit-il; que peut un homme contre la fatalité? je ne fuis pas mon ennemi, je vais au-devant de lui; cette fois, dussé-je
l'attaquer seul, nous nous verrons face à face!

Se tournant alors vers doña Rosario :

— Ma sœur ne peut rester ici, lui dit-il d'une voix douce; le camp va être
levé, elle et doña Maria suivront les mosotones chargés de les défendre toutes
deux.

La jeune fille le suivit sans répondre.

Quelques minutes plus tard le camp était levé, et les Aucas abandonnaient
cette imprenable position si bien choisie par leur chef.

Sur les prières réitérées du général Bustamente, Antinahuel consentit à
laisser le Cerf Noir à la tête de huit cents guerriers d'élite, afin de défendre
le passage dans le cas où les Chiliens tenteraient de traverser le fleuve.

Aux dernières lueurs du soleil couchant, l'armée araucanienne disparut au
loin dans la plaine, soulevant sur son passage des flots de poussière qui montaient jusqu'aux cieux.

Antinahuel se dirigeait à marches forcées vers la vallée de Condorkanki,
où il espérait arriver avant les Chiliens, et les tailler en pièces sans leur donner le temps d'entrer en ligne.

Le Cerf Noir était un chef sage, il comprenait toute l'importance du poste
qui lui était confié.

Dès que la nuit fut venue, il dispersa dans toutes les directions des éclaireurs sur les rives du fleuve, afin de surveiller les mouvements de l'ennemi.

Subissant, malgré lui, l'influence produite par le rapport des espions, il
avait dans le premier moment conseillé la retraite; mais, en y réfléchissant,
il n'avait pas tardé à soupçonner une ruse de guerre.

Aussi redoublait-il de vigilance pour éviter une surprise.

Ses soupçons ne l'avaient pas trompé : entre onze heures et minuit les
éclaireurs se replièrent en toute hâte et vinrent l'avertir qu'une longue file de
cavaliers avait quitté la rive chilienne et s'allongeait sur le gué comme un
immense serpent.

La lune qui se levait en ce moment dissipa tous les doutes en faisant
étinceler à ses rayons argentés les pointes des longues lances chiliennes.

Le Cerf Noir n'avait que deux cent cinquante guerriers armés de fusils, il
les plaça en première ligne sur la rive et les fit soutenir par ses lanciers.

Mais si la clarté éblouissante de la lune lui permettait de distinguer facilement les mouvements de l'ennemi, elle facilitait de même à celui-ci les
moyens de voir les siens.

Lorsqu'ils les crurent arrivés à portée, les guerriers aucas firent une
décharge sur les cavaliers qui traversaient la rivière.

Plusieurs tombèrent.

Au même instant quatre pièces de canon furent démasquées sur l'autre rive, et, tirant à mitraille, semèrent la mort et l'épouvante parmi les Indiens.

Les Aucas, décimés par une grêle de projectiles, cherchèrent en vain à se reformer.

Une seconde décharge vint de nouveau jeter le désordre dans leurs rangs déjà à demi rompus.

Un fort détachement avait, pendant ce temps, franchi le gué, et s'était rué sur eux avec une incroyable furie.

La lutte désormais n'était plus égale.

Les Aucas, malgré leur courage, furent contraints de lâcher pied, en abandonnant près de deux cents cadavres sur la plage.

En vain ils cherchèrent plusieurs fois à se rallier et à reprendre l'offensive : poursuivis l'épée dans les reins, leur retraite ne tarda pas à se changer en déroute, et malgré les efforts du Cerf Noir, qui combattait comme un lion, ils s'enfuirent dans toutes les directions, en laissant l'ennemi définitivement maître du champ de bataille.

Le plan conçu par don Tadeo de Leon avait complètement réussi.

L'armée du général Fuentès venait de forcer le passage du Biobio et d'envahir le territoire araucan.

Ainsi, grâce à la ruse employée par le dictateur, le terrain sur lequel devait se décider la question était changé, et les Aucas, au lieu de porter, comme ils en avaient l'intention, la guerre dans le Chili, étaient contraints à se défendre chez eux.

D'envahisseurs qu'ils voulaient être, ils se trouvaient au contraire envahis.

La campagne pouvait désormais être terminée par le gain d'une seule bataille.

XXIX

LE SACRIFICE HUMAIN

L'armée commandée par le général Fuentès se composait de deux mille hommes d'infanterie, huit cents cavaliers et six pièces de canon.

Forces imposantes pour ces pays où la population est très faible, et où souvent on a des peines infinies à réunir des armées la moitié moins nombreuses.

Aussitôt le passage effectué et la plage débarrassée des fuyards, le général fit camper ses troupes, résolu à leur donner quelques heures de repos avant de reprendre sa marche et opérer sa jonction avec don Tadeo de Leon.

Au moment où, après avoir donné ses derniers ordres, le général entrait sous sa tente de campagne, un Indien se présenta à lui.

— Que voulez-vous, Joan ? lui demanda-t-il.

Ils reprirent à grands pas le chemin de la montagne suivis par César.

— Le grand chef n'a plus besoin de lui, Joan veut retourner auprès de celui qui l'a envoyé.

— Vous êtes libre de le faire, mon ami; pourtant je crois que vous feriez mieux d'accompagner l'armée.

L'Indien secoua la tête.

— J'ai promis à mon père de revenir immédiatement, dit-il.

— Partez donc, je ne puis ni ne veux vous retenir; vous rapporterez ce que vous avez vu, un ordre écrit pourrait vous compromettre en cas de surprise.

— Je ferai ce que me commande le grand chef.

— Allons, bonne chance, surtout prenez garde d'être pris en traversant la ligne ennemie.

— Joan ne sera pas pris.

— Adieu donc, mon ami, dit le général en faisant un signe de congé à l'Indien et en entrant dans sa tente.

Joan profita de la permission qui lui était donnée pour quitter le camp sans retard.

La nuit était sombre, la lune cachée derrière d'épais nuages.

L'Indien ne se dirigeait qu'avec difficulté dans les ténèbres.

Souvent il était obligé de revenir sur ses pas et de faire de grands détours pour éviter des endroits qu'il supposait dangereux.

Il marcha ainsi en tâtonnant jusqu'au point du jour.

Aux premières lueurs de l'aube, il glissa comme un serpent dans les hautes herbes, leva la tête et frissonna malgré lui.

Dans les ténèbres, il avait donné juste dans un campement araucan.

Il s'était fourvoyé au milieu du détachement du Cerf Noir, qui était enfin parvenu à rallier sa troupe, et qui formait en ce moment l'arrière-garde de l'armée araucanienne, dont on apercevait à deux lieues au plus les feux de bivouac fumer à l'horizon.

Mais Joan n'était pas homme à se démoraliser facilement.

Il reconnut que les sentinelles ne l'avaient pas encore éventé, et ne désespéra pas de sortir sain et sauf du mauvais pas dans lequel il se trouvait.

Il ne se faisait pas d'illusions et ne se dissimulait nullement ce que sa position avait de critique ; mais comme il l'envisageait de sang-froid, il résolut de tout faire pour s'en tirer, et prit ses mesures en conséquence.

Après quelques secondes de réflexion, il rampa en sens inverse à la direction qu'il avait suivie jusque-là, s'arrêtant par intervalles pour prêter l'oreille.

Tout alla bien pendant quelques minutes.

Rien ne bougeait.

Un profond silence continuait à planer sur la campagne.

Joan respira.

Encore quelques pas et il était sauvé.

Malheureusement, en ce moment, le hasard amena en face de lui le Cerf Noir lui-même, qui en chef vigilant venait de faire une ronde et de visiter ses postes.

Le vice-toqui poussa son cheval de son côté.

— Mon frère est fatigué, car il y a longtemps qu'il glisse dans l'herbe comme une vipère, lui dit-il d'une voix ironique, il est temps qu'il change de position.

— C'est ce que je vais faire, répondit Joan sans s'étonner.

Et bondissant comme une panthère, il sauta sur la croupe du cheval en saisissant le chef à bras le corps, avant que celui-ci pût seulement soupçonner son intention.

— A moi ! cria le Cerf Noir d'une voix forte.

— Un mot de plus et tu es mort ! lui dit Joan d'un ton de menace.

Mais il était trop tard. Le cri d'alarme du chef avait été entendu, une foule de guerriers accouraient à son secours.

— Chien poltron ! fit Joan qui se vit perdu mais ne désespéra pas encore, meurs donc !

Il lui planta son poignard empoisonné entre les deux épaules, et le jeta sur le sol, où le chef se tordit dans les convulsions de l'agonie et expira comme frappé par la foudre.

Joan enleva son cheval avec les genoux et le lança à toute bride contre ceux qui lui barraient le passage.

Cette tentative était insensée.

Un guerrier armé d'un fusil le coucha en joue, le cheval roula sur le sol le crâne brisé, en entraînant son cavalier dans sa chute.

Vingt guerriers se ruèrent sur Joan et le garrottèrent avant qu'il pût faire un mouvement pour se défendre.

Seulement il avait caché le poignard que les Indiens ne cherchèrent même pas, convaincus qu'il avait jeté ses armes.

La mort du Cerf Noir, un des guerriers les plus respectés de la nation, jeta la consternation parmi les Araucans.

Un Ulmen avait immédiatement pris le commandement à sa place.

Joan et un soldat chilien, fait prisonnier dans un précédent combat, furent expédiés de compagnie au camp de Antinahuel.

Celui-ci éprouva une grande douleur en recevant la nouvelle de la mort du Cerf Noir : c'était plus qu'un ami qu'il perdait, c'était un séide.

Les événements de la nuit avaient semé l'épouvante dans les rangs des Indiens.

Antinahuel, afin de raffermir le courage des siens, résolut de faire un exemple et de sacrifier les prisonniers à Guecubu, le génie du mal.

Sacrifice qui, nous devons l'avouer, devient de plus en plus rare parmi les Aucas, mais auquel ils ont encore parfois recours lorsqu'ils veulent frapper leurs ennemis de terreur et leur prouver qu'ils sont déterminés à leur faire une guerre sans merci.

Le temps pressait, l'armée devait marcher en avant.

Antinahuel décida que le sacrifice aurait lieu de suite.

A quelque distance en dehors du camp, les principaux Ulmènes et les guerriers formèrent un cercle au centre duquel fut plantée la hache de commandement du toqui.

Les prisonniers furent amenés.

Ils étaient libres, mais par mépris montés chacun sur un cheval sans queue et sans oreilles.

Joan, comme le plus coupable, ne devait être sacrifié que le dernier et il lui fallait assister à la mort de son compagnon, afin de prendre un avant-goût du sort qui l'attendait.

Mais si en ce moment fatal tout semblait abandonner le valeureux Indien, lui ne s'abandonnait pas et était loin d'avoir perdu tout espoir de salut.

Le prisonnier chilien était un rude soldat, fort au courant des mœurs araucaniennes, qui connaissait parfaitement le sort qui lui était réservé et qui était résolu à mourir bravement.

Il fut placé près de la hache, le visage tourné du côté des frontières chiliennes, afin qu'il éprouvât plus de regret en se reportant par la pensée dans sa patrie qu'il ne devait plus revoir.

On le fit descendre de cheval et on lui mit dans la main un paquet de baguettes et un bâton pointu, avec lequel on l'obligea à creuser un fossé dans lequel, au fur et à mesure, il plantait l'une après l'autre les baguettes, en prononçant les noms des guerriers araucans qu'il avait tués dans le cours de sa longue carrière.

A chaque nom que prononçait le soldat en y ajoutant quelque épigramme à l'adresse de ses ennemis, les Aucas répondaient par des imprécations horribles.

Lorsque toutes les baguettes furent plantées, Antinahuel s'approcha :

— Le Huinca est un brave guerrier, dit-il; qu'il recouvre cette fosse de terre afin que la gloire et la valeur dont il a fait preuve pendant sa vie, restent ensevelies à cette place.

— Soit, dit le soldat; mais bientôt vous verrez à vos dépens que les Chiliens possèdent encore de plus valeureux soldats que moi !

Et il jeta insoucieusement de la terre dans la fosse.

Ceci terminé, le toqui lui fit signe de se placer auprès de la hache.

Le soldat obéit.

Antinahuel leva sa massue et lui fracassa le crâne.

Le malheureux tomba.

Il n'était pas complètement mort et se débattait convulsivement.

Deux machis se précipitèrent sur lui, ouvrirent sa poitrine et lui arrachèrent le cœur qu'ils présentèrent tout palpitant au toqui.

Celui-ci en suça le sang, puis il le donna aux Ulmènes qui, à tour de rôle, imitèrent son exemple.

Pendant ce temps, les guerriers se jetèrent sur le cadavre qu'ils dépecèrent en quelques minutes; ils firent des flûtes avec ses os décharnés, se prirent par la main, et portant la tête du prisonnier au bout d'une pique, ils dansèrent en rond en entonnant une effroyable chanson qu'ils accompagnèrent du son de ces flûtes affreuses.

Les dernières scènes de ce drame barbare avaient enivré les Aucas d'une joie féroce : ils tournoyaient et hurlaient en délire, paraissant avoir oublié le second prisonnier destiné, lui aussi, à subir le même sort.

Mais Joan avait l'œil et l'oreille au guet, malgré son maintien impassible; au moment où l'épouvantable saturnale était à son apogée, il jugea l'instant propice, piqua son cheval et s'enfuit à toute bride à travers la plaine.

Il y eut quelques minutes d'un désordre indescriptible dont l'Indien profita habilement pour augmenter encore la vélocité de sa course; mais les Aucas, revenus de la stupeur que leur avait causée cette détermination désespérée de leur prisonnier pour sauver sa vie, se précipitèrent à sa poursuite.

Joan fuyait toujours.

Il glissa comme un serpent dans les hautes herbes...

Il s'aperçut avec épouvante que la distance diminuait d'une façon effrayante entre lui et ceux qui le poursuivaient.

Il était monté sur une misérable haridelle qui n'avait que le souffle, tandis que les guerriers aucas avaient, eux, des coursiers rapides.

Il comprit que s'il continuait à galoper ainsi dans la plaine il était perdu.

Il côtoyait alors une colline dont la pente abrupte ne pouvait être gravie par des chevaux; avec cette vivacité de conception des hommes braves, il devina que là était sa seule chance de salut et se prépara à tenter un dernier effort.

Il dirigea son cheval de manière à passer, à raser la colline le plus près possible et se mit debout sur sa monture.

Les Aucas arrivaient en poussant de grands cris.

Encore quelques minutes et il retombait dans leurs mains.

Tout à coup, saisissant une forte branche d'un arbre incliné sur la plaine, il grimpa après avec l'adresse et la vélocité d'un chat-pard en laissant son cheval continuer seul sa course.

Les guerriers poussèrent un cri d'admiration et de désappointement à la vue de ce tour de force.

Leurs chevaux lancés à fond de train ne purent être arrêtés de suite, ce qui donna à l'intrépide Indien le temps de s'enfoncer dans les broussailles et de gravir en courant la crête de la montagne.

Cependant les Aucas n'avaient pas renoncé à reprendre leur prisonnier.

Ils abandonnèrent leurs chevaux au pied de la montagne, et une dizaine des plus agiles et des plus animés se mirent sur la piste de Joan.

Mais celui-ci avait maintenant de l'espace devant lui.

Il continua à monter en s'accrochant des pieds et des mains, ne s'arrêtant que le temps strictement nécessaire pour reprendre haleine.

Un frisson de terreur parcourut ses membres; il vit que cette lutte surhumaine qu'il soutenait si énergiquement allait se terminer par sa captivité.

Ses ennemis avaient modifié leur tactique : au lieu de courir tous sur ses traces ils s'étaient dispersés, s'élargissant en éventail, et formaient un large cercle, dont le malheureux Joan était le centre et qui se rétrécissait de plus en plus autour de lui ; tout était fini, il allait infailliblement être pris comme une mouche dans une toile d'araignée.

Il comprit qu'une plus longue lutte était inutile, que cette fois il était bien réellement perdu.

Sa résolution fut prise aussitôt.

Il s'adossa à un arbre, sortit son poignard de sa poitrine, déterminé à tuer le plus d'ennemis qu'il pourrait et à se tuer enfin lui-même lorsqu'il se verrait sur le point d'être accablé par le nombre.

Les Aucas arrivaient haletants de cette rude course, brandissant leurs lances et leurs massues avec des cris de triomphe.

En apercevant l'Indien qui fixait sur eux des yeux ardents, les guerriers s'arrêtèrent une seconde comme pour se consulter, puis ils se précipitèrent vers lui tous à la fois.

Ils n'étaient qu'à cinquante pas au plus.

En ce moment suprême, Joan entendit une voix basse comme un souffle qui prononça à son oreille ces trois mots :

— Baissez la tête.

Il obéit, sans se rendre compte de ce qui se passait autour de lui, ni d'où lui venait cette recommandation.

Quatre coups de feu éclatèrent avec fracas et quatre guerriers indiens roulèrent sans vie sur le sol.

Rendu à lui-même par ce secours inespéré, Joan bondit en avant et poignarda un de ses adversaires, tandis que quatre nouveaux coups de feu en couchaient quatre autres sur la terre.

Ceux qui survivaient, épouvantés de ce massacre, se ruèrent en désordre sur la pente de la montagne et disparurent en poussant des cris de frayeur et de détresse.

Joan était sauvé.

Il regarda autour de lui afin de reconnaître ceux auxquels il devait la vie. Valentin, Louis et les deux chefs indiens étaient à ses côtés.

César finissait d'étrangler un Aucas qui se débattait encore dans les dernières convulsions de l'agonie.

C'étaient les quatre amis qui de loin surveillant le camp des Araucans, avaient été témoins de la fuite désespérée de Joan et étaient venus bravement à son secours, juste lorsqu'il croyait n'avoir plus qu'à mourir.

— Eh! notre ami, lui dit en riant Valentin, vous l'avez échappée belle, hein? un peu plus vous étiez repris.

— Merci, dit Joan avec effusion, je ne compte plus avec vous !

— Je crois que nous ferons bien de nous mettre en sûreté, observa Louis, les Araucans ne sont pas hommes à se laisser battre sans chercher à prendre leur revanche.

— Don Luis a raison, appuya Trangoil Lanec, il faut partir sans retard.

Les cinq hommes s'enfoncèrent dans la montagne.

Ils avaient tort de tant redouter une attaque.

Antinahuel, sur les rapports exagérés que les guerriers échappés aux rifles des Français lui firent du nombre d'ennemis qu'ils avaient eu à combattre, se persuada que cette position était occupée par un fort détachement de l'armée chilienne ; jugeant en conséquence que le poste qu'il occupait n'était pas propice pour accepter la bataille, il fit lever le camp et s'éloigna dans une direction tandis que les aventuriers s'échappaient dans une autre.

Curumilla, demeuré à l'arrière-garde, avertit ses amis de ce qui se passait.

Ceux-ci revinrent alors sur leurs pas et suivirent de loin l'armée indienne, en ayant soin cependant de se tenir hors de sa vue.

Dès qu'ils eurent établi leurs bivouacs de nuit, Valentin demanda à Joan par quel concours de circonstances extraordinaires ils s'étaient trouvés appelés à lui rendre un service aussi signalé.

Celui-ci les mit au courant des événements qui s'étaient passés depuis qu'il les avait quittés pour se rendre à Valdivia auprès de don Tadeo.

Au point du jour, muni d'une lettre de Louis pour le Roi des Ténèbres, il quitta ses amis afin de rejoindre le plus tôt possible l'armée chilienne, et de faire part à don Tadeo des nouvelles que celui-ci attendait pour combiner ses mouvements avec ceux du général Fuentès.

XXX

LE ROI DES TÉNÈBRES

Don Tadeo de Leon avait manœuvré habilement et avec la plus grande célérité.

Appuyant sa gauche sur la mer, et pivotant sur Arauco, la capitale de la Confédération, il avait étendu sa droite le long des montagnes, de façon à couper les communications de l'ennemi qui, par sa jonction avec le général Fuentès, se trouvait placé entre deux feux.

Il n'entrait d'abord dans son plan que de tenter une attaque simulée contre Arauco, qu'il supposait garni de guerriers et à l'abri d'un coup de main. Mais les troupes détachées pour investir la place l'avaient trouvée ouverte, presque abandonnée par ses habitants, et s'en étaient emparées sans coup férir.

Don Tadeo avait alors fait remuer un peu de terre, élever quelques retranchements, et laissant dans cette place une garnison de trois cents hommes sous les ordres d'un major, il avait continué sa marche en avant, étendant sa ligne de la mer aux montagnes, détruisant et brûlant les tolderias qu'il rencontrait sur sa route, et refoulant devant lui les populations effrayées.

Le bruit de cette marche rapide avait répandu l'épouvante dans le pays; Antinahuel, trompé par le faux message saisi sur don Ramon, avait commis l'impardonnable faute de lever son camp du Biobio et de laisser ainsi le passage libre au général Fuentès pour envahir l'Araucanie.

Le général Bustamente avait vu avec désespoir les fautes commises par le toqui, fautes que celui-ci n'avait reconnues que lorsqu'il était trop tard pour y porter remède.

Le général ne se faisait pas illusion sur ce que sa position avait de précaire.

Il comprenait qu'il ne lui restait plus désormais qu'à mourir bravement les armes à la main, et que tout espoir de ressaisir un jour le pouvoir était évanoui à jamais.

Doña Maria, cette femme qui avait été son mauvais génie, qui l'avait précipité dans l'abîme en lui suggérant la première et lui soufflant une ambition qu'il ignorait, l'abandonnait maintenant et ne songeait même pas à lui adresser ces banales consolations qui, si elles n'atteignent pas le but qu'on se propose, prouvent au moins à ceux qui en sont l'objet que l'on s'occupe d'eux et que l'on prend sa part de leurs douleurs.

La Linda, toute à sa haine, ne pensait qu'à une seule chose, faire souffrir doña Rosario dont Antinahuel, absorbé par les soins incessants de la guerre, lui avait confié la garde.

La malheureuse jeune fille, livrée au pouvoir sans contrôle de cette mégère, endurait un horrible martyre de toutes les minutes, de toutes les

Il s'élança en avant en criant d'une voix retentissante...

secondes, sans trouver autour d'elle personne qui prît sa défense, ou parût seulement s'intéresser à sa souffrance.

Cependant les événements se pressaient, une catastrophe était imminente.

Nous l'avons déjà dit ailleurs, le Chili n'est pas un pays propice à la guerre civile : sur ce terrain plat et étroit, deux armées qui manœuvrent l'une contre l'autre ne peuvent tarder à se rencontrer, et si les mesures sont bien prises, soit d'une part, soit de l'autre, le premier choc est presque définitif.

C'était ce qui, cette fois encore, devait arriver.

Antinahuel avait cherché à se jeter dans les montagnes, mais tous ses efforts avaient été vains, il n'avait obtenu que le résultat qu'il avait voulu éviter, c'est-à-dire qu'il s'était trouvé pris entre trois corps d'armée, qui s'étaient peu à peu resserrés sur lui, et avaient fini par le mettre dans la fâcheuse obligation, non pas de combattre sur son propre terrain, mais sur celui qu'il plairait à l'ennemi de choisir.

Don Gregorio Peralta lui fermait le passage du côté de la mer, don Tadeo de Leon du côté d'Arauco, et le général Fuentès défendait l'approche des montagnes et gardait la ligne du Biobio.

Toutes les marches et les contremarches qui avaient abouti à ce résultat avaient duré une quinzaine de jours, pendant lesquels tout s'était passé en légères escarmouches et en combats de grand'gardes et d'avant-postes, mais sans engagements sérieux.

Don Tadeo voulait frapper un grand coup, terminer la guerre en une seule bataille.

Le jour où nous reprenons le cours de notre récit, les Araucans et les Chiliens étaient enfin en présence.

Les avant-postes des deux armées se trouvaient presque à portée de fusil.

Une bataille était imminente pour le lendemain.

Don Tadeo de Leon, renfermé dans sa tente avec don Gregorio Peralta, le général Fuentès et plusieurs autres officiers supérieurs de son état-major, leur donnait ses derniers ordres, lorsqu'un appel de trompettes se fit entendre au dehors.

Les Chiliens répondirent aussitôt; un aide de camp entra dans la tente et annonça que le grand toqui des Araucans demandait une entrevue au général en chef de l'armée chilienne.

— N'y allez pas, don Tadeo, dit le général Fuentès, vieux soldat de la guerre de l'indépendance, qui haïssait cordialement les Indiens; c'est quelque fourberie que ces démons ruminent.

— Je ne suis pas de votre avis, général, répondit le dictateur; je dois, comme chef, chercher autant que possible à empêcher l'effusion du sang, c'est mon devoir, rien ne m'y fera manquer; seulement, comme l'humanité n'exclut pas la prudence, je ne vous empêche pas de prendre toutes les précautions qui vous paraîtront nécessaires pour assurer ma sûreté.

— *Caspita!* fit don Gregorio d'un ton bourru, vous voudriez nous en empêcher que nous les prendrions malgré vous.

Et il sortit en haussant les épaules.

Le lieu choisi pour la conférence était une légère éminence située juste entre les deux camps.

Un drapeau chilien et un drapeau araucan furent plantés à vingt pas de distance l'un de l'autre; au pied de ces drapeaux quarante lanciers aucas d'un côté; pareil nombre de soldats chiliens armés de fusils se placèrent face à face, accompagnés d'un trompette, de l'autre.

Lorsque ces diverses précautions furent prises, don Tadeo, suivi de deux aides de camp, s'avança vers Antinahuel, qui venait au-devant de lui avec deux Ulmènes.

Arrivés auprès de leurs soldats respectifs, les deux chefs donnèrent l'ordre à leurs officiers de les attendre et se joignirent dans l'intervalle laissé libre pour eux.

Lorsqu'ils se trouvèrent en présence, les deux hommes s'examinèrent réciproquement un instant sans parler.

Antinahuel fut le premier qui rompit le silence.

— Les Aucas connaissent et vénèrent mon père, dit-il en s'inclinant avec courtoisie, ils savent qu'il est bon et qu'il aime ses enfants indiens ; un nuage s'est élevé entre lui et ses fils, est-il donc impossible qu'il se dissipe, faut-il absolument que le sang de deux grands peuples coule comme de l'eau pour un malentendu? Que mon père réponde.

— Chef, dit alors don Tadeo, les blancs ont toujours protégé les Indiens, souvent ils leur ont donné des armes pour se défendre, des grains pour se nourrir et des étoffes chaudes pour se couvrir l'hiver, lorsque la neige tombant du ciel à flocons pressés empêche le soleil de réchauffer la terre ; mais les Araucans sont ingrats, le malheur passé, ils oublient le service rendu : pourquoi aujourd'hui ont-ils pris les armes contre les blancs? Les blancs les ont-ils insultés, ont-ils dérobé leurs bestiaux ou endommagé leurs moissons? Non! les Araucans ne pourraient soutenir une pareille imposture. Il y a un mois à peine, aux environs de Valdivia, le toqui auquel je parle en ce moment renouvelait solennellement les traités de paix, qu'il rompait le jour même par une trahison. Que le chef réponde à son tour, je suis prêt à entendre ce qu'il pourra me dire pour sa défense.

— Le chef ne se défendra pas, dit Antinahuel avec déférence, il reconnaît tous ses torts, il en convient, il est prêt à accepter les conditions qu'il plaira à son père blanc de lui imposer, si ces conditions ne sont pas susceptibles de ternir son honneur.

— Dites-moi d'abord quelles conditions vous m'offrez, chef, je verrai si elles sont justes, si je dois les accepter, ou si mon devoir m'oblige à vous en imposer d'autres.

Antinahuel hésita.

— Mon père, dit-il d'une voix insinuante, sait que ses fils indiens sont ignorants, ils sont crédules. Un grand chef des blancs s'est présenté à eux, il leur a offert d'immenses territoires, beaucoup de pillage et des femmes blanches pour épouses, si les Araucans consentaient à défendre ses intérêts et à reconquérir le pouvoir qu'il a perdu. Les Indiens sont des enfants, ils se sont laissé séduire par cet homme qui les trompait, ils se sont levés pour soutenir une mauvaise cause.

— Eh bien ? fit don Tadeo.

— Les Indiens, reprit Antinahuel, sont prêts, si mon père le désire, à lui livrer cet homme, qui a abusé de leur crédulité et les a entraînés sur le bord de l'abime ; que mon père parle.

Don Tadeo réprima avec peine un geste de dégoût à cette proposition révoltante.

— Chef, répondit-il avec une indignation mal contenue, sont-ce donc là les propositions que vous avez à me faire? Quoi, vous prétendez expier une trahison en en commettant une plus grande et plus affreuse encore? Cet homme est un misérable, il mérite la mort : s'il tombe en mon pouvoir, il sera immédiatement fusillé ; mais cet homme a cherché un asile à votre foyer, l'hospitalité est sacrée, surtout parmi les Aucas ; livrer votre hôte, l'homme qui a dormi sous votre toldo, si coupable qu'il soit, serait commettre une lâcheté dont votre nation ne se laverait jamais. Le peuple araucan est un peuple chevaleresque qui ignore la trahison : nul de vos compatriotes n'a pu vous suggérer une telle infamie ; vous seul, chef, vous seul, devez l'avoir conçue !

Antinahuel fronça les sourcils, il lança un regard de rage à don Tadeo qui se tenait calme et fier devant lui ; mais reprenant aussitôt l'impassibilité indienne :

— J'ai tort, dit-il d'un ton doucereux, que mon père me pardonne ; j'attends les conditions qu'il lui plaira de m'imposer.

— Ces conditions les voici : l'armée araucanienne mettra bas les armes, les deux femmes qui sont dans son camp seront remises aujourd'hui même entre mes mains, et comme garantie d'une paix solide, le grand toqui et douze des principaux Apo-Ulmènes choisis dans les quatre Utals-Mapus resteront en otage à Santiago, jusqu'à ce que je juge à propos de les renvoyer dans leurs foyers.

Un sourire de dédain plissa les lèvres minces de Antinahuel.

— Mon père ne veut pas nous imposer de moins dures conditions ? demanda-t-il.

— Non, répondit fermement don Tadeo, celles-ci sont les seules que vous obtiendrez de moi.

Le toqui se redressa.

— Nous sommes dix mille guerriers résolus à mourir ; que notre père ne nous pousse pas au désespoir, dit-il d'une voix sombre.

— Demain cette armée sera tombée sous les coups de mes soldats, comme l'épi sous la faux du moissonneur ; elle sera dispersée comme les feuilles sèches qu'emporte la brise d'automne.

— Écoute donc, toi qui me poses de si arrogantes conditions, reprit le chef en cachant d'un geste brusque sa main droite dans sa poitrine, sais-tu qui je suis, moi qui me suis humilié devant toi, et que dans ton fol orgueil tu as foulé aux pieds comme un chien rampant ?

— Que m'importe ? je me retire, je ne dois plus vous écouter.

— Un instant encore... Je suis l'arrière-petit-fils du toqui Cadeguel : une haine héréditaire nous sépare ; j'ai juré que je te tuerais, chien ! lapin ! voleur !

Et, d'un mouvement aussi prompt que la pensée, il sortit son bras qu'il tenait caché et frappa don Tadeo d'un coup de poignard en pleine poitrine.

Mais le bras de l'assassin fut saisi et disloqué par la main aux muscles de fer du Roi des Ténèbres, et l'arme se brisa comme verre sur la cuirasse que don Tadeo, de crainte de trahison, avait endossée sous ses vêtements.

Le bras du toqui tomba inerte et brisé à son côté.

Les soldats, qui avaient été témoins du péril couru par le dictateur, arrivaient en toute hâte.

Don Tadeo les arrêta d'un signe.

César inspirait aux Indiens une crainte indicible, ils fuyaient devant lui comme
frappés de vertige.

— Ne tirez pas, dit-il; ce misérable est assez puni puisque son exécrable
projet est avorté et qu'il s'est en vain démasqué devant moi. Va, assassin,
ajouta-t-il avec mépris, retourne cacher ta honte au milieu de tes guerriers;
mes ancêtres ont haï les tiens, c'étaient de braves soldats, toi tu n'es que
leur fils dégénéré, je ne te fais pas l'honneur de te craindre, tu es trop vil à
mes yeux : je me venge mieux en te laissant une vie déshonorée, que si je
daignais t'infliger le châtiment de ta perfidie. Retire-toi, chien immonde!

Sans lui dire un mot de plus, don Tadeo lui tourna le dos, rejoignit son escorte et regagna son camp.

— Oh ! s'écria Antinahuel en frappant du pied avec rage, tout n'est pas fini encore, demain j'aurai mon tour.

Et il rentra dans son camp en proie à une violente colère.

— Eh bien ! lui demanda don Pancho dès qu'il le vit, qu'avez-vous obtenu ? Antinahuel lui jeta un regard ironique.

— Ce que j'ai obtenu ? lui répondit-il d'une voix sourde en lui montrant son bras immobile : cet homme m'a bafoué, mon poignard s'est brisé sur sa poitrine, il m'a tordu le bras comme à un enfant et me l'a brisé, voilà ce que j'ai obtenu !

— Demain nous combattrons, fit le général ; qui sait ? tout n'est pas désespéré, peut-être l'heure de la vengeance est-elle sur le point de sonner pour vous et pour moi.

— Il le faut ! s'écria le chef avec violence. Demain, dussé-je sacrifier tous mes guerriers, cet homme sera en mon pouvoir.

Sans vouloir s'expliquer davantage, le toqui se renferma dans son toldo avec quelques-uns des chefs sur lesquels il croyait pouvoir plus particulièrement compter.

De son côté don Tadeo était rentré dans sa tente.

— Eh bien ! s'écria le général Fuentès, quand je vous disais de prendre garde à quelque trahison !

— Vous aviez raison, général, répondit le dictateur en souriant ; mais Dieu m'a protégé, le misérable a été puni comme il le méritait.

— Non, reprit le vieux soldat avec humeur ; quand on trouve une vipère sur sa route, on l'écrase sans pitié du talon de sa botte, sans cela elle se redresse et mord l'imprudent qui l'épargne ou la dédaigne. Vous étiez dans le cas de légitime défense, votre clémence n'a été que duperie ; les Indiens ont la rancune longue : celui-ci vous assassinera un jour ou l'autre, si vous ne prenez pas des précautions contre lui.

— Allons, allons, général, fit gaiement don Tadeo, vous êtes un oiseau de mauvais augure ; ne pensons plus à ce misérable, d'autres soins nous réclament, occupons-nous sérieusement du moyen à employer pour le battre demain à plate couture, alors la question sera définitivement tranchée.

Le général hocha la tête d'un air de doute, et sortit pour aller visiter les avant-postes.

Bientôt la nuit devint sombre, la plaine fut illuminée comme par enchantement d'un nombre infini de feux de bivouac.

Un silence imposant planait sur cette campagne où dormaient paisiblement plusieurs milliers d'hommes qui n'attendaient pour s'entr'égorger que les premiers rayons de l'astre du jour.

XXXI

LA BATAILLE DE CONDORKANKI [1].

C'était le 10 octobre, que les Araucans nomment dans leur langue imagée *Cuta-Peuken*, le mois des grandes pousses.

Ce jour-là, le soleil se leva radieux dans un flot de vapeurs.

A peine ses premiers rayons commençaient-ils à dorer le sommet des hautes montagnes, que le son des trompettes et des tambours alla frapper les échos des vieux mornes et faire tressaillir les bêtes fauves dans leurs antres.

A ce moment, fait étrange, mais dont nous pouvons garantir l'exactitude, en ayant été nous-même témoin en Amérique dans plusieurs circonstances semblables, d'épais nuages de vautours, de condors et d'urubus, avertis par leur instinct sanguinaire, du carnage qui allait se faire et de la chaude curée que les hommes leur préparaient, accoururent de tous les points de l'horizon, planèrent quelques minutes sur le champ de bataille désert encore, en poussant des cris aigus et discordants, puis s'enfuirent à tire-d'aile se percher sur les pointes des rocs, où ces hôtes immondes attendirent, l'œil à demi fermé, en aiguisant leur bec et leurs serres tranchantes, l'heure de ce festin de cannibales.

Les guerriers araucans sortirent fièrement de leurs retranchements et se rangèrent en bataille au bruit de leurs instruments de guerre.

Les Araucans ont un système de bataille dont ils ne s'écartent jamais.

Voilà en quoi consiste cet ordre immuable :

La cavalerie est partagée aux deux ailes, l'infanterie au centre, divisée par bataillons.

Les rangs de ces bataillons sont tour à tour composés de gens armés de piques et de gens armés de massues, de manière à ce que, entre deux piques, il y a toujours une massue.

Le vice-toqui commande l'aile droite, un Apo-Ulmen l'aile gauche.

Quant au toqui, il court de tous les côtés en exhortant les troupes à combattre courageusement pour la liberté.

Nous devons ajouter ici, pour rendre justice à ce peuple guerrier, que les officiers ont généralement plus de peine à retenir l'impétuosité des soldats qu'à l'exalter.

Tout Araucan pense que rien n'est plus honorable que de mourir en combattant.

Le Cerf Noir, le vice-toqui, était mort; Antinahuel donna la direction de

---

1. Cette plaine a été ainsi nommée des vastes propriétés qu'y possédèrent longtemps les descendants de Tupac-Amaru, le dernier des Incas du Pérou, qui à leur nom avaient ajouté celui de Condorkanki, mot qui signifie plaine des condors. Le condor était l'oiseau sacré des Incas.

l'aile droite à un Apo-Ulmen, et confia celle de l'aile gauche au général don Pancho Bustamente.

Il laissa seulement dans le camp une cinquantaine de mosotones chargés de veiller sur la Linda et doña Rosario, avec ordre, au cas où la bataille serait perdue, de s'ouvrir passage et de sauver les deux femmes, coûte que coûte.

L'armée araucanienne, rangée dans le bel ordre que nous venons de décrire, avait un aspect imposant et martial qui faisait plaisir à voir.

Tous ces guerriers savaient qu'ils soutenaient une cause perdue, qu'ils marchaient à une mort presque certaine, et cependant ils attendaient impassibles, l'œil brillant d'ardeur, le signal du combat.

Antinahuel, le bras droit attaché le long du corps par une sangle de cuir, brandissant une lourde massue de la main gauche, montait un magnifique coursier noir comme du jais, qu'il gouvernait avec les genoux, et parcourait les rangs de ses guerriers qu'il interpellait la plupart par leurs noms, en leur rappelant leurs prouesses passées et les engageant à faire leur devoir.

Avant de sortir du camp pour prendre le commandement de l'aile gauche, le général Bustamente avait échangé quelques mots d'adieu avec la Linda. Leur courte conversation s'était terminée par ces paroles qui n'avaient pas laissé de produire une certaine impression sur le cœur de granit de cette femme :

— Adieu, madame, lui avait-il dit d'une voix triste ; je vais mourir, grâce à la mauvaise influence que vous avez sans cesse exercée sur moi, dans les rangs de ceux que mon devoir m'ordonnait de combattre ; je vais tomber de la mort des traîtres, haï et méprisé de tous ! Je vous pardonne le mal que vous m'avez fait ! Il est temps encore, repentez-vous ; prenez garde que Dieu, lassé de vos crimes, ne fasse bientôt retomber une à une sur votre cœur les larmes que vous faites incessamment verser à la malheureuse jeune fille que vous avez pour victime. Adieu !

Il avait froidement salué la courtisane atterrée et avait rejoint la troupe dont le toqui lui avait donné le commandement.

L'armée chilienne s'était formée en carrés par échelons.

A l'instant où don Tadeo quittait sa tente, il poussa un cri de joie à l'aspect de deux hommes dont il était loin d'espérer la présence en ce moment.

— Don Luis ! don Valentin ! s'écria-t-il en leur pressant les mains ; vous ici ? quel bonheur !

— Ma foi oui, nous voilà, répondit en riant Valentin, avec César qui, lui aussi, veut manger de l'Araucan, n'est-ce pas, vieux chien ? fit-il en caressant le Terre-Neuvien qui remuait la queue en fixant sur lui ses grands yeux intelligents.

— Nous avons pensé, dit le comte, que dans un jour comme celui-ci vous n'auriez pas trop de tous vos amis ; nous avons laissé les deux chefs embusqués à quelque distance d'ici dans les halliers, et nous sommes venus.

— Je vous remercie ; vous ne me quitterez pas, j'espère ?

— Pardieu ! c'est bien notre intention, dit Valentin.

Don Tadeo leur fit amener à chacun un superbe cheval de bataille, et tous

Il dirigea son cheval de manière à raser la colline et se mit debout sur sa monture.

trois allèrent au galop se placer au centre du premier carré, suivis pas à pas par César.

La plaine de Condorkanki, dans laquelle don Tadeo était enfin parvenu à refouler les Indiens, a la forme d'un immense triangle, elle est presque complètement privée d'arbres ; les Araucans occupaient le sommet du triangle et se trouvaient resserrés entre la mer et les montagnes, position désavantageuse dans laquelle ils ne pouvaient pas manœuvrer facilement et où leur nombreuse cavalerie était presque dans l'impossibilité de se déployer.

Nous avons dit que l'armée chilienne était formée en carrés par échelons, c'est-à-dire que chacun des trois corps d'armée commandés par don Tadeo de Leon don Gregorio Peralta et le général Fuentès, présentait quatre carrés qui se soutenaient mutuellement et derrière lesquels, un peu en arrière, était placée une nombreuse cavalerie en réserve.

Les Araucans avaient donc à lutter contre douze carrés d'infanterie qui les enveloppaient de toutes parts.

— Eh bien! demanda Valentin à don Tadeo, dès qu'ils furent arrivés à leur poste de combat, la bataille ne va-t-elle pas commencer?

— Bientôt, reprit celui-ci, et soyez tranquille, elle sera rude.

Le dictateur leva alors son épée.

Les tambours roulèrent, les clairons sonnèrent la charge et l'armée chilienne s'ébranla en avant au pas accéléré, l'arme au bras.

Le signal de la bataille donné, les Araucans s'avancèrent résolument en poussant des cris effroyables.

Dès que leurs ennemis furent arrivés à une légère distance, les lignes chiliennes s'ouvrirent, une décharge d'artillerie à mitraille éclata avec fracas et balaya les premiers rangs aucas; puis les carrés se refermèrent subitement et les soldats attendirent sur trois rangs, la baïonnette croisée, le choc de leurs adversaires.

Ce choc fut terrible.

Les Aucas, décimés par l'artillerie qui ravageait leurs rangs, de front, sur les flancs et en arrière, firent face de tous les côtés à la fois et se ruèrent avec furie sur les baïonnettes chiliennes, faisant des efforts surhumains pour rompre les rangs ennemis et pénétrer dans les carrés.

Bien qu'ils sussent que ceux qui occupaient le premier rang de leur armée étaient exposés à une mort certaine, ils cherchaient à l'envi à s'y placer.

Aussitôt que le premier rang succombait sous les balles, le second et le troisième le remplaçaient résolument, s'avançant toujours afin d'en venir à l'arme blanche

Cependant ces sauvages guerriers savaient se contenir dans leur emportement : ils suivaient exactement et rapidement les ordres de leurs Ulmènes, exécutant avec la plus grande régularité les diverses évolutions qui leur étaient commandées.

Ils arrivèrent ainsi sur les carrés sous le feu incessant de l'artillerie, qui ne parvint pas à les faire hésiter. Malgré les décharges à bout portant de la mousqueterie qui les écharpait, ils se précipitèrent avec furie sur les premiers rangs chiliens qu'ils attaquèrent enfin à l'arme blanche.

Manière de combattre qu'ils préfèrent et que les hommes armés de massues garnies de fer rendent effroyable par la rapidité de leurs mouvements, la pesanteur et la sûreté des coups qu'ils portent.

La cavalerie chilienne les prit alors d'écharpe et poussa contre eux une charge à fond.

Mais le général Bustamente avait deviné ce mouvement; de son côté il exécuta la même manœuvre, les deux cavaleries se heurtèrent avec un bruit semblable à celui du tonnerre.

Calme et froid en tête de son escadron, le général chargeait le sabre au fourreau, en homme qui a fait le sacrifice de sa vie et ne se soucie même pas de la défendre.

Cependant, ainsi que don Tadeo l'avait dit quelques moments auparavant à Valentin, la bataille était rudement engagée sur toute la ligne.

Les Araucans, avec leur ténacité que rien ne peut rebuter et leur mépris de la mort, se faisaient tuer sur les baïonnettes chiliennes, sans reculer d'un pouce.

Antinahuel, armé de sa massue qu'il maniait avec une légèreté et une dextérité inouïes, était en avant de ses guerriers qu'il animait du geste et de la voix. Les Aucas lui répondaient par des cris de rage en redoublant d'efforts pour rompre ces lignes maudites contre lesquelles ils s'épuisaient.

— Quels hommes ! ne put s'empêcher de dire le comte, quelle folle témérité !

— N'est-ce pas? répondit don Tadeo, ce sont des démons ; mais attendez, ceci n'est rien encore, le combat ne fait que commencer, bientôt vous reconnaîtrez que ce sont de rudes champions.

— Vive Dieu ! s'écria Valentin, les hardis soldats ! ils se feront tous tuer, du train dont ils y vont !

— Tous ! fit don Tadeo, plutôt que de se rendre !

Cependant les Aucas s'acharnaient contre les faces du carré où se tenait le général en chef entouré de son état-major.

Là, le combat était changé en boucherie, les armes à feu étaient devenues inutiles, les baïonnettes, les haches, les sabres et les massues trouaient les poitrines et fracassaient les crânes.

Antinahuel regarda autour de lui.

Ses guerriers tombaient comme des épis mûrs sous les coups des Chiliens ; il fallait en finir avec cette forêt de baïonnettes qui leur barrait le passage.

— Aucas ! s'écria-t-il d'une voix de tonnerre, en avant pour la liberté !

D'un mouvement rapide comme la pensée, il enleva son cheval, le fit cabrer et le renversa sur les premiers rangs ennemis.

La brèche était ouverte par ce coup d'une audace extrême.

Les guerriers se précipitèrent à sa suite.

Alors, il se fit un carnage épouvantable.

C'était un tumulte impossible à décrire.

Chaque coup abattait un homme.

Les cris de fureur des combattants se mêlaient aux gémissements des blessés, aux décharges pressées de l'artillerie et de la mousqueterie.

Les Aucas s'étaient enfoncés comme un coin dans le carré et l'avaient rompu.

La bataille était désormais une de ces horribles mêlées que la plume est impuissante à rendre, lutte corps à corps, pied contre pied, poitrine contre poitrine, où celui qui glissait sur le sol inondé de sang, foulé aux pieds des combattants, n'avait plus qu'à mourir étouffé, broyé, mais cherchait encore, avec la pointe de son poignard ou de son épée, à labourer, avant de rendre le dernier soupir, les jambes ou les cuisses de ses ennemis encore debout.

— Eh bien ! demanda don Tadeo à Valentin, que pensez-vous de ces adversaires ?

— Ce sont plus que des hommes, répondit celui-ci.

— En avant! en avant! Chile! Chile! cria don Tadeo en poussant son cheval.

Suivi d'une cinquantaine d'hommes au nombre desquels se trouvaient les deux Français, il s'enfonça au plus épais des rangs ennemis.

Don Gregorio et le général Fuentès avaient deviné, à l'acharnement avec lequel les Araucans s'étaient rués sur le grand carré, qu'ils voulaient s'emparer du général en chef.

Tout en continuant à foudroyer l'armée indienne, par des feux d'artillerie de plein fouet, ils avaient pressé leurs mouvements, opéré leur jonction, et avaient enserré les Aucas dans un cercle de fer dont il leur était désormais presque impossible de sortir.

D'un coup d'œil Antinahuel comprit la situation critique dans laquelle il se trouvait.

Il jeta du côté du général Bustamente un cri de suprême appel.

Lui aussi avait jugé la position désespérée de l'armée indienne.

Il réunit toute la cavalerie araucanienne, la forma en une masse compacte et se mettant franchement à sa tête :

— Sauvons nos guerriers! s'écria-t-il.

— Sauvons-les! hurlèrent les Indiens en abaissant leurs longues lances.

Cette redoutable phalange se rua comme un tourbillon sur les rangs profonds qui lui barraient le passage.

Rien ne put arrêter son élan irrésistible.

Les guerriers firent une large trouée dans l'armée chilienne et rejoignirent leurs compagnons qui les accueillirent avec des cris de joie.

Le général Bustamente, le sabre suspendu au poignet par la dragonne, ne portait pas un coup; l'œil étincelant, le front pâle et la lèvre dédaigneuse, il cherchait vainement la mort qui semblait s'obstiner à ne pas vouloir de lui.

Trois fois le général exécuta cette charge audacieuse.

Trois fois il traversa les lignes ennemies en semant l'épouvante et la mort sur son passage.

Mais la partie était trop inégale.

Les Indiens, incessamment écharpés par l'artillerie, voyaient, malgré des prodiges de valeur, leurs rangs s'éclaircir de plus en plus.

Tout à coup le général se trouva face à face avec l'escadron commandé par don Tadeo, son œil fauve lança un éclair.

— Oh! cette fois je mourrai enfin! s'écria-t-il.

Et il se précipita en avant.

Depuis le commencement de l'action, Joan combattait aux côtés de don Tadeo, qui tout à ses devoirs de chef, souvent ne songeait pas à parer les coups qu'on lui portait; mais le brave Indien les parait pour lui; il se multipliait pour protéger celui qu'il avait juré de défendre.

Joan devina instinctivement l'intention du général Bustamente.

Il fit bondir son cheval en avant et s'élança audacieusement à sa rencontre.

— Oh! s'écria le général avec joie, merci, mon Dieu! je ne mourrai donc pas de la main d'un frère!

La plaine, que les boulets avaient labourée dans tous les sens, était jonchée de cadavres.

Du poitrail de son cheval, Joan frappa rudement celui du général.

— Ah ! ah ! murmura celui-ci, toi aussi tu es traître à ton pays ! toi aussi tu combats contre tes frères ! Tiens, meurs, misérable !

Et il lui porta un coup de sabre.

Joan l'esquiva et saisit le général à bras-le-corps.

Les deux chevaux, abandonnés à eux-mêmes, rendus furieux par le bruit du combat, entraînèrent à travers la plaine les deux hommes enlacés l'un à l'autre comme deux serpents.

Cette course furieuse ne pouvait longtemps durer.

Les deux hommes roulèrent sur le sol.

Ils se dégagèrent des étriers et se retrouvèrent presque aussitôt face à face.

Le général, après quelques secondes d'une lutte sans résultat, leva son sabre et fendit le crâne de l'Indien.

Mais avant de tomber, Joan réunit ses forces, se jeta à corps perdu sur son ennemi surpris de cette attaque imprévue, et lui planta son poignard empoisonné dans la poitrine.

Les deux ennemis chancelèrent un instant et tombèrent à côté l'un de l'autre.

Ils étaient morts!

XXXII

VAINQUEUR ET PRISONNIER

En voyant tomber le général Bustamente, les Chiliens poussèrent un cri de joie, auquel les Araucans répondirent par un cri de désespoir.

— Pauvre Joan! murmura tristement Valentin en fendant d'un coup de sabre le crâne d'un Indien qui cherchait à le poignarder, c'était une bien excellente nature!

— Sa mort est belle! répondit Louis qui se servait de son fusil comme d'une massue, et assommait consciencieusement ceux qui l'approchaient.

— En se faisant aussi bravement tuer, observa don Tadeo, Joan nous a rendu un dernier service, et a évité de l'ouvrage au bourreau.

— Bah! reprit philosophiquement Valentin, il est heureux; est-ce qu'il ne faut pas finir par mourir un jour! Mon ami, vous êtes trop curieux, ma conversation ne vous regarde point, et d'un coup de talon de botte il fit rouler à dix pas un Indien qui se jetait sur lui.

— Pille, César! pille! cria-t-il à son chien.

L'Aucas fut étranglé en une seconde.

Valentin était dans le ravissement, jamais il ne s'était trouvé à pareille fête, il combattait comme un démon avec un plaisir extrême.

— Mon Dieu, que nous avons donc bien fait de quitter la France! répétait-il à chaque instant, il n'y a rien de tel que les voyages pour procurer de l'agrément.

Louis riait à se tordre de l'entendre parler ainsi.

— Tu t'amuses donc beaucoup, frère? lui dit-il.

— Prodigieusement, cher ami, répondit-il.

Son audace était si grande, sa témérité si franche et si naïve, que les Chiliens le regardaient avec admiration et se sentaient électrisés par son exemple.

César, affublé par son maître d'une espèce de cuirase en cuir et d'un énorme collier garni de pointes de fer, inspirait aux Indiens une crainte indicible; ils fuyaient devant lui comme frappés de vertige.

Dans leurs naïve et superstitieuse crédulité, ils se figuraient que ce redoutable animal était invulnérable, que c'était un mauvais génie attaché à leur perte, qui combattait pour leurs ennemis.

Cependant la bataille devenait de plus en plus acharnée.

Chiliens et Araucans combattaient sur un monceau de cadavres.

Les Indiens n'espéraient plus vaincre.

Ils ne cherchaient pas à fuir; résolus à tomber tous, ils voulaient vendre leur vie le plus cher possible, ils luttaient avec ce désespoir terrible des hommes de cœur qui n'attendent et ne demandent pas quartier.

L'armée chilienne se concentrait de plus en plus autour d'eux.

Encore quelques minutes, et l'armée araucanienne aurait vécu, ce n'était plus désormais qu'une question de temps!

Jamais, depuis les jours reculés de la conquête, plus horrible carnage n'avait été fait des Indiens!

Antinahuel versait des larmes de rage; il sentait son cœur se briser de douleur dans sa poitrine, en voyant ainsi tomber autour de lui ses plus chers compagnons.

Tous ces hommes, victimes de l'ambition de leur chef, succombaient sans pousser une plainte, sans lui adresser un reproche.

Ferme comme un roc au milieu de la mitraille qui pleuvait comme grêle autour de lui, le toqui, les sourcils froncés, les lèvres serrées, levait incessamment sa massue, rouge jusqu'à la poignée du sang qu'il avait versé.

Soudain un sourire étrange plissa la lèvre mince du chef.

D'un geste il appela les Ulmènes qui combattaient encore, et échangea avec eux quelques mots à voix basse.

Après avoir fait un signe d'acquiescement à l'ordre qu'ils venaient de recevoir, les Ulmènes regagnèrent immédiatement leurs poste respectifs, et pendant quelques instants le combat continua avec la même fureur.

Soudain une masse de plus de quinze cents Indiens se rua avec une rage inexprimable contre l'escadron au centre duquel combattait don Tadeo, et l'enveloppa de toutes parts.

Cette audacieuse attaque frappa les Chiliens de stupeur.

Les Araucans redoublaient d'acharnement et se pressaient de plus en plus contre ce faible escadron d'une cinquantaine d'hommes.

— Caramba! hurla Valentin, nous sommes cernés! Allons, vive Dieu! dépêtrons-nous vivement, sinon ces démons incarnés nous hacheront jusqu'au dernier!

Alors il se précipita tête baissée au milieu des combattants.

Tous le suivirent.

Après une chaude mêlée de trois ou quatre minutes, ils étaient sains et saufs en dehors du cercle fatal dans lequel on avait prétendu les enfermer.

— Hum! fit Valentin, l'affaire a été rude! mais grâce à Dieu, nous voilà!

— Oui, répondit le comte, nous l'avons échappé belle! Mais où donc est don Tadeo?

— C'est vrai! observa Valentin en jetant un regard circulaire sur ceux qui l'environnaient. Oh! ajouta-t-il en se frappant le front avec colère, je comprends tout, maintenant! Vite! vite! courons au secours de don Tadeo!

Les deux jeunes gens se mirent à la tête des cavaliers qui les accompagnaient, et se rejetèrent avec fureur dans la mêlée.

Ils aperçurent bientôt celui qu'ils cherchaient.

Don Tadeo, soutenu seulement par quatre ou cinq hommes, luttait en désespéré contre une foule d'ennemis qui l'enveloppaient.

— Tenez bon! tenez bon! cria Valentin.

— Nous voilà! courage, nous voilà! dit le comte.

Leur voix arriva jusqu'à don Tadeo; il leur sourit.

— Merci, leur répondit-il tristement, mais tout est inutile, je suis perdu!

— Caramba! fit Valentin en mordant sa moustache avec rage, je le sauverai ou je périrai avec lui.

Il redoubla d'efforts.

Vainement les guerriers aucas voulurent s'opposer à son passage, chaque coup de son sabre abattait un homme.

Enfin l'impétuosité des deux Français l'emporta sur le courage des Indiens, ils pénétrèrent dans le cercle.

Don Tadeo avait disparu!...

Louis et Valentin, suivis des cavaliers que leur exemple électrisait, fouillèrent les rangs des Aucas dans tous les sens, tout fut inutile.

Tout à coup l'armée indienne, reconnaissant sans doute l'impossibilité d'une plus longue lutte contre des forces supérieures qui menaçaient de l'anéantir, se dispersa.

La déroute fut complète.

La cavalerie chilienne, lancée à la poursuite des fuyards, les sabra sans miséricorde pendant plus de deux lieues.

Seulement un corps de cinq cents cavaliers au plus, qui paraissait composé de guerriers d'élite et en tête desquels on distinguait Antinahuel, fuyait en troupe serrée, se retournant parfois pour repousser les attaques de ceux qui les poursuivaient de trop près.

Ce corps qui s'éloignait rapidement et que jamais on ne put parvenir à entamer, disparut bientôt derrière les courbes des hautes collines qui terminent la plaine de Condorkanki et servent de contreforts aux Cordillères.

La victoire des Chiliens était éclatante, et de longtemps probablement la fantaisie ne reprendrait aux Araucans de recommencer la guerre contre eux; ils avaient reçu une leçon qui devait leur profiter et laisser parmi eux un long souvenir.

De dix mille guerriers qui étaient entrés en ligne, les Indiens en avaient laissé sept mille sur le champ de bataille, une foule d'autres avaient succombé pendant la déroute.

Le général Bustamente, l'instigateur de cette guerre, avait été tué.

La plaine fut illuminée comme par enchantement d'un nombre infini de feux de bivouac.

Son corps avait été retrouvé la poitrine encore traversée du poignard qui lui avait donné la mort.

Et, coïncidence, étrange, le pommeau de ce poignard portait le signe distinctif des Cœurs Sombres!

Cette catastrophe terminait glorieusement d'un seul coup la guerre civile.

Les résultats obtenus par le gain de la bataille étaient immenses.

Malheureusement ces résultats étaient amoindris, sinon compromis, par un désastre public d'une portée inouïe: la disparition et peut-être la mort de don Tadeo de Leon.

Le seul homme dont l'énergie et la sévérité de principes pouvaient sauver le pays.

L'armée chilienne, au milieu de son triomphe, était plongée dans la douleur.

Don Gregorio Peralta surtout se tordait les bras avec désespoir, la perte de l'homme auquel il s'était donné corps et âme le rendait fou !

Il ne voulait rien entendre.

Le général Fuentès fut obligé de prendre le commandement de l'armée.

Cinq cents guerriers araucans, la plupart blessés, étaient tombés entre les mains des vainqueurs.

Don Gregorio Peralta ordonna qu'ils fussent passés par les armes.

On chercha vainement à le faire revenir sur cette atroce détermination, qui pouvait dans l'avenir avoir des conséquences extrêmement funestes.

— Non, répondit-il durement, il faut que l'homme que nous chérissons tous soit vengé !

Et il les fit froidement fusiller devant lui.

L'armée campa sur le champ de bataille.

Valentin et son ami, accompagnés de don Gregorio, passèrent la nuit entière à parcourir cet immense charnier, sur lequel les vautours s'étaient abattus déjà avec de hideux cris de joie.

Les trois hommes eurent le courage de soulever des monceaux de cadavres.

Leurs recherches furent sans succès, ils ne purent retrouver le corps de leur ami.

Le lendemain au point du jour, l'armée se mit en marche dans la direction du Biobio pour rentrer au Chili.

Elle emmenait comme otage avec elle, une trentaine d'Ulmènes faits prisonniers dans les villes dont on s'était précédemment emparé, et qu'on avait livrées au pillage.

— Venez avec nous, dit tristement don Gregorio ; maintenant que notre malheureux ami est mort, vous n'avez plus rien à faire dans cet affreux pays.

— Je ne suis pas de votre avis, répondit Valentin, je ne crois pas don Tadeo mort, mais seulement prisonnier.

— Qui vous fait supposer cela? s'écria don Gregorio dont l'œil étincela, avez-vous quelque preuve de ce que vous avancez?

— Aucune malheureusement.

— Cependant vous avez une raison quelconque.

— Certes, j'en ai une.

— Dites-la alors, mon ami.

— C'est qu'en vérité elle vous paraîtra si futile...

— Dites-la-moi toujours.

— Eh bien! puisque vous le voulez absolument, je vous avouerai que j'éprouve un pressentiment secret qui m'avertit que notre ami n'est pas mort, mais qu'il est au pouvoir d'Antinahuel.

— Sur quoi basez-vous cette supposition? vous êtes un homme trop intelligent et un cœur trop dévoué pour chercher à plaisanter sur un pareil sujet.

— Vous me rendez justice. Voici ce qui m'engage à vous parler ainsi que je le fais : lorsque je fus parvenu à sortir du cercle d'ennemis qui nous enveloppaient, je m'aperçus de suite de l'absence de don Tadeo.

— Eh bien ! que fîtes-vous alors ?

— Pardieu ! je revins sur mes pas ! Don Tadeo, bien que serré de près, combattait vigoureusement ; je lui criai de tenir ferme.

— Vous entendit-il ?

— Certes, puisqu'il me répondit. Je redoublai d'efforts, bref, je fis si bien que j'arrivai presque aussitôt à l'endroit où je l'avais vu : il avait disparu sans laisser de traces.

— Et vous en avez conclu ?

— J'en ai conclu que ses ennemis fort nombreux se sont emparés de lui et l'ont emmené, puisque malgré toutes nos recherches nous n'avons pas retrouvé son cadavre.

— Qui vous dit qu'après l'avoir tué, ils n'ont pas emporté son cadavre ?

— Pourquoi faire ? Don Tadeo mort ne pouvait que les gêner, au lieu que prisonnier, ils espèrent probablement, en lui rendant la liberté, ou peut-être en le menaçant de le tuer, obtenir que leurs otages leur soient rendus, que sais-je, moi ! Vous êtes plus à même, vous qui connaissez le pays et les mœurs de ces hommes féroces, de trancher la question que moi qui suis étranger.

Don Gregorio fut frappé de la justesse de ce raisonnement.

— C'est possible, répondit-il ; il y a beaucoup de vrai dans ce que vous dites, peut-être ne vous trompez-vous pas ; mais vous ne m'avez pas expliqué ce que vous comptez faire.

— Une chose bien simple, mon ami : ici aux environs sont embusqués deux chefs indiens que vous connaissez.

— Oui.

— Ces hommes sont dévoués à Louis et à moi, ils me serviront de guides ; si, comme je le pense, don Tadeo est vivant, je vous jure que je le retrouverai.

Don Gregorio le regarda un instant avec émotion, deux larmes brillèrent dans ses yeux ; il prit la main du jeune homme, la serra fortement et lui dit d'une voix que l'attendrissement faisait trembler :

— Don Valentin, pardonnez-moi, je ne vous connaissais pas encore, je n'avais pas su apprécier votre cœur à sa juste valeur, je ne suis qu'un Américain à demi-sauvage, j'aime et je hais avec la même violence ; don Valentin, voulez-vous me permettre de vous embrasser ?

— De grand cœur, mon brave ami, répondit le jeune homme qui cherchait vainement à cacher son émotion sous un sourire.

— Ainsi vous partez ? reprit don Gregorio.

— De suite.

— Oh ! vous retrouverez don Tadeo, j'en suis sûr maintenant.

— Moi aussi.

— Adieu ! don Valentin, adieu ! don Luis.

— Adieu ! répondirent les jeunes gens.

Les trois interlocuteurs se séparèrent.

Valentin siffla César, fit sentir l'éperon à son cheval :

— Allons ! dit-il à son frère de lait.

— Allons ! répondit celui-ci.

Ils partirent.

A peine avaient-ils fait quelques pas qu'ils entendirent derrière eux le galop précipité d'un cheval.

Ils se retournèrent, don Gregorio revenait sur ses pas en leur faisant signe de l'attendre.

Ils s'arrêtèrent.

— Pardon, messieurs, leur dit-il dès qu'il fut près d'eux; j'avais oublié de vous dire une chose: nous ne savons pas ce que Dieu nous réserve aux uns ou aux autres, peut-être aujourd'hui nous séparons-nous pour toujours.

— Nul ne le sait, fit Louis en hochant la tête,

— Dans quelque circonstance que vous vous trouviez, messieurs, souvenez-vous que tant que vivra Gregorio Peralta, vous aurez un ami qui sera heureux sur un de vos gestes de verser son sang pour vous, et croyez-le bien, de ma part une pareille offre est strictement vraie.

Et, sans attendre la réponse des jeunes gens, il leur serra les mains et s'éloigna à toute bride.

Les deux Français le suivirent un instant des yeux d'un air pensif, puis ils continuèrent leur route sans échanger une parole.

XXXIII

APRÈS LA BATAILLE.

Pendant quelque temps les jeunes gens suivirent de loin la marche de l'armée chilienne qui, retardée par ses nombreux blessés, n'avançait que lentement mais en bel ordre vers le Biobio.

Ils traversèrent au pas la plaine où la veille s'était livré un combat acharné entre les Indiens et les Chiliens.

Rien de si triste, de si lugubre et qui montre mieux le néant des choses humaines qu'un champ de bataille.

La plaine, que les boulets avaient labourée dans tous les sens, était jonchée de cadavres, tombant déjà en putréfaction à cause des rayons incandescents du soleil, et à demi dévorés par les vautours.

Aux places où la bataille avait été le plus acharnée, des cadavres amoncelés étaient mêlés à des corps de chevaux, des débris d'armes, d'affûts, de caissons ou de projectiles.

Indiens et Chiliens étaient là pêle-mêle, tels que la mort les avait surpris; tous frappés par devant et serrant encore dans leurs mains raidies des armes désormais inutiles.

Au loin de sinistres silhouettes de loups se dessinaient vaguement, venant avec de sourds glapissements prendre leur part de la curée.

Les jeunes gens s'avançaient, jetant autour d'eux des regards attristés.

Au bout d'une heure les chasseurs revinrent chargés de gibier.

— Pourquoi ne pas nous hâter de quitter ce lieu maudit ? demanda Valentin
à son frère de lait; mon cœur se soulève à cet horrible spectacle.

— Nous avons un devoir à remplir, répondit sourdement le comte.

— Un devoir à remplir ? fit Valentin avec étonnement.

— Oui, reprit le jeune homme; veux-tu donc que notre pauvre Joan soit
abandonné sans sépulture et devienne la proie de ces immondes animaux?

— Merci de m'y avoir fait songer; oh! tu es meilleur que moi! tu n'oublies rien toi!

— Ne te calomnie pas; cette pensée te serait venue dans un instant peut-être.

Au bout de quelques minutes les jeunes gens arrivèrent à l'endroit où Joan et le général Bustamente étaient tombés.

Ils gisaient là couchés côte à côte, dormant du sommeil éternel.

Les Français mirent pied à terre.

Par un hasard singulier, ces deux cadavres n'avaient pas encore été profanés par les oiseaux de proie qui tournoyaient au-dessus d'eux, mais qui, à l'approche des jeunes gens, s'enfuirent à tire-d'aile.

Les deux frères de lait demeurèrent un instant pensifs.

Puis ils dégaînèrent leurs sabres et creusèrent une fosse profonde dans laquelle ils ensevelirent les deux ennemis.

Seulement Valentin s'empara du poignard empoisonné de don Tadeo et le passa à sa ceinture, en murmurant à voix basse :

— Cette arme est bonne, qui sait si elle ne me servira pas un jour!

Lorsque les deux corps eurent été déposés dans la fosse, ils la comblèrent, puis ils roulèrent les pierres les plus grosses qu'ils purent trouver, sur la place qui renfermait les cadavres, afin que les bêtes fauves après leur départ ne les déterrassent pas avec leurs griffes.

Ceci fait, Valentin coupa deux hampes de lances dont il fit une croix, qu'il planta sur la tombe.

Ce dernier devoir accompli, les deux jeunes gens s'agenouillèrent et murmurèrent une courte prière pour le salut de ces hommes, qu'ils allaient abandonner pour toujours, et dont l'un avait été l'un de leurs plus dévoués amis.

— Adieu! dit Valentin en se relevant, adieu! Joan, dors en paix dans ce lieu où tu as vaillamment combattu; ton souvenir ne s'effacera pas de mon cœur.

— Adieu! Joan, dit à son tour le comte, dors en paix, notre ami, ta mort a été vengée!

César avait suivi avec une certaine attention intelligente les mouvements de ses maîtres, en ce moment il plaça ses pattes de devant sur la tombe, flaira un instant le sol récemment remué, et à deux reprises, il poussa un lugubre hurlement.

Les jeunes gens se sentirent l'âme navrée de tristesse; ils remontèrent silencieusement à cheval, et après avoir jeté un dernier regard d'adieu sur la place qui renfermait le brave Araucan, ils s'éloignèrent.

Derrière eux les vautours recommencèrent leur curée un instant interrompue.

Soit action des objets extérieurs, soit dispositions communes et mystérieuses, soit pour toute autre cause inconnue et qui échappe à l'analyse, il est des heures où je ne sais quelle contagion de tristesse nous gagne comme si nous la respirions dans l'air.

Les jeunes gens se trouvaient dans cette étrange disposition d'esprit en quittant le champ de bataille.

Ils chevauchaient mornes et soucieux à côté l'un de l'autre, sans oser se communiquer les idées qui assombrissaient leur âme.

Le soleil déclinait rapidement à l'horizon ; au loin l'armée chilienne achevait de disparaître dans les méandres de la route.

Les jeunes gens avaient peu à peu obliqué sur la droite pour se rapprocher des montagnes, et suivaient un sentier étroit, tracé sur la pente assez raide d'une colline boisée.

César qui, pendant la plus grande partie de la route, avait, selon son habitude, formé l'arrière-garde, dressa tout à coup les oreilles et s'élança vivement en avant en remuant la queue.

— Nous approchons, dit Louis.

— Oui, répondit laconiquement Valentin.

Ils arrivèrent bientôt à un endroit où le sentier formait un coude derrière lequel le terre-neuvien avait disparu.

Après avoir dépassé ce coude, les Français se trouvèrent subitement en face d'un feu devant lequel rôtissait un quartier de guanacco ; deux hommes, couchés sur l'herbe à peu de distance, fumaient nonchalamment, tandis que César, gravement assis sur sa queue, suivait d'un œil jaloux les progrès de la cuisson du guanacco.

Ces deux hommes étaient Trangoil Lanec et Curumilla.

A la vue de leurs amis, les Français mirent pied à terre et s'avancèrent vivement vers eux ; ceux-ci, de leur côté, s'étaient levés pour leur souhaiter la bienvenue.

Valentin conduisit les chevaux auprès de ceux de ses compagnons, les entrava, les dessella, leur donna la provende, puis il prit place au feu.

Pas une parole n'avait été échangée entre les quatre hommes.

Au bout de quelques instants, Curumilla détacha le quartier de guanacco, le plaça sur un plat en bois au milieu du cercle, posa des tortillas de maïs à côté, ainsi qu'une outre d'eau et une autre d'aguardiente, et chacun s'armant de son couteau attaqua vigoureusement les vivres appétissants qu'il avait devant lui.

De temps en temps un os ou un morceau de viande était jeté par un des convives à César qui, placé un peu en arrière, en chien bien appris, dînait lui aussi.

Lorsque la faim fut satisfaite, les pipes et les cigares furent allumés et Curumilla mit une brassée de bois au feu pour l'entretenir.

La nuit était venue, mais une nuit étoilée de ces chaudes régions, pleine de vagues rêveries et de charmes indicibles.

Un imposant silence planait sur la nature, une brise folle agitait seule la cime houleuse des grands arbres et produisait de mystérieux frémissements.

Au loin on entendait par intervalles les rauques glapissements des loups et des chacals, et le sourd murmure d'une source invisible jetait ses notes graves dans ce concert grandiose que seul le désert chante à Dieu dans les régions tropicales.

— Eh bien ? demanda enfin Trangoil Lanec.

— La bataille a **été** rude, répondit Valentin.

— Je le sais, fit l'Indien en hochant la tête, les Araucans sont vaincus, je les ai vus fuir comme une volée de cygnes effrayés dans les montagnes.

— Ils soutenaient une mauvaise cause, observa Curumilla.

— Ce sont nos frères, dit gravement Trangoil Lanec.

Curumilla courba la tête sous ce reproche.

— Celui qui leur avait mis les armes à la main est mort, reprit Valentin.

— Bon, et mon frère sait-il le nom du guerrier qui l'a tué? demanda l'Ulmen.

— Je le sais, fit tristement Valentin.

— Que mon frère me dise ce nom, afin que je le garde dans mon souvenir.

— Joan, notre ami, a tué cet homme qui ne méritait pas de tomber sous les coups d'un si vaillant guerrier.

— C'est vrai! dit Curumilla, mais pourquoi notre frère Joan n'est-il pas ici?

— Mes frères ne verront plus Joan, dit Valentin d'une voix brisée, il est resté étendu mort à côté de sa victime.

Les deux chefs échangèrent un douloureux regard.

— C'était un noble cœur, murmurèrent-ils d'une voix basse et triste.

— Oui, reprit Valentin, et un ami fidèle.

Il y eut un silence.

Soudain les deux chefs se levèrent et se dirigèrent vers leurs chevaux sans prononcer une parole.

— Où vont nos frères? demanda le comte en les arrêtant d'un geste.

— Donner la sépulture à un guerrier; le corps de Joan ne doit pas devenir la proie des urubus, répondit gravement Trangoil Lanec.

— Que mes frères reprennent leur place, dit le jeune homme d'un ton de doux reproche.

Les chefs se rassirent silencieusement.

— Trangoil Lanec et Curumilla connaissent-ils donc si mal leurs frères les visages pâles, continua Louis, qu'ils leur font l'injure de supposer qu'ils laisseront sans sépulture le corps d'un ami? Joan a été enseveli par nous avant de rejoindre nos frères.

— Ce devoir, que nous avions à cœur d'accomplir sans retard, nous a seul empêchés de nous rendre plus tôt ici.

— Bon! fit Trangoil Lanec, nos cœurs sont pleins de joie, nos frères sont des amis véritables.

— Les Muruches ne sont pas des Huincas, observa Curumilla avec un éclair de haine dans le regard.

— Mais un grand malheur nous a frappés, continua Louis avec douleur, don Tadeo de Leon, notre ami le plus cher, celui que les Aucas nomment le Grand Aigle, ces visages pâles...

— Eh bien? interrompit Curumilla.

— Il est mort! dit Valentin, hier il a été tué pendant la bataille.

— Mon frère est-il certain de ce qu'il avance? fit Trangoil Lanec.

— Du moins je le suppose, bien que son corps n'ait pu être retrouvé.

L'Ulmen sourit doucement.

— Que mes frères se consolent, dit-il, le Grand Aigle des blancs n'est pas mort.

— Le chef le sait ? s'écrièrent les jeunes gens avec joie.

— Je le sais, reprit Trangoil Lanec. Que mes frères écoutent : Curumilla et moi, nous sommes des chefs dans notre tribu ; si nos opinions nous défendaient de combattre pour Antinahuel, elles nous empêchaient aussi de porter les armes contre notre nation ; nos amis ont voulu aller joindre le Grand Aigle, nous les avons laissés agir à leur guise ; ils voulaient protéger un ami, ils avaient raison, nous les avons laissés partir, mais après leur départ nous avons songé à la jeune vierge des visages pâles, et nous avons réfléchi que si les Aucas perdaient la bataille, la jeune vierge, d'après l'ordre du toqui, serait la première mise en sûreté ; en conséquence, nous nous sommes tapis dans les halliers sur le chemin que, selon toutes probabilités, suivraient les mosotones en fuyant avec la jeune vierge. Nous n'avons pas vu la bataille, mais le bruit en est venu jusqu'à nous ; bien souvent nous avons été sur le point de nous élancer pour aller mourir avec nos pauvres *pennis ;* la bataille a duré longtemps ; selon leur coutume, les Aucas se faisaient bravement tuer.

— Vous pouvez en être fier à juste titre, chef, s'écria Valentin avec enthousiasme, vos frères se sont fait écharper par la mitraille avec un courage héroïque.

— Aussi les appelle-t-on Aucas, — hommes libres, — répondit Trangoil Lanec. Tout à coup un bruit semblable au roulement du tonnerre frappa nos oreilles, et vingt ou trente mosotones passèrent rapides comme le vent devant nous. Ils entraînaient deux femmes au milieu d'eux : l'une était la face de vipère, l'autre la vierge aux yeux d'azur.

— Oh ! fit le comte avec douleur.

— Quelques instants plus tard, continua Trangoil Lanec, une autre troupe beaucoup plus nombreuse arrivait avec une égale vitesse ; celle-là était guidée par Antinahuel en personne ; le toqui était pâle, couvert de sang, il paraissait blessé.

— Il l'est en effet, observa Valentin, son bras droit est brisé, je ne sais s'il a reçu d'autres blessures.

— A ses côtés galopait le Grand Aigle des blancs, tête nue et sans armes.

— Était-il blessé ? demanda vivement Louis.

— Non, il portait le front haut, son visage était pâle, mais fier.

— Oh ! puisqu'il n'est pas mort, nous le sauverons, n'est-ce pas, chef ? s'écria Valentin.

— Nous le sauverons, oui, frère.

— Quand prendrons-nous la piste ?

— A l'*endit-ha,* — au point du jour, — d'après la route qu'ils ont suivie, je sais où ils se rendent. Nous voulions sauver la fille, eh bien ! nous délivrerons le père en même temps, dit gravement Trangoil Lanec.

— Bien ! chef, répondit Valentin avec élan, je suis heureux de vous entendre parler ainsi ; tout n'est pas perdu encore.

— Tant s'en faut ! dit l'Ulmen.

— Maintenant, frères, que nous sommes rassurés, observa Louis, si vous m'en croyez, nous nous hâterons de prendre quelques heures de repos, afin de pouvoir nous remettre en route le plus tôt possible.

Nul ne fit d'objection à cette observation, et ces hommes de fer, malgré les chagrins qui les dévoraient et les inquiétudes dont ils avaient l'esprit bourrelé, s'enveloppèrent dans leurs ponchos, s'étendirent sur la terre nue, et quelques minutes plus tard, ainsi qu'ils l'avaient dit, ils dormaient profondément.

Seul, César veillait au salut de tous.

XXXIV

PREMIÈRES HEURES DE CAPTIVITÉ.

Trangoil Lanec ne s'était pas trompé, c'était bien don Tadeo qu'il avait aperçu galopant aux côtés du toqui.

Le Roi des Ténèbres n'était pas mort, il n'était même pas blessé, mais il était prisonnier de Antinahuel, c'est-à-dire de son ennemi le plus acharné, de l'homme auquel, quelques heures auparavant, il avait fait une de ces insultes que les Araucans ne pardonnent jamais.

Voici comment les choses s'étaient passées :

Lorsque le toqui avait vu que la bataille était définitivement perdue, qu'une plus longue lutte n'aurait pour résultat que de faire massacrer les braves guerriers qui lui restaient, il n'avait plus eu qu'un désir : s'emparer, coûte que coûte, de son ennemi mortel, afin, à défaut de son ambition, d'assouvir sa haine et de tenir le serment que jadis il avait fait à son père mourant.

D'un geste il avait convoqué ses Ulmènes, leur avait en quelques paroles expliqué ses intentions, en même temps qu'il expédiait un exprès à son camp, avec ordre de faire quitter le champ de bataille à doña Rosario.

Nous avons rapporté plus haut ce qui était arrivé. Les Ulmènes avaient exécuté le plan de leur chef avec une habileté consommée.

Don Tadeo, séparé des siens, ne voyant plus autour de lui que trois ou quatre cavaliers, comprit qu'il était perdu.

Pressé de toutes parts, don Tadeo se défendait comme un lion, abattant à coups de sabre tous ceux qui se hasardaient trop près de lui.

C'était un spectacle effrayant que celui qu'offraient ces quatre ou cinq hommes qui, sachant qu'ils étaient voués à la mort, soutenaient un combat de Titans contre plus de cinq cents adversaires acharnés après eux.

Antinahuel avait ordonné qu'on s'emparât de son ennemi vivant, aussi les Aucas se contentaient-ils de parer sans riposter les coups qu'il leur portait.

Cependant le Roi des Ténèbres avait vu ses fidèles succomber les uns après les autres à ses côtés; il restait seul, mais il combattait toujours, désirant avant tout ne pas tomber vivant entre les mains des Araucans.

Ce fut alors qu'il entendit les cris d'encouragement de Valentin et du comte; un sourire triste effleura ses lèvres, il leur dit adieu dans son cœur, car il n'espérait plus les revoir.

Antinahuel avait, lui aussi, entendu les cris des Français; à la vue des efforts incroyables qu'ils tentaient pour voler au secours de leur ami, il comprit que, s'il tardait, cette proie précieuse qu'il convoitait finirait par lui échapper.

Il se dépouilla vivement de son poncho, et le lança adroitement sur la tête de don Tadeo; celui-ci, aveuglé et embarrassé dans les plis de l'ample vêtement de laine, fut désarmé.

Une dizaine d'Indiens se précipitèrent sur lui, et toujours enveloppé dans le poncho, au risque de l'étouffer, ils le garrottèrent solidement afin de l'empêcher de faire le moindre mouvement.

Antinahuel jeta son prisonnier en travers sur le cou de son cheval et s'élança dans la plaine suivi de ses guerriers, en poussant un long hurlement de triomphe.

Voilà pourquoi, lorsque les deux Français étaient parvenus à rompre le mur vivant qui se dressait devant eux, ils n'avaient pu retrouver leur ami, qui avait disparu sans laisser de traces.

Antinahuel, tout en fuyant avec la rapidité d'une flèche, avait cependant rallié autour de lui un bon nombre de cavaliers, si bien qu'au bout de vingt minutes à peine il se trouvait à la tête de près de cinq cents guerriers parfaitement montés et résolus, sous son commandement, à vendre chèrement leur vie.

Le toqui forma de ces guerriers un escadron compact, et se retournant à plusieurs reprises comme le tigre poursuivi par les chasseurs, il chargea vigoureusement les cavaliers chiliens, qui parfois le serraient de trop près dans sa fuite.

Quand il fut arrivé à une certaine distance, que les vainqueurs eurent renoncé à le suivre plus loin, il s'arrêta pour s'occuper de son prisonnier et laisser à sa troupe le temps de reprendre haleine.

Depuis sa capture, don Tadeo n'avait pas donné signe de vie.

Antinahuel craignit avec raison que, privé d'air, rompu par la rapidité de la course, il ne se trouvât dans un état dangereux.

Le toqui ne voulait pas que son ennemi mourût ainsi, il avait formé sur lui des projets qu'il tenait à mettre à exécution.

Il se hâta donc de dénouer le lasso, dont les tours nombreux serraient son prisonnier dans toutes les parties du corps, puis il enleva le poncho qui le couvrait.

Don Tadeo était évanoui.

Antinahuel l'étendit sur le sable, et avec une obséquiosité que seules, une profonde amitié ou une haine invétérée peuvent pousser aussi loin, il lui prodigua les soins les plus attentifs.

D'abord il desserra ses habits afin de lui faciliter les moyens de respirer, puis, avec de l'eau mélangée de rhum, il lui frotta les tempes, l'épigastre et la paume des mains.

Le manque d'air avait seul causé l'évanouissement de don Tadeo; dès qu'il put respirer librement il ouvrit les yeux.

A cet heureux résultat, un sourire d'une expression indéfinissable éclaira une seconde les traits du toqui.

Don Tadeo promena un regard étonné sur les assistants et parut tomber dans de profondes réflexions; cependant peu à peu le souvenir lui revint, il se rappela les événements qui avaient eu lieu, et comment il se trouvait au pouvoir du chef aucas.

Alors il se leva, croisa les bras sur la poitrine, et regardant fixement le carasken, — grand chef, — il attendit.

Celui-ci s'approcha.

— Mon père se sent-il mieux? lui demanda-t-il.

— Oui, répondit laconiquement don Tadeo.

— Ainsi nous pouvons repartir ?

— Est-ce donc à moi à vous donner des ordres?

— Non. Cependant, si mon père n'était pas assez remis pour remonter à cheval, nous attendrions encore quelques instants.

— Oh! oh! fit don Tadeo, vous êtes devenu bien jaloux du soin de ma santé.

— Oui, répondit Antinahuel, je serais désespéré qu'il arrivât malheur à mon père.

Don Tadeo haussa les épaules avec dédain.

Antinahuel reprit :

— Nous allons partir. Mon père veut-il me donner sa parole d'honneur de ne pas chercher à fuir ? je le laisserai libre parmi nous.

— Aurez-vous donc foi en ma parole, vous qui faussez continuellement la vôtre ?

— Moi, répondit le chef, je ne suis qu'un pauvre Indien, au lieu que mon père est un caballero, ainsi que disent les hommes de sa nation.

— Avant que je vous réponde, dites-moi d'abord où vous me conduisez ?

— J'emmène mon père chez les Puelches, mes frères, au milieu desquels je me réfugie avec les quelques guerriers qui me restent.

Un sentiment de joie fit bondir le cœur du prisonnier, il pressentit que bientôt il reverrait sa fille.

— Combien de temps doit durer ce voyage ? demanda-t-il.

— Trois jours seulement.

— Je vous donne ma parole d'honneur de ne pas chercher à fuir avant trois jours.

— Bon, répondit le chef d'un ton solennel, je vais serrer la parole de mon père dans mon cœur, je ne la lui rendrai que dans trois jours.

Don Tadeo s'inclina sans répondre.

Antinahuel lui montra un cheval du geste.

— Lorsque mon père sera prêt, nous partirons, dit-il.

Don Tadeo se mit en selle, le toqui l'imita, et la troupe repartit à fond de train.

Cette fois don Tadeo était libre, il respirait à pleins poumons, ses regards

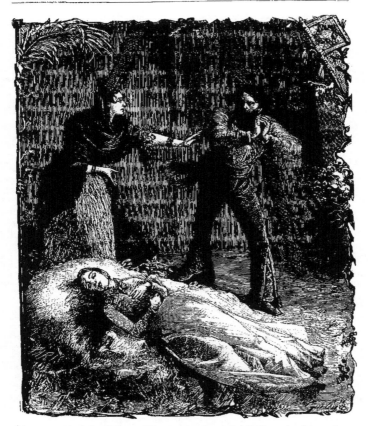

— Mon Dieu ! s'écria-t-il avec désespoir, elle est morte ! et il s'élança éperdu vers elle.

pouvaient sans contrainte s'étendre de tous les côtés, il galopait en tête de la troupe auprès du chef. Cette liberté factice dont il jouissait après la dure gêne qu'il avait éprouvée quelques instants auparavant, ramena complètement le calme dans son esprit, et lui permit d'envisager sa position sous des couleurs moins sombres.

L'homme est ainsi fait, que pour lui, du désespoir le plus profond à l'espoir le plus insensé, il n'y a qu'une ligne presque imperceptible,

Dès qu'il a devant lui quelques jours, ou seulement quelques heures, il forme les plans les plus fous et finit bientôt par se persuader que leur réalisation est possible, et même facile.

Tout lui devient un texte sur lequel il bâtit ses projets, et au fond de son cœur il compte surtout sur les chances favorables que peuvent lui offrir l'inconnu, le hasard ou la Providence, trois mots qui, dans l'esprit des malheureux, sont synonymes et qui, depuis que le monde existe, ont arrêté plus de misérables sur le bord de l'abîme que toutes les banales consolations qu'on leur a adressées.

L'homme est essentiellement rêveur et songe-creux : tant qu'il a devant lui le champ libre, que son imagination peut en liberté prendre ses ébats, il espère.

Aussi don Tadeo, bien que doué d'un esprit d'élite et d'une intelligence supérieure, se laissa-t-il malgré lui aller à former les plus étranges projets de fuite, et bien qu'au pouvoir de son plus implacable ennemi, seul et sans armes dans un pays inconnu, conçut-il la possibilité, non seulement de retrouver sa fille, mais encore de l'arracher des mains de ses persécuteurs et de se sauver avec elle.

Ces projets et ces rêves ont au moins cela de bon, qu'ils font rentrer l'homme dans la complète jouissance de ses facultés, lui rendent le courage et lui permettent d'envisager de sang-froid la position dans laquelle il se trouve.

Cependant les Indiens s'étaient insensiblement rapprochés des montagnes ; maintenant ils gravissaient une pente non interrompue de collines, premiers plans et contreforts des Cordillères, dont la hauteur augmentait de plus en plus.

Le soleil, très bas à l'horizon, allait disparaître, lorsque le chef commanda la halte.

Le lieu était des mieux choisis, c'était un étroit vallon situé sur la cime peu élevée d'une colline, dont la position rendait une surprise presque impossible.

Antinahuel fit établir le camp, tandis que quelques hommes se détachaient, les uns pour aller à la découverte, les autres pour chercher à tuer un peu de gibier.

Dans la rapidité de leur fuite, les Araucans n'avaient pas songé à se munir de vivres.

Quelques arbres furent abattus pour former un retranchement provisoire, et des feux allumés.

Au bout d'une heure, les chasseurs revinrent chargés de gibier.

Les éclaireurs n'avaient rien découvert d'inquiétant.

Le repas du soir fut joyeusement préparé, chacun lui fit honneur.

Antinahuel semblait avoir oublié sa haine pour don Tadeo, il lui parlait avec la plus grande déférence et avait pour lui les plus grands égards ; confiant entièrement à sa parole, il le laissait complètement libre de ses actions, sans paraître le moins du monde s'inquiéter de ce qu'il faisait.

Dès que le repas fut terminé, on plaça des sentinelles, et chacun se livra au repos.

Seul, don Tadeo chercha vainement le sommeil, une trop poignante inquiétude le dévorait pour qu'il lui fût possible de fermer les yeux.

Assis au pied d'un arbre, la tête inclinée sur la poitrine, il passa la nuit tout entière à réfléchir profondément aux événements étranges qui, depuis quelques mois, étaient venus l'assaillir. La pensée de sa fille mettait le comble à sa douleur : malgré l'espoir dont il cherchait à se leurrer, sa position était trop désespérée pour qu'il pût se laisser aller complètement à croire qu'il lui fût possible d'en sortir.

Parfois le souvenir des deux Français qui déjà lui avaient donné tant de preuves de dévouement, traversait sa pensée ; mais malgré tout leur courage, en supposant que ces hommes audacieux parvinssent à découvrir ses traces, que pourraient-ils faire ? seuls contre tant d'ennemis, cette lutte serait insensée, impossible, ils succomberaient sans le sauver !

Le lever du soleil trouva don Tadeo plongé dans ces tristes pensées, sans que le sommeil eût une seconde clos ses paupières fatiguées.

Cependant tout était en rumeur dans le camp ; les chevaux furent sellés, et après un repas fait à la hâte, le voyage continua.

Cette journée s'écoula sans aucun incident digne d'être rapporté.

Le soir on campa, de même que la veille, sur le sommet d'une colline ; seulement, comme les Araucans se savaient à l'abri d'une surprise, ils ne prirent pas d'aussi grandes précautions que la nuit précédente pour leur sûreté, bien que cependant ils élevassent des retranchements.

Don Tadeo, vaincu enfin par la fatigue, tomba dans un sommeil de plomb, dont il ne sortit qu'au moment du départ.

Antinahuel avait, le soir précédent, expédié un exprès en avant ; cet homme rejoignit le camp à l'instant où la troupe reprenait sa marche.

Il paraît qu'il était porteur d'une bonne nouvelle, car en écoutant son rapport, le chef sourit à plusieurs reprises.

Puis, sur un signe de Antinahuel, toute la troupe s'élança au galop, s'enfonçant de plus en plus dans les montagnes.

XXXV

L'ULTIMATUM.

Antinahuel avait rejoint depuis deux jours déjà les mosotones auxquels il avait confié la garde de doña Rosario.

Les deux troupes étaient confondues en une seule.

Le toqui avait eu d'abord l'intention de traverser les premiers plateaux des Andes et de se retirer chez les Puelches.

Mais la bataille qu'il avait perdue avait eu pour les Araucans des conséquences terribles.

Leurs principales tolderias avaient été incendiées par les Espagnols, leurs villes saccagées, les habitants tués ou emmenés prisonniers.

Ceux qui avait pu fuir avaient d'abord erré sans but dans les bois; mais dès qu'ils avaient appris que le toqui était parvenu à s'échapper, ils s'étaient réunis et lui avaient expédié des envoyés, pour lui demander secours et l'obliger à se remettre à la tête d'une armée destinée à sauvegarder leurs frontières.

Antinahuel, heureux du mouvement de réaction qui s'opérait parmi ses compatriotes, en avait profité pour affermir son pouvoir chancelant depuis la défaite qu'il avait éprouvée.

Il avait changé son itinéraire et s'était, à la tête d'une centaine d'hommes seulement, rapproché du Biobio, tandis que par son ordre ses autres guerriers s'étaient dispersés sur tout le territoire pour appeler le peuple aux armes.

Le toqui ne prétendait plus comme autrefois étendre la domination araucanienne; son seul désir était maintenant d'obtenir, les armes à la main, une paix qui ne fût pas trop désavantageuse pour ses compatriotes.

En un mot, il voulait réparer autant que possible les désastres causés par sa folle ambition.

Pour une raison que seul Antinahuel connaissait, don Tadeo et doña Rosario ignoraient complètement qu'ils se trouvaient aussi près l'un de l'autre; la Linda était demeurée invisible, don Tadeo se croyait encore séparé de sa fille par une grande distance.

Antinahuel avait assis son camp au sommet de la montagne où quelques jours auparavant il se trouvait avec toute l'armée indienne, dans cette forte position qui commandait le gué du Biobio.

Seulement l'aspect de la frontière chilienne avait changé

Une batterie de huit pièces de canon avait été élevée pour défendre le passage, et l'on apercevait distinctement de fortes patrouilles de lanceros qui parcouraient la rive et surveillaient avec soin les mouvements des Indiens.

Il était environ deux heures de l'après-midi. A part quelques sentinelles araucaniennes appuyées immobiles sur leurs longues lances en roseau, le camp semblait désert; un silence profond régnait partout.

Les guerriers, accablés par la chaleur, s'étaient retirés sous l'ombre des arbres et des buissons pour faire la sieste.

Soudain un appel de trompette retentit sur le bord opposé du fleuve.

L'Ulmen chargé de la garde des avant-postes fit répondre par un appel semblable et sortit pour s'enquérir de la cause de ce bruit.

Trois cavaliers revêtus de riches uniformes se tenaient sur la rive; près d'eux un trompette faisait flotter un drapeau parlementaire.

L'Ulmen arbora le même signe et s'avança dans l'eau au-devant des cavaliers, qui de leur côté avaient pris le gué.

Arrivés à moitié de la largeur du fleuve, les quatre cavaliers s'arrêtèrent d'un commun accord et se saluèrent courtoisement.

— Que veulent les chefs des faces pâles? demanda l'Ulmen avec hauteur.

Un des cavaliers répondit aussitôt :

— Va dire à celui que tu nommes le toqui des Aucas, qu'un officier supérieur de l'armée chilienne a une communication importante à lui faire.

L'œil de l'Indien étincela sous sa fauve prunelle à cette insulte; mais reprenant presque aussitôt un visage impassible :

— Je vais m'informer si notre grand toqui est disposé à vous recevoir, dit-il dédaigneusement; mais je doute qu'il daigne écouter des Chiaplo-Huincas.

— Drôle! reprit le premier interlocuteur avec colère, hâte-toi de m'obéir, ou sinon...

— Soyez patient, don Gregorio, au nom du ciel! s'écria un des deux officiers en s'interposant.

L'Ulmen s'était éloigné.

Au bout de quelques minutes il fit du rivage signe aux Chiliens qu'ils pouvaient avancer.

Antinahuel, assis à l'ombre d'un magnifique espino, attendait les parlementaires, entouré de cinq ou six de ses Ulmènes les plus dévoués.

Les trois officiers s'arrêtèrent devant lui et restèrent immobiles sans descendre de cheval.

— Que voulez-vous? dit-il d'une voix dure.

— Écoutez mes paroles et retenez-les bien, repartit don Gregorio.

— Parlez et soyez bref, dit Antinahuel.

Don Gregorio haussa les épaules avec dédain.

— Don Tadeo de Leon est entre vos mains, dit-il.

— Oui, l'homme auquel vous donnez ce nom est mon prisonnier.

— Fort bien; si demain à la troisième heure du jour il ne nous est pas rendu sain et sauf, les otages que nous avons pris et plus de quatre-vingts prisonniers qui sont en notre pouvoir seront passés par les armes à la vue des deux camps, sur le bord même de la rivière.

— Vous ferez ce que vous voudrez, cet homme mourra, répondit froidement le chef. Antinahuel n'a qu'une parole : il a juré de tuer son ennemi, il le tuera.

— Ah! c'est ainsi? eh bien, moi, don Gregorio Peralta, je vous jure que de mon côté je tiendrai strictement la promesse que je viens de vous faire.

Et tournant bride subitement, il s'éloigna suivi de ses deux compagnons.

Cependant il entrait plus de bravade que d'autre chose dans la menace faite par Antinahuel; si l'orgueil ne l'avait pas retenu, il aurait renoué l'entretien, car il savait que don Gregorio n'hésiterait pas à faire ce dont il l'avait menacé.

Le chef regagna tout pensif son camp et entra sous son toldo.

La Linda, assise dans un coin sur des *pellones*, réfléchissait; doña Rosario s'était laissée aller au sommeil.

A la vue de la jeune fille, je ne sais quelle émotion éprouva le chef, mais le sang reflua avec force à son cœur, et s'élançant vers elle, il imprima un ardent baiser sur ses lèvres entr'ouvertes.

Doña Rosario se réveilla en sursaut, bondit à l'autre extrémité du toldo en poussant un cri d'épouvante, et jeta autour d'elle un regard vague, comme pour implorer un secours que malheureusement elle ne pouvait pas espérer.

— Que signifie cela? s'écria le chef avec colère, d'où vient cet effroi que je t'inspire, jeune fille?

Et il fit quelques pas pour se rapprocher d'elle.

— N'avancez pas! n'avancez pas! au nom du ciel! s'écria-t-elle.

— Pourquoi ces grimaces? tu es à moi, te dis-je, jeune fille; bon gré mal gré, il faudra que tu cèdes à mes désirs!

— Jamais! fit-elle avec angoisse.

— Allons donc! dit-il; je ne suis pas une face pâle, moi, les pleurs de femmes ne me font rien, je veux que tu sois à moi!

Il s'avança résolument vers elle.

La Linda, toujours plongée dans ses réflexions, semblait ne pas s'apercevoir de ce qui se passait auprès d'elle.

— Madame! madame! s'écria la jeune fille en se réfugiant à ses côtés; au nom de ce qu'il y a de plus sacré sur la terre, défendez-moi, je vous en prie!

La Linda releva la tête, la regarda froidement et éclatant tout à coup d'un rire sec et nerveux qui glaça la pauvre enfant d'épouvante :

— Ne t'ai-je pas avertie de ce qui t'attendait ici? dit-elle en la repoussant durement; que ton sort s'accomplisse!

Doña Rosario fit quelques pas en arrière en trébuchant, les yeux hagards et le corps agité de mouvements convulsifs.

— Oh! s'écria-t-elle d'une voix déchirante, maudite! soyez maudite! femme sans cœur!

— Allons, reprit Antinahuel avec fureur, finissons-en !

Il se précipita vers elle.

La malheureuse échappa encore à cette flétrissante atteinte.

C'était un horrible spectacle que celui de la scène qui se passait sous ce toldo.

Cette jeune fille qui fuyait çà et là, haletante et à demi-folle de frayeur devant cet Indien féroce qui la poursuivait; et cette femme qui, tranquillement assise devant la porte dont elle barrait le passage, applaudissait aux efforts du misérable.

— Chienne! s'écria tout à coup Antinahuel en s'adressant à la Linda, aide-moi au moins à la saisir.

— Ma foi non! répondit en riant la courtisane; cette chasse de la colombe par le vautour me divertit trop pour que je m'en mêle.

A cette réponse cynique, la fureur du chef ne connut plus de bornes; d'un coup de pied il envoya la Linda rouler à dix pas au dehors, et s'élança d'un bond de jaguar sur sa victime qu'il arrêta par sa robe.

Doña Rosario était perdue.

Soudain elle se redressa, un éclair passa dans son regard, et fixant résolûment son bourreau confondu :

— Arrière! s'écria-t-elle en brandissant son poignard; arrière, ou je me tue!

Malgré lui le misérable demeura immobile, cloué au sol.

Il comprit que ce n'était pas une vaine menace que lui faisait la jeune fille.

En ce moment une main se posa sur son épaule.

Il se retourna.

Le visage hideux et grimaçant de la Linda se pencha à son oreille :

— Aie l'air de céder, murmura-t-elle à voix basse ; je te promets de te la livrer cette nuit sans défense.

Antinahuel la regarda d'un œil soupçonneux.

La courtisane souriait.

— Tu me le promets? dit-il d'une voix rauque.

— Sur mon salut éternel ! répondit-elle.

Cependant doña Rosario, l'arme haute et le corps penché en avant, attendait le dénoûment de cette scène effroyable.

Avec une facilité que les Indiens possèdent seuls, Antinahuel avait composé son visage et entièrement changé l'expression de sa physionomie.

Il lâcha le bord du vêtement que jusque-là il avait tenu, et fit quelques pas en arrière.

— Que ma sœur me pardonne, dit-il d'une voix douce ; j'étais fou : on ne doit rien exiger des femmes par la force. La raison est rentrée dans mon esprit; que ma sœur se calme, elle est en sûreté maintenant, je me retire, je ne reparaîtrai en sa présence que sur son ordre exprès.

Après avoir salué la jeune fille qui ne savait à quoi attribuer sa délivrance, il sortit du toldo.

Dès qu'elle fut seule, doña Rosario se laissa tomber épuisée sur le sol et fondit en larmes.

Cependant Antinahuel avait résolu de lever son camp et de s'éloigner, certain que s'ils perdaient sa trace, les Chiliens n'oseraient massacrer leurs otages et leurs prisonniers dans la crainte de causer la mort de don Tadeo.

Ce projet était bon, le chef le mit de suite à exécution avec une adresse telle que les Chiliens ne se doutèrent pas du départ des Araucans.

Un peu en avant du convoi, la Linda et doña Rosario marchaient sous la garde de quelques mosotones.

La jeune fille, brisée par les émotions terribles qu'elle avait éprouvées, ne se tenait que difficilement à cheval; une fièvre intense s'était emparée d'elle, ses dents claquaient avec force, et elle jetait autour d'elle des regards empreints de folie.

— J'ai soif! murmura-t-elle d'une voix presque inarticulée

Sur un signe de la Linda, un des mosotones s'approcha, et détachant une gourde qu'il portait pendue au côté :

— Que ma sœur boive, dit-il.

L'enfant s'empara de la gourde, la colla à ses lèvres et but à longs traits.

La Linda fixait les yeux sur elle avec une expression étrange.

— Bon, dit-elle sourdement.

— Merci, murmura doña Rosario en rendant la gourde presque vide.

Cependant peu à peu ses yeux s'alourdirent, un engourdissement général s'empara d'elle et elle tomba en arrière en murmurant d'une voix éteinte :

— Mon Dieu ! que se passe-t-il donc en moi? je crois que je vais mourir !

Un mosotone la reçut dans ses bras et la plaça sur le devant de sa selle.

Tout à coup la jeune fille se redressa comme frappée d'une commotion électrique, ouvrit un œil sans regard et s'écria d'une voix déchirante :

— A mon secours !

Elle retomba.

A ce cri d'appel suprême poussé par la jeune fille, la Linda sentit malgré elle son cœur défaillir, elle eut un instant de vertige ; mais se remettant presque aussitôt :

— Je suis folle, dit-elle avec un sourire.

Elle fit signe au mosotone qui portait doña Rosario de s'approcher et l'examina attentivement.

— Elle dort, murmura-t-elle avec une expression de haine satisfaite ; quand elle se réveillera, je serai vengée.

En ce moment la position de Antinahuel était assez critique : trop faible pour rien entreprendre contre les Chiliens qu'il voulait contraindre à lui accorder une paix avantageuse pour son pays, il cherchait à gagner du temps en parcourant la frontière de façon à ce que ses ennemis, ne sachant où le trouver, ne pussent lui imposer des conditions qu'il ne voulait pas accepter. Bien que les Aucas répondissent à l'appel de ses émissaires et se levassent avec empressement pour venir grossir ses rangs, il fallait donner aux tribus, la plupart fort éloignées, le temps de se concentrer sur le point qu'il leur avait indiqué.

De leur côté, les Espagnols, dont la tranquillité intérieure était désormais assurée grâce à la mort du général Bustamente, ne se souciaient que fort médiocrement de continuer une guerre qui n'avait plus d'intérêt pour eux. Ils avaient besoin de la paix afin de réparer les maux causés par la guerre civile ; aussi se bornaient-ils à garnir leurs frontières et cherchaient-ils, par tous les moyens, à amener des conférences sérieuses avec les principaux chefs araucans.

Don Gregorio Peralta avait été blâmé de la menace qu'il avait faite à Antinahuel, lui-même avait reconnu la folie de sa conduite en apprenant le départ du toqui avec son prisonnier.

Un autre système avait donc été adopté. On avait seulement gardé en otage dix des principaux chefs, les autres, bien endoctrinés et chargés de présents, avaient été rendus à la liberté.

Tout portait à croire que ces chefs, de retour dans leurs tribus respectives, emploieraient leur influence pour conclure la paix et démasquer devant le conseil les menées de Antinahuel, menées qui avaient mis la nation à deux doigts de sa perte.

Les Araucans sont passionnés pour la liberté, pour eux toute considération cède devant celle-là : être libre !

Aussi était-il facile de prévoir que les Aucas, malgré leur profonde vénération pour leur toqui, n'hésiteraient pas à le déposer, lorsque leurs chefs d'une part et les *capitaines d'amis* — capitanes de amigos — de l'autre, leur feraient comprendre que cette liberté était compromise et qu'ils s'exposaient à en être privés pour toujours, à tomber sous le joug espagnol, s'ils continuaient leur politique agressive.

Quatre hommes étaient assis autour d'un feu dont les charbons incandescents servaient
à rôtir un cuissot de guanacco.

XXXVI

UNE FURIE

Après une marche de cinq ou six lieues tout au plus, Antinahuel fit camper
sa troupe.

Les guerriers qui l'accompagnaient étaient presque tous de sa tribu, aussi lui étaient-ils dévoués jusqu'au fanatisme.

Dès que les feux furent allumés, la Linda s'approcha du chef.

— J'ai tenu ma promesse, lui dit-elle.

L'œil du toqui étincela.

— Ainsi la jeune fille?... demanda-t-il d'une voix sourde.

— Elle dort, reprit-elle avec un hideux sourire, tu peux en faire ce que tu voudras.

— Bon, murmura-t-il avec joie.

Il fit quelques pas dans la direction du toldo élevé à la hâte, sous lequel sa victime avait été transportée; mais s'arrêtant subitement :

— Non, dit-il, plus tard; et s'adressant à sa complice : Pour combien de temps ma sœur a-t-elle endormi la jeune fille?

— Elle ne s'éveillera qu'au point du jour, répondit-elle.

Un sourire de satisfaction éclaira les traits du chef.

— Bien, ma sœur est adroite, je vois à présent qu'elle sait tenir ses promesses. Je suis forcé de m'éloigner pendant quelques heures avec la moitié de mes guerriers, à mon retour je rendrai visite à ma prisonnière.

Ces dernières paroles furent prononcées d'un ton qui ne laissait aucun doute sur le sens qu'il y attachait.

— Je veux montrer à ma sœur, continua-t-il, que je ne suis pas ingrat et que moi aussi je tiens fidèlement ma parole.

La Linda tressaillit en fixant sur lui un regard interrogateur.

— De quelle parole parle mon frère? demanda-t-elle.

Antinahuel sourit.

— Ma sœur a un ennemi que depuis longtemps elle poursuit, sans pouvoir l'atteindre.

— Don Tadeo !

— Oui, cet ennemi est aussi le mien.

— Eh bien ?

— Il est en mon pouvoir !

— Don Tadeo est le prisonnier de mon frère?

— Il est ici.

L'œil de la Linda lança un éclair, sa prunelle se dilata comme celle d'une hyène.

— Enfin ! s'écria-t-elle avec joie, je rendrai donc à cet homme toutes les tortures qu'il m'a infligées !

— Oui, je le livre à ma sœur, elle est libre de lui faire subir toutes les insultes que son esprit inventif lui fournira.

— Oh ! s'écria-t-elle d'une voix qui glaça d'épouvante le chef lui-même, je ne lui infligerai qu'un supplice, mais il sera terrible !

— Prends garde, femme, répondit Antinahuel en lui comprimant fortement le bras dans sa main de fer et en la regardant en face, prends garde que la haine ne t'égare : la vie de cet homme est à moi, je veux la lui arracher moi-même.

— Oh ! fit-elle avec raillerie, ne crains rien, toqui des Araucans, je te rendrai ta victime saine et sauve ; les tortures que je prétends lui infliger sont toutes morales, je ne suis pas un homme, moi, ma seule arme est la langue !

— Oui, mais cette arme a deux tranchants, souvent elle tue

— Je te le rendrai, te dis-je. Où est-il ?

— Là, répondit le chef en désignant une hutte en feuillages, mais n'oublie pas mes recommandations.

— Je ne les oublierai pas, répliqua-t-elle avec un ricanement sauvage.

Et elle se précipita vers la hutte.

— Il n'y a que les femmes qui sachent haïr, murmura Antinahuel en la suivant des yeux.

Une vingtaine de guerriers attendaient leur chef à l'entrée du camp.

Celui-ci sauta en selle et s'éloigna avec eux après avoir jeté un dernier regard à la Linda, qui en ce moment disparaissait dans la hutte.

Bien que par orgueil il n'en eût rien laissé paraître, les menaces de don Gregorio avaient produit sur Antinahuel une forte impression.

Il craignait avec raison que l'officier chilien ne massacrât ses prisonniers et ses otages. Les conséquences de cette action auraient été terribles pour lui, et lui auraient fait perdre sans retour le prestige dont il jouissait encore auprès de ses compatriotes ; aussi, contraint, pour la première fois de sa vie, de plier, il avait résolu de retourner sur ses pas et de s'aboucher avec cet homme qu'il croyait assez connaître pour être certain que, sans hésiter, il ferait ce qu'il avait dit.

Doué d'une grande finesse, Antinahuel se flattait d'obtenir de don Gregorio un délai qui lui permettrait de sacrifier son prisonnier sans être inquiété.

Mais l'heure pressait, il n'avait pas une minute à perdre ; aussi, à peine le camp avait-il été dressé, qu'il en avait provisoirement confié la garde à un Ulmen dévoué, et s'était à toute bride lancé, suivi de ses mosotones, dans la direction du gué du Biobio, afin d'arriver aux avant-postes chiliens avant l'heure marquée par don Gregorio pour ses terribles représailles, c'est-à-dire quelques instants avant le lever du soleil.

Il était à peine huit heures du soir. Antinahuel n'avait que six lieues à faire ; il se flattait donc, si rien ne contrariait ses projets, d'arriver bien avant l'heure et même d'être de retour vers le milieu de la nuit auprès des siens.

Aussi s'était-il éloigné joyeux en songeant à ce qui l'attendait au camp après son expédition.

Nous avons dit que la Linda avait pénétré dans la hutte qui servait de refuge à don Tadeo.

Celui-ci était assis sur un amas de feuilles sèches dans un coin de cette hutte, le dos appuyé contre un arbre, les bras croisés sur la poitrine et la tête baissée.

Absorbé par les amères pensées qui lui montaient au cœur, il ne s'était pas aperçu de la présence de la Linda qui, immobile à deux pas de lui, l'examinait avec une expression de rage et de haine satisfaite.

Depuis plusieurs jours déjà il était prisonnier de Antinahuel, sans que celui-ci, préoccupé par les difficultés de sa position critique, parût songer à assouvir la haine qu'il lui avait vouée.

Mais don Tadeo connaissait trop bien le caractère des Indiens, pour voir dans cet oubli apparent autre chose qu'un répit qui ne ferait que rendre plus terrible le supplice qui l'attendait,

Bien qu'il fût dévoré d'inquiétudes au sujet de sa fille, il n'avait pas osé, de crainte de commettre une imprudence, s'informer d'elle ou seulement prononcer son nom devant le chef.

Obligé de renfermer soigneusement au fond de son cœur les douleurs qui le torturaient, cet homme si grand, si fort et si énergique, sentait que son courage était à bout, sa volonté brisée, et que désormais il restait sans forces pour soutenir cette lutte atroce, cette agonie de toutes les secondes, martyre qui ne peut se comparer à aucun autre.

Il désirait ardemment en finir avec cette existence de souffrances continuelles. Si la pensée de sa fille n'avait pas rempli toute son âme, certes il se fût tué pour terminer ce supplice; mais l'image de l'innocente et suave créature qui était sa seule joie, le défendait contre lui-même et chassait l'idée du suicide.

— Eh bien? lui dit une voix sombre, à quoi songes-tu, don Tadeo?

Celui-ci tressaillit à cet accent qu'il connaissait; il releva la tête, et fixant la Linda :

— Ah! répondit-il d'un ton amer, c'est vous? je m'étonnais de ne pas vous voir.

— Oui, n'est-ce pas? reprit-elle en raillant; tu m'attendais, eh bien! me voilà : nous sommes encore une fois face à face.

— Ainsi que les hyènes, l'odeur du sang t'attire; tu accours mendier ta part de la curée que te prépare ton digne acolyte.

— Moi! allons donc, don Tadeo, tu te méprends étrangement sur mon caractère. Non, non, ne suis-je pas ta femme! celle que tu chérissais tant naguère! Je viens comme une épouse soumise et tendre t'assister à tes derniers moments, afin de te rendre la mort plus douce.

Don Tadeo haussa les épaules avec dégoût.

— Tu dois être reconnaissant de ce que je fais, reprit-elle.

Don Tadeo la regarda un instant avec une expression de pitié suprême :

— Écoutez, lui dit-il, vos insultes n'arriveront jamais à la hauteur de mon mépris : je ne vous hais pas, vous n'êtes pas digne de ma colère. En ce moment où vous venez aussi imprudemment me rallier, je pourrais vous écraser comme un reptile immonde ; mais je dédaigne de me venger de vous, mon bras se souillerait en vous touchant : on ne châtie pas des ennemis tels que vous! Faites, agissez, parlez, insultez-moi, inventez les plus atroces calomnies que pourra vous inspirer votre génie infernal, je ne vous répondrai pas! concentré tout en moi-même, vos insultes, comme un vain son, frapperont mon oreille sans que mon esprit cherche seulement à les comprendre.

Et il tourna le dos à son ennemie, sans plus s'occuper d'elle.

La Linda éclata de rire.

— Oh! s'écria-t-elle, je saurai bien vous contraindre à m'écouter, *mon cher mari*. Vous autres hommes, vous êtes tous les mêmes, vous vous arrogez tous les droits comme vous avez toutes les vertus! nous, nous sommes des êtres méprisables, des créatures sans cœur, condamnées à être vos très humbles servantes et à souffrir le sourire aux lèvres les insultes dont il vous plaît de nous abreuver ! Oui ! j'ai été pour vous une femme indigne, une épouse infidèle ! mais vous, toujours vous avez été un mari modèle, n'est-ce pas ? jamais, sous le toit conjugal, vous n'avez donné lieu à aucun soupçon, prise à aucune calomnie ? c'est moi qui ai eu tous les torts : vous avez raison, c'est moi qui vous ai volé votre enfant, n'est-ce pas ?

Elle s'arrêta.

Don Tadeo ne bougea pas.

Au bout d'un instant elle reprit :

— Voyons, pas de feinte entre nous, parlons à cœur ouvert pour la dernière fois, soyons francs l'un avec l'autre. A quoi bon employer de vils subterfuges ? Vous êtes prisonnier de votre plus implacable ennemi, les plus affreuses tortures vous attendent; dans quelques instants peut-être, le supplice qui vous menace fondra sur votre tête altière avec ces horribles raffinements que les Indiens, ces bourreaux experts entre tous, savent inventer pour n'ôter à leur victime la vie que morceau à morceau ; eh bien ! ce supplice, je puis vous le faire éviter ; cette vie que vous ne comptez plus que par secondes, je puis vous la rendre, belle, longue et glorieuse ; en un mot, je puis d'un mot, d'un geste, d'un signe, vous faire libre immédiatement. Antinahuel est absent, cela m'est facile ! je ne vous demande qu'une chose, je me trompe, une parole; ce mot, dites-le, don Tadeo : où est ma fille?

Elle s'arrêta haletante.

Don Tadeo haussa les épaules, mais ne répondit pas.

La Linda grinça des dents avec rage, ses traits se contractèrent, son visage devint hideux.

— Oh! s'écria-t-elle avec un mouvement de fureur, cet homme est une barre de fer ! rien ne peut le toucher, aucune parole n'est assez forte pour l'émouvoir ! démon ! démon ! oh ! que je te déchirerais avec bonheur ! Mais non, reprit-elle au bout d'un instant, j'ai tort, pardonnez-moi, don Tadeo, je ne sais ce que je dis, la douleur me rend folle, ayez pitié de moi, je suis femme, je suis mère, j'adore mon enfant, ma pauvre petite fille que je n'ai pas vue depuis si longtemps, qui a toujours été privée de mes baisers et de mes caresses, rendez-la moi, don Tadeo, je vous bénirai ! Oh ! vous êtes homme, vous avez du courage, la mort ne vous épouvante pas, j'ai eu tort de vous menacer : c'est à votre cœur que je devais m'adresser, à votre cœur qui est noble, qui est généreux; vous m'auriez comprise, vous auriez eu pitié de moi, car vous êtes bon. Oh! si vous saviez quelle effroyable souffrance c'est pour une mère d'être privée de son enfant! Son enfant, c'est son sang, c'est sa chair, c'est sa vie! Oh! c'est un crime d'enlever une fille à sa mère!... Don Tadeo, je vous en supplie, rendez-moi mon enfant!... Voyez, je suis à vos genoux, je vous implore, je pleure, don Tadeo, rendez-moi mon enfant!...

Elle s'était jetée en sanglotant aux pieds de don Tadeo et avait saisi son poncho.

Celui-ci se retourna froidement, retira son poncho et la repoussa d'un geste plein d'un écrasant mépris, en lui disant d'une voix sombre :

— Retirez-vous, madame !

— Ah ! c'est ainsi ! s'écria-t-elle d'une voix saccadée ; je vous implore, je me traîne pantelante de douleur à vos genoux, et vous me raillez ! prières et menaces sont également impuissantes sur vous ! rien ne peut toucher votre cœur de granit ! Démon à face humaine qui riez de la douleur d'une mère, croyez-vous donc être invulnérable et que je ne saurai pas trouver le défaut de la cuirasse ? Prends garde, don Tadeo, je te réserve une torture plus affreuse cent fois que celles que tu m'infliges ! Oh ! j'ai ma vengeance toute prête ! Si je le veux, dans un instant, toi, si altier, si fier, à ton tour, tu tomberas à mes pieds pour implorer ma pitié ! Prends garde, don Tadeo, prends garde !

Le Roi des Ténèbres sourit avec dédain.

— Quel supplice plus terrible pouvez-vous m'infliger que celui de m'imposer votre présence ? dit-il.

— Insensé ! reprit-elle, qui joue avec moi comme un jaguar joue avec un lièvre ! fou, qui croit que je ne puis pas l'atteindre ! te figures-tu donc être seul entre mes mains ?

— Que voulez-vous dire ? s'écria don Tadeo en se levant vivement.

— Ah ! s'écria-t-elle avec une joie féroce, j'ai touché juste cette fois !

— Parlez ! parlez ! s'écria-t-il avec agitation.

— Et si cela ne me plaît pas ? répliqua-t-elle avec ironie ; si je veux, moi aussi, garder le silence ! ah ! ah ! ah !

Et elle éclata d'un rire strident.

— Mais non, reprit-elle avec sarcasme ; je ne suis pas méchante, moi. Viens, don Tadeo, je vais te montrer celle que tu cherches vainement depuis si longtemps, et que sans moi tu ne reverrais jamais ! Et je suis généreuse, ajouta-t-elle d'une voix railleuse, je te dispense même de m'être reconnaissant pour l'énorme service que je vais te rendre ! viens !

Elle sortit vivement de la hutte.

Don Tadeo se précipita sur ses pas, le cœur serré par un horrible pressentiment.

XXXVII

COUP DE FOUDRE.

Les Araucans disséminés dans le camp virent avec étonnement passer ces deux personnes qui semblaient en proie à la plus grande agitation.

Mais, avec l'insouciance et l'impassibilité qui les caractérisent, ils ne jugèrent pas à propos d'intervenir entre elles.

Doña Maria s'élança dans le toldo, suivie par don Tadeo.

Doña Rosario dormait étendue sur un lit de feuilles sèches recouvertes de peaux de mouton.

Elle avait les bras en croix sur la poitrine ; son visage était pâle, ses traits tirés et fatigués, deux lignes humides sur ses joues creusées, montraient des traces de larmes taries depuis peu.

Elle avait l'apparence d'une morte.

Don Tadeo s'y trompa.

— Mon Dieu ! s'écria-t-il avec désespoir, elle est morte !

Et il s'élança éperdu vers elle.

La Linda le retint.

— Non, dit-elle, elle dort.

— Mais, reprit-il avec défiance, ce sommeil ne peut être naturel, notre arrivée l'aurait éveillée.

— Ce sommeil, en effet, n'est pas naturel, c'est à moi qu'elle le doit.

Don Tadeo lui jeta un regard inquisiteur.

— Oh ! rassure-toi, fit-elle avec ironie, elle est bien vivante, seulement il fallait qu'elle s'endormît.

Don Tadeo resta muet.

— Tu ne me comprends pas, reprit-elle, je vais m'expliquer, cette jeune fille que tu aimes tant....

— Oh ! oui, je l'aime, interrompit-il. Pauvre enfant, était-ce donc ainsi que je devais la retrouver !

La Linda sourit avec amertume.

— C'est moi qui te l'ai enlevée.

— Malheureuse !

— Je te hais et je me venge ! Je sais l'amour profond que tu portes à cette créature : te l'enlever était te frapper au cœur, je l'ai prise !... Je voulais d'abord l'envoyer esclave dans le fond des Pampas, au Grand-Chaco, que sais-je !

— Misérable ! s'écria don Tadeo avec une sourde colère.

— Oui, en effet, reprit la Linda en souriant et feignant de se méprendre à l'exclamation de son ennemi, cette vengeance était misérable, elle n'atteignait pas le but que je me proposais ; mais j'étais cependant sur le point de m'en contenter, lorsque le hasard vint m'offrir celle qui seule pouvait me satisfaire en te brisant le cœur.

— Quelle épouvantable infamie a imaginée ce monstre ? murmura don Tadeo qui contemplait avec inquiétude la jeune fille endormie.

— Antinahuel, l'ennemi de ta race, le tien, était amoureux de cette femme.

— Oh ! s'écria-t-il avec horreur.

— Oui, il l'aimait, continua impassiblement la Linda ; je résolus de la lui vendre, ce que je fis ; seulement, lorsque le chef voulut profiter des droits que je lui avais donnés sur sa prisonnière, celle-ci se redressa, et s'arma soudain d'un poignard dont elle menaça de se tuer.

— Noble enfant ! murmura-t-il avec attendrissement.

— N'est-ce pas ? fit la Linda avec ironie. J'eus pitié d'elle, et comme je ne voulais pas sa mort, mais bien son déshonneur, ce soir je lui ai fait verser de l'opium qui la livrera sans défense aux caresses de Antinahuel. Dans une heure tout sera dit, elle sera la maîtresse du grand toqui des Araucans. Comment trouves-tu ma vengeance ? ai-je atteint mon but, cette fois?

Don Tadeo ne répondit pas : ce cynisme, effroyable dans une femme, l'épouvantait.

— Eh bien ! reprit-elle d'une voix moqueuse, tu ne dis rien?

Il la regarda un instant d'un œil égaré, puis il éclata tout à coup d'un rire strident et convulsif.

— Folle ! folle ! s'écria-t-il d'une voix vibrante. Ah ! tu t'es vengée, dis-tu ! folle ! Comment, tu es mère, tu adores ta fille, et froidement, de parti pris, tu conçois de pareils crimes ! mais tu ne crois donc pas en Dieu? tu ne crains donc pas que sa justice t'écrase? Folle ! sais-tu ce que tu as fait?

— Ma fille ! tu as parlé de ma fille ! rends-la-moi ! dis-moi où elle est, et je te le jure, je sauverai cette femme ; ma fille ! oh ! si je la voyais !

— Ta fille, malheureuse ! serpent gonflé de fiel, peux-tu songer encore à elle, après les crimes que tu as commis !

— Oh ! si je la retrouvais, je l'aimerais tant qu'elle me pardonnerait !

— Crois-tu? fit don Tadeo avec une ironie écrasante.

— Oh ! oui, une fille ne peut haïr sa mère !

Don Tadeo la prit violemment par le bras, et la jetant rudement au pied de l'amas de feuilles sur lequel reposait doña Rosario :

— Demande-le-lui donc à elle-même ! s'écria-t-il d'une voix éclatante.

— Ah ! fit elle avec désespoir, que dis-tu ? que dis-tu, Tadeo?

— Je dis, misérable, que cette innocente créature après laquelle tu t'es acharnée comme une hyène, cette pauvre enfant à laquelle tu as fait souffrir un martyre sans nom, est ta fille !... ta fille, entends-tu?... celle que tu prétends tant aimer et qu'il n'y a qu'un instant tu me redemandais avec tant d'insistance !...

La Linda resta un instant immobile comme frappée de la foudre.

Soudain elle se redressa et éclatant d'un rire de démon :

— Bien joué ! s'écria-t-elle, bien joué, don Tadeo ! Vrai Dieu ! une seconde j'ai cru que tu me disais la vérité et que cette créature était réellement ma fille !

— Oh ! murmura don Tadeo, cette misérable ne reconnait pas son enfant ; elle n'a pas de cœur puisque rien ne lui crie que cette victime qu'elle sacrifie à sa honteuse vengeance est son enfant !

— Non, je ne te crois pas ! ce n'est pas possible ! Dieu n'aurait pas permis un si grand crime !... Quelque chose m'aurait avertie que c'était elle.

— Ceux que Dieu veut perdre il les aveugle, misérable femme ; il fallait un châtiment exemplaire à sa justice que tu as lassée !

La Linda tournait dans le toldo comme une bête fauve en poussant des cris inarticulés et en répétant incessamment d'une voix brisée :

— Non ! non ! ce n'est pas ma fille ! Dieu ne l'aurait pas permis.

Un vif sentiment de haine s'empara malgré lui de don Tadeo à la vue de cette immense douleur ; lui aussi voulut se venger.

— Insensée, lui dit-il, cette enfant que je t'ai ravie n'avait-elle pas un

— Allons! César, lui dit-il, cherche, mon beau, cherche!

signe, une marque quelconque à laquelle il te fût possible de la reconnaître ; tu dois le savoir, toi, sa mère?

— Oui! oui! fit-elle d'une voix basse et saccadée, attends! attends !

Et, se jetant à deux genoux, elle se pencha sur doña Rosario endormie en écartant vivement le rebozo qui couvrait son cou et ses épaules.

Tout à coup elle se redressa en poussant un cri déchirant.

— Mon enfant ! s'écria-t-elle, c'est mon enfant !

Elle avait aperçu trois grains noirs qui se trouvaient sur l'épaule droite de la jeune fille.

Soudain son corps fut agité de mouvements convulsifs, son visage se décomposa horriblement, ses yeux, démesurément ouverts parurent vouloir sortir de leur orbite ; elle pressa ses deux mains avec force sur sa poitrine, poussa un râle sourd qui ressemblait à un rugissement et roula sur le sol en criant avec un accent impossible à rendre :

— Ma fille ! ma fille ! oh ! je la sauverai !

Elle rampa avec des mouvements de bête fauve jusqu'aux pieds de la pauvre enfant qui dormait toujours, et lui baisa les pieds avec frénésie.

— Rosario ! ma fille, s'écriait-elle d'une voix entrecoupée par les sanglots, c'est moi, ta mère ! reconnais-moi ! Mon Dieu ! elle ne m'entend pas, elle ne me répond pas ! Rosario ! Rosario !

— C'est toi qui l'as tuée, lui dit implacablement don Tadeo ; mère dénaturée qui as froidement traîné le déshonneur de ton enfant, mieux vaut qu'elle ne se réveille jamais ! mieux vaut qu'elle meure avant d'avoir été souillée par les baisers impurs de l'homme auquel tu l'as livrée !

— Ah ! ne parle pas ainsi, s'écria-t-elle en se tordant les mains avec désespoir, elle ne mourra pas ! je ne le veux pas ! il faut qu'elle vive ! Que deviendrai-je sans mon enfant ? Je la sauverai, te dis-je !

— Il est trop tard !

Elle se releva brusquement et regarda fixement don Tadeo.

— Je te dis que je la sauverai ! répéta-t-elle d'une voix profonde.

En ce moment des pas de chevaux résonnèrent au dehors.

— Voilà Antinahuel ! fit don Tadeo avec effroi.

— Oui, répondit-elle d'une voix brève et d'un accent résolu ; que m'importe l'arrivée de cet homme ? Malheur à lui s'il touche à mon enfant !

Le rideau du toldo fut soulevé par une main ferme.

Un Indien parut.

Cet Indien était Antinahuel.

Un guerrier le suivait une torche à la main.

— Eh ! eh ! fit le chef avec un sourire ironique, j'arrive à propos, il me semble.

Avec une facilité que don Tadeo lui-même admira, la Linda avait composé son visage de telle façon que Antinahuel n'eût pas le plus léger soupçon de la scène terrible qui s'était passée.

— Oui, répondit-elle en souriant, mon frère arrive bien.

— Ma sœur a eu avec son époux une conversation satisfaisante ?

— Oui, reprit-elle.

— Bon, le Grand Aigle des blancs est un guerrier intrépide, les glapissements d'une femme ne le peuvent affecter ; bientôt les guerriers aucas mettront son courage à l'épreuve.

Cette allusion brutale au sort qui lui était réservé fut comprise de Tadeo.

— Les hommes de ma trempe ne se laissent pas effrayer par de vaines menaces, répondit-il avec un sourire de dédain.

La Linda prit le chef à part.

— Antinahuel est mon frère, lui dit-elle à voix basse, nous avons été élevés ensemble.

— Ma sœur a une demande à m'adresser?

— Oui, et dans son intérêt même, mon frère ferait bien de consentir à me l'accorder.

Antinahuel la regarda.

— Parlez, dit-il froidement.

— Tout ce que mon frère a désiré, je l'ai fait.

Le chef inclina affirmativement la tête.

— Cette femme qui lui résistait, continua-t-elle avec un frémissement imperceptible dans la voix, je la lui ai livrée sans défense.

— Bon.

— Mon frère sait que les visages pâles ont des secrets qu'ils possèdent seuls?

— Je le sais.

— Si mon frère veut, ce n'est pas cette femme froide, immobile et endormie, que je lui livrerai.

L'œil de l'Indien lança une lueur étrange.

— Je ne comprends pas ma sœur, dit-il.

— Je puis, répondit la Linda avec intention, en trois jours, si bien changer cette femme à l'égard de mon frère, qu'elle sera pour lui aussi aimante et aussi dévouée que jusqu'à ce moment il l'a vue rétive, méchante et obstinée.

— Ma sœur ferait cela? dit-il avec méfiance.

— Je le ferais, répondit-elle résolument.

Antinahuel réfléchit quelques minutes; la Linda l'examinait attentivement.

— Pourquoi ma sœur a-t-elle attendu si longtemps? reprit-il.

— Parce que je ne croyais pas qu'il fût nécessaire d'en arriver là.

— *Ooch!* fit l'Indien tout pensif.

— Du reste, ajouta-t-elle légèrement, si je parle ainsi, c'est par amitié pour mon frère; si ma proposition ne lui convient pas, il est libre de la refuser.

En disant ces paroles, un frisson intérieur agitait tout son corps, et une sueur froide perlait à ses tempes.

— Et il faut trois jours pour accomplir ce changement?

— Trois jours.

— C'est bien long.

— Mon frère ne veut pas attendre, alors?

— Je ne dis pas cela.

— Que fera mon frère?

— Antinahuel est un chef sage, il attendra.

La Linda eut un tressaillement de joie; si le chef avait refusé, sa résolution était prise, elle le poignardait au risque d'être tuée elle-même.

— Bon, dit-elle, mon frère peut compter sur ma promesse.

— Oui, répondit le chef, la jeune fille est malade, il vaut mieux qu'elle se guérisse, elle sera la femme d'un chef.

La Linda sourit avec une expression indéfinissable. Don Tadeo, qui entendit cette parole, fronça les sourcils.

— Que l'Aigle me suive, reprit Antinahuel, afin que je le confie à la garde de mes guerriers, à moins qu'il ne préfère me donner sa parole, comme déjà il l'a fait.

— Non, répondit laconiquement don Tadeo.

Les deux hommes sortirent du toldo.

Antinahuel recommanda à ses guerriers de veiller sur le prisonnier, et s'assit devant un des feux.

Nous avons déjà eu occasion de faire remarquer que les Araucans sont excessivement superstitieux : ainsi que tous les autres Indiens, ils professent pour la science des blancs une profonde admiration, et croient avec la plus grande facilité aux prodiges que ceux-ci leur promettent d'accomplir ; c'est ce qui explique la facilité avec laquelle Antinahuel avait consenti au délai de trois jours demandé par la Linda.

D'un autre côté, les Indiens, bien qu'ils aient un goût fort décidé pour les femmes espagnoles, ne sont pas naturellement voluptueux ; habitués à traiter les femmes comme des créatures d'une espèce inférieure à la leur, ils les considèrent comme des esclaves, et dans leur incommensurable orgueil, ils les supposent trop heureuses d'attendre leur bon plaisir.

Antinahuel, quoiqu'il aimât doña Rosario, et peut-être à cause de cet amour même, n'était pas fâché de la voir répondre à sa tendresse, cela flattait son orgueil et le relevait à ses propres yeux.

Une autre raison avait encore milité en faveur de la jeune fille.

Cette raison était que le toqui était revenu au camp dans les meilleures dispositions, par la raison que son expédition avait eu des résultats favorables qu'il n'osait attendre.

En arrivant au camp des Chiliens, il avait trouvé le général Fuentès qui commandait les troupes à la place de don Gregorio Peralta, parti pour Santiago, où le peuple l'avait appelé à prendre provisoirement la présidence de la République, en l'absence de don Tadeo de Leon.

Le général Fuentès était un homme d'un caractère doux et bienveillant, il avait honorablement reçu le toqui, tous deux avaient longuement causé.

Leur entretien s'était résumé ainsi : tous les prisonniers aucas, moins les otages emmenés par don Gregorio, avaient été rendus par les Chiliens ; de son côté, Antinahuel s'était engagé à délivrer sous huit jours don Tadeo, qui, disait-il, était gardé fort loin dans les Cordillères.

Antinahuel avait une arrière-pensée ; cette arrière-pensée, la voici :

Du premier coup d'œil il avait deviné, à la facilité du général chilien, combien il était las de la guerre ; il avait alors cherché à gagner du temps, afin de réunir assez d'hommes pour tenter une *malocca*, d'autant plus facile que la plus grande partie de l'armée chilienne avait repris la direction de l'intérieur, et que le général Fuentès n'avait plus avec lui que deux mille hommes environ, cavaliers et fantassins compris.

Quant à rendre don Tadeo, Antinahuel n'y songeait pas le moins du monde. Seulement il ne voulait pas lui faire subir le supplice qu'il se réservait de lui infliger, avant que les circonstances fussent devenues assez favorables pour qu'il pût sans danger assouvir sa vengeance.

Pendant les huit jours qu'il avait obtenus, il se réservait d'expédier partout le *quipos*, afin de réunir le plus grand nombre de guerriers possible.

Au lever du soleil le camp fut levé.

Les Aucas marchèrent toute la journée dans les montagnes sans but déterminé.

Le soir on s'arrêta comme d'habitude.

Avant de se livrer au repos, Antinahuel s'approcha de la Linda, et lui dit seulement :

— Ma sœur a-t-elle commencé ?

— J'ai commencé, répondit-elle.

La vérité était qu'elle avait passé la journée à chercher vainement à obliger la jeune fille à lui parler ; celle-ci s'y était constamment refusée, mais la Linda n'était pas femme à se rebuter facilement.

Dès que le chef l'eut quittée, elle alla trouver doña Rosario, et courbant la tête :

— Señorita, lui dit-elle d'une voix basse et triste, pardonnez-moi tout le mal que je vous ai fait, j'ignorais à qui je m'adressais ; au nom du ciel, ayez pitié de moi, je suis votre mère !

A cet aveu, la jeune fille chancela comme foudroyée, elle pâlit affreusement et étendit les bras comme pour chercher un appui.

La Linda se précipita pour la soutenir.

Doña Rosario la repoussa avec un cri d'horreur et s'enfuit sous son toldo.

— Oh ! s'écria la Linda avec des larmes dans la voix, je l'aimerai tant qu'il faudra qu'elle me pardonne !

Et elle se coucha en travers de l'entrée du toldo, pour être certaine que personne n'y pénétrerait sans qu'elle s'en aperçût.

XXXVIII

SUR LA PISTE.

C'était le soir, huit jours après les événements que nous avons rapportés dans notre précédent chapitre, à vingt lieues d'Arauco, dans une forêt vierge composée de myrtes, de cyprès et d'*espinos,* qui couvre de ses verts ombrages les premiers plans de la Cordillère.

Quatre hommes étaient assis autour d'un feu, dont les charbons incandescents servaient à rôtir un cuissot de guanacco saupoudré de piment.

De ces quatre hommes, deux portaient le costume indien et n'étaient autres que Trangoil Lanec et Curumilla.

Le comte, la tête dans la main droite, le coude appuyé sur le genou, réfléchissait.

Valentin, placé à une légère distance, le dos appuyé contre un énorme myrte de près de trente mètres de haut, fumait dans une pipe indienne, en caressant d'une main son chien couché à ses pieds, et en traçant de l'autre, avec la baguette de son fusil, sur le sol, des figures plus ou moins géométriques, qu'il effaçait machinalement au fur et à mesure.

L'endroit où étaient arrêtés nos voyageurs était une de ces clairières comme en fourmillent les forêts américaines.

Vaste espace jonché d'arbres morts de vieillesse, ou frappés par la foudre, profondément encaissé entre deux collines et formant une *quebrada*, au bas de laquelle murmurait un de ces ruisseaux sans nom qui descendent des Cordillères, et après un cours de quelques lieues, vont se perdre dans les grands fleuves.

La place était des mieux choisies pour une halte de quelques heures pendant le jour, afin de se reposer à l'ombre en laissant tomber la force des rayons du soleil ; mais pour un campement de nuit, c'était la pire position qui se puisse voir, à cause du voisinage de la source, qui servait d'abreuvoir aux bêtes fauves, ainsi que de nombreuses traces de pas dans la vase des deux rives l'indiquaient clairement.

Les Indiens étaient trop expérimentés pour commettre la faute de s'arrêter de leur plein gré en ce lieu ; ce n'avait été que dans l'impossibilité d'aller plus loin qu'ils avaient consenti à y passer la nuit.

Les chevaux étaient entravés à l'amble, non loin du feu ; le corps d'un superbe guanacco, tué par Curumilla, et auquel manquait le cuissot qui rôtissait pour le souper, pendait à l'une des branches maîtresses d'un espino.

La journée avait été rude, la nuit promettait d'être tranquille. Les voyageurs attaquèrent bravement le souper, afin de se livrer plus tôt au repos dont ils avaient un besoin extrême.

Les quatre hommes n'échangèrent pas une parole pendant le repas ; le dernier morceau avalé, les Indiens jetèrent dans le feu quelques brassées de bois sec dont ils avaient une ample provision auprès d'eux, et s'enveloppant dans leurs ponchos et leurs couvertures, ils s'endormirent ; exemple suivi presque immédiatement par le comte, qui était rompu de fatigue.

Valentin et César restèrent seuls pour veiller au salut commun.

Certes, nul n'aurait reconnu, dans l'homme au regard pensif et au front soucieux creusé par une ride hâtive, qui se tenait en sentinelle vigilante, l'œil et l'oreille au guet, le sous-officier de spahis, railleur et insouciant, qui, moins de huit mois auparavant, avait débarqué à Valparaiso, le poing sur la hanche et la moustache retroussée.

Les événements qui s'étaient passés avaient peu à peu modifié ce caractère faussé par une mauvaise direction.

Les nobles instincts qui sommeillaient au fond du cœur du jeune homme avaient vibré au contact de la nature majestueuse, grandiose et puissante qui s'était continuellement déroulée à ses yeux éblouis, dans les Cordillères.

La réaction commencée en lui par sa liaison étroite avec Louis de Prébois-Crancé, âme aimante, intelligence faible, aux instincts délicats, s'était continuée en progressant sous la pression des scènes auxquelles il avait été constamment mêlé depuis qu'il avait posé le pied sur le sol régénérateur du Nouveau-Monde.

Son cœur avait tressailli d'enthousiasme, pour ainsi dire ; ses pensées, incessamment tendues vers l'infini, s'étaient développées, éclaircies, et avaient perdu à ce choc électrique toute leur vulgarité primitive.

Ce changement produit par son amitié pour l'homme qu'il avait sauvé du suicide, par le silence du désert et les voix divines qui parlent au cœur de l'homme sous les voûtes sombres et mystérieuses des forêts vierges, n'était encore qu'intérieur ; car si le rôle de protecteur qu'il s'était imposé envers son frère de lait, si le mutisme penseur des Indiens avaient habitué Valentin à réfléchir et à se rendre compte de tout ce qu'il voyait, le changement n'était qu'insensible encore dans ses allures et sa conversation.

Le vieux levain fermentait toujours en lui : pour un observateur superficiel il eût presque paru le même homme, et pourtant un abîme séparait son passé de son présent.

Cependant la nuit s'avançait, la lune était déjà parvenue aux deux tiers de sa course. Valentin réveilla Louis pour qu'il le remplaçât pendant qu'il prendrait quelques heures d'un repos indispensable.

Le comte se leva. Lui aussi était bien changé : ce n'était plus l'élégant et brillant gentilhomme qu'un parfum un peu fort faisait presque évanouir; lui aussi s'était retrempé dans le désert, son front s'était bruni aux chauds baisers du soleil américain, ses mains endurcies, la fatigue n'avait plus de prise sur son corps, son jugement s'était mûri, enfin il était complètement transformé : c'était à présent un homme fort au physique ainsi qu'au moral.

Depuis près d'une heure déjà il avait remplacé Valentin lorsque César, qui jusque-là était resté nonchalamment étendu, le ventre au feu, releva brusquement la tête, aspira l'air dans toutes les directions, et fit entendre un grognement sourd.

— Eh bien ! César, dit à voix basse le jeune homme en flattant l'animal, qu'avez-vous donc, mon bon chien ?

Le terre-neuvien fixa ses grands yeux intelligents sur le comte, remua la queue et poussa un second grognement plus fort que le premier.

— Fort bien, reprit Louis, il est inutile de troubler le repos de nos amis avant de savoir positivement ce dont il s'agit ; nous irons tous deux à la découverte, hein, César ?

Le comte visita ses pistolets et son rifle et fit un signe au chien qui épiait tous ses mouvements.

— Allons ! César, lui dit-il, cherche, mon beau, cherche !

L'animal, comme s'il n'eût attendu que cet ordre, se lança en avant, suivi pas à pas par son maître, qui sondait les buissons et s'arrêtait par intervalles pour jeter un regard interrogateur autour de lui.

César, livré à lui-même, coupa le campement en ligne droite, traversa le ruisseau et s'enfonça dans la forêt, le museau sur le sol, en remuant la queue avec ce mouvement vif et continu des terre-neuviens lorsqu'ils tiennent une piste.

L'homme et le chien marchèrent ainsi près de trois quarts d'heure, s'arrêtant parfois pour écouter ces mille bruits sans cause connue, qui troublent la nuit le calme du désert, et qui ne sont que le souffle puissant de la nature endormie.

Enfin, après des détours sans nombre, le chien s'accroupit, tourna la tête vers le jeune homme et fit entendre un de ces gémissements plaintifs qui semblent une plainte humaine, et qui sont particuliers à sa race.

Le comte tressaillit; écartant avec précaution les broussailles et les feuilles, il regarda.

Il retint avec peine un cri de douloureux étonnement au spectacle étrange qui s'offrit à sa vue.

A dix pas à peine de l'endroit où il était embusqué, au centre d'une vaste clairière, une cinquantaine d'Indiens étaient couchés pêle-mêle autour d'un feu mourant, plongés dans le sommeil de l'ivresse, ainsi que le laissaient deviner des outres de peau de chevreau jetées sans ordre sur le sable, les unes pleines d'aguardiente, d'autres éventrées laissant encore échapper quelques gouttes de liqueur bues avidement par la terre desséchée.

Mais ce qui attira surtout l'attention du jeune homme et lui causa une terreur involontaire, ce fut la vue de deux personnes, un homme et une femme, attachées solidement à des arbres, et qui paraissaient en proie à un violent désespoir.

L'homme avait la tête penchée sur la poitrine, ses grands yeux laissaient échapper des larmes, de profonds soupirs s'échappaient de son sein lorsque son regard se portait sur une jeune fille attachée en face de lui, et dont le corps inerte retombait plié sur lui-même.

— Oh! murmura le comte avec angoisse, don Tadeo de Leon! mon Dieu! faites que cette femme ne soit pas sa fille!

Hélas! c'était elle.

A leurs pieds gisait la Linda garrottée à une énorme poutre.

Le corps de la jeune fille tressaillait parfois, agité par des mouvements nerveux, et ses mains mignonnes aux doigts roses et effilés se serraient convulsivement sur sa poitrine.

Le jeune homme sentit le sang lui refluer au cœur; oubliant le soin de sa propre conservation, il saisit un pistolet de chaque main et fit un geste pour voler au secours de celle qu'il aimait.

En ce moment une main se posa sur son épaule, et une voix soupira plutôt qu'elle ne murmura à son oreille, ce seul mot :

— Prudence!

Le comte se retourna.

Trangoil Lanec était auprès de lui.

— Prudence! répéta le jeune homme d'un ton de douloureux reproche, regarde!

Tous trois s'étaient avancés en se glissant à travers les broussailles.

— J'ai vu, répondit le chef; que mon frère regarde à son tour, ajouta-t-il, il verra qu'il est trop tard.

Et il lui désigna du doigt huit ou dix Indiens qui, réveillés par le froid de la nuit ou peut-être par le bruit involontaire causé par les deux hommes, malgré leurs précautions, se levaient en jetant autour d'eux un regard de défiance.

— C'est vrai! murmura Louis accablé, mon Dieu! mon Dieu! ne nous viendrez-vous pas en aide!

Le chef profita de l'état de prostration dans lequel était momentanément tombé son ami pour le ramener quelques pas en arrière, afin de ne pas exciter davantage les soupçons des Indiens, dont l'ouïe est si fine que la plus légère imprudence suffit pour les mettre sur leurs gardes.

— Mais, reprit le jeune homme au bout de quelques secondes en s'arrêtant devant Trangoil Lanec, nous les sauverons, n'est-ce pas, chef?

Le Puelche secoua la tête.

— C'est impossible en ce moment, dit-il.

— Frère, maintenant que nous avons retrouvé leur piste que nous avions perdue, il faut les sauver sans retard; vous le voyez, le temps presse, ils sont en danger.

Un sourire se dessina sur les lèvres du guerrier indien.

— Nous essaierons, dit-il.

— Merci, chef! s'écria chaleureusement le jeune homme.

— Retournons au camp, reprit Trangoil Lanec. Patience, mon frère, dit l'Indien d'une voix solennelle, rien ne nous presse, dans une heure nous serons sur leur piste; mais avant d'agir, il faut que nous tenions conseil tous quatre, afin de bien nous entendre sur ce que nous voulons faire.

— C'est juste, répondit le comte en baissant la tête d'un air résigné.

Les deux hommes regagnèrent leur campement, où ils retrouvèrent Valentin et Curumilla profondément endormis.

XXXIX

LE LOUP-CERVIER.

Cependant depuis quelques jours il s'était passé en Araucanie certains événements, que nous devons expliquer au lecteur pour l'intelligence des faits qui vont suivre.

La politique adoptée par le général Fuentès avait eu les meilleurs résultats.

Les chefs rendus à la liberté étaient retournés dans leurs tribus, où ils avaient engagé vivement leurs mosotones à conclure définitivement la paix avec le Chili.

Ces insinuations avaient été reçues partout avec empressement.

Voici pourquoi :

La contrée maritime est habitée par les *Huilickcs*, tribus qui labourent la terre, élèvent les bestiaux et font un grand commerce d'échange avec leurs voisins les hacenderos chiliens.

La guerre avait eu lieu sur le littoral et dans toutes les plaines, jusqu'aux premiers versants des Cordillères.

Les Huiliches avaient vu avec désespoir leurs moissons détruites, leurs tolderias brûlées et leurs bestiaux tués ou enlevés.

Bref, la guerre les avait complètement ruinés; le peu qu'avec d'énormes difficultés ils étaient parvenus à sauver, n'échapperait pas, ils le craignaient, à une seconde invasion de leurs ennemis, s'ils ne se hâtaient de conclure la paix.

Ces diverses considérations donnèrent fort à réfléchir aux Huiliches, qui composent la majorité de la nation.

Les capitanes de amigos et les Ulmenès que les Chiliens avaient mis de leur parti, profitèrent habilement de ces dispositions pour leur faire envisager sous les couleurs les plus sombres, les désastres sans nombre qui ne manqueraient pas de les assaillir, s'ils s'obstinaient à faire une guerre si nuisible à leurs intérêts, surtout dans la position où le pays était réduit.

Les Huiliches qui ne demandaient pas mieux que d'en finir et reprendre en toute sécurité le cours de leurs paisibles travaux, comprirent facilement ces raisons, et adhérèrent avec empressement aux conditions que leurs Ulmenès leur soumirent.

Un grand auca-coyog fut solennellement convoqué sur les rives du Carampangue, à la suite duquel six députés choisis parmi les chefs les plus sages et les plus considérés, ayant à leur tête un Apo-Ulmen nommé le Loup-Cervier, et suivis de mille cavaliers bien armés furent expédiés à Antinahuel afin de lui communiquer les résolutions du conseil, et lui demander son assentiment.

Les envoyés arrivèrent bientôt au camp de Antinahuel qui ne faisait qu'aller et venir, sans beaucoup s'éloigner du lieu où il avait donné rendez-vous aux tribus, afin de recommencer la guerre avec vigueur.

Lorsqu'il aperçut au loin cette nombreuse troupe qui soulevait sur son passage des tourbillons de poussière, Antinahuel poussa un soupir de satisfaction en songeant au renfort qui lui arrivait, pour la malocca qu'il voulait tenter sur le territoire chilien.

Il est une chose que nous devons expliquer, à propos de cette malocca.

Antinahuel avait juré de faire mourir don Tadeo à l'endroit même où son premier ancêtre, le toqui Cadegal, avait été mutilé par les Espagnols; or, ce lieu se trouvait aux environs de Talca, c'est-à-dire dans une province chilienne. Voici pour quelle raison jusqu'à ce jour le chef semblait avoir oublié sa haine pour son prisonnier : il attendait d'avoir assez de troupes sous ses ordres pour assurer sa vengeance, et sacrifier le dernier rejeton de la race qu'il exécrait, sur la place même où son premier ancêtre était tombé.

Les Indiens aiment beaucoup raffiner leur vengeance : pour eux, il ne s'agit pas seulement de tuer leur ennemi, il faut qu'il soit exécuté de façon à produire une vive impression sur ceux qui assistent à son supplice.

Cependant la troupe que Antinahuel avait aperçue avançait toujours.

Bientôt elle se trouva à portée de voix.

Le toqui reconnut alors avec un déplaisir secret qu'elle était commandée par le Loup-Cervier, un des Apo-Ulmènes les plus influents de la nation, qui lui avait toujours été sourdement opposé.

Lorsque les cavaliers furent arrivés à dix pas du camp, le Loup-Cervier fit un signe, la troupe s'arrêta ; un chasqui s'approcha de Antinahuel et de ses Ulmènes qui s'étaient groupés pour le recevoir.

Le héraut s'arrêta devant les chefs et les salua respectueusement :

— Toqui des quatre Utal-Mapus, dit-il d'une voix haute, et vous, Ulmènes qui m'écoutez, le Loup-Cervier, le vénéré Apo-Ulmen d'Arauco, suivi de six Ulmènes non moins célèbres que lui, vous sont envoyés pour vous enjoindre d'obéir aux ordres émanés du suprême auca-coyog réuni, il y a deux jours, sur les rives du Carampangue auprès de l'endroit où il reçoit la rivière Rouge, à la face du soleil. Le feu du conseil sera allumé en dehors de votre camp, je vous enjoins de vous y rendre.

Après avoir parlé ainsi, le héraut fit un salut respectueux et se retira.

Antinahuel et ses Ulmènes se regardèrent avec étonnement, ils ne comprenaient rien à ce qui se passait.

Le toqui seul soupçonnait intérieurement une trahison tramée contre lui ; mais son visage demeura impassible et il engagea les Ulmènes à l'accompagner auprès du feu du conseil, qui avait effectivement été allumé en dehors du camp par les soins du Loup-Cervier.

La façon dont la proclamation avait été faite, semblait dénoncer des projets hostiles ; mais il ne resta plus aucun doute au toqui sur les intentions des arrivants, lorsqu'il vit que les sept délégués avaient mis seuls pied à terre et que les guerriers étaient demeurés à cheval et rangés en bataille.

Les chefs se saluèrent cérémonieusement et prirent place autour du feu.

Au bout d'un instant le Loup-Cervier se leva, fit deux pas en avant, prit la parole et parla ainsi :

— Le grand auca-coyog d'Arauco, au nom du peuple, à toutes personnes qui sont à la tête des guerriers, salut. Certains que tous nos compatriotes gardent la foi en Pillian, nous leur souhaitons la paix en ce génie du bien, en qui réside seul la vraie santé et la sainte obéissance [1].

« Voici ce que nous avons résolu : la guerre est venue inopinément fondre sur nos riches campagnes et les changer en déserts, nos moissons ont été foulées aux pieds des chevaux, nos bestiaux tués ou emmenés par l'ennemi, nos récoltes sont perdues, nos toldos brûlés, nos femmes et nos enfants ont disparu dans la tempête. Nous ne voulons plus de guerre, la paix doit être immédiatement conclue avec les faces pâles ; le Loup-Cervier et six Ulmènes communiqueront nos volontés au grand toqui ; j'ai dit : ai-je bien parlé, hommes puissants ?

Un profond silence suivit ce discours, les Ulmènes de Antinahuel, frappés de stupeur, regardaient leur chef avec inquiétude.

Le toqui laissa errer un sourire sardonique sur ses lèvers.

---

1. Afin de donner à nos lecteurs un aperçu de la langue des Araucans, nous traduirons la première phrase de ce discours ; phrase qui commence invariablement toutes les communications faites par ambassadeurs :

Eyappo tagni auca-coyog Arauco carapec Wilmen gueguly mappu ranco fringen. Carah nich fringen, fenten te panlew pepe le pally cerares fringeny caki mappuch hyly eluar rupo gnc su niguam caaket pu winca ; ingufrulla Phillian gnegi tokki elmen marry-marry piamigne gi mew piami.

— Et à quelles conditions le grand auca-coyog a-t-il dit que cette paix devait être conclue? demanda-t-il d'un ton sec.

— Les conditions sont celles-ci, répondit impassiblement le Loup-Cervier : Antinahuel rendra de suite les prisonniers blancs qui sont entre ses mains. il licenciera l'armée qui retournera dans ses tolderias, les Araucans payeront aux visages pâles deux mille moutons, cinq cents vigognes et huit cents bœufs, et la hache de guerre sera enterrée sous la croix du dieu des Huincas.

— Oh! oh! fit le toqui avec un sourire amer, ces conditions sont dures; il faut que mes frères aient eu bien peur pour les accepter! Et si je refuse, moi, de ratifier cette paix honteuse, qu'arrivera-t-il?

— Mais mon père ne refusera pas, répondit le Loup-Cervier d'une voix doucereuse.

— Si je refuse? reprit-il avec force.

— Bon, mon père réfléchira, il est impossible que ce soit son dernier mot.

Antinahuel, mis hors de lui par cette feinte douceur, tout rusé qu'il était, ne soupçonna pas le piège qu'on lui tendait et y tomba.

— Je vous répète à vous, le Loup-Cervier, dit-il d'une voix haute, que la fureur faisait vibrer, et à tous les chefs qui m'entourent, que je refuse de ratifier ces conditions déshonorantes! que jamais je ne consentirai à autoriser de mon nom la honte de mon pays! Ainsi, maintenant que vous avez ma réponse, vous pouvez vous retirer.

— Pas encore! dit à son tour le Loup-Cervier d'une voix brève, je n'ai pas fini.

— Qu'avez-vous encore à me dire?

— Le conseil, qui est composé d'hommes sages de toutes les tribus, avait prévu le refus de mon père.

— Ah! s'écria Antinahuel avec ironie ; en effet, ses membres sont pleins de sagacité; et qu'ont-ils résolu en conséquence?

— Ceci : la hache du toqui est retirée à mon père, tous les guerriers araucans sont déliés du serment de fidélité envers lui, le feu et l'eau sont refusés à mon père sur le territoire de la Confédération; il est déclaré traître à la patrie, ainsi que ceux qui n'obéiront pas et resteront avec lui, on leur courra sus ainsi qu'à mon père. La nation araucanienne ne veut pas plus longtemps servir de jouet et être la victime de l'ambition effrénée d'un homme indigne de la commander; j'ai dit.

Pendant cette terrifiante péroraison, Antinahuel était resté immobile, les bras croisés sur la poitrine, la tête haute et un sourire railleur sur les lèvres.

— Avez-vous fini enfin? demanda-t-il.

— J'ai fini, répondit le Loup-Cervier ; à présent le chasqui va proclamer dans votre camp ce que, moi, je viens de dire au feu du conseil.

— Bien, qu'il aille, répondit Antinahuel en haussant les épaules. Ah! vous pouvez me retirer la hache du toqui, que m'importe cette vaine dignité! vous pouvez me déclarer traître à la patrie, j'ai pour moi ma conscience qui m'absout ; mais ce que vous tenez surtout à avoir, vous ne l'aurez pas, il n'est pas en votre pouvoir de me le prendre : ce sont mes prisonniers. Je les garde pour leur faire endurer les plus affreux supplices ! adieu !

Et d'un pas aussi ferme que si rien ne lui était arrivé, il regagna son camp.

Là une grande douleur l'attendait.

A l'appel du chasqui, tous ses guerriers l'abandonnaient les uns après les autres, les uns avec joie, les autres avec tristesse; lui, qui, cinq minutes auparavant, comptait plus de huit cents guerriers sous ses ordres, vit leur nombre diminuer si rapidement que bientôt il ne lui en resta plus que trente-huit.

Ceux qui lui demeurèrent fidèles étaient pour la plupart ses parents, ou des mosotones qui, de père en fils, servaient sa famille.

Le Loup-Cervier lui jeta de loin un adieu ironique et s'éloigna au galop avec toute sa troupe.

Lorsque Antinahuel eut compté le peu d'amis qui lui restaient, une douleur immense lui broya le cœur; il se laissa tomber au pied d'un arbre, ramena un pan de son poncho sur son visage et pleura.

Cependant, grâce aux facilités que la Linda avait procurées à don Tadeo, celui-ci avait pu depuis quelques jours se rapprocher de doña Rosario.

La présence de l'homme qui l'avait élevée fut une grande consolation pour la jeune fille ; mais lorsque don Tadeo, qui n'avait plus désormais de considérations à garder, lui avoua qu'il était son père, une joie indicible s'empara de la pauvre enfant, il lui sembla qu'elle n'avait plus rien à redouter, et que puisque son père était auprès d'elle, il lui serait facile d'échapper au terrible amour de Antinahuel.

La Linda, que don Tadeo souffrait par pitié, plutôt qu'il ne l'acceptait auprès de lui, considérait avec une joie d'enfant le père et la fille causant entre eux, la main dans la main, et se prodiguant ces caresses dont elle était privée, mais qui pourtant la rendaient heureuse venant de sa fille.

Cette femme était bien réellement mère avec tout le dévouement et toute l'abnégation que comporte ce titre.

Elle ne vivait plus que pour sa fille : pourvu qu'elle la vît sourire, un rayon de bonheur descendait dans son âme flétrie.

Pendant que se passaient les faits que nous avons rapportés plus haut, les trois Chiliens accroupis dans un coin du camp, absorbés dans une douce causerie, n'avaient rien vu ni rien entendu.

Don Tadeo et doña Rosario étaient assis au pied d'un arbre, et à quelque distance la Linda, sans oser se mêler à leur conversation, les contemplait avec délices.

Sa première douleur calmée, Antinahuel se redressa aussi fier et aussi implacable qu'auparavant.

En levant les yeux, ses regards tombèrent machinalement sur ses prisonniers dont la joie semblait le narguer. A cette vue, une rage insensée s'empara de lui.

Déjà, depuis plusieurs jours, il soupçonnait que la Linda le trahissait.

Malgré les précautions dont elle s'était entourée, doña Maria n'avait pu parvenir à renfermer si bien au fond de son cœur le secret de son changement à l'égard de doña Rosario, sans qu'il en transpirât quelque chose, soit dans ses gestes, soit dans ses paroles.

Antinahuel, dont l'attention était éveillée, l'avait surveillée avec soin et n'avait pas tardé à acquérir la preuve morale d'un complot tramé contre lui par son ancienne complice.

L'Indien était trop adroit pour se laisser deviner; seulement il se tint sur ses gardes, se réservant à la première occasion de changer ses soupçons en certitude.

Il ordonna à ses mosotones d'attacher étroitement ses prisonniers chacun à un arbre.

Ordre qui fut immédiatement exécuté.

A cette vue la Linda oublia toute prudence, elle se précipita le poignard levé sur le chef, lui reprocha sa lâcheté et l'indignité de sa conduite, et voulut s'opposer de toutes ses forces au traitement barbare infligé à son mari et à sa fille.

Antinahuel dédaigna de répondre aux reproches qu'elle lui adressait; il lui arracha brusquement son poignard, la renversa sur le sol et la fit attacher le visage tourné vers le soleil à une énorme poutre.

— Puisque ma sœur aime tant les prisonniers, lui dit-il avec ironie, il est juste qu'elle partage leur sort.

— Lâche! répondit-elle en se tordant mais inutilement dans les liens qui lui entraient dans les chairs.

Le chef lui tourna le dos avec mépris.

Puis comme il comprit qu'il lui fallait récompenser la fidélité des guerriers qui suivaient sa fortune, il leur livra plusieurs outres d'aguardiente que ceux-ci se hâtèrent de vider.

C'est à la suite de cette orgie qu'ils avaient été découverts par le comte, grâce à la sagacité de son chien de Terre-Neuve.

XL

LES SERPENTS NOIRS.

Dès que Curumilla et Valentin furent éveillés, on sella les chevaux, puis les Indiens s'accroupirent auprès du feu en faisant signe aux Français de les imiter.

Le comte était désespéré de la lenteur de ses amis; s'il n'avait écouté que ses propres impressions, il se serait mis de suite à la poursuite des ravisseurs. Mais il comprenait combien, dans la lutte décisive qu'il allait entreprendre, l'appui des Ulmènes lui était nécessaire, soit pour l'attaque, soit pour la défense, soit encore pour suivre la piste des Aucas; aussi, renfermant intérieurement les pensées qui bouillonnaient et se heurtaient dans son cerveau, il vint, impassible en apparence, s'asseoir entre les deux chefs; comme eux il alluma son cigare et fuma en silence.

Après un intervalle assez long, employé par nos quatre personnages à brûler consciencieusement jusqu'à la dernière parcelle de leur tabac, Trangoil Lanec se tourna vers chacun de ses auditeurs :

— Les guerriers sont nombreux, dit-il de sa voix profonde, nous ne pouvons donc espérer de les vaincre que par la ruse; depuis que nous sommes sur leur piste, bien des événements se sont passés qu'il nous faut savoir; nous devons nous informer aussi de ce que Antinahuel prétend faire de ses prisonniers et s'ils sont réellement en péril; pour obtenir ces divers renseignements je m'introduirai dans leur camp. Antinahuel ignore les liens qui m'attachent à ceux qui sont en son pouvoir, il ne se méfiera pas de moi; mes frères me suivront de loin, la nuit prochaine je leur apporterai des nouvelles.

— Bien, répondit Curumilla, mon frère est prudent, il réussira, mais je dois l'avertir que les guerriers au milieu desquels il va se trouver sont des Serpents Noirs, les plus lâches et les plus perfides de toutes les tribus araucaniennes; qu'il calcule avec soin ses démarches et ses paroles pendant qu'il sera leur hôte.

Valentin regarda son frère de lait avec étonnement.

— Qu'est-ce que cela signifie? demanda-t-il, et de quels Indiens parle-t-on? est-ce que la piste de Antinahuel est retrouvée?

— Oui, frère, répondit tristement le comte, doña Rosario et son père sont à une demi-lieue de nous, en danger de mort.

— Vive Dieu! s'écria le jeune homme en se levant d'un bond et saisissant son rifle, nous sommes ici à discuter au lieu de voler à leur secours!

— Hélas! murmura Louis, que peuvent quatre hommes contre cinquante?

— C'est vrai! fit-il avec accablement en se laissant retomber à sa place. Ainsi que l'a dit Trangoil Lanec, il ne s'agit pas de se battre, mais de ruser.

— Chef, observa Louis, votre plan me paraît bon; seulement je le crois susceptible de deux améliorations essentielles.

— Que mon frère parle, s'il est sage, son conseil sera suivi, répondit Trangoil Lanec en s'inclinant avec courtoisie.

— Il nous faut tout prévoir afin de ne pas échouer. Allez au camp, nous marcherons dans vos pas; seulement, si vous ne pouviez pas nous rejoindre aussi vite que nous le désirons, convenons d'un signal qui nous avertisse de cette impossibilité, convenons aussi d'un autre signal au cas où votre vie serait menacée, afin que nous puissions vous secourir.

— Très bien, appuya Curumilla : si le chef réclame notre présence, il imitera le cri de l'épervier d'eau ; s'il est obligé de rester avec les Aucas, le chant du chardonneret, répété trois fois à intervalles égaux, nous avertira.

— Voilà qui est convenu, répondit Trangoil Lanec, quelle est la seconde observation de mon frère?

Le comte fouilla dans son sac, en tira du papier, écrivit quelques mots sur une feuille qu'il plia en quatre, et le remit au chef en lui disant :

— Il est surtout important que ceux que nous voulons délivrer ne con-

Doña Rosario gisait évanouie dans un hamac, au milieu d'un épais fourré.

trarient pas nos projets; peut-être don Tadeo ne reconnaîtra-t-il pas mon frère. Afin d'éviter un malentendu, le chef glissera ce collier dans les mains de la jeune femme pâle : il l'avertit de notre présence.

— Cela sera fait, la jeune vierge aux yeux d'azur aura le collier, répondit le chef avec un doux sourire.

— Maintenant, dit Curumilla, prenons la piste si nous ne voulons pas être exposés à la perdre une sconde fois.

— Oui, car le temps presse, murmura Valentin les dents serrées en se mettant en selle.

On partit.

Les Européens auront peine à se figurer la patience employée par les Indiens lorsqu'ils suivent une piste. Le corps constamment courbé vers la terre, les yeux fixés sur le sol, pas une feuille, pas un brin d'herbe n'échappe à leur investigation. Ils détournent le cours des ruisseaux pour retrouver sur le sable des traces de pas, et reviennent souvent plusieurs milles en arrière lorsqu'ils se sont égarés sur une fausse piste ; car les Indiens, poursuivis ou non, ne manquent jamais de dissimuler autant que possible les traces de leur passage.

Cette fois les Araucans, qui avaient le plus grand intérêt à ne pas être suivis, avaient fait des prodiges d'adresse pour cacher leur piste. Quelle que fût l'expérience des guerriers indiens, souvent elle leur échappait. Ce n'était qu'à force de sagacité, par une espèce d'intuition, qu'après des recherches inouïes et des efforts surhumains, ils parvenaient à la retrouver et à renouer ce fil qui, à chaque pas, se rompait dans leurs mains.

Vers le soir du second jour, Trangoil Lanec, laissant ses compagnons établir leur campement sur le penchant d'une riante colline, à l'entrée d'une grotte naturelle, comme on en rencontre souvent dans ces régions, enfonça les éperons dans le ventre de son cheval et ne tarda pas à disparaître. Il se dirigeait vers le lieu où les Serpents Noirs devaient s'être arrêtés pour la nuit, lieu dénoncé aux yeux clairvoyants de l'Indien par un mince filet de fumée blanche qui montait comme une légère vapeur vers le ciel où elle finissait par se confondre.

Arrivé à une certaine distance du camp, le chef vit tout à coup surgir devant lui deux Indiens Serpents Noirs, recouverts de leur costume de guerre, espèce de vêtement de cuir non tanné que les Aucas portent pour se garantir des blessures d'armes blanches.

Ces Indiens lui firent signe d'arrêter.

Ce que le chef exécuta immédiatement avec la perfection d'un ginète émérite.

— Où va mon frère ? demanda l'un des Serpents Noirs en s'avançant, tandis que l'autre, abrité derrière un mélèze, se tenait prêt à intervenir si cela devenait nécessaire.

— *Marry-marry !* répondit le chef en rejetant sur l'épaule son fusil qu'il tenait de la main gauche, Trangoil Lanec a reconnu la trace de ses frères les Serpents Noirs, il veut fumer à leur foyer avant de continuer son voyage.

— Que mon frère me suive, répondit laconiquement l'Indien.

Il fit un signe imperceptible à son compagnon qui quitta son embuscade, et tous deux guidèrent le chef vers le campement.

Trangoil Lanec les suivit en jetant autour de lui un regard insouciant en apparence, mais auquel rien n'échappait.

En quelques minutes ils arrivèrent.

La place était habilement choisie. C'était le sommet d'un monticule d'où l'œil planait à une grande distance sur le pays environnant, et rendait toute surprise impossible.

Plusieurs feux étaient allumés ; les prisonniers, au nombre desquels il faut compter la Linda, désormais considérée comme telle, étaient libres en apparence et assis au pied d'un arbre, sans que les Indiens parussent s'occuper d'eux.

L'arrivée du guerrier puelche causa une vive émotion, vite réprimée par l'impassibilité indienne.

Trangoil Lanec fut conduit en présence du chef.

Comme la réputation de Trangoil Lanec était bien établie parmi ses compatriotes, Antinahuel, pour lui faire honneur, l'attendait à la place la plus élevée du camp, debout, les bras croisés sur la poitrine.

Les deux chefs se saluèrent en prononçant en même temps le *marry-marry* consacré, ils s'embrassèrent en se posant réciproquement le bras droit sur l'épaule gauche, et se prenant par le petit doigt, ils s'avancèrent vers le feu, dont chacun s'était éloigné pour leur faire honneur, ils s'accroupirent en face l'un de l'autre et fumèrent silencieusement.

Cette importante partie du cérémonial terminée, Trangoil Lanec, qui connaissait de longue date le caractère cauteleux et fourbe de son confrère, prit le premier la parole.

— Mon frère Antinahuel chasse avec ses jeunes hommes ? dit-il.

— Oui, répondit laconiquement le toqui.

— Et la chasse de mon frère a été heureuse ?

— Très heureuse, fit Antinahuel avec un sourire sinistre en désignant du doigt les prisonniers, que mon frère ouvre les yeux et regarde.

— *Ooch !* fit Trangoil Lanec qui feignit d'apercevoir les Espagnols, des visages pâles ! mon frère a fait une bonne chasse en effet, il tirera une grosse rançon de ses prisonniers.

— Le toldo de Antinahuel est solitaire, il cherche une femme pour l'habiter ; il ne rendra pas ses prisonniers.

— Bon, je comprends, mon frère prendra une des femmes pâles ?

— La vierge aux yeux d'azur sera la femme d'un chef.

— *Ooch !* pourquoi mon frère garde-t-il le Grand Aigle ? cet homme le gêne dans son camp.

Antinahuel ne répondit que par un sourire, à l'expression duquel le chef ne put se méprendre.

— Bon, reprit-il, mon frère est un grand chef, qui peut sonder sa pensée ?

Le guerrier puelche se leva.

Il quitta Antinahuel et se promena dans le camp, dont il feignit d'admirer l'ordre et la position, mais en réalité il se rapprocha peu à peu, d'une façon presque insensible, de l'endroit où étaient assis les prisonniers.

Antinahuel, flatté de l'approbation qu'un homme aussi justement renommé et respecté que Trangoil Lanec avait semblé donner à ses projets, vint le rejoindre et le conduisit lui-même auprès des trois malheureux Espagnols.

— Que mon frère regarde, dit-il en lui désignant la jeune fille, cette femme ne mérite-t-elle pas d'épouser un chef?

— Elle est belle, répondit froidement Trangoil Lanec, mais je donnerais toutes les femmes pâles pour une outre d'eau de feu comme les trois que porte mon cheval.

— Mon frère a de l'eau de feu? demanda Antinahuel dont les yeux brillèrent de convoitise.

— Oui, répondit le chef, voyez.

Le toqui se retourna.

Le Puelche profita de ce mouvement pour laisser tomber adroitement sur les genoux de doña Rosario le papier que le comte lui avait remis, et qu'il tenait tout prêt dans sa main gauche.

— Tenez, fit-il pour éloigner de plus en plus l'attention de Antinahuel, le soleil descend à l'horizon, le *mawkawis*, — espèce de caille, — fait entendre le premier chant du soir; que mon frère me suive, nous viderons avec ses guerriers ces outres que je suis heureux de posséder, puisqu'elles m'aideront à reconnaître sa cordiale hospitalité.

Les deux chefs s'éloignèrent.

Quelques minutes plus tard, les Indiens buvaient à longs traits l'eau-de-vie apportée par l'Ulmen.

Déjà l'ivresse commençait à les prendre aux cheveux.

Doña Rosario ne sut d'abord ce que signifiait ce message qui lui arrivait d'une étrange façon, elle jeta un regard à son père comme pour lui demander conseil.

— Lis, ma Rosarita, dit doucement don Tadeo; dans notre position, que pouvons-nous apprendre, si ce n'est une bonne nouvelle?

La jeune fille prit le billet en tremblant, l'ouvrit et le lut avec une joie secrète, son cœur lui avait déjà révélé le nom de son correspondant anonyme.

Il ne contenait que ces mots passablement laconiques, mais qui cependant firent éclore un sourire sur les lèvres roses de la pauvre enfant.

On espère si facilement à seize ans!

« Prenez courage, madame, nous préparons tout pour vous sauver enfin. »

Après avoir lu ou plutôt dévoré ces dix mots, la jeune fille donna le billet à son père en lui disant de sa voix mélodieuse comme un chant d'oiseau:

— Quel est donc cet ami qui veille sur nous? que pourra-t-il faire? hélas! il faudrait un miracle pour nous sauver!

Don Tadeo lut à son tour attentivement le billet, puis il répondit à doña Rosario d'une voix tendre, mais un peu sévère:

— Pourquoi douter de la bonté infinie de Dieu, ma fille? notre sort n'est-il pas entre ses mains? ingrate enfant, as-tu donc oublié nos deux braves Français?

La jeune fille sourit à travers ses larmes, et, se penchant gracieusement sur son père, elle déposa un chaud baiser sur son front.

La Linda ne put retenir un mouvement de jalousie à cette caresse dont elle n'avait pas sa part, mais l'espoir que sa fille serait bientôt libre la rendit toute heureuse et lui fit oublier une fois encore l'indifférence et la répulsion que, malgré elle, lui témoignait doña Rosario qui ne pouvait oublier que c'était à elle qu'elle devait tous ses malheurs.

Cependant les Indiens buvaient toujours.

Les outres se vidaient rapidement.

Bon nombre d'Aucas dormaient déjà plongés dans l'ivresse.

Seuls, Trangoil Lanec et Antinahuel buvaient encore.

Enfin les yeux du toqui se fermèrent malgré lui, il laissa tomber sa tasse de corne, murmura quelques mots entrecoupés et se renversa en arrière.

Il dormait.

Trangoil Lanec attendit quelques instants, surveillant avec soin le camp dans lequel lui seul et les prisonniers ne dormaient pas; puis, lorsqu'il eut la conviction que tous les Serpents Noirs s'étaient bien réellement laissé prendre au piège qu'il leur avait tendu, il se leva avec précaution, fit un signe d'encouragement aux prisonniers qui fixaient sur lui des regards interrogateurs, et marchant avec la légèreté du guanacco poursuivi par les chasseurs, il disparut dans la forêt.

— Est-ce un ennemi ou un ami? murmura la Linda avec anxiété.

— Oh! je connais cet homme depuis longtemps, répondit don Tadeo en lançant un regard d'intelligence à sa fille, c'est un noble cœur! il est dévoué corps et âme à nos amis.

Un sourire de bonheur glissa sur les lèvres de doña Rosario.

XLI

L'OURAGAN.

Louis n'avait pu se contenir.

Au lieu d'attendre, il avait persuadé à Valentin et à Curumilla de le suivre.

Tous trois s'étaient avancés en se glissant à travers les broussailles et les halliers, jusqu'à une vingtaine de pas tout au plus du champ des Indiens, si bien qu'à sa sortie Trangoil Lanec les avait presque immédiatement rencontrés.

— Eh bien? demanda le comte avec anxiété.

— Tout est bien, venez.

Le chef rebroussa chemin aussitôt et guida ses amis vers les prisonniers.

A la vue des quatre hommes, un sourire d'une ineffable douceur éclaira le charmant visage de doña Rosario.

Elle laissa échapper un cri de joie réprimé aussitôt par la prudence.

Don Tadeo se leva, il s'avança d'un pas ferme vers ses libérateurs qu'il remercia chaleureusement.

— Caballero, répondit le comte qui était sur des charbons ardents, hâtons-nous, ces hommes ne tarderont pas à s'éveiller, tâchons de mettre la plus grande distance entre eux et nous.

— Oui, ajouta Valentin, parce que s'ils nous surprenaient il faudrait en découdre, et nous ne sommes pas en forces.

Don Tadeo comprit la justesse de cette observation.

Trangoil Lanec et Curumilla avaient détaché les chevaux des prisonniers qui paissaient mêlés à ceux des Aucas.

Don Tadeo et la jeune fille se mirent en selle.

La Linda, dont personne ne s'était occupé, s'élança sur un cheval et se plaça derrière sa fille, le poignard à la main.

Valentin, s'il n'eût redouté les dénonciations de cette femme, l'aurait obligée à rester; il ignorait ce qui s'était passé et le changement qui s'était opéré en elle depuis quelques jours.

En ce moment un Serpent Noir, moins ivre que les autres, ouvrit les yeux et jeta un cri d'alarme.

La Linda le poignarda sans hésiter.

La petite troupe s'éloigna sans autre empêchement, elle se dirigea vers la grotte naturelle où les chevaux avaient été laissés.

Dès que l'on fut arrivé, Valentin fit signe à ses amis de s'arrêter.

— Vous pouvez vous reposer un instant ici, dit-il, la nuit est tout à fait noire, dans quelques heures nous nous remettrons en route; vous trouverez dans cette grotte deux lits de feuillage sur lesquels je vous engage à dormir, car à votre réveil vous aurez une rude route à entreprendre.

Ces paroles, dit avec le sans façon habituel au Parisien, amenèrent un joyeux sourire sur les lèvres des Chiliens.

Lorsqu'ils se furent jetés sur les feuilles amoncelées dans un coin de la grotte, le comte appela son chien qui vint aussitôt auprès de lui.

— Faites attention à ce que je vais vous ordonner, César, lui dit-il, vous voyez cette jeune fille, n'est-ce pas, mon bon chien? eh bien, je la mets sous votre garde, je la confie à votre vigilance, vous entendez, César? vous m'en répondez.

César avait écouté son maître en le regardant avec ses grands yeux intelligents, en remuant doucement la queue, puis il alla se coucher aux pieds de la jeune fille et lui lécha les mains.

La jeune fille saisit entre ses bras la bonne grosse tête du terre-neuvien et l'embrassa à plusieurs reprises en souriant au comte.

Celui-ci rougit jusqu'aux yeux et sortit de la grotte en trébuchant comme un homme ivre.

Le bonheur le rendait fou!

Il alla se jeter sur le sol à une légère distance, afin de savourer à loisir la joie qui inondait son cœur.

Il ne remarqua pas Valentin qui, appuyé contre un arbre, le suivait d'un regard triste.

Lui aussi, Valentin, aimait doña Rosario!

Une révolution subite venait de s'opérer dans son esprit: le hasard avait en un instant bouleversé sa vie jusque-là si insouciante, en lui révélant tout à coup la force de ce sentiment qu'il avait cru pouvoir maîtriser facilement.

Depuis sa naissance, absorbé par la tâche immense imposée à tous les prolétaires de vivre au jour le jour, Valentin était parvenu à vingt-cinq ans, sans que son cœur eût tressailli une seule fois à des pensées d'amour, et que son âme se fût ouverte à ces sensations douces et voluptueuses qui tiennent tant de place dans la vie d'un homme.

Toujours en lutte contre la misère, toujours maîtrisé par les exigences de sa position, vivant avec des gens aussi ignorants que lui sur l'histoire du cœur, un seul rayon de soleil avait illuminé la nuit de son âme de reflets étincelants, son amitié pour Louis; amitié qui chez lui avait pris les proportions grandioses d'une passion. Ce cœur aimant avait besoin de se dévouer; aussi s'était-il livré à cette amitié avec une espèce de frénésie; il s'était attaché à Louis par les services qu'il lui avait rendus. Avec cette naïve superstition des natures vierges, il en était arrivé à se persuader que Dieu lui avait confié le soin de rendre son ami heureux, et que s'il avait permis qu'il lui sauvât la vie, c'était pour qu'il se vouât continuellement à son bonheur; en un mot, Louis lui appartenait, il faisait en quelque sorte partie de son être.

La vue de doña Rosario lui révéla une chose qu'il n'aurait jamais crue possible : c'est que, à côté de ce sentiment si vif et si fort, il y avait dans son cœur place pour un autre, non moins vif et non moins fort.

Cette ignorance complète de l'histoire des passions devait le livrer sans défense au premier choc de l'amour; ce fut ce qui arriva. Valentin était déjà fou de la jeune fille, qu'il cherchait encore à lire dans son cœur et à se rendre compte du trouble étrange qu'il éprouvait, de la perturbation qu'un seul regard avait jetée dans son esprit.

Appuyé contre un arbre, l'œil fixé sur l'entrée de la grotte, la poitrine haletante, il se rappelait les moindres incidents de sa rencontre avec la jeune fille, de leur course à travers la forêt, les paroles qu'elle lui avait adressées, et souriait doucement au souvenir de ces heures délicieuses, sans soupçonner le danger de ces souvenirs et le sentiment nouveau qui venait de naître dans son âme, car il se complaisait de plus en plus dans la pensée qu'un jour doña Rosario serait l'épouse de son frère de lait.

Deux heures s'écoulèrent ainsi sans que Valentin, absorbé dans sa contemplation fantastique, s'en aperçût; il croyait n'être là que depuis quelques minutes seulement, lorsque Trangoil Lanec et Curumilla se présentèrent devant lui.

— Notre frère dort donc bien profondément, qu'il ne nous voit pas ? dit Curumilla.

— Non, répondit Valentin en passant sa main sur son front brûlant, je pense.

— Mon frère était avec le génie des songes, il était heureux, fit Trangoil Lanec avec un sourire.

— Que me voulez-vous ?

— Pendant que mon frère réfléchissait, nous sommes retournés au camp des Serpents Noirs, nous avons pris leurs chevaux, et, après les avoir conduits assez loin, nous les avons lâchés dans la plaine où il ne sera pas facile de les rejoindre.

— Ainsi, nous voilà tranquilles pour quelques heures ? demanda Valentin.

— Je l'espère, répondit Trangoil Lanec, mais ne nous y fions pas : les Serpents Noirs sont de fins pillards, ils ont le flair du chien et l'adresse du singe pour retrouver la piste de l'ennemi; cette fois nous sommes Aucas contre Aucas, nous verrons qui sera le plus adroit.

— Que devons-nous faire ?

— Donner le change à nos ennemis, les lancer sur une fausse piste. Je partirai avec les trois chevaux des visages pâles, tandis que mon frère, son ami et Curumilla descendront le ruisseau en marchant dans son lit jusqu'à l'îlot du Guanacco, où ils m'attendront.

— Partons-nous de suite ?

— A l'instant.

Trangoil Lanec coupa un roseau d'un pied et demi de long, attacha chaque extrémité de ce roseau au *bosal* — mors — des chevaux, afin qu'ils ne pussent pas trop se rapprocher l'un de l'autre, et les lança dans la plaine où il disparut bientôt avec eux.

Valentin entra dans la grotte. La Linda, assise auprès de sa fille et de son mari, veillait sur leur sommeil. Le jeune homme lui annonça que l'heure du départ était arrivée, doña Maria réveilla les dormeurs.

Louis avait tout préparé.

Le comte plaça don Tadeo sur le cheval de Valentin, la Linda et doña Rosario sur le sien, et il les fit entrer dans le ruisseau après avoir effacé avec soin les traces de leurs pas sur le sable.

Curumilla marchait en éclaireur, tandis que Valentin soutenait la retraite.

Il faisait une de ces nuits magnifiques, comme l'Amérique seule en possède. Le ciel d'un bleu sombre était semé d'un nombre infini d'étoiles qui scintillaient dans l'éther comme autant de diamants; la lune, parvenue à la moitié de sa course, déversait à profusion les rayons de sa lumière argentée qui donnaient aux objets une apparence fantastique.

L'atmosphère embaumée de suaves parfums était d'une pureté et d'une transparence telles, qu'elle permettait de voir à une longue distance; une légère brise, souffle mystérieux du Créateur, courait sur la cime des grands arbres, et dans les profondeurs des quebradas résonnaient par intervalles les miaulements plaintifs des carcajous, mêlés aux hurlements des bêtes fauves qui, après s'être désaltérées à des sources connues d'elles seules, regagnaient leurs repaires.

La petite caravane s'avançait silencieuse, écoutant les bruits de la forêt, surveillant les mouvements des buissons, craignant à chaque instant de voir étinceler dans l'ombre l'œil féroce d'un Serpent Noir.

Souvent Curumilla s'arrêtait, la main sur ses armes, le corps penché en avant, saisissant avec la finesse d'ouïe particulière aux Indiens, quelque bruit de mauvais augure qui échappait à l'oreille moins exercée des blancs.

Alors chacun restait immobile, le cœur palpitant, les sourcils froncés, prêt à disputer chaudement sa vie.

Puis l'alerte passée, sur un signe muet du guide, on se remettait en marche pour s'arrêter quelques pas plus loin.

L'Européen, habitué à l'ennuyeuse monotonie des routes royales sans

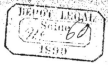

Bondissant comme une panthère elle s'élança au milieu du fourré, soulevant sa fille dans ses bras.

horizon, sillonnées dans tous les sens par des gendarmes ou autres agents du gouvernement, dont la mission spéciale est de veiller sur les voyageurs et d'éloigner d'eux toute apparence de danger ou même d'embarras, ne pourra se figurer l'âcre volupté d'une marche de nuit dans le désert, sous la garde de Dieu seul, épié par une foule d'ennemis invisibles, la saveur étrange des émotions que l'on éprouve dans cette suite continuelle d'inquiétudes et de sécurité, combien l'âme grandit et les idées s'élargissent en présence de cette vie des Pampas, dont la splendeur séduit et entraîne dans ses péripéties vertigineuses, jamais les mêmes.

Vers quatre heures du matin, au moment où le soleil allait paraître à l'horizon, l'îlot du Guanacco sortit peu à peu des nuages de vapeur qui, dans ces chaudes régions, s'élèvent de terre au point du jour, et apparut aux yeux ravis des voyageurs comme un port de salut, après les fatigues de cette course faite tout entière dans l'eau.

Sur la pointe la plus avancée de l'îlot, un cavalier se tenait immobile : c'était Trangoil Lanec.

Auprès de lui, les chevaux des Espagnols paissaient les hautes herbes de la rive.

Les voyageurs trouvèrent un feu allumé, sur lequel cuisait un quartier de daim, des camotes et des tortillas de maïs, enfin tous les éléments d'un bon déjeuner les attendaient.

— Mangez, dit laconiquement Trangoil Lanec, mangez vite surtout, il nous faut repartir de suite.

Sans demander au chef l'explication de ces paroles ni d'où provenait cette grande hâte qu'il leur recommandait, les voyageurs affamés s'assirent en rond et attaquèrent gaillardement les vivres placés devant eux.

En ce moment, le soleil montait radieux à l'horizon et illuminait le ciel de sa majestueuse splendeur.

— Bah! dit gaiement Valentin, après nous la fin du monde! mangeons toujours! Voici un rôti qui m'a l'air assez bien confectionné.

A ces singulières paroles de l'ancien spahi, doña Rosario fit un mouvement. Le jeune homme se tut, rougissant de sa gaucherie, et mangea sans oser prononcer un mot de plus.

Pour la première fois de sa vie, Valentin se prit à réfléchir à une chose à laquelle jusqu'alors il n'avait jamais accordé la moindre attention, c'est-à-dire à la trivialité de ses manières et de son langage.

Chose étrange! cet homme, enfant du hasard, dont le hasard avait été le seul maître, qui, dans son désir de s'instruire, avait dévoré sans discernement tous les livres bons ou mauvais qui lui étaient tombés sous la main, avait tout à coup été illuminé comme d'un rayon de la grâce divine à l'aspect des sombres et majestueuses grandeurs de la nature primitive de l'Amérique. Il avait compris, avec la justesse instinctive de son esprit, combien étaient vides, absurdes et sans but moral, les soi-disant maximes philosophiques qui si longtemps avaient sur tous les tons résonné à son oreille, combien elles rétrécissent l'esprit et faussent le jugement. En quelques mois à peine, aspirant la vérité par tous les pores, il avait détruit l'échafaudage si laborieusement construit de son éducation première, pour y substituer les principes de la loi naturelle, si visiblement tracée par le doigt même de Dieu dans les forêts vierges. Il s'était transformé au physique comme au moral : son visage, reflet de son âme, qui avait une expression railleuse et sceptique, avait pris des lignes plus arrêtées et plus sérieuses; une espèce de noblesse rayonnait dans ses traits, indice de la pensée qui traçait péniblement son sillon dans son cerveau.

Eh bien ! cette transformation qui était incomplète, puisque jusqu'alors elle n'avait agi que sur l'homme intellectuel, voilà que maintenant elle prenait pour ainsi dire l'homme physique corps à corps, et luttait avec lui.

Et ce prodige, qui en était l'auteur ou plutôt le moteur? Une enfant de seize ans à peine, simple, pure, candide et ignorante, ignorante surtout, car elle-même ne soupçonnait pas le pouvoir sans contrôle qu'elle exerçait sur la forte et énergique organisation du jeune homme; mais cette jeune fille possédait en elle tout le savoir, cet instinct du bon, du beau et du grand, ce tact et surtout ce sentiment des convenances qui ne s'acquièrent jamais complètement.

Valentin avait instinctivement compris combien, sans le vouloir, il avait froissé cette âme candide; sans savoir pourquoi, il éprouva, si l'on peut se servir de cette expression, une espèce de joie douloureuse à cette découverte.

Aussitôt le déjeuner terminé, et il ne fut pas long à cause de la position précaire des voyageurs et de l'inquiétude qui les dévorait, Trangoil Lanec, aidé par Curumilla, s'occupa à monter un de ces canots en cuirs de bœuf cousus ensemble, qui servent aux Indiens à naviguer sur les fleuves du désert. Après l'avoir mis à l'eau, le chef invita les trois Espagnols à y prendre place.

Les Indiens y entrèrent ensuite pour le diriger, tandis que les Français, restés dans le ruisseau, conduisaient les chevaux en bride.

Du reste, la traversée ne fut pas longue. Au bout d'une heure, les voyageurs débarquèrent, le canot fut replié et la route continua par terre.

La caravane se trouvait à présent sur le territoire chilien.

Depuis quelques heures, ainsi que cela arrive souvent dans les montagnes, le temps avait complètement changé.

Le soleil avait pris peu à peu une teinte rougeâtre, il semblait nager dans un océan de vapeurs qui interceptaient ses chauds rayons. Le ciel, d'une couleur cuivrée, s'abaissait graduellement en nuées blafardes chargées d'électricité.

On entendait, répétés par les échos des quebradas, les roulements sourds d'un tonnerre lointain. La terre exhalait une senteur âcre et pénétrante. L'atmosphère était pesante. Des gouttes de pluie larges comme des piastres commençaient à tomber. Le vent soufflait par rafales, soulevant des tourbillons de poussière et poussant ces gémissements presque humains qu'on entend seulement dans ces hautes régions, sujettes à subir à chaque instant ces grandes convulsions de la nature qui prouvent l'omnipotence de Dieu et la faiblesse infinie de ses créatures.

Les oiseaux tournoyaient lourdement dans l'espace, jetant par intervalles des cris plaintifs et saccadés, les chevaux aspiraient fortement l'air par leurs naseaux en donnant des signes d'inquiétude et de frayeur.

Enfin tout présageait un de ces ouragans nommés *temporales*, si communs dans les Cordillères et qui changent parfois, en quelques heures, la surface du sol.

Bien que l'on fût à peine à la moitié de la journée, le brouillard était devenu tellement intense qu'une nuit épaisse enveloppait les voyageurs. Ce n'était qu'en tâtonnant et en usant des plus minutieuses précautions qu'ils parvenaient à grand'peine à faire quelques pas en avant.

— Que pensez-vous de ce temps-là, chef? demanda le comte avec inquiétude à Trangoil Lanec.

— Mauvais, très mauvais, répondit celui-ci en hochant la tête, pourvu que nous puissions passer le *Jaua-Karam* — le Saut du sorcier — avant que l'orage éclate!

— Sommes-nous donc en danger?

— Nous sommes perdus! répondit laconiquement l'Indien.

— Hum! ce que vous dites là n'est pas rassurant, chef, fit Valentin qui avait entendu; croyez-vous donc que le péril soit si grand?

— Plus grand encore que je ne le dis à mon frère. Pensez-vous qu'il soit possible de résister à l'ouragan dans ce lieu où nous sommes?

Les jeunes gens regardèrent autour d'eux.

— C'est vrai, murmura Valentin en baissant la tête avec abattement, que Dieu nous sauve!

En effet, la position des voyageurs paraissait désespérée.

Ils suivaient un de ces chemins tracés dans le roc vif et qui contournent les Andes, chemin qui avait à peine quatre pieds dans sa plus grande largeur; qui d'un côté était bordé par un mur en granit d'une hauteur de plus de mille mètres, et de l'autre par des *barrancas* ou précipices d'une profondeur incalculable, au bas desquels on entendait gronder avec de sourds et mystérieux murmures des eaux invisibles.

Dans un tel lieu tout espoir de salut semblait être une folie.

Cependant les voyageurs marchaient toujours en avant, s'avançant en file indienne, c'est-à-dire, les uns à la suite des autres, silencieux et mornes. Chacun avait intérieurement conscience du danger prochain qui le menaçait, mais n'osait, comme cela arrive toujours en pareil cas, faire part de ses appréhensions à ses compagnons.

— Sommes-nous encore bien éloignés du Jaua-Karam? demanda Valentin après un assez long silence.

— Nous approchons et nous ne tarderons pas à y arriver, répondit Trangoil Lanec, à moins que...

Soudain le voile de brume qui cachait l'horizon se déchira violemment, un éclair blafard illumina le ciel, et une rafale terrible s'engouffra dans la quebrada.

— Pied à terre! hurla Trangoil Lanec d'une voix de stentor, pied à terre, si vous tenez à la vie! Couchez-vous sur le sol, en vous accrochant aux pointes des rochers. Chacun suivit le conseil du chef.

Les animaux, abandonnés à eux-mêmes, comprenant instinctivement le danger, plièrent immédiatement les jarrets et s'affaissèrent eux aussi sur le sol, afin que le vent eût moins de prise sur leurs corps.

Tout à coup le tonnerre éclata avec fracas, et une pluie diluvienne commença à tomber.

Il n'est donné à aucune plume humaine de décrire l'épouvantable ouragan qui se déchaînait sur ces montagnes avec une furie inexprimable.

Des blocs de rochers énormes, cédant sous la force du vent et minés par les eaux, étaient précipités du haut en bas des mornes avec un fracas horrible ; des arbres séculaires étaient tordus et déracinés par la bourrasque qui les lançait dans l'espace comme des fétus de paille.

Le sifflement du vent, les éclats de la foudre, se mêlant au mugissement de la tempête, râle de la nature aux abois qui se débat sous la main puissante de Dieu, formaient l'harmonie la plus horriblement sublime qu'il soit possible d'imaginer.

Tout à coup un cri strident de douleur et d'agonie traversa l'espace et pour un instant domina tous les bruits du temporal.

Une voix, celle de don Tadeo, s'éleva avec un accent de désespoir suprême :

— Ma fille ! sauvez ma fille !

Le Roi des Ténèbres, méprisant le danger auquel il s'exposait, se redressa debout sur le chemin, les bras tendus vers le ciel, ses cheveux flottant au vent et le front ceint d'une auréole d'éclair.

Doña Rosario, trop faible et trop délicate pour se retenir aux pointes aiguës des rocs contre lesquels ses doigts se déchiraient, avait été saisie, enlevée par la bourrasque et lancée dans le précipice.

La Linda, sans prononcer une parole, avait plongé dans le gouffre pour sauver sa fille ou mourir avec elle.

— Oh ! s'écria le comte avec une fiévreuse énergie, je ramènerai doña Rosario, moi.

Et il s'élança, mais un poignet de fer l'arrêta subitement.

— Reste, frère, lui dit Valentin d'une voix triste et douce, laisse-moi courir ce péril.

— Mais...

— Je le veux !... qu'importe que je meure, ajouta-t-il avec amertume, on ne m'aime pas, moi ! et se tournant vers don Tadeo : Courage, ami, lui dit-il, je vous rendrai votre fille ou je périrai avec elle.

Il siffla son chien, auquel il fit sentir le *rebozo*, — écharpe, — de la jeune fille resté accroché à un buisson :

— Cherche ! César, cherche ! lui dit-il.

Le noble animal poussa un hurlement plaintif, aspira un instant l'air dans toutes les directions, puis après une minute d'hésitation, il remua la queue, se tourna vers son maître et s'élança sur la pente rapide et presque à pic du précipice.

Valentin, après avoir fait à son ami un dernier signe pour lui ordonner de le laisser agir seul, s'accrocha aux broussailles et commença à descendre.

L'ouragan sembla redoubler de fureur : le ciel, incessamment sillonné par les éclairs, se changea en une nappe de feu, la pluie tomba plus violemment encore.

Don Tadeo, cet homme si énergique, terrassé par ce coup terrible, sans force et sans courage, les genoux sur le sol inondé, priait avec ferveur Celui qui peut tout, de lui rendre sa fille.

Valentin avait disparu !

XLII

Lorsque Valentin s'était élancé dans la barranca, il avait obéi à ce premier mouvement du cœur qui fait courir à l'homme les plus grands dangers, braver les plus imminents périls pour venir en aide à ceux qu'il aime.

Son amour pour doña Rosario était certes assez fort pour le porter à cette action, mais dans cette circonstance, il n'y avait eu d'autre mobile chez lui que celui de se dévouer pour son frère de lait et de rendre à un père désolé l'enfant qui faisait sa joie.

Dès qu'il fut suspendu sur la pente abrupte du précipice, obligé de sonder le terrain avec soin, de tâtonner avant de poser le pied ou de saisir une broussaille, son exaltation se dissipa pour faire place à cette froide et lucide détermination de l'homme brave qui calcule chacun de ses mouvements et ne se hasarde qu'avec certitude.

La tâche qu'il avait entreprise n'était rien moins que facile à accomplir. Dans cette descente périlleuse, le secours des yeux lui devenait inutile, les mains seules et les pieds servaient à le guider.

Souvent il sentait crouler sous son pied la pierre sur laquelle il avait cru trouver un point d'appui, ou se briser dans sa main la branche qu'il avait saisie pour se retenir.

Il entendait gronder au fond de l'abîme les eaux dont les murmures semblaient l'attirer ; et, bien que tout fût ombre autour de lui, il se sentait pris de vertige en supputant dans sa pensée la profondeur probable de l'abîme au-dessus duquel il était suspendu.

Mais, inébranlable dans sa résolution, il descendait toujours, suivant, autant que cela lui était possible, la trace de son chien, qui, à une courte distance au-dessous de lui, s'arrêtait de temps en temps pour le guider par ses jappements.

Il devait avoir atteint une grande profondeur, car ayant par hasard levé la tête, il n'aperçut pas le ciel au-dessus de lui, l'horizon s'était rétréci de plus en plus et tout s'était fondu avec la ténébreuse obscurité de la barranca.

Il s'arrêta un instant pour reprendre haleine, tout en répétant à son chien ces mots qu'il n'avait cessé de lui crier depuis le commencement de la descente :

— Cherche, César, cherche !

Le chien fut muet.

Inquiet, Valentin renouvela son appel et se pencha en avant par un mouvement instinctif.

Alors il lui sembla apercevoir à quelque vingt pieds au-dessous de l'endroit où il se trouvait, une forme blanche, mais dont les contours étaient tellement vagues et indécis qu'il se crut le jouet d'une illusion, et se pencha davantage encore pour s'assurer qu'il ne se trompait pas.

Il fixa malgré lui cet objet, quel qu'il fût, avec une attention si soutenue, une ténacité si grande, qu'il sentit un commencement d'ivresse envahir son cerveau ; ses tempes battirent avec force, un bourdonnement se fit dans ses oreilles ; fasciné peu à peu, attiré pour ainsi dire graduellement par cette attention même, tout en se rendant compte d'une manière lucide des phénomènes qui se produisaient en lui, tout en comprenant le danger inévitable qui le menaçait, il n'eut pas la force de détourner son regard de cet objet et le fixa, au contraire, davantage encore, avec cette volupté indéfinissable mêlée de terreur et de souffrance que l'on éprouve dans de semblables circonstances.

Au moment où il s'abandonnait sans résistance à cette attraction fatale, il se sentit vigoureusement rejeté en arrière.

L'illusion se dissipa aussitôt. De même qu'un homme délivré d'un cauchemar effrayant, il jeta autour de lui un regard incertain.

César, les quatre pattes fortement arcboutées sur le roc, tenait entre ses dents serrées un pan de son poncho.

Valentin devait la vie à l'instinct merveilleux du chien de Terre-Neuve.

Auprès de César était la Linda.

— Pouvez-vous me répondre maintenant? lui dit-elle d'une voix brève.

— Parfaitement, señorita, répondit-il.

— Vous m'aiderez à sauver ma fille, n'est-ce pas?

— C'est pour me mettre à sa recherche que je suis descendu dans ce gouffre.

— Merci, caballero, fit-elle avec effusion, elle est près d'ici; Dieu a voulu que je sois arrivée assez à temps pour la préserver d'une horrible chute; soutenue par votre précieux animal qui est venu à mon secours, j'ai retenu ma fille au moment où elle allait disparaître au fond du gouffre; je l'ai couchée sur un buisson : elle est évanouie et n'a pas conscience de ce qui lui est arrivé; venez, au nom du ciel! venez, je vous en prie!

Et elle l'entraîna rapidement sur la pente de la barranca.

Le jeune homme la suivit.

La Linda semblait transfigurée, la certitude d'avoir sauvé sa fille d'une mort affreuse faisait rayonner son visage d'une joie délirante.

Elle courait sur la pente du précipice avec une rapidité et un mépris du danger qui faisaient courir un frisson de terreur dans les veines de Valentin.

Doña Rosario gisait évanouie, ainsi que l'avait dit la Linda, étendue ou plutôt couchée comme dans un hamac au milieu d'un épais fourré de lianes enroulées, entrelacées, formant les paraboles les plus extravagantes autour de cinq ou six énormes myrtes, elle se balançait mollement dans ce lit improvisé au-dessus d'un abîme de plus de mille toises.

En l'apercevant, la première impression de Valentin fut un sentiment de terreur folle qui lui fit froid au cœur, en songeant à l'épouvantable position dans laquelle se trouvait la jeune fille.

Mais dès que le premier moment fut passé, qu'il put regarder avec sang-froid, il reconnut qu'elle était parfaitement en sûreté au milieu de ce fourré qui aurait facilement soutenu un poids décuple de celui de la frêle enfant qu'il portait.

Cependant l'orage s'était calmé peu à peu, le brouillard s'était dissipé, le soleil avait reparu, bien qu'il fût encore obscurci par des nuées qui passaient sur son disque, emportées par les derniers souffles de la tempête expirante.

Valentin connut alors toute l'horreur de la situation que les ténèbres lui avaient cachée jusqu'à ce moment.

Il ne put se rendre compte, en regardant le chemin qu'il avait suivi, de la façon dont il était venu jusque-là, comment il ne s'était pas brisé mille fois.

Remonter était impossible.

Descendre l'était encore plus.

A partir du bouquet de myrtes auprès duquel il était arrêté, les murs du précipice descendaient en ligne droite sans aucune saillie sur laquelle on pût mettre le pied.

Un pas de plus en avant, il était mort.

Un frisson involontaire parcourut tous ses membres, une sueur froide perla à la racine de ses cheveux, tout brave qu'il était il eut peur.

La Linda ne voyait rien, ne songeait à rien, elle regardait sa fille!

Valentin cherchait en vain comment il sortirait de ce mauvais pas. Seul, à la rigueur, il serait peut-être parvenu, avec des difficultés inouïes, à remonter, mais avec deux femmes, dont une était évanouie, il n'y fallait pas songer.

Un cri de César lui fit vivement lever la tête.

Louis avait trouvé le moyen que Valentin désespérait de trouver.

Réunissant les *lasos* que les cavaliers chiliens portent constamment pendus à la sangle de leurs chevaux, il les avait solidement attachés les uns au bout des autres et en avait formé deux cordes qu'il faisait glisser dans le précipice, aidé par don Tadeo et les Indiens.

Valentin poussa un cri de joie, doña Rosario était sauvée.

Aussitôt que les lasos arrivèrent à sa portée, le jeune homme les saisit, et certain de leur solidité, il les réunit et fit une chaise à la mairière.

Mais une nouvelle difficulté se présenta :

Comment aller chercher au milieu des lianes la jeune fille évanouie?

La Linda sourit de son embarras.

— Attendez, dit-elle.

Et bondissant comme une panthère, elle s'élança au milieu du fourré qui plia sous son poids, souleva sa fille dans ses bras, et d'un bond aussi sûr et aussi rapide que le premier, elle se retrouva sur la pente du précipice.

Valentin ne put retenir un cri d'amiration à ce trait inouï d'audace, que l'amour maternel était seul capable d'inspirer.

Le jeune homme attacha doña Rosario sur la chaise, il fit signe de hisser.

Alors les guerriers puelches, dirigés par le comte, attirèrent doucement à eux les lasos, tandis que Valentin et la Linda, s'accrochant tant bien que mal aux pointes des rochers et aux broussailles, maintenaient la jeune fille et garantissaient son corps délicat du contact des pierres aiguës qui auraient pu la blesser, au risque de se briser eux-mêmes vingt fois en perdant l'équilibre ou en faisant un faux pas.

Les chevaux, comme s'ils eussent compris qu'ils étaient en lieu sûr, nagèrent
vigoureusement vers le rocher.

Enfin, après des efforts et des peines inouïs, ils parvinrent au niveau du
chemin.

Dès que don Tadeo aperçut sa fille, il se précipita vers elle avec un son
rauque et inarticulé, en la pressant contre sa poitrine haletante, il poussa un
sanglot semblable à un rugissement et fondit en larmes.

Sous les embrassements passionnés de son père, la jeune fille ne tarda pas à revenir à la vie, ses joues se colorèrent, un soupir sortit de sa poitrine, elle rouvrit les yeux.

— Oh! s'écria-t-elle en se serrant avec une terreur d'enfant contre son père, et lui jetant les bras autour du cou, mon père, j'ai cru mourir, quelle horrible chute !

— Ma fille, lui dit don Tadeo avec un geste d'une suprême noblesse, ta mère s'est la première élancée à ton secours !

La Linda rougit de bonheur et tendit d'un air suppliant les bras à sa fille.

Celle-ci la regarda avec un mélange de crainte et de tendresse, fit un geste comme pour se jeter dans ces bras qui lui étaient ouverts; mais soudain elle frissonna et se réfugia dans le sein de son père en murmurant à voix basse :

— Oh ! je ne peux pas ! je ne peux pas !

La Linda poussa un profond soupir, essuya les larmes qui inondaient son visage et se retira à l'écart, disant avec résignation :

— C'est juste ! qu'ai-je fait pour qu'elle me pardonne !... ne suis-je pas son bourreau ?

Les deux Français jouissaient intérieurement du bonheur de don Tadeo, bonheur qu'il leur devait en partie.

Le Chilien s'approcha d'eux, leur serra chaleureusement la main, et se tournant vers doña Rosario :

— Ma fille, lui dit-il, aime ces deux hommes, aime-les bien, car jamais tu ne pourras t'acquitter envers eux.

Les jeunes gens rougirent.

— Allons ! allons, don Tadeo, fit Valentin, nous n'avons perdu que trop de temps déjà, songeons que les Serpents Noirs nous poursuivent; voyons, à cheval et partons.

Malgré la brusquerie apparente de cette réponse, doña Rosaria, qui comprit l'extrême délicatesse qui l'avait dictée, jeta au jeune homme un regard d'une douceur ineffable, accompagné d'un sourire qui le paya amplement des périls qu'il avait courus pour elle.

La caravane se remit en marche.

La Linda, qui jusqu'alors avait été plutôt soufferte qu'acceptée, fut traitée désormais avec égards par chacun; le pardon de don Tadeo, pardon si noblement accordé, l'avait réhabilitée aux yeux de tous.

Doña Rosario elle-même se surprenait parfois à lui sourire, bien qu'elle ne se sentît pas encore le courage de répondre à ses caresses.

La pauvre femme, dont le repentir était sincère, se trouvait heureuse du pardon tacite que sa fille semblait lui accorder, car elle n'osait espérer qu'elle oubliât jamais les tortures qu'elle lui avait infligées..

Au bout d'une heure on parvint au *Jaua-Karam*.

En cet endroit, la montagne était séparée en deux par une entaille d'une profondeur incommensurable et d'une largeur de plus de vingt-cinq pieds.

Le chemin se trouvait brusquement interrompu; mais plusieurs madriers énormes, jetés d'un bord à l'autre du précipice, formaient une solution de continuité sur laquelle les voyageurs étaient obligés de passer, au risque de se rompre le cou à chaque pas.

Heureusement que dans ce pays les chevaux et les mules sont tellement habitués à marcher dans des chemins fantastiques et impossibles, qu'ils se tiennent sans trébucher et vont sans aucune crainte sur ces ponts et d'autres bien plus dangereux encore.

Ce passage difficile a été nommé par les Aucas Jaua-Karam, parce que, d'après ce que rapporte le légende, à l'époque où fut tentée la conquête de l'Araucanie, un sorcier huiliche, qui jouissait d'une grande réputation de sagesse dans sa tribu, poursuivi de près par des soldats castillans, sauta sans hésiter le précipice, soutenu dans cette traversée périlleuse par les génies de l'air envoyés par Pillian pour le sauver, au grand ébahissement des Espagnols, qui se retirèrent tout penauds d'avoir vu leur victime leur échapper ainsi.

Quoi qu'il en soit de la vérité un peu apocryphe de cette légende, toujours est-il que le pont existe tel que nous l'avons décrit, et que les voyageurs le traversèrent sans coup férir, mais non sans trembler.

— Ah ! s'écria Trangoil Lanec en montrant aux jeunes gens le chemin qui s'élargissait et se continuait à quelques milles plus loin dans un *llano* immense, à présent que nous avons de l'espace devant nous, nous sommes sauvés.

— Pas encore ! répondit Curumilla en désignant du doigt une colonne de fumée bleuâtre qui montait en spirale vers le ciel.

— *Ooch !* reprit le chef, seraient-ce encore les Serpents Noirs ? ils nous auraient donc précédés, au lieu de nous suivre ? comment se fait-il qu'ils se hasardent ainsi sur le territoire chilien ? Retirons-nous pour la nuit dans ce petit bois de *Chiri Moyas* qui se trouve là sur la droite, et veillons avec soin si nous ne voulons pas être surpris et faits prisonniers, car cette fois je ne réponds pas que nous nous retirions sains et saufs de leurs mains.

Bientôt toute la troupe fut cachée, comme une nichée d'oiseaux poltrons, au fond d'un fourré inextricable, où il était impossible de soupçonner sa présence.

Pour surcroît de précautions, aucun feu ne fut allumé, et les quelques paroles que les voyageurs échangeaient entre eux n'étaient prononcées qu'à voix basse et à l'oreille.

XLIII

LE QUIPOS

Après un repas frugal, les voyageurs se préparaient à se livrer au repos, lorsque César s'élança en avant en hurlant avec fureur.

Chacun sauta sur ses armes.

Il y eut un moment d'attente suprême.

Enfin, un bruit de pas se fit entendre, les buissons s'écartèrent et un Indien parut.

Cet Indien était Antinahuel, le Tigre-Soleil.

A la vue de cet homme, doña Rosario ne put retenir un cri d'effroi.
Sa mère se jeta vivement devant elle, comme pour la protéger.

Antinahuel ne sembla pas s'apercevoir de la présence de la jeune fille ni de celle de la Linda : son visage ne perdit rien de cette impassibilité froide qui sert de masque aux Indiens; il continua à s'avancer à pas lents, sans qu'aucun muscle de son visage eût bougé.

Arrivé à quelques pas de Trangoil Lanec, il s'arrêta et le salua en s'inclinant et en plaçant sa main ouverte sur sa poitrine.

— Marry-marry, je viens m'asseoir au foyer de mon frère, dit-il de sa voix profonde et gutturale.

— Mon frère est le bienvenu, répondit le chef, le feu va être allumé pour le recevoir.

— Non, je ne veux que fumer avec mon frère pour lui communiquer une nouvelle importante que sans doute il ignore, et que le chasqui des quatre Utals-Mapus m'a apprise aujourd'hui même.

— Il sera fait ainsi que mon frère le désire, répondit Trangoil Lanec en invitant d'un geste Curumilla à venir prendre place auprès de lui.

Les trois Indiens s'assirent avec tout le cérémonial usité en pareille circonstance.

Ils allumèrent leurs pipes et fumèrent silencieusement.

Chacun d'eux s'examinait à la dérobée et cherchait à surprendre les pensées de l'autre.

Enfin, après un temps assez long employé à s'envoyer consciencieusement des bouffée de fumée au visage, Antinahuel prit la parole.

— Voici, dit-il, le *quipos* que le chasqui, qui arrive de *Paki-Pulli*, m'a remis vers la septième heure, à moi, Antinahuel, fils du Chacal noir, le plus puissant des Apo-Ulmen des Puelches.

Il sortit de dessous son poncho une légère pièce de bois, longue d'à peu près dix pouces, très épaisse, fendue et contenant un doigt humain.

Ce morceau de bois était entouré de fil; à l'une de ses extrémités il avait une frange de laine, bleue, rouge, noire et blanche.

— Mon frère voit, continua Antinahuel, que sur la laine noire, il y a quatre nœuds pour indiquer que le chasqui a quitté Paki-Pulli quatre jours après la lune; sur la blanche, il y a dix nœuds qui signifient que dix jours après cette époque, c'est-à-dire dans trois jours, les quatre Utals-Mapus confédérés prendront les armes, ainsi que cela a été convenu dans un grand auca-coyog convoqué par les toquis; sur la rouge, j'ai fait un nœud qui veut dire que les allaregues et les regues placés sous mes ordres se joindront à l'expédition, et que les chefs peuvent compter sur mon concours. Mes frères suivront-ils mon exemple?

— Mon frère a oublié de me dire une chose qui est, à mon avis, cependant d'une grande importance, répondit Trangoil Lanec.

— Que mon frère s'explique.

— Contre qui est dirigée cette expédition?

Antinahuel dirigea un regard sur les blancs qui suivaient cette scène avec inquiétude, mais sans en comprendre les péripéties.

— Contre les visages pâles, dit-il avec un accent de haine mortelle, ces *Chiaplos* et ces Culme-Huincas qui prétendent nous asservir.

Trangoil Lanec se redressa, et, regardant son interlocuteur en face :

— Très bien, dit-il, mon frère est un puissant chef, qu'il me donne le quipos.

Antinahuel le lui remit.

Le guerrier puelche reçut le quipos, le considéra un instant, puis, saisissant la frange rouge et la frange bleue, il les réunit, fit un nœud sur elles, ensuite il passa le morceau de bois à Curumilla qui imita son exemple.

A cette action, Antinahuel demeura calme et froid.

— Ainsi, dit-il, mes frères refusent leur concours aux chefs?

— Les chefs des quatre nations peuvent se passer de nous, et mon frère le sait bien, dit Trangoil Lanec, puisque la guerre est terminée et que ce quipos est faux.

Le toqui fit un mouvement de colère qu'il réprima aussitôt.

Trangoil Lanec continua d'une voix ironique :

— Pourquoi, en venant ici, au lieu de nous présenter ce quipos, Antinahuel ne nous a-t-il pas dit franchement qu'il venait chercher auprès de nous ses prisonniers blancs qui se sont échappés? Nous lui aurions répondu que ces prisonniers sont sous notre protection désormais, que nous ne les lui rendrons pas, et qu'il ne parviendra jamais, par ses paroles fourchues, à nous décider à les lui livrer.

— Très-bien , fit Antinahuel, les lèvres serrées, telle est la résolution de mes frères?

— Oui, et que mon frère sache bien que nous ne sommes pas hommes à nous laisser tromper.

Le toqui se leva la rage au cœur, mais le visage impassible.

— Vous êtes des chiens et des vieilles femmes dit-il ; demain je viendrai avec mes mosotones prendre mes prisonniers et donner en pâture vos cadavres aux urubus.

Les deux Indiens sourirent avec mépris, et ils s'inclinèrent gravement pour saluer le départ de leur ennemi.

Le toqui dédaigna de répondre à cette courtoisie ironique ; il tourna le dos et rentra dans le bois du même pas lent et solennel dont il était arrivé, semblant mettre ses adversaires au défi de s'attaquer à lui.

A peine eut-il quitté le camp que Trangoil Lanec se lança sur ses traces.

Le guerrier indien ne s'était pas trompé ; à son réveil, furieux de voir ses prisonniers échappés, Antinahuel avait soupçonné Trangoil Lanec d'avoir protégé leur évasion. Malgré les précautions prises par l'Ulmen, le toqui avait découvert sa piste, et son seul but, en se présentant au camp, avait été de connaître le nombre des ennemis qu'il aurait à combattre, et s'il lui serait possible de rentrer en possession de ceux qui avaient cru se soustraire à sa vengeance. Il savait qu'il ne courait aucun risque en se présentant comme il l'avait fait.

L'absence du chef fut de courte durée.

Au bout d'une heure à peine, il était de retour.

Ses compagnons, inquiets de ce qui venait de se passer, le virent revenir avec la plus grande joie.

— Que mes frères ouvrent les oreilles, dit-il.

— Nous écoutons, répondit Valentin.

— Antinahuel est campé à peu de distance, il sait maintenant que nous ne sommes pas assez forts pour lutter contre lui; son seul but, en venant ici, était de nous compter, il se prépare à nous attaquer. Que veulent faire mes frères? notre position est grave.

— Pourquoi ne pas avoir tué ce misérable? s'écria la Linda avec violence.

L'Ulmen secoua la tête.

— Non, répondit-il, je ne le pouvais pas, la loi indienne m'a empêché de le faire; il s'est présenté comme ami à mon foyer, un hôte est sacré, ma sœur ne l'ignore pas.

— Ce qui est fait est fait, dit Valentin, il n'y a plus à y revenir. Il nous faut maintenant trouver le moyen de sortir, coûte que coûte, de la position terrible dans laquelle nous sommes.

— Nous nous ferons tuer avant de consentir que ce misérable s'empare de nos prisonniers, dit résolument le comte.

— Certes, mais avant d'employer ce moyen extrême, il me semble que nous pourrions en trouver un autre.

— Je n'en vois pas, dit tristement Trangoil Lanec; nous ne sommes plus ici en Araucanie; je ne connais que fort peu l'endroit où nous nous trouvons, la plaine est nue et ne nous offre aucun abri; Antinahuel nous écrasera facilement.

— Peut-être; il ne faut pas nous abandonner ainsi à un découragement indigne de nous, reprit énergiquement Valentin; nous sommes quatre hommes de cœur, nous ne devons pas désespérer. Voyons, don Tadeo, quel est votre avis?

Depuis qu'il avait retrouvé sa fille, le chef des Cœurs Sombres n'était plus le même; il ne semblait plus vivre que pour elle et par elle; rien de ce qui se passait autour de lui n'avait le pouvoir de l'intéresser.

En ce moment, assis au pied d'un arbre, il tenait doña Rosario sur ses genoux et la berçait comme une enfant, avec de doux sourires.

Cependant, à la question de Valentin, il releva brusquement la tête.

— Je ne veux pas que ma fille retombe au pouvoir d'Antinahuel, dit-il avec force, en la serrant sur sa poitrine : quoi qu'il arrive, je veux la sauver!

— Nous aussi, nous le voulons; seulement les chefs indiens ne connaissent pas le pays; vous qui êtes Chilien, peut-être pourriez-vous nous donner un renseignement utile, car nous ne savons quel moyen employer pour échapper à l'éminent péril qui nous menace.

Don Tadeo réfléchit un instant, jeta un regard circulaire sur les montagnes, et répondit à Valentin qui attendait sa réponse avec anxiété :

— Ce moyen, je vous le fournirai si Dieu nous continue sa toute-puissante protection; nous ne sommes qu'à dix lieues tout au plus d'une de mes haciendas.

— Vous en êtes sûr?

— Oui, grâce au ciel!

— En effet, s'écria la Linda avec joie, l'hacienda de la Paloma ne doit pas être éloignée.

— Et vous croyez que si nous pouvons atteindre cette hacienda....

— Nous serons sauvés, interrompit don Tadeo, car j'ai là cinq cents peones dévoués avec lesquels je ne craindrai pas l'effort d'une armée indienne tout entière.

— Oh! fit la Linda, ne perdons pas un instant, don Tadeo, écrivez un mot à votre majordome; dites-lui dans quelle situation désespérée vous vous trouvez, et ordonnez-lui d'accourir à votre secours avec tous les hommes qu'il pourra rassembler.

— C'est le Ciel qui vous inspire, madame, s'écria don Tadeo avec joie.

— Oh! répondit la Linda avec une expression impossible à rendre, c'est que moi aussi je veux sauver ma fille!

Doña Rosario fixa sur elle un regard humide de larmes, s'approcha doucement, et lui dit d'une voix pleine de tendresse :

— Merci, ma mère!

Sa fille lui avait pardonné!...

La pauvre femme se laissa tomber à genoux sur la terre, et, joignant les mains, elle rendit grâce au Ciel d'un si grand bonheur.

Cependant don Tadeo avait tracé quelques mots à la hâte sur un papier que lui avait donné le comte.

— Voilà ce que j'écris, dit-il.

— Nous n'avons pas le temps de lire ce billet, il faut qu'il parte à l'instant, répondit vivement le comte; je me charge de le porter, indiquez-moi seulement le chemin que je dois suivre pour me rendre à l'hacienda.

— Je le connais, dit flegmatiquement Curumilla.

— Vous! chef?

— Oui.

— Très bien, en ce cas vous m'accompagnerez; si l'un de nous reste en route, l'autre le remplacera.

— *Ooch!* je sais un chemin par lequel nous arriverons en moins de deux heures.

— Partons, alors.

Ils montèrent à cheval.

— Veille sur elle! dit Louis en serrant la main de son ami.

— Amène le secours! répondit celui-ci en lui rendant son étreinte.

— J'arriverai ou je serai tué, s'écria le jeune homme avec élan.

Et enfonçant les éperons dans les flancs de leurs chevaux, les deux hommes disparurent dans un nuage de poussière.

Valentin suivit son frère de lait du regard aussi longtemps qu'il put l'apercevoir, puis il se retourna vers Trangoil Lanec.

— Et nous, dit-il, en route! en route!

— Tout est prêt, répondit le chef.

— Maintenant, dit Valentin en s'adressant à don Tadeo, notre sort est entre les mains de Dieu; nous avons fait tout ce qu'il était humainement possible de faire pour échapper à l'esclavage ou à la mort, de sa volonté seule dépend notre salut.

— Valentin! Valentin! s'écria don Tadeo avec effusion, vous êtes aussi intelligent que dévoué, Dieu ne nous abandonnera pas.

— Qu'il vous entende! fit le jeune homme avec mélancolie.

— Courage, ma fille! dit la Linda avec une expression de tendresse infinie.

— Oh! je ne crains plus rien maintenant, répondit la jeune fille avec un sourire de bonheur, n'ai-je pas auprès de moi mon père et... ma *mère!* ajouta-t-elle avec intention.

La Linda leva les yeux au ciel avec reconnaissance.

Dix minutes plus tard, ils avaient quitté le bois et suivaient au grand trot la route sur laquelle le comte et Curumilla les précédaient en courant à toute bride.

XLIV

LE ROCHER.

Mais, en se remettant en route, Valentin avait plutôt consulté le péril de la situation et la nécessité d'y échapper, que la possibilité de marcher.

Les chevaux, surmenés depuis deux jours, fatigués outre mesure par l'ouragan, refusaient d'avancer; ce n'était qu'avec force coups d'éperons que l'on parvenait à leur faire faire quelques pas en trébuchant.

Enfin, après une heure d'efforts infructueux, don Tadeo, dont le cheval, noble bête de pure race, pleine de feu et de courage, venait de s'abattre deux fois coup sur coup, fut le premier à faire observer à Valentin l'impossibilité dans laquelle ils se trouvaient d'aller plus loin.

— Je le sais, répondit le jeune homme en soupirant, les pauvres animaux sont presque fourbus, mais qu'y faire? crevons-les s'il le faut : ceci est une question de vie ou de mort, nous arrêter c'est nous perdre.

— Marchons donc! quoi qu'il arrive, répondit don Tadeo avec résignation.

— Et puis, continua le jeune homme, une minute de gagnée est énorme pour nous : Louis peut être de retour au point du jour avec le secours que nous attendons; si nos chevaux avaient été reposés, nous serions arrivés cette nuit même à l'hacienda, mais dans l'état où ils sont, il n'y faut pas songer; seulement, plus nous irons en avant, plus nous aurons de chances d'échapper à ceux qui nous poursuivent et de rencontrer ceux que nous attendons. Mais pardon, don Tadeo, le chef indien me fait un signe, il a probablement quelque chose d'important à me communiquer.

Il quitta don Tadeo et se rapprocha de l'Ulmen.

— Eh bien! chef, lui demanda-t-il, qu'avez-vous à me dire?

Ils les assommèrent à coups de crosse et rejetèrent leurs corps à la rivière.

— Mon frère compte-t-il marcher longtemps encore? fit l'Indien.
— Mon Dieu, chef, vous m'adressez justement la même question que don Tadeo, question à laquelle je ne sais comment répondre.
— Que pense le grand chef?
— Il m'a dit ce que je sais aussi bien que lui, c'est-à-dire que nos chevaux sont à bout.

— Ooch! et que va faire mon frère à la chevelure dorée?

— Le sais-je? Que Trangoil Lanec me conseille : c'est un guerrier renommé dans sa tribu, il trouvera probablement un stratagème pour nous sortir d'embarras.

— J'ignore ce que mon frère nomme un stratagème, mais je crois avoir une bonne idée.

— Parlez, chef, vos idées sont toujours excellentes, et en ce moment je suis convaincu qu'elles seront meilleures que jamais.

L'Indien baissa la tête avec modestie, un sourire de plaisir éclaira une seconde sa figure intelligente.

— Que mon frère écoute, dit-il. Peut-être Antinahuel est-il déjà sur nos traces; s'il n'y est pas, il ne tardera pas à s'y mettre; s'il nous rejoint pendant la marche, nous serons tués : que peuvent en rase campagne trois hommes contre soixante? Mais non loin d'ici, je connais un endroit où nous nous défendrons facilement. Il y a plusieurs lunes, dans une malocca, dix guerriers de ma tribu et moi, nous avons résisté dans cette place pendant quinze jours entiers contre plus de cent guerriers des visages-pâles que j'ai enfin contraints à la retraite. Mon frère me comprend-il?

— Parfaitement, chef, parfaitement, guidez-nous vers cet endroit, et si Dieu veut que nous l'atteignions, je vous jure que les mosotones de Antinahuel trouveront à qui parler s'ils osent s'y présenter.

Trangoil Lanec prit immédiatement la direction de la petite troupe, et lui fit faire un léger détour.

Dans l'intérieur de l'Amérique du Sud, ce qu'en Europe nous sommes convenus de nommer routes ou chemins n'existe pas; mais un nombre infini de sentiers tracés par les bêtes fauves, qui se croisent, s'enchevêtrent dans tous les sens et finissent tous, après des méandres sans nombre, par aboutir à des ruisseaux ou à des rivières, qui depuis des siècles servent d'abreuvoirs aux animaux sauvages.

Les Indiens possèdent seuls le secret de se diriger à coup sûr dans ces labyrinthes inextricables; aussi, après vingt minutes de marche, les voyageurs se trouvèrent-ils, sans savoir comment, au bord d'une charmante rivière d'un tiers de mille de large, au centre de laquelle s'élevait comme une sentinelle solitaire un énorme bloc de granit.

Valentin poussa un cri d'admiration à l'aspect de cette forteresse improvisée.

Les chevaux, comme s'ils eussent compris qu'ils étaient enfin arrivés en lieu sûr, entrèrent joyeusement dans l'eau, malgré la fatigue qui les accablait, et nagèrent vigoureusement vers le rocher.

Ce bloc de granit, qui de loin semblait inaccessible, était creux; par une pente douce intérieure, il était facile de monter au sommet qui formait une plate-forme de plus de dix mètres carrés de circonférence.

Les chevaux furent cachés dans un coin de la grotte, où ils se couchèrent épuisés, et Valentin s'occupa à barricader l'entrée de la forteresse avec tout ce qui lui tomba sous la main, de façon à pouvoir opposer une vigoureuse résistance tout en restant à couvert.

Cela fait, on alluma du feu et on attendit les événements.

César était allé se poster de lui-même sur la plate-forme, sentinelle vigilante qui ne devait pas laisser surprendre la garnison.

Plusieurs fois le Français, que l'inquiétude tenait éveillé, tandis que ses compagnons, succombant à la fatigue, se livraient au repos, était monté sur la plate-forme pour caresses son chien et s'assurer que tout était tranquille.

Mais rien ne troublait le sombre et mystérieux silence de la nuit; seulement par intervalles on voyait se dessiner au loin, aux rayons argentés de la lune, les formes confuses de quelque animal qui venait paisiblement se désaltérer à la rivière, où l'on entendait les miaulements plaintifs et saccadés des loups rouges, auxquels se mêlaient les chants de la hulotte bleue et du mawkawis caché sous la feuillée.

La nuit tirait à sa fin; l'aube commençait à nuancer l'horizon de ses teintes nacrées, les étoiles s'éteignaient les unes après les autres dans les sombres profondeurs du ciel, et à l'extrème ligne bleue du llano, un reflet d'un rouge vif annonçait que le soleil n'allait pas tarder à paraître.

Il faut s'ètre trouvé seul et isolé dans le désert, pour comprendre ce que la nuit, cette grande créatrice des fantòmes et des djinns, cache de terrible et de menaçant sous son épais manteau de brume, avec quelle joie et quelle reconnaissance on salue le lever du soleil, ce roi de la création, ce puissant protecteur qui rend à l'homme le courage, en lui réchauffant le cœur engourdi et glacé par les lugubres insomnies des ténèbres.

— Je vais me reposer quelques instants, dit Valentin à Trangoil Lanec qui s'éveillait en jetant autour de lui un regard inquiet, la nuit est finie, je crois.

— Silence ! murmura l'Indien en lui serrant le bras avec force.

Les deux hommes prêtèrent l'oreille; un gémissement étouffé traversa l'espace.

— C'est mon chien ! c'est César qui nous avertit ! s'écria le jeune hemme, que se passe-t-il donc, mon Dieu ?

Il s'élança sur la plate-forme, où le chef l'eut bientôt rejoint.

En vain regardait-il de tous côtés, rien ne paraissait, la même tranquillité semblait régner autour d'eux.

Seulement les hautes herbes qui garnissaient les bords de la rivière s'inclinaient doucement comme poussées par la brise.

Valentin crut un instant que son chien s'était trompé ; déjà il se préparait à descendre lorsque tout à coup le chef le saisit par le milieu du corps et le contraignit à se coucher sur la plate-forme.

Plusieurs coups de feu retentirent, une dizaine de balles vinrent en sifflant s'aplatir sur le rocher, et plusieurs flèches passèrent par-dessus la plate-forme.

Une seconde de plus, Valentin était tué.

Puis éclata un hurlement épouvantable répété par les échos des deux rives.

C'était le cri de guerre des Aucas qui, au nombre de plus de quarante, apparurent sur le rivage.

Valentin et le chef déchargèrent leurs fusils presque au hasard au milieu de la foule.

Deux hommes tombèrent.

Les Indiens disparurent subitement dans les halliers et dans les hautes herbes.

Le silence, un instant troublé, se rétablit avec une telle promptitude que si les cadavres des Indiens tués n'étaient pas restés étendus sur le sable, cette scène aurait pu passer pour un rêve.

Le jeune homme profita de la minute de répit que l'ennemi lui donnait pour descendre dans la grotte.

Au bruit de la fusillade et des cris poussés par les Aucas, doña Rosario s'était éveillée en sursaut.

Voyant son père saisir son fusil pour monter sur la plate-forme, elle se jeta dans ses bras en le suppliant de ne pas la quitter.

— Mon père, lui dit-elle, je vous en prie, ne me laissez pas seule, ou bien permettez-moi de vous suivre, ici je deviendrai folle de terreur.

— Ma fille, répondit don Tadeo, votre mère reste près de vous, moi je dois rejoindre nos amis ; voudriez-vous que, dans une circonstance comme celle-ci, je les abandonnasse ? C'est ma cause qu'ils défendent, ma place est auprès d'eux !... Voyons, du courage, ma Rosarita chérie, le temps est précieux !

La jeune fille se laissa tomber sur le sol avec accablement.

— C'est vrai, dit-elle, pardonnez-moi, mon père, mais je ne suis qu'une femme et j'ai peur !

Sans prononcer une parole, la Linda avait tiré son poignard et s'était embusquée à l'entrée de la grotte.

En ce moment Valentin parut.

— Merci, don Tadeo, lui dit-il, vous ne nous êtes pas indispensable là-haut, tandis qu'ici, au contraire, vous pouvez nous être fort utile. Les Serpents Noirs tenteront sans doute de traverser la rivière et de s'introduire dans cette grotte dont ils connaissent certainement l'existence, pendant qu'une partie de leurs compagnons nous occupera par une fausse attaque; restez donc ici, je vous prie, et surveillez leurs mouvements avec soin, de votre vigilance dépend le succès de notre défense.

Valentin avait raisonné juste. Les Indiens, reconnaissant l'inutilité d'une fusillade contre un bloc de granit sur lequel s'aplatissaient leurs balles sans causer le moindre mal à leurs adversaires, avaient changé de tactique. Ils s'étaient séparés en deux bandes, dont l'une tiraillait pour attirer l'attention de la garnison du rocher, tandis que l'autre, dirigée par Antinahuel, avait remonté pendant une centaine de pas le cours de la rivière. Arrivés à une certaine distance, les Indiens avaient construit à la hâte plusieurs radeaux sur lesquels ils se laissaient emporter au courant qui les conduisait tout droit sur le rocher.

Valentin et son compagnon, sachant qu'ils n'avaient rien à craindre de ceux qui, du rivage, tiraient sur eux, redescendirent dans la grotte où devait se concentrer toute la défense.

Le premier soin du jeune homme fut de placer doña Rosario à l'abri des

Valentin crut un instant que son chien s'était trompé.

balles, derrière un pan de rocher qui formait une excavation assez profonde pour qu'une personne pût s'y tenir sans être trop mal à l'aise. Ce devoir rempli, il prit son poste auprès de ses compagnons, en avant de la barricade.

Un radeau, monté par sept ou huit Indiens, drossé avec violence par le courant, vint tout à coup choquer contre le rocher.

Les Indiens poussèrent leur cri de guerre et s'élancèrent en brandissant leurs armes, mais les trois hommes auquels la Linda avait absolument voulu se joindre se jetèrent sur eux, et avant qu'ils eussent pu reprendre leur aplomb, dérangé par la rapidité avec laquelle ils abordaient, ils les assommèrent à coups de crosse de fusil et rejetèrent leurs corps à la rivière.

César avait sauté à la gorge d'un Indien d'une taille colossale, qui déjà levait sa hache sur don Tadeo, et l'avait étranglé.

Mais à peine en avaient-ils fini avec ceux-là que deux autres radeaux survinrent, suivis presque immédiatement d'un troisième et d'un quatrième, portant au moins une trentaine d'hommes à eux quatre.

Un instant, la mêlée fut terrible dans cet endroit resserré où l'on combattait poitrine contre poitrine, pied contre pied; la Linda, tremblant pour sa fille, les cheveux épars, les yeux étincelants, se défendait comme une lionne, puissamment secondée par ses trois compagnons qui faisaient des prodiges de valeur.

Mais, accablés par le nombre, les assiégés furent enfin obligés de reculer et de chercher un abri derrière la barricade.

Il y eut une minute de trêve pendant laquelle les Aucas se comptèrent.

Six des leurs étaient étendus morts, plusieurs autres avaient des blessures graves.

Valentin avait reçu un coup de hache sur la tête, mais, grâce à un brusque mouvement qu'il avait fait de côté, la blessure était peu profonde.

Trangoil Lanec avait le bras gauche traversé, don Tadeo et la Linda n'étaient pas blessés.

Valentin jeta un regard chargé d'une douleur suprême vers l'endroit de la grotte qui servait de refuge à la jeune fille, puis il ne songea plus qu'à faire noblement le sacrifice de sa vie.

Le premier il recommença la lutte.

Soudain, une violente fusillade partit du rivage.

Plusieurs Indiens tombèrent.

— Courage ! s'écria Valentin, courage ! voici nos amis !

Suivi de ses compagnons, une seconde fois il escalada la barricade et se rejeta dans la mêlée.

Tout à coup un cri d'appel d'une expression déchirante retentit dans la grotte.

La Linda se retourna, et poussant un rugissement de bête fauve, elle se précipita sur Antinahuel entre les bras duquel doña Rosario se débattait vainement.

Antinahuel, étourdi par cette attaque imprévue, lâcha la jeune fille et fit face à l'adversaire qui osait lui barrer le passage.

Il eut une seconde d'hésitation en reconnaissant la Linda.

— Arrière ! lui dit-il d'une voix sourde.

Mais la Linda, sans lui répondre, se jeta sur lui à corps perdu et lui planta son poignard dans la poitrine.

— Meurs donc, chienne ! hurla-t-il en levant sa hache.

La Linda tomba.

— Ma mère ! ma mère ! s'écria doña Rosario avec désespoir en s'agenouillant près d'elle et en la couvrant de baisers.

Le chef se baissa pour saisir la jeune fille, mais alors un nouvel adversaire se dressa terrible devant lui.

Cet adversaire était Valentin.

Le toqui, la rage au cœur de voir que la proie dont il se croyait certain lui échappait sans retour, s'élança sur le Français en lui portant un coup de hache que celui-ci para avec son rifle.

Alors les deux ennemis, les yeux étincelants, les dents serrées par la colère, se saisirent à bras-le-corps, s'enlacèrent l'un à l'autre comme deux serpents, et roulèrent sur le sol en cherchant mutuellement à se poignarder.

Cette lutte avait quelque chose d'atroce, auprès de cette femme qui agonisait et de cette autre à demi folle de douleur et d'épouvante.

Valentin était adroit et vigoureux, mais il avait affaire à un homme contre lequel il n'aurait pu résister s'il n'avait été affaibli par la blessure que lui avait faite la Linda.

Le corps huileux de l'Indien n'offrait aucune prise au Français, tandis que son ennemi, au contraire, l'avait saisi par la cravate et l'étranglait de la main droite, pendant que de la gauche il tâchait de lui enfoncer son poignard dans les reins.

Ni Trangoil Lanec ni don Tadeo ne pouvaient porter secours à leur compagnon, occupés qu'ils étaient à se défendre eux-mêmes contre les Aucas qui les serraient de près.

C'en était fait de Valentin. Déjà ses idées perdaient leur lucidité, il ne résistait plus que machinalement, lorsqu'il sentit les doigts qui serraient son cou se détendre graduellement. Alors, dans un dernier mouvement de rage, il réunit toutes ses forces, par une secousse violente il parvint à se dégager et à se relever sur les genoux.

Mais son ennemi, loin de l'attaquer ou de chercher à se défendre, poussa un profond soupir et retomba en arrière.

Antinahuel était mort.

— Ah ! s'écria la Linda avec une expression impossible à rendre, elle est sauvée !...

Et elle retomba évanouie entre les bras de sa fille, serrant encore dans ses mains avec une force inouïe son poignard, dont elle avait percé le cœur du chef en se traînant sur les genoux jusqu'à ce qu'elle pût l'atteindre.

On s'empressa autour de la malheureuse femme qui venait, en tuant l'ennemi le plus acharné de sa fille, de réparer si noblement ses fautes en se sacrifiant.

Longtemps les soins qu'on lui prodigua furent inutiles.

Enfin, elle soupira faiblement, ouvrit les yeux et, fixant un regard voilé sur ceux qui l'entouraient, elle saisit convulsivement sa fille et don Tadeo, les rapprocha d'elle et les contempla avec une expression de tendresse infinie, tandis que d'abondantes larmes coulaient sur son visage déjà couvert des ombres de la mort.

Ses lèvres remuèrent, une écume sanglante apparut aux coins de sa bouche et d'une voix basse et entrecoupée elle murmura :

— Oh ! j'étais trop heureuse !... tous deux vous m'aviez pardonné !... mais Dieu n'a pas voulu ! Cette mort terrible désarmera-t-elle sa justice !... Priez... priez pour moi !... afin que plus tard nous nous retrouvions au Ciel !... je meurs !... adieu !... adieu !...

Un frémissement convulsif agita tout son corps, elle se releva presque droite et retomba comme frappée de la foudre.

Elle était morte.

— Mon Dieu, s'écria don Tadeo en levant les yeux au ciel, pitié, pitié pour elle !

Et il s'agenouilla auprès du corps.

Ses compagnons l'imitèrent pieusement, et prièrent pour la malheureuse que le Tout-Puissant venait si subitement de rappeler à lui.

Dès qu'ils avaient vu tomber leur chef, les Indiens avaient disparu.

. . . .
. . . .
. . . .
. . . .

Deux heures plus tard, grâce aux peones amenés par le comte et Curumilla, la petite troupe arrivait saine et sauve à l'hacienda de la Paloma, conduisant avec elle le corps de doña Maria.

XLV

CÉSAR

Un mois environ après les événements que nous avons rapportés dans l'hacienda de la *Paloma*, deux hommes assis côte à côte au fond d'un bosquet de nopals, causaient vivement entre eux, tout en admirant un magnifique lever de soleil.

Ces deux hommes étaient Valentin Guillois et le comte de Prébois-Crancé.

Les Français assistaient, avec une espèce de recueillement mélancolique, au réveil de la nature; le ciel était sans nuage, une légère brise embaumée de mille senteurs frémissait doucement à travers les nénuphars aux fleurs jaunes qui bordaient les rives d'un grand lac, sur lequel voguaient nonchalamment d'innombrables troupes de gracieux cygnes à tête noire; les feux du soleil levant commençaient à dorer la cime des grands arbres, et les oiseaux de toutes sortes, cachés sous la feuillée, saluaient de leurs chants harmonieux la naissance du jour.

Le comte de Prébois-Crancé, inquiet du silence obstiné que gardait Valentin, prit enfin la parole :

— Lorsqu'en me réveillant il y a une heure, fit-il, tu m'as entraîné ici, afin, m'as-tu dit, de causer à notre aise, je t'ai suivi sans observation; voici vingt minutes que nous sommes assis sous ce bosquet, et tu ne t'es pas décidé à t'expliquer; ton silence m'inquiète, frère, je ne sais à quoi l'attribuer; aurais-tu donc une nouvelle fâcheuse à m'annoncer ?

Valentin releva brusquement la tête.

— Pardonne-moi, Louis, répondit-il, je n'ai aucune nouvelle fâcheuse à t'annoncer, mais l'heure d'une suprême explication entre nous a sonné.

— Que veux-tu dire?

— Tu vas me comprendre. Lorsque, il y a un an, dans ton hôtel des Champs-Élysées, réduit au désespoir et résolu à te réfugier dans la mort, tu me fis appeler, je m'engageai, si tu voulais vivre, à te rendre ce que tu avais perdu, non par ta faute, mais à cause de ton inexpérience. Tu as eu foi en moi : sans hésiter tu as abandonné la France, tu as dit pour toujours adieu à

— Meurs donc, chienne ! hurla-t-il, en levant sa hache.

la vie de gentilhomme, et tu m'as résolument accompagné en Amérique; maintenant c'est à moi à accomplir à mon tour les promesses que je t'ai faites.

— Valentin !

— Écoute-moi. Tu aimes doña Rosario, je suis certain que de son côté elle
éprouve pour toi un amour vrai et profond ; les services que nous avons
rendus à son père nous autorisent aujourd'hui à tenter auprès de lui une

démarche qu'il attend, j'en suis convaincu, et dont le résultat doit enfin te rendre heureux pour toujours. Cette démarche, que je ne voulais pas risquer sans t'en avoir parlé d'abord, je vais ce matin la faire et m'expliquer franchement avec don Tadeo.

Un sourire triste plissa les lèvres du jeune homme, il laissa tomber sans répondre la tête sur sa poitrine.

— Qu'as-tu donc? s'écria Valentin avec inquiétude, d'où provient que cette résolution, qui doit combler tous tes vœux, te plonge dans la douleur? explique-toi, Louis!

— A quoi bon m'expliquer? pourquoi parler aujourd'hui à don Tadeo? qui nous presse? répondit évasivement le jeune homme.

Valentin le regarda avec étonnement en hochant la tête; il ne comprenait rien à la conduite de son ami; cependant il résolut de le pousser dans ses derniers retranchements.

— Voici pour quelle raison : je veux assurer ton bonheur le plus tôt possible, dit-il; la vie que depuis un mois je mène dans cette hacienda me pèse; depuis mon arrivée en Amérique, mon caractère s'est modifié; la vue des grandes forêts, des hautes montagnes, enfin de toutes ces magnificences sublimes que Dieu a jetées à pleines mains dans le désert, a développé les instincts de voyageur que je portais en germes au fond de mon cœur; les péripéties toujours nouvelles de la vie d'aventure que je mène depuis quelque temps me font éprouver des voluptés sans bornes; en un mot, je suis devenu un passionné coureur des bois, et j'aspire après le moment où il me sera permis de reprendre mes courses sans but dans le désert.

Il y eut un silence.

— Oui, murmura le comte au bout d'un instant, cette vie est pleine de charmes.

— Voilà pourquoi il me tarde de me lancer de nouveau dans ces courses fiévreuses.

— Qui nous empêche de les reprendre?

— Toi, pardieu!

— Tu te trompes, frère : je suis aussi fatigué que toi de la vie que nous menons, nous partirons quand tu le voudras.

— Ce n'est pas ainsi que je l'entends. Sois franc avec moi : il est impossible que l'ardent amour que tu éprouvais pour doña Rosario se soit ainsi évanoui tout à coup!

— Qui te fait supposer que je ne l'aime pas?

— Voyons, reprit Valentin, finissons-en. Si tu aimes doña Rosario, pourquoi veux-tu partir et refuses-tu de l'épouser?

— Ce n'est pas moi qui refuse? murmura le jeune homme en soupirant, c'est elle.

— Elle! oh! cela n'est pas possible.

— Frère, il y a longtemps déjà, le lendemain même de la nuit où à Santiago nous l'avions délivrée des mains des bandits qui l'enlevaient, elle-même m'a dit que jamais nous ne serions unis, elle m'a ordonné de fuir sa présence en exigeant ma parole de ne jamais chercher à la revoir! Pourquoi me bercer d'une folle chimère? Tu le vois, frère, il ne me reste aucun espoir.

— Peut-être! tant de choses se sont passées depuis cette époque, que les intentions de doña Rosario se sont sans doute modifiées!

— Non, répondit le comte avec tristesse.

— Qui te le fait supposer?

— Sa froideur, son indifférence pour moi, le soin qu'elle met à m'éviter, tout enfin me prouve que je n'ai que trop longtemps prolongé mon séjour ici, et que je dois m'éloigner.

— Pourquoi ne pas t'expliquer avec elle?

— J'ai juré : quoi qu'il m'en coûte, j'accomplirai mon serment.

Valentin baissa la tête sans répondre.

— Je t'en supplie, reprit le comte, ne restons pas ici davantage; la vue de celle que j'aime accroît encore ma douleur.

— Tu as bien réfléchi?

— Oui! fit résolument le jeune homme.

Valentin secoua tristement la tête.

— Enfin! dit-il, que ta volonté soit faite, nous partirons donc!

— Oui, et le plus tôt possible, n'est-ce pas? dit Louis avec un soupir involontaire.

— Aujourd'hui même; j'attends Curumilla que j'avais prié d'aller chercher les chevaux au *posta*. Dès qu'il sera de retour, nous nous mettrons en route.

— Et nous retournerons à la *tolderia* de la tribu du *Grand Lièvre*, où nous pourrons encore vivre heureux.

— Bien pensé; de cette façon, notre existence ne sera pas inutile, puisque nous aiderons au bonheur de ceux qui nous entoureront.

« Et qui sait? dit en souriant Valentin, nous deviendrons peut-être des guerriers célèbres en Araucanie.

Louis ne répondit à cette plaisanterie que par un soupir qui n'échappa pas à son ami.

— Oh! murmura Valentin à voix basse, malgré lui il faut qu'il soit heureux !

Curumilla et Trangoil Lanec parurent au loin dans un nuage de poussière, galopant vers l'hacienda avec plusieurs chevaux.

Les deux hommes se levèrent pour aller à leur rencontre.

A peine avaient-ils quitté le bosquet et s'étaient-ils éloignés de quelques pas que les branches s'écartèrent, et doña Rosario parut.

La jeune fille s'arrêta un instant pensive, suivant du regard les deux Français qui marchaient tristes et sombres.

Soudain elle releva la tête d'un air mutin, son œil bleu s'éclaira d'un rayonnement céleste, un sourire plissa ses lèvres roses, elle murmura :

— Nous verrons!

Et elle rentra dans l'hacienda en bondissant comme une biche effarouchée.

Tous les matins à huit heures, dans les pays hispano-américains, la cloche sonne pour rassembler à une même table les habitants d'une hacienda, depuis le propriétaire qui s'assied au centre jusqu'au dernier peon qui se place modestement au bas bout.

Le déjeuner est l'heure choisie pour se voir, s'adresser les souhaits de bonne santé, avant que de commencer les rudes labeurs du jour.

Au premier coup de cloche don Tadeo descendit dans la salle et se tint debout devant la table; sa fille était à sa droite; il saluait d'un sourire ou d'une parole amicale chacun des employés de la ferme à mesure qu'ils entraient.

Les derniers arrivés furent les Français; don Tadeo leur serra la main, s'assura d'un coup d'œil que personne ne manquait à la réunion, se découvrit, mouvement imité par tous les assistants, et prononça lentement le *benedicite;* puis, sur un signe de lui, chacun prit place.

Le repas fut court.

Il dura à peine un quart d'heure.

Les peones retournèrent à leurs travaux sous les ordres du majordome. Don Tadeo fit servir le *maté.*

Il ne restait dans la salle que don Tadeo, sa fille, les deux chefs indiens et César, — s'il est permis de compter un chien dans une réunion, — le noble animal était couché aux pieds de doña Rosario.

En quelques instants le maté eut fait le tour de la compagnie.

Sans cause apparente, un silence pénible pesait sur la réunion. Don Tadeo réfléchissait, doña Rosario roulait distraitement dans ses doigts mignons, aux ongles rosés, les longues oreilles du chien qui avait posé sa bonne grosse tête sur ses genoux et fixait sur elle ses grands yeux intelligents.

Le comte et son frère de lait ne savaient comment entamer la conversation.

Enfin, Valentin, résolu à sortir de cette fausse position, se décida à prendre la parole.

— Eh bien! dit-il, quelle réponse comptez-vous faire à don Gregorio Peralta, don Tadeo?

— Celle que vous connaissez, mon ami, fit don Tadeo en se tournant vers lui. Le Chili, débarrassé désormais de l'homme qui l'entraînait à sa perte, n'a plus besoin de moi : je ne veux plus m'occuper de politique; assez longtemps j'ai usé ma vie au labeur ingrat que je m'étais imposé pour assurer l'indépendance de ma patrie et la délivrer de l'ambitieux qui voulait l'asservir; j'ai accompli ma tâche; l'heure du repos a sonné pour moi; je refuse péremptoirement la présidence que m'offre don Gregorio au nom du peuple, pour me consacrer tout entier au bonheur de ma fille.

— Je ne puis blâmer votre résolution; elle est noble et belle, don Tadeo; elle est digne de vous, répondit le comte.

— Et, reprit Valentin, expédierez-vous bientôt cette réponse?

— Dans quelques instants; mais pourquoi cette question, je vous prie?

— Parce que, répondit Valentin, mon ami et moi nous nous chargerons, si vous le voulez, de la faire parvenir à son adresse.

Don Tadeo fit un geste d'étonnement.

— Comment cela? s'écria-t-il; que voulez-vous dire? Songeriez-vous à nous quitter?

Un triste sourire se dessina sur les lèvres du jeune homme; la glace était brisée, il fallait s'exécuter bravement, il n'hésita pas.

Accablés par le nombre, les assiégés furent obligés de reculer.

— Dieu m'est témoin, dit-il en secouant la tête, que le plus ardent de mes désirs serait de rester ici.

— Oui, interrompit le comte, en jetant malgré lui un regard à la dérobée sur doña Rosario qui semblait ne s'occuper nullement de ce qui se disait, oui, nous ne nous sommes que trop longtemps oubliés dans votre charmante retraite; cette vie délicieuse nous énerve: si nous ne nous hâtions de nous en arracher, il nous deviendrait bientôt impossible de le faire.

— Il faut que vous partiez? répéta don Tadeo dont le visage se rembrunit et les sourcils se froncèrent; pourquoi cela?

— Ne savez-vous pas, répondit Louis qui reprenait courage devant l'insouciance apparente de la jeune fille, que lorsque pour la première fois nous avons eu le bonheur de vous rencontrer...

— Bonheur pour moi, interrompit vivement don Tadeo.

— Soit, continua Valentin venant en aide à son ami... nous étions à la recherche de la fortune; eh bien! fit-il gaiement, maintenant que, grâce à Dieu, notre secours ne vous est plus nécessaire, nous ne voulons pas abuser plus longtemps de la gracieuse hospitalité que vous nous avez donnée...

— Qu'est-ce à dire? s'écria don Tadeo en se levant; qu'appelez-vous abuser de mon hospitalité? pourquoi prendre avec moi d'aussi futiles prétextes?

— Il faut que nous partions, répéta froidement le jeune homme.

— Oh! je ne puis croire que ce soit la soif de l'or qui vous pousse à me quitter. Votre cœur est trop haut placé pour que cette odieuse passion s'en soit emparée. S'il en était ainsi, que ne parliez-vous? Grâce à Dieu, je suis assez riche pour vous donner plus de ce misérable métal que dans vos rêves insensés vous n'avez cru en posséder jamais.

— Don Tadeo, vous nous avez bien jugés, répondit noblement le comte; ce n'est pas la soif de l'or qui nous pousse, puisque notre intention en vous quittant est de nous retirer parmi les Indiens puelches.

Don Tadeo fit un mouvement de surprise.

— Ne prenez pas une mauvaise opinion de nous, continua chaleureusement le jeune homme, croyez que si un motif puissant ne nous obligeait pas à nous éloigner, moi, du moins, je serais heureux de rester auprès de vous, que j'aime et que je respecte comme un père.

Don Tadeo marchait avec agitation dans la salle; au bout de quelques minutes il s'arrêta devant le comte.

— Ce motif, lui demanda-t-il affectueusement, pouvez-vous me le faire connaître?

La jeune fille tendit curieusement la tête.

— Je ne le puis, murmura Louis en courbant le front.

Doña Rosario haussa les épaules d'un air dépité.

Aucune de ces nuances presque imperceptibles n'avait échappé au regard inquisiteur de Valentin.

— Fort bien, caballero, reprit don Tadeo avec une dignité froide et un accent blessé; vous et votre ami êtes libres d'agir comme bon vous semblera. Pardonnez-moi les questions que je vous ai adressées, mais votre résolution, que je cherche en vain à m'expliquer, brise sans retour un espoir bien cher que j'aurais été heureux de voir se réaliser : je me suis trompé, n'en parlons plus. Dieu n'a-t-il pas dit : ouvre toute grande la porte de ta maison à l'hôte qui veut entrer et à celui qui veut sortir! Voici ma lettre pour don Gregorio Peralta. Quand désirez-vous partir?

— A l'instant même, répondit le comte en prenant la lettre d'une main tremblante; mon ami et moi nous avions l'intention de vous faire nos adieux immédiatement après déjeuner.

— Oui, continua Valentin qui s'aperçut que son frère de lait, vaincu par l'émotion, ne pouvait continuer, nous voulions vous prier d'agréer nos remerciments pour l'amitié que vous avez daigné nous témoigner et de vous assurer que de loin comme de près votre souvenir sera toujours vivant au fond de nos cœurs.

— Adieu donc! dit don Tadeo avec émotion. Dieu veuille que vous retrouviez autre part le bonheur qui vous attendait ici !

Valentin s'inclina sans répondre : les larmes l'étouffaient; il craignait de n'avoir pas la force d'accomplir son triste sacrifice.

Le comte se retourna vers doña Rosario :

— Adieu! señorita! murmura-t-il d'une voix entrecoupée, soyez heureuse!

La jeune fille ne répondit pas.

Il se détourna brusquement et marcha à grands pas vers la porte.

Sur le point de sortir, malgré toute leur résolution, les deux jeunes gens jetèrent un regard en arrière comme pour saluer une dernière fois ceux qui leur étaient chers, et qu'ils abandonnaient pour toujours.

Don Tadeo était immobile à la même place.

Doña Rosario, la tête baissée, continuait à jouer machinalement avec les oreilles du chien.

A l'aspect de cette indifférence cruelle, une colère insensée mordit le comte au cœur.

— César! cria-t-il.

A la voix de son maître, le terre-neuvien se dégagea vivement des bras de la jeune fille, et d'un bond il fut auprès de lui.

— César! murmura faiblement doña Rosario de sa voix mélodieuse.

Le chien se retourna vers elle.

— César! répéta-t-elle plus doucement encore.

Alors, malgré les signes et les ordres de son maître, l'animal se coucha aux pieds de la jeune fille.

Le comte, l'âme brisée, fit un effort suprême et s'élança vers la porte.

— Louis! s'écria tout à coup doña Rosario en levant vers lui son visage inondé de larmes et ses yeux suppliants, Louis, vous aviez juré de ne jamais, vous séparer de César, pourquoi donc l'abandonneriez-vous?

Louis chancela comme frappé de la foudre, une expression de joie inexprimable éclaira son visage, il laissa échapper la lettre et, poussé doucement par Valentin, il tomba aux genoux de la jeune fille radieuse.

— Mon père! s'écria doña Rosario en lui jetant les bras autour du cou, je savais bien qu'il m'aimait! mon père, bénissez vos enfants!

Valentin éprouva une douleur cruelle mêlée à une joie immense à ce dénoûment.

Il refoula au fond de son âme les sentiments qui l'agitaient, et ramassant la lettre :

— C'est moi, dit-il avec un doux sourire, qui porterai la réponse à don Gregorio.

— Oh! non! fit la jeune fille avec une moue charmante en lui tendant la main, vous ne nous quitterez pas, mon ami : n'êtes-vous pas le frère bien-aimé de Louis! Oh! nous ne vous laisserons pas partir!... nous ne pourrions être heureux loin de vous, à qui nous devons notre bonheur.

Valentin baisa la main que lui tendait la jeune fille en essuyant une larme à la dérobée, mais il ne répondit pas.

Cette journée s'écoula rapide et heureuse pour tous.

Quand le soir fut venu :

— Adieu! frère, dit avec émotion Valentin avant d'entrer dans sa chambre à coucher, grâce au ciel te voilà désormais à l'abri du malheur! ma tâche est accomplie!

Le comte regarda avec inquiétude.

— Frère, lui dit-il, d'où vient cette tristesse? souffrirais-tu?

— Moi, fit Valentin en essayant de sourire, je n'ai jamais été aussi heureux!

Après avoir embrassé le comte, qui se laissa faire tout étonné de cette soudaine douleur, étrange chez un tel homme, il s'éloigna à grands pas, en murmurant encore le mot : *adieu !*

Louis le suivit quelques instants des yeux en se disant avec un serrement de cœur indéfinissable :

— Qu'a-t-il donc? Oh ! demain il faudra bien qu'il s'explique !

Le lendemain, Valentin avait disparu.

L'ancien spahi, suivi par les deux Indiens qui n'avaient pas voulu l'abandonner, s'était enfoncé dans les déserts immenses qui séparent le Chili de Buenos-Ayres.

Malgré toutes les recherches qu'il tenta, Louis ne put découvrir ce que son frère de lait était devenu.

Pourquoi Valentin avait-il abandonné son ami et s'était-il ainsi enfui de l'hacienda?

Le pauvre soldat ne se sentait pas le courage d'assister au bonheur de celui pour lequel il avait tant sacrifié!...

Lui aussi, il aimait doña Rosario!...

Les jeunes gens l'attendirent longtemps. Enfin, trois mois après son départ, lorsque l'espoir de son retour fut complètement évanoui, le comte de Prébois-Crancé épousa doña Rosario.

Le bonheur de Louis ne fut pas complet, Valentin lui manqua toujours!

Le lendemain Valentin avait disparu.

TABLE DES MATIÈRES

PREMIÈRE PARTIE

TABLE DES MATIÈRES

FIN DE LA TABLE DE LA PREMIÈRE PARTIE.

TABLE DES MATIÈRES

DEUXIÈME PARTIE

TABLE DES MATIÈRES

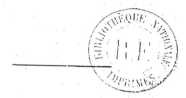

Voir la suite, LE CHERCHEUR DE PISTES.

Sceaux. — Imprimerie Charaire et fils.

Imprimé en France
FROC031532020620
24149FR00011B/163

9 782012 151307